Die Zeit der frühen Herzöge

Von Otto I. zu Ludwig dem Bayern

WITTELSBACH und BAYERN I|2

Die Zeit der frühen Herzöge

Von Otto I. zu Ludwig dem Bayern

Katalog der Ausstellung
auf der Burg Trausnitz in Landshut
14. Juni – 5. Oktober 1980

Herausgegeben von Hubert Glaser
Hirmer Verlag München
R. Piper & Co. Verlag München–Zürich

Printed in Germany

ISBN 3-7774-3210-5 (Gesamtausgabe)
3-7774-3180-X (I/1 und I/2)
3-7774-3190-7 (II/1 und II/2)
3-7774-3200-8 (III/1 und III/2)

ISBN 3-492-02560-9 (Gesamtausgabe)
3-492-02625-7 (I/1 und I/2)
3-492-02626-5 (II/1 und II/2)
3-492-02627-3 (III/1 und III/2)

Herstellung Albert Hirmer
Irmgard Ernstmeier-Hirmer

Layout Peter Mayr, München

Umschlagentwurf und Karten Atelier Zebhauser, München

Satz und Druck Kastner & Callwey, München

Lithographien Chemigraphia Gebr. Czech, München

Papiere Papierfabrik Scheufelen, Lenningen
Umschlag: geliefert durch 2H Papier, Garching

Bindearbeiten Münchner Industriebuchbinderei Urban Meister

Schirmherren

Dr. h. c. Franz Josef Strauß, Ministerpräsident des Freistaats Bayern

S. K. H. Herzog Albrecht von Bayern

Ehrenausschuß

Professor Dr. Hans Maier, Vorsitzender, Bayerischer Staatsminister für Unterricht und Kultus

S. E. Erzbischof Dr. Guido Del Mestri, Apostolischer Nuntius

S. E. Sven Einar Backlund, Königlich Schwedischer Botschafter

S. E. Jire Götz, Außerordentlicher und Bevollmächtigter Botschafter der Tschechoslowakischen Sozialistischen Republik

S. E. Troels Oldenburg, Königlich Dänischer Botschafter

S. E. Diederic Wolter Baron van Lynden, Königlich Niederländischer Botschafter

S. E. Dr. Michael Gelzer, Schweizerischer Botschafter

S. E. Emilio Garrigues y Diaz-Canabate, Königlich Spanischer Botschafter

S. E. Sir J. Oliver Wright, Königlich Britischer Botschafter

S. E. Theo J. M. Gh. de Dobbeleer, Königlich Belgischer Botschafter

S. E. Jean-Pierre Brunet, Französischer Botschafter

S. E. Dr. Franz Pein, Österreichischer Botschafter

S. Em. Dr. Joseph Kardinal Ratzinger, Erzbischof von München und Freising

Dr. Franz Heubl, Präsident des Bayerischen Landtags

Hippolyt Freiherr Poschinger von Frauenau, Präsident des Bayerischen Senats

DDr. Johannes Hanselmann, Landesbischof der Evangelisch-Lutherischen Kirche in Bayern

Prof. Dr. Ing. h. c. Eduard Pestel, Niedersächsischer Minister für Wissenschaft und Kunst

Anton Jaumann, Bayerischer Staatsminister für Wirtschaft und Verkehr

Max Streibl, Bayerischer Staatsminister der Finanzen

Gerold Tandler, Bayerischer Staatsminister des Innern

S. E. Bischof Prof. Dr. Rudolf Graber

Erich Kiesl, Oberbürgermeister der Landeshauptstadt München

Josef Deimer, Oberbürgermeister der Stadt Landshut

Wissenschaftlichen Rat und organisatorische Unterstützung gewährten

W. Hofrat Dr. Johann-Christoph Allmayer-Beck, Direktor des Heeresgeschichtlichen Museums, Wien
Konsul Cristóbal Aragón, Spanisches Generalkonsulat, München
D. M. Archer Esq., Department of Ceramics, Victoria and Albert Museum, London
Theres Gräfin Arco, Schloß Moos
Carl Adam Freiherr von Aretin, Schloß Heidenburg
Erzabt Franz Bachler OSB, Erzabtei St. Peter, Salzburg
Prof. Dr. Erich Bachmann, München
Dr. Helmut Baier, Leiter des Landeskirchlichen Archivs, Nürnberg
Prof. Dr. Andreas Bauch, Leiter des Diözesanmuseums Eichstätt
Oberkonservator Dr. Ingolf Bauer, Bayerisches Nationalmuseum, München
Archivoberrat Dr. Richard Bauer, Bayerisches Hauptstaatsarchiv, München
Prälat Prof. Dr. Robert Bauer, Bischöfliche Kapellenadministration, Altötting
Äbtissin Columba Baumgartner OCist, Zisterzienserinnen-Abtei Seligenthal in Landshut
Dr. Reinhold Baumstark, Direktor der Sammlungen des Regierenden Fürsten von und zu Liechtenstein, Vaduz
Dr. Lydia Bayer, Direktorin des Spielzeugmuseums, Nürnberg
S. K. H. Prinz Franz von Bayern, München
S. K. H. Herzog Max in Bayern, Tegernsee
Anton Beil, Direktor des Bauamts der Bayerischen Verwaltung der staatlichen Schlösser, Gärten und Seen, München
Kulturrat Claus Becker, Königlich Dänische Botschaft, Bonn
W. Hofrat Dr. Anna Benna, Direktorin des Haus-, Hof- und Staatsarchivs, Wien
Dr. Rudolf Bensegger, Ministerialdirektor a. D., München
Prof. Dr. Peter Berghaus, Direktor des Westfälischen Landesmuseums für Kunst- und Kulturgeschichte, Münster
Josef Biller, München
Claude Blair Esq., Department of Metalwork, Victoria and Albert Museum, London
Ministerialdirektor Dr. Karl Böck, Bayerisches Staatsministerium für Unterricht und Kultus, München
Stephan Bock, Botschaft der Bundesrepublik Deutschland, Rom
Ministerialdirigent Hans Brand, Bayerisches Staatsministerium für Unterricht und Kultus, München
Dombaumeister Dipl.-Ing. Dr. Theo Brannekämper, München
Luitpold von Braun, Generaldirektor des Wittelsbacher-Ausgleichsfonds, München
Kustos I. Kl. Dr. Odo Burböck, Steiermärkisches Landesmuseum Johanneum, Graz
Prof. Dr. Bruno Bushart, Ltd. Museumsdirektor der Kunstsammlungen der Stadt Augsburg
Archivdirektor Dr. Hermann Joseph Busley, Bayerisches Hauptstaatsarchiv, München
S. D. Albrecht Fürst zu Castell-Castell, Castell
John Cherry Esq., Department of Medieval and Later Antiquities, The British Museum, London
Bengt Dahlbäck, Direktor des Nationalmuseums, Stockholm
Dr. Arne Danielsson, Direktor der Statens Trofésamling, Armeemuseum, Stockholm
Landeskonservator Dr. Karl Ludwig Dasser, Bayerisches Landesamt für Denkmalpflege, München
Manfred David, Bürgermeister der Stadt Mannheim
Dr. Gertrud Diepolder, Bayerischer Rundfunk, München
Prodekan Dr. Wolfgang Dietzfelbinger, Evangelisch-Lutherisches Pfarramt Nürnberg-Mögeldorf, Nürnberg
Dr. Martha Dressbach, Direktorin des Münchner Stadtmuseums, München
Ministerialrat Dr. Eberhard Dünninger, Bayerisches Staatsministerium für Unterricht und Kultus, München
Oberkonservator Dr. Volker Duvigneau, Münchner Stadtmuseum
Ministerialrat Dr. Wolfgang Eberl, Bayerisches Staatsministerium für Unterricht und Kultus, München
Colonel Hans Edborg, Försvarets Materielverk, Stockholm
Hofrat Dr. Erich Egg, Direktor des Tiroler Landesmuseums Ferdinandeum, Innsbruck
Ulla Ehrensvärd, Kungliga Biblioteket, Stockholm
Herbert Eichholzer, Bayerische Verwaltung der staatlichen Schlösser, Gärten und Seen, München
Domdekan Dr. Heinrich Eisenhofer, München
Oberregierungsrat Anton Eizinger, Bayerisches Staatsministerium für Unterricht und Kultus, München
Ministerialdirigent a. D. Dr. Johannes von Elmenau, München
Landeskonservator Dr. Hubert Falkner von Sonnenburg, Direktor des Doerner-Instituts, München
Prof. Dr. Thomas Finkenstedt, Augsburg
Stiftspropst Prälat Heinrich Fischer, Landshut
Prof. Stig Fogelmarck, Direktor der Kungl. Husgeradskammaren, Stockholm
Prof. Dr. Herbert Franke, Präsident der Bayerischen Akademie der Wissenschaften, München

Museumsdirektor a. D. Prof. Dr. Max H. von Freeden, Würzburg
Fernando Fuertes de Villavicencia, Gerente del Patrimonio Nacional, Madrid
Bauoberrat Dietmar Gaida, Landbauamt München
Hofrat Dr. Ortwin Gamber, Direktor der Hofjagd- und Rüstkammer, Kunsthistorisches Museum Wien
Hauptkonservator Dr. Heinrich Geißler, Staatsgalerie Stuttgart, Graphische Sammlung
Baudirektor Manfred Glückert, Bayerische Verwaltung der staatlichen Schlösser, Gärten und Seen, München
Dr. Hans Grassl, Bayerisches Nationalmuseum, München
Pontus Grate, Museumsdirektor, Nationalmuseum Stockholm
Christoph Freiherr von Gumppenberg, Pöttmes
Präsident a. D. Levin Freiherr von Gumppenberg, München
Dr. Erich Gropengießer, Direktor des Reiß Museums, Mannheim
Juan Carlos Elorza Guinea, Subdirector general des Museos, Ministerio de Asuntos Culturales, Madrid
Ltd. Restaurator Joachim Haag, Bayerisches Nationalmuseum, München
Oberbrandrat Günter Haas, Branddirektion München
Kustodin Dr. Editha Habersetzer, Stiftung Heimatmuseum Traunstein
Oberkonservator Georg Hager, Bayerische Verwaltung der staatlichen Schlösser, Gärten und Seen, München
Landtagspräsident a. D. Rudolf Hanauer, Herrsching
Helmut Hanke, Geschäftsführer der Bayerischen Landesstiftung, München
Bibliotheksoberrat Dr. Hermann Hauke, Bayerische Staatsbibliothek, München
Professor Dr. Friedrich Hausmann, Rektor der Universität Graz
Dipl.-Ing. Alfred Haustein, Bayerische Verwaltung der staatlichen Schlösser, Gärten und Seen, München
Kustos Dr. Monika Heffels, Germanisches Nationalmuseum, Nürnberg
Ministerialrat Hans Heid, Oberste Baubehörde im Bayerischen Staatsministerium des Innern, München
Oberkonservator Dr. Rüdiger an der Heiden, Bayerische Staatsgemäldesammlungen, München
Kulturattaché Dr. Thomas Henrikson, Botschaft des Königreichs Schweden, Bonn
I. K. H. Prinzessin Margret von Hessen und bei Rhein, Langen
Archivdirektor Dr. Gerhard Heyl, Bayerisches Hauptstaatsarchiv, München
Oberfinanzpräsident a. D. Dr. Kurt Himmelhan, Mitglied des Vorstandes der Bayerischen Landesstiftung, München
Landeskonservator Dr. Georg Himmelheber, stv. Generaldirektor des Bayerischen Nationalmuseums, München
Scarlett Hofmeister, Bayerisches Nationalmuseum, München
Oberkonservator Dr. Gerhard Hojer, Direktor der Museumsabteilung der Bayerischen Verwaltung der staatlichen Schlösser, Gärten und Seen, München
Bengt M. Holmquist, Direktor des Armémuseums, Stockholm
Kersti Holmquist, Direktorin der Kungl. Kivrustkammaren, Stockholm
Prof. Dr. Erich Hubala, Institut für Kunstgeschichte, Universität Würzburg
Diözesankonservator Dr. Achim Hubel, Regensburg
Prof. Dr. Benno Hubensteiner, München
Gérard Hubert, Musée National du Château de Malmaison, Rueil-Malmaison
Dr. Franz Georg Kaltwasser, Ltd. Bibliotheksdirektor der Bayerischen Staatsbibliothek, München
Peter Kaps MdL, Simbach
Ministerialdirigent a. D. Prof. Dr. Dr. Walter Keim, München
Andreas Kelling, Bayerisches Nationalmuseum, München
Dr. Hans-Jörg Kellner, Direktor der Prähistorischen Staatssammlung, München
Ministerialdirektor Herbert Kiessling, Bayerisches Staatsministerium für Unterricht und Kultus, München
Vizepräsident Eduard Klass, Bayerische Verwaltung der staatlichen Schlösser, Gärten und Seen, München
W. Hofrat Dr. Friderike Klauner, Erster Direktor des Kunsthistorischen Museums Wien
W. Hofrat Dr. Bernhard Koch, Direktor der Sammlung von Medaillen, Münzen und Geldzeichen, Kunsthistorisches Museum Wien
Pater Laurentius Koch OSB, Benediktinerabtei Ettal
Dr. Hans Michael Körner, München
Ingrid Körner, München
Dr. Jürgen Kolbe, Kulturreferent der Stadt München
W. Hofrat Prof. Dr. Walter Koschatzky, Direktor der Graphischen Sammlung Albertina, Wien
Pater Dr. Bonifaz Kotter OSB, Kloster Scheyern
Prof. Dr. Andreas Kraus, Institut für Bayerische Geschichte, München
Dr. Peter Krenn, Direktor des Steiermärkischen Landesmuseums Johanneum, Landeszeughaus, Graz
Reichsarchivar a. D. Åke Kromnow, Stockholm
Bibliotheksrat Dr. Dieter Kudorfer, Bayerische Staatsbibliothek, München
Dr. Annemarie Kuhn-Wengenmayr, Bayerisches Landesamt für Denkmalpflege, München
Dr. Dieter Kuhrmann, Direktor der Staatlichen Graphischen Sammlung, München
Oberkonservator Dr. Rolf-Hinrich Kultzen, Bayerische Staatsgemäldesammlungen, München
Vizepräsident Peter Kurz, Bezirksfinanzdirektion, München
Dr. Harald Küthmann, Direktor der Staatlichen Münzsammlung München
Michel Laclotte, Conservateur en chef du Musée National du Louvre, Paris

Abt Bernardus M. Lambert OSB, Benediktinerabtei Scheyern
Hubert Landais, Directeur des Musées Nationaux de France, Paris
Dr. Manfred Leithe-Jasper, Direktor der Sammlung für Plastik und Kunstgewerbe, Kunsthistorisches Museum Wien
Pierre Lemoine, Conservateur en chef du Musée National du Château de Versailles
Dr. S. H. Levie, Generaldirektor des Rijksmuseums, Amsterdam
Dr. Andreas Ley, Münchner Stadtmuseum
Archivoberrätin Dr. Irmtraud Liebeherr, Bayerisches Hauptstaatsarchiv, München
Dr. Kurt Löcher, stv. Direktor des Germanischen Nationalmuseums, Nürnberg
Dr. Veit Loers, Museum der Stadt Regensburg
Dr. Minni Maedebach, Kunstsammlungen der Veste Coburg
Ministerialrat Dr. Gerhard Mahler, Bayerisches Staatsministerium der Finanzen, München
Msgr. Dr. Paul Mai, Direktor der bischöflichen Archive, Bibliotheken und Kunstsammlungen, Regensburg
Polizeidirektor Karl Maier, München
Stadtarchiv- und Museumspfleger Dipl.-Ing. Fritz Markmiller, Dingolfing
Fritz Mathes, Erster Bürgermeister der Stadt Kelheim
Hauptkonservator Dr. Klaus Maurice, Bayerisches Nationalmuseum, München
Ministerialdirektor Dr. Konrad Mayer, Bayerisches Staatsministerium der Finanzen, München
Ministerialdirigent Helmut Megele, Oberste Baubehörde im Bayerischen Staatsministerium des Innern, München
Ministerialdirigent Dr. Hubert Mennacher, Bayerisches Staatsministerium der Finanzen, München
Dr. Ing. Ernst Messerschmidt, Präsident des Bayerischen Landesvermessungsamts, München
Münsterpfarrer Hans Meyer, Ingolstadt
Otto Meyer MdL, München
Dr. Wolfgang Milde, Leiter der Handschriftensammlung, Herzog-August-Bibliothek, Wolfenbüttel
Sir Oliver Millar, Lord Chamberlain's Office, London
Oberkonservator Dr. Albrecht Miller, Bayerische Verwaltung der staatlichen Schlösser, Gärten und Seen, München
Regierungsrat Georg Mocker, Bayerisches Staatsministerium für Unterricht und Kultus, München
Max Joseph Graf von Montgelas, Gerzen
Rudolf Konrad Graf von Montgelas, Egglkofen
Ernst Graf von Moy, Stepperg
Dr. Friedrich Müllauer, Österr. Generalkonsul, a. o. Gesandter u. bevollmächtigter Minister, München
Dr. Johanna Müller-Meiningen, Münchner Stadtmuseum
Bibliotheksdirektor Dr. Robert Münster, Bayerische Staatliche Bibliotheken, München
Dr. Hanswernfried Muth, Direktor des Mainfränkischen Museums, Würzburg
Bauingenieur Gerhard Neufeld, Landbauamt München
Prälat Msgr. Dr. Johannes Neuhardt, Direktor des Dommuseums zu Salzburg
Max Oppel, Wittelsbacher Ausgleichsfonds, München
S. E. Alram Graf zu Ortenburg, Weitramsdorf
Prof. Dr. Ernst Petrasch, Direktor des Badischen Landesmuseums Karlsruhe
Generalkonservator Dr. Michael Petzet, Bayerisches Landesamt für Denkmalpflege, München
Dr. Wolfgang Pfeiffer, Direktor des Museums der Stadt Regensburg
Prof. Dr. Max Piendl, Fürstlicher Archivdirektor, Regensburg
Kustos Dr. Meinhard Pizzinini, Tiroler Landeskundliches Museum, Innsbruck
Dr. Frank Preusser, Leiter der Naturwissenschaftlichen Abteilung des Doerner-Instituts, München
Archivdirektor Dr. Hans Puchta, Geheimes Hausarchiv, München
Prof. Dr. Paul Raabe, Direktor der Herzog-August-Bibliothek, Wolfenbüttel
Paul Ernst Rattelmüller, Bezirksheimatpfleger von Oberbayern, München
S. E. Albert G. Graf v. Rechberg, Donzdorf
Georges le Rider, Administrateur Général de la Bibliothèque Nationale, Paris
Ministerialdirektor i. R. Dr. Karl Riedl, München
Landeskonservator Dr. Isolde Rieger, Bayerisches Nationalmuseum, München
Professeur Dr. Philippe Roberts-Jones, Conservateur en chef des Musées Royaux des Beaux-Arts de Belgique, Bruxelles
Kustos DDr. Floridus Röhrig Can. Reg., Klosterneuburg
Museumsdirektor Dr. Albin Rohrmoser, Museum Carolino Augusteum, Salzburg
Ägidius Roidl, Bayerisches Nationalmuseum, München
Pierre Rosenberg, Conservateur du Musée National du Louvre, Paris
Hans Roth, Bayerischer Landesverein für Heimatpflege, München
Baron Alain de Rothschild, Paris
Baronne Elie de Rothschild, Paris
John Rowlands Esq., Department of Prints and Drawings, The British Museum, London
Landeskonservator Dr. Rainer Rückert, Bayerisches Nationalmuseum, München
Dr. C. B. Rüger, Direktor des Rheinischen Landesmuseums, Bonn
Dr. Axel von Saldern, Direktor des Museums für Kunst und Gewerbe, Hamburg
Kulturrat J. A. San Gil, Botschaft des Königreichs Spanien, Bonn
Prof. Dr. Willibald Sauerländer, Direktor des Zentralinstituts für Kunstgeschichte, München

Konservator Dr. Lorenz Seelig, Bayerische Verwaltung der staatlichen Schlösser, Gärten und Seen, München
Jean-Pierre Seguin, Conservateur en chef, Cabinet des Estampes, Bibliothèque Nationale, Paris
Michael Sepp, Ltd. Baudirektor des Landbauamts München
Lars Sjöberg, Nationalmuseum, Stockholm
Karin Skeri, Skoklosters Slott, Balsta
Prof. Dr. Max Spindler, München
Dr. Georg Spitzlberger, Direktor des Stadt- und Kreismuseums Landshut
Franz Graf von Spreti, Schloß Kapfing
Landeskonservator Dr. Albert Schädler, Bayerisches Nationalmuseum, München
Wilfried Scharnagl, Chefredakteur, München
Dr. Michael Schattenhofer, Direktor des Stadtarchivs München
Günther Schelling, Ltd. Oberbaudirektor, Bayerische Verwaltung der staatlichen Schlösser, Gärten und Seen, München
Dr. Robert Scherb, Siemens AG, München
Isabella von Schilcher, Dietramszell
Oberkonservator Dr. Elmar D. Schmid, Bayerische Verwaltung der staatlichen Schlösser, Gärten und Seen
Dr. Manfred Hermann Schmid, Münchner Stadtmuseum
Oberkonservator Dr. Helga Schmoll gen. Eisenwerth, Münchner Stadtmuseum
Dr. Hugo Schnell, Scheidegg/Allgäu
Dr. Josef Scheubel, Präsident der Bezirksfinanzdirektion, München
S. E. Dr. Karl Graf v. Schönborn, Wiesentheid
Dr. Erich Schosser, MdL, München
Polizeipräsident Dr. Manfred Schreiber, München
Dr. Karl Heinz Schreyl, Direktor der Museen der Stadt Nürnberg
Carl Schuster, Bund der Pfalzfreunde in Bayern, München
Dr. med. Raimund Schuster, Zwiesel
Regierungsdirektorin Anny Schwarz, München
Archivoberrat Dr. Gerhard Schwertl, Bayerisches Hauptstaatsarchiv, München
Archivdirektor Dr. Erich Stahleder, Staatsarchiv Landshut
Dr. Gottfried Stangler, Wien
Prof. Dr. Fritz Steinegger, Stiftsarchiv Wilten, Innsbruck
Diözesankonservator Dr. Peter Steiner, Direktor des Diözesanmuseums Freising
Theo Stillger, Generaldirektor des Deutschen Museums, München
Oberkonservator Dr. Christoph Stöltzl, Münchner Stadtmuseum
G. H. Tait Esq., Department of Medieval and Later Antiquities, The British Museum, London
Göran Tegnér, Statens Historiska Museum, Stockholm
S. D. Erbprinz Johannes von Thurn und Taxis, Regensburg
Konservator Dr. Wolfgang Till, Münchner Stadtmuseum
S. E. Hans Veit Graf zu Toerring-Jettenbach, München
D. H. Turner Esq., Head of Manuscripts Exhibitions, The British Library, London
G. l'Estrange Turner, Museum of the History of Science, Oxford
Reichsbibliothekar Lars Tynell, Kungliga Biblioteket, Stockholm
Bernhard Ücker, Bayerischer Rundfunk, München
Regierungsdirektor Hermann Veit, Bayerische Verwaltung der staatlichen Schlösser, Gärten und Seen, München
Dr. Ludwig Veit, Germanisches Nationalmuseum, Nürnberg
Kurt Völkel, Bayerische Verwaltung der staatlichen Schlösser, Gärten und Seen, München
Ltd. Ministerialrat Dr. Heinrich Wackerbauer, Bayerische Staatskanzlei, München
Oberkonservator Dr. R. Wackernagel, Münchner Stadtmuseum
Prof. Dr. Stephan Waetzoldt, Generaldirektor der Staatlichen Museen Preußischer Kulturbesitz, Berlin
Hofrat Dr. Robert Waißenberger, Direktor der Museen der Stadt Wien
Ministerialdirigent Udo Walter, Bayerisches Staatsministerium der Finanzen, München
Oberstleutnant i. G. Bernd v. Wangenheim, Verteidigungsattaché, Botschaft der Bundesrepublik Deutschland, Stockholm
Richard Wengenmeier, MdL, München
Dr. Ulla Westermark, Direktorin des Kungl. Myntkabinettet, Statens Museum för Mynt Medalj och Penninghistoria, Stockholm
Hofrat Dr. Walter Wieser, Direktor der Bild-, Archiv- und Portrait-Sammlung, Österreichische Nationalbibliothek, Wien
Prof. Dr. Kurt Woisetschläger, Direktor des Steiermärkischen Landesmuseums Johanneum, Graz
S. D. Fürst Carl von Wrede, Ellingen
Marianne Zebhauser, München
Restaurator Eugen Zepp, Bayerisches Nationalmuseum, München
Dr. Karl-Heinz Zuber, München
Dr. Arnim Zweite, Direktor der Städtischen Galerie im Lenbachhaus, München

Fotonachweis: Die Vorlagen für die Schwarzweißabbildungen stellten freundlicherweise die Leihgeber zur Verfügung. Soweit die Leihgeber nicht auch großzügigerweise die Aufnahmen zu den Farbtafeln besorgten, wurden diese ausgeführt von: Claus Hansmann, München; Foto Sessner, Dachau; Brigitte Wagner, München

Leihgaben stellten in großzügiger Weise zur Verfügung

I. M. Königin Elisabeth II. von England

Amberg, Kirchenstiftung St. Georg
Amsterdam, Rijksmuseum
Andechs, Kloster- und Wallfahrtskirche, Kirchenstiftung
Arnhem, Rijksarchief in Gelderland
Bad Windsheim, Stadtarchiv
Bamberg, Bürgerspitalstiftung
Berlin, Staatliche Museen Preußischer Kulturbesitz, Geheimes Staatsarchiv
Bremen, Universitätsbibliothek
Darmstadt, Hessisches Staatsarchiv
Edinburgh, The Royal Scottish Museum
Eichstätt, Diözesanarchiv
Eichstätt, Staats- und Seminarbibliothek Eichstätt
Ensdorf, Kloster Ensdorf, Noviziat der Salesianer Don Boscos
Frankfurt, Stadtarchiv
Freiburg i. Brsg., Stadtarchiv
Freising, Diözesanmuseum
Fulda, Hessische Landesbibliothek
Göppingen, Städtisches Museum
Hannover, Niedersächsisches Hauptstaatsarchiv
Heidelberg, Universitätsbibliothek
Indersdorf, Marienheimkloster Indersdorf
Ingolstadt, Bayerisches Armeemuseum
Innsbruck, Sammlungen Schloß Ambras
Innsbruck, Prämonstratenser-Chorherrenstift Wilten
Karlsruhe, Generallandesarchiv
Kastl b. Amberg, Kath. Pfarrkirchenstiftung
Kaufbeuren, Heimatmuseum
Kelheim, Stadtverwaltung
Klagenfurt, Kärtner Landesarchiv
Kloster Neuburg, Museum des Chorherrenstiftes
Koblenz, Landeshauptarchiv
Kühbach, Pfarrkirche
Landshut, Stadtarchiv
Landshut, Stadt- und Kreismuseum
Landshut, Zisterzienserinnenabtei Seligenthal
Lauingen, Heimathaus
Liestal, Kantonsmuseum Baselland
London, British Library
London, British Museum
London, Victoria and Albert Museum
Luzern, Staatsarchiv des Kantons Luzern
Mühldorf/Inn, Kreismuseum Lodronhaus
München, Bayerische Staatsbibliothek
München, Bayerische Staatsgemäldesammlungen
München, Bayerische Verwaltung der staatlichen Schlösser, Gärten und Seen
München, Bayerisches Hauptstaatsarchiv
München, Bayerisches Hauptstaatsarchiv, Abt. III Geheimes Hausarchiv
München, Bayerisches Landesamt für Denkmalpflege
München, Bayerisches Landesamt für Maß und Gewicht
München, Bayerisches Nationalmuseum
München, Landbauamt
München, Metropolitan- und Pfarrkirchenstiftung zu Unserer Lieben Frau in München
München, Münchner Stadtmuseum
München, Prähistorische Staatssammlung
München, Staatliche Münzsammlung
München, Wittelsbacher Ausgleichsfonds
Niederalteich, Benediktinerabtei und Pfarrkirchenstiftung St. Mauritius
Nürnberg, Germanisches Nationalmuseum
Nürnberg, Stadtgeschichtliche Museen
Oberalteich, Kath. Kirchenstiftung
Paris, Bibliothèque Nationale
Paris, Bibliothèque Nationale, Cabinet des Manuscrits
Paris, Bibliothèque Nationale, Cabinet des Estampes
Paris, Musée du Louvre
Passau, Stadtarchiv
Regensburg, Kath. Dompfarramt
Regensburg, Museum der Stadt Regensburg
Rom, Museo Nazionale di Castel St. Angelo
Ruhpolding, Kath. Pfarramt
Salzburg, Museum Carolino Augusteum
Salzburg, Benediktinererzabtei St. Peter
Salzburg, Dommuseum
Seligenporten, Pfarrkirche
Scheyern, Benediktinerabtei
Tegernheim, Kath. Pfarramt
Trausnitz im Tal, Opf., Kath. Pfarrkirchenstiftung
Vatikanstadt, Rev. da Fabbrica di San Pietro in Vaticano
Waldsassen, Zisterzienserinnenabtei
Wien, Kunsthistorisches Museum, Gemäldegalerie
Wien, Kunsthistorisches Museum, Hofjagd- und Rüstkammer
Wien, Österreichische Nationalbibliothek, Handschriften- und Inkunabelsammlung
Wien, Österreichisches Staatsarchiv, Abt. Haus-, Hof- und Staatsarchiv
Wiesbaden, Hauptstaatsarchiv
Wolfenbüttel, Niedersächsisches Staatsarchiv
Zürich, Schweizerisches Landesmuseum

Veranstalter

Haus der Bayerischen Geschichte – Professor Dr. Hubert Glaser

Bayerische Verwaltung der staatlichen Schlösser, Gärten und Seen – Präsident Hanns-Jürgen Freiherr von Crailsheim

Staatliche Archive Bayerns – Generaldirektor Dr. Walter Jaroschka

Bayerische Staatliche Bibliotheken – Generaldirektor Dr. Fridolin Dreßler

Bayerisches Nationalmuseum – Generaldirektor Dr. Lenz Kriss-Rettenbeck

Bayerische Staatsgemäldesammlungen – Generaldirektor Professor Dr. Erich Steingräber

Germanisches Nationalmuseum – Generaldirektor Professor Dr. Arno Schönberger

Bayerisches Armeemuseum – Museumsdirektor Dr. Ernst Aichner

Staatliches Museum für Völkerkunde – Ltd. Museumsdirektor Dr. Walter Raunig

Arbeitsausschuß

Professor Dr. Hubert Glaser, Haus der Bayerischen Geschichte, Vorsitzender

Museumsdirektor Dr. Ernst Aichner, Bayerisches Armeemuseum

Oberkirchenanwalt Bernhard Bach, Evangelisch-Lutherische Kirche in Bayern

Archivdirektor Prälat Dr. Sigmund Benker, Erzdiözese München-Freising

Ltd. Bibliotheksdirektor Dr. Karl Dachs, Bayerische Staatsbibliothek München

S. D. Hauptkonservator Dr. Johann Georg Prinz von Hohenzollern, Bayerische Staatsgemäldesammlungen

Archivdirektor Professor Dr. Rudolf M. Kloos, Generaldirektion der Staatlichen Archive Bayerns

Ltd. Museumsdirektor Dr. Walter Raunig, Staatliches Museum für Völkerkunde

Konservator Dr. Horst Stierhof, Bayerische Verwaltung der staatlichen Schlösser, Gärten und Seen

Oberkonservator Dr. Peter Volk, Bayerisches Nationalmuseum

Ausstellungsleitung

Professor Dr. Hubert Glaser

Wissenschaftliches Konzept

Generaldirektion der Staatlichen Archive Bayerns
Archivdirektor Professor Dr. Rudolf M. Kloos
Archivrat Dr. Reinhard Heydenreuter

Ausstellungssekretäre

Dr. Egon Johannes Greipl MA
Dr. Elisabeth Müller-Luckner

Dr. Peter Diemer
Dr. Johannes Erichsen
Dr. Marcus Junkelmann
Dr. Claudia List
Dr. Annemarie Seling

Redaktion des Kataloges

Professor Dr. Rudolf M. Kloos
Dr. Egon Johannes Greipl MA
Dr. Elisabeth Müller-Luckner

Leihverkehr

Dr. Monika Bachtler

Verwaltung

Oberamtmann Wolfgang Mellar
Dr. Annemarie Seling

Ausstellungsgestaltung

Dr. Helmuth Zebhauser

Autoren

Prof. Dr. Peter Acht	P. A.
Dr. Michael Brocke	M. B.
Prof. Dr. Horst Brunner	H. B.
Dr. Rainer Christlein	R. Ch.
Dr. Johannes Erichsen	J. E.
Dr. Johann Geier	J. G.
Dr. Egon Johannes Greipl	E. J. G.
Dr. Hermann Hauke	H. Ha.
Hans-Joachim Hecker	H.-J. H.
Dr. Reinhard Heydenreuter	R. Hey.
Annelie Hopfenmüller	A. Ho.
Dr. Achim Hubel	A. H.
Dr. Walter Jaroschka	W. J.
Dr. Marcus Junkelmann	M. J.
Dr. Rainer Kahsnitz	R. K.
Dr. Friedrich Kobler	F. K.
Laurentius Koch	L. K.
Dr. Robert G. Koch	R. G. K.
Dr. Renate Kroos	R. Kr.
Wilhelm Liebhart	W. L.
Dr. Claudia List	C. L.
Dr. Veit Loers	V. L.
Dr. Karl-Ernst Lupprian	K.-E. L.
Peter Moser	P. M.
Dr. Rainer A. Müller	R. A. M.
Dr. Elisabeth Müller-Luckner	E. M.-L.
Dr. Elisabeth Noichl-Müller	E. N.
Gerhard Rechter	G. R.
Dr. Albin Rohrmoser	A. R.
Dr. Erwin Schalkhaußer	E. Sch.
Dr. Aloys Schmid	A. Sch.
Dr. Aloys Schütz	A. Schü.
Dr. Lorenz Seelig	L. S.
Dr. Peter Segl	P. S.
Dr. Petra Simon	P. Si.
Dr. Georg Spitzlberger	G. Sp.
Dr. Dirk Steinhilber	D. St.
Dr. Brigitte Volk-Knüttel	B. V.-K.
Werner Wagenhöfer	W. W.
Heinrich Wanderwitz	H. W.
Robert Zink	R. Z.
Dr. Hans Zitzelsberger	H. Z.

Inhalt

Vorwort

von Hubert Glaser

Die Ausstellung »Wittelsbach und Bayern«, die im Sommer 1980 in München und Landshut gezeigt wird, erinnert daran, daß vor 800 Jahren, am 16. September 1180, Kaiser Friedrich Barbarossa den Pfalzgrafen Otto von Wittelsbach mit dem bayerischen Herzogtum belehnte, zugleich an die Herrschaft der Wittelsbacher in Bayern, die mit diesem Tag begann und nahezu ein dreiviertel Jahrtausend, bis zur Revolution von 1918, Bestand hatte und damit an die prägenden Wirkungen, welche die Herzöge, Kurfürsten und Könige aus dem Haus Wittelsbach auf die Entwicklung von Staat und Gesellschaft in Bayern ausübten.

Die Ausstellung ist im Jahr 1977 von der Bayerischen Staatsregierung beschlossen worden; der Bayerische Landtag hat die Mittel dafür bereitgestellt, das Bayerische Staatsministerium für Unterricht und Kultus hat die Betreuung übernommen und den organisatorischen Rahmen geschaffen. Mit der Durchführung wurde das Haus der Bayerischen Geschichte beauftragt.

Alle Beteiligten waren sich darin einig, daß es nicht der richtige Weg wäre, im Eilschritt die langen Jahrhunderte der bayerisch-wittelsbachischen Geschichte zu durchmessen, die Herrscher und die Epochen in flüchtigen Übersichten aneinanderzureihen, alles nur anzudeuten und nichts auszuführen und zu vertiefen. Deshalb wurde der Vorschlag gebilligt, drei besonders wichtige, schicksalsbestimmende Epochen herauszugreifen und sie – soweit es der Stand der Überlieferung und die Bereitwilligkeit der Leihgeber ermöglichen – ausführlich zu präsentieren:

Das 13. und 14. Jahrhundert, in dem die ersten Herzöge aus dem Haus Wittelsbach ihre Landesherrschaft aufbauten, sich gegen den alten Dynastenadel und die Bischöfe durchsetzten, zum bayerischen Herzogtum die Pfalzgrafschaft bei Rhein hinzugewannen, den Dienstadel, die Prälatenklöster und die Städte in ihren Staat einbauten, ihr immer wieder aufgegriffenes Ziel, die Abtrennung der Marken im Osten rückgängig zu machen, nicht erreichten, mit Ludwig dem Bayern nach der deutschen Krone griffen und doch scheiterten bei dem Versuch, ihr Haus auf Dauer als deutsche Königsdynastie zu etablieren.

Das 16. und frühe 17. Jahrhundert: Der Zugriff der Fürsten auf die Untertanen wurde härter, die herzogliche Politik weiträumiger und konsequenter. Das konfessionelle Zeitalter forderte eine Entscheidung. Wilhelm IV. und Ludwig X. fällten sie schnell: gegen Luther, aber für die Reform der alten Kirche. Albrecht V. traf mit den bayerischen Protestanten zugleich die ständische Opposition; Wilhelm V. stützte die alte Kirche im ganzen Reich, knüpfte ein Netz, das bis Nancy, Rom und Graz reichte; in Köln setzte er seinen Bruder Ernst als Erzbischof und Kurfürst durch und rettete damit die Reichskirche im Nordwesten Deutschlands und die katholische Mehrheit im Kurkolleg. Was drei Generationen angelegt hatten, vollendete die vierte: Maximilian I. sammelte die katholische Religionspartei unter seiner Führung, verhalf der Gegenreformation in Böhmen und Oberösterreich zum Sieg, rekatholisierte die Oberpfalz, gewann seiner Familie die Kurwürde zurück, die 300 Jahre zuvor bei den Pfälzer Vettern festgeschrieben worden war, stilisierte seine Herzogtümer mit minutiösen Vorschriften zum katholisch-gegenreformatorischen Sakralstaat hoch, konnte aber doch nicht verhindern, daß der Dreißigjährige Krieg auch auf sein Land übergriff und mußte sich schließlich – unter Preisgabe konfessions-politischer Ziele – mit der Selbstbehauptung Bayerns im Reich und im europäischen Staatensystem zufriedengeben.

Schließlich der tiefe Grabenbruch am Anfang des 19. Jahrhunderts: Das Alte Reich verfiel, die Kirche verlor ihre politische Stellung, die revolutionäre Bewegung, die in Frankreich zum Sieg gekommen war, drängte über den Rhein; die Staaten standen vor der Entscheidung, ob sie im Wirbel der Epoche zugrundegehen oder ihre innere Ordnung dem Zustand der Gesellschaft anpassen und also auf eine neue Basis stellen, ob sie der Revolution, die von unten kam, weichen oder die Revolution von oben her steuern wollten. In Bayern wurde die neue Zeit durch ein dynastisches Ereignis eingeleitet: die altbayerische Linie der Wittelsbacher war 1777, die nachfolgende Linie Sulzbach, die Bayern und den pfälzischen Hausbesitz vereinigt hatte, 1799 ausgestorben. Das pfalzbayerische Erbe fiel an den Pfalzgrafen Max Joseph von Birkenfeld, der 1795 seinem älteren Bruder als Herzog von Zweibrücken nachgefolgt war. Der neue Kurfürst brachte das Konzept eines neuen Staates und neue Männer mit nach München: Maximilian Freiherr von Montgelas stellte die Gleichheit aller vor dem Gesetz und vor der Steuer her, säkularisierte das Kirchengut, organisierte Regierung und Verwaltung neu, leitete die Ablöse der Grundherrschaft ein, ließ die adelige Gerichtshoheit nur mehr als staatlichen Auftrag gelten, stellte den Staat über die Konfession und zog durch allgemeine Schulpflicht und allgemeine Wehrpflicht die Untertanen an ihn heran. Die Verfassung von 1818 schließlich räumte dem Volk in den Kammern ein begrenztes Mitspracherecht ein und erneuerte die Selbstverwaltung der Gemeinden. Das Zeichen dieses neuen Bayern war der Königstitel, den Max Joseph 1806 annahm; unter der Krone und durch die Verfassung wuchsen Altbayern und die im Zeitalter Napoleons hinzugewonnenen, auf dem Wiener Kongreß behaupteten Regionen Frankens und Schwabens allmählich zusammen.

Jede der drei Epochen hat weit in die Zukunft gewirkt. Die innere Ordnung des bayerischen Herzogtums, die im 13. Jahrhundert geschaffen wurde, der Dualismus von Fürst und Ständen, die Ämtergliederung, die Gerichtsorganisation, das soziale System – das alles hat ein halbes Jahrtausend lang Bestand gehabt: Das Netz der Städte und Märkte, das das ganze Herzogtum überzog, prägte das Bild Altbayerns noch im 19. und 20. Jahrhundert. Auch die reichspolitische Konstellation war von Dauer: das Mißtrauen gegenüber den dynastischen Ambitionen der Kaiser, die entschiedene Verteidigung des aus fürstlicher Perspektive gesehenen Reichsinteresses, das stolze Beharren auf dem ererbten Rang und Anspruch des eigenen Hauses.

Daß die Herzöge im Zeitalter der Glaubenskämpfe sofort Position bezogen, der alten Kirche die Herrschaft über die Seelen erhalten wollten und sich, gestützt auf die Kurie, im ganzen Reich als Verteidiger des Glaubens profiliert haben, hat ebenso tiefgreifende Folgen gehabt. Dazu gehört nicht nur, daß das Haus über die jüngeren Prinzen in der Reichskirche eine beherrschende Stellung bezog, sondern vor allem die kirchlich-religiöse Formung des Landes. Sie hat die Untertanen nicht nur als Einzelpersönlichkeiten erfaßt, sondern gleichzeitig zu religiös bestimmten, frommen und wohltätigen Zwecken dienenden Gruppierungen zusammengefaßt. So ist die vom gegenreformatorischen Katholizismus bestimmte, mit Italien, Spanien und Österreich korrespondierende Kultur des bayerischen Barock entstanden, die Klostergelehrsamkeit, das von den Jesuiten geprägte intellektuelle Leben, die Blüte der im Dienst der Religion stehenden Bildenden Künste, das Werk der Kirchenbaumeister, Stukkatoren, Freskanten, die Volksfrömmigkeit, deren Formenreichtum später die Aufklärung zwar kritisieren, hier und dort verändern, aber nicht auflösen konnte, und deren Spuren noch heute nicht ganz verwischt sind.

Schließlich das Reformzeitalter am Anfang des 19. Jahrhunderts. Der moderne Staat und die moderne Gesellschaft sind damals in Bayern ins Leben getreten: es ist unser heutiger Staat und es sind die Anfänge unserer Gesellschaftsordnung. Freilich hat der allgemeine Wandel im Jahr 1818 nicht haltgemacht. Das Regierungssystem hat sich weitergebildet, das monarchische Prinzip ist im Laufe des 19. Jahrhunderts in den Hintergrund gerückt, die Klassengesellschaft hat sich erst allmählich entwickelt. Aber die Fundamente, die durch die Regierung Montgelas unter König Max I. Joseph gelegt wurden, sind stabil geblieben. Das Staatsgebiet des rechtsrheinischen Bayern hat sogar die Katastrophe von 1945 überdauert. Regierung und Verwaltung basieren auf den am Anfang des 19. Jahrhunderts eingeführten Ordnungen, die regionale Binnengliederung, das Bezugssystem der zentralen Orte, der Gemeinden, Kreise und Bezirke ist unter Ludwig I. modifiziert und erst wieder durch die Gebietsreform des letzten Jahrzehnts verändert worden. Bewahrt hat sich die selbstbewußte, machtgewohnte Amtsführung der Bürokratie, aber auch ihr rationaler und liberaler Grundzug – Beleg dafür, daß die Aufklärung Bayern nicht nur an der Oberfläche berührte, sondern auch seinen Charakter und seine Repräsentanz mitbestimmt hat. Freilich sind auch die Bruchstellen noch vorhanden, die von den geschichtlichen Veränderungen zeugen und die Montgelas mit aller Energie zu kitten versucht hat. Niemals, bis heute nicht, hat es einen völlig spannungslosen Zustand in Staat und Gesellschaft gegeben.

Die geschichtliche Erscheinung des Landes erklären, das heißt die Epochen, in denen Bayern seine Gestalt gewonnen hat, voneinander abheben, sie in ihrer Eigenart und in ihrem Eigenwert und zugleich in ihrer Zukunftsbedeutung erfassen, aus dem Blick auf das Unterscheidende und das Gemeinsame, das Kontrastierende und das Kontinuierliche eine Ansicht des Ganzen zu gewinnen. Das ist eine Aufgabe, die von der Ausstellungs-Triologie »Wittelsbach und Bayern« keineswegs bewältigt werden kann, aber es ist ihr Ziel, dazu einen Beitrag zu leisten.

Der erste Teil der Ausstellung »Wittelsbach und Bayern« trägt den Titel ›Die Zeit der frühen Herzöge – von Otto I. zu Ludwig dem Bayern‹. Sie wird auf der Trausnitz ob Landshut gezeigt, dem ältesten Sitz der Wittelsbacher Herzöge, von dem sich wesentliche Teile erhalten haben. Im Mittelpunkt steht die Trausnitzkapelle, die noch vor der Mitte des 13. Jahrhunderts erbaut und ausgestattet wurde; trotz der Veränderungen in späteren Jahrhunderten zeugen der Raum und der skulpurale Schmuck noch heute von den Ansprüchen, die die ersten Herzöge in ihrer Hauptburg stellten. Im Erdgeschoß der Trausnitz, in der Neuen und der Alten Dürnitz und in den angrenzenden Räumen wird gezeigt, welche politische Konstellation die Wittelsbacher 1180 vorfanden, als sie die neue Aufgabe ergriffen, welche Basis – Dienstleute, Hausklöster, die Freisinger Hochstiftsvogtei – sie sich geschaffen hatten, welche Konkurrenten, die nach eigener Landesherrschaft strebten, gegen sie auftraten und wie sie diese Konkurrenten niederrangen. Ein Blick auf die kulturellen Leistungen in der geistlichen Umgebung der ersten Herzöge, bei den Benediktinern im alten Stammsitz Scheyern und bei den Zisterzienserinnen in Seligenthal, schließt den Rundgang im Erdgeschoß. Im zweiten Obergeschoß geht es dann um die Stände, die der Herzog in seinen Staat einbauen und an der Macht beteiligen mußte, um die Städte – wobei Landshut als Beispiel dient –, um den Adel, der an Hand von oberpfälzischen Geschlechtern dargestellt wird, um die Klöster, für die Niederalteich steht. Die Ottonische Handfeste wird als Grunddokument bayerischer Rechts- und Verfassungsentwicklung hervorgehoben. Das erste Obergeschoß schließlich ist Kaiser Ludwig dem Bayern gewidmet; die Doppelwahl von 1313, die landespolitischen Initiativen, die Auseinandersetzung mit dem avignonesischen Papsttum und der Romzug, die Arbeit der kaiserlichen Kanzlei, die Hausmachtpolitik, die das ganze Reich und vor allem die Kurfürsten verärgerte, die Sorge für die Hauptstadt München, die Gründung von Ettal, Verweise auf die persönliche Frömmigkeit des Kaisers und auf seinen Tod 1347 – so setzt sich diese Sequenz zusammen. Im weißen Saal der Trausnitz hängt – gleichsam als ein Rückblick aus der Perspektive des 17. Jahrhunderts –

die Landshuter Folge der Otto von Wittelsbach-Teppiche, die Kurfürst Maximilian in Auftrag gegeben hat – Brücke zum zweiten Teil des Ausstellungstriptychons »Wittelsbach und Bayern«, der unter dem Titel ›Um Glauben und Reich – Kurfürst Maximilian I.‹ in der Residenz München gezeigt wird.

Um die Ausstellung »Wittelsbach und Bayern« haben sich sehr viele Institutionen und Einzelpersönlichkeiten verdient gemacht, ihnen allen gilt es Dank zu sagen. Die Bayerische Staatsregierung und der Bayerische Landtag haben die maßgebenden Entscheidungen gefällt. Ministerpräsident Dr.h.c. Franz Joseph Strauß und Staatsminister Prof. Dr. Hans Maier haben sich persönlich eingesetzt, um die Unterstützung in- und ausländischer Stellen zu erreichen. Für das Haus Wittelsbach ist in derselben Weise S. K. H. Prinz Franz von Bayern tätig geworden. S. Em. Joseph Kardinal Ratzinger hat den Kontakt zum Hl. Stuhl hergestellt. Staatsminister Max Streibl und die zuständigen Beamten des Bayerischen Staatsministeriums für Finanzen haben das Projekt mit großem Verständnis gefördert. Die ganze Last der Betreuung von der ersten Vorbereitung an hatte das Bayerische Staatsministerium für Unterricht und Kultus zu tragen. Ministerialdirektor Herbert Kießling, Ministerialdirigent Prof. Dr. Dr. Walter Keim und sein Nachfolger, Ministerialdirigent Hans Brand haben den Bitten der Ausstellungsleitung immer ein offenes Ohr geschenkt, insbesondere ist Ministerialrat Dr. Wolfgang Eberl ständig als Ratgeber und Nothelfer beansprucht worden; was erreicht werden konnte, ist nicht zuletzt seinem persönlichen Einsatz zu verdanken.
Daß ›Die Zeit der frühen Herzöge‹ auf der Trausnitz präsentiert werden kann, wurde durch das Entgegenkommen der Bayerischen Verwaltung der Staatlichen Schlösser, Gärten und Seen ermöglicht; Präsident Hans Jürgen Freiherr von Crailsheim und seine Mitarbeiter, vor allem Ltd. Oberbaudirektor Günther Schelling, haben dafür die Voraussetzungen geschaffen. Die Ausarbeitung des thematischen Konzepts hat die Generaldirektion der Staatlichen Archive Bayerns übernommen; Generaldirektor Dr. Walter Jaroschka und Archivdirektor Prof. Dr. Rudolf Kloos haben sich mit großer Bereitwilligkeit dieser Aufgabe unterzogen und aus den Beständen der Staatlichen Archive eine großzügige, aspektereiche Dokumentation der ganzen Epoche zusammengestellt. Ganz wesentlich und für das Zustandekommen unentbehrlich war der Beitrag des Bayerischen Nationalmuseums. Er ist durch die Hilfsbereitschaft von Generaldirektor Dr. Lenz Kriß-Rettenbeck und durch die Mitarbeit der Konservatoren und Werkstätten seines Hauses zustande gekommen und hat die Ausstellung um wichtige Glanzpunkte bereichert. Das gleiche gilt für das Germanische Nationalmuseum in Nürnberg. Es hat vor allem – mit Zustimmung des Herrn Bundesinnenministers und der Bayerischen Landesstiftung – die staufische Armilla in die Ausstellung gegeben. Die Bayerische Staatsbibliothek hat sich bereitgefunden, alle Miniaturen aus dem Scheyerer Matutinale in der Ausstellung zu präsentieren. Herr Generaldirektor Dr. Fridolin Dreßler, Herr Ltd. Bibliotheksdirektor Dr. Franz Georg Kaltwasser und Herr Ltd. Bibliotheksdirektor Dr. Karl Dachs haben sich bereitgefunden, die Gelegenheit der Ausstellung zur Neubindung des Kodex und zur Herstellung einer Faksimileausgabe zu benützen. Generaldirektor Prof. Dr. Erich Steingräber von den Bayerischen Staatsgemäldesammlungen hat die Erlaubnis gegeben, einen Teil der Historienbilder von Hans Werl in Landshut zu zeigen und damit ein viel zu wenig bekanntes Denkmal bayerischen Geschichtsbewußtseins aus dem frühen 17. Jahrhundert stärker ins Licht der Öffentlichkeit zu rücken.
Aus Österreich, Frankreich, Großbritannien und den Niederlanden ist besonders wertvolle Unterstützung gekommen: Die Handschriften- und Inkunabelsammlung der Österreichischen Nationalbibliothek (Prof. Dr. Otto Mazal), das Österreichische Haus-, Hof- und Staatsarchiv (Frau W. Hofrat Dr. Anna Benna), das Salzburger Museum Carolino Augusteum (Direktor Dr. Albin Rohrmoser), die Musées Nationaux de France (Direktor Hubert Landaise) und das Cabinet des Estampes der Bibliothèque Nationale (M. Jean-Pierre Seguin), die British Library (Mr. D. H. Turner Esq.), das Reichsmuseum Amsterdam (Generaldirektor Dr. S. H. Levie) sind dabei besonders hervorzuheben.
In besonders großzügiger Weise hat sich eine Reihe von bayerischen und österreichischen Abteien zur Förderung unserer Ausstellung entschlossen. In erster Linie ist dabei die wohlehrwürdige Frau Äbtissin Columba Baumgartner OCist von der Zisterzienserinnenabtei Seligenthal mit ihrem Konvent zu nennen, die neben anderen wertvollen Leihgaben den Figurenbestand des Seligenthaler Stiftergrabes zur Verfügung gestellt hat. Eine Untersuchung der Skulpturen im Bayerischen Landesamt für Denkmalpflege, für die Herrn Generaldirektor Dr. Michael Petzet und Herrn Hauptkonservator Dr. Karl Ludwig Dasser zu danken sind und deren Ergebnisse im Aufsatzband des Katalogs publiziert werden, hat einen Rekonstruktionsversuch des im 17. Jahrhundert beseitigten Denkmals für Herzogin Ludmilla und ihren Gemahl Herzog Ludwig den Kelheimer ermöglicht. Daneben sind besonders die Benediktinerabteien Scheyern (Hochwürdigster Herr Abt Bernardus, M. Lambert OSB), St. Peter in Salzburg (Hochwürdigster Herr Erzabt Franz Bachler OSB) und Niederalteich (Hochwürdigster Herr Abt Plazidus Joseph Stieß OSB) das Augustinerchorherrenstift Kremsmünster (Kustos Dr. Floridus Röhrig Can.Reg.) und das Prämonstratenserstift Wilten (Hochwürdigster Herr Abt Alois Stöger OPraem) zu nennen, ferner die Sammlungen der Diözesen Salzburg (Prälat Msgr. Dr. Johannes Neuhardt) und Regensburg (Msgr. Dr. Paul Mai). Sehr wichtig wurde die Hilfe der großen Städtischen Museen; vor allem sind das Stadtmuseum München (Kulturreferent Dr. Jürgen Kolbe, Museumsdirektorin Dr. Martha Dressbach), das Stadtmuseum Regensburg (Direktor Dr. Wolfgang Pfeifer), das Stadtmu-

seum Nürnberg (Direktor Dr. Karl Heinz Schreyl) und das Stadtmuseum Landshut (Direktor Dr. Georg Spitzlberger) zu nennen.
Daß auch auf die frühen Sitze der Wittelsbacher verwiesen werden kann, ist in erster Linie dem Bezirk Schwaben unter seinem Präsidenten Dr. Georg Simnacher zu danken – er hat die Trägerschaft für die Grabungen auf dem Burgstall von Oberwittelsbach übernommen, die vom Haus der Bayerischen Geschichte angeregt und vom Landesamt für Denkmalpflege betreut wurden – ferner dem ersten Bürgermeister der Stadt Kelheim, Fritz Mathes.
Aus konservatorischen Rücksichten kann der Kurfürstenzyklus vom Mainzer Kaufhaus, der aus der Zeit Ludwigs des Bayern stammt und im mittelrheinischen Landesmuseum aufbewahrt wird, nicht gezeigt werden. Durch das Entgegenkommen von Museumsdirektor Dr. Wilhelm Weber und die Mithilfe des Ltd. Direktors Prof. Dr. Kurt Böhner vom Römisch-Germanischen Zentralmuseum konnte für das Haus der Bayerischen Geschichte ein Abguß angefertigt werden.
Ausstellungen wie die vorliegende sind ein Gemeinschaftswerk. Sie können nur gelingen, wenn alle Beteiligten sich weit über ihre Verpflichtungen hinaus engagieren. Die in den letzten Monaten der Vorbereitung sich auftürmenden Schwierigkeiten, der erbarmungslose Termindruck, die aufgehäufte, Tag und Nacht beanspruchende Arbeitslast – das alles kann nur mit letzter Anstrengung bewältigt werden. Denen, die diese Belastung auf sich genommen haben, selbst in extremen Situationen immer noch Auswege und Lösungen fanden, darf mit besonderer Herzlichkeit Dank gesagt werden, den Mitarbeitern im Ausstellungssekretariat und in der Katalogredaktion, vor allem Dr. Elisabeth Müller-Luckner und Dr. Egon Johannes Greipl, dem Ausstellungsgestalter Dr. Helmut Zebhauser und seinem Team und den beteiligten Firmen, dem Verlag, in dem sich Albert Hirmer, Irmgard Ernstmeier-Hirmer und die Lektoren Margret Tipton und Heinz F. Bläsing mit größtem Einsatz in den Dienst des Vorhabens stellten, ferner allen Mitarbeitern der technischen Betriebe.
Ein abschließendes Wort des Dankes sei Pater Dr. Albert Siegmund gewidmet, dessen letzte wissenschaftliche Arbeit dieser Ausstellung gegolten hat und der im November 1979 in der Abtei Scheyern gestorben ist.

München im Juni 1980

DIE BURG TRAUSNITZ OB LANDSHUT

Es gibt kaum ein zweites Bauwerk in Bayern, das so klar und deutlich bayerisch-wittelsbachische Geschichte spiegelt wie die Burg Trausnitz ob Landshut.
Ihre Entstehung geht auf Ludwig I., den Kelheimer zurück, den zweiten Herzog aus dem Haus Wittelsbach (1183–1231). Abt Hermann von Niederalteich berichtet zum Jahr 1204, daß der Herzog begonnen habe, Burg und Stadt Landshut zu bauen; es besteht kein Anlaß, am Zeugnis Hermanns zu zweifeln.
Ludwigs Initiative nämlich liegt ganz im Rahmen seiner Politik: die Städte und Märkte, die er gründete und förderte, waren Bausteine des neu zu schaffenden Staates, Burgen aber wurden zu Stützpunkten der Herzogsmacht gegen die Konkurrenten in der Auseinandersetzung um die Landesherrschaft. So zielte die Errichtung der Trausnitz mit Sicherheit gegen den Bischof von Regensburg, der nur wenig weiter isarabwärts die Straßburg besaß. Der Bau der Trausnitz bedeutete aber vor allem auch eine Verlagerung des Schwerpunkts der wittelsbachischen Politik aus dem Raum zwischen Ilm und Paar, wo das alte wittelsbachische Hausgut konzentriert war, hinüber nach Osten. Die Trausnitz entwickelte sich zum wittelsbachischen Hauptsitz in der ersten Hälfte des 13. Jahrhunderts, allerdings deutlich auf Kosten von Plätzen wie Kelheim oder Wartenberg.
Im heutigen Baubestand sind noch wichtige Teile der Burg des 13. Jahrhunderts erhalten: die Kapelle und der östlich anschließende Dürnitzbau, der Bergfried – heute »Wittelsbacherturm« – und der innere Torbau mit seinen halbrund vorspringenden Flankentürmen. In diesen Bauten ist der Umfang der Hauptburg des 13. Jahrhunderts abgesteckt; er blieb bis in die Gegenwart erhalten.
Im Jahr 1255 teilten die Herzöge Ludwig II., der »Strenge« (1253–1294) und Heinrich XIII. (1253–1290) das Herzogtum Bayern. Heinrich erhielt Niederbayern als seinen Anteil, machte Landshut zur Hauptstadt des Teilherzogtums und die Trausnitz zu seiner Residenz. Diese Funktion behielt die Burg letztlich bis 1503, von einer kurzen Unterbrechung in den Jahren 1340–1392 abgesehen.
Die »Reichen Herzöge« Niederbayerns bauen nun im Verlauf des 15. Jahrhunderts um, erweitern, verbessern. Auf ihre Tätigkeit geht der im ganzen spätgotische Eindruck zurück, den die Trausnitz von außen bietet. Späte-

stens jetzt legt sich der gewaltige äußere Bering mit seinen Toren, Türmen und Wehrgängen um die Hauptburg. Der große Hof, den er umschließt, ist bis in die erste Hälfte des 17. Jahrhunderts mit zahlreichen Wirtschafts- und Verwaltungsgebäuden besetzt.
1503 starb die niederbayerische Linie mit Herzog Georg dem Reichen aus. Nach einem mörderischen Krieg und unter empfindlichen territorialen Zugeständnissen gelang es Herzog Albrecht IV. von Oberbayern, in Niederbayern die Erbfolge anzutreten. Hauptstadt des vereinigten Herzogtums war nunmehr München. Der Trausnitz aber waren trotzdem noch einige glanzvolle Jahrzehnte beschieden, zuerst als Statthalterresidenz Ludwigs X. (1516–1545), dann als Residenz des späteren Herzogs Wilhelm V. in der Zeit von 1568 bis zu seinem Regierungsantritt in München 1579.
Unter Ludwig X. und Wilhelm (V.) wurde aus der Burg eine Residenz. Vor allem die aufwendigen Raumausstattungen, der Italienische Anbau, die Narrentreppe und die Laubenganggeschosse, die nun das Bild des Innenhofes bestimmen, sind wichtige Neuerungen. Nach dem Wegzug Wilhelms (V.) verlor die Trausnitz endgültig ihre Bedeutung. Während des Dreißigjährigen Krieges setzte man die Befestigungen instand, trotzdem konnte König Gustav Adolf 1632 die Burg einnehmen.
Unter Kurfürst Ferdinand Maria (1651–1679) kam es zu einigen Ausbesserungen in der Malerei der Innenräume. Zu Beginn des 18. Jahrhunderts diente die Trausnitz als Lazarett, 1762 wurde eine Wollzeug- und Seidenmanufaktur eingerichtet.
In der Zeit der napoleonischen Kriege beherbergte die Burg wiederum ein Lazarett, 1831 während der großen Epidemie ein Cholera-Hospital. Unter den verschiedenen Verwendungen hatten die Gebäude sichtlich gelitten. Aus diesem Grunde faßte König Ludwig I. um 1840 den Plan zur Sicherung und Instandsetzung der Trausnitz, konnte ihn aber nicht in die Tat umsetzen. Erst sein Enkel, König Ludwig II., wandte der Trausnitz wieder vermehrtes Interesse zu. Er ließ unter anderem die Kapelle in neugotischem Stil umbauen und ein Appartement im zweiten Obergeschoß einrichten: bewohnt hat er es nie.

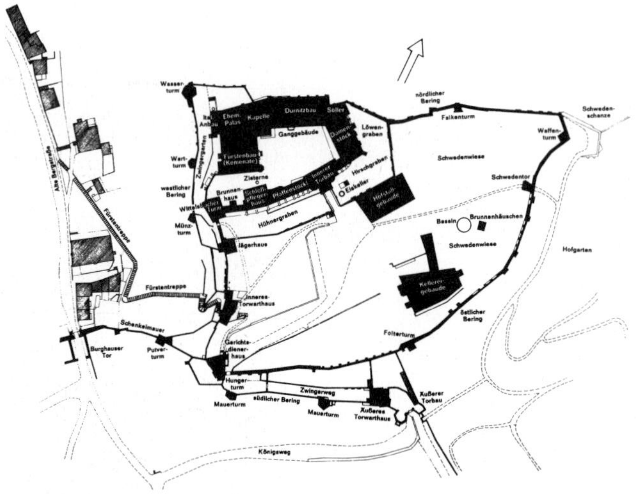

Nach dem Ende der Dynastie 1918 wurde die Burg zunächst der Archivverwaltung überlassen, dann aber bald der Staatlichen Verwaltung der Bayerischen Schlösser, Gärten und Seen zugeordnet.
Der 21. Oktober 1961 ist der Schwarze Tag in der 750jährigen Geschichte der Burg Trausnitz ob Landshut: ein durch Nachlässigkeit entstandener Brand ließ die Räume des Fürstenbaus mit ihren berühmten Dekorationen, den Georgirittersaal Ludwigs X. und das Appartement König Ludwigs II. in Schutt und Asche sinken, beschädigte die Narrentreppe schwer und zog auch die Kapelle in Mitleidenschaft. Die mit großer Sorgfalt ins Werk gesetzte Wiederherstellung der Räume kann über den endgültigen Verlust der Raumausstattungen nicht hinwegtrösten.
Trotz allem jedoch bleibt die Burg Trausnitz das wichtigste monumentale Zeugnis aus der frühen wittelsbachischen Herzogszeit.

E.J.G.

ERDGESCHOSS

RAUM 1 LAUFGANG

Der Laufgang, entstanden zu Beginn des 16. Jh., bildete ursprünglich wohl die Verbindung zwischen Küche und Neuer Dürnitz. *E. J. G.*

Projektion: Spuren des Mittelalters

1* DER PFALZGRAF BEI RHEIN UND HERZOG VON BAYERN

Mainz, um 1330

Sandstein (Abguß), 200x100 cm

Das Relief gehört zum sog. Kurfürstenzyklus vom ehem. Kaufhaus »am Brand« in Mainz (vgl. Kat. Nr. 297)
Es zeigt den Fürsten als ritterlichen Kämpfer mit Beckenhaube, Kettenhemd, Waffenrock, Kettenpanzerstrümpfen mit ledernen Kniebuckeln, Schwert, Dolch, Schild und, an einer Kette über die Schulter gehängt, dem Topfhelm mit Helmzier.
Das Wappenschild zeigt zweimal den pfälzischen Löwen und die mit dem Erbe der Grafen von Bogen 1242 erworbenen Rauten. Das Mainzer Relief ist einer der frühen Belege für das wittelsbachische Wappen in dieser Form. E.J.G.

E. L. Fischel, Mittelrheinische Plastik des 14. Jh., 1923, 40, 153; A. v. Reitzenstein, Der Ritter im Heergewäte (Stud. z. Gesch. d. europäischen Plastik. FS Th. Müller) 1965, 85f.; W. Volkert (WB I/1) 13–28.

Original: Mainz, Mittelrheinisches Landesmuseum.
Abguß: München, Haus der Bayerischen Geschichte

Zur Rüstung und Datierung des Herzogs von Pfalz-Bayern aus dem Mainzer Kurfürstenzyklus:
Der Herzog trägt den kompletten Kettenpanzer des 13. Jh. mit Panzerstrümpfen und in einem Stück an die Ärmel angesetzten Panzerfäustlingen; nur die Panzerkapuze ist weggefallen und durch eine Beckenhaube mit breitem Panzerkragen, der charakteristischen Kopfbedeckung des Ritters im 14. Jh., ersetzt worden. Unter dem kurzen Waffenrock ist mit Bestimmtheit ein starrer Rumpfpanzer zu vermuten, da, wie in den beiden ersten Dritteln des 14. Jh. üblich, Schwert, Dolch und vor allem der über den Rücken gehängte schwere Topfhelm mit Ketten an der Brust befestigt sind. Vermutlich handelt es sich um ein Leder- oder Stoffkorsett mit eingenieteten Eisenplatten, eine seit der Mitte des 13. Jh. gebräuchliche Form des Körperschutzes. Die steife Panzerung der Gliedmaßen beschränkt sich auf ein Paar Kniebuckel, die aus gekochtem und modelliertem Leder (cuir-bouilli) gefertigt sein dürften. Sie sind auf einem Oberschenkelschutz aus Leder oder gestepptem Stoff befestigt, dessen ausgezackte Enden unter den Kniebuckeln hervorsehen. Die wenig entwickelte Panzerung der Beine und Arme, der lockere, weite Schnitt des Waffenrockes unterhalb des noch schmalen und unverzierten Gürtels und der Umstand, daß Kettenpanzerfäustlinge und noch keine gesonderten, mit Schienen gepanzerten Fingerhandschuhe getragen werden, sprechen gegen eine Datierung wesentlich nach dem 1. Drittel des 14. Jh. Umgekehrt machen die Beckenhaube mit Brünne, die kurze Form des Waffenrockes und der Basilarddolch eine Entstehungszeit vor dem Ende des ersten Jahrhundertviertels unwahrscheinlich. M. J.

Claude Blair, European Armour, London 1958; G. F. Laking, A Record of European Armour and Arms, London 1920, Bde. I, III; L. G. Boccia–E. T. Coelho, Colaccio Beccadelli: an Emilian Knight of about 1340 (Arms and Armor Annual I) 1973; B. Thordemann, Armour of the Battle of Wisby 1361, 2 Bde., Stockholm 1939.

1

RAUM 2 NEUE DÜRNITZ (I)

Der Raum ist der nördliche Teil des ursprünglich bis zum Südende des Fürstenbaus reichenden Aufenthaltsraumes für das Gesinde. Er stammt aus dem 15. Jh. Aus Ausstellungsgründen ist er in zwei Kompartimente zerlegt. *E. J. G.*

BAYERN UND REICH IM 12. JAHRHUNDERT

Im frühen Mittelalter, zu Zeiten des Herzogshauses der Agilolfinger, hatte Bayern als Stammesherzogtum seine erste Form erhalten. Im Jahre 788 endete die Herrschaft der Agilolfinger durch den gewaltsamen Zugriff König Karls d. Gr.: Das Stammesherzogtum jedoch blieb bestehen. Um die Mitte des 10. Jh. erreichte es dann die größte Ausdehnung seiner Geschichte: vom Lech im Westen bis in die ungarische Tiefebene, vom Fichtelgebirge bis hinunter an die Adria; allerdings dauerte dieser Zustand nur kurz. Schon unter Kaiser Otto I. (936–973) fielen die Markgrafschaften Verona und Friaul an Italien, unter seinem Sohn Otto II. (973–983) wurde aus der bayerischen Provinz Karantanien das selbständige Herzogtum Kärnten.

Im 12. Jh. schließlich schrumpfte Bayern nochmals: 1156 ging Österreich, 1180 die Steiermark eigene territoriale und dynastische Wege, in beiden Fällen vom Stauferkaiser Friedrich Barbarossa gesteuert.

Die Staufer – eine zunächst unbedeutende Familie, die es im Dienst der salischen Kaiser Heinrich IV. (1056–1106) und Heinrich V. (1106–1125) zu Macht und Ansehen gebracht hatte; mit Friedrich I. (gest. 1105) stiegen sie zur schwäbischen Herzogswürde auf, nach dem Tod Kaiser Heinrichs V. (1125) versuchten sie, nach der Königskrone zu greifen, jedoch unterlag Herzog Friedrich II. in der Wahl gegen Lothar von Supplinburg. Als Lothar dann 1137 starb, hatte er seinen Schwiegersohn, den Welfen Heinrich den Stolzen, schon zum Nachfolger designiert. Wieder wären die Staufer übergangen worden, hätte nicht der Erzbischof von Trier in staatsstreichartigem Vorgehen die Wahl Konrads, des jüngeren Bruders Friedrichs II., durchzusetzen gewußt. Konrads Wahl aber entfesselte den Kampf zwischen der welfischen und der staufischen Partei im Reich, der jahrzehntelang dauern und letztlich in Bayern die Wittelsbacher an die Macht bringen sollte.

Schon zu seinen Lebzeiten hatte König Konrad III. (1138–1152) seinen Neffen, den Schwabenherzog Friedrich III. zum Nachfolger bestimmt. Als Friedrich I. wurde er 1152 König, 1155 krönte ihn Papst Hadrian IV. zum Kaiser. Barbarossa, wie ihn die Italiener wegen seines rötlichen Bartes nannten, sah seine Aufgabe in einer durchgreifenden Reform des Reiches, in der Beilegung des staufisch-welfischen Gegensatzes, der so viel Kraft kostete, in der Stärkung des Königtums in Deutschland und Italien und schließlich in einer Fortführung der schon von Konrad III. betriebenen Reichslandpolitik.

Die Geschichte Bayerns ist von allen diesen Projekten der staufischen Politik ganz maßgeblich beeinflußt worden: Reichsreform, das bedeutete zunächst die Zerschlagung der alten Stammesherzogtümer und den Neuaufbau des Reichsorganismus aus kleineren, nach Möglichkeit enger an die Zentralgewalt gebundenen Bausteinen. Für Bayern wirkte sich das in der Abtrennung Österreichs (1156) und der Steiermark (1180) aus. Die Aktion von 1156 sollte zugleich dem zweiten Ziel dienen, der Beilegung des staufisch-welfischen Gegensatzes: die Welfen wurden in aller Form wieder in ihre Rechte am bayerischen Herzogtum – ohne Österreich – eingesetzt. Gegen den Bischof von Freising erhielt Heinrich der Löwe die Unterstützung des Kaisers. Das Ziel wurde verfehlt – zu mächtig war Heinrich der Löwe, zu königsgleich seine Stellung im Norden und Osten des Reiches, als daß der große Konflikt hätte ausbleiben können. 1180 ist der Streit mit Heinrichs Absetzung als Herzog von Bayern und Sachsen zugunsten Barbarossas entschieden. Mit Otto von Wittelsbach steht nun ein treuer Parteigänger der Staufer an der Spitze des bayerischen Herzogtums.

1180 hatte der Kaiser keines der beiden lediggewordenen Herzogtümer in seiner Hand behalten können. Der Grundsatz des Leihezwangs hatte sich durchgesetzt – allerdings nur, was die Lehen betraf, die der Kaiser den sich als geschlossene Gruppe um diese Zeit konstituierenden Reichsfürsten übertrug. Innerhalb der reichsfürstlichen Territorien hingegen galt das Heimfallsrecht, für den Ausbau dieser Territorien eine Chance ohnegleichen.

Die Reichslandpolitik Barbarossas schließlich mußte 1180 für den bayerischen Herzog eine Einschränkung seiner expansiven Möglichkeiten bedeuten: Wie drüben am Rhein hatten die Staufer auch im Norden und Westen Bayerns durch Kauf, Erbschaft, Rodung eine beachtliche Erweiterung ihres Besitzes und ihrer Rechte erreicht. Von Plauen herein zog sich durch den Nordgau bis in den Raum zwischen Iller und Lech ein mächtiger Riegel von Staufer- und Reichsbesitz. Allerdings: was 1180 nach einer Beschränkung wittelsbachischer Möglichkeiten aussah, sollte nach dem Tod Konradins des letzten Staufers (1268) zum großen Gewinn werden (vgl. S. 109f.).

E. J. G.

2* ARMILLA
vielleicht aus dem Besitz Kaiser Friedrichs I. Barbarossa

Um 1180, Maasgebiet

Kupfer vergoldet, Grubenschmelz. Ausbrüche im Email, Verletzungen im Bereich des Korpus. 11,5 (Mitte) x 17 cm, Spannweite 11,7 cm

Auf der Armilla (Armspange) ist die Kreuzigung Christi dargestellt: Über einem Hügel erhebt sich das Kreuz. Links und rechts Longinus mit der Lanze bzw. Stephaton mit dem Essigschwamm. Links neben Longinus Maria (bez. S. MARIA), rechts neben Stephaton Johannes (bez. IOH[ANNE]S). In den oberen Ecken des Bildfeldes zwei Engel, die auf das Kreuz deuten. Zu Füßen des Gekreuzigten losen drei Soldaten um seine Gewänder.
Mit Hilfe von Bändern, die durch zwei Löcher der Armilla liefen, wurden derartige Spangen am Oberarm getragen. Formal stammen sie von der germanischen *Bauge* (ahd. *biogan* = biegen). In der römisch-byzantinischen Welt waren Armillae militärische Ehrenzeichen. Zur Karolingerzeit gehören sie zum Schmuck der Könige; im ottonischen Krönungsordo des 10. Jh. sind sie als Herrschaftszeichen erwähnt. Nur wenige Armillae haben sich erhalten. Vier Goldbleche in Vezprém und drei Glieder der Krone des Oswaldreliquiars aus dem Hildesheimer Domschatz gelten als Armilla-Fragmente. Nur durch eine Abbildung und eine Beschreibung aus dem Jahre 1790 sind die beiden Armillae der Reichskleinodien bekannt: die Originale sind seit 1796 verschollen. Auf ihnen waren die Geburt Christi und die Darbringung im Tempel dargestellt. Das noch erhaltene Exemplar des Louvre wiederum bildet die Auferstehung Christi ab. Stilistisch gehören aber, trotz der inhaltlichen Bezüge, nur Kreuzigung und Auferstehung bzw. Geburt und Darbringung im Tempel zusammen. Aus diesem Grund ist die Vermutung naheliegend, daß zwei verschiedene Werkstätten vom Kaiser beauftragt wurden. Das ausgestellte Stück ist vielleicht von Barbarossa dem befreundeten russischen Großfürsten Andrej Bogoljubski geschenkt worden, auf dessen Initiative die Errichtung der Kathedrale von Wladimir zurückgeht. Um 1900 jedenfalls befand es sich zusammen mit dem Pariser Exemplar im Besitz dieser Kirche. Über St. Petersburger Sammlungen gelangte die Armilla in die Ermitage, dann über den Kunsthandel in die Sammlung Hirsch und von dort auf dem Wege der Versteigerung an das Germanische Nationalmuseum.
Selbstverständlich waren derartige Schmuckstücke nicht nur Königen und Kaisern verbehalten. Ebenfalls für die Zeit um 1180 sind z. B. zwei Armillae, gefertigt aus ca. 280 Gramm Gold, im Besitz des bayerischen Grafen Siboto IV. von Falkenstein bezeugt. E.J.G.

P. E. Schramm, Herrschaftszeichen und Staatssymbolik (MGH 13/II) 1955, 538ff.; AK Staufer I Nr. 540f., II Abb. 330ff.; R. Kahsnitz, Armillae aus dem Umkreis Friedrich Barbarossas (Anzeiger des GNM) 1979, 7–46; AK Meisterwerke aus der Slg. Hirsch, erworben für dte. Museen, 1979, 25–30; Lexikon des Mittelalters I, 1979, 982; E. Noichl, Codex Falkensteinensis (QE NF XXIX) 1978, 68.

Nürnberg, Germanisches Nationalmuseum (KG 1239). Miteigentum der Bundesrepublik Deutschland und der Bayer. Landesstiftung.

3* KAISER FRIEDRICH BARBAROSSA UND DER BISCHOF VON FREISING

Bayerisch, vor 1205

Kalkstein. (Abguß) Höhe 65 cm (Kaiser), 60 cm (Beatrix)

Die Figur Kaiser Friedrich Barbarossas erscheint am Gewände des Westportals des Domes in Freising, als Relieffigur mit dem dahinterliegenden Quaderstein aus einem Stück gearbeitet. Der Kaiser thront mit Krone und Zepter auf dem Faldistorium, begleitet von einem Bischof (Otto von Freising?), bezeichnet durch die Inschrift darüber: FREDERIC[VS] ROM[ANORVM] IMP[E]R[ATOR] AVGVST[VS]. Gegenüber findet sich seine Gemahlin mit der Inschrift: CONIVX BEATRIX COMITISSA BVRGVNDIAE AO MCLXI. Nach der unzutreffenden Jahreszahl vermutete man zu Recht, daß diese Inschrift erst im 18. Jh. – analog zu der des Kaisers – zugefügt wurde, wie auch die Figur der Kaiserin selbst während der Barockisierung des Domes durch die Gebrüder Asam weitgehend erneuert bzw. verändert worden ist. Die direkten Zusammenhänge der Barbarossa-Gruppe mit einzelnen Architekturteilen in der Krypta des Domes erlauben eine Datierung vor der 1205 bezeugten Weihe der Kathedrale. A.H.

H. Karlinger, Die romanische Steinplastik in Altbayern und Salzburg 1050–1260, Augsburg 1924, 58–62, Taf. 78, 80, 82; AK Bayern – Kunst und Kultur 46, 317 Nr. 91.

Freising, Dom, Westportal

3

4 AUGSBURGER SCHIED

Augsburg, 14. Juni 1158

Pergament; Siegel zerbrochen und in seinen Einzelheiten nicht mehr zu erkennen. 44x34 cm

Kaiser Friedrich I. schlichtet den Streit zwischen Bischof Otto von Freising und Herzog Heinrich von Bayern um Markt, Brückenzoll und Münze zu Föhring und München dahingehend, daß diese Rechte in Föhring nicht mehr bestehen dürfen; von den Münchner Zoll- und Münzeinnahmen stehen dem Bischof ein Drittel, dem Herzog zwei Drittel zu; von der Freisinger Münze verleiht der Herzog ein Drittel als Lehen auf Vorschlag des Bischofs.
Im Machtkampf zwischen dem Welfenherzog Heinrich dem Löwen und den Bischöfen in seinem Territorium bedeutet der Augsburger Schied einen vorläufigen Sieg des Herzogs: Die Zerstörung von Markt und Brücke zu Föhring wurde nachträglich legalisiert; die Ansprüche Heinrichs konnten im wesentlichen durchgesetzt werden, da Friedrich Barbarossa die Unterstützung des Welfen benötigte.
Für München, das hier erstmals als stadtähnliches Gebilde faßbar ist, bedeutete der Augsburger Schied nichts weniger als den Zugang zum Salzhandel und damit zu bedeutenden Geldeinnahmen. Man kann vermuten, daß die Entwicklung des Ortes rasch aufwärts ging, denn als mit der Absetzung Heinrichs des Löwen 1180 der Augsburger Schied vom Kaiser widerrufen wurde und Freising in seine alten Rechte zurücktrat (Kat. Nr. 5), scheint die Bedeutung Münchens als Handelsstation bereits so gefestigt gewesen zu sein, daß diese Maßnahmen faktisch nicht mehr zur Geltung kamen. K.-E. L.

Druck: Dirr I 3–5 Nr. 1; MG DF I Nr. 218; Dokumente I/1 Nr. 268. – Regest: RI V/2 Nr. 2402. – Lit.: Riezler I, 301–307; J. Bärmann, Die Städtegründungen Heinrichs des Löwen und die Stadtverfassung des 12. Jh., Köln–Graz 1961; AK Bayern – Kunst und Kultur Nr. 140; Dokumente I/1 282; AK Aus 1200 Jahren Nr. 31.

München, Bayerisches Hauptstaatsarchiv (Kaiserselekt 498)

5 WIDERRUF DES AUGSBURGER SCHIEDS

Regensburg, 13. Juli 1180

Pergament; beschädigtes Siegel an grüner Seidenschnur. 52,5x45,5 cm

Kaiser Friedrich I. widerruft nach Fürstenspruch die Verlegung von Markt und Brücke von München nach Föhring, die durch Heinrich den Löwen unrechtmäßig vorgenommen worden war, und erlaubt dem Bischof von Freising die Wiedererrichtung von Markt und Brücke in Föhring. Außerdem gewährt er dem Bischof das Recht, über Güter, die der Bischof auf eigene Kosten erworben hat, frei zu verfügen.
Heinrich der Löwe hatte 1180 seine antikaiserliche Haltung mit dem Verlust seiner Herzogtümer bezahlen müssen. In Bayern rührte sich keine Hand für den Welfen. Die Situation war günstig für den Freisinger Bischof, Markt und Brücke in Föhring wieder aufzurichten, die Heinrich der Löwe zerstört und nach München verlegt hatte. Diese Streitsache war 1158 durch kaiserlichen Spruch zugunsten des Welfen entschieden worden (Kat. Nr. 4). Nachdem nun München in den ersten beiden Jahrzehnten seines Bestehens kräftig aufblühte, versuchte der Freisinger Bischof in der offenen Situation von 1180 den über den neuen Markt laufenden Handel wieden nach Föhring zu ziehen. Der Kaiser kam diesem Ansinnen, das von sieben Eidhelfern unterstützt wurde, entgegen; die Entwicklung Münchens aber konnte dadurch nicht mehr beeinflußt werden. H. W.

Druck: MB 438 ff., Nr. 535; Dirr I 5 ff., Nr. 2; R. Schaffer, An der Wiege Münchens (Neue Schriftenreihe d. Stadtarchivs München 2) 1950, 84 ff., Nr. 11 (mit Übersetzung). – Regest: RI Nr. 2626; RB I 308; Stumpf-Brentano, Reichskanzler I, 386, Nr. 4305. – H. Mitteis, Politische Prozesse des früheren Mittelalters in Deutschland und Frankreich, 1974 [2], 55 ff.; F. Solleder 5 ff. (mit älterer Lit., 6 Anm. 5); Bayerisches Städtebuch, Stuttgart 1974, II 394–445 (mit neuerer Lit.).

München, Bayerisches Hauptstaatsarchiv (Kaiserselekt 535)

DIE WELFEN-HERZÖGE VON BAYERN

Am Weihnachtsfest 1070 belehnte König Heinrich IV. nach der Absetzung des glücklosen Otto von Nordheim Welf IV. mit dem Herzogtum Bayern. Die seit den Zeiten der Karolinger andauernde Epoche der »Wechselherzöge« war damit beendet, und eine starke Dynastie bestimmte für 110 Jahre – allerdings mit zwei großen Unterbrechungen 1077–1096 und 1138–1155 – maßgeblich die Geschicke des Landes.
Die Welfen konnten, wie es die Welfenchronik des späten 12. Jh. stolz dartut, auf eine jahrhundertelange Geschichte zurückblikken. Zur karolingischen Zeit schon gehörten sie der Reichsaristokratie an, ihren Besitz hatten sie an der oberen Maas und am Bodensee. Während der Auseinandersetzung zwischen dem ostfränkischen Reich Ludwigs des Deutschen und dem westfränkischen Reich Karls des Kahlen schlugen sich die Welfen 859 auf die westfränkische Seite. Die Familie teilte sich in zwei Linien, eine burgundische, die zum Königtum aufstieg, und eine schwäbische, die politisch für lange Zeit ohne Bedeutung blieb. Erst im 11. Jh. setzte ihr Aufstieg ein. 1055 starb die männliche Linie der schwäbischen Welfen mit Welf III. aus, Welf IV. entstammte der Ehe der Welfin Kunigunde mit dem italienischen Markgrafen Azzo von Este. Er trat das Erbe in Schwaben an, um Füssen, Kaufbeuren, Landsberg und am Bodensee.
Der Enkel Welfs IV., Heinrich der Stolze, konnte die Machtbasis des welfischen Hauses entscheidend verbreitern: Die Belehnung mit dem Herzogtum Sachsen und die Heirat mit der Tochter Kaiser Lothars, der ihn sogar als seinen Nachfolger designierte (1137), schienen den Aufstieg zur Königswürde unaufhaltsam zu machen.
Es kam anders: die Fürsten wählten nach Lothars Tod den vergleichsweise unbedeutenden Konrad von Staufen: der Grund zum staufisch-welfischen Gegensatz, Leitmotiv der Politik im Reich für die kommenden Jahrzehnte, war gelegt. Vorübergehend ging Bayern den Welfen verloren. 1156 schienen die Konflikte beigelegt: Heinrich der Löwe erhielt Bayern – ohne die Ostmark – zurück. Nach dem Kaiser war der Welfe wieder mächtigster Fürst im Reich. 1176 verweigerte er Barbarossa die Heerfolge. Dies und eine Reihe von Klagen des sächsischen Adels führte 1180 zum Prozeß gegen Heinrich. Er verlor seine Herzogtümer und wurde in die Acht getan. 1195 ist er in Braunschweig gestorben.
Die Welfen haben Spuren in Bayern hinterlassen: ihre Klostergründungen Rottenbuch und Steingaden, ihre Stadtgründungen in Schongau, Landsberg und München. In Regensburg, der Hauptstadt, gehen der Neubau des Herzoghofs und der Steinernen Brücke auf welfische Initiative zurück, in München und Regensburg ließ Heinrich der Löwe Münzen schlagen. Und doch: im Vergleich zu Sachsen war Bayern nur Nebenland – vielleicht hat es deswegen das Jahr 1180 ohne größere Unruhen überstanden.
E.J.G.

6* WAPPENSTEIN VON DER GRABLEGE DER WELFEN IN STEINGADEN

Bayerisch, um 1200

Sandstein, 107x71 cm

Die rechteckige Platte zeigt den Wappenschild der Welfen, den nach rechts hochsteigenden Löwen. Das offensichtlich aus einem größeren architektonischen Zusammenhang stammende Fragment war vor seiner Erwerbung durch das Bayerische Nationalmuseum an einem Privathaus in Steingaden eingemauert. Möglicherweise läßt es sich in Verbindung bringen mit dem aufwendigen Hochgrab der Welfen, die das von ihnen 1147 gegründete Prämonstratenserkloster Steingaden zur Grablege der Familie bestimmt hatten. Die Grabanlage, in der Welf VI., Herzog v. Spoleto (gest. 1191) und sein Sohn Welf VII. (gest. 1167) bestattet waren, wurde während der Bauernkriege 1525 zerstört. Sollte der Wappenstein tatsächlich von diesem Hochgrab stammen, dürfte er stilistisch um 1200 zu fixieren sein; er wäre so nach dem Tod Herzog Welfs VI. im Jahre 1191 entstanden. A.H.

BNM Kat. XIII/1 Nr. 11, Taf. 32; AK Wappen in Bayern Nr. 7.

München, Bayerisches Nationalmuseum (MA 121)

7* RELIQUIAR
aus dem Besitz Heinrichs des Löwen (?)

Niedersachsen, um 1170

Holzkern, Grubenschmelz, Bronze gegossen und vergoldet, Silberblech gestanzt, Bergkristall. Höhe 23,4 cm

Über einem gewölbten, auf drei Füßen ruhenden Sockel erhebt sich in Vierpaßform das Reliquiar. Am Scheitel eines jeden Halbkreisbogens ein Bergkristallknauf.
Auf der Rückseite des Reliquiars ist Christus mit den Königen Oswald, Sigismund und Eugeus abgebildet. Die Vorderseite zeigt mit Nimbus den 1146 heiliggesprochenen Kaiser Heinrich II., seine Frau Kunigunde und den Mönch Wendland. Am Unterbau des Reliquiars schließlich sind die Heiligen Gereon, Mauritius, Eustachius und Sebastian abgebildet.
Das Bildprogramm erlaubt, enge Beziehungen zwischen dem Reliquiar und Heinrich dem Löwen herzustellen: König Oswald von Nothumbrien (617–642) z.B. zählte zu den Patronen des englischen Königshauses, war auch Patron der Welfengründung Weingarten. Sigismund wiederum (nach der Überlieferung König von Burgund, Märtyrer 523) war Vorfahr Heinrichs des Löwen. »Eugeus« schließlich könnte den legendären schottischen König Owain meinen. Vor allem schließlich war Kaiser Heinrich II., dessen Reliquien in diesem Reliquiar eingeschlossen sind, Namenspatron Heinrichs des Löwen und auch seines Schwiegervaters König Heinrichs II. von England. Vielleicht hängt die Entstehung des Reliquiars mit der Hochzeit Heinrichs des Löwen mit Mathilde von England im Jahre 1168 zusammen. E.J.G.

STAUFER UND WELFEN

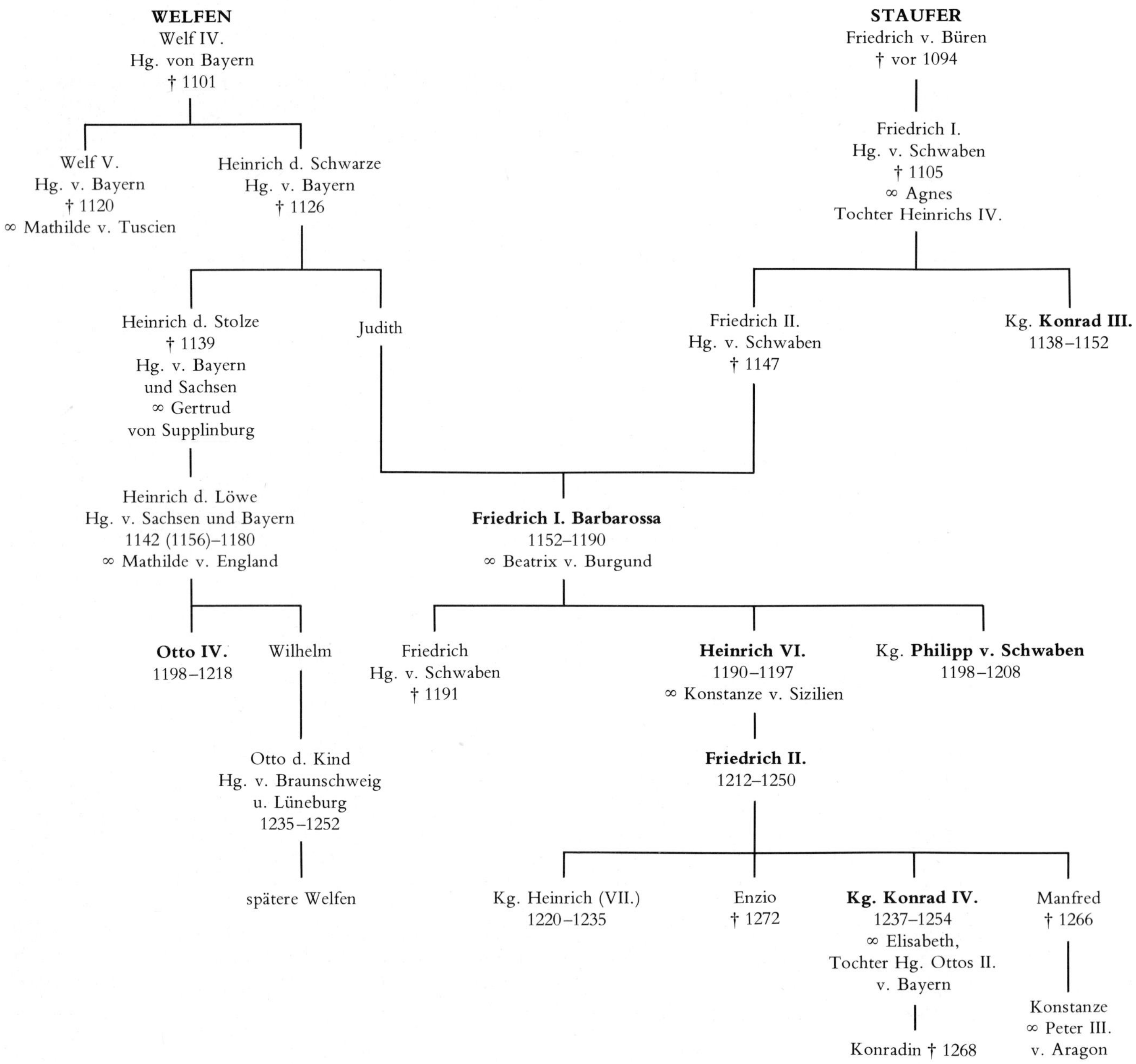

6

AK Staufer Nr. 575, Abb. 380; P. Lasko, Ars Sacra 800–1200 (Pelican History of Art) Harmondsworth 1972.

Paris, Musée du Louvre, Département des Objects d'Art (D 70–72)

8* WELFENCHRONIK (Historia Welforum)

Weingarten, letztes Viertel 12. Jahrhundert

Pergament mit Miniaturen (150 Bl.), 32,5x22 cm

Der tiefgreifende Wandel, den der mitteleuropäische Adel in der Mitte des 11. Jh. durchlebte, äußert sich unter anderem in einem Familienbewußtsein, das sich allmählich ausprägte und zur Anlage von Familienchroniken führte. Die älteste dieser adeligen Familienchroniken ist von den Welfen bekannt, ein weiteres Zeichen des besonders starken Familienbewußtseins dieses Geschlechtes. Die ›Historia Welforum‹ wurde um 1170 wohl von einem Hofgeistlichen der Umgebung Welfs VI. abgefaßt. Für die Frühzeit darf ihr trotz des Verzichts auf die üblichen Abstammungsfabeln nur beschränkte Glaubwürdigkeit zuerkannt werden, da die Welfen – wie alle mittelalterlichen Adelsgeschlechter – über ihre Herkunft nur wenig wußten. Für das 12. Jh. dagegen gehört die ›Historia Welforum‹, die eine ältere ›Genealogia Welforum‹ (um 1130) verarbeitet, für den süddeutschen Raum zu den ergiebigsten Hauptquellen. Die Weingartener Handschrift wurde noch im ausgehenden 12. Jh. angefertigt und mehrmals abgeschrieben. Sie bietet zwar nicht den besten Text, zeichnet sich aber durch den beigegebenen gemalten Stammbaum aus, für den kein Vorbild bekannt ist. Er gehört noch der Entstehungszeit der Handschrift an. Einzelne Zusätze wurden im 14. Jh. angefügt.

A. Sch.

E. König (Hrsg.), Historia Welforum (Schwäbische Chroniken der Stauferzeit 1) Stuttgart–Berlin 1978 ²; H. M. Decker-Hauff, Zur ältesten Weingartner Geschichtsschreibung (AK Weingarten 1056–1956) 1956, 362 ff.

Fulda, Hessische Landesbibliothek (Cod. D 11)

7

9* PSALTERFRAGMENT

Kloster Helmarshausen, zwischen 1168 und 1189

Pergament (11 Bl., modern mit Papierblättern durchschossen), erhalten nur Kalendarium, 4 Miniaturen (Oberfläche beschädigt), 4 Schriftseiten. Einband Leder (modern). 20,9x13 cm

Unter den Büchern des Alten Testamentes hatte der Psalter stets besonderen Rang, als eine Sammlung von Gebeten und Lobgesängen, die jedem Christen, Ordens- und Weltgeistlichen ebenso wie Laien geradezu als *clavis coeli et janua paradisi* (Schlüssel zum Himmel und Tor zum Paradies) empfohlen wurden, vgl. Honorius Augustodunensis, PL 172, 273. Entsprechend kennen wir aus Schriftquellen und erhaltenen Exemplaren mindestens ab karolingischer Zeit prachtvoll ausgestattete Psalterien auch für Kaiser, Könige, Dynasten und deren Gemahlinnen. – Zu solch einem Prachtpsalterium gehören sehr oft: ein Kalender mit den Kirchenfesten; Bilder und/oder große Initialen dort, wo die verschiedenartige Teilung der 150 Psalmen in drei, acht oder zehn Gruppen verdeutlicht wird; biblische Lobgesänge (Cantica), Credo, Litanei, Gebete.

Die elf erhaltenen Blätter aus dem Psalter Heinrichs des Löwen erlauben noch, das System des Bildschmucks zu rekonstruieren. Vollständig ist das Kalendarium, sehr kostbar und weitläufig mit Gold auf Purpurgrund geschrieben, gerahmt von Doppelarkaden; in ihren halbkreisförmigen Feldern jeweils ein Tierkreiszeichen und eine charakteristische Beschäftigung des Monats (Wärmen, Holzfällen, Weinbeschneiden, Hacken, Anbinden der Weinreben, Pflügen, Heumähen, Kornschneiden, das Keltern der Trauben, Säen, Dreschen, Schweinschlachten). Die Rückseite des Dezemberblatts enthält die Verkündigung an Maria, dazu zwei Geschichten des Alten Testaments, die im Mittelalter auf die jungfräuliche Geburt Christi gedeutet wurden: Moses mit dem brennenden Busch, der vom Feuer doch nicht verzehrt wurde (Exod. 3,2 ff.) und Gedeon mit dem Schaffell, das allein vom Tau benetzt wurde (Jud. 6,36 ff.). Denn die Psalmen weisen voraus, *quod natus, quod passus, quod resurrexit Christus* (daß/warum Christus geboren wurde, litt und auferstand, so Hrabanus Maurus, PL 111, 112). Das nächste Blatt zeigt auf der Vorderseite die Darbringung im Tempel, mit Moses als dem Gesetzgeber und dem Propheten Malachias, auf der Rückseite die große Initiale zu Ps. 1.

8

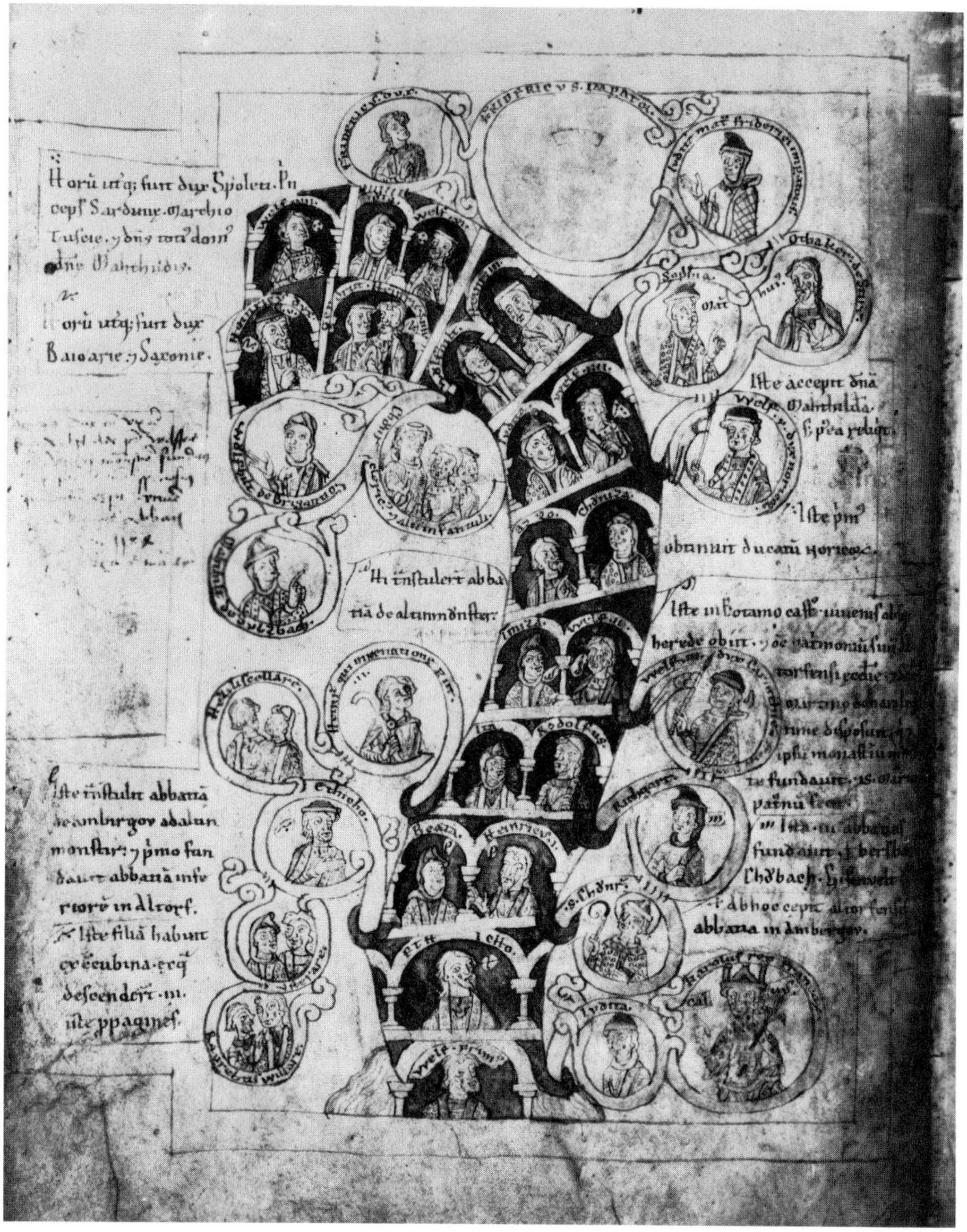

Die – entsprechend der Dreiteilung des Psalters – zu erwartenden Bilder vor Ps. 51 gingen verloren. Die beiden aufgeschlagenen Miniaturen standen vor Ps. 101, dem als Bittpsalm (*Domine, exaudi orationem meam . . .* Herr, erhöre mein Gebet) besonders oft die Bilder der Besitzer beigegeben wurden. Unterhalb der Kreuzigung Christi ist das Herzogspaar, *Heinricus dux, Mathild ducissa,* dargestellt, der Herzog dunkelhaarig und bärtig, wie ihn auch die Quellen beschreiben, in reicher Gewandung, der Mantel wohl als Zeichen der Ehrfurcht gelöst, herabsinkend gezeigt; die Herzogin gleichfalls im pelzbesetzten Mantel, mit dem Kopfschleier der verheirateten Frau. Sie beten mit den Worten der Liturgie: *Adoramus te Christe et benedicimus tibi* bzw. *Salva nos Christe per virtutem crucis* (wir beten dich an, Christus, und benedeien dich – errette uns, Christus, durch die Heilsmacht des Kreuzes). Wir wissen aus Urkunden und Chroniken, daß Heinrich der Löwe für St. Blasius in Braunschweig eine Kreuzigungsgruppe und ein Reliquienkreuz herstellen ließ und eine Kreuzreliquie nach Hildesheim schenkte (s. u.). – Neben dem wenig bewegten, mit geschlossenen Augen dargestellten Kruzifixus stehen Maria und Johannes Ev., über den Kreuzbalken sieht man Sonne und Mond, die zum Zeichen der Trauer ihre Gesichter verhüllen. Breite Blattbordüren rahmen die Szene.

9

Es folgt als Schlußbild der Besuch der drei Marien am Grabe Christi. Der Engel sitzt auf dem leeren Sarg und verkündigt ihnen: *resurrexit dominus* (der Herr ist auferstanden). Vom Bogen über dem Heiligen Grab hängt eine brennende Ampel herab, hier wohl nicht ein beliebiges Motiv: Während seiner Pilgerfahrt nach Palästina stiftete Heinrich 1172 drei Lampen und Einkünfte für Öl in die Grabeskirche von Jerusalem, *una coram glorioso domini sepulcro* (eine beim glorreichen Grab des Herrn, die zweite am Ort der Passion, *in calvarie loco,* die dritte beim lebenspendenden Kreuzesholz, *coram vivifico sancte crucis ligno*). Die Architekturrahmung ähnelt einem Stadtprospekt aus Türmen und Zinnenmauern, in ihr stehen die Frauen, wie im Osterspiel mit Rauchfaß bzw. Salbbüchse, vor ihr liegen schlafend die Wächter, im zeitgenössischen Kettenhemd und mit dem schmalen »normannischen« Schild. Vier quadratische Eckfelder enthalten Brustbilder von Propheten.

Anhand dieser relativ gut erhaltenen Miniatur lassen sich die künstlerischen Eigentümlichkeiten skizzieren: eher steife, stockend agierende Gestalten in feinsträhnig abschattierten Gewändern, sehr dichte und vielteilige Füllung der Bildfläche, reiche Ornamentik sowohl in den breiten Randleisten wie auch im Binnenfeld. Hier hat der Maler ganz zierliche, frei bewegte Palmettranken in goldenen Linien auf Purpur gesetzt, eine vom Material her kostbare, von der Herstellung zeitaufwendige Technik, die an Verfahren gleichzeitiger Goldschmiede erinnert (Braunfirnis). Für die Auffassung der Evangelienszenen ist bedeutsam, daß sie fast immer von Gestalten des Alten Testaments mit passenden Zitaten begleitet und erläutert werden, also jenes typologische System, das Fakten und Worte des Alten Bundes als schattenhafte Vorausdeutung auf das wertete, was sich in Christus erfüllte. Im Fall des Psalters und verwandter Codices wird auf Hildesheimer Missalien ähnlicher Struktur verwiesen.

Der Entstehungsort des kostbaren Psalters ist sicher zu erschließen. Das anfangs erwähnte, von gleicher Hand geschriebene Evangeliar Heinrichs des Löwen wurde laut Widmungsgedicht vom Mönch Herimann im Kloster Helmarshausen gefertigt. Über Helmarshausen, ein Benediktinerkloster in Nordhessen, übte Heinrich der Löwe die Vogtei aus; es war schon um 1100 ein Zentrum der Goldschmiedekunst und Buchmalerei. Der Psalterkalender hebt, ebenso wie andere im Kloster gefertigte Exporthandschriften, den zweiten Patron Modoaldus hervor, am 15. April (translatio) und 12. Mai (Hauptfest, mit Oktav), auch Heilige, die im zuständigen Bistum Paderborn verehrt wurden (Pusinna, Saturnina, Liborius, Lutrudis), in Corvey (translatio und adventus Viti) – Heinrich der Löwe war Vogt –, in Hildesheim (Epiphanius, Godehard, Cantiani, Justus, Arthemius, Honesta) und Braunschweig (Babillus, Blasius, inventio capitis Johannis bapt., Anianus). Er zeigt also die in Privatpsalterien häufige Kombination von Heiligennamen, die dem Hersteller, mit solchen, die dem Empfänger wichtig waren.

Mehr Schwierigkeiten macht die Datierung des Psalters. Er kann erst nach der Vermählung von Heinrich mit Mathilde von England, d. h. nach 1168 entstanden sein. Das Evangeliar zeigt schon den 1173 heiliggesprochenen Thomas von Canterbury; es wird, ohne stichhaltige Begründung, angenommen, Heinrich habe es spätestens zur urkundlich nicht gesicherten Weihe, 1175, an St. Blasius geschenkt. Allgemein heißt es, nach der Ächtung des Herzogs, also nach 1180, seien keine Bestellungen teurer Handschriften mehr anzunehmen. Dem widersprechen aber die Steterburger Annalen (MGH SS 12, 230). Danach stattete Heinrich in seinen letzten Lebensjahren St. Blasius nicht nur mit einer Triumphkreuzgruppe, Paviment und Glasfenstern aus, sondern auch mit einem goldenen, edelsteinbesetzten Kreuz, dessen Wert auf 1500 Mark Silbers eingeschätzt wurde, auch gab er damals kostbare Paramente für mehrere Kirchen und seine Pfalzkapelle in Auftrag. Man könnte das im sog. Krönungsbild des Evangeliars zitierte Christuswort Matth. 16,24 (Will jemand mir nachfolgen, der verleugne sich selbst und nehme sein Kreuz auf sich und folge mir) als Nachfolge Christi durch Demütigung, Exil und Entzug irdischer Macht interpretieren. *Videns senior dux imperatorem flecti non posse ad benevolentiam, coelesti Regi placere desiderans* . . . (als der alte Herzog sah, daß er den – irdischen – Kaiser nicht zur Milde bewegen konnte, wünschte er dem himmlischen König – Christus – zu gefallen, durch die erwähnten Stiftungen: MGH SS 12, 230). – Da schließlich ein weiterer Helmarshausener Codex (Trier cod. 142) mit z. T. gleichartiger Schrift und Ausstattung wie das Evangeliar aus guten Gründen ins ausgehende 12. Jh. datiert wird, bleibt als terminus ante quem für den Psalter nur das Todesdatum der Herzogin (1189, 28. Juni).

Nach Randschriften befand sich der Psalter bereits im 14./15. Jh. in England. 1807 aus der Sammlung des ersten Marquis von Lansdowne, William Petty, ins British Museum.

R. Kr.

A. Haseloff, eine thüringisch-sächsische Malerschule des 13. Jh. (Studien zur Deutschen Kunstgeschichte 9) Straßburg 1897, 336 f.; G. Swarzenski, Aus dem Kunstkreis Heinrichs des Löwen (Städel-Jb. 7/8) 1932, 254 ff.; F. Jansen, Die Helmarshausener Buchmalerei der Zeit Heinrichs des Löwen, Hildesheim/Leipzig 1933, 95 ff.; AK Kunst und Kultur im Weserraum, Corvey 1966, II Nr. 191; E. Krüger, Die Schreib- und Malwerkstatt der Abtei Helmarshausen bis in die Zeit Heinrichs des Löwen (Quellen u. Forsch. z. hess. Gesch. 21) 1972, II 829 ff. (mit weiterer Lit.); AK Staufer I Nr. 755 (mit weiterer Lit.); R. Haussherr, Zur Datierung des Evangeliars Heinrichs des Löwen (ZVK) 1980; K. Jordan, Die Urkunden Heinrichs des Löwen (MGH C 3/1) Leipzig/Weimar 1941–1949, Nr. 77 (Schenkung gelegentlich der Eheschließung mit Mathilde), 94 (Lampenstiftung Jerusalem), 95 (Kreuzreliquie an Hl. Kreuz Hildesheim).

London, The British Library (cod. Lansdowne 381)

10* SIEGEL HERZOG HEINRICHS IX. DES SCHWARZEN

Süddeutschland (?), vor 1125

Umschrift: + HEINRICVS · DEI · GRATIA · DVX · BAWARIO[RUM]

Hellbraunes, stark ausgetrocknetes Wachs mit Resten eines gleichfarbigen Wachsrandes; an Urkunde durchgedrückt; Abdruck der Handhabe oben erkennbar. Nicht ganz scharf abgedrückt. Dm. 8 cm

Herzog Heinrich IX., aus welfischem Hause, wurde nach dem erbenlosen Tode seines Bruders Welf V. 1120 mit der Herzogwürde in Bayern belehnt, trat aber bereits 1126 in das Kloster Weingarten ein, wo er noch im selben Jahr starb. Sein nur im ausgestellten Exemplar überliefertes Siegel ist das älteste erhaltene Reitersiegel eines bayerischen Herzogs und zugleich eines der ältesten im deutschen Sprachgebiet. Während aus England und Frankreich einzelne Reitersiegel bereits aus der 2. Hälfte des 11. Jh. bekannt sind, gehen dem gezeigten bayerischen Herzogssiegel im Reich im wesentlichen nur 1083 und 1123 die der Grafen Konrad und Wilhelm von Luxemburg, 1103 das Siegel Herzog Heinrichs III. von Kärnten, 1112 des rheinischen Pfalzgrafen Siegfried, 1115 des österreichischen Markgrafen Leopold des Heiligen sowie 1123 das Siegel des Markgrafen Konrad von Meißen voraus; einige weitere Reitersiegel an frühdatierten Urkunden sind in ihrer Echtheit umstritten. Wie es zu dieser Bildprägung fürstlicher Selbstdarstellung in Gestalt des zum Kampf ausreitenden Herrn gekommen ist, ob dabei frühmittelalterliche Reiterdarstellungen, wie wir sie von germanischen Reiterscheiben kennen, eine Vorbildfunktion ausgeübt haben oder ob es sich um Rückgriffe auf antike Darstellungen, etwa vermittelt durch Münzen oder Medaillons mit der Darstellung reitender Kaiser, handelt, ist bisher niemals untersucht worden. Jedenfalls sind die Reitersiegel vom 12. bis zum 14. Jh. in besonderem Maße für den gesamten hohen Adel und vor allem für die Landesfürsten charakteristisch, während in deutlicher Unterscheidung hierzu die Könige und Kaiser nicht gerüstet, sondern im langen Mantel auf dem Thron sitzend auf ihren Siegeln dargestellt werden (vgl. Kat. Nr. 325, 322). Solche Thronsiegel blieben bis zum Ende des Mittelalters nahezu ausnahmslos den Königen und Kaisern und in anderer Form den Bischöfen vorbehalten; daneben konnten gelegentlich auch Damen sitzend dargestellt werden, wenn freilich in vielen Gegenden auch für sie ebenfalls Reitersiegel mit der Darstellung der zur Falkenjagd ausreitenden Dame üblich wurden.

Das Siegel Heinrichs des Schwarzen zeigt den gerüsteten Herzog in langsamer Gangart nach (heraldisch) links reitend, eine Richtung, die nur für die frühen Siegel charakteristisch zu sein scheint, während seit dem späteren 12. Jh. die Richtung nach rechts deutlich bevorzugt wird. Das Pferd, das das linke vordere Bein erhoben hat und das linke hintere nachzieht, ist zierlich gebildet und überaus fein proportioniert, der Hals gebogen, der Kopf wendet sich aus der reinen Profilansicht leicht aus der Bildebene heraus, die Gelenke der Beine sind deutlich markiert. Über Hinterhand und Hals des Pferdes liegt der Schaft der Fahnenlanze, die der Herzog in der Linken hält und an der ein kurzes gemustertes, in drei Enden auslaufendes Tuch befestigt ist. Außer dem über den Nacken gezogenen Kettenhemd trägt der Reiter einen Spitzhelm von auffallend kegelförmiger Gestalt mit stark vortretender Nasenschiene. Vor sich hält er mit der linken Hand den konkav gebogenen spitzovalen Schild, der durch eine senkrechte Leiste mit auffallend großem metallenem Schildbuckel verstärkt ist. Das Siegelbild ist im Rund nicht eindeutig fixiert; das Kreuz der Umschrift ist nur auf die Spitze des Helmes bezogen und gibt nicht, wie sonst üblich, den Maßstab für das Gefüge von waagerechter und senkrechter Ausrichtung der Gesamtkomposition. Auch die im Abdruck erkennbare Handhabe des Stempels war offenbar nicht oben angebracht, sondern zur Seite verschoben, was freilich bei frühen Siegeln gelegentlich auch sonst beobachtet werden kann.

Über die künstlerische Herkunft des bedeutenden Goldschmiedes, dem der Stempel mit der frühen Reiterdarstellung verdankt wird, läßt sich beim gegenwärtigen Kenntnisstand und im Hinblick auf die wenigen, nur als isolierte Einzelwerke erhaltenen Siegel der Zeit keine Aussage wagen. Die historische Wahrscheinlichkeit legt eine Entstehung des Siegelstempels in Bayern oder in den schwäbischen Stammlanden der Welfen nahe, in denen Heinrich sich bis 1120 aufhielt. Doch ist auch an Oberitalien zu denken, wo der Herzog sich lange mit der Verwaltung der estischen Güter befaßte und wohin ihn seit 1115 auch der Italienzug Kaiser Heinrichs V. geführt hatte. R.K.

MB III 314f. Nr. 5 u. Siegel-Taf. 1; E. Kittel, Siegel, Braunschweig 1970, 252, Abb. 158 (dort auch zu frühen anderen Reitersiegeln); AK Wappen in Bayern Nr. 145 u. Taf. XIV; AK Aus 1200 Jahren Nr. 26, Abb. S. 5 u. 59,4.

München, Bayerisches Hauptstaatsarchiv (Kloster Ranshofen Urk. 2: 1125, Juli 3).

11* SIEGEL HERZOG HEINRICHS XII. DES LÖWEN
6. Reitersiegel

Bayern oder Niedersachsen, 1161

Umschrift: + HEINRICVS · DEI · GRACIA · DVX · BAWARIE · ET · SAXONI[E]

Helles Wachs; auf der Urkunde eingehängt. Schriftrand stellenweise ausgebrochen; am Helm des Herzogs und an den Vorderhufen des Tieres bestoßen. Dm 8,6 cm

Von Heinrich dem Löwen (1129–1195), der seit 1142 Herzog von Sachsen und seit 1156 zugleich von Bayern war, sind sieben künstlerisch stark voneinander abweichende Reitersiegel und ein Löwensiegel (Kat. Nr. 12) bekannt; abgesehen vom frühesten nennt er sich auf den Reitersiegeln stets »Herzog von Bayern und Sachsen«. Das hier ausgestellte 6. Reitersiegel ist in den Jahren 1161–1174 benutzt worden; sieben Exemplare sind erhalten, ein weiteres literarisch überliefert. Zwei dieser Urkunden beziehen sich auf bayerische, die übrigen auf sächsische Angelegenheiten. Die ausgestellte Urkunde, die das wesentlich frühere Datum von 1146 trägt, muß entweder zu einem späteren Zeit-

Armilla, vielleicht aus dem Besitz Kaiser Friedrichs I. Barbarossa. Maasgebiet, um 1180. Kat. Nr. 2

10

punkt neu besiegelt oder – wahrscheinlicher – in den sechziger oder siebziger Jahren unter dem alten Datum als Ersatz einer verlorenen Urkunde aus dem Jahre 1146 neu ausgestellt worden sein.
Auf dem nach (heraldisch) links laufenden Pferd sitzt über reich verzierter zaddeliger Satteldecke der Herzog in langem Kettenhemd mit einem oben runden Topfhelm, Nakken und Wangen durch das über den Kopf gezogene Kettenhemd geschützt, das Gesicht frei. Den mit einem Sternenbuckel geschmückten Schild hat er um den Hals gehängt; auf das heraldische Zeichen des Löwen, den Heinrich auf einem, allenfalls auf zwei seiner ältesten Siegel im Schild geführt hatte, ist verzichtet. Über seinem Haupt entrollt sich, der weiten Rundung des Siegelfeldes folgend, das in drei langen Zungen auslaufende Fahnentuch des Gonfanon, dessen Lanzenschaft der Reiter nach vorn geneigt in der Hand hält. Das im Verhältnis zu den anderen Siegeln besonders große und edelgebildete Pferd füllt in seiner Sprungbewegung mit den weit ausgreifenden Vorderhufen und den bis an die äußere Kante den Schriftrand durchstoßenden Hinterbeinen und dem Schweif das Siegelfeld in seiner ganzen Ausdehnung. Diese Bildung des Pferdes, die große aufrechte Gestalt des Herzogs von großer Ruhe und der nach oben die Gruppe umschließende Bogen des majestätisch wie ein Hoheitszeichen ausgebreiteten Fahnentuches rufen jenen Eindruck von Würde und ruhiger Geschlossenheit hervor, der dieses vor den anderen Siegeln Heinrichs des Löwen auszeichnet. R.K.

K. Jordan, Die Urkunden Heinrichs des Löwen, Herzogs von Sachsen und Bayern (MGH C 3) Weimar 1944, Urk. Nr. 7 A 1 u. S. XLVII (zum Siegel); F. Hasenritter, Beiträge zum Urkunden- und Kanzleiwesen Heinrichs des Löwen (Greifswalder Abh. z. Gesch. d. MA) Greifswald 1936, 55–56, Nr. 5 u. Abb. 5; AK Staufer I Nr. 65, II Abb. 13.

Wolfenbüttel, Niedersächsisches Staatsarchiv (24 Urk. 3: 1146)

12 SIEGEL HERZOG HEINRICHS XII. DES LÖWEN
Löwensiegel

Niedersachsen (?), vor 1188 (1180?)

Umschrift: SIGILLVM HENRICI DVCIS

Zinnoberrotes Wachs in Wachswanne; an geflochtener grüner und gelber Seidenschnur hängend. Oberfläche geringfügig berieben. Dm. 4,2 cm

Das Löwensiegel ist nur in fünf Exemplaren aus den Jahren 1188–1194 bekannt. Nachdem Heinrich der Löwe 1180 seine Herzogtümer Bayern und Sachsen verloren hatte, im selben Jahr der Reichsacht verfallen war und sich zeitweilig sogar in englische Verbannung begeben mußte, hat er ein Reitersiegel nicht mehr verwendet; möglicherweise hat er

11

das Löwensiegel bereits 1180 anfertigen lassen: Nach seinem Sturz konnte er die Fahnenlanze als Zeichen des Reichslehens wohl nicht mehr führen. Offenbar empfand die Zeit auch das Reitersiegel als ein spezifisch herzogliches oder doch ein nur einem kaiserlichen Lehnsmann zustehendes Zeichen, das mit Heinrichs Lage nicht mehr vereinbar war, so daß er sich mit dem auch im Format wesentlich kleineren Rundsiegel mit dem Bild des Löwen und der einfachen Bezeichnung »dux« ohne Hinzufügung seiner früheren Herzogtümer begnügen mußte, was er in der Regel auch im Text der Urkunden tat. Einen Löwen hatte Heinrich schon auf einem, möglicherweise auch auf zwei seiner älteren Reitersiegel im Schild geführt. Die von ihm geschlagenen Münzen hatten mehrfach einen Löwen gezeigt (Kat. Nr. 13–16). Im Jahre 1166 hatte er das bekannte Löwendenkmal in Braunschweig errichten lassen. Er wie sein Vater und Großvater wurden in zeitgenössischen Quellen mehrfach als Löwen bezeichnet. Da das Wort »welp« zur Bezeichnung des Jungen eines reißenden oder wehrhaften Tieres verwandt wurde, konnte der Löwe zur Verbildlichung des Familiennamens Welf dienen. Eine unmittelbar stilistische Verwandtschaft des Löwen auf dem Siegel mit einer der anderen Löwendarstellungen aus dem Umkreis Heinrichs des Löwen läßt sich nicht feststellen. R. K.

K. Jordan (wie Kat. Nr. 11) Urk. Nr. 128, S. XLVIII (zum Siegel); F. Hasenritter (wie Kat. Nr. 11) 57 f., Nr. 8 u. Abb. 8; G. Schnath, Das Sachsenroß (Schriftenreihe d. Landeszentrale f. Heimatdienst in Niedersachsen B 6) Hannover 1958, 14 u. Abb. 4, dort Abb. 1–2 zum Reitersiegel m. Löwenschild; AK Staufer I Nr. 66, II Abb. 14.

Hannover, Niedersächsisches Hauptstaatsarchiv (Cal. Or. Des. 33, Kl. Salem, Nr. 1: 1194, April 2)

13* PFENNIG HEINRICHS DES LÖWEN

Bayern, Herzog Heinrich XII. der Löwe (1156–1180), vermutl. Münzstätte Regensburg

Silber, geprägt, Dm. 22 mm, 0,84 g

Vorderseite: In einer abwechselnd aus vier Bögen und vier Zacken gebildeten Umrahmung ein liegender Löwe.
Rückseite: Reitender Herzog mit Fahne. D. St.

J. E. Obermayr, Historische Nachricht von Bayerischen Münzen, Frankfurt–Leipzig 1763, Nr. 100.

München, Staatliche Münzsammlung

14* PFENNIG HEINRICHS DES LÖWEN

Bayern, Herzog Heinrich XII. der Löwe (1156–1180), vermutl. Münzstätte Regensburg

Silber, geprägt, Dm. 24 mm, 0,92 g

Vorderseite: In einer abwechselnd aus vier Bögen und vier Zacken gebildeten Umrahmung ein liegender Löwe.
Rückseite: Reitender Herzog mit Fahne. D. St.

J. E. Obermayr, Historische Nachricht von Bayerischen Münzen, Frankfurt–Leipzig 1763, Nr. 102.

München, Staatliche Münzsammlung

15* PFENNIG HEINRICHS DES LÖWEN

Bayern, Herzog Heinrich XII. der Löwe (1156–1180), Münzstätte München (?)

Silber, geprägt, Dm. 20 mm, 0,73 g

Vorderseite: In einer aus Lilienbögen gebildeten Umrahmung ein schreitender Löwe.
Rückseite: Stehender Herzog mit Fahne und Zepter. D. St.

H. Gebhart, Der Fund von Haugenried (MBNG 50) 1932, 38–52, Nr. 1.

München, Staatliche Münzsammlung

16* PFENNIG HEINRICHS DES LÖWEN

Bayern, Herzog Heinrich XII. der Löwe (1156–1180), Münzstätte München (?)

Silber, geprägt, Dm. 20 mm, 0,72 g

Vorderseite: In einer aus Lilienbögen gebildeten Umrahmung ein schreitender Löwe.
Rückseite: Stehender Herzog mit Fahne und Zepter. D. St.

H. Gebhart, Der Fund von Haugenried (MBNG 50) 1932, 38–52, Nr. 1.

München, Staatliche Münzsammlung

DIE BABENBERGER-HERZÖGE VON BAYERN

Staufer und Welfen: Der Gegensatz und die verschiedene Interessenlage dieser beiden mächtigen Familien brachte in Bayern für einige Jahre die Babenberger ans Ruder.
Die frühe Geschichte der Babenberger liegt im Dunkel. Vielleicht hatten sie ihre Stammburg im späteren Bamberg. Im Verlauf des 10./11. Jh. erkämpften sie sich, eng mit dem salischen Kaiserhaus zusammenarbeitend, als Markgrafen der Ostmark eine führende Stellung im Reich. Immer weiter schoben sie entlang der Donau ihre Positionen nach Osten vor: Melk – Klosterneuburg – Wien. Aus Grenzburgen wurden mitten im eigenen Land gelegene Klöster. Sie besetzten wichtige Bischofsstühle – Otto von Freising war ein Babenberger, auch Konrad II. von Salzburg – und knüpften wichtige Heiratsverbindungen, zum Beispiel mit den Staufern. Und so wurden sie in den staufisch – welfischen Gegensatz hineingezogen:
Markgraf Leopold IV. von Österreich unterstützte seinen Halbbruder, den Staufer Konrad III., im Kampf um die deutsche Königskrone und dann gegen den welfischen Rivalen Heinrich den Stolzen, Herzog von Bayern und Sachsen. Dem Welfen wurden seine Herzogtümer aberkannt – genauso wie später im Jahr 1180 – und Leopold 1139 mit dem Herzogtum Bayern belehnt. Er hatte es nicht leicht in Bayern: seine Hauptstadt Regensburg mußte er erst belagern und erobern, und als er 1141 starb, hatten die Welfen den Kampf noch lange nicht aufgegeben.
Zwei Jahre lang behielt König Konrad III. Bayern selbst in seiner Hand. Dann belehnte er 1143 Leopolds Bruder, Markgraf Heinrich »Jasomirgott« mit dem Herzogtum. Nun schien eine Wende einzutreten: Heinrich heiratete die Witwe Heinrichs des Stolzen, des Welfen, und versuchte, den alten Gegensatz zu überbrücken, scheiterte jedoch am Widerstand seines welfischen Stiefsohns Heinrich des Löwen.
Im Reich herrschte Friedrich I. Barbarossa. Ihm kam es darauf an, Kräfte für seine Italienpolitik freizubekommen. Aus diesem Grunde erstrebte er eine Einigung mit den Welfen: 1154 belehnte er Heinrich den Löwen mit Bayern. Zwei Jahre dauerte es noch, bis er den Verzicht des Babenbergers erreichte – gegen große Zugeständnisse: Im Juni 1156 wurde die Ostmark endgültig von Bayern getrennt und Heinrich Jasomirgott mit der Herzogswürde des neugegründeten Herzogtums Österreich belehnt. Wenig später erhielt er für sich und seine Nachfolger im »Privilegium minus« bedeutende Vorrechte zugesichert.
Die babenbergische Herrschaft in Bayern war eine Episode – allerdings mit epochemachendem Ausgang. E. J. G.

17

17* HERZOG HEINRICH XI. (II.) JASOMIRGOTT

Um 1340
Inschrift (um den Kopf des Herzogs): + HAINRICUS · SCOTOR[UM] · FUN[DATOR]
Glasmalerei, Dm. 51 cm

Die Scheibe zeigt den Herzog in einem Dreipaß in Halbfigur. Er trägt den Herzogshut und als Abzeichen seiner richterlichen Gewalt das Schwert. In der Linken hält er ein Modell der von ihm gestifteten Schottenkirche in Wien. Das linke Feld des Dreipasses zeigt den babenbergischen Adlerschild. Außen ist der Dreipaß zur Kreisform ergänzt. Die Zwickel sind wiederum mit dem Adlerschild, dann mit dem rot-weißen Bindenschild und schließlich mit einer goldenen Lilie ausgefüllt.
Heinrich war seit 1140 Pfalzgraf bei Rhein, seit 1141 Markgraf von Österreich und seit 1143 Herzog von Bayern. Heinrich, den man wegen der häufig gebrauchten Floskel »Ja so mir Gott« mit diesem Beinamen belegte, mußte seine bayerische Herzogswürde beständig gegen welfische Ansprüche verteidigen. 1156 kam es in der Nähe von Regensburg zu einer Einigung: Heinrich verzichtete auf Bayern, behielt Österreich, das zum Herzogtum erhoben wurde.
E. J. G.

AK 1000 Jahre Babenberger in Österreich Nr. 313, Abb. 5; K. Lechner, Herzog Heinrich II. Jasomirgott (Stud. d. Wiener Kath. Akad. 2) 1962, 37 ff.; E. Zöllner, Die Dynastie der Babenberger (AK 1000 Jahre Babenberger in Österreich) Lilienfeld 1976, 9–22.

Klosterneuburg, Augustinerchorherrenstift, Leopoldskapelle

18

18* SOG. SCHREIBZEUG DES HL. LEOPOLD

Ägypten, fatimidisch, 12. Jahrhundert

Elfenbein, geschnitzt, 26,1x12,8x8,6 cm

Das Kästchen besteht aus drei Teilen: dem Gehäuse selbst, einem Einsatz mit Deckel und einem Schiebedeckel. Die Innenseite des Einsatzdeckels wie auch der Schiebedeckel sind mit Reliefs von Steinböcken und Löwen verziert. In kufischer Schrift ist auf dem Einsatzdeckel das Wort »baraka« (= Segen) umlaufend geschrieben.
Das Kästchen stammt aus dem ältesten Besitz der Babenberger-Stiftung Klosterneuburg und wird mit dem Gründer Klosterneuburgs, dem Babenberger Markgrafen Leopold III., dem Vater Heinrichs XI. (II.) Jasomirgott und Leopolds IV., in Verbindung gebracht. Leopold III. war 1095–1136 Markgraf von Österreich. Schon bald nach seinem Tod setzte eine breite Verehrung ein. Der Habsburgerkaiser Friedrich III. erreichte schließlich 1485 die Heiligsprechung Leopolds. Im Rahmen des römischen Kanonisationsprozesses spielte das Kästchen eine gewisse Rolle als »Schreibzeug« des Heiligzusprechenden. Wahrscheinlich hat das Kästchen mit dem hl. Leopold nichts zu tun. Mag sein, daß es im Verlauf der Kreuzzüge nach Österreich gelangte und zum sagenhaften Schatz der Babenberger gehörte. Im 16. Jh. diente das Kästchen als Reliquienbehälter.

E.J.G.

Ch. Theuerkauff, Elfenbein in Klosterneuburg, Klosterneuburg 1962, 33f.; AK 1000 Jahre Babenberger in Österreich Nr. 321, Abb. 26.

Klosterneuburg, Augustinerchorherrenstift, Stiftsmuseum

18

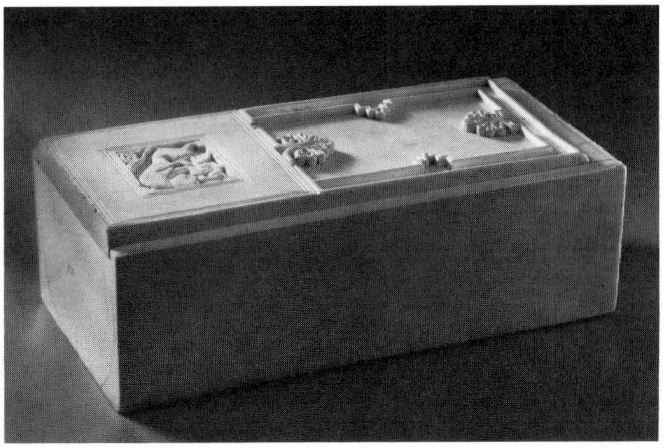

19* SIEGEL HERZOG LEOPOLDS VON BAYERN

Bayern (?), 1140/41

Umschrift: + LEVPOLDVS · DV[X] . BAVWARIE

Braunes fleckiges Wachs in Wachswanne gleicher Farbe; an Pergamentpressel anhängend. Schwach abgedrückt und berieben. Dm. 8,6 cm

Markgraf Leopold IV. von Österreich (1136–41) aus dem Geschlecht der Babenberger war von 1139 bis zu seinem Tode zugleich Herzog von Bayern. In dieser Eigenschaft führte er drei einander sehr ähnliche Siegel, die sämtlich nur in einem Exemplar erhalten sind. Auch ein in der künstlerischen Formulierung stark abweichendes Reitersiegel als Markgraf von Österreich ist an einer Urkunde aus dem Jahre 1137 erhalten. Die bayerischen Siegel zeigen den Herzog auf einem nach (heraldisch) rechts springenden, relativ kleinen Pferd, dessen Vorderhufe die innere begrenzende Perlreihe der Umschrift berühren. Auf dem Kopf trägt der Reiter den Spitzhelm, am Arm den langen, spitz zulaufenden sog. Normannenschild; in seiner Rechten hält er nach vorn geneigt die Fahnenlanze, den sog. Gonfanon. In seiner charakteristischen dreilätzigen Form galt er als Zeichen der Heerbannführung, das von den Reichsfürsten geführt wurde (vgl. Kat. Nr. 10, 11). Weder Fahne noch Schild zeigen irgendwelche heraldischen Zeichen, die auch erst im späteren Verlaufe des 12. Jh. üblich wurden. Im Kreis der frühen südostdeutschen Reitersiegel mit den ruhigstehenden oder -gehenden Pferden ist das Reittier Herzog Leopolds durch die erhobenen Vorderhufe und die weit nach rückwärts gestreckten Hinterhufe bereits als springend charakterisiert. Es ist schwerer und kräftiger als auf den beiden übrigen bayerischen Siegeln des Herzogs. Das Gewicht der Reitergruppe ist ganz auf die vordere Hälfte des Siegelfeldes verlagert, während der hintere Teil des Siegelrundes weitgehend leer geblieben ist. Soweit der schlechte Erhaltungszustand ein Urteil erlaubt, scheint es wie die beiden anderen bayerischen Siegel in seinem künstlerischen Rang hinter dem Siegel Leopolds als Markgraf von Österreich mit seinem aus dem Grund des Bildfeldes gleichsam herausreitenden Pferd weit zurückzubleiben. R.K.

DIE BABENBERGER

LUITPOLD II.
Mgf. v. Österreich
1075–1095
∞ Itha (v. Ratelnberg?)
Witwe n. Haderich
(v. Schwarzenburg)?
Elisabeth

- ∞ Mgf. Otakar II. v. Stmk. († 1122)
- Juditta »puella««
- Gerberga (Helbirg) † 1142 ∞ Hg. Boriwoy v. Böhmen († 1124)
- **LEOPOLD III.** (»der Heilige«) Mgf. 1095–1136 ∞ 1. (? v. Perg), † v. 1105 ∞ 2. Agnes, † 1143 T. Ks. Heinrichs IV. (Witwe n. Hg. Friedrich I. v. Schwaben u. Mutter Kg. Konrads III.)
  - 1. Mgf. Adalbert † 1138 ∞ 1. Adelheid ∞ 2. Sophie (v. Ungarn)
  - **2. HEINRICH II.** (»Jasomirgott«) Pfgf. am Rhein 1140 Mgf. v. Österr. 1141–56 Hg. v. Bayern 1143–56 Hg. v. Österr. 1156–77 (Halbbr. Kg. Konrads III.) ∞ 1. Gertrud, T. Ks. Lothars III., † 1143 (Witwe n. Hg. Heinr. v. Bayern u. Sachsen, † 1139) ∞ 2. Theodora Komnena, Nichte d. Byz. Ks. Manuel I., † 1183
  - **2. LEOPOLD IV.** Mgf. v. Österr. 1136–1141 Hg. v. Bayern 1139–1141 ∞ Maria, T. Kg. Sobieslaws v. Böhmen
  - 2. Bertha † ca. 1150 ∞ Heinrich III. Bgf. v. Regensburg († 1174)
  - Agnes † n. 1157 ∞ Hg. Wladislaw v. Polen-Schlesien († 1159)
  - Ernst † n. 1137
  - Otto Propst von Klosternbg. (1122) Abt v. Morimund (1133) Bf. v. Freising (1138–1158)
  - Konrad Bf. v. Passau (1148–1164) Ebf. v. Salzburg (1164–1168)
  - Elisabeth † 1143 ∞ Gf. Hermann II. v. Winzenburg († 1152)
  - Judith ∞ Mgf. Wilhelm v. Montferrat († 1191)
  - Gertrud † 1151 ∞ Kg. Wladislaw II. von Böhmen († 1175)
  - jung gestorben 7 Kinder
- Ida ∞ Luitpold v. Mähren u. Znaim († 1115)
- Sophie † 1154 ∞ 1. hg. Heinrich v. Kärnten († 1122) ∞ 2. Gf. Sighard v. Schala-Burghausen († 1142)
- Euphemia ∞ Gf. Konrad v. Peilstein († ca. 1168)

O. v. Mitis, Urkundenbuch zur Geschichte der Babenberger in Österreich (Publikationen des Institutes für österreichische Geschichtsforschung, Reihe 3) I, Wien 1950, Urk. Nr. 14, Bd. 3, bearb. v. O. v. Mitis u. F. Gall, Wien 1954, Siegel Nr. 8 (dort auch die übrigen genannten Siegel Leopolds); AK Wappen in Bayern Nr. 177.

München, Bayerisches Hauptstaatsarchiv (Kloster Aldersbach Urk. 3: 1140, Aug. 13 – 1141, Okt. 18)

österreichische Siegel kann, da die Umschrift Heinrich bereits als Herzog von Österreich bezeichnet, aus historischen Gründen aber nicht das Vorbild des bayerischen gewesen sein; es muß vielmehr als Weiterentwicklung der im bayerischen Siegel gefundenen Formulierung durch einen wohl auch künstlerisch bedeutenderen Siegelschneider angesehen werden. Ältere Siegel Heinrichs sind weder aus der Rheinpfalz, aus Österreich noch aus Bayern bekannt.

19

20

20* SIEGEL HERZOG HEINRICHS XI. (II.) JASOMIRGOTT

Bayern oder Österreich, vor 1156

Umschrift: + HEINRICVS, D[E]I · GR[ATI]A · DVX · BAWARIE

Braunes Wachs in gleichfarbiger Wachswanne; an Urkunde eingehängt; Abdruck der Handhabe oben deutlich erkennbar. Stellenweise berieben. Dm. 8 cm

Heinrich aus dem Hause der Babenberger war zunächst 1140–42 Pfalzgraf bei Rhein, folgte 1141 seinem Bruder Leopold als Markgraf von Österreich und 1143 auch als Herzog von Bayern; auf die bayerische Herzogswürde mußte er verzichten, als die Markgrafschaft Österreich 1156 zum Herzogtum erhoben wurde.

Das Siegel, von dem Abdrücke an zwei undatierten Urkunden aus den Jahren 1149–1156 und an zwei datierten Urkunden von 1156 erhalten sind, steht in der Auffassung der Reitergruppe und der Wiedergabe der Bewaffnung in engem Zusammenhang mit einem ebenfalls 1156 belegten Siegel Heinrichs als Markgraf von Österreich. Das in der Komposition straffere und in der Zeichnung präzisere

In detailliert vorgeführter Kriegsbewaffnung reitet der Herzog nach (heraldisch) rechts. Das schwere Pferd hält den Kopf gesenkt und hat Vorder- und Hinterhufe angewinkelt vom Boden erhoben, so daß mehr der Eindruck des haltlosen Schwebens als des Springens oder schnellen Laufens entsteht. Zwar kommt im Grunde eine solche Haltung der natürlichen Springbewegung eines Pferdes näher als die übliche Darstellung, mit der die Siegelkunst zu allen Zeiten die Kraft und Schnelligkeit des Pferdesprunges in unnaturalistischer, aber höchst eindrucksvoller Weise verdeutlicht hat, indem nämlich die Vorderhufe möglichst weit nach vorne ausgreifen, während die Hinterbeine nach rückwärts ausgestreckt werden (vgl. Kat. Nr. 106, 113). Die hier bevorzugte Stellung der hinteren Pferdebeine, die auch auf dem österreichischen Herzogssiegel wiederkehrt, ist jedenfalls auf Reitersiegeln gänzlich ungewöhnlich.

Über einer auffallend großen, in ihrer textilen Struktur bezeichneten Satteldecke und dem deutlich erkennbaren Sattel sitzt der Herzog in langem Kettenhemd, das teilweise über den Kopf gezogen ist und so auch den Nacken schützt. Darüber trägt er einen Spitzhelm der sog. normannisch-mährischen Form mit Nasenschiene. Die merkwürdig nach vorn gerichtete zipfelmützenartige Spitze des Helmes dürfte wegen ihrer Gefährlichkeit im Kampf freilich kaum der wirklichen Form eines solchen Helmes entsprochen haben, so daß man sie wohl der Eigenwilligkeit des Siegelschneiders zuzuschreiben hat. In der rechten Hand hält er den nach vorn gekippten Gonfanon mit kurzem Tuch. Gerade mit Heinrich Jasomirgott ist die Überlieferung der inhaltlichen Bedeutung einer solchen Fahnenlanze verknüpft, wurde er doch 1156 von Kaiser Friedrich Barbarossa durch Übergabe zweier Fahnen mit dem Herzogtum Österreich belehnt. Die schräge Linie des Lanzenschaftes wird in dem vom Gürtel nach hinten vor der Hinterhand des Pferdes schräg abstehenden Schwert fortgesetzt, überschnitten von dem langen spitzen, oben halbrund geschlossenen normannischen Kampfschild, der mit reichen Eisenbeschlägen verziert ist. Auf dem wenig später entstandenen österreichischen Herzogssiegel zeigt der Schild bereits eine heraldische Figur, und zwar einen Adler. In der ältesten Schicht der um diese Zeit auftretenden Wappenbilder führten offenbar viele, vielleicht kurzfristig sogar alle deutschen Reichsfürsten dieses kaiserliche Zeichen, und zwar in ihrer Eigenschaft als Lehensleute des Kaisers (vgl. Kat. Nr. 113). Bereits wenige Jahre oder Jahrzehnte später nahmen die meisten Fürsten eigene Wappenbilder an; doch hielt sich bei den Babenbergern der Adler noch lange, bis er schließlich um 1230 von dem Balken abgelöst wurde, der als österreichischer Bindenschild bis heute bekannt ist. R.K.

O. v. Mitis, Urkundenbuch zur Geschichte der Babenberger in Österreich (Publikation des Institutes für österreichische Geschichtsforschung Reihe 3) I, Wien 1951, Urk. Nr. 23, Bd. 3, bearb. v. O. v. Mitis u. F. Gall, Wien 1954, Siegel Nr. 11 (dort auch die übrigen Siegel Heinrichs).

Salzburg, Archiv der Erzabtei St. Peter (Urk. von 1156)

21 BERICHT ÜBER DIE TRENNUNG ÖSTERREICHS VON BAYERN

Otto von Freising (1114/15–1158), zeitgenössisch

Pergament, 17x12,5x5,8 cm

Die Regensburger Reichsversammlung im September 1156 fand wegen der Bedeutung der dort getroffenen Entscheidungen nicht erst im neueren Schrifttum, sondern bereits in der mittelalterlichen Geschichtsschreibung große Beachtung. Von der Abtrennung der Ostmark vom bayerischen Stammland und ihrer Erhebung zum selbständigen Herzogtum berichten nahezu alle zeitgenössischen Annalen und Chroniken. Aus diesem Grunde sind wir über die dortigen Vorgänge von mehreren Seiten unterrichtet. Die Hauptquelle ist neben dem Privilegium minus der Augenzeugenbericht Ottos von Freising, der, ohne alle Fragen zu beantworten, aufschlußreiche Einzelheiten überliefert. Kaiser Friedrich I. gab die in Vorverhandlungen ausbedungene Verzichtleistung des Babenbergers Heinrich Jasomirgott auf Bayern gegen die Abtrennung der Ostmark und deren Erhebung zum Herzogtum bekannt. In einer symbolhaltigen Szene vollzog Friedrich I. die Belehnung Heinrichs des Löwen und Heinrichs Jasomirgott, dem er zudem die weibliche Erbfolge zusicherte.
Otto von Freising stufte die vom »Friedensstifter« Barbarossa vermittelte Aussöhnung zwischen Welfen und Babenbergern als sehr bedeutsame Leistung ein. Er überschätzte die Tragfähigkeit des Ausgleiches, weil er die Gefahr, die die überragende Machtposition des Welfen darstellte, nicht durchschaute. Sein Bericht ist anhand der Vorlage des Privilegium minus gestaltet, wie Diktatberührungen beweisen. Diese aus dem Kloster Tegernsee stammende Handschrift ist allem Anschein nach vom dortigen Scholasticus Werinher geschrieben. A.Sch.

Ottonis et Rahewini Gesta Friderici imperatoris, hg. v. G. Waitz u. B. Simson (MGH SS rer. Germ.) Hannover–Leipzig 1912 ^{3}, 160f.; R. Wilmans, Zur Geschichte der Handschriften von Otto's von Freisingen Chronik (Archiv d. Ges. f. ältere dt. Geschichtskunde 11) 1858, 75f.; M. Tangl, Der Bericht Otto's von Freising über die Erhebung Oesterreichs zum Herzogtum (NA 30) 1905, 477–484.

München, Bayerische Staatsbibliothek (clm. 19411)

PFALZGRAF OTTO VON WITTELSBACH WIRD HERZOG VON BAYERN

»Im Jahr 1180: Kaiser Friedrich enthebt den Herzog Heinrich seiner Herzogswürde in Bayern und Sachsen. Und im gleichen Jahr, am 16. September, setzt er den Pfalzgrafen Otto in Bayern als Herzog ein. Dies ist geschehen in Altenburg.« – So lautet der lakonische Eintrag des Regensburger Annalisten zum Jahr 1180. Die Belehnung Ottos ist im Zusammenhang der von Barbarossa erstrebten Entmachtung der Welfen, dann aber auch als Element der Neuordnung des Reichs – ein wesentlicher Schritt war in der Erhebung Österreichs zum selbständigen Herzogtum 1156 schon getan – zu sehen.

Der Neubelehnte, Pfalzgraf Otto, brachte gute Voraussetzungen für sein Amt mit: seine Familie wurzelte in Bayern, ja stammte wohl sogar vom Herzogsgeschlecht der Luitpoldinger ab. Mit ihrem umfangreichen Besitz gehörten die Wittelsbacher zu den Mächtigsten im Lande. Dann aber – und das war das Wesentliche – besaß Otto das Vertrauen des Kaisers: als Pfalzgraf hatte er ihn in Bayern vertreten, seit 1152 hatte er sich im Reich wie in Italien als treuer Parteigänger, als zuverlässiger Diplomat und bei der Etschklause vor Verona als tüchtiger Krieger (1155) erwiesen. Besonnen, aber auch auffahrend und jäh konnte Otto sein: nichts vermag diesen Wesenszug besser zu illustrieren, als die Anekdote vom Reichstag zu Besançon (1157), als der Kardinal Roland rief: »Von wem hat der Herr Kaiser denn die Krone, wenn nicht vom Papst!« und Otto ihn daraufhin beinahe mit dem Schwert erschlagen hätte.

Otto I. ist bereits 1183 gestorben. Von seinem Wirken als Herzog von Bayern wissen wir kaum etwas. Seine Rolle war die des Dynastiegründers: daran haben sich spätere Zeiten immer wieder erinnert und haben sein Leben phantasievoll in Worten und Bildern nachgezeichnet. E. J. G.

22* BERICHT ÜBER DIE BELEHNUNG OTTOS VON WITTELSBACH

Aus dem Nachlaß des Regensburger Domkanonikers Hugo von Lerchenfeld

Regensburg, Ende 12./Anfang 13. Jahrhundert

Pergament (105 Bl.), 18x13x6 cm

Diese aus der Bibliothek des Regensburger Reichsstiftes St. Emmeram stammende, sehr bedeutsame Sammelhandschrift vereinigt Texte verschiedenen Inhalts. Besondere Beachtung verdienen die auf mehreren Seiten eingeschobenen historischen Notizen, die das bewegte letzte Viertel des 12. Jh. betreffen und als ›Annales Ratisponenses‹ herausgegeben worden sind. Verfasser ist wohl der Regensburger Domkanoniker Hugo von Lerchenfeld, aus dessen literarischem Nachlaß die Handschrift in die Emmeramer Bibliothek gelangt ist. Aufschlußreich ist der Eintrag zum Jahr 1180. Zum einen vermerkt er die Absetzung Heinrichs des Löwen als Herzog von Bayern, die in der übrigen bayerischen Annalistik ein überraschend geringes Echo gefunden hat. Die Amtsenthebung des Herzogs ist in Bayern kaum zur Kenntnis genommen worden – ein Zeichen, daß seine Herrschaft hier im Lande wenig verwurzelt war: keine Hand hat sich für ihn gerührt. Zum anderen überliefert Hugo von Lerchenfeld als einzige Quelle den genauen Tag der Belehnung von Heinrichs Nachfolger Otto von Wittelsbach: den 16. September 1180. Alle weiteren Einzelheiten werden auch von ihm nicht festgehalten. Hugo schildert diese Vorgänge nicht aus der Perspektive der Herzöge, sondern der des Kaisers. Bemerkenswert ist schließlich die erstmalige Verwendung von arabischen anstelle der bisher üblichen römischen Ziffern bei der Jahreszählung. A. Sch.

22

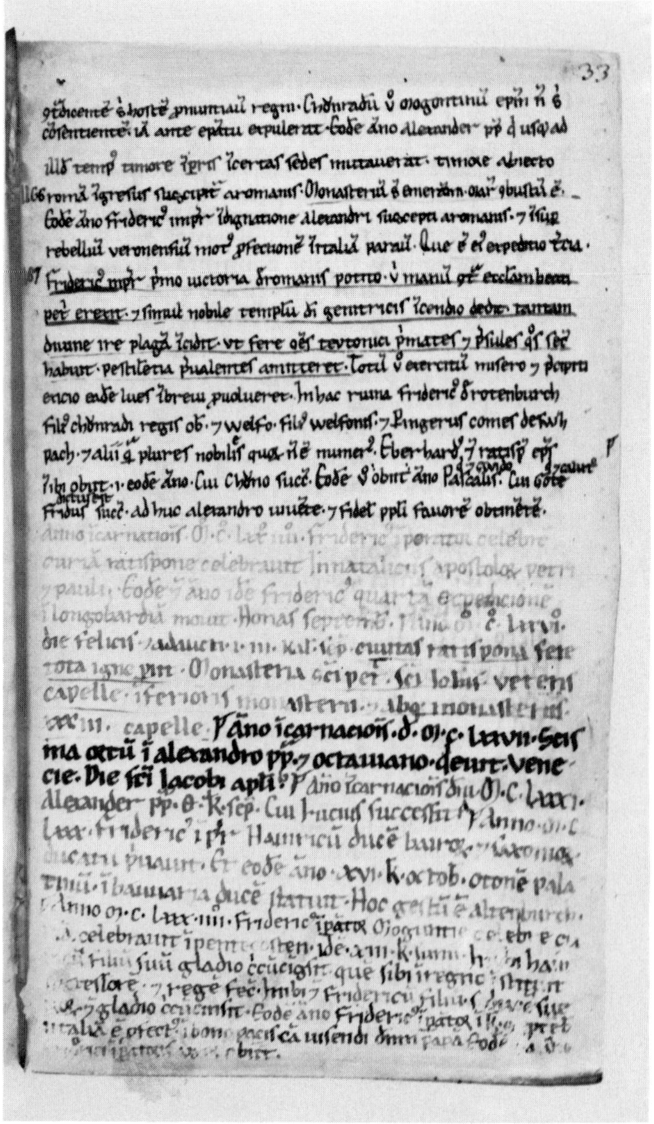

Annales Ratisponenses, hg. v. W. Wattenbach. (MGH SS XVII) 1861, 589; Riezler I/2, 360; A. Kraus, Civitas regia. Das Bild Regensburgs in der deutschen Geschichtsschreibung des Mittelalters, 1972, 74; B. J. Docen, Anzeige einer noch ungedruckten Chronica Ratisponensis aus dem 12. Jh. (Archiv d. Ges. f. ältere dt. Geschichtskunde 3) 1821, 359–365.

München, Bayerische Staatsbibliothek (clm. 14733)

23 OTTO VON WITTELSBACH WIRD MIT DEM HERZOGTUM BAYERN BELEHNT

Marco de Comans und Frans van der Planken nach Peter Candid, Paris, 1614–1617

Wolle, Seide und gelegentlich Metallfäden. 8 Kettfäden pro cm. Auf der Wirkerkante rechts das Monogramm FM (ligiert). 400x729 cm

Inschr. oben: OTHO · M · COM · PALAT · WITELSPACHEN · BOIARIAE DVX; unten: A FRIDEIRICO AHENOBARBO IMP[ERATORE] FIDEI ET / VIRTVTIS ERGO BOIORVM DVCATV DONA/TVR AN[NO] MCLXXX.

(Pfalzgraf Otto etc. wird von Kaiser Friedrich Barbarossa wegen seiner Treue und Tapferkeit mit dem Herzogtum Bayern belehnt, 1180.) B.V.-K.
(Zur Teppichserie vgl. Kat. Nr. 391–400; W II/2, S. 158)

B. Volk-Knüttel, Wandteppiche für den Münchener Hof nach Entwürfen von P. Candid (BNM Forschungshefte 2) 1976, 137, Nr. 20, Abb. 112, Detail (mit weiterer Lit.).

Landshut, Trausnitz (TLa – W 10)

DIE BURG WITTELSBACH

Zwanzig Kilometer nordostwärts von Augsburg liegt, in unmittelbarer Nähe der Stadt Aichach, das Dorf Oberwittelsbach. Hier stand die Burg Wittelsbach. Zum ersten Mal nennt sich Otto V. 1115 nach diesem Ort. Erhöhte Bedeutung kam Wittelsbach zu, als die alte Stammburg Scheyern 1119 aufgelassen und den Benediktinern übergeben wurde.
Falsch ist die bisher häufig vertretene Meinung, Wittelsbach sei im Zusammenhang mit dem Wegzug von Scheyern neu errichtet worden:
Seit dem Spätherbst 1978 laufen planmäßige archäologische Untersuchungen des ehem. Burgareals. In mehreren Grabungsschnitten konnten weite Strecken der Ringmauer, mehrere bisher unbekannte Wälle und Gräben, ein wohl hölzernes, an die Mauer innen angebautes Grubenhaus und eine Zisterne festgestellt werden. Eine Fülle von Kleinfunden gibt Auskunft über das – für den bayerischen Bereich noch weitgehend unerforschte – tägliche Leben auf einer Burg des hohen Mittelalters: Vorrats- und Gebrauchsgefäße aus gebranntem Ton, Metallteile von Waffen, beinerne Gegenstände, die wohl auf der Burg selbst gefertigt wurden. Bruchstücke einer Dreiviertelsäule belegen das Vorhandensein von Steinbauten mit maßvoller plastischer Ausstattung. Vor allem aber steht fest, daß der Ausbau von Wittelsbach in mehreren Phasen erfolgte. Eine bislang unbekannte, zumindest ins 11. Jh. zurückreichende Burg wurde im frühen 12. Jh. erweitert.
Die Besitzer der älteren Anlage lassen sich nur vermuten: Vielleicht waren es Verwandte der Grafen von Ebersberg, die in unmittelbarer Nähe begütert waren und das Kloster Kühbach gegründet hatten. Mit dem Erbe der Ebersberger müßte dann auch Wittelsbach in der Mitte des 11. Jh. an die Grafen von Scheyern, die späteren »Wittelsbacher« gekommen sein.
Nach dem Aufstieg Ottos zur bayerischen Herzogswürde waren der stolzen Burg Wittelsbach keine großen Zeiten mehr beschieden: 1209 wurde sie zerstört – von einem Wittelsbacher (vgl. Kat. Nr. 94–96). E. J. G.

24 ERSTE NENNUNG DER BURG WITTELSBACH

Rüdesheim, 1. November 1115

Pergament, Siegel fehlt, 51 x 46,5 cm

Kaiser Heinrich V. schenkt Graf Otto von Wittelsbach *(Witilinesbac)* das Gut Weilnbach (heute aufgegangen in Ensdorf) in der Grafschaft Ottos von Horburg (abgegangen bei Rottendorf, Lkr. Schwandorf) für geleistete treue Dienste. – Die Datierung ›1116‹ der Urkunde muß nach dem Itinerar auf 1115 berichtigt werden (Heilingsfelder).

Bei dem genannten Grafen Otto von Wittelsbach handelt es sich um Otto V. (IV), seit 1120 Pfalzgraf in Bayern, gest. 1156, den Vater des Herzogs Otto I. Als erster seines Geschlechtes nannte er sich nach der bei Aichach gelegenen Burg Wittelsbach. Er gehörte zu den nordgauischen Herren, die dem Kaiser am nächsten standen. Schon seine Heirat mit Heilika, der Erbtochter des Grafen Friedrich von Lengenfeld, hatte ihm bedeutenden Besitz eingebracht, der durch kaiserliche Schenkungen wie die obige vermehrt wurde. Machtzentrum Ottos waren die Gebiete um die von ihm gegründeten Klöster Ensdorf und Indersdorf; 1123 kam die Schirmvogtschaft über Freising dazu. Zwischen 1116 und 1120 übertrug ihm Kaiser Heinrich V. das bayerische Pfalzgrafenamt. – Die hier erstmals genannte Burg Wittelsbach (Oberwittelsbach) wurde 1209 zerstört, nachdem Pfalzgraf Otto XII. (VIII.) von Wittelsbach, ein Vetter des Bayernherzogs Ludwig I., am 21. Juni 1208 in Bamberg König Philipp von Schwaben ermordet hatte (vgl. Kat. Nr. 94–96). K.-E. L.

Druck: MB XXIV 9–10, Nr. 1. – Regest: Reg. Eichstätt, Nr. 303. – Lit.: MB XXIX, I, 235–236, Nr. 442; Spindler II 15, 28 f.; Riezler I [2] 201ff., II 39.

München, Bayerisches Hauptstaatsarchiv (Kaiserselekt 442)

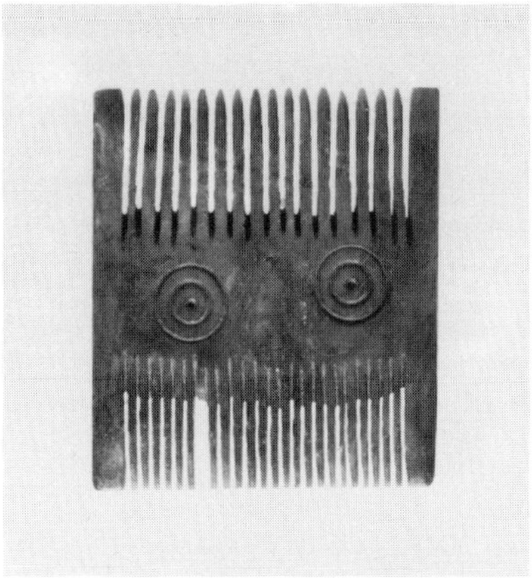

25 a
26 h

25* FUNDE AUS OBERWITTELSBACH: GEWEIH UND KNOCHEN, BEARBEITET

a) KLEINER KNOCHENKAMM
mit feiner und grober Zahnreihe; aus einem einzigen Knochenstück geschnitzt; auf beiden Seiten durch je zwei Kreisaugen verziert. Breite 3 cm
Gefunden in sekundärer Lage. 11./12. Jahrhundert

b) SPITZE EINES PFRIEMS UND STÜCK EINER SPACHTEL,
z. T. durch Kreisaugen verziert
Gefunden in der Brandschicht im älteren Halsgraben (Graben 3). 12. Jahrhundert

c) ZWEI HALBFABRIKATE AUS GEWEIHSPROSSEN,
wohl für kleine Griffe bestimmt
Gefunden bei der Hausstelle in der Südböschung des älteren Halsgrabens sowie in Graben 1. 12. Jahrhundert

d) ABFALLSTÜCKE VON GEWEIHSTANGEN,
alle mit deutlichen Bearbeitungsspuren
Gefunden bei der Hausstelle in der Südböschung des älteren Halsgrabens sowie in der sonstigen Füllung von Graben 3. 12. Jahrhundert

e) GELENKSTÜCK EINES RÖHRENKNOCHENS,
quer durchgesägt und mit angefangenem Sägeschnitt
Gefunden in Graben 1. Wohl 12. Jahrhundert R. G. K.

R. G. Koch, Die Burg Wittelsbach bei Aichach (WB I/1).

Oberwittelsbach, Landesamt für Denkmalpflege, Grabungsbüro

26* FUNDE AUS OBERWITTELSBACH: METALL

a) KLEINE PFEILSPITZE
mit flachem, spitzdreieckigem Blatt und runder Tülle. Länge 6 cm
Gefunden in sekundärer Lage. Wohl 12. Jahrhundert

b) PFEILEISEN
mit sehr dicker, kräftiger Spitze und einem Schaftdorn. Länge 10 cm
Gefunden in sekundärer Lage. Wohl 12. Jahrhundert

c) PFEILEISEN
mit schlanker, vierkantiger Spitze und runder Tülle (Armbrustbolzen). Länge 7,7 cm
Gefunden in sekundärer Lage. 12./13. Jahrhundert

d) HUFEISEN,
teilweise mit gewelltem Rand.
Gefunden z. T. in der unteren Füllung des älteren Halsgrabens.

e) BARTAXT MIT SCHAFTROHR
Schneide 12 cm breit, max. Länge 20 cm
Gefunden in der Zisterne. 12. Jahrhundert

f) KLEINER DREHSCHLÜSSEL
mit flachem, rundem Ösengriff, wohl für das Schloß eines Kastens. Länge 6,5 cm
Gefunden in der Hausstelle in der Südböschung des älteren Halsgrabens. 12. Jahrhundert

g) DURCHBROCHENER BESCHLAG EINES BUCHDECKELS
in Form von zwei Drachen, die mit dem Schwanz ineinander verhakt sind. An den vier Ecken je eine Öse für einen Nietstift.
Kupfer, die Schauseite vergoldet. Länge 8 cm
Gefunden in sekundärer Lage, in der Ausbruchgrube der Ringmauer der Burg. Ende 12. Jahrhundert

Form und Dekor des Beschlags entspricht den Beinbeschlägen auf dem Einband einer Bamberger Handschrift aus der Zeit um 1200, aufbewahrt in der Bayerischen Staatsbibliothek, München.
Vgl. F. Steenbock, Der kirchliche Prachteinband im frühen Mittelalter, Berlin 1965, 174f. Nr. 81, Abb. 111.

h) GEWANDNADEL AUS BRONZE,
der profilierte Kopf im unteren polygonalen Teil durchbohrt. Länge 13 cm
Gefunden in der Hausstelle in der Südböschung des älteren Halsgrabens. 12. Jahrhundert R. G. K.

Vgl. Kat. Nr. 25.

Oberwittelsbach, Landesamt für Denkmalpflege, Grabungsbüro

27* FUNDE AUS OBERWITTELSBACH: KERAMIK

Aus der Brandschicht in Graben 3 (älterer Halsgraben). 12. Jahrhundert

a) BAUCHIGE GEFÄSSE
mit runder oder abgestrichener Randlippe, teilweise durch flache Drehriefen verziert. Grauer, sandiger Ton, dem feiner, heller Glimmer meist reichlich beigemischt ist.

b) GEFÄSSDECKEL,
durch Wellenlinien, keilförmige Einstiche oder Drehriefen verziert. Grauer oder hellgrauer Ton, dem feiner Sand und heller Glimmer beigemischt ist.

c) FLACHER NAPF
mit steiler Wand und einem nach oben gebogenen, zungenförmigen Griffstutzen. Hellgrauer, sandiger Ton mit feinem hellem Glimmer.

d) KLEINER BECHER,
auf der Schulter mit drei Wellenlinien verziert. Hellgrauer, sandiger Ton mit feinem hellen Glimmer.

Alle aus der Zisterne. 12. Jahrhundert

e) WASSERKANNEN (BÜGELKANNEN)
mit wulstigem Griff oder Bandhenkel sowie mit kurzer Ausgußtülle; Henkel und Bauch durch mehrere Reihen von schrägen Kerben verziert; auf dem flachen Standboden ein vierspeichiges Radkreuz als plastische Verzierung. Grauer, sandiger Ton mit feinem hellen Glimmer.
Gesamthöhe 15,5/27/29 cm

f) BAUCHIGE TÖPFE
mit abgerundeter Randlippe; auf dem flachen Standboden ein vierspeichiges Radkreuz als plastische Verzierung. Grauer, sandiger Ton, dem feiner heller Glimmer beigemischt ist.
Höhe 17,5/13 cm R.G.K.

Vgl. Kat. Nr. 25.

Oberwittelsbach, Landesamt für Denkmalpflege, Grabungsbüro

28 FUNDE AUS OBERWITTELSBACH: STEIN, BEARBEITET

Bruchstücke mit einer Dreiviertelsäule von 19 cm Dm., wohl von einem Türgewände oder einem Wanddienst. 27 f
Feinkörniger, grüner Sandstein
Gefunden in den unteren Schichten des älteren Halsgrabens. 12. Jahrhundert R.G.K.

Vgl. Kat. Nr. 25.

Oberwittelsbach, Landesamt für Denkmalpflege, Grabungsbüro

29 FUNDE AUS OBERWITTELSBACH: ESSENSRESTE

Reste von Tierknochen, überwiegend von Rind und Schwein, vereinzelt auch Geflügel. Vielfach mit Schnittspuren vom Abtrennen des Fleisches. Die Röhrenknochen meistens aufgeschlagen.
Gefunden in der Brandschicht im älteren Halsgraben. 12. Jahrhundert R.G.K.

Vgl. Kat. Nr. 25.

Oberwittelsbach, Landesamt für Denkmalpflege, Grabungsbüro

27 e

27 a

27 e

Tafel neben S. 30

30** GENEALOGIE DES HAUSES BAYERN

Bayern, letztes Viertel 15. Jahrhundert

Federzeichnung und Deckfarben auf Pergament. In vier Teilen montiert. Gesamtlänge 738 cm, Breite unten 52–65 cm

Die Stammtafel wurde vor 1814 auf einer Burg im ehemaligen Herzogtum Jülich entdeckt. Er ist jedoch zweifelsfrei bayerischer – genauer: wohl niederbayerischer – Herkunft. Die historische Grundlage bildet nach Ausweis von Textübereinstimmungen die bayerische Chronik des Ritters Hans Ebran von Wildenburg (geb. nach 1426, gest. 1500/03), eines höheren Beamten der Reichen Herzöge (1464 als Oberrichter in Landshut eingesetzt, 1496 Pfleger zu Burghausen). Hans Ebran hat an diesem Werk offensichtlich längere Zeit gearbeitet und verschiedene Fassungen hinterlassen.

Die Stammtafel bildete eine aus 13 Pergamentblättern zusammengesetzte Rolle (erst in jüngerer Zeit in vier Teile zerlegt), die verschiedene, doch wohl ursprüngliche Veränderungen erkennen läßt.

Die Darstellungen stammen von verschiedenen Händen, ohne daß über unterschiedliche Lehrzeiten hinaus eine chronologische Divergenz angenommen werden müßte (vor allem Blatt 2 von einem Maler älterer Schulung).

Sie zeigen die Reihe der bayerischen Herzöge und die Stammreihe des Hauses Wittelsbach von Herzog Garibald I. (6. Jh.) bis ans Ende des 15. Jh. Die letzten original eingetragenen Familienmitglieder sind Wolfgang, Sohn Philipps des Aufrichtigen (geb. 1496), und Ludwig X. von Oberbayern (geb. 1495). Im genealogischen Schema nicht mehr vorgesehen und daher nachgetragen sind Wolfgangs Bruder Ottheinrich (geb. 1496) und Ludwigs Bruder Ernst (geb. 1500). Die Fertigstellung der Stammtafel läßt sich damit hypothetisch auf den Zeitpunkt 1495/96 festlegen. Da jedoch gerade in den letzten Generationen Nachlässigkeiten und Schriftwechsel zu beobachten sind, wird man vorsichtshalber mit einer Fertigstellung des Schemas nach der letzten verzeichneten Eheschließung, der Albrechts IV. von Oberbayern 1487, und vor dem Nachtrag von 1500 rechnen müssen. Weitere Nachträge erfassen die Enkel Georgs des Reichen, Georg, Ottheinrich und Philipp, sowie (sehr flüchtig) Kurfürst Friedrich III. von der Pfalz und die (falsch verzeichneten) Söhne Albrechts V. Die Stammtafel ist demnach bis nach der Mitte des 16. Jh. weiterbenutzt worden. Aufgrund der Auswahl bei der Fortführung ist an eine Benutzung im Niederbayerischen, später im Neuburgischen oder in der Pfalz zu denken.

Die Rolle setzt sich aus fünf Teilen zusammen. Vorgeklebt ist ein kleineres (oder beschnittenes) erst nach dem Aufkleben quer beschriftetes Blatt, das den Passus der Ebranschen Chronik über den römischen Landvogt in Bayern und späteren Kaiser Philipp sowie dessen Söhne Philipp und Quirin (Reliquien in Tegernsee) enthält. Es folgen sieben Blätter (Rahmen 1 und 2), auf denen links die agilolfingischen Herzöge von Garibald bis zu den Söhnen des letzten Herzogs Tassilo, rechts der Stamm der Arnulfinger/Karolinger und Ottonen von Arnulf von Metz (stark beschädigt) über Karl den Großen (unter dem Bayern an das karolingische Haus kam; die linke Reihe endet hier) bis hinauf zu den Kaisern Otto III. und Heinrich II. sowie dessen Geschwistern Bruno, Bischof von Augsburg, und Gisela, Königin von Ungarn, dargestellt sind. Da Garibald die Beischrift hat: ». . . an disem . . . vahet an der ander stam oder geschlächt«, ist vermutet worden, daß den Anfang einst das »erste Geschlecht« der legendären ersten Herzöge gebildet habe. Doch läßt der Anfang keinen sicheren Schluß zu, ob das erste Geschlecht je ausgeführt worden ist: als Stammväter des zweiten und des vierten Geschlechts (das dritte zählt in der Stammtafel ab Otilo) sind sie ganzfigurig dargestellt, während die Nachkommen nur halbfigurig in Blütenkelchen erscheinen.

Von Kaiser Arnulf von Kärnten zweigt der Stamm der Grafen von Scheyern ab, von dem die Wittelsbacher herstammen. Diese Partie ist die interessanteste der Stammtafel, da in ihr die Schwierigkeiten der genealogischen Herleitung des späteren Herzogshauses offenbar werden. Es sind deutliche Veränderungen wahrnehmbar: Von Arnulfs ungenanntem Sohn (Werner) stammen »Egkhart, graue de Scheiern» und sein Bruder ab, dessen Beischrift getilgt ist. Auf seiner Brust ist noch der Ansatz des Astes zu sehen, der in das darüber ins Pergament geschnittene Loch führte. Dort befanden sich einst zwei Generationen, von denen nur die Ansätze der Blütenkelche erhalten sind.

Im Zusammenhang mit der Tilgung dieser Generationen und der Beischrift ist das Abweichen der Stammtafel vom bisherigen Schema zu sehen. Die von Eckard von Scheyern ausgehenden Generationen sind nur noch in Kreisen, nicht aber im Bilde angegeben. Dieses Schema beherrscht den dritten Teil der Rolle, Blatt 9, auf dem figürliche Darstellungen ganz fehlen. Der Anschluß an die erste Darstellungsweise wird erst auf Teil 4, Blatt 10–12, gefunden, wo die Wittelsbacher Herzöge von Otto I. und seinem Bruder Konrad bis hin zur Generation der Söhne Ludwigs des Bayern (und ihrer Pfälzer und niederbayerischen Vettern) korrekt angegeben sind. Bei Otto I. und Konrad ist der Astansatz verändert, so daß anzunehmen ist, daß Teil 3 als Ersatz für einen älteren eingefügt wurde.

Das Entfernen fertiger Darstellungen kann nur damit erklärt werden, daß der Autor der Stammtafel die Abstammung der Wittelsbacher korrigieren mußte. Er scheint zunächst nach Andreas von Regensburg (einer der wichtigsten Quellen Ebrans) vorgegangen zu sein, dessen Darstellung die Generation der Söhne, Enkel und teilweise Urenkel Kaiser Arnulfs entspricht. Der jetzt anonyme Bruder Eckards wäre Otto von Wittelsbach gewesen, der »accepit palatium Reni et construxit castrum Witelspach«. Die Ausführung der Stammtafel mußte dann zeigen, daß es nicht möglich war, die Generationenfolge der Grafen von Scheyern und Wittelsbach mit der überlieferten Reihe der Herzöge Bayerns zu koordinieren. Die neue Darstellung mit-

tels der Kreise folgt auf Blatt 8 der »Tabula perantiqua Schirensis« und beachtet auch noch die Parallelität der Generationen. Auf Blatt 9 war es dem Autor offensichtlich nicht mehr möglich, dieses Schema aufrechtzuerhalten. Acht Generationen von Herzögen stehen zwei Generationen der Grafen von Scheyern-Wittelsbach gegenüber, deren Genealogie völlig unzutreffend angegeben ist. Möglicherweise war es die Einsicht in das Ungenügen der Überlieferung zur Frühgeschichte des Hauses Wittelsbach, in die chronologische Unmöglichkeit, den legendären Anschluß an die Karolinger darzustellen, die den Autor veranlaßt hat, von der Ausführung in repräsentativer Form abzusehen.
In gleich bescheidener Form ist die Genealogie dann auf Blatt 13 in sechs Generationen zu Ende geführt. Hier fehlen vor allem die erläuternden Beischriften zu den Personen, mehrfach fehlen die Namen. Dies entspricht dem bei Ebran beobachteten Desinteresse an der jüngeren Geschichte.
Die Einheitlichkeit des Vorhandenen läßt es als unwahrscheinlich erscheinen, daß die Genealogie von zweiter Hand verändert worden ist. Eher ist anzunehmen, daß der Autor selbst Korrekturen vorgenommen und schließlich sein großartig geplantes Projekt in bescheidener Form abgeschlossen hat. Es ist nicht auszuschließen, daß der Autor Hans Ebran selbst gewesen ist. So reicht die erste Schicht der Nachträge nicht über seine Lebenszeit hinaus. Es bedürfte einer vergleichenden Untersuchung seiner Chronik und des Stammbaums, um in dieser Frage Gewißheit zu gewinnen. J. E.

Ludwig Rockinger, Über ältere Arbeiten der baierischen und pfälzischen Geschichte im geheimen Haus- und Staatsarchive (Abh. d. Kgl. Bayer. Akad. d. Wiss. 3. Kl. 15/1) II, München 1880, 167–172; Bayerische Regententafel von Herzog Garibald I. (554) bis Kurfürst Otto Heinrich (1599), hg. v. Kgl. Bayer. Geh. Hausarchive, München 1891; Victor Keller, Ritter Hans Ebran von Wildenberg, sein Leben und seine bayerische Chronik (VHN 31) 1895, 85–141, 111–117; entscheidende Hinweise werden G. Diepolder verdankt.

Berchtesgaden, Schloß (WAF)

31 DIE FÜRSTENREIHE IM ALTEN HOF ZU MÜNCHEN

Bayern, um 1470/80

Federzeichnung und Deckfarbenmalerei, goldgehöht, auf Papier. Gesamtlänge 380 cm

Der erst im 19. Jh geteilte Rotulus reproduziert eine Freskenfolge, deren Reste 1850 im Alten Hof in München freigelegt wurden (jetzt im Bayerischen Nationalmuseum). Im 1. Obergeschoß des Südflügels waren dort einst 61 bayerische Herzöge von den legendären Anfängen der Einwanderungszeit bis auf Herzog Sigismund (reg. 1460–1467) dargestellt. Ihre Anordnung in friesartiger Reihung – teilweise in Paaren oder kleineren Gruppen einander zugeordnet – über einem rankengefüllten, erläuternde Verse tragenden Sockel und aufgehängten Allianzwappen wird am getreuesten von der vorliegenden Kopie überliefert, die den Fresken auch im Stil noch relativ nahe steht. Die zahlreichen späteren, bis ins 17. Jh. reichenden Kopien entfernen sich teilweise sehr weit von dem Urbild, um die Reihe zu vervollständigen und fortzuschreiben. Sie lassen darauf schließen, daß die Fresken im Alten Hof die einzige offizielle Herzogsreihe am Münchner Hof dargestellt haben.
Angelegt worden dürfte die Reihe unter Herzog Sigismund sein, den die Kopie als letzten und mit der Angabe »dies ist der gnädige Herr« zeigt. Die Entstehungszeit liegt also, stilistisch glaubhaft, zwischen dem Tode Albrechts III. 1460 und der Resignation Sigismunds zugunsten seines Bruders Albrecht IV. 1467. Sigismund trat den Alten Hof zwar erst 1470 an seinen Bruder ab, scheint dort aber nach 1466 nicht mehr gewohnt zu haben.
Auffallend ist die Auswahl der Fürsten für die Reihe. Vollständig vertreten und einigermaßen systematisch geordnet waren nur die Regenten der bayerischen Teilherzogtümer nach Ludwig dem Bayern. Chronologisch geordnet sollten sicher auch die Agilolfinger, Arnulfinger/Karolinger und Ottonen im ersten Drittel der Reihe sein, deren Folge sich recht getreu der Chronik von den Fürsten zu Bayern des Andreas von Regensburg anschließt. Dem Autor des Programms ziemlich durcheinandergeraten sind die Fürsten im mittleren Drittel, die noch einmal bis zu den Arnulfingern zurückgreifen und die erhebliche Lücken aufweisen: von den Scheyerer Vorfahren erscheinen z. B. nur Arnulf (der Böse) und Eckard mit dem Bundschuh, unter den Wittelsbacher Herzögen fehlen Ludwig I. der Kehlheimer und Otto II. der Erlauchte. Andererseits waren mit Otto III. von Ungarn, Ruprecht von der Pfalz und Christoph von Dänemark drei Könige in die Reihe aufgenommen, deren Anwesenheit beim sonstigen Fehlen der alten niederbayerischen Linie und der jüngeren Pfälzer unmotiviert erscheint. Auswahl und Anordnung der im Alten Hof dargestellten Fürsten folgten damit keinem strengen Programm. Möchte man den engen Anschluß an Andreas von Regensburg im ersten Teil heute als Beleg für den Tiefstand der bayerischen Geschichtsschreibung im dritten Viertel des 15. Jh. nehmen, so scheint er doch für die Bedürfnisse der Zeit ebenso charakteristisch zu sein wie die Chronik des Andreas selbst: eher eine Blütenlese aus älteren Geschichtswerken als eine systematische Darstellung, und voll von Histörchen, sollte sie zur kurzweiligen Ermahnung der Leser dienen, wie Andreas in der Vorrede an Herzog Ludwig den Gebarteten von Ingolstadt betont. Entsprechend führte die Fürstenreihe im Alten Hof primär berühmte und merkenswerte Vorgänger und Vorfahren vor Augen, wobei ein deutlicher Schwerpunkt bei Kaisern und Königen lag: zu erbaulicher Betrachtung und Erhöhung des fürstlichen Ruhmes. J. E.

Bibliothèque Nationale, Inventaire général des écoles du nord, par F. Lugt et J. Vallery-Radot, Paris 1936, 13 f., Nr. 28; Föringer, Bericht über die im Alten Hof zu München aufgefundenen Wandgemälde (OA 12) 1851/52, 266–296; Kloos 1958, Nr. 44; vgl. auch AK Vom späten Mittelalter bis zu J.-L. David. Neuerworbene und neubestimmte Zeichnungen im Berliner Kupferstichkabinett, Berlin 1973, Nr. 11–13; Andreas v. Regensburg, Chronica de principibus terrae Bavarorum (Andreas v. Regensburg, Sämtliche Werke, hg. v. G. Leidinger [QE NF 1]) 1903, 589–655, dt. Vorwort von 1427: 591 f.

Paris, Bibliothèque Nationale, Cabinet des Estampes

RAUM 3 KABINETT IM ITALIENISCHEN ANBAU

Der Weg zu diesem Raum führt an der Narrentreppe vorbei. Die Ausmalung besorgte 1579 Alessandro Scalzi nach Entwürfen von Friedrich Sustris. In Lebensgröße sind die Figuren der Commedia dell'arte dargestellt. Ebenso wie die Narrentreppe entstanden die Kabinette im Italienischen Anbau zur Zeit der Hofhaltung des späteren Herzogs Wilhelm V. auf der Burg Trausnitz (1568–1579). Als Architekt fungierte Georg Stern d. J., die Stukkaturen fertigte Carlo Pallago, die nur fragmentarisch erhaltenen Fresken gehen wohl auf Friedrich Sustris zurück. E. J. G.

DIE KLOSTERSTIFTUNGEN ALS ZEUGNISSE WITTELSBACHISCHER HERRSCHAFT VOR 1180

Kaiser Friedrich Barbarossa hatte keinen Unbedeutenden zum Herzog gemacht.
Otto von Wittelsbach stammte aus einer der mächtigsten Familien in Bayern. Seine Vorfahren waren die erstmals Mitte des 11. Jh. erwähnten Grafen von Scheyern.
Die Macht der Wittelsbacher beruhte auf ihrem Hausbesitz, ihren Lehen, den Hoheitsrechten, die sie direkt oder in Vertretung des Königs als Grafen und Pfalzgrafen ausübten, ihren Vogteien über Hochstifts- und Klosterbesitz, den Einkünften und Dienstleistungen, die sie aus Ämtern und Besitz zogen.
Die Wittelsbacher und ihre Dienstleute (Ministerialen) saßen vor allem im Raum zwischen Lech, Amper und Ilm, um Wartenberg, um Valley, um Starnberg, bei Kelheim und bei Wolfstein (Isar), nördlich der Donau schließlich im Raum zwischen Naab und Vils.
Die wichtigsten Burgen, zum Teil Sitze von Nebenlinien des Hauses Scheyern, waren Wittelsbach bei Aichach, Dachau, Wartenberg, Haimhausen, Heimburg, Valley, Kelheim und Burglengenfeld.
Die Vogtei übten die Grafen von Scheyern aus über den Besitz des Hochstifts und des Domkapitels von Freising, über die Besitzungen des Reichsstifts St. Ulrich und Afra zu Augsburg, soweit sie östlich des Lechs lagen (Teilvogtei), über den Besitz des Reichsstifts Obermünster zu Regensburg, dann über die Klöster Scheyern, Ensdorf, Indersdorf und Bernried, die ihre Hausklöster waren, schließlich über Ilmmünster, Weihenstephan, Neustift, Ebersberg, Schäftlarn, Kühbach, Geisenfeld und Hohenwart.
Die Herkunft des Scheyern-wittelsbachischen Besitzes und der Scheyern-wittelsbachischen Rechte läßt sich nur vermuten: mit einem Teil des Ebersberger Erbes etwa gewannen die Grafen von Scheyern den Raum um Wittelsbach und die Vogteien über Kühbach und Ebersberg, wohl auch die Freisinger Hochstiftsvogtei (um 1050). Mit Teilen der Erbschaft der Grafen von Kastl und vor allem dann mit dem Erbe der Grafen von Lengenfeld (1108/1119) faßten sie auf dem Nordgau Fuß.
Sicherlich sind den Grafen von Scheyern alle diese Rechts- und Besitzkomplexe nicht kampflos zugefallen. Vor allem mit den Bischöfen von Freising verlief die Auseinandersetzung in aller Härte, wie uns Bischof Otto von Freising bezeugt. Mit Gewalt und mit Versprechungen wohl wurden vor allem Freisinger Ministerialen, dann aber auch viele Edelfreie des Raumes auf die Seite der Grafen von Scheyern gezogen.
Zur Grundlegung zukünftiger wittelsbachischer Macht gehören nicht zuletzt die Heiratsverbindungen mit den bedeutenden Familien des Herzogtums und des Reiches: sie begründeten die künftigen Erbansprüche.
Insgesamt gesehen ist es sehr wenig, was wir von den Vorfahren Herzog Ottos, ja von ihm selbst wissen. Am ehesten noch haben die Hausklöster Scheyern und Indersdorf, Ensdorf und Kühbach das Andenken ihrer Stifter bewahrt und überliefert. E.J.G.

SCHEYERN – HAUSKLOSTER DER WITTELSBACHER

Im Jahre 1077 überließen der Graf Hermann von Kastl und seine Frau Haziga den beiden Einsiedlern Otto und Adelprecht ein Waldgebiet bei Bayrischzell zur Gründung einer Einsiedelei. Kurze Zeit später schenkte Haziga, in zweiter Ehe mit dem Grafen Otto II. (I.) von Scheyern verheiratet, die Einsiedelei an das Benediktinerkloster Hirsau. Abt Wilhelm von Hirsau – er stammte aus dem Benediktinerkloster St. Emmeram zu Regensburg – sandte zwölf Mönche und zwölf Laienbrüder zur Errichtung eines Klosters. Noch vor 1087 wurde der Konvent in das günstiger gelegene Fischbachau umgesiedelt und dort die noch heute bestehende Klosterkirche errichtet. Unter Abt Erchimbold löste sich

Fischbachau endgültig von Hirsau und erhielt die »Libertas Romana«, die unmittelbare Unterstellung unter den päpstlichen Stuhl durch Papst Paschalis II.
Graf Otto III. (II.) von Scheyern, ein Sohn Ottos II., veranlaßte eine weitere Verlegung des Klosters, diesmal auf den Petersberg bei Dachau. Die Kirche des Petersberg-Klosters ist noch erhalten. 1119 wandelten die Grafen von Scheyern und die Dachauer Nebenlinie die Stammburg zu Scheyern in ein Kloster um – derartige Stiftungen sind seit dem 11. Jh. durchaus häufig – und übergaben es den Benediktinern vom Petersberg.
Im Kloster Scheyern hatten die Wittelsbacher bis 1253 ihr Erbbegräbnis. Trotz der engen Bindung an die Stifterfamilie erhielt auch Scheyern den Status eines päpstlichen Eigenklosters.
1215 wurde die im ganzen heute noch bestehende Klosterkirche geweiht.
Um die Mitte des 13. Jh. blühte das geistige und künstlerische Leben in Scheyern. Nun entstanden beeindruckende Bildhandschriften – unter dem Einfluß der Prüfeninger Buchmalerei (vgl. Nr. 157–161), Abt Konrad trat als Verfasser historiographischer Werke hervor.
Scheyerns Blüte war nicht von Dauer: schon in der zweiten Hälfte des 13. Jh. sank das Kloster in jeder Beziehung so herab, daß die Mönche in anderen Klöstern um Aufnahme nachsuchten.
Das Gedächtnis der Stifterfamilie ist in Scheyern immer lebendig geblieben. Dies bezeugen die Fürstenbilder der Kapitelkirche ebenso wie die Schriften Abt Stephan Reitbergers zu Beginn des 17. Jh. 1803 wurde Scheyern säkularisiert, doch schon 1838 als zweites der bayerischen Benediktinerklöster durch König Ludwig I. wiederhergestellt.
In ganz Bayern war Scheyern wegen der dort aufbewahrten und verehrten Kreuzreliquie berühmt. Aus dem Besitz eines Kreuzzugspredigers gelangte sie an die Grafen von Dachau. Konrad III., der letzte der Dachauer Grafen, schenkte sie um 1180 nach Scheyern. Zwei Briefe der Patriarchen von Jerusalem belegen die Authentizität der Scheyerer Überlieferung. *E. J. G.*

32 ERSTE NENNUNG EINES GRAFEN VON SCHEYERN

Ca. 1073

Codex traditionum, Freising Cod. B. f. 304. 27x19,5 cm

In der Zeugenliste des Ehevertrages des Viztums Adalbert von Freising und seiner Gattin Perhta testiert u. a. »Otto comes de Skyrun« zusammen mit seinem Ritter (miles) Reginpreht. Diese erste namentliche Nennung eines Grafen von Scheyern ist nicht original-urkundlich überliefert, sondern einzig abschriftlich in den Traditionen des Hochstifts Freising. Mit dieser Nennung verlassen die Theorien über die Herkunft der Wittelsbacher den spekulativen Bereich; Otto, der sich etwa bis 1078 quellenmäßig als Hauptvogt des Freisinger Bistums nachweisen läßt, war verheiratet in zweiter Ehe mit Haziga, der Witwe des Grafen Hermann von Kastl. Ein Enkel der beiden, Otto, nannte sich 1116 erstmals »von Wittelsbach« und wurde in dieser Zeit (1111/1120) Pfalzgraf von Bayern. R. A. M.

Druck: Th. Bitterauf, Die Traditionen des Hochstifts Freising II, 1909, 319 f. – Lit.: Tyroller, Genealogie; Fastlinger; P. Fried, Über die Herkunft der Wittelsbacher (WB I/1); F. Genzinger, Machtgrundlagen der Wittelsbacher vor 1180 (WB I/1).

München, Bayerisches Hauptstaatsarchiv (Hochstift Freising Literale 3b)

33 PÄPSTLICHE BESTÄTIGUNGSURKUNDE FÜR DAS KLOSTER FISCHBACHAU

21. November 1102

Pergamenturkunde, Bleibulle an brauner Schnur. 46,5x47 cm

Nachdem schon Papst Urban II. 1095 das Priorat Fischbachau bestätigt hat, wiederholt Papst Paschalis II. diese Bestätigung, erhebt die klösterliche Gemeinschaft zur Abtei, verleiht ihr die Libertas Romana (römischen Schutz) und bestellt den Grafen Otto III. von Scheyern zum Vogt. Mit dieser Urkunde wird die Loslösung Scheyerns vom Mutterkloster Hirsau vollzogen. Für die Trennung vom Mutterkloster mußte Graf Bernhard von Scheyern, ein Sohn Hazigas, 20 Mark Silber zahlen, ein Hinweis darauf, daß der Vorgang mit Wissen und Billigung der Stifterfamilie stattfand. E. J. G.

MB X 437; W. Störmer, Hausklöster (WB I/1).

München, Bayerisches Hauptstaatsarchiv (Kloster Scheyern Urk. 1)

34** STIFTUNG DES KLOSTERS SCHEYERN

Tafel neben S. 46

Bayern, 1624/25

Öl auf Nadelholz, 74x141 cm

Inschrift verändert, älteren Abschriften zufolge einst: Otto III. Petrissa: Otto Filius Bernhardus Eckardus fratres arce Schyrae per Ottonem cum suis in Monasterium data et illuc fratres e Fischbachau translati sub Calisto II Pontifice Max: anno 1123 (Klosterarchiv Scheyern, Nr. 55)

Das vorliegende Bild gehört innerhalb des Scheyerer Fürstenzyklus zu einer Gruppe von drei Darstellungen, die die Frühgeschichte des Klosters behandeln. Den heute veränderten Aufschriften zufolge betrifft das erste die Stiftung des Konventes in Fischbachau und ihre Bestätigung durch Papst Paschalis II. 1103, das dritte den Beschluß der Grafen Eckart, Werner, Arnold und Konrad, sich und ihren Besitz mit Zustimmung der Verwandten der Gottesmutter in Scheyern zu weihen. Möglicherweise ist damit noch einmal die Übergabe der Stammburg an den Konvent gemeint, der im zweiten Bilde thematisiert ist: Graf Otto III. und seine Schwägerin Petrissa – durch das Wappen als Ungarin bezeichnet – halten als Stifter das Modell der Scheyerer Klosterkirche; sie und ihre Brüder/Schwäger transferieren 1123 den Konvent von Eisenhofen an der Glonn nach Scheyern. So zumindest die Deutung, die man 1624/25 den damals erneuerten Bildern beigegeben hat. Die inhaltliche Doppelung der Aussage und die willkürliche Auswahl der beiden gegenüber ihren Verwandten bevorzugten Stifter läßt allerdings Zweifel aufkommen, ob man damals den Sinn der gotischen Figurenreihe erkannt und die Personen richtig benannt hat. Sicherlich sind Mitglieder des Hauses Scheyern als Stifter dargestellt, doch wird man die Identifizierung mit Vorsicht betrachten müssen. J. E.

J. Hoeck, Die Scheyrer Fürstenbilder in der Wittelsbacher Grabkirche (Der Scheyerer Turm 25/2) 1970, 26–53 (auch als Separatdruck, Scheyern 1971); M. Meuer, Die gemalte Wittelsbacher Genealogie der Fürstenkapelle zu Scheyern (MBM 59) München 1975, 35f., 52–55.

Scheyern, Benediktinerabtei

Die Geschichte des Fürstenzyklus in der Kapitelkirche des Klosters Scheyern kann noch nicht als geklärt gelten. Nach Aventins ›Annales Schirenses‹ (sub anno 1377) hat Herzog Friedrich von Bayern-Landshut (1375–1393) in der später als Kapitelsaal dienenden Gruftkapelle seines Geschlechts die Fürsten von Scheyern darstellen lassen.

»Nitweniger ist auch in solcher Capell der gannz fürstliche Stamen der Graf- und Pfalzgraven zu Scheyrn, Widlspach &c. und dahero auch an den Chur- und Fürstenthumb Bayrn &c. deroselben hechsternannte Vorfahren, uf der Maur in der ganz mehrberirten Capell herumb abgemallt, und in irer Antiquitet dargestelt.« Diese Beschreibung lieferte Abt Stephan Reitberger (1610–1634) 1623 in einem Brief an Kurfürst Maximilian I., in dem er um Erlaubnis bat, die schlecht erhaltenen Bilder in kleinerem Format auf Holz übertragen zu dürfen, »nit mer durch die ganze Capell uf die Maur, sondern allein ob es Gestuels auf Holz verjüngt, doch der Antiquitet unbenommen.« Im Zuge dieser 1623/25 durchgeführten Restaurierung, auf die die heutige Form des Zyklus (20 Bild- und 4 Texttafeln) zurückgeht, müssen mindestens die Darstellungen 17–20 hinzugefügt worden sein, auf denen die Mitglieder des Hauses bis zum Jahre 1623 nachgetragen sind. Andere Darstellungen scheinen damals ausgelassen worden zu sein. Wieviele Überlieferungsschichten zwischen der Erstfassung des späten 14. und der Kopie des frühen 17. Jh. liegen, ist bisher unerforscht. Aufgrund einer Notiz des als Klosterhistorikers hervorgetretenen Abtes Reitberger und baugeschichtlicher Erwägungen ist an eine Zwischenstufe des 16. Jh. gedacht worden, da die Kapitelkirche unter Abt Joh. Chrys. Hirschbeck (1548–1558) durchgreifend restauriert worden ist. Es scheint jedoch auch Parallelüberlieferungen im Kloster gegeben zu haben. Ignaz Franz von Wilhelm berichtet 1730 von der Zerstörung bzw. Beschädigung auf Holz gemalter Stücke des (bzw. eines) Zyklus im spanischen Erbfolgekrieg. Es ist auszuschließen, daß sich diese Nachricht auf Tafeln des heute vorhandenen Zyklus bezieht: Die von Wilhelm gegebenen Nachzeichnungen zweier 1718 noch vorhandener Tafeln – die eine mit Nr. 1 des heutigen Zyklus korrespondierend, die andere ohne Entsprechung – lassen einwandfrei erkennen, daß dieses Werke der 2. Hälfte des 15. Jh. gewesen sind. In Einzelheiten der Tracht, wie den von »Ornolt von Kernten« und »Wernher« von Scheyern unter den Mänteln getragenen Lentnern und breiten Schwertgürteln in Beckenhöhe, scheinen jedoch ältere, noch ins 14. Jh. gehörige Vorbilder durch, die hypothetisch mit den ursprünglichen Darstellungen identifiziert werden dürfen. Im heutigen Bestand ist diese älteste Schicht nur noch in der vorliegenden Stifterdarstellung faßbar, die deutlich gotischen Vorbildern verpflichtet ist; die Gewandbehandlung bei Petrissa, speziell das von den Knien fließende Kleid, verweist auf die Zeit um 1400.

Auf den ursprünglichen Fries zurückgehen dürfte auch die friesartige, parataktische Anordnung der Figuren, deren Namen jeweils beigeschrieben bzw. auf Spruchbändern beigegeben sind. Sie muß in der Redaktion des 15. Jh. dem Zyklus im Alten Hof in München ähnlich gewesen sein und wird erst in der Fassung des 17. Jh. durch Raumfolien und Hintergrundfiguren erweitert. Noch im zweiteiligen Aufbau der Beschriftung – zunächst Benennung der dargestellten Personen, dann Erläuterung der Szene, diese wohl erst von Reitberger verfaßt – der heutigen Tafeln schlägt die Disposition des Urbildes durch.

Angesichts der Übereinstimmung zwischen den Tafeln des 17. Jh. und der in den Stichen bei Wilhelm faßbaren Redaktion des 15. Jh. (von der ungewiß ist, ob sie auch die Fresken der Kapitelkirche berührt hatte oder nur eine freie Kopie in Tafelform darstellte) läßt sich für den Fürstenzyklus folgendes hypothetische Stemma aufstellen:

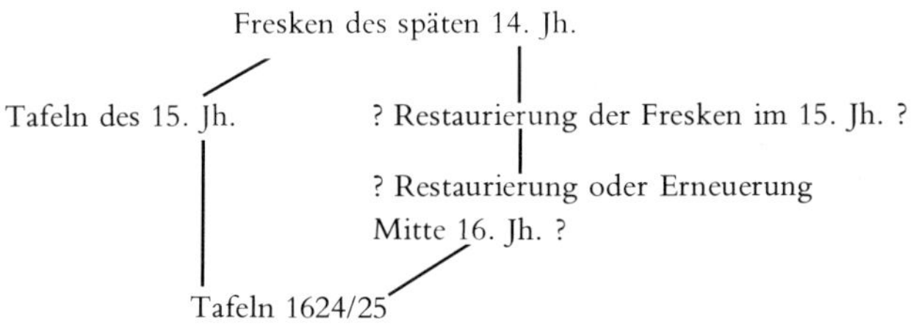

Ebenfalls bisher nicht untersucht ist die Frage, welche Darstellungen überhaupt erst im 16./17. Jh. (unter Hintanstellung älterer Darstellungen, wie man aus dem einen Stich bei Wilhelm schließen möchte) eingefügt worden sind, um die ursprünglich offenbar auf die Geschichte des Klosters Scheyern konzentrierte Figurenreihe stärker auf die herrschende Dynastie zu beziehen. Aus stilistischen Erwägungen ist im älteren, speziell Scheyern gewidmeten Teil der Reihe zumindest für die Darstellung Nr. 3 – Ritt des Königspaares Stefan und Gisela zur Hochzeit nach Scheyern – eine Vorlage des 14./15. Jh. auszuschließen. Die Darstellungen der beiden ersten Herzöge Otto I. (7) und Ludwig I. der Kelheimer (10) gehen mit Sicherheit auf jüngere Vorbilder zurück. Bei den späteren Herzögen sind es nur einzelne Elemente, bei denen man eine Zurückführung auf die Erstanlage erwägen möchte; generell ist die parataktische Anordnung zugunsten einer räumlichen Gruppierung aufgegeben. So stellt sich die Frage, ob Abt Reitberger nicht die ganze Reihe der Wittelsbacher Herzöge in den Zyklus eingeführt hat. Zumindest hat er die »Antiquitet« der Scheyerer Vorlagen zugunsten besserer Bildwirkung aufgegeben. J. E.

Brief Reitberger: MB X 591f.; Restaurierung unter Abt Hirschbeck: B. Kotter, Zur Geschichte der Johanneskirche (Kapitelkirche), (Der Scheyerer Turm 25/2) 1970, 22–25; Ignaz Franz von Wilhelm, Vindiciae arboris genealogicae . . . Carolino-Boicae, München 1730.

35 SCHEYERER CHRONIK

Konrad von Scheyern, Scheyern, 13. Jahrhundert

Pergamenthandschrift, 25x18,5 cm

Scheyern, das älteste wittelsbachische Hauskloster, stieg im 13. Jh. unter Abt Konrad (1206–1225) zu einem der bedeutendsten Kulturzentren Altbayerns auf. Zunächst in offenbar gutem Verhältnis zu Herzog Ludwig I. stehend, der auch bei seiner Wahl zugegen war, resignierte Abt Konrad doch frühzeitig, da, so die Überlieferung, sich die Beziehungen zum bayerischen Herzog rapide verschlechtert hatten. Den Rest seines Lebens verbrachte er im Kloster Fischbachau, wo er gegen Mitte des Jh. verstarb.

Der baulichen Instandsetzung und Erweiterung und der Geschichte des Klosters sowie des Hauses Wittelsbach galt Konrads besonderes Interesse. Er verfaßte das sog. ›Chronicon Schirense‹, das in der Originalschrift den Titel ›Liber primae fundationis‹ trug. Bemüht um eine wahrheitsgetreue, urkundlich weitgehend gesicherte Darstellung, gelang dem Abt eine relativ genaue, nur vereinzelt in den Bereich der Sage oder Apotheose der Gründerfamilie ab-

Genealogie des Hauses Bayern. Bayern, letztes Viertel 15. Jahrhundert. Kat. Nr. 30

Genealogie des Hauses Bayern. Bayern, letztes Viertel 15. Jahrhundert. Kat. Nr. 30

gleitende Gründungsgeschichte der Scheyerer Abtei. Der eigentlichen Klostergeschichte beigegeben wurde eine Abtliste, die bis zu Konrads Vorgänger Hartmann (1203–1206) reicht. Ein späterer Redaktor fügte nach Konrads Amtsverzicht noch einen Abschnitt über diesen selbst hinzu. Gleichfalls von späterer Hand eingeschoben wurde das vom Mönch und Schreiber Konrad verfaßte legendenhafte Kapitel (16) über die Errichtung der Burg Scheyern und Herzog Arnulf. R.A.M.

Drucke: MGH SS 17, 615–623; MB X 381–397; Böhmer, Fontes III 499–512. – Lit.: ADB 16; H. Hundt, Kloster Scheyern, seine ältesten Aufzeichnungen, seine Besitzungen (Abh. München IX/2) 1866, 205–340; I. N. Seefried, Konrads des Älteren von Scheyern Leben und Wirken, dessen Klostergeschichte und Genealogie des illustren Hauses Scheyern-Wittelsbach 1050–1210, 1905; L. Hanser, Scheyern einst und jetzt, 1927; W. Wattenbach–Fr. J. Schmale, Deutschlands Geschichtsquellen im Mittelalter vom Tode Kaiser Heinrichs V. bis zum Ende des Interregnum, 1976, 256f.

München, Bayerische Staatsbibliothek (clm. 1052)

36 TEXT DER SCHEYERER ›TABULA PERANTIQUA‹

Kloster Fürstenfeld, 14. Jahrhundert

Pergament, 29,5x21,5 cm

Im Kreuzgang des Klosters Scheyern hing einst eine Inschrifttafel, deren Text Auskunft über die Geschichte der frühen Wittelsbacher gab. Abt Stephan Reitberger hat die Tafel zu Beginn des 17. Jh. noch gesehen. Spätestens seit dem ausgehenden 18. Jh. ist sie verschwunden. Der Text jedoch ist in mehreren bis ins 14. Jh. zurückreichenden Abschriften überliefert.

Der Verfasser dürfte ein Mönch aus Scheyern gewesen sein. Aus den verschiedensten Quellen kompilierte er den vorliegenden Text. Behauptet wird vor allem die Abstammung der Grafen von Scheyern von den Agilolfingern und Karolingern, die Verwandtschaft mit den bedeutendsten Herrscherhäusern. Die Geschichtserzählung endet mit dem Tode Ludwigs II. und Heinrichs XIII. Der Text ist in engem Zusammenhang mit der Scheyerer Grablege zu sehen: Er sollte erzählen, wieviele bedeutende Männer in diesem Kloster begraben seien.

Neben den aus den verwendeten Quellen erklärbaren legendenhaften Konstruktionen weist der Text auch eine große Anzahl sachlicher Fehler auf. E.J.G.

A. Siegmund – F. Genzinger (WB I/1); F. H. Hundt, Kloster Scheyern (Abh. München IX, 2) 1865.

München, Bayerische Staatsbibliothek (clm. 7021)

37 STIFTERGRAB GRAF OTTOS II. VON SCHEYERN UND SEINER GEMAHLIN HAZIGA

Bayern, Ende 16. Jahrhundert

Federzeichnung, koloriert, 50,5x32,5 cm

Die kolorierte Federzeichnung gibt das Stiftergrab der Klosterkirche Scheyern aus dem Ende des 14. Jh. wieder, das bis um 1620 in der Abteikirche stand. Die Darstellung zeigt ein Hochgrab in Giebelform, dessen seitliche Tumbenwände mit Wappen verziert sind, darunter der Pfälzer Löwe, die Bayerischen Rauten, das Wappen der Grafen von Kastl und der Bundschuhschild des Sohnes Eckhards I. Die dachartige Oberseite weist die Figuren der Stifter auf, jeweils auf ihren Wappenschilden stehend unter Baldachinen aus Maßwerk: zur Linken Haziga in einem pelzgefütterten Gewand, gekrönt, zur Rechten ihr Gemahl Graf Otto II., das Schwert an seiner Seite, auch er in einem pelzgefütterten Mantel und mit einer Krone auf dem Haupt. Über dem Giebelfirst halten sie gemeinsam das Modell einer einschiffigen romanischen Basilika, das den ersten Scheyerer Kirchenbau darstellen soll. Über ihren Köpfen sind Anschriften mit ihren Namen angebracht, die möglicherweise Zutaten des Zeichners sind.

In der letzten Dekade des 16. Jh. hatte Wilhelm V. in einer großangelegten Recherche bei den bayerischen Klöstern nach erhaltenen Wittelsbacher Monumenten nachfragen lassen und um Beschreibungen und Illustrationen gebeten, die eine Neuausgabe der Annalen Aventins erläutern sollten. In diesem Zusammenhang ist vermutlich auch das vorliegende Aquarell entstanden.

Das Bemerkenswerte an diesem Hochgrab, das in die 2. Hälfte des 14. Jh. datiert wird (Hartig) und in dem man eine farbig gefaßte Steinmetzarbeit vermutet (eine Meinung, die Hartig später zugunsten eines bronzenen Monumentes revidierte, ohne jedoch schlüssige Nachweise für diese Annahme zu liefern), ist eine Giebelform, die offenbar bewußt auf Prototypen des 13. Jh. zurückgreift. Die Darstellung der Stifter unter Baldachinen hingegen ist in der Grabmalsplastik des ausgehenden 14. Jh. kein Sonderfall (Grabmal des Erzbischofs von Trier, Kuno II. von Falkenstein, 1388; Grabmal Adolfs I., Erzbischofs von Mainz, 1390; Doppelgrab des Grafen Adolf I. von Kleve und der Margaretha von Berg, um 1400).

Das Scheyerer Stiftergrab ist vermutlich (wie auch Hartig meinte) im Zusammenhang mit der Stiftung des Zyklus der Wittelsbacher Hausgeschichte durch Herzog Friedrich I. von Nb.-Landshut im letzten Viertel des 14. Jh. errichtet worden. 1619 befand es sich noch in situ, um 1623 scheint es bereits der Erneuerung der Kapitelkirche durch Abt Stephan Reitberger zum Opfer gefallen zu sein. Er ersetzte das Monument durch eine im Paviment eingelassene Gedenkplatte, die im Epigrammstil Geschichte und Bedeutung der Scheyerer Stifter verdeutlicht. C.L.

C. Bruschius, Monasteriorum Germaniae . . ., Ingolstadt 1551, 186f.; W. Hund, Metropolis Salisburgensis . . ., Ingolstadt 1582, 290f.; C. Stengelius, Monasteriologia . . ., Augsburg 1619, Kap. Scheurn; M. Hartig, Kunstgeschichte des Benediktinerstiftes Scheyern in der Zeit der Gotik (JVCK II) 1914, 1ff. u. Abb. Taf. 3; Ders., Die oberbayerischen Stifte, München 1935, I, 53; L. Altmann–H. Schnell, Stiftskirche in Scheyern, München–Zürich 1977; C. List, Grablegen (WB I/1).

München, Bayerisches Hauptstaatsarchiv (Plansammlung Nr. 2627)

38* BILDER ZUR GRÜNDUNGSGESCHICHTE DES KLOSTERS SCHEYERN

Um 1730

Tempera auf Pergament, 33x22 cm

Unter Abt Maximilian Rest (1722–1734) ist eine Reihe von Miniaturen entstanden, die ursprünglich in ein Rotelbuch des Klosters eingebunden waren. In späterer Zeit hat man sie herausgelöst und einzeln gerahmt. Fünf dieser Bilder erzählen die Gründungsgeschichte des Klosters Scheyern:

38a

a) Unter einem Baldachin thronen Graf Otto II. von Scheyern und seine Frau Haziga. Pagen halten ihre Wappenschilde. Vor dem Thron kniet ein Hirsauer Benediktiner und nimmt die Stiftungsurkunde für das neugegründete Kloster Fischbachau in Empfang. Im Hintergrund vor der Alpenkulisse die Klosterkirche von Fischbachau und drei Nebengebäude. Über der Szene in der Mitte die Taube des Hl. Geistes, darunter Maria als die Patronin von Scheyern, links der hl. Martin als Patron von Fischbachau und rechts der hl. Benedikt als Ordensstifter.

b) 1104 beziehen die Fischbachauer Benediktiner ihr neues Kloster auf dem Petersberg bei Eisenhofen. Im Vordergrund die Mönche unter der Führung ihres Abtes, rechts am Rand das Wappen von Eisenhofen. Im Hintergrund im Tal das Schloß Eisenhofen, auf der Höhe die romanische Kirche auf dem Petersberg und die Pfarrkirche von Eisenhofen.

c) Burg Scheyern wird Kloster: die Grafen der Scheyerer und der Dachauer Linie Eckart, Wernher, Arnold und Konrad beschließen, ihre Burg Scheyern den Benediktinern zu übergeben. Links ein Page mit dem Scheyerer, rechts einer mit dem Dachauer Wappen. Im Hintergrund die Burg Scheyern in der Vorstellung des 18. Jh., rechts davon ein Hirschgehege. Auf einer zweiten Erhebung rechts neben der Burg der heute kaum noch sichtbare »Wasserturm«, vielleicht ein Rest der alten Scheyernburg.

d) Die Stifterfamilie von Scheyern verehrt die über den Grafen Konrad III. von Dachau nach Scheyern gelangte Kreuzreliquie. Im Vordergrund knien Konrad I. von Dachau, der selbst als Mönch in Scheyern eintrat, die Scheyerer Grafen Bernhard und Eckart, dann Otto III. und seine Frau (Agnes?). Zwischen ihnen erscheint die Klosterkirche von Scheyern. Oben dann das Scheyerer Kreuz, links und rechts davon zwei rauchfaßschwingende Engel und Putten. Beziehungsreich ist die Inschrift über der Darstellung: »Firma sub hoc signo magnum capit incrementum«. – Die Familie nimmt großen Aufschwung unter diesem Zeichen: die Verdienste der Stifter um das Kloster haben zum politischen Aufstieg beigetragen.
Besonderes Interesse verdient die Darstellung dadurch, daß offensichtlich die in den Jahren 1511–1513 angefertigte Reliquienmonstranz abgebildet ist. Diese Monstranz ist nicht mehr erhalten. Sie wurde 1738–41 durch die heute in Scheyern noch gebrauchte ersetzt.

e) Ansicht der Scheyerer Klosteranlage um 1730. Im Hintergrund die nicht mehr bestehende Scheyerer Pfarrkirche. Über dem Kloster die Schutzpatrone Johannes d. T., Andreas, Maria Magdalena, Margarete und Korbinian.

E.J.G.

L. Hanser, Scheyern einst und jetzt, 1927, 10 ff.; Germania Benedictina II, 1970, 273–281 mit Lit.; I. Kreuzer, Kurze Geschichte des Benediktinerklosters und des hl. Kreuzes in Scheyern, 1955; T. Grad, Drei Bilder aus dem Scheyerer Totenbuch (die Wittelsbacher im Aichacher Land) Aichach 1980, 35–44.

Scheyern, Benediktinerabtei

38b

38c

38d

39 DER BEHÄLTER DES SCHEYERER KREUZRELIQUIARS

Jerusalem, vor 1155–1157

Vergoldetes, gepunztes Silberblech, Höhe 47 cm

Der Behälter des Scheyerer Kreuzreliquiars gehört, wie Meurer überzeugend darstellte, zu einer Gruppe einander ähnlicher Kreuzreliquiare (aus Denkendorf: Stuttgart, Württembergisches Landesmuseum; aus Kaisheim: Augsburg, Städtische Kunstsammlungen und Barletta, S. Sepolcro), die vermutlich in einer, den Chorherren vom Hl. Grabe in Jerusalem zugehörigen Goldschmiedewerkstatt zum Export angefertigt wurden.

Für die Datierung des Scheyerer Behälters, der zur Aufnahme des eigentlichen Kreuzreliquiars – in der Art einer Staurothek – bestimmt war, können wir uns auf zwei erhaltene Urkunden stützen. Die erste ist eine Art Geleitbrief des Jerusalemer Patriarchen Fulcher (1146–1157) für einen Kanoniker des Hl. Grabes, der ausgeschickt worden war, um Reliquien zu sammeln, die er, in ein Kreuz gefaßt, nach Europa zur Erhebung von Spenden nehmen sollte, die zur Unterstützung des Jerusalemer Patriarchates bestimmt waren (vgl. Kat. Nr. 41). Während dieser Bittreise, die vermutlich zwischen 1155 und 1157 stattfand, setzten sich Verwandte der Grafen von Dachau gewaltsam in den Besitz des Reliquienkreuzes und seines Inhaltes; vermutlich geschah der Raub in Süddeutschland. Die zweite Urkunde ist eine Mahnung des Patriarchen Heraklius an den Grafen Konrad III. von Dachau, die gestohlenen Reliquien zurückzugeben und als Sühne eine Kirche zu errichten (1180) (vgl. Kat. Nr. 42).

Der Scheyerer Behälter ist an der Vorderseite zur Aufnahme des eigentlichen Reliquienkreuzes offen; Rück- und Schmalseiten zeigen einen gepunzten Rankendekor in quadratischen Stanzen, an den Schmalseiten finden sich später (wohl 14. Jh.) aufgelötete Medaillons mit gestanzten Köpfen.

38e

F. Conradi Philosophi Chronicon Schirense, Straßburg 1716, Abb. hinter 90; L. Hanser, Scheyern einst und jetzt, Scheyern 1927; I. Kreuzer, Kurze Geschichte des Benediktinerklosters und des hl. Kreuzes in Scheyern, Scheyern 1955; H. Meurer, Kreuzreliquiare aus Jerusalem (Jb. d. Staatl. Kunstsammlungen in Baden-Württemberg 13) 1976, 11 ff.

Scheyern, Benediktinerabtei

40 SOG. SCHEYERER STRUMPF

Herkömmliche Datierung 12. Jahrhundert

Obermaterial und Futter Leinenstoff, Füllstoff Baumwolle. Z. T. stark abgerieben. Gesamtlänge 59 cm; untere Breite 13 bzw. 26 cm; obere Breite 20 bzw. 40 cm; Kappe unten Dm. 8,5 cm; Ausschnitt Dm. 10 cm

Der entscheidende Hinweis auf den sog. Scheyerer Strumpf findet sich in einem aus dem 15. Jh. stammenden Verzeichnis der Scheyerer Reliquien in der abschließenden Bemerkung: »Item der Sporn des Ritters und der Ermel, darin man das heilig Kreuz gebracht hat, sein auch noch vorhanden«. Die Annahme, daß es sich um einen Ärmel, nicht aber um einen Strumpf (der als Schutz vor den eisernen Beinschienen der Rüstung unmittelbar am Bein getragen wurde), wie zwischenzeitlich verschiedentlich vermutet wurde, handelt, wird erhärtet durch jüngst vorgenommene Textiluntersuchungen. Das Kleidungsstück dürfte, will man die Überlieferung nicht gänzlich in Zweifel ziehen, als »Behältnis« für die Scheyerer Kreuzreliquie gedient haben, als diese nach dem Tod Konrads III. von Dachau (1180 oder 1182) zusammen mit dessen Leichnam von Dachau nach Scheyern kam. Ausgeschlossen wird allgemein seine Verwendung zum Transport der Reliquie von Jerusalem nach Bayern. Der in der Quelle ebenfalls erwähnte Sporn des Ritters ging verloren. E. M.-L

Scheyern, Benediktinerabtei

41 URKUNDE ZUR HERKUNFT DES SCHEYERER KREUZPARTIKELS

Jerusalem, 1155–1157

Pergament; Bleibulle an Hanfschnur. 25x24 cm

Patriarch Fulcher von Jerusalem und der Prior der Kirche vom Hl. Grabe, Amalrich, entsenden den Regularkanoniker Konrad mit einem Kreuz, in das Reliquien von den heiligen Stätten Palästinas und ein Partikel vom Kreuz Christi eingelassen sind, nach Europa. Vor diesem Kreuz sollen alle, die eine Kreuzfahrt gelobt hatten, diese jedoch ohne eigenes Verschulden nicht antreten konnten, gegen Gebet und Güterschenkung an die Grabeskirche von ihrem Gelübde gelöst werden.
Die Urkunde enthält den zeitgenössischen Bericht über die Stiftung und Herstellung des noch heute in Kloster Scheyern verehrten Kreuzpartikels. Nicht nur die Sorge um das Seelenheil etwa wortbrüchig werdender Kreuznehmer, sondern auch die stets prekäre finanzielle Lage des Heiligen Landes dürften als Motive dieser Aktion anzusehen sein. Die Grabeskirche, Bischofskirche des Patriarchen, war die bedeutendste im Heiligen Lande und hatte auch große Güter in Europa, im Jahre 1128 z. B. 60 Kirchen in 18 europäischen Diözesen. K.-E. L.
Zum Schicksal des Kreuzes vgl. Kat. Nr. 42.

Druck: Faksimile in MB X, nach 600. – Regest: R. Röhricht, Regesta Regni Hierosolymitani I, Innsbruck 1893, Nr. 317. – Lit.: M. Knitl, Scheyern als Burg und Kloster, Freising 1880, 64 f.; H. E. Mayer, The Crusades, London 1972, 116.

München, Bayerisches Hauptstaatsarchiv (Kloster Scheyern Urk. 9)

42 URKUNDE ZUM VERBLEIB DES KREUZPARTIKELS IM KLOSTER SCHEYERN

Jerusalem, 1180–1182

Pergament; Bleibulle von Hanfschnur abgerissen, lose beiliegend. Die Schnurbefestigung am rechten Rand und beiderseitige Randeinschnitte deuten auf Verschlußfunktion des Siegels hin. 8x16 cm

Patriarch Heraklius von Jerusalem und der Prior der Kirche des Heiligen Grabes, Petrus, ermahnen Herzog Konrad III. von Dachau-Meranien, gemäß seinem vor ihnen abgelegten Versprechen, eine Kirche zur Unterbringung des Kreuzes zu erbauen, das zu Zeiten seines Vaters von Leuten aus dessen Umgebung dem Beauftragten des Patriarchen geraubt worden sei.
Wohl auf Veranlassung Herzog Konrads II. von Dachau-Meranien war dem Beauftragten des Patriarchen Fulcher (vgl. Kat. Nr. 41) der wertvolle Kreuzpartikel mitsamt der Begleiturkunde geraubt worden. Kreuz und Urkunde wurden vermutlich im Kloster Scheyern versteckt, bis Konrad III. anläßlich seiner Pilgerfahrt nach Jerusalem kurz vor 1180 den Besitz des Kreuzes gegen das Versprechen eines Kirchenbaues konzediert bekam. Der vorliegende Brief muß nach seiner Pilgerfahrt verfaßt worden sein. Ob ihn der Herzog vor seinem Tode (vermutl. Okt. 1180) noch zu Gesicht bekam, ist fraglich. Das Kreuz wurde zunächst in der sog. Königskapelle aufbewahrt und 1739 in die nach ihm benannte Kreuzkapelle überführt. K.-E. L.

Druck: Faksimile in MB X nach 600. – Regest: R. Röhricht, Regesta Regni Hierosolymitani I, Innsbruck 1893, Nr. 623. – Lit.: M. Knitl, Scheyern als Burg und Kloster, Freising 1880, 65–68; Dungern 35; R. Röhricht, Die Deutschen im Heiligen Lande, Innsbruck 1894, 46.

München, Bayerisches Hauptstaatsarchiv (Kloster Scheyern Urk. 10)

ENSDORF – HAUSKLOSTER DER WITTELSBACHER

Durch die Heirat des Pfalzgrafen Otto V. (IV.) (1183/84–1156) mit der Gräfin Heilika, Tochter des Grafen Friedrich von Hopfenohe-Lengenfeld-Pettendorf, konnten die Wittelsbacher 1119 nach dem Tod Friedrichs auf dem Nordgau Fuß fassen.
Mit dem Erbe seines Schwiegervaters übernahm der Pfalzgraf auch die Verpflichtung zur Klostergründung in Ensdorf im Vilstal, die Friedrich zwar noch beabsichtigt hatte, aber nicht mehr ausführen konnte. Als Mitstifter trat 1139 Bischof Otto von Bamberg auf.
Die wirtschaftlichen Grundlagen des Klosters, seine Güter also, stammten z. T. aus der Erbschaft des Grafen Friedrich, aus dem Eigenbesitz des Pfalzgrafen Otto und aus bambergischen Gütern, die ihrerseits wieder aus Schenkungen Kaiser Heinrichs II. (1002–1024) an das Bistum Bamberg herrührten.
Aus den Ensdorfer Traditionen ergibt sich, daß vor allem auch durch spätere Schenkungen ein für die Existenz der Stiftung hinreichender Grundbesitz vorhanden war.
Nach dem Tod des Pfalzgrafen gründete Heilika aus eigenen Mitteln im Jahre 1166 in Ensdorf ein Frauenkloster, das dem schon bestehenden Männerkloster angeschlossen war, aber nur eine kurze Lebensdauer hatte.
Das monastische Leben in Ensdorf begann, als 1123 Benediktiner aus St. Blasien den Ort besiedelten. Die Zahl der Mönche blieb immer bescheiden. Deshalb wurden häufig Äbte aus anderen Klöstern postuliert. 1525 erlosch in der Reformation das klösterliche Leben. Als nach dem Dreißigjährigen Krieg die Oberpfalz rekatholisiert wurde, wurde auch Ensdorf wieder begründet. Die Säkularisation 1802 traf das Kloster in einem Zustand hoher geistiger Blüte.
Ensdorf ist mehreren Mitgliedern der Stifterfamilie zur Grablege geworden. Nach der lokalen Tradition sind folgende Personen im Kloster bestattet:
Graf Friedrich von Hopfenohe-Lengenfeld-Pettendorf mit seiner Frau Heilwig, Pfalzgraf Otto V. (IV.) und seine Frau Heilika, Graf Friedrich von Leuchtenberg mit seiner Gemahlin Heilwig, einer Schwester der Heilika, Pfalzgraf Friedrich, der Sohn des Pfalzgrafen Otto V. (IV.) und Heilikas, und schließlich Otto, der frühverstorbene Sohn Herzog Ottos I. und Enkel der Stifter.
Im heutigen barocken Grabmal der Ensdorfer Pfarr- und ehem. Klosterkirche wären demnach die Eltern des ersten Wittelsbacher-Herzogs bestattet.
Allerdings ist das Begräbnis des Stifters Otto V. und seines Sohnes Friedrich zwischen Ensdorf und Indersdorf strittig. *H. Z.*

43 GRÜNDUNGSURKUNDE DES BENEDIKTINERKLOSTERS ENSDORF

1139

Pergament; stark beschädigtes, durchgedrücktes Bischofssiegel. 43x53 cm

Bischof Otto von Bamberg bekundet, daß er auf einem Gut des Grafen Otto von Wittelsbach namens Ensdorf, das dieser der Bamberger Kirche unterstellte, ein Benediktinerkloster gegründet habe; dem Kloster habe er durch die Hand des genannten Vogtes Otto einzeln genannte Güter übergeben, wie auch Pfalzgraf Otto dem Kloster das genannte Gut mit dem anliegenden Hof Weilenbach und andere Güter schenkte.
Die Gründung des Klosters war schon 1121 erfolgt, nachdem Kaiser Heinrich V. Pfalzgraf Otto von Wittelsbach den Hof Weilenbach geschenkt hatte (vgl. Kat. Nr. 24). Die Wittelsbacher blieben Vögte dieses Hausklosters. H. W.

Druck: MB XXIV 15–30, Nr. 6. – Regest: RB I, 154. – Lit.: J. Looshorn, Die Geschichte des Bistums Bamberg II, 1888, 143ff.; M. Graf, Zum 800jährigen Jubiläum des Klosters Ensdorf an der Vils (FS z. 800-Jahrfeier d. Gründung d. ehemaligen Benediktinerklosters Ensdorf) 1921, 6; H. Zitzelsberger, Die Geschichte des Klosters Ensdorf von der Gründung bis zur Auflösung in der Reformation 1121–1525 (VO 95) 1954, 19–25; Hemmerle, Benediktinerklöster [2], 90.

München, Bayerisches Hauptstaatsarchiv (Kloster Ensdorf Urk. 4)

44* SIEGEL DER PFALZGRÄFIN ELICA (HEILIKA)

Bayern, vor 1166 unter Verwendung einer Gemme aus dem 1. Jahrhundert v. Chr.

Umschrift (teilweise sehr undeutlich, in der zweiten Hälfte heute völlig verwischt): + ELICA · D[E]I · GR[ATI]A · [PALA TINA[?] COMITI]SSE

44

Helles gelbliches Wachs an Pergamentpressel hängend. Besonders in der Umschrift berieben. Rundoval, 3,5x3 cm; Gemme 2,3x1,6 cm

Elica (Heilika) war die Gemahlin des Pfalzgrafen Otto IV. (V.) aus dem Hause Wittelsbach und Mutter jenes Otto, der 1180 als erster Wittelsbacher bayerischer Herzog wurde. Siegel von Damen, selbst aus den höchsten Kreisen, gehörten im 12. Jh. noch zu den Seltenheiten, da offenbar Frauen in dieser Zeit nur in wenigen Einzelfällen, am ehesten als Witwen, bei Verfügungen über ihr Witwengut – wie auch Elica (Heilika) in diesem Fall –, Urkunden ausstellten. Zudem mögen ihre inhaltlich weniger wichtigen Urkunden seltener durch die Jahrhunderte bewahrt worden sein. Führten die Männer des hohen Adels seit dem 12. und 13. Jh. durchweg Reitersiegel oder in einigen Fällen – wie etwa Heilikas Sohn Otto – reine Wappensiegel, so gab es für Frauensiegel noch längere Zeit keine in derselben Weise verfestigte Tradition. Die Benutzung antiker und später auch mittelalterlicher Gemmen als Siegel kam seit karolingischer Zeit in allen Jahrhundert des Mittelalters vor, erfreute sich aber im 12. und 13. Jh. besonders bei Damen und bei Klerikern unterhalb der Ebene der Bischöfe besonderer Beliebtheit.

Die in Edelsteine vertieft geschnittenen Gemmen, die in der Regel auch in der Antike schon als Siegelsteine geschaffen worden waren, wurden im Mittelalter, als ein Siegel fast immer den Namen des Siegelführers nannte, zum Siegeln in einen meist silbernen Metallrand gefaßt, in den Namen und Titel der Siegelführer eingegraben wurden. Der Absatz zwischen dem Edelstein und dem Metallrand ist beim Siegel der Elica (Heilika) im Abdruck deutlich erkennbar. Muß man bei szenischen oder mythologischen Darstellungen mit recht phantastischen Deutungen der antiken Themen durch ihre mittelalterlichen Besitzer rechnen, wie gelegentlich angebrachte Inschriften beweisen, so dürfte Elica das antike Bildnis einer Göttin oder Priesterin mit Diadem und Schleier kurzerhand als eigenes Bildnis adaptiert haben.

45

Die offenbar recht qualitätvolle römische Gemme könnte im 1. Jh. vor Christus entstanden sein, auch wenn sich bisher genau Entsprechendes nicht hat finden lassen. Die nicht sehr zahlreichen römischen Porträtgemmen von Frauen mit Schleiern lassen sich bisher sämtlich nicht mit bestimmten Frauen der Antike, etwa einzelnen Vestalinnen, identifizieren, da es im Gegensatz zu Männerbildnissen an entsprechenden inschriftlich gesicherten Porträts auf Münzen fehlt. R.K.

MB XXIV Nr. X m. Abb.; Friedrich Karl Fürst zu Hohenlohe-Waldenburg, Sphragistisches Album. Eine Sammlung mittelalterlicher Siegel der im Mannesstamme noch blühenden Geschlechter des deutschen hohen Adels, Frankfurt (Main) o.J. (1858–60), Taf. 2 (Erg.-Blatt); Gerda Hiebaum, Gemmensiegel und andere in Steinschnitt hergestellte Siegel des Mittelalters (Veröffentl. d. Hist. Sem. d. Univ. Graz, Nr. IX) Graz–

46

Wien–Leipzig 1931, Nr. 222 (mit älterer Lit.); E. Kittel, Siegel, Braunschweig 1970, 279, Abb. 280; AK Wappen in Bayern Nr. 147; AK Aus 1200 Jahren Nr. 33 m. Abb.

München, Bayerisches Hauptstaatsarchiv (Kloster Ensdorf Urk. 8: 1166)

45* SIEGEL DES PFALZGRAFEN FRIEDRICH

Bayern, vor 1166

Umschrift: + FR[I]DERI ... S

Hellbraunes Wachs, stark ausgetrocknet. Nur etwa zwei Drittel des Siegels mit der Reitergruppe und einem Teil der Umschrift erhalten; ursprünglich an Pergamentpressel hängend, seit langem abgerissen. Dm. ursprüngl. 8 cm, Fragment heute 7x7,5 cm

Friedrich war der zweite Sohn des 1156 verstorbenen Pfalzgrafen Otto IV. (V.) und seiner Gemahlin Elica (Heilika) und der jüngere Bruder des Pfalzgrafen Otto, der als erster aus dem Hause Wittelsbach 1180 zur bayerischen Herzogswürde aufsteigen sollte. Friedrich, der die Urkunde seiner Mutter Elica (Heilika) Nr. 44 in seiner Eigenschaft als Vogt des begünstigten Klosters Ensdorf mitbesiegelte, wurde später, 1173, Mönch in Indersdorf und starb 1198. In der

47

Urkunde nennt er sich Palatinus comes; denselben Titel, den er also offenbar neben seinem älteren Bruder führte, dürfte auch die verlorene Umschrift des Siegels gezeigt haben.
Während sein älterer Bruder Otto als Pfalzgraf lediglich ein vergleichsweise kleines Wappensiegel mit Adler führte, von dem ein Fragment aus dem Jahre 1179 bekannt ist (BayHStA Kloster Rott Urk. 9) – ein Siegel aus seiner Herzogszeit ist nicht erhalten –, zeigt das Siegel seines jüngeren Bruders Friedrich den Typ der landesfürstlichen Reitersiegel mit Schild, Gonfanon und Spitzhelm auf einem nach (heraldisch) rechts gehenden Pferd. Schild und Fahne zeigten ursprünglich den Adler des Reiches, den die beiden Brüder als Inhaber des königlichen Pfalzgrafenamtes führten (vgl. Kat. Nr. 113). Der Adler auf dem Schild ist heute freilich kaum noch zu erkennen. Die Bildung des zierlich proportionierten Pferdes, die künstlerisch schwierige Verbindung von Reiter und Tier sowie die Einbindung dieser Gruppe in das Siegelrund zeugen von einer künstlerischen Qualität, wie sie die älteren Siegel des 12. Jh., etwa die der Babenberger, sonst in der Regel nicht erreichen. Eine Anlehnung an ein älteres Reitersiegel des zur selben Zeit regierenden Herzogs Heinrich des Löwen mit freilich springendem und linksgerichtetem Pferd liegt nahe. R. K.

MB XXIV Nr. X; Hohenlohe-Waldenburg (wie Kat. Nr. 44); K. Primbs, Die Entwicklung des Wittelsbachischen Wappens von Herzog Otto I. bis Kurfürst Max III. Joseph, 1180–1777, Altbayerische Serie (AZ 8) 1883, 247–269 (264); AK Wappen in Bayern Nr. 220; AK Aus 1200 Jahren (wie Kat. Nr. 44).

München, Bayerisches Hauptstaatsarchiv (Kloster Ensdorf Urk. 8: 1166 lose beiliegend)

46* DIE STIFTER DES KLOSTERS ENSDORF
Pfalzgraf Otto V. und Heilika

Süddeutsch, spätes 16./frühes 17. Jahrhundert

Öl auf Leinwand, 100x202 cm

Das durch Vernachlässigung schwer beschädigte Bild hat seiner Anlage zufolge einst als Epitaph für die Stifter des Klosters Ensdorf gedient: im Bildfeld knien Pfalzgraf Otto V. von Wittelsbach und seine Gemahlin Heilika, vermeintliche Gräfin von Kastl, vor einem Zentralbau, der wohl das gestiftete Kloster bezeichnen soll. Dessen romanische Kirche, eine querschifflose Basilika mit drei Apsiden und seitlich angeschobenen Türmen, erscheint rechts im Hintergrund.
Die ovalen Nebenkartuschen enthalten Namen und Sterbedaten (1155 bzw. 1170) der Stifter, darüber die Wappen Wittelsbach (in der von der Heraldik des 16. Jh. angegebenen Variante des Schyrenwappens: in Silber ein roter Zickzackbalken) und Sulzbach-Kastl. Die beiden rechteckigen Schrifttafeln überliefern die Grabinschriften der Stifter und ihres Sohnes, des Pfalzgrafen Friedrich (gest. 1198).
In der Inschrift am unteren Rande werden die Umstände der Stiftung erzählt und die Stifter als Stammeltern des Hauses Wittelsbach herausgestellt: ». . . Hat . . . 4 Söne verlaßen das ist Othonem den elteren, Conradum, Fridericum vndt Othonem den Jungeren von denen komen alle Pfaltzgrauen vnd Herren von Bayern die auf disen Tag leben.«
Mit der Einführung der Reformation in der Oberpfalz war Kloster Ensdorf 1540 weltlicher Administration unterstellt worden, die bis zur Neubesetzung 1670 währen sollte. Da das Gedenken der Stifter nicht länger von den Mönchen gepflegt und der Gebäudekomplex anderweitig genutzt wurde, nahm sich die kurpfälzische Regierung seiner an: 1571 erhob Pfalzgraf Ludwig (VI.), Statthalter in Amberg, die Gebeine des Stifterpaares, ihres Sohnes Friedrich und des Enkels Otto (des ältesten 1181 verstorbenen Sohnes Herzog Ottos I.) und setzte sie in einer neuen Gruft im Chor bei. Über dieser Gruft dürfte das vorliegende, freilich wohl et-

was jüngere Bild angebracht gewesen sein, das weniger die Stiftung denn die Stifter zum Gegenstand hat und über biographisch-genealogische Zusammenhänge informiert. Es gehört zu den wenigen erhaltenen Denkmälern eines historischen Interesses des kurpfälzischen Hauses.
Die Stifterdarstellung ist für dieses Bild nicht ad hoc erfunden, sondern greift offensichtlich auf eine nicht erhaltene gotische Vorlage zurück. Derselbe Typus findet sich in Jost Ammans Reihe Pfälzer Regenten von 1581ff. (Genuinae Icones Ducum Bavariae . . . ab Anno 463 ad Annum 1563, Nr. 55). Es bleibt offen, ob Amman bereits das vorliegende Bild reproduzierte oder die gemeinsame Vorlage, die dann bereits den Zentralbau und die romanische Klosterkirche gezeigt haben müßte.
1695 mußte die Gruft dem Kirchenneubau weichen; sie wurde 1715 durch das noch vorhandene Stiftergrabmal ersetzt, an dem auch das Stifterpaar zu seiten des Zentralbaus zur Darstellung kam. J. E.

BNM Kat. VIII Nr. 977 (mit Transkription der Aufschriften); KDB OP XV (Bezirksamt Amberg) 37f., 44, 54f.

München, Bayerisches Nationalmuseum (R 2232; BStGS Nr. 6742)

47* BRUNNENFRAGMENTE AUS DEM KLOSTER ENSDORF

2. Hälfte 12. Jahrhundert

Weißer Marmor, um den Rand umlaufend Reliefs von Lilien und Fratzen. Dm. ca. 120 cm

Bei der Verlegung von Wasserleitungsrohren im Jahre 1978 kam ein wichtiges Zeugnis aus der mittelalterlichen Klosteranlage Ensdorf zum Vorschein, der Rand einer Brunnenschale. Vom Boden der Schale wurde nichts gefunden.
Dieser Brunnenrand war nicht unbeschädigt, sondern schon beim Bau der barocken Klosteranlage um 1700 zerschlagen worden. Da bei der jetzt erfolgten Ausgrabung zunächst nicht zu erkennen war, worum es sich handelte, wurde der Fund nochmals beschädigt. Die einzelnen Teile lassen sich aber so zusammensetzen, daß die ursprüngliche Form rekonstruiert wird. Überraschend das Material: Marmor kommt in der Ensdorfer Gegend nicht vor.
Zur Datierung des Fundes dienen zwei Kriterien: Die Chronik des Klosters vom Jahre 1480, verfaßt von dem Mönch Parfuß (A. v. Oefele, Rerum Boicarum Scriptores I, 579ff.), berichtet, daß Abt Hermann Hollfelder (1445–1468) den Brunnen erneuert habe. Daraus ist zu schließen, daß ein Brunnen bereits vorhanden war, was der allgemeinen Gepflogenheit entsprach: In einem mittelalterlichen Kloster ist ein Kreuzgang ohne Brunnen nicht denkbar. Vielfach war ein eigenes Brunnenhaus gebaut (vgl. Maulbronn, Heiligenkreuz u.a.). Der von Abt Hollfelder erneuerte Brunnen dürfte also eine Verbesserung des alten, bereits vorhandenen gewesen sein.
Der Ensdorfer Traditionskodex berichtet, daß Heilika eine bleierne Wasserleitung ins Kloster legen ließ. Dies könnte mit der Entstehung des Brunnens zusammenhängen. H. Z.

Ensdorf, Noviziat der Salesianer Don Boscos, Innenhof

51

INDERSDORF – HAUSKLOSTER DER WITTELSBACHER

Neben Scheyern und Ensdorf zählt das ehem. Augustinerchorherrenstift Indersdorf zu den frühen Hausklöstern der wittelsbachischen Pfalzgrafen von Bayern. Eine späte Überlieferung von 1493 berichtet zu den Gründungsumständen, daß im Jahre 1126 »das wirdig Gotzhauß Vnnser Lieben Frawen, sand Peter vnd sand Pauls« durch »Otten den Grossen, Pfaltzgrauen vnd Grauen zu Witlspach . . . zu Puß . . . in seinem aygen Land mitt Grunt, Podem, Purckfrid, Herlichayten, Regierung vnd Gepieten, Wesüchen, Triben, Wassern, Ein- vnd Außgengen, Lewten vnd Gütern, Wisen, Äckher, Holtzmarhen vnd allen Sachen« gestiftet, gefreit und gebaut worden sei. Die Stiftung erfolgte am Platz genannt »im Werd« unweit der Glonn bei einem Jagdhaus und einer St. Nikolaus-Kapelle des genannten Pfalzgrafen Ott V. (IV.) (1120–1156).

Von 1120 oder 1122 stammt eine Bulle Papst Calixtus II., in welcher er Pfalzgraf Otto V. (IV.) zur Vergebung seiner Sünden die Gründung einer Kirche für Regularbrüder (ecclesiam regularium fratrum) auferlegte. Calixtus II. nahm die zukünftige Kirche für immer als päpstliches Kloster auf. Den Hintergrund bildete die Teilnahme Ottos V. (IV.) am Romzug Kaiser Heinrichs V. von 1110/1111. Erst eine Urkunde Lothars III. von 1130 gibt weitere Aufschlüsse. Lothar bestätigte darin, daß der Edelfreie Otto von Indersdorf sein ganzes Besitztum »Undiesdorf« in der Grafschaft Hartwigs III. von Grögling dort ansässigen Augustinerchorherren (Christi pauperibus ibidem sub regula sancti Augustini militantibus) gestiftet hatte.

Die Gründung des Regularstifts, dessen Lokalisierung dem Gründer überlassen blieb, erwies sich als kluger politischer Schachzug der Wittelsbacher, der sich vordergründig gegen die Grafen von Ottenburg-Grögling, Inhaber der Grafschaft um Freising, richtete. Nicht zufällig haben sich die Gröglinger nach 1130 unter Druck der Wittelsbacher und Dachauer aus dem Freisinger Raum zurückgezogen. Zugleich ist die Stiftung ein typisches Beispiel für die Reformfreudigkeit der Dynasten des 12. Jh. Aus dem Reformzentrum Marbach und nicht etwa aus Rottenbuch oder dem Salzburger Reformkreis zogen 1126 die ersten Regularbrüder nach Indersdorf.

Das enge Verhältnis zu den Wittelsbachern erreichte im 14./15. Jh. einen letzten Höhepunkt. Propst Konrad II. (1306–1355) aus dem Augsburger Augustinerchorherrenstift St. Georg soll Kaiser Ludwig dem Bayern als Ratgeber zur Seite gestanden sein. Ludwig IV. verlieh u.a. 1330 die niedere Gerichtsbarkeit »hintz iren laeuten vnd guoten . . . es sey aygen oder lehen« bis zu den drei Hochgerichtsfällen Diebstahl, Notzucht und Totschlag. Das Stift besaß im Spätmittelalter eine Reihe von Hofmarken.

Kurfürst Karl Theodor erwirkte 1783 wegen »Überschuldung« die päpstliche Aufhebung und führte das Vermögen dem Kollegiatstift Unserer Lieben Frau (München) zu.

Nach der lokalen Tradition, wie sie die 1762 erschienene Chronik des Propstes Gelasius Morhart wiedergibt, sind in Indersdorf folgende Mitglieder der Familie Scheyern-Wittelsbach begraben: Otto III. (II.) und seine Gemahlin Richgardis, deren Särge 1128 vom verlassenen Petersberg nach Indersdorf überführt worden sein sollen, beider Sohn Pfalzgraf Otto V. (IV.), dann der angeblich 1195 in Indersdorf als Mönch verstorbene Pfalzgraf Friedrich und seine Gemahlin Benedicta von Moosburg und schließlich der Königsmörder von Bamberg, Pfalzgraf Otto XII. (VIII.).

Die ursprüngliche Gruft lag in der Nikolauskapelle. 1432 wurden die Gebeine in die Kirche überführt und vor dem Hochaltar bestattet.

Das Begräbnis des Stifters Otto V. und seines Sohnes Friedrich ist zwischen Ensdorf und Indersdorf strittig. *W.L.*

48 PÄPSTLICHER AUFTRAG ZUR GRÜNDUNG DES AUGUSTINERCHORHERREN-STIFTS INDERSDORF

Lateran, 25. Juni (1120)

Pergament (littera clausa); Bleibulle an Hanfschnur abgerissen. 10,5x12 cm

Papst Calixtus II. bestimmt als Buße für die Anwesenheit des Pfalzgrafen Otto V. (IV.) von Wittelsbach bei der Gefangennahme des Papstes Paschalis II. 1111 in Rom die Errichtung eines Augustinerchorherren-Stiftes, das dem Papst unterstellt werden solle; außerdem empfiehlt er seinen Beauftragten, den Bischof Azo von Acqui, der Fürsorge des Pfalzgrafen.

Diese Urkunde ist im Zusammenhang mit der kompromißbereiten Haltung des deutschen Adels in der Auseinandersetzung Kaiser Heinrichs V. mit dem Papsttum zu sehen. Die durch die flexiblere Politik des neuen Papstes Kalixt II. (seit Februar 1119) geförderte Entspannung scheint den Pfalzgrafen Otto dazu bewogen zu haben, sich der päpstlichen Partei zu nähern. Ungeklärt bleibt, warum der Papst dem Pfalzgrafen eine so hohe Buße auferlegte, obwohl dieser, wie die Urkunde ausdrücklich feststellt, bei jenen für das Papsttum so entwürdigenden Vorfällen von 1111 in Rom lediglich anwesend, aber nicht aktiv beteiligt war. Daß der Papst die Gründung eines Augustinerchorherren-Stiftes verlangte, ist wohl mit der Herkunft Kalixts II. aus diesem Orden zu erklären. Die Vorbereitungen für die Errichtung des Stiftes zogen sich allerdings noch einige Jahre hin. Erst 1126 holte Pfalzgraf Otto Chorherren aus dem elsässischen Reformstift Marbach nach Indersdorf. 1130 bestätigte auch König Lothar die Stiftung, womit die rechtliche Absicherung der Neugründung abgeschlossen war. H.W.

Druck: MB X 233f., Nr. 1; Migne PL 163, 1248; F. H. Graf Hundt, Die Urkunden des Klosters Indersdorf (OA 24) 1863, I Nr. 1; E. Graf v. Fugger, Geschichte des Klosters Indersdorf von seiner Gründung bis auf unsere Zeit, 1885, 149 (Druck), 15 (Übersetzung). – Regest: RB I 118; Jaffé I 796, Nr. 6855; GP I 349, Nr. 1. – Lit.: G. Meyer v. Knonau, Jb. d. deutschen Reiches unter Heinrich IV. und Heinrich V., VII, 1909, 159f.;

Brackmann, Salzb. Kirchenprovinz, 68, 186; Riezler I/1 222; Bauerreiss III 34; J. Mois, Das Stift Rottenbuch in der Kirchenreform des 11.–12. Jh. (Beitr. ABK 19) 1953, 213f.; Backmund, Chorherrenorden 93f.

München, Bayerisches Hauptstaatsarchiv (Kloster Indersdorf Urk. 1)

49 CHRONIK UND NEKROLOG DES KLOSTERS INDERSDORF

Stift Indersdorf, 11.–15. Jahrhundert

Pergamenthandschrift mit Holzeinband. 34,5x26 cm

Indersdorf wurde neben Scheyern das zweite Hauskloster der Wittelsbacher. Den engen Zusammenhang zwischen Stift Indersdorf und der pfalzgräflichen Familie dokumentiert auch dieser älteste in Indersdorf überlieferte Literalienband. Er vereinigt Texte sehr verschiedenen Inhalts. Den Kern bilden Beiträge zu einer Stiftschronik, Verzeichnisse von Schenkungen und Nekrologe. Diese Verbindung ist nicht zufällig. Sie ist im klösterlichen Schrifttum des Mittelalters wiederholt anzutreffen. Dem Traditionsbuch wurde mehrfach die Gründungsgeschichte vorausgeschickt, weil beide Gattungen durch ein gemeinsames Grundanliegen verbunden waren: sie sicherten Besitztitel. Dazu kommt hier der Nekrolog, der, da er vereinzelt Schenkungen festhielt, ebenfall nicht ohne rechtlichen Gehalt war. Vor allem sicherte er wegen der namhaften Toten Rang. Die frühesten Teile des Sammelbandes reichen in die Gründungszeit zurück. Er wurde im 15. Jh. zusammengebunden. A. Sch.

Der spätmittelalterliche Nekrolog führt von der pfalzgräflich-wittelsbachischen Linie, der Folge der Einträge entsprechend, Agnes, Tochter Herzog Ottos I., Adelheit, Tochter Pfalzgraf Ottos IV., Benedicta von Moosburg, Gemahlin Pfalzgraf Ottos VI., Ulrich III., Pfalzgraf Otto IV., Otto VII., Sohn Herzog Ottos I., Pfalzgraf Otto VI. (1156–1189), Pfalzgräfin Heilika, Gemahlin Ottos IV., Pfalzgraf Friedrich, dann von der Linie der Grafen von Scheyern Graf Ekkehard II. und Gräfin Richardis, Gemahlin Ottos II., und schließlich von der Dachauer Beatrix, Gemahlin Arnolds I., Konrad II., Adelheit, Tochter Ottos I. von Dachau-Valley, Konrad III. und Arnold III. an. Daneben erscheinen die Herzöge und ihre Gemahlinnen Maria von Brabant, Gemahlin Ludwigs II., Ludwig II., Agnes von Loon, Gemahlin Ottos I., Otto I., Wilhelm III. und Ludwig I. W. L.

O. Meyer, Die Klostergründungen in Bayern und ihre Quellen vornehmlich im Hochmittelalter (ZRG KA 20) 1931, 123–201; J. Kastner, Historiae fundationum monasteriorum. Frühformen monastischer Institutionsgeschichtsschreibung im Mittelalter, München 1974, 6ff.; H. Patze, Klostergründung und Klosterchronik (Bll. f. dt. Landesgeschichte 113) 1977, 89–121.

München, Bayerisches Hauptstaatsarchiv (Kloster Indersdorf Lit. 1)

50 TEXTFRAGMENTE DES ›OBERDEUTSCHEN SERVATIUS‹

Um 1300

Pergament, ursprünglicher Schriftspiegel ca. 14x8 cm

Der etwa 1180/90 wohl im Augustinerchorherrenstift Indersdorf von einem unbekannten Dichter geschaffene

51

›Oberdeutsche Servatius‹ verdankt seine Entstehung vielleicht der Gönnerschaft der Gemahlin (seit 1169) Herzog Ottos I., Agnes von Loon (gest. 1191). Kult und Legende des Patrons von Maastricht, eines der Eisheiligen der Bauernregel, waren vermutlich von ihr aus ihrer Heimat mitgebracht und in Bayern eingebürgert worden. Agnes selbst oder ihre gleichnamige Mutter, Gemahlin Graf Ludwigs II. von Loon (Looz, westlich Lüttich), wird von Heinrich von Veldeke wohl vor 1170 als Mäzenin seines auf Limburgisch verfaßten ›Servatius‹ erwähnt. Der Autor des in rund 3500 mittelhochdeutschen Reimpaarversen abgefaßten ›Oberdeutschen Servatius‹ hat Veldekes Gedicht für seine Darstellung des Lebens und der Wunder des Heiligen benutzt. Überliefert ist der ›Oberdeutsche Servatius‹ annähernd vollständig in einer Wiener Handschrift des 14. Jh. (ÖNB Cvp 2696), dazu in zwei älteren Fragmenten. Das ausgestellte Fragment (Sigle m) enthält von 344–402 und 518–573 der Ausgabe von Wilhelm (mit Lücken). Die zehn Streifen gehören zum selben Doppelblatt. Sie wurden aus einer Inkunabel herausgelöst. Die Handschrift befand sich, bevor sie zerschnitten wurde, vermutlich in Würzburg oder in Kloster Rebdorf (Diözese Eichstätt). H. B.

H. Legband, Neue Bruchstücke des Oberdeutschen Servatius (ZDA 46) 1902, 305–308; F. Wilhelm, Sanct Servatius oder wie das erste Reis in deutscher Zunge geimpft wurde, München 1910.

München, Bayerische Staatsbibliothek (cgm. 5249/18,2)

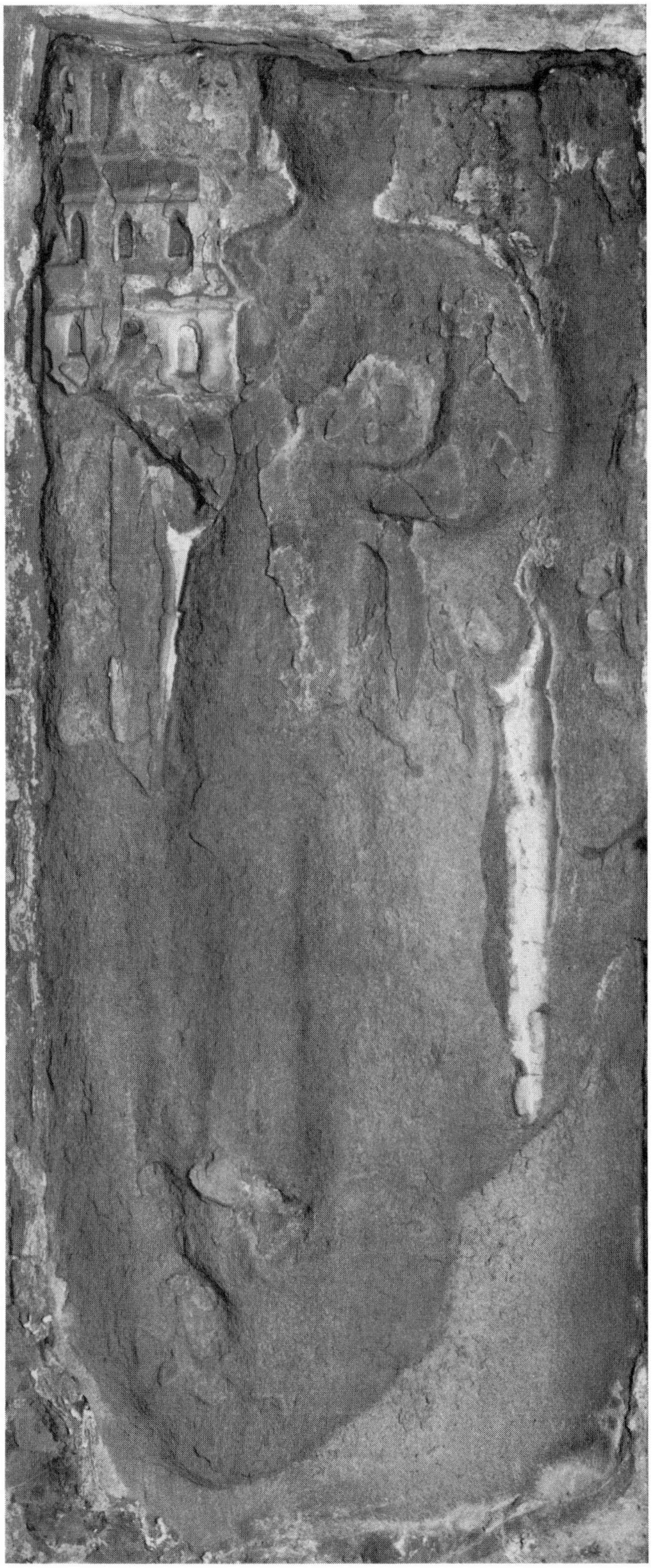

51* TÜR VOM STIFTERGRABSTEIN DES KLOSTERS INDERSDORF

Werkstatt des Matthäus Günther (Tritschengreith 1705 bis 1788 Haid), um 1759
Öl (Grisaille) auf Holz, 214x94 cm

1432 erhob man in Indersdorf die vermeintlichen Gebeine des Klosterstifters Otto V./IV. von Wittelsbach und setzte sie in einem gotischen Hochgrab im Chor der Kirche bei. Nach mehrfachem Standortwechsel wurde die beschädigte, noch 200x82 cm messende Tumbaplatte 1759 in der Wand des ehem. Kapitelsaales (Nikolauskapelle) eingemauert und ihrer Unansehnlichkeit halber mit einer Tür abgedeckt, hinter der der Sandstein durch Feuchtigkeit bis zur Unkenntlichkeit zerstört wurde. Die Bemalung der Tür gibt seither die getreueste Vorstellung vom Aussehen des Stiftergrabes. Für das Oberteil der Stifterdarstellung bietet der 1620 in Christoph Gewolds ›Genealogia Boiariae Ducum‹ eingefügte Bildnisstich des Wolfgang Kilian eine in Details besser mit dem Stein übereinstimmende, bisher unberücksichtigte Darstellung.
Demzufolge war der Pfalzgraf etwa in Lebensgröße dargestellt, im fußlangen Gewand, darüber ein mittels Tasseln geschlossener Mantel. Das jugendlich gebildete Gesicht war dem Stich zufolge bartlos, das Haar lang getragen, den Kopf bedeckte ein Fürstenhut. Mit der Linken hielt der Stifter das lange, senkrecht vor sich gestellte Schwert mit umgewundenem Schwertgurt, mit der Rechten das zweitürmige Kirchenmodell. Die Standfläche war als Sockel oder Schräge ausgebildet, auf der das Wappen mit dem scheyrisch-wittelsbachischen Zickzackbalken angebracht war. Der schon im 18. Jh. nicht mehr vollständige Rand des Steins trug die Inschrift mit dem um ein Jahrzehnt zu früh angesetzten Sterbedatum: ANNO . MCXLVI . IIDO . NONAS . MARCI . O' . OTTO . PALATIN . D[E] . WITLENSPAH . HUIUS . LOCI . FUNDATOR . HIC . SEPULT' . EST.
Für das bisher allgemein akzeptierte Datum 1432 erscheint die Gesamtanlage sehr ungewöhnlich. Nach dem Stich von 1620 und dem der ›Monumenta Boica‹ von 1768 würde man eher an ein spätstaufisches als an ein Denkmal des 15. Jh. denken wollen. Auch die von der Tür wie vom Stich der ›Monumenta Boica‹ übereinstimmend überlieferte Schrifttype gehört ins 13., nicht ins 15. Jh. Ohne neue Untersuchungen wird sich jedoch die Frage, ob man 1432 ein bewußt archaisierendes, vom Stich von 1620 weiter stilisiertes Stiftergrab geschaffen hat, oder ob die Tumbaplatte wirklich dem 13. Jh. entstammte, nicht beantworten lassen. J. E.

G. Hager, Das Grabdenkmal des Pfalzgrafen Otto V. von Wittelsbach in Indersdorf (Monatsschrift d. hist. Ver. v. Oberbayern) 1893, 45 ff.; KDB OB 1, BA, 300; Christoph Gewold, Genealogia Serenissimorum Boiariae Ducum, Augsburg 1620 (der Stich auch in den folgenden Auflagen).

Marienheim Kloster Indersdorf

KÜHBACH – HAUSKLOSTER DER WITTELSBACHER

Seit der Mitte des 16. Jh. gelten die Wittelsbacher in der Überlieferung des Klosters Kühbach als Stifter des Benediktinerinnenklosters. Wenn nicht der Augsburger Humanist und Gelehrte Konrad Peutinger (1465–1547) Abschriften aus dem seit 1546 verschollenen Salbuch (Traditionsbuch des 11./12. Jh.) des Klosters angefertigt hätte, würde die Gründungsgeschichte des Nonnenklosters heute völlig im Dunkeln liegen. Nach den Abschriften Peutingers haben im frühen 11. Jh. nicht die Wittelsbacher, sondern die Grafen von Kühbach das Nonnenkloster gestiftet.

Am 26. Juni 1011 stellte Kaiser Heinrich II. in Regensburg dem Klosterstifter Graf Adalbero ein Diplom aus, aus dem hervorgeht, daß der Graf ein Kloster für Jungfrauen zu Ehren des hl. Bekenners Magnus auf eigenem Boden in der Grafschaft Hörzhausen gegründet hatte. Graf Adalbero erhielt vom Kaiser das lebenslange Vogteirecht, das nach seinem Tod in die Verfügungsgewalt von Äbtissin und Konvent übergehen sollte. Die Äbtissin bekam das Recht, den Vogt nach Gutdünken zu wählen, der Konvent das Recht der freien Äbtissinnenwahl gemäß der Regel des hl. Benedikt. Der Kaiser nahm das Kloster in Königsschutz auf und untersagte den Erben des Stifters, das Kloster bzw. seine Güter an andere zu verlehnen oder zu übereignen.

Dieses Diplom beendete die Gründungsphase des St.-Magnus-Klosters, welche wenige Jahre nach der Jahrtausendwende eingesetzt hatte. Kühbach war eine monastische Gründung der Grafen von Kühbach (-Hörzhausen), deren Verwandtschaft mit den mächtigen Grafen von Ebersberg sehr wahrscheinlich, aber nicht hinreichend geklärt ist. Ihre Grafenburg dürfte mit der vorwittelsbachischen Anlage von Oberwittelsbach identisch sein. Der Burgstall grenzt unmittelbar an den ehemaligen Kühbacher Klosterforst. Über die frühe Ausstattung des Klosters und die Gründerfamilie geben die Traditionsnotizen des 11. Jh. näheren Aufschluß: 1025 tradierte Kaiserin Kunigunde für das Seelenheil Heinrichs II. über Graf Adalbero den Königshof Ecknach (Gde. Stadt Aichach), und 1041 schenkte noch Kaiser Heinrich III. Besitz ans junge Nonnenkloster. Die Gründung geschah im Zeichen der Reformbewegung von Gorze-Trier. Die frühen Äbtissinnen und Nonnen finden sich bezeichnenderweise im Nekrolog des Regensburger Reformzentrums St. Emmeram. Trotz der kaiserlichen Immunitätsverleihung scheint das Frauenkloster nicht zu den Reichskirchen gezählt zu haben, der Einfluß der Stifterfamilie als Eigenklosterherren blieb gewahrt, diente es doch der Versorgung der eigenen Töchter und derjenigen des verwandten Hochadels. Spätestens um 1100 gelangte Kühbach in die Einflußsphäre der Grafen von Scheyern, die nach dem Aussterben der Grafen von Kühbach und der Grafen von Hohenwart in den Raum um die mittlere Paar bis zum Lech vordrangen und vor 1115 die Burg Oberwittelsbach erweiterten und bezogen. Die Klostervogtei scheinen die Wittelsbacher mit der Pfalzgrafschaft (1120) erhalten zu haben. 1127 wird Pfalzgraf Otto V. als Schirmvogt der Kirche erstmals erwähnt. Laut Kühbacher Überlieferung soll eine Äbtissin Adelheid der Pfalzgrafenfamilie entstammen. Zu Recht darf Kühbach von 1120 bis 1208 als Hauskloster der Pfalzgrafen von Wittelsbach angesehen werden. Aus der wittelsbachischen Ministerialität stammen die Äbtissinnen und Nonnen des Spätmittelalters.

Auf diese Tradition bezog man sich Mitte des 16. Jh. Die nur noch legendär überkommenen Stifternamen Alberat (wohl an das Epitaph einer Gräfin »Albrat« aus dem 11. Jh. in der Sepulturkapelle der Klosterkirche anknüpfend), Albiro, Willibirg und Udalschalk erhielten sich auf den sog. Stiftertafeln des frühen 16. Jh. im Verein mit den Wittelsbachern Herzog Otto I. (1180–1183), Herzog Ludwig I. (1183–1231) und Pfalzgraf Otto IX. (VI.) (1156 bis 1189) samt Gemahlin Benedicta von Moosburg. *W. L.*

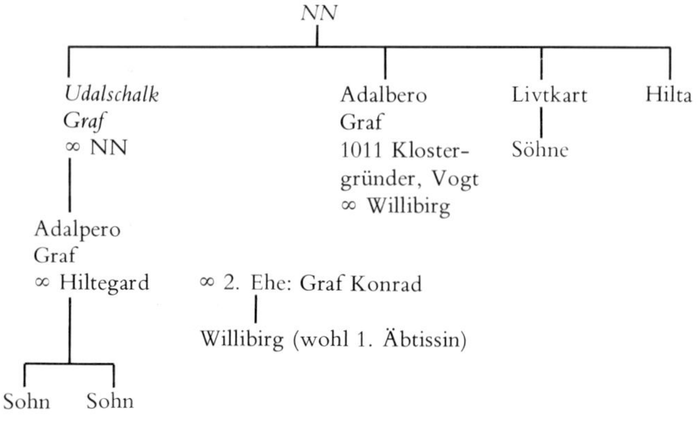

52* STIFTERBILD AUS DER KLOSTERKIRCHE KÜHBACH

Süddeutschland (Nürnberg oder Augsburg), 1521–1532

Öl auf Holz, 105x215 cm

Überschrift: Dises werdig gestifft vnnd goszhauß ist ersclich gebot vnnd geweicht Gott dem Allmechtigem zu hichstem lob vnnd preis, . . . Christum vnnsem herrenn, auch dem heiligerr vatter vnd beichtiger sannt Mangen als am patren dos wirdigen stiffs samnt anndren nebenhellign. Vor dem Heiligen Leonhard (Inchenhofen), Nikolaus (Patron des Augsburger Benediktinerinnenreformklosters St. Nikolaus), Johannes d. Täufer und Magnus (Kirchenpatron) knien von links nach rechts eine Gruppe Benediktinerinnen mit dem bayerischen Herzogswappen, dann DVX OTTO, HVR LVDIVICVS (HVR verderbt statt DVX), COMZ AL-

52

BERAT (COMZ verderbt statt Cometissa) und schließlich eine weibliche Gestalt mit dem Spruchband FVNDATOR ALBIRO, das auf den vor ihr Knienden hinweist.
Es handelt sich um Herzog Otto I. (1180–1183), dem als Wappen das Pfalzgrafenwappen beigegeben worden ist, um Herzog Ludwig I. (1183–1231) mit dem Wappen der Grafen von Scheyern, um Gräfin Alberada, die sagenhafte Gemahlin des Klostergründers, und um Graf Adalbero von Kühbach, den urkundlich bezeugten Klosterstifter.
Zwischen 1521 und 1532 ließ die Priorin Veronika Pollinger aus Nürnberg wohl nach spätgotischen Vorbildern auf zwei Tafeln die »Klosterstifter« Herzog Otto I., Ludwig I., die sagenhafte Gräfin Alberada, den Gründer Graf Adalbero, dann auf einer zweiten, nicht ausgestellten Tafel, Gräfin Willibirg, wirkliche Gemahlin Adalberos, Graf Udalschalk, Bruder des Stifters, Pfalzgraf Otto IX. (III.) (1156–1189) und Benedicta von Moosburg abbilden. Die Nonnen des 16. Jh. rechneten alle acht Dynasten der Familie Wittelsbach zu. Sie konnten zwischen der wirklichen Stifterfamilie des 11. Jh., den Grafen von Ebersberg-Kühbach, und den wittelsbachischen Pfalzgrafen und frühen Herzögen des 12./13. Jh., die das Erbe der Grafen angetreten hatten, nicht unterscheiden. W. L.

Steichele-Schröder II, 201–207; K. Kosel, Pfarrkirche Kühbach (Schnell Kunstführer 993) 1973; W. Liebhart, Kloster, Wallfahrt und Markt in Oberbayern (StMBO 88) 1977, 395 ff.; Ders., Die Wittelsbacher und das Benediktinerinnenkloster Kühbach im Mittelalter (Die Wittelsbacher im Aichacher Land, hg. v. T. Grad) 1980; M. Anneser, Artikel Kühbach (Der Altlandkreis Aichach, hg. v. F. Mayer u. R. Wagner) 1979, 251 ff.

Kühbach, Pfarrkirchenstiftung

53 GERICHTSPRIVILEG FÜR DAS BENEDIKTINERINNENKLOSTER KÜHBACH

23. Mai 1235

Pergament; beschädigtes Reitersiegel an roter Seidenschnur. 15,5x25 cm

Herzog Otto II. von Bayern gewährt dem Kloster Kühbach das Recht, seine Zensualen und Eigenleute überall zum Klosterdienst zu zwingen, den Sterbfall zu verlangen (Abgabe beim Tod eines Hintersassen) und seine Amtleute beliebig einzusetzen. Weiterhin bestätigt er die Rechte, die sein Vater Ludwig I. bereits dem Kloster gewährt hatte: Er verzichtet zugunsten von Äbtissin und Konvent auf die (vogteilichen) Steuern und Gerichtsrechte in der Pfarrei Kühbach.
Mit diesem Privileg wurden die grund- und eigenherrlichen Rechte des Klosters gestärkt und die Grundlage für die Ausübung der niederen Gerichtsbarkeit gelegt. Es zeigt den Wittelsbacher Herzog in seiner Stellung als Vogt und Rechtsnachfolger der Grafen von Ebersberg-Kühbach, die das Kloster um 1011 gegründet hatten. H. W.

Druck: MB XI 534, Nr. 5; MW I 56 f., Nr. 24. – Regest: RB II 240; BWR 17; Reg. Pfalzgr. I 20, Nr. 378; Hofmann, Urkundenwesen 230, Nr. 135. – Lit.: G. Schwertl, Die Beziehungen der Herzöge von Bayern und Pfalzgrafen bei Rhein zur Kirche (1180–1294) (MBM 9) 1968, 276, 293 f.; W. Liebhart, Kloster, Wallfahrt und Markt in Oberbayern (StMBO 88) 1977, 403–407 (ausführl. Quellen- und Literaturangaben 395–398).

München, Bayerisches Hauptstaatsarchiv (Kloster Kühbach Urk. 3)

54 KLAGE ÜBER DIE BEDRÜCKUNG DES HOCHSTIFTES FREISING DURCH DIE WITTELSBACHISCHEN VÖGTE

Otto von Freising (1114/15–1158), Freising, erste Fassung der Chronik 1143–1146

Pergament, 17x12,5x5,8 cm

Die Chronik Ottos von Freising gilt als das bedeutendste Geschichtswerk des abendländischen Mittelalters. In einem universalhistorischen Ansatz deutet sie die Geschichte der Menschheit auf der Grundlage der Lehre des hl. Augustinus als fortwährende Auseinandersetzung der »civitas Dei« mit der »civitas terrena«, aus der erstere als Siegerin hervorgehen werde. Im Grunde handelt es sich um ein geschichtsphilosophisches Werk, das die Einbettung der Historie in das religiös bestimmte Weltbild des Mittelalters am reinsten zum Ausdruck bringt. Die Chronik ist von einem pessimistischen Grundzug durchpulst, ein bezeichnendes Dokument für die Stimmung im Reich zur Zeit Konrads III. Dem 7. Buch, welches das 12. Jh. bis zum Jahr 1146 behandelt, kommt als wenngleich nicht in allem zutreffenden, aber doch zeitgenössischen Bericht Quellenwert zu.

Otto von Freising ist einer der Hauptgewährsleute für die frühe wittelsbachische Zeit. Er hat sich mit gutem Grund eingehend mit der pfalzgräflichen Familie beschäftigt. Von ihren westbayerischen Stammlanden aus griffen die Wittelsbacher im 12. Jh. auf den Freisinger Raum über, der die Verbindung zum wichtigen Besitz im Wartenberger Raum herstellte. Den Ausgangspunkt bildete die Vogtei über die Freisinger Domkirche, welche die Wittelsbacher so hart ausübten, daß Bischof Otto darüber in seiner Chronik verbittert Klage führt. Dieses Verhalten der Pfalzgrafen war Bestandteil einer umfassenden Territorialpolitik, durch die die Freisinger Bischöfe derart eingeschnürt wurden, daß ihnen die Ausbildung eines bedeutenden Territoriums nicht gelang. A. Sch.

Otto v. Freising, Chronica sive Historia de duabus civitatibus, hg. v. A. Hofmeister (MGH SS rer. Germ.) 1912; J. Spörl, Grundformen hochmittelalterlicher Geschichtsanschauung, 1935, 32ff.1; G. Flohrschütz, Die Freisinger Dienstmannen im 12. Jh. (OA 97) 1973, 32–339; Ders. (WB I/1).

München, Bayerische Staatsbibliothek (clm. 19411)

Übertragung des Klosters Fischbachau nach Scheyern. Bayern, 1624/25. Kat. Nr. 34

IM RINGEN UM DIE LANDESHERRSCHAFT: DIE KONKURRENTEN DER WITTELSBACHER

Als der Pfalzgraf Otto von Wittelsbach 1180 mit dem Herzogtum Bayern belehnt wurde, hatte er damit nicht Herrschaft über ein Gebiet im heutigen Sinne übernommen: Es war keineswegs so, daß er – im Sinne eines Souveräns – alle hoheitlichen Rechte innerhalb Bayerns in seiner Hand vereinigt hätte. Vielmehr übten neben ihm noch andere Herrschaft aus: entlang des Lechs und im Nordgau die Staufer – z. T. in der Nachfolge der Welfen – und ihre Reichsministerialität, dann im Binnenraum Bayerns selbst die »Dynasten«, alte hochadelige Familien also, und nicht zuletzt die Bischöfe und der Erzbischof von Salzburg.
Die ursprüngliche Zugehörigkeit der Bischöfe und Dynasten zum Stammesherzogtum zeigte sich vor allem darin, daß sie zum Erscheinen auf den herzoglichen Hoftagen verpflichtet waren und zur Beilegung von Streitigkeiten den Herzog als Schiedsrichter anriefen. Allerdings war um 1180 diese Idee des Stammesherzogtums kaum mehr tragfähig: die Hoftage waren schlecht besucht, und das vermeintliche eigene Recht wurde nicht mehr vor dem herzoglichen Schiedsgericht durchgesetzt, sondern in aller Regel mit bewaffneter Macht.
Dynasten: Ähnlich den Grafen von Scheyern-Wittelsbach saßen in Bayern während der Jahre um 1200 etwa dreißig hochadelige Dynastenfamilien. Entsprechend dem Umfang und der Intensität ihres Besitzes schwankte ihre politische Bedeutung. Sie verfügten über Eigengüter, trugen Lehen, besaßen Grafschaften und Vogteien. Sie lebten in – teilweise aufwendig ausgestatteten – Burgen, vergaben Hofämter, besetzten Bischofsstühle, stifteten Klöster, waren mit Fürstenhäusern versippt, bauten eigene Verwaltungsorganisationen innerhalb ihres Besitzes auf, begründeten Städte, Märkte und eine eigene Ministerialität. Ihre Herrschaft suchten sie innerhalb eines Raumes zu verdichten oder nach außen – vor allem durch Rodung – auszuweiten.
Bischöfe: Sie waren zum einen geistliche Oberhirten, besaßen aber daneben weltliche Rechte. Ihr Besitz und ihre Rechte stammten im wesentlichen aus herzoglichen und königlichen Schenkungen des frühen Mittelalters, deren Einkünfte dem Unterhalt der Bischofskirche und des Domklerus dienten.
Mittelpunkt bischöflicher Herrschaft war die Bischofsstadt selbst, die ihren Ursprung meist schon in urbanen Gebilden der Zeit der Römerherrschaft hatte. Die Bischöfe konnten entweder die eigentliche Stadtherrschaft den Grafen oder Vögten abringen und gegenüber der Bürgerschaft behaupten, so in Freising, Passau, Eichstätt und Salzburg, oder sie waren zu Kompromissen gezwungen, wie in Augsburg oder Regensburg. Im Umland suchten die Bischöfe, gleich den Dynasten, ihre Herrschaft auszuweiten und zu verdichten: Abbau vogteilicher Rechte, Aufbau einer eigenen Ministerialität und Ausbau durch Rodung waren die Mittel. Die Bemühungen der Bischöfe in dieser Richtung blieben jedoch – das Erzstift Salzburg ausgenommen – in den Ansätzen stecken, da ihr Besitz von herzoglichem oder dynastischem Besitz eingeschnürt, durchsetzt oder abgeriegelt war. Letztlich konnten sich die Bischöfe gegenüber den wittelsbachischen Herzögen jedoch in gewissen Grenzen behaupten: Das lag zum einen in dem starken Rückhalt, den ihnen die Reichsverfassung gewährte, andererseits in der durch die Wahl der Domkapitel entsprechend der Entwicklung des kanonischen Rechtes gesicherten Sukzession.
Dynasten und Bischöfe – so unterschiedlich ihre Interessen gerichtet waren – in einer Hinsicht bildeten sie gemeinsame Front: gegen den Ausgriff der wittelsbachischen Macht. E. J. G.

KONKURRENTEN DER WITTELSBACHER: DYNASTEN

Die Macht der wichtigsten Dynastenfamilien konzentrierte sich in der Zeit um 1200 in bestimmten Räumen: Wichtige Positionen besetzten im oberbayerischen Raum die Grafen von Andechs, die Grafen von Falkenstein und die Grafen von Wasserburg, im niederbayerischen Raum die Grafen von Ortenburg und die Grafen von Bogen, auf dem Nordgau, der späteren Oberpfalz, die Markgrafen von Cham-Vohburg (Diepoldinger).
Die Andechser nannten sich nach ihrer Stammburg am Ammersee, im Raum Ammersee – Starnberger See lag auch das Zentrum der andechsischen Macht. Weitere Herrschaftsmittelpunkte hatten sie südostwärts von Augsburg, in Oberfranken, in der Gegend von Innsbruck, im Pustertal und in Dalmatien. Sie gründeten die Klöster Dießen am Ammersee und Wilten bei Innsbruck. Mit dem

Erbe der Grafen von Vormbach konnten sie auch in Niederbayern Fuß fassen. 1180 erhob der Kaiser die Andechser zu Herzögen von Meranien und entzog sie damit zunächst dem Zugriff der wittelsbachischen Herzogsgewalt.
Die Falkensteiner hatten ihren Stammsitz auf der Burg Falkenstein bei Brannenburg, Besitz um Weyarn und nordwestlich des Chiemsees sowie in Niederösterreich. Sie gründeten die Klöster St. Peter am Madron und Weyarn, besaßen die Burgen Hadmersberg (westlich des Chiemsees), Neuburg und Herrnstein (Niederösterreich).
Der Besitz der Grafen von Wasserburg konzentrierte sich vor allem um Wasserburg selbst, griff aber entlang des Inn nach Niederbayern aus. Die Wasserburger gründeten die Klöster Attel und Altenhohenau und bevogteten Rott.
Die Ortenburger kamen erst im 12. Jh. nach Bayern. Von ihrer Stammburg Ortenburg bei Passau aus erwarben sie Besitz bei Kraiburg am Inn, bei Vilshofen an der Donau, im Rottal, aber auch am oberen Inn.
Eine ungewöhnliche Dichte wies der Besitz der Grafen von Bogen auf. Um die Stammburg Bogen und die Hausklöster Oberalteich und Windberg lagen beiderseits der Donau die Güter der Bogener. Nach Norden griffen die Grafen von Bogen durch Rodung bis an die böhmische Grenze aus. Sie bevogteten die Alte Kapelle in Regensburg, die Klöster Niederalteich und Mallersdorf, Prüfening, Oberalteich und Windberg. Eine Nebenlinie der Familie hatte die Regensburger Domvogtei inne.
Die Markgrafen von Cham-Vohburg herrschten in den ehemaligen Marken Cham und Nabburg, dann aber auch im Raum um die Ilmmündung bei Vohburg. Eine Grablege hatten sie in ihrer Stiftung, dem Benediktinerkloster Reichenbach am Regen.

E. J. G.

55* TOTENSCHILD DES GRAFEN FRIEDRICH I. VON BOGEN

Niederbayern, 2. Hälfte 16. Jahrhundert

Inschrift: Friderich der Erste deß Namens Graf von Bogen styfter des Closters Obernaltaich starb A. 1104.

Holz, farbig gefaßt, Dm. ca. 115 cm

In der ehemaligen Klosterkirche Oberalteich bei Bogen in Niederbayern hängen seitlich über dem Nordportal zwei Totenschilde für Mitglieder des Bogener Grafenhauses. Sie zeigen das Wappen der Grafen von Bogen in der Vorstellung des 16. Jh. (geviert von weiß-blauen Wecken und drei goldenen Bogen in Blau). Die Wappenschilde sind mit Helm, Helmzier und reicher Helmdecke umgeben. Am Schildrand umlaufend die Inschrift.
Die Grafen von Bogen, mächtigste Dynastenfamilie des östlichen bayerischen Herzogtums, hatten in unmittelbarer Nähe von Oberalteich ihren Stammsitz. Der Regensburger Domvogt Graf Friedrich von Bogen, dem der Totenschild

55

gewidmet ist, stiftete um 1100 das Kloster. Sein Onkel Aswin vollendete die Stiftung und stattete sie reich aus. Nach dem Aussterben der Grafen von Bogen traten die Wittelsbacher in ihre Rechte ein: so übernahmen sie die Vogtei über Oberalteich und den weiß-blau gerauteten Wappenschild der Bogener. Das Benediktinerkloster hat sich immer wieder dankbar seiner Stifter erinnert, ihnen am Anfang des 15. Jh. ein Grabmal errichten und in späterer Zeit dann den ausgestellten Totenschild anfertigen lassen.

E.J.G.

KDB IV, Niederbayern 20, 272, Abb. 164; Germania Benedictina II, 1970, 201–206, hier reiche Literatur.

Oberalteich, Kath. Pfarrkirchenstiftung

56* CODEX FALKENSTEINENSIS
Rechtsaufzeichnungen der gräflichen Familie Neuburg-Falkenstein

Stift Herrenchiemsee, 1166 – um 1196

Pergamenthandschrift (40 Bl.); Holzdeckeleinband mit Lederrücken; 25 teils mehrfarbige Federzeichnungen. 28x17,7 cm

Graf Siboto IV. von Neuburg-Falkenstein trifft Verfügungen für den Fall seines Todes und läßt seinen hauptsächlich in Oberbayern, Tirol und Niederösterreich gelegenen Lehen- und Eigenbesitz samt Abgaben aufzeichnen. Notizen über Besitzverhältnisse und Familienereignisse, die einen

56

56

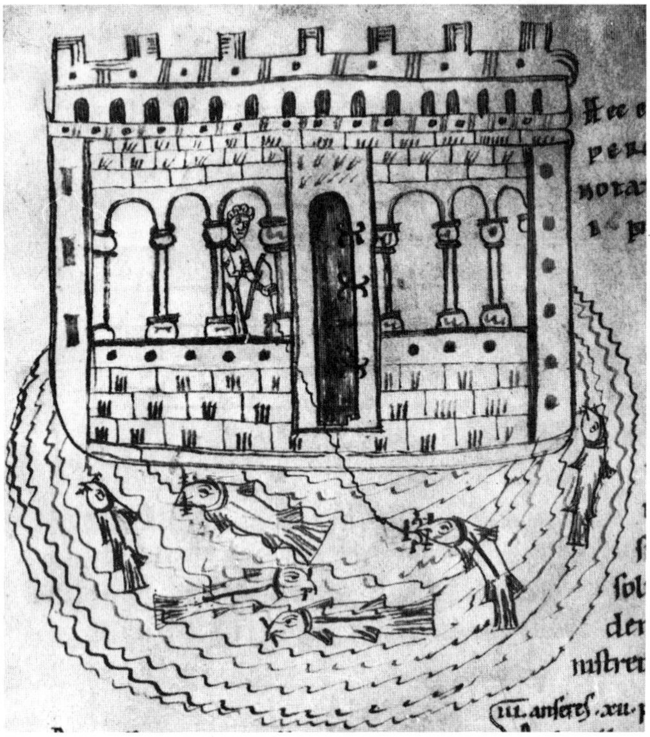

56

56

Zeitraum von etwa 30 Jahren umfassen, schließen sich an. Der Falkensteiner Kodex stellt das einzige uns überlieferte Traditionsbuch einer weltlichen Herrschaft dar. Neben seiner Ausschmückung mit Federzeichnungen ist dies der Grund für die Sonderstellung, die er unter den vergleichbaren Quellen einnimmt.

Die Handschrift markiert den Höhepunkt an Besitz und Einfluß der Familie Neuburg-Falkenstein während der Herrschaft Sibotos IV. (gest. um 1200). Schon in der Generation der Enkel vollzog sich jedoch der rasche Niedergang des Geschlechts: Anscheinend auf der Seite der Andechser

56

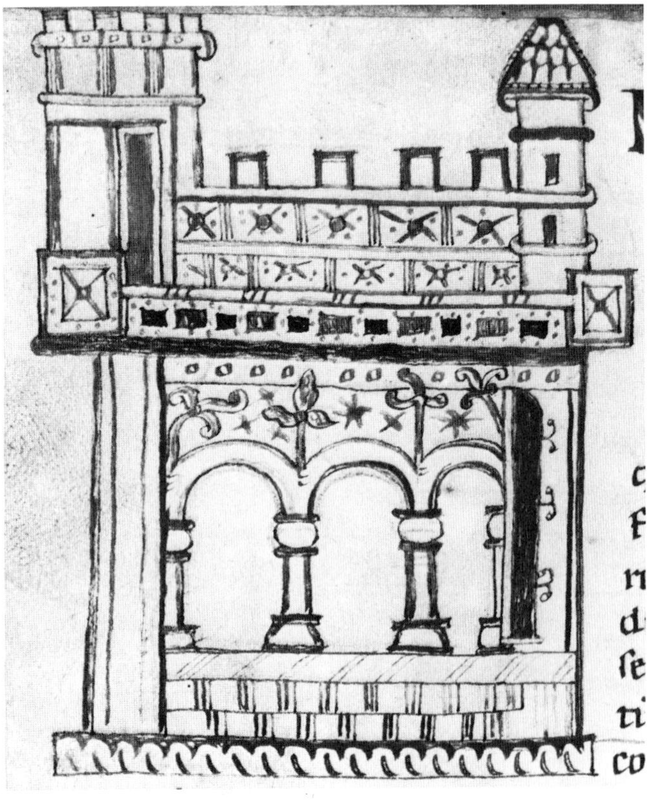

56

56

56

stehend, wurde Graf Siboto VI. 1244 – wohl im Zusammenhang mit einer kriegerischen Aktion Herzog Ottos II. – getötet; sein Bruder Kuno geriet in Gefangenschaft. Anfang 1245 bereits erreichte der Herzog vom Salzburger Erzbischof die Belehnung mit der bis dahin falkensteinischen Vogtei über Herrenchiemsee. Kuno, offenbar bald wieder freigekommen, verkaufte im August 1245 seine gesamte Allode unter Vorbehalt der Nutznießung an den Bischof von Freising. Als Kuno aber 1259/60 kinderlos starb, konfiszierte Herzog Ludwig II. die Besitzungen in Bayern und strebte eine Belehnung durch den rechtmäßigen Eigentümer an, die dann 1277 Bischof Konrad II. von Freising, ein Wittelsbacher, vollzog. Die Trienter Lehen der Falkensteiner waren schon 1263 in die Hand des Herzogs gekommen.

56

56

56

1277 erreichte dieser auch die Belehnung mit den niederösterreichischen Gütern der ausgestorbenen Familie, konnte sie aber nicht behaupten. E.N.

Druck: H. Petz–H. Grauert–J. Mayerhofer, Drei bayerische Traditionsbücher, München 1880, 1–44; E. Noichl, Codex Falkensteinensis. Die Rechtsaufzeichnungen der Grafen von Falkenstein (QE NF 29) München 1978. – Lit.: K. Ramp, Studien zur Grundherrschaft Neuburg-Falkenstein, Diss. München 1925; AK 1000 Jahre Babenberger in Österreich Nr. 1037; AK Aus 1200 Jahren Nr. 36.

München, Bayerisches Hauptstaatsarchiv (Kloster Weyarn Lit. 1)

57 GENEALOGIE DES HAUSES ANDECHS-MERANIEN

Bamberg, nach 1610

Öl auf Leinwand, 270x175 cm

Die Genealogie des Hauses Andechs-Meranien – hier fälschlich auf Bischof Otto I., den Heiligen, von Bamberg bezogen – läßt sich relativ lückenlos bis in das 11. Jh. zurückverfolgen. Da die familiären Verbindungen der Andechser zu den Luitpoldingern (wie F. Tyroller sie zu sehen glaubte) sich nicht überzeugend belegen lassen, muß man ihren Stammbaum vorerst (mit K. Trotter) bei Graf Berthold (gest. etwa 990) beginnen lassen. Dessen Sohn Friedrich I. (1003 bis etwa 1030) war mit Hemma, einer Enkelin König Ottos I. und Tochter des Grafen Kuno von Öhringen, vermählt. Die Reihe der Grafen von Dießen beginnt mit einem Berthold II. (1025/60), die der Grafen von Andechs mit einem Berthold III. Die Grafen von Andechs und die von Dießen sind familiengleich.

Die Familie hatte ihren Einfluß- und Machtbereich bereits im 12. Jh. über das Oberinntal, die Nordalpenpässe, den Brenner, das Puster- und Eisacktal bis Bozen, ausgedehnt. Auch nach Westen und Südwesten in den Augstgau, die Isargrafschaft und die Grafschaft um den Würmsee griff das Geschlecht aus. Ihre allodiale Stammburg Dießen verwandelten sie in ein Augustiner-Chorherren-Stift, ihr Handgemal (»praedium libertatis«) verlegten sie nach Andechs. Der Ausgriff über den ursprünglich auf das südliche Bayern begrenzten Herrschaftsraum hinaus nach Franken und in das Obermaingebiet erfolgte durch die Ehen Arnolds von Dießen mit Gisela, einer Erbtochter der jüngeren Markgrafen von Schweinfurt (ausgestorben 1058), Bertholds II. mit einer Tochter Boppos von Weimar-Orlamünde und Boppos von Andechs mit Kunigunde, der Tochter des Grafen Reginboto von Giech.

Seine europäische Bedeutung erlangte das Haus Andechs unter den Stauferkaisern, vor allem durch Friedrich I. Die-

56

ser auch übertrug Graf Berthold III. 1173 die Markgrafschaft Istrien als Reichslehen; Berthold IV. wurde 1180 zum Herzog von Meranien erhoben. Dessen Söhne und Töchter wiederum repräsentierten die internationale Bedeutung der Familie (Otto, verheiratet mit Beatrix, der Nichte König Philipps von Schwaben; Ekbert, Bischof von Bamberg, Erbauer des Bamberger Domes; Berthold, Patriarch von Aquileja; Heinrich Markgraf von Istrien; Agnes, in dritter Ehe verheiratet mit dem französischen König Philipp II. August; Gertrud, verheiratet mit dem ungarischen König, ihre Tochter war die hl. Elisabeth, Landgräfin von Thüringen, ihr Sohn König Bela IV. (gest. 1270) von Ungarn; Hedwig, verheiratet mit Heinrich I., seit 1206 piastischer Herzog in Schlesien; Kunigunde, vermählt mit Eberhard von Eberstein; Mechthild, Äbtissin im Frauenkloster Kitzingen).

Den unerwartet raschen Abstieg des Geschlechtes leitete der Mord an König Philipp 1208 in Bamberg ein. Bischof Ekbert und sein Bruder Heinrich wurden der Mitwisserschaft bezichtigt, geächtet und ihrer Reichslehen für verlustig erklärt. Beide flohen zu ihrer Schwester nach Ungarn. Ohne noch einmal an ihre frühere Bedeutung anknüpfen zu können, starben die Andechs-Meranier 1248 mit Otto II. von Burgund auf Burg Niesten westlich Kulmbach aus.

E. M.-L.

Joh. D. Koeler, De ducibus Meraniae ex comitatibus de Andechs, Altdorf 1729; J. Frh. v. Hormayr, Versuch einer pragmatischen Geschichte der Grafen von Andechs, nachherigen Herzogen von Meran, aus Urkunden und glaubwürdigen Geschichtsschreibern zusammengetragen, Innsbruck 1797; J. B. v. Schultes, Diplomatische Beiträge zur Geschichte der Grafen von Andechs und nachherigen Herzoge von Meran (Abh. d. Bayer. Akad. d. Wiss.) 1818, 157–279; E. v. Oefele, Geschichte der Grafen von Andechs, 1877; G. Herlitz, Geschichte der Herzöge von Meran aus dem Hause Andechs, Diss. Halle-Wittenberg, 1909, F. Tyroller, Die ältere Genealogie der Andechser (Beil. z. Jahresber. d. Wittelsbacher Gymnasiums München) 1951/52; D. Albrecht, Die Grafen von Diessen und Andechs (Bayerland 57/1) 1955; K. Hartmann, Zur Geschichte des Hauses Andechs-Meranien (Archiv f. Gesch. v. Oberfranken 37) 1956, 3–34; Grundlegend für obige Ausführungen: K. Bosl, Europäischer Adel im 12./13. Jh. (ZBLG 30) 1967, 20–52; E. Hermann, Die Grafen von Andechs und der ducatus Meraniae (Archiv f. Gesch. v. Oberfranken 55) 1975, 5–17.

Bamberg, Bürgerspitalstiftung Bamberg

58* SIEGEL DER HERZÖGE OTTO VII. UND OTTO VIII. VON ANDECHS-MERANIEN

Bayern, vor 1231

Umschrift (ergänzt nach anderen Exemplaren): OTTO · D[E]I GR[ATI]A · DVX · MERA[NIE · ET · P]ALATI[N(U BVRGV]NDIE

Braunes Wachs; an farbigen Wollschnüren hängend. In der

58 

Umschrift teilweise undeutlich abgedrückt; Figur stark berieben; Ausbrüche im Schriftrand. An der Urkunde außerdem an erster Stelle das ikonographisch interessante Siegel des Ausstellers der Urkunde, des Bamberger Dompropstes Poppo, eines Onkels Ottos VII. Dm. 7 cm

Die stärksten Konkurrenten der Wittelsbacher in Bayern waren infolge ihrer reichen Besitzungen in Westbayern, aber auch in Oberfranken und im Gebiet der Diözese Bamberg lange Zeit die Grafen von Andechs, seit 1173 zugleich Markgrafen von Istrien; später, etwa ab 1180, führten sie den Titel der Herzöge von Dalmatien und Kroatien, meist bezeichnet als Meranien, d.h. Gebiet am Meer. 1208 heiratete Herzog Otto VII. (1203–1234) Beatrix, die Nichte König Philipps von Schwaben und Erbin der burgundischen Pfalzgrafschaft, und wurde daraufhin selbst mit der Pfalzgrafschaft von Burgund belehnt. Auch sein Bruder Ekbert, Bischof von Bamberg (1203–1237), war als solcher Reichsfürst. Schon zu seinen Lebzeiten, vor allem aber unter seinem Sohn Otto VIII. (1234–1248), mit dem das Haus ausstarb, gelang es den bayerischen Herzögen Ludwig I. und Otto II. in erbitterten Kämpfen, das bayerische Herrschaftsgebiet der Andechser an sich zu reißen. In Franken traten die Bischöfe von Bamberg schließlich ihr Erbe an; die dalmatischen und istrischen Besitzungen gelangten in verschiedene Hände.

Die Siegelführung der Herzöge von Andechs-Meranien ist nicht untersucht und schwer zu übersehen, da auch ihre Urkunden nicht gesammelt sind. Nach einem älteren Herzogssiegel, von dem sich ein Fragment an der Urkunde München, BayHStA, Bamberger U 445: 1207, April 18, erhalten hat, nahm Otto VII. wohl 1208 ein neues Reitersiegel an, das in der Umschrift den neuen Titel eines Pfalzgrafen von Burgund enthielt. An BayHStA, Bamberger U 510: 1222 hängt ein einigermaßen gut erhaltenes Exemplar; noch 1228 muß derselbe Stempel benutzt worden sein (BayHStA Kloster Benediktbeuern Urk. 25).

An der ausgestellten Urkunde hängt der Abdruck eines neuen Stempels, der sich freilich nur unwesentlich von dem älteren unterscheidet: der Herzog reitet auf einem in weit ausgreifender Bewegung springenden schlanken Pferd mit auffallend langen Beinen, langem Hals und kleinem Kopf nach (heraldisch) links. In der rechten Hand hält er den Schaft der Fahnenlanze, im Gegensatz zum älteren Siegel, fast aufrecht. Das gemusterte Fahnentuch mit nur kurzen Zungen weht hinter seinem Topfhelm und ist formal fast ganz in den Schriftrand eingefügt. Vor der Brust trägt er den Schild mit dem Wappen des Hauses Andechs-Meranien, einem Adler, der seinen Kopf nach (heraldisch) links wendet. Die Schöße eines auffallend langen Waffenrocks wehen dem Reiter nach.

Da der an dieser Urkunde von 1231 verwendete Siegelstempel später, nach dem Tode Ottos VII., von Otto VIII. benutzt wurde (etwa an München, BayHStA, Bamberger U 586: 1237 und 628: 1245, Jan. 13), wurde das Siegel von 1231 in der Literatur mehrfach dem Sohn zugeschrieben, sei es, daß er noch zu Lebzeiten des Vaters die Urkunde besiegelt habe (Oefele), sei es, daß die Urkunde von ihm später – angeblich 1237 – nachgesiegelt worden sei (Looshorn). In dieser Urkunde schenkt Dompropst Poppo mit Zustimmung seines »fratruelis« Herzog Ottos von Meranien dem Bamberger Domkapitel das Dorf Konnersreuth. Daß der spätere Otto VIII. zu Lebzeiten seines Vaters als Herzog bezeichnet worden sein könnte und wesentliche Rechtsakte hätte vornehmen können, ohne daß dies zumindest im Text der Urkunde ausdrücklich hervorgehoben worden wäre, ist jedoch kaum denkbar. Auch die Bezeichnung Ottos als Brudersohn spricht eher für Otto VII., der der älteste Sohn von Poppos älterem Bruder Berthold IV. war. Für eine Nachbesiegelung fehlen alle Anhaltspunkte: das Siegel ist im Text der Urkunde angekündigt; schon die Wahl der übereinstimmenden, auffallend bunten Wollfäden spricht dafür, daß beide Siegel gleichzeitig bei Erstellung der Urkunde im Jahre 1231 angehängt wurden. Offenbar handelt es sich um einen für Herzog Otto VII. zwischen 1228 und 1231 angefertigten neuen Siegelstempel, der dann später nach seinem Tode von seinem Sohn okkupiert und weiterbenutzt wurde, was wegen der Namensgleichheit unschwer möglich war. Für solche Vererbung von Siegelstempeln an namensgleiche Söhne oder Amtsnachfolger lassen sich aus dem Mittelalter viele Parallelen anführen.

R.K.

RB II 203; Edmund v. Oefele, Geschichte der Grafen von Andechs, Innsbruck 1877, 207; Johann Looshorn, Die Geschichte des Bisthums Bamberg II, München 1888, 648; Eine freie Nachzeichnung des Siegels und eines anderen Siegels Ottos VIII. angeblich von 1244 (MB VIII) München 1767, Siegeltafel III.

München, Bayerisches Hauptstaatsarchiv (Bamberger Urk. 551: 1231)

59 KAPSEL AUS DEM RELIQUIENSCHATZ DER GRAFEN VON ANDECHS

Rom (?), um 1200. Futteral und Pergamentcedulae spätes 14. Jahrhundert

Blei. Buchenholzfutteral mit Beschlägen aus Gelbguß, vergoldet, im Deckel 2 Stoffstücke eingeklebt. Höhe 1,1 cm, Dm. 6,9 cm

Deckel und Unterteil der flachen Dose sind mit einem Scharnier verbunden. Dem Scharnier gegenüber eine beschädigte Schließvorrichtung. Oben an der Dose befand sich vermutlich eine Hängeöse. Deckel und Boden sind gleich gestaltet. Am Rande eine umlaufende Inschrift: + AGNE DEI MISEIRERE MEI QVI CRIMINA TO[LLIS] (Lamm Gottes, das du die Schuld hinwegnimmst, erbarme dich meiner). Das von der Schrift umschlossene Feld zeigt ein Blattkreuz. Am Schnittpunkt der Kreuzbalken ein bärtiges Gesicht.
Das Buchenholzfutteral dient der Aufbewahrung der Bleikapsel. In der Dose befindet sich ein weiterer Einsatz aus mit Gold- und Silberblech überzogenem Holz.
Die Hostienzettel enthalten auf den Vorderseiten ausgeschnittene Urkundentexte des 14. Jh., auf den Rückseiten Gebets- und Segensformeln. Die Bleikapsel diente im Mittelalter der Aufbewahrung der hochverehrten »Andechser Hostien«. Im 14. Jh. wird sie als »Bulle des Grafen Berchtold von Andechs« bezeichnet. Die Kapsel mit den Hostien war Teil eines in den Anfängen auf den Grafen Rasso von Diessen-Andechs zurückgehenden Reliquienschatzes; nach alter Überlieferung gelangte er im 11./12. Jh. auf die Burg Andechs. Zu diesem alten Schatz trat im 12. Jh. als Geschenk Bischof Ottos II. von Bamberg aus dem Hause Andechs (gest. 1139) das »Sakrament des hl. Gregor d. Gr.«, eine Hostie, nach Andechs. Nach der Legende waren während der Konsekration auf der Hostie blutige Zeichen erschienen, um Zweifler der Transsubstantiation zu überzeugen. Zu dieser Hostie kamen in späterer Zeit noch zwei andere hinzu und begründeten den Ruf der Andechser ›Blutwallfahrt‹.
In den Wirren, die mit dem Aussterben der Grafen von Andechs im 13. Jh. verbunden waren, versteckte man den Reliquienschatz. Unter spektakulären Umständen wurde er angeblich 1388 wieder aufgefunden. E.J.G.

M. Sattler, Chronik von Andechs, Donauwörth 1877, 80f.; R. Bauerreiss, Die geschichtlichen Einträge des Andechser Missale (StMBO 47) 1929, 68; A. Brackmann, Die Entstehung der Andechser Wallfahrt (Abh. Berlin 5) 1929, Taf. I; B. Kraft, Andechser Studien (OA 73) 1937, 139–144; (OA 74) 1940, 318–320, 394, 396; AK Der Schatz vom Heiligen Berg Andechs, 1967, Nr. 13, Abb. 14f.

Andechs, Wallfahrtskirchenstiftung

60 KREUZ DER GRAFEN VON ANDECHS
Sog. Siegeskreuz Karls des Großen

Schwaben, Mitte 12. Jahrhundert, Sockel um 1515

Gelbguß, graviert und vergoldet. Sockel Kupfer, getrieben und vergoldet. Gesamthöhe 43,5 cm, Kruzifixus 15,8 cm

Der Sockel ist vermutlich auf Veranlassung Herzog Wilhelms IV. entstanden. Die Messinglasche, die das Kreuz selbst aufnimmt, trägt die Inschrift »Crux victoriae quae ab Angelo Carolo Magno Imperatori de Coelo allata« (Siegeskreuz, das von einem Engel dem Kaiser Karl d. Gr. vom Himmel herabgereicht wurde).
Das Kreuz selbst hat eine glatte, nur entlang der Kanten ornamental gravierte Oberfläche. Der Korpus entspricht mit den gerade ausgestreckten Armen, dem Mittelscheitel und dem in der Mitte geschlungenen, über dem linken Schenkel eine Falte bildenden Lendentuch Parallelstücken aus dem schwäbisch-alemannischen Raum (vgl. vor allem den Kruzifixus im Klostermuseum von Disentis).
Die Bezeichnung als Siegeskreuz Karls d. Gr. geht auf eine erstmals 1388 in Andechs faßbare Legende zurück, nach der es der Kaiser von einem Engel empfangen und seinem Sohn Pippin als Schutz im Kampf gegen die Ungläubigen übersandt habe. Über den Grafen Rasso von Andechs und König Stephan von Ungarn sei es nach Andechs gelangt.
Angeblich war das Kreuz Teil des Schatzfundes von 1388 (vgl. Kat. Nr. 59). Das Kreuz gehörte wohl zum Inventar der Burgkapelle der Grafen von Andechs. E.J.G.

M. Sattler, Chronik von Andechs, Donauwörth 1877 21, 506, 775; AK Der Schatz vom Heiligen Berg Andechs, 1967, Nr. 12, Abb. 12; AK Suevia Sacra, Augsburg 1973, Nr. 86, Abb. 77; P. Bloch, Staufische Bronzen: die Bronzekruzifixe (AK Staufer V) 300, Abb. 178.

Andechs, Wallfahrtskirchenstiftung

61

FÜR DIE WITTELSBACHER VERLOREN: REGENSBURG

Die Stadt Regensburg, am nördlichsten Punkt der Donau gelegen, ist römischen Ursprungs. Im Jahr 179 n. Chr. hat Kaiser Marc Aurel hier ein mächtiges Kastell errichten lassen.
Im frühen Mittelalter entwickelte sich Regensburg zur Hauptstadt des bayerischen Stammesherzogtums. Zahlreiche Kaiseraufenthalte und Reichsversammlungen bezeugen die bedeutende Stellung der Stadt innerhalb des ganzen Reiches. Die bayerischen Bischöfe besaßen hier eigene Höfe.
Um 1200 besaß Regensburg mit seinen etwa 10000 Einwohnern und seinen großen Fernhandelskaufleuten europäische Bedeutung. Die in den Jahren 1135–1146 errichtete Steinerne Brücke trug als bester Donauübergang in Deutschland zur wirtschaftlichen Bedeutung der Stadt wesentlich bei.

Innerhalb der Stadt bildeten Bischof, Patriziat, Herzog, Reichsstifter, Judengemeinde und natürlich die Reichsgewalt selbst ein äußerst kompliziertes Geflecht von Herrschafts- und Besitzrechten, von Macht und Interessen. Die durch diese Situation erzeugte Gleichgewichtslage verhinderte, daß sich die wittelsbachischen Herzöge als Stadtherren durchsetzen konnten. Zwar behielten sie ihre Rechte am Herzogshof und zum Teil an der Münze: als politische Metropole Bayerns jedoch ging Regensburg für immer verloren.
In kultureller Hinsicht vermochte die Stadt ihre Vorrangstellung zu behaupten und zu verstärken: Geistige und künstl'erische Strömungen aus ganz Europa trafen sich in Regensburg und wirkten zum Teil von hier ins bayerische Umland. *E. J. G.*

61* VOGELSCHAUPLAN DER STADT REGENSBURG IM JAHR 1614

Hans Georg Bahre, Regensburg 1644

Federzeichnung, laviert, mit Leinwand hinterklebt. 144x142 cm

Auf dieser frühesten topographisch zuverlässigen Ansicht Regensburgs ist die Ausdehnung und Befestigung der Stadt festgehalten, wie sie seit dem 13. Jh. unverändert bestand. Seit 1284 wurden auf Initiative des patrizischen Rats die bis dahin unbefestigten Handwerkersiedlungen im Westen und Osten in den Mauerring miteinbezogen und durch mächtige Toranlagen gesichert: das Ostentor (um 1300) und das Prebrunntor (vor 1293). Im 14. Jh. wurden die Ufermauern an der Donau aufgeführt sowie die älteren Mauerpartien modernisiert. Der Befestigungsgürtel bestand demnach aus Graben, Zwingermauer, Zwinger und der eigentlichen, mit Türmen bewehrten Stadtmauer. Zum Stadtbereich gehörten die Wöhrde, zwei Donauinseln, die durch Palisaden bewehrt und durch hölzerne Stege bzw. die befestigte Steinerne Brücke mit der Stadt verbunden waren. Dieser urbane Wasserbereich wurde durch Mühlen und Hafenanlagen systematisch genutzt. Während die Vorstädte noch weitgehend lockere Bebauung mit Gärten und Viehweiden aufwiesen, war das Kaufmannsviertel zwischen Dom und Jakobshof dicht bebaut und durch die auf Bahres Plan noch sichtbaren Patriziertürme hervorgehoben. Dieser Kernbereich der Reichsstadt muß im 13. Jh. neben den großen kirchlichen Neubauten (Dom, Minoritenkirche, Dominikanerkirche) einer Großbaustelle geglichen haben. V.L.

R. Strobel, Die Stadtbefestigung an der Südost-Ecke von Castra Regina in nachrömischer Zeit (VHOR 102) 1962, 209ff.; Ders., Das Bürgerhaus in Regensburg, Tübingen 1966, 11ff.

Regensburg, Museum der Stadt (HV)

62* DER HERZOGSHOF IN REGENSBURG

Regensburg, 1572

Federzeichnung, laviert, 32x63,5 cm

Die Ansicht von Osten zeigt im Vordergrund den Alten Kornmarkt mit dem 1559 von der Stadt errichteten Holzstadel und dahinter den durch Rautenmusterung als bayerisch gekennzeichneten Herzogshof mit seinen spätgoti-

62

schen Umbauten. Links, im Süden, schließt sich die Alte Kapelle an, rechts, durch eine Brücke verbunden, der Römerturm. Der gesamte Bereich umfaßt die ehem. Herzogspfalz der Agilolfinger, die über römischer Bausubstanz errichtet wurde. Im 9. Jh. erfolgte der Ausbau zur Königspfalz, eine Stellung, die sie bis zum Beginn des 12. Jh. einnahm. Im Kampf um die Vorherrschaft in der Stadt zwischen König, Herzog und Bischof gelangte mit der Übernahme des Burggrafenamtes durch Ludwig den Kelheimer 1196 ein Teil der Pfalz, der heutige Herzogshof, an die Wittelsbacher. In einem Vergleich mit Bischof Konrad IV. von Regensburg 1205 wurden diese Rechte bestätigt, wenn auch unter Aufgabe des stammesherzoglichen Anspruchs. In Zusammenhang damit steht der Neubau des Herzogshofs und des ihn sichernden Römerturms. Er ist durch den Vertrag zwischen Bischof und Herzog Ludwig von 1213 belegt, aus dem hervorgeht, daß die Bürger nicht am Hausbau für den Herzog gehindert werden dürften. Ursprünglich schloß sich im Südtrakt, wo sich die Kapelle befindet, ein zweiter Hausturm an. Die romanischen Fensterarkaden des ›Herzogssaals‹ im ersten Geschoß wurden 1909 und 1937–40 wieder freigelegt. Ihre Rotmarmorsäulen und Kapitelle weisen nach Salzburg, wohin offensichtlich seit dem Pontifikat des Wittelsbachers Konrad III. (1177–1183), des Vormundes und Onkels Herzog Ludwigs I., Verbindungen bestanden. Inwieweit der Neubau der benachbarten Ulrichskirche im Zusammenhang mit der herzoglichen Residenz steht (A. Hubel), läßt sich auf Grund der spärlichen Quellen noch nicht beurteilen. V.L.

KDB II, Oberpfalz u. Regensburg 3, 124–126; K. Bauer, Regensburg, 1970, 21–24; A. Kraus–W. Pfeiffer, Regensburg, Geschichte in Bilddokumenten, München 1979, Nr. 43.

München, Bayerisches Hauptstaatsarchiv (Plansammlung Nr. 11269)

63 ROMANISCHE SPOLIEN VOM SALZBURGER HOF IN REGENSBURG

Regensburg, um 1170/80

Einheimischer Kalkstein

a) WERKSTÜCK EINES FENSTERGEWÄNDES MIT HALBSÄULE
Höhe 81 cm, Grundfl. 21,5x24,5 cm

Über rechteckigem Grundriß; rechts angearbeitet Halbsäule mit vier Seiten einer achteckigen Säule, nur links ausgebildet die attische Basis mit Eckknolle; über Halsring Würfelkapitell mit Schildring; Kämpfer mit Platte, Rolle abgeschlagen; links von der Säule am Gewände zwei übereinanderstehende Halbkugeln.

b) WERKSTÜCK EINES FENSTERGEWÄNDES MIT HALBSÄULE
Höhe 86 cm, Grundfl. 30x30 cm

Über quadratischem Grundriß; angearbeitet Halbsäule mit fünf Seiten einer Achtecksäule; attische Basis mit Eckknollen; über Halsring Würfelkapitell mit mehrfach geritztem Schild; darüber Kämpfer mit Rollen und Platte.

Die beiden Bauteile stammen vermutlich von Fensterarkaden des Nordbaus. Zusammen mit anderen Spolien kamen sie beim Abbruch der Vierflügelanlage 1893 im Mauerwerk zum Vorschein.

64

Der Salzburger Hof wurde 976 durch Kaiser Otto II. dem Salzburger Erzbischof Friedrich geschenkt. In der zweiten Hälfte des 12. Jh. entstand an der exponierten Stelle gegenüber dem romanischen Dom und an den Herzogshof anschließend ein repräsentativer Neubau. Als Bauherr kommt nur Konrad, der Bruder von Herzog Otto von Wittelsbach, in Frage, der als Konrad III. von 1172 bis 1183 Erzbischof von Salzburg und somit auch Metropolit von Regensburg war. Schon zuvor, im Amt des Erzbischofs von Mainz und Reichskanzlers Barbarossas, hatte er eine rege Bautätigkeit entfaltet. Sein Interesse an Regensburg ist wohl nicht mit den Hoftagen des Herzogs in Verbindung zu sehen, zu denen die Salzburger Erzbischöfe kaum noch erschienen; vielmehr stand es mit der Hauspolitik der Wittelsbacher in Verbindung, deren Aufstieg zum Herzogtum in jenen Jahren erfolgte (vgl. Kat. Nr. 62).
Schon 100 Jahre später verpachteten die Erzbischöfe ihren Hof an einheimische Patriziergeschlechter. Trotz des Ausbaus bzw. Umbaus des mächtigen Hofes während des 13. Jh. gab es keinen Grund mehr für ein Engagement in

Regensburg. Doch scheint die Anlage als solche mit doppelgeschossiger Kapelle und Hausturm auf den Typus der Regensburger Patrizierburg Einfluß genommen zu haben. V.L.

C. Th. Pohlig, Eine verschwundene Bischofspfalz (Zschr. f. bildende Kunst) 1896, 1 ff.; J. A. Endres, Führer durch die mittelalterliche und neuzeitliche Sammlung ... zu St. Ulrich ... (VHOR 70) 1920, 33; K. Busch, Regensburger Kirchenbaukunst 1160–1280 (VHOR 82) 1932, 52 ff.; R. Strobel, Das Bürgerhaus in Regensburg, 49, 85; A. Kraus–W. Pfeiffer, Regensburg, Geschichte in Bilddokumenten, 1979, Nr. 50.

Regensburg, Museum der Stadt (HVE 326, 323)

64* FRAGMENT EINES WAPPENBECHERS

Syrien oder Venedig, Werkstatt des Meisters Aldrevandin (?), um 1260–90

Farbloses Glas mit Emailmalerei auf der Innen- und Außenwandung in Weiß, Rot, Blau und Gelb, zu zwei Dritteln gesichert ergänzt. Höhe 11 cm, Rand Dm. 10,5 cm

Auf der konischen Wandung ist zwischen stilisierten Blüten ein (nicht identifiziertes) Wappenfragment zu erkennen. Darüber läuft ein Schriftband in weißen gotischen Majuskeln: [AVE MA]RI[A] GRACI[A PLENA]. Becher des gleichen Typs mit der »Signatur« eines Magisters Aldrevandin, heute in London und Frankfurt, lassen auf dieselbe Herstellerwerkstatt schließen. Sie befand sich entweder in Akkon (Syrien) oder in Venedig. Vermutlich wurden die im Fernhandel erworbenen syrischen Gläser auf deutsche Bestellung in Venedig bemalt, wie die christliche Aufschrift und das Wappen verraten möchten. Jedenfalls wird der Name »accrischew glaz« (Glas aus Akkon) in dem Nachlaßinventar eines niederbayerischen Ritters aus dem 14. Jh. überliefert.
Die Glasfragmente wurden 1934 beim Ausbau des ehem. Domherrenhofs in der Schäffnerstraße aufgefunden und stammen demnach wahrscheinlich aus dem Besitz der höheren Geistlichkeit. Weitere Fragmente syrischer Emailgläser wurden im Bereich des ehem. St.-Klara-Klosters entdeckt. V.L.

W. Pfeiffer, Magister Aldrevandin me fecit (VHOR 106) 1966, 206–20; Ders., »Akrische Gläser« (Journal of Glass Studies, 12) 1970, 67–69; Glaskatalog, Museum der Stadt Regensburg, 1978, Nr. 16.

Regensburg, Museum der Stadt (K 1966/91)

65

65* JÜNGLINGSKOPF (KIENSPANHALTER?)

Regensburg, 1. Hälfte 13. Jahrhundert

Ton. Oxydierend gebrannter hellroter Scherben, grob gemagert; Engobierung aus weißem Pfeifenton; vor dem Brand Oberfläche mit dem Messer bearbeitet; z. T. sekundäre Schmauchung; am Hals abgebrochen. 16x10x11 cm

Das romanische Tonfragment wurde 1972 im Baugrund des ehemaligen Judenviertels von Regensburg aufgefunden. Nähere Fundumstände sind nicht bekannt. Der zylindrische massive Block wurde nicht gemodelt, sondern über einem Holz, dessen Höhlung im Hals erhalten blieb, geformt. Die Oberfläche wurde im lederharten Zustand mit dem Messer bearbeitet. Das in der Mitte gescheitelte Haar weist Querfurchen in der Art eines Haarnetzes auf; der Mund ist mit einer bleistiftdicken Öffnung versehen, mit der Innenhöhlung verbunden. Trotz der dilettantischen Ausführung, der enggerückten Augen und der ornamental aufgesetzten Ohren ist ein bedeutendes Vorbild spürbar. Es liegt nicht im Bereich der in Regensburg tätigen comaskischen Bildhauerwerkstätten, sondern weist auf mittelrheinische und französische Einflüsse hin. Für seine Verwendung als Lichtträger spricht die Verrußung um die Mundöffnung; eine rituelle Funktion erscheint durch das Bildverbot des Talmud ausgeschlossen.
Man weiß, daß die Juden im Spätmittelalter viele Waren aus dem Hafnervorort Prebrunn bezogen. Der Stilpluralismus von Luxusgegenständen wie dem Jünglingskopf ist ein Zeichen des Warenaustausches, der durch das Fernhändlertum in Regensburg stattfand. V.L.

Regensburg, Museum der Stadt (K 1973/124)

66 

66* GEBRAUCHSGESCHIRR

Regensburg, 13.–14. Jahrhundert

a) DAUBENGEFÄSS
Nadelholz, geböttchert, außen gekerbt mit umlaufender Weidenschiene. H. 7,8, Boden Dm. 7, Rand Dm 11–12 cm
Bodenfund aus Baugrund hinter dem Rathaus

b) TRINKSCHALE
Buchsbaum gedrechselt; auf niedrigem Fuß, durch Vertrocknung an der Luft dunkle Verfärbung und Verformung; ein kleines Stück ergänzt. H. 3,5, Fuß 4, Rand Dm. 8,5 cm
Bodenfund Kreissparkasse

c) HENKELTÖPFCHEN
Ton: Oxydationsbrand, Scherben hellgrau-beige mit starker Magerung; Quetschbrandboden; gebaucht, mit Randwulst, kleiner randständiger Henkel, Schulter außen mit Drehrillen. H. 8,9, Boden Dm. 55,5, Rand Dm. 6,8 cm
Bodenfund Wermutgasse

d) TOPF
Material wie c); Quetschbrandboden; eiförmig, mit nach oben verlagerter Schulter, kurzem Hals und leicht gekehltem Kragenrand. An der Schulter zwei Drehrillen. H. 15,8, Boden Dm. 8,3, Rand Dm. 13,3 cm
Bodenfund Kreissparkasse

e) LÖWENAQUAMANILE
Ton; Oxydationsbrand, Kern hellroter Mantel weiß-gelblicher Scherben; grobe Magerung; frei geformtes Gießgefäß mit Bügel; Eingußloch am Hinterkopf, der Mund als Ausgießer. Das Gießgefäß mit Bügel; Verstoßungen und Ausbrüche; Ohren und Füße abgebrochen.
Bodenfund Pfarrergasse

Die Datierung der Holzgefäße ist auf Grund fehlender Fundumstände und der relativen Zeitlosigkeit der Form schwierig. Die Trinkschale ähnelt den Köpfen im Dresdner Manuskript des Sachsenspiegels (1350–75). Die Töpfe lassen sich typologisch in die 2. Hälfte des 13. Jh. einordnen. Das Aquamanile könnte auf Grund seiner Tonzusammensetzung auch noch dem ausgehenden 12. Jh. angehören. Während des ganzen Mittelalters gehören Ton- und Holzgefäße zum bevorzugten Gebrauchsgeschirr städtischer Haushalte. Zinn, Messing oder gar Silber waren Luxusgegenstände, die sich in den seltensten Fällen erhalten haben. Glas gewinnt erst im 15. Jh. an Bedeutung. Geböttcherte Näpfe und gedrechselte Köpfe dienten als Trinkgefäße, während die irdenen, noch unglasierten Töpfe wegen ihres porösen Materials wohl mehr als Vorrats- und Kochgefäße Verwendung gefunden haben dürften. Tönerne Gießgefäße in Tiergestalt zum Händewaschen während der Mahlzeiten gehen vermutlich auf orientalischen Einfluß im Gefolge der Kreuzzüge zurück. Ihr Benützerkreis muß im wohlhabenden Bürgertum gesucht werden, das damit die Tischsitten des Adels (Bronzeaquamanile!) imitierte.

67

Während die Herstellung der Holzgefäße in Regensburg vermutet werden kann, ist sie für die Keramik hinreichend bezeugt. Seit dem 12. Jh. wurde im Vorort Prebrunn nachweisbar Hafnerware produziert. V.L.

W. Neugebauer, Typen mittelalterlichen Holzgeschirrs aus Lübeck (Frühe Burgen und Städte) Berlin 1954, 1778; I. Holl, mittelalterliche Funde aus einem Brunnen von Buda, Budapest 1966, Abb. 70–72; H. Dannheimer, Keramik des Mittelalters aus Bayern, Kallmünz 1973, 14f., Taf. 3–5; G. Pletzer, Die mittelalterliche Keramik von Regensburg, Diss. phil. Masch. München 1974, 137ff., 223f.

Regensburg, Museum der Stadt (K 1977/42/a; K 1976/10/3; K 1955/4b; K 1976/10; K 1936/30g)

67* KOPF KÖNIG HEINRICHS I.
Fragment der Dollingergruppe

Regensburg, um 1290–1300

Stuck, mit älteren Fassungsresten in Steingrau (eine Kopie der Dollingergruppe befindet sich in dem aus Originalteilen rekonstruierten Dollingersaal im Alten Rathaus, Regensburg). 31,4x22,5xca. 28 cm

Der frühgotische Jünglingskopf mit langem Lockenhaar, modischer Stirnraupe und Krone gehörte zu einem Reiterrelief, das idealisierend Heinrich den Finkler darstellte. Er ist neben der Figur des hl. Oswald und einem Pferdekopf das einzig erhaltene Originalfragment einer monumentalen profanen Stuckreliefgruppe aus dem Festsaal des 1889 abgebrochenen Dollingerhauses. Dargestellt war jene sagen-

68

hafte Turnierszene »auf der Haid«, bei der im Jahre 930 der Regensburger Ritter Hans Dollinger den Ungarn (Hunnen) Krako im Beisein Heinrichs I. besiegt haben soll. Nach neueren Forschungen, die sich mit dem in einer Fassung von 1552 erhaltenen Dollingerlied beschäftigen, sind dabei verschiedene Sagen ineinandergeflossen, die auch die Gegenwart des hl. Königs Oswald erklären.
Die Stilformen lassen an eine bedeutende oberrheinische Werkstatt denken. Während der gewölbte frühgotische Festsaal um 1260/70 entstanden sein muß, ist die überlebensgroße Gruppe durch modische Attribute wie Topfhelm, Rüstung und Haartracht zeitlich nicht vor 1290 anzusetzen. Die Aktualität der Dollingerplastik in ihrer Entstehungszeit lag nicht nur in der genealogischen Rückführung des Patrizierhauses auf ein Rittergeschlecht, sondern in der Firmierung des Treuebündnisses von König und städtischem Patriziat. Einer heute nicht mehr vorhandenen Umschrift zufolge »siegte der Deutsche – unterlag der Barbar«. Die Dollinger konnten somit anstelle des Adels als Beschützer des Kaisertums und des Reiches auftreten. V. L.

L. Hahn, Die Dollingerplastik in Regensburg (Oberrheinische Kunst 3) 1928, 19–24; J. Futterer, Gotische Bildwerke der deutschen Schweiz 1220–1400, 1930, 116, 197 Nr. 255; A. v. Reitzenstein, Die Reiter von Mauerkirchen und Regensburg (Waffen- und Kostümkunde) 1966, 61–80; W. Boll, Reichstagsmuseum, Sammlungsführer, Regensburg 1968 ³, 44–48; W. Grzimek, Deutsche Stuckplastik, Berlin 1975, 35 f. (mit falscher Datierung); K. H. Göller, Das Regensburger Dollingerlied, Regensburg 1980.

Regensburg, Museum der Stadt (HV)

68* FESTSAAL DES EHEM. DOLLINGERHAUSES IN REGENSBURG

Kupferstich aus ›Ratisbona politica‹ des Abtes Anselm Godin, S. 467

Regensburg, 1729

13 x 17 cm

Das um 1260/70 erbaute Dollingerhaus am Rathausplatz 3 in Regensburg besaß, wie die meisten dieser mittelalterlichen Stadtburgen, einen in den Wohnbau einbezogenen Turm, in dessen Erdgeschoß sich eine Kapelle befand. Über die folgenden beiden Stockwerke erstreckte sich der Festraum des Hauses, der sogenannte Dollingersaal. Er wurde mit seinen tragenden Teilen in seiner ursprünglichen Form wiederaufgebaut.
Der Saal bildet ein unregelmäßiges Viereck. Die Decke, getragen von einem achteckigen Mittelpfeiler, ist in vier ungleiche Gewölbefelder geteilt. Diese werden von massigen, aus Platte und Kehle bestehenden Kreuzrippen getragen, die sich in variationsreichen Schlußsteinen vereinigen.
Der Festsaal gelangte vor allem durch seinen figürlichen Wandschmuck zu Bedeutung. Die sog. Dollingerplastik in Regensburg galt schon früh als Sehenswürdigkeit besonderer Art. In den städtischen Chroniken wird sie seit 1555 regelmäßig erwähnt. Wiguläus Hundt, Merian und eben auch Anselm Godin veröffentlichten Abbildungen davon.
Wie der Kupferstich deutlich zu erkennen gibt, umfaßt die Plastik zwei in überlebensgroßen Hochreliefs dargestellte Königsfiguren, den heiligen englischen König Oswald und den deutschen König Heinrich I., und die ebenfalls als Hochrelief gearbeitete Turnierszene zwischen Hans Dollinger und dem Hunnen Krako. (Das Original des hl. Oswald und Originalteile der anderen Gruppen befinden sich heute im Museum der Stadt Regensburg.)
Alle Figuren sind mit Unterschriften versehen, so Heinrich I. mit dem Distichon: »Fertur equo celeri hic Henricus in ordine primus: Aucupio cele ber nec minus imperio«. Bei König Oswald bzw. den beiden Kämpfenden finden sich die Inschriften: »Haec statua Oswaldum, si nescis, scito figurat. Qui rex officio, gente Britannus erat« und »BarbarVs hic soliDis Certant GermanVs et armis«.
Ebenfalls im Dollingersaal befinden sich zwei kleine, wohl aus dem 16. Jh. stammende Ölgemälde, die wiederum den Kampf Dollingers mit dem Hunnen darstellen. Sie werden im Kupferstich am unteren Bildrand wiedergegeben.
E. M.-L.

J. Gratzmeier, Das Dollingerhaus zu Regensburg in Bau und Geschichte (VHOR 43) 1889, 241–268; Th. Pohlig, Die Patrizierburgen des Mittelal-

69

70

ters (VHOR 67) 1917, 49; R. Strobel, Das Bürgerhaus in Regensburg (Das deutsche Bürgerhaus 23) 1976, 99, 322; W. Boll, Der Dollingersaal. Führer durch das Reichstagsmuseum, Regensburg 1968 [3].

Regensburg, Museum der Stadt

69★ DAS INNERE DER SYNAGOGE VON REGENSBURG

Albrecht Altdorfer (Regensburg? um 1480–1538 Regensburg), 1519

Radierung, 17x12,5 cm

Die einzige erhaltene authentische Ansicht der Regensburger Synagoge entstand, wie die Inschrifttafel belegt, 1519, kurz vor ihrem Abbruch im Zusammenhang mit der Vertreibung der Juden. Als Ratsmitglied war Altdorfer unmittelbar an dieser Entscheidung beteiligt.
Die zweischiffige Halle mit Kreuzgratgewölben ist in der Mitte durch hohe schlanke Säulen und seitlich durch Wandpfeilerbündel gegliedert. Im Hintergrund, an der Ostwand, sind romanische Blendarkaden erkennbar, die zum Aron, dem Allerheiligsten, überleiten, wo die Thorarollen aufbewahrt wurden. Vorne steht zwischen den Mittelsäulen der Almemor, die Lese- und Predigtbühne, von deren romanischer Brüstung einige Spolien wiedergefunden wurden. Rechts führen Stufen zu einer im 14. Jh. angebauten gotischen Vorhalle, deren Ansicht Altdorfer ebenfalls überliefert hat. Vermutlich war die mittelalterliche Synagoge dicht von den Häusern der Judenstadt umbaut, von denen sie sich durch eine Terrasse abhob. Der Tradition nach wurde sie unter Rabbi Jehuda dem Frommen (gest. 1217), dem legendären Gelehrten, in der Blütezeit der Regensburger Judengemeinde erbaut. Ihre architektonischen Formen, die den Übergang von der Spätromanik zur Frühgotik ankündigen, der wenig später auch in St. Ulrich vollzogen wurde, lassen sich eher in die Jahre zwischen 1220 und 1230 einordnen. Daß Vorgängerbauten existierten, wird durch einen Hinweis belegt, wonach die Synagoge nach der Judenverfolgung 1097 wiedererrichtet wurde. Auch die 1020 erstmals erwähnte Judenstadt muß schon vor dem Bau der Arnulfs-Stadtmauer (um 920) entstanden sein.

V.L.

R. Krautheimer, Mittelalterliche Synagogen, Berlin 1927, 177; A. Schmetzer, Die Regensburger Judenstadt (Zschr. f. d. Gesch. d. Juden in Deutschland 3) 1931, 18ff.; F. Winzinger, Albrecht Altdorfer, Graphik, 1963, 114, Nr. 174; Germania Judica I, 1963, 287 (A. Freimann).

Regensburg, Museum der Stadt (Lg. d. Bayer. Landesstiftung)

70★ SIEGEL DER JÜDISCHEN GEMEINDE REGENSBURG

8. Juni 1356

Wachs, Dm. 4,5 cm

Umlaufende hebräische Legende (in Übertragung): chotam q^{e}hal rignshpirq, Siegel der Gemeinde Regnschpirk. Die Siegelform im dazugehörigen Dokument lautet: »Mit unserem der Juden in Regenschpurk gemein Siegel«.
Die Worte der Inschrift sind durch zwei Punkte und einen fünfzackigen Asterisk voneinander getrennt. Innen links ein aufgehender Halbmond, rechts ein von ihm umgriffener sechszackiger Stern, jeweils mit erhabenen Mittellinien. Halbmond und Stern finden sich auch auf einem privaten Regensburger jüdischen Siegel von 1297 (Österr. Staatsarchiv, Wien, Repert. Salzburg), dort jedoch viel kleiner und durch einen »Judenhut« voneinander getrennt. Halbmond und Stern sind von zeitgenössischen nichtjüdischen Siegeln bekannt. So wird der Entwurf dieses Siegels von Christen stammen. Es bezeugt die mit den späten Kreuzzügen aufkommende, auch orientalisierende, Emblematik. Die Symbole sind wohl nicht von der Gemeinde gewählt, sondern ihr, wie der »Judenhut« als Kleidungsstück und Symbol, oktroyiert worden. Möglicherweise werden Mond und Stern als muslimische, d.h. für christliches Verständnis heidnische, Symbole verwandt, um das postulierte »Heidentum« der Juden auszudrücken. Den Juden selbst wurde jedoch damit eine solche Auffassung nicht aufgezwungen. Jeglicher Gestirneverehrung fern, hätten sie diese Embleme auch etwa als »Nacht« (des Exils) und als »Stern« (der Erlösung; vgl. Num 24,17: »Es geht ein Stern hervor aus Jakob . . .« deuten können (so A. Altmann).
Die Verwendung von Siegeln war jüdischerseits nicht ganz unumstritten. Sie galt einigen Gelehrten als »Nachahmung nichtjüdischer Praktiken«. So sind keine Menschendarstellungen zu finden. Die wenigen aus dem MA (13. und

14. Jh.) erhaltenen jüdischen Siegel zeigen die noch bis in die 2. Hälfte des 14. Jh. anhaltende Bedeutung einzelner Gemeinden und Individuen, die für den Rechtsverkehr das (besteuerte) Siegelrecht hatten. Der Verlust der Siegelrechte ist ein Indiz der immer stärkeren Beschränkung der geschäftlichen Rechte der Juden. M. Br.

A. Altmann, Geschichte der Juden in Stadt und Land Salzburg I, Berlin 1913, 54ff.; R. Straus, Regensburg and Augsburg, Philadelphia 1939, 98f.; Regensburg. Geschichte in Bilddokumenten, München 1979, Abb. 152.

München, Bayerisches Hauptstaatsarchiv (Reichsstadt Regensburg Urk. 1078)

71

71* JÜDISCHER GRABSTEIN AUS REGENSBURG

1252

Kalksandstein, 103x43x11–14 cm, Buchstabenhöhe ca. 5,5 cm

Inschrift: DIESER STEIN / WURDE ERRICHTET / ZU HÄUPTEN / DES R[ABBI] MESCHULLAM / SOHN DES RAB[BINERS] R[ABBI] / JEHUDA, DER EINGING / IN SEINE WELT / AM ZWEITEN (?) [WOCHEN]TAG AM 18. / DES TEWET DES JAHRES / FÜNFTAUSEND UND ZWÖLF / DER ZÄHLUNG. / SEINE SEELE SEI EINGEBUNDEN IN DAS BÜNDEL DES LEBENS.

18. Tewet 5012 = 1. Januar 1252.
Markante, doch wenig kunstfertige, unregelmäßige Inschrift. Unterschiedliche Buchstabengrößen, Nichtbeachtung der Zeilenhöhe, Überschreiten des Schriftfeldes an den Zeilenenden links.

Die Buchstabenformen verraten noch einen über Jahrhunderte benutzten Stil (ähnlich z. B. Grabsteinen des 9. Jh. in Italien). Auf anderen Regensburger Steinen der gleichen Zeit treten bereits von der Gotik beeinflußte neue Formen der hebräischen Buchstaben auf: schmaler, schlanker, mit stärkerer Kontrastierung von Haar- und Schattenstrichen, eine Schrift, die später die »aschkenasische« genannt wird. Dieser Stein ist einer von über 4000 des bei der Vertreibung der Juden aus Regensburg 1519 zerstörten jüdischen Friedhofs. Die Steine wurden als Baumaterial und Trophäen verwendet. Dieser Stein war von 1534 bis 1968 in der Giebelwand einer Scheune des Pfarrhofs in Tegernheim bei Regensburg eingemauert. Zahlreiche so erhaltenen Steine in und um Regensburg künden so noch davon, daß Regensburg vom 10. Jh. an »Stadt und Mutter in Israel« war, deren Bedeutung zusammen mit dem wirtschaftlichen Niedergang der Stadt im 14. und 15. Jh. und der wachsenden kirchlichen Feindseligkeit nach einer langen Blütezeit herabsank. M. Br.

Tegernheim, Kath. Pfarrhof

KONKURRENTEN DER WITTELSBACHER: BISCHÖFE

Geistliche Gewalt übten in Bayern um 1200 die zum Metropolitanverband Mainz gehörigen Bischöfe von Eichstätt und Augsburg, vor allem aber die zum Metropolitanverband Salzburg gehörigen Bischöfe von Regensburg, Freising, Passau, Brixen und von Salzburg selbst aus. Diese Bistumsorganisation geht im wesentlichen auf das 8 Jh. zurück.
Weltliche Herrschaftsrechte besaßen die Bischöfe zunächst in den Bischofsstädten selbst. Während sie in Salzburg, Freising und Passau die Stadtherrschaft ganz erlangten, waren sie in Regensburg gezwungen, sich mit dem mächtigen Patriziat und dem Herzog zu einigen. Die Bischöfe von Regensburg hatten Besitzungen im Vorwald mit den Burgen Donaustauf, Brennberg und Wörth, dann, verstreut gelegen, einzelne Güter und Rechte im Raum südlich der Donau bis an die Isar.
Passau war im Westen von den Grafen von Bogen, im Süden von den Grafen von Ortenburg abgeriegelt. Nur nach Norden, in den Wald hinein, konzentrierte sich bischöflicher Besitz.
Freising schließlich verfügte unmittelbar südlich und westlich der Bischofsstadt über Herrschaftsrechte, dann, entlegen, bei Schlehdorf, Schäftlarn und am Schliersee. Fast überall ist der freisingische Besitz durchsetzt und eingeschnürt von wittelsbachischen Positionen. E. J. G.

72* SOGENANNTER ERHARDISTAB

Regensburg (?), 12. Jahrhundert (?)

Krümme Büffelhorn, Höhe 8,5 cm; Stab Ebenholz

Der hl. Erhard war ein vor der Bistumsgründung durch Bonifatius (739) in Regensburg tätiger Hofbischof, dessen Grablege bei den Ausgrabungen unter der Niedermünsterkirche wiedergefunden und bis ins frühe 8. Jh. zurückverfolgt werden konnte. Der ihm zugeschriebene Bischofsstab dagegen läßt die Benennung sehr zweifelhaft erscheinen. Auch wenn der fragmentierte Zustand der Krümme eine genauere Einordnung erschwert, dürfte es sich nach den erscheinenden Flechtband- und Drachenmotiven um eine Arbeit des 12. Jh. handeln, durchaus vergleichbar dem Formenapparat am Nordportal der Regensburger Schottenkirche St. Jakob (3. Viertel 12. Jh.). A.H.

KDB II, Oberpfalz u. Regensburg 22, Stadt Regensburg 2, 238, Taf. 20; AK Bayerische Frömmigkeit 151 Nr. 134; AK Bayern – Kunst und Kultur 321 Nr. 115.

Regensburg, Niedermünsterkirche (Dompfarramt St. Ulrich)

73 KOPIE DES REGENSBURGER RATIONALE

Süddeutsch, um 1600

Stickerei in Gold, Silber und farbiger Seide, 64x67 cm

Ein Rationale ist ein vom Papst als Auszeichnung an einen Bischof verliehenes liturgisches Gewandstück, das bei Gottesdiensten über dem Meßgewand getragen wird. Das ausgestellte Exemplar ist eine genaue Kopie des mittelalterlichen Rationale im Regensburger Domschatz, die um 1600 angefertigt wurde, aus dem Nachlaß des Regensburger Bischofs Franz Wilhelm von Wartenberg (1649–1661) nach Schloß Tüßling kam und von dort in das Bayerische Nationalmuseum München gelangte.

Das Regensburger Original stammt aus dem 1. Viertel des 14. Jh., ist mit Gold, Silber und farbiger Seide kostbar bestickt und zeigt auf der Vorderseite Christus als König Salomo, darunter Maria als Braut des Hohen Liedes und gleichzeitig als Ecclesia, seitlich Apostel und Märtyrer; die Rückseite präsentiert Christus als Weltenrichter, darunter das Lamm Gottes, die Evangelistensymbole und Engel. Beide Darstellungen flankieren auf den Längsstreifen je drei Apostel in Rundbogenarkaden. Die Ikonographie läßt sich auf ein im 11. Jh. entstandenes Vorbild im Bamberger Domschatz zurückführen.

Nach einer (kaum mehr lesbaren) mittelhochdeutschen Stiftungsinschrift wurde das Regensburger Rationale von einem deutschen König gestiftet; aus zeitlichen und historischen Gründen kommt hierfür nur Ludwig der Bayer in Frage. A.H.

A. Hubel, Der Regensburger Domschatz (Kirchliche Schatzkammern u. Museen 1) München–Zürich 1976, 219–229, Nr. 112, Taf. XV, Abb. 153–155 (mit Angabe d. älteren Lit.)

München, Bayerisches Nationalmuseum (T 178)

72

74* DER FREISINGER TRADITIONSKODEX DES CONRADUS SACRISTA

Konrad, sacrista et canonicus in Freising; Freising, Ende 12. Jahrhundert

Pergamenthandschrift mit Buchmalerei (127 Bl.), 44x29 cm

Von den bayerischen Bischofssitzen hat Freising die beste Überlieferung der frühmittelalterlichen Schenkungsurkunden. Auf den Freisinger Traditionen fußt unser Wissen über die frühmittelalterliche Geschichte Bayerns in beträchtlichem Ausmaß. Sie wurden erstmals 824 vom Kleriker Cozroh in ein Traditionsbuch eingetragen. Im ausgehenden 12. Jh. hat Conradus, sacrista et canonicus an der Freisinger Domkirche, diese Arbeit fortgeführt. Die Gefährdung des Hochstiftsbesitzes in der frühen Wittelsbacherzeit erzwang diesen genauen Nachweis. Der größte Teil dieses zweiten Freisinger Traditionsbuches stammt von Conradus Sacrista, der ihm nach dem Vorbild Cozrohs ein Vorwort vorausgeschickt hat, das den Beginn seiner Abschreibearbeit ins Jahr 1187 datiert. Es schließen sich

Nachträge von mehreren Händen an, die sich formal durchwegs an Conradus orientieren und so dem Codex ein weithin einheitliches Aussehen sichern. Dieses zweite Freisinger Traditionsbuch bietet schon im ersten Teil nicht lediglich eine Abschrift Cozrohs. Conradus ordnete die Ein-

74

träge der Vorlage zum Teil anders an und schob zusätzliche Urkunden ein. Es werden auch aufschlußreiche chronikalische Notizen eingefügt, vor allem aber zahlreiche Federzeichnungen mit fiktiven Porträts von Freisinger Bischöfen und weltlichen Herrschern. Diese Illustrationen weisen dem Traditionskodex des Conradus Sacrista eine Sonderstellung zu. Die aufgeschlagenen Seiten stellen neben Bischof Otto II. (1184–1220) die Königsreihe von Friedrich I. bie Otto IV. dar, von der man sich Schutz gegen die wittelsbachischen Vögte erhoffte, von denen bezeichnenderweise keiner abgebildet wurde. A. Sch.

Th. Bitterauf, Die Traditionen des Hochstifts Freising I, München 1905, XXII–XXV; AK Aus 1200 Jahren 82f. Nr. 39.

München, Bayerisches Hauptstaatsarchiv (Hochstift Freising Lit. 3c)

FÜR DIE WITTELSBACHER VERLOREN: SALZBURG

Seit den Zeiten des frühen Mittelalters war Salzburg die geistliche Metropole Bayerns, der die Suffraganbistümer Brixen, Freising, Passau und Regensburg unterstanden. Die Erzbischöfe von Salzburg verfügten auch außerhalb ihrer Bischofsstadt über umfangreiche Besitz- und Herrschaftsrechte: im Raum zwischen Mattsee und Mondsee, an der Salzach um Laufen und Tittmoning und am Inn um Mühldorf. Neben diesen wichtigen Salzhandelsplätzen waren auch die Produktionsstätten in Salzburg und Hallein in ihrer Hand. Zwischen den Herzogtümern Österreich und Bayern gelegen, gelang dem Erzstift die Entwicklung zum großen und eigenständigen geistlichen Territorium. Die Wittelsbacher haben in Salzburg nicht Fuß fassen können. Daß Konrad von Wittelsbach, ein Bruder Ottos I., 1177–1183 Erzbischof von Salzburg werden konnte, blieb ein durch die reichspolitische Situation begründeter Einzelfall. Immerhin sind mit seinem Namen der mächtige Neubau des romanischen Domes und das vergleichsweise frühe Auftreten des Thomas-Becket-Kultes verbunden. E.J.G.

75* SALZBURG VOM KAPUZINERBERG AUS GESEHEN

Dat. 1553

Feder auf Papier, koloriert, 97x273 cm

Die Gesamtansicht der Stadt Salzburg mit der Vorstadt Mülln zur Rechten ist von einem imaginären Punkt etwas oberhalb des Kapuzinerberges aufgenommen. Vor der Kulisse der schneebedeckten Alpen erhebt sich die Festung, ihr zu Füßen liegt die Stadt am Ufer der Salzach in der Gestalt vor den durchgreifenden Veränderungen durch Erzbischof Wolf Dietrich von Raitenau. Im oberen linken Bildteil zeigt sich das Wappen Herzog Ernsts von Bayern, von 1540–1554 Stiftsadministrator des Bistums, in der Mitte das Stadtwappen mit Schriftband und Datierung: »Wahre Abkundterfeckt disser Statt Saltzburg Anno 1553«. Die anonyme Federzeichnung ist vermutlich eine spätere Kopie nach einem 1553 entstandenen Holzschnitt aus der Salzbur-

75

ger Druckerei des Hans Baumann, von dem nur zwei Fragmente des rechten Bildrandes erhalten blieben (Salzburg, Universitätsbibliothek) und der ebenfalls als Vorlage für die Ansichten Salzburgs im Sammelband des Braun und Hogenberg (1572) diente.
Bedeutsam ist diese Salzburg-Vedute wegen der Darstellung des alten, spätromanischen Domes Erzbischof Konrads III., im Zentrum der Stadt gelegen, dessen hier dargestellte Lage, Form und Ausmaße durch die Domgrabungen von 1956–1958 bestätigt werden konnten.
Konrad III., Bruder Herzog Ottos I., 1161–1177 und 1183–1200 Erzbischof von Mainz, stand von 1177–1183 dem Erzbistum Salzburg vor. Nachdem 1181 im alten, frühromanischen Dom das Grab des Bischofs Virgil wiederaufgefunden und die Gräber der ersten Bischöfe Hartwik, Friedrich und Dietmar wieder geöffnet worden waren, nahm Konrad dies zum Anlaß, mit einer umfangreichen Spendenaktion die Gelder für die Errichtung eines neuen Domes auf den Fundamenten des alten zu sammeln. An seiner Stelle entstand eine für damalige Verhältnisse riesenhafte dreischiffige Basilika von 110,2 m Länge, mit einem von einer Vierung geteilten langen Chor im Osten, einem Querschiff mit runden Türmen und einer unter Chor und Vierung durchgehenden dreischiffigen Krypta. Das Westwerk des Vorgängerbaus wurde größtenteils abgetragen. Konrads Nachfolger, Erzbischof Adalbert III., führte den Bau weiter und weihte ihn vermutlich noch vor 1200; zu dieser Zeit war auch bereits ein großer Teil des Domklosters vollendet. Verheerende Brände von 1270, 1312 und 1383 erforderten immer wieder durchgreifende Renovierungen, die aber die eigentliche Bausubstanz nicht antasteten. Erst Erzbischof Wolf Dietrich von Raitenau nahm den erneuten Stadtbrand von 1598 zum Anlaß, die beschädigte, für ihn als Kenner der zeitgenössischen italienischen Architektur als »finsteren Bau« geltende Konradsbasilika durch einen Neubau zu ersetzen. Die Ausführung wurde durch seinen plötzlichen Tod verzögert; der neue Dom entstand unter seinen Nachfolgern. C.L.

L. Hübner, Beschreibung der hochfürstlich-erzbischöflichen Haupt- und Residenzstadt Salzburg und ihrer Gegenden, verbunden mit ihrer ältesten Geschichte II, Salzburg 1792/93; F. V. Zillner, Geschichte der Stadt Salzburg I, Salzburg 1885/90; R. Schlegel, Das Salzburger Stadtbild (Mitt. d. Ges. f. Salzb. Lkde. 79) 1939, 4f.; Ders., Veste Hohensalzburg, Salzburg 1952, 206; AK Der Dom zu Salzburg, Symbol und Wirklichkeit, Salzburg 1959, Nr. 239; F. Fuhrmann, Salzburg in alten Ansichten. (Österreich in alten Ansichten III) Salzburg 1970, 295, Nr. 8 und Abb. Taf. 3; F. Pagitz, Die mittelalterlichen Dome in historischer Sicht (1200 Jahre Dom zu Salzburg, 774–1974. FS zum 1200jährigen Jubiläum des Domes zu Salzburg) Salzburg 1974, 31–62.

Salzburg, Erzabtei St. Peter

76* MADONNA AUS RUHPOLDING

Süddeutsch, um 1230

Holz, mit freigelegter originaler Fassung, Höhe 64 cm

Ruhpolding gehörte seit dem frühen Mittelalter zur Grundherrschaft des Salzburger Domkapitels.
Das Bildwerk wurde erst 1956 in einer Kapelle der Pfarrei Ruhpolding entdeckt; die anschließende Restaurierung brachte die kostbare ursprüngliche Bemalung zum Vorschein.
Maria sitzt auf einem Thron mit niedriger Rückenlehne, hielt in der rechten Hand wohl ein Zepter und trug früher eine Krone, ebenso wie das Jesuskind, das segnend auf ihrem linken Oberschenkel thront. Während die Gestaltung der Figur einschließlich der reich bewegten, vielfach gemuldeten Faltenführung durchaus dem allgemein verbreiteten Typus um 1230 entspricht (vgl. etwa die thronende Muttergottes in der Evang. Marienkirche Dortmund, AK Staufer I Nr. 468, II Abb. 271), wirkt das mächtige Haupt Mariens in seiner strengen Frontalität, dem jede Haarlocke verbergenden Schleier und den in starrer Zeichenhaftigkeit aufgemalten Augen merkwürdig altertümlich. Der Reiz der eindrucksvollen Figur beruht wohl vor allem auf diesem Gegensatz, der sich sonst in keinen Parallelen nachwei-

76

sen läßt, so daß eine genauere stilistische Einordnung vorläufig kaum möglich ist. A.H.

AK Bayerische Frömmigkeit 165, Nr. 174; H. Schnell, Bayerische Frömmigkeit, München–Zürich 1965, 44f. Taf. 102; AK Bayern – Kunst und Kultur 315, Nr. 71.

Ruhpolding, Kath. Pfarrkirchenstiftung

77* MODELL DES SPÄTROMANISCHEN DOMES ZU SALZBURG

Salzburg, 15. oder 16. Jahrhundert, Attribut einer Statue des hl. Virgil

Holz, vergoldet, 28x16x38 cm

Das Modell zeigt einen Kirchenbau mit Doppelturmfassade und mächtigem Westportal, dominierendem Vierungsturm und das Querhaus flankierenden Treppentürmen. Währen die der Figur des hl. Virgil als dem Stifter des ersten Salzburger Domes zugewandte Seite dieses Stifter-Attributes nur roh ausgeführt ist, läßt die Gegenseite (Südflanke) durch leichte Staffelung im Relief ein fünfschiffiges Langhaus erkennen. Diese Seite ist mit einem mächtigen Portal ausgestattet, das, umgelegt auf die Grabungsergebnisse am Salzburger Dom, in den Domkreuzgang hinausgeführt haben müßte. An das Querhaus schließen Chorpartie und Apsis, wobei der Chor wiederum von Türmchen flankiert wird. In groben Zügen entspricht dieses Modell den Vorstellungen vom spätromanischen Salzburger Dom, der unter Bischof Konrad III. (1177–1183) errichtet wurde. Dies ergibt sich aus einem Vergleich mit den vorhandenen Domdarstellungen (z.B. Stadtbild von 1565, ehem. in St. Peter, Kopie im Salzburger Museum C. A.; Stadtbild von 1553 in St. Peter). Fraglich bleibt allerdings der Wirklichkeitsgehalt der Südflanke dieses Modells, da sich durch die Domgrabungen Zweifel darüber ergeben haben, ob das südlichste Schiff nicht bereits als Flügel des Kreuzganges zu verstehen ist. Das Modell berücksichtigt bei seiner sonstigen Nähe zum ursprünglichen spätromanischen Bau diese Vorstellung nicht. A. R.

Österr. Kunsttopographie XVI, Wien 1919, 283f.

Salzburg, Museum Carolino Augusteum (4556/49)

78* TYMPANON MIT THRONENDER MARIA UND ENGELN

Salzburg, zwischen 1140 und 1250

Weißer Untersberger Marmor, aus einem Block gemeißelt, Hintergrund abgestockt. 98x170xca. 40 cm

Die links und rechts fehlenden Teile des Halbbogens sind

77

78

auf die Bombardierung des Salzburger Museums im Jahre 1944 zurückzuführen. Die Nasenspitze des linken Engels abgeschlagen, der Kopf des rechten Engels und der des Kindes wieder angesetzt. Die rechte Hand der Madonna fehlte bereits vor der Bombardierung. Im Zentrum des Tympanons die thronende Madonna mit Kind. Ihre Haare fallen in zwei Zöpfen seitlich auf die Schulter, ein Motiv, das im 12. Jh. häufig vorkommt. Sie trägt eine Krone mit Zackenband. Christus sitzt auf ihrem linken Oberschenkel und erscheint als Togatus mit Buch, die Rechte segnend erhoben. Der Thron baut sich aus Blattknospenformen auf, die als Hinweis auf Maria als Blüte aus der Wurzel Jesse verstanden werden könnten (Isaias 11,1). Im Zusammenhang damit sind auch die Texte der Spruchbänder der flankierenden Engel zu verstehen. Der linke Engel hält ein Spruchband mit den einleitenden Worten des Ave Maria (Luk. 1,28). Das Spruchband des rechten Engels gibt die Worte BEATA ES DEI GENETR[IX] (gebenedeit bist du Gottesgebärerin) wieder. Die Ikonographie des Tympanons entspricht der zunehmenden Marienverehrung des 12. Jh. Die Flügelstellungen der Engel ergeben einen natürlichen inneren Bildrahmen.
Die Herkunft des Tympanons aus dem Bürgerhaus Platzl Nr. 3, dem sogenannten Paracelsus-Haus, im Jahre 1873 läßt eine ursprüngliche Verwendung des Tympanons im Rahmen eines mittelalterlichen Kirchenbaues nicht mit absoluter Sicherheit behaupten. Diskutiert wird ein Zusammenhang mit der nachmaligen Franziskanerkirche als dem wichtigsten mariologischen Zentrums Salzburgs im 12. Jh., oder eine Herkunft vom Salzburger Dom, wobei letzterem im allgemeinen der Vorzug gegeben wird. Im Zusammenhang mit den Hypothesen der Herkunft wird nicht selten auch auf die Datierung geschlossen. So würde bei einer Herkunft vom Salzburger Dom sowohl die von H. Beenken vorgeschlagene Datierung um 1150 mit der Bautätigkeit unter Erzbischof Konrad I. (1106–1147) als auch eine Datierung um 1180 bis 1200 mit dem Neubau des Domes unter Konrad III. von Wittelsbach übereinstimmen. Eine zeitliche Einordnung auf Grund der Stilkritik ist bisher ebenso höchst ungewiß geblieben. Sie schwankt zwischen 1140 und 1250, wobei der jüngste Vorschlag von W. Sauerländer im Katalog der Ausstellung ›Die Zeit der Staufer‹ in das 2. Viertel des 13. Jh. ebensowenig oder ebensoviel überzeugt wie die vorangehenden Datierungsversuche. Sicher ist nur, daß die stilistische Herkunft dieses wichtigen Beispiels spätromanischer Skulptur nicht aus dem Salzburger Boden erwachsen ist, sondern aufgrund internationaler Zusammenhänge gesehen werden muß, wobei der oberitalienische Einfluß im Vordergrund steht. Als nächster Bezug wird nach wie vor mit Recht die ›Madonna degli annegati‹ angeführt. A.R.

Österr. Kunsttopographie XVI, Wien 1919, 242(4); H. Beenken, Das Tympanon des städtischen Museums in Salzburg u. die lombardische Plastik des 12. Jh. (Belvedere 8) 1925, 97–118, spez. 106–110 (dazu die Rezension von E. Panofsky [Jb. f. Kunstwiss. 1924–25] 244ff.); G. de Francovich, Benedetto Antelami, Milano–Firenze 1952, 464, Anm. S. 120; F. Fuhrmann, Das romanische Marientympanon im Salzburger Museum Carolino Augusteum. Zur Frage seiner Entstehungszeit (Salzburger Museum Carolino Augusteum – Jahresschrift 5, 1959) Salzburg 1960, 49–103; AK Romanische Kunst in Österreich, Krems 1964, Nr. 77 (K. Ginhart); AK Staufer I 374f. (491, W. Sauerländer), II Abb. 296.

Salzburg, Museum Carolino Augusteum (154/32)

79 AKANTHUS-KAPITELL AUS DER EHEM. ROMANISCHEN CHORKRYPTA DES SALZBURGER DOMES

Salzburg, um 1200

Weißer Untersberger Marmor, Höhe 47 cm

Der unterste Kranz des Kapitells besteht aus ungemein plastisch ausschwingenden Akanthusblättern mit überwachsenden Eckblättern, auf deren Krümmung sich eine weitere Blattschicht knollenartig verfestigt und damit das Auflasten der Abakus-Platte an deren Eckpunkten optisch ermöglicht. Diese Ecklösung zweigt sich aus einem den Kelch des Kapitells verdeutlichenden großen Blatt ab, das in seiner Symmetrieachse einen Mittelknollen bildet, auf dem ein leicht vorspringender Teil der Abakus-Platte zusätzlich gestützt wird. Dieses Kapitell wurde zusammen mit der Basis und einem fast vollständig erhaltenen Säulenschaft anläßlich der 1956 bis 1958 durchgeführten Grabungen im Bereich der Nord-Konche des Salzburger Domes aufgefunden. Es gehört zu einer der freitragenden Säulen der dreischiffigen romanischen Chorkrypta. Für Franz Fuhrmann ergibt das Kapitell den Eindruck, »daß ein jüngerer Meister, der die französische Kathedralplastik kannte, am Werke war«. Nach H. Vetters besitzt dieses großartige Stück »soweit uns bekannt ist, keine Parallele nördlich der Alpen und zeigt den südlichen Kultureinfluß, wo allein eine solche Weiterleitung aus der Antike möglich ist«. Das plastische Formengefühl, das aus der Gestaltung dieses Kapitells spricht, läßt einen Zusammenhang mit so ungemein plastischen Schöpfungen wie dem Marientympanon des Salzburger Museums und dem Löwen im Haus Kuenburg in der Sigmund-Haffner-Gasse deutlich werden. A.R.

H. Vetters–G. Trathnigg, Vorbericht über die Ausgrabungen im Salzburger Dom (Mitt. d. Ges. f. Salzburger Landeskunde 98) 1958, 273; F. Fuhrmann, Die Chorkrypta des romanischen Domes zu Salzburg (Schriftenreihe des Salzburger Museums Carolino Augusteum 3) Salzburg 1962.

Salzburg, Museum Carolino Augusteum – Domgrabungsmuseum

80 MITRA DES ERZBISCHOFS VON SALZBURG

Sog. Mitra des hl. Rupert

Leinenunterlage, Pergamentversteifung; Überzug aus weißer Seide, Goldborten. Höhe 24,5 cm, Kopfweite 30,5 cm, Fanones 36,5x6,5 cm

Die Mitra besitzt die seit der Mitte des 12. Jh. übliche dreieckige Form. Ein feingemusterter weißer Seidenstoff, vielleicht aus byzantinischen Werkstätten, überzieht die mit Pergament versteifte Leinenunterlage. Eine Goldborte verläuft am unteren Rand der Mitra sowie in senkrechter Richtung in der Mitte der Vorder- und Rückseite. Die senkrechte Borte trägt vorne das Tierkreiszeichen des Skorpions mit der Inschrift OCTOB[RIS] SCORPIO, in den Randbordüren die Stelle aus Psalm 74,11: EXALTAB[UNTUR] CORNUA IUSTI (die Macht der Frommen wird gehoben werden). Die rückseitige senkrechte Borte zeigt das Tierkreiszeichen des Steinbocks mit der Inschrift DECEMB[RIS] CAPRICOR[NUM], auf den Randbordüren die Stelle aus Psalm 17,3: D[OMI]N[U]S CORNU . . . SALUTIS ME[A]E. (Herr, Horn . . . meines Heils). An den Fanones der Mitra Rundmedaillons mit Sirenen, Kentauren und Greifen. Diese Borten dürften in Sizilien hergestellt sein. Entsprechungen finden sich an den Schuhen der Reichsinsignien (Wien, weltliche Schatzkammer).

Die waagerechte Borte schließlich trägt die Inschrift: SUB UMBRA ALARUM TUARUM SP[ER]ABO DONEC TRANSEAT INQUITAS (Psalm 56,2) (Unter dem Schatten Deiner Flügel schöpfe ich Hoffnung, bis die Gefahr vorüber ist). Gerade dieses letzte Zitat könnte auf die Spur des ursprünglichen Besitzers der Mitra führen: Erzbischof Konrad III. von Wittelsbach. Er nämlich hat sein Exil, auch seine Salzburger Zeit, immer als Ungerechtigkeit und Schmach empfunden (vgl. Kat. Nr. 82). Mag sein – und die Fanones mit ihrer süditalienischen Herkunft sprechen dafür –, daß er diese Mitra in der Zeit seines römischen Exils (um 1170) erwarb und später, bei seinem Weggang nach Mainz, der Salzburger Kirche beließ, die ja durch den Brand von 1167 ihres liturgischen Geräts und ihrer Paramente beraubt war. E.J.G.

Österr. Kunsttopographie IX, 55f.; AK Der Dom zu Salzburg, Salzburg 1959, Nr. 107; AK Romanische Kunst in Österreich, Krems 1964, Nr. 174; AK Salzburgs alte Schatzkammer, Salzburg 1967, Nr. 5, Abb. 6b; AK Staufer Nr. 785, Abb. 578; H. Dopsch, Die Wittelsbacher und das Erzstift Salzburg (WB I/1).

Salzburg, Domschatz

81* TYPAR ERZBISCHOF EBERHARDS I. VON SALZBURG (1147–1164)

1164 (?), Grabbeigabe

Umschrift: · EVERHARDUS · DEI GRACIA SALZEBURG[EN]SIS · HAR[C]HIE[PISCO]P[U]S.

Messing, 8,5x6,2 cm, spitzoval

Nachdem Erzbischof Eberhard I. zunächst nur mit einem runden Typar gesiegelt hatte, ließ er, wahrscheinlich erst in seinem Todesjahr, den vorliegenden spitzovalen Siegelstempel anfertigen. Er zeigt den Bischof mit Evangelienbuch (Lehramt) und Pastorale (Hirtenamt), bekleidet mit den Pontifikalgewändern und dem Pallium als erzbischöflichem Insigne. Auf dem Kopf trägt er die Mitra mit den seitlich herabhängenden *fascia*. Die Mitra weist noch die alte, von vorne nach hinten eingebuchtete Form auf. Der Erzbischof sitzt auf einem Faltstuhl *(faldistorium),* der im Mittelalter in der Tradition der antiken *sella curulis* Bischöfen und Königen, später auch Äbten vorbehalten war. Der Stuhl trägt oben an den Knäufen Löwenköpfe und an den Füßen Greifenklauen, übrigens ebenso der etwa 1230 entstandene und noch erhaltene Faltstuhl der Äbtissin von Salzburg/Nonnberg. Um das Siegelbild verläuft die Inschrift. Eberhard ist um 1085 geboren, wurde nach dem Besuch der Bamberger Domschule zunächst Abt von Regensburg/ Prüfening, einer Bamberger Gründung. Ab 1147 Erzbischof von Salzburg, war er führendes Mitglied der päpstlichen Partei im Streit zwischen Alexander III. und Friedrich Barbarossa. Zur großen Auseinandersetzung zwischen dem Kaiser und dem Erzstift kam es jedoch erst unter Eberhards Nachfolger, dem Babenberger Konrad II. (1164–1168), in deren Verlauf die Stadt am 4./5. April 1167 in Schutt und Asche sank. E.J.G.

L. Grill, Erzbischof Eberhard I., Rein 1964; AK Staufer I Nr. 93, III Abb. 88; H. Dopsch (WB I/1).

Salzburg, Museum Carolin Augusteum (213/58)

82 WAHL UND URKUNDE ZUR INVESTITUR KONRADS VON WITTELSBACH ZUM ERZBISCHOF VON SALZBURG

Venedig, 9. August 1177

Pergament; stark beschädigtes Siegel an Pergamentpressel. 24x25 cm

Kaiser Friedrich I. gibt Prälaten und Ministerialen, Klerus und Volk der Salzburger Kirche bekannt, daß die beiden um die Leitung der Salzburger Kirche Streitenden ihre Ansprüche in seine und des Papstes Hände aufgegeben hätten, und daß die anwesenden Mitglieder der Salzburger Kirche auf Befehl des Papstes und seinen, des Kaisers, und aller Fürsten Rat den Pfalzgrafen Konrad, seinen Blutsverwandten, einmütig zu Oberhirten erwählten; die Wahl habe der Papst und die Kurie bestätigt, und er habe dem Erwählten die Regalien verliehen.
Nachdem am 1. August 1177 im Frieden von Venedig die Auseinandersetzung zwischen Papst Alexander III. und Kaiser Friedrich I. beigelegt worden war, bereinigten Papst und Kaiser offensichtlich einvernehmlich die verworrene Situation im wichtigsten geistlichen Fürstentum Süddeutschlands: 1168 war der junge papsttreue Böhmenprinz Adalbert zum Erzbischof gewählt und vom Papst bestätigt worden; bereits im August 1169 aber mußte er dem Kaiser die Regalien, also die weltliche Gewalt, in seinem Erzbistum zurückgeben. 1174 übernahm der kaisertreue Heinrich, Propst von Berchtesgaden, das Erzstift, ohne daß Adalbert gänzlich hätte vertrieben werden können.
Konrad, ein Bruder des ersten Wittelsbacher Herzogs Otto I., war bis dahin Erzbischof von Mainz gewesen, war für seine papsttreue Haltung zum Kardinal ernannt worden und hatte sich als Vermittler zwischen Papst und Kaiser verdient gemacht.
Nach dem Tode Herzog Ottos 1183 übernahm der Erzbischof zusammen mit dem Pfalzgrafen Otto (minor) die Vormundschaft über den etwa zehnjährigen Herzog Ludwig I., wurde aber noch im gleichen Jahr auf den erzbischöflichen Stuhl von Mainz zurückberufen. H.W.

81

Druck: MB XXIX a 428, Nr. 531; MGH Const. I 368/ff., Nr. 267. – Regest: Stumpf-Brentano, Reichskanzler I 377, Nr. 4209; A. v. Meiller, Regesten zur Geschichte der Salzburger Erzbischöfe . . ., 1866, 129, Nr. 3; AK Staufer I Nr. 5. – Lit.: Heigel–Riezler Ib 716f.; H. Widmann, Geschichte Salzburgs I, 1907, 277f.; H. Dopsch (WB I/1).

München, Bayerisches Hauptstaatsarchiv (Kaiserselekt 531)

83* SIEGEL KONRADS VON WITTELSBACH, ERZBISCHOF VON SALZBURG

Salzburg, 1179 (vor 1183)

Umschrift: + CHOVNRADVS · D[E]I · GR[ATI]A · SALZEBVRGENSIS · ARCHIEP[IS]C [OPUS] · ET · A[POSTOLICAE] · SEDIS · L [EGATUS]

Braunes Wachs mit gleichfarbigem Wachsrand; Abdruck der Handhabe oben im Wachsrand deutlich erkennbar. Siegel auf der Urkunde durchgedrückt. Nicht scharf abgedrückt und in der Oberfläche berieben. Fast rund, geringfügig spitzoval, 8,3x7,7 cm

83

Nach zwei älteren Siegeln als Minister der Salzburger Kirche ist ein Abdruck des Erzbischofssiegels Konrads nur aus dem Jahre 1183 und an einer 1178 datierten, jedoch (frühestens) 1204 gefälschten Urkunde belegt, an die das Siegel von einer verlorenen echten Urkunde übertragen worden ist. Ministersiegel wurden in der Regel nur von der Weihe bis zur Verleihung des Palliums geführt, das Konrad 1179 erhielt, so daß der Stempel des Erzbischofssiegels wohl damals geschaffen worden ist.
In der üblichen Form der Bischofssiegel des 12. Jh. ist Konrad auf dem typisch kirchlichen Ehrensitz, dem Faldistorium, in Pontifikalgewändern thronend dargestellt, in der einen Hand den Hirtenstab, mit der anderen dem Betrachter das aufgeschlagene Evangelienbuch entgegenhaltend. Über der Kasel trägt er das Pallium, auf dem Haupt die Mitra mit der Spitze über der Stirn. Das Siegel ist dem von 1184 bis 1196 benutzten Siegel als Erzbischof von Mainz so ähnlich, daß dieses eine unmittelbare Kopie des Salzburger Siegels sein muß, wenn es sich nicht überhaupt um denselben, nur in der Umschrift geänderten Stempel handelt. Zwar ist das Evangelienbuch auf dem Mainzer Siegel geschlossen; gerade an dieser Stelle läßt sich aber bei den meisten Abdrücken eine Störungszone beobachten. Eine sichere Entscheidung dieser Frage ist durch die Unschärfe des Abdruckes des Salzburger Siegels außerordentlich erschwert. R.K.

F. Martin, Das Urkundenwesen der Erzbischöfe von Salzburg von 1106–1246 (MIÖG Erg.-Bd. 9) 1915, 559–766 (668); W. Hauthaler–F. Martin, Salzburger Urkundenbuch II, Salzburg 1916, Nr. 433 u. Siegel-Abb. 15, dort auch die Salzburger Minister-Siegel; zu den Mainzer Siegeln vgl.: O. Posse, Die Siegel der Erzbischöfe und Kurfürsten von Mainz, Erzkanzler des deutschen Reiches bis zum Jahre 1803, Dresden 1914, 45–46, Taf. 5,1; P. Acht, Mainzer Urkundenbuch 2/I u. II, Darmstadt 1968 u. 1971, passim; AK Staufer I Nr. 92, III Abb. 87.

Klagenfurt, Kärntner Landesarchiv (Urk. von 1183, Juli 13)

84* MITRA DES KARDINALS KONRAD VON WITTELSBACH
sog. Seligenthaler Mitra

England, um 1180

Weißes Leinen, Goldstickerei, Fanones fehlen.
Höhe 17,3 cm, Kopfweite 56 cm

Die Mitra besteht aus weißem, mit Seidenköper bezogenem Leinen. In Goldstickerei ist auf der einen Seite das Martyrium des hl. Stephanus, auf der anderen Seite das Martyrium des hl. Thomas Becket dargestellt. Inschriften bezeichnen die Heiligen: SCS THOMAS bzw. STEFANUS. Ähnliche Mitren befinden sich in Tarragona, Sens und Namur. Der Bezug zwischen den dargestellten Martyrien liegt darin, daß die vom englischen König gedungenen Mörder den Erzbischof Thomas am Altar seiner Kathedrale erschlugen, als er gerade das Offizium vom hl. Stephanus hielt (26. Dezember). Die Worte des Introitus konnte er auch auf sein eigenes Schicksal beziehen: »Sederunt principes, et adversum me loquebantur et iniqui persecuti sunt me«. (Die Fürsten sind zu Gericht gesessen und haben gegen mich gesprochen, die Ungerechten haben mich verfolgt.) 1170 starb Thomas, und schon 1173 wurde er kanonisiert. Bald breitete sich sein Kult über ganz Europa aus.
Erzbischof Konrad von Wittelsbach hatte Thomas Becket in den Jahren des gemeinsamen Exils in Sens persönlich kennengelernt. Und schon sehr früh, am 17. März 1178, weihte er eine Kirche in Salzburg zu Ehren des Heiligen. In gewissem Sinne konnte Konrad, von Kaiser Friedrich Barbarossa verfolgt und ins Exil getrieben, in Thomas einen Schicksalsgenossen sehen.
Nach alter Überlieferung gelangte die Mitra durch Herzogin Ludmilla an das von ihr gestiftete Kloster Seligenthal im Rahmen der Gründungsausstattung. Daß sich die Herzogsfamilie aber im Besitz von Teilen des Ornats ihres geistlichen Onkels befand, geht aus dem im ›Liber de calamitate ecclesiae Moguntinae‹ überlieferten Bericht zum Jahr 1200 hervor: »Audita morte archiepiscopi, dux Bavarie, filius fratris eius, omnem thesaurum et ornatum, quem in calicibus et infulis et cappis habuit copiosum et ecclesie donare disposuerat Maguntinensi, abstraxit violenter«. (Nachdem er vom Tod des Erzbischofs erfahren hatte, führte der Herzog von Bayern – Ludwig I. – den ganzen Schatz und den reichen Ornat, Kelche, Mitren und Mäntel, gewaltsam hinweg, obgleich sie der Kirche von Mainz vermacht waren.) E.J.G.

Christiani Archiepiscopi Liber de Calamitate . . . (MGH SS XXV) 247; S. Müller-Christensen, Kat. Sakrale Gewänder des Mittelalters, 1955, Nr.

84

51; A. Geijer, Engelske broderier av romansk typ (Nordenfjeldske Kunstindustrimuseum Årbok) 1956, 43–69; AK Opus Anglicanum, London 1963, Abb. 1; W. Steinitz, Erzbischof Konrad III. von Salzburg und der hl. Thomas von Canterbury (Mitt. der Ges. für Salzb. Landeskunde 112/113) 1972/73, 253–264.

München, Bayerisches Nationalmuseum

85* KRÜCKENPASTORALE
sog. Rupertuspastorale

Östliches Mittelmeer (?), 11. oder 12. Jahrhundert

Elfenbein; Holzstab, Silberbeschlag mit Nielloverzierung. Länge 108 cm

Die aus Elfenbein geschnitzte Tau-förmige Krücke des Abtstabes läuft in Voluten aus (eine fehlt), die in einem Schlangenkopf endigen. Sie sitzt auf einem achtseitigen Holzschaft, der eine niellierte Silbermontierung des 13. Jh. mit einer Umschrift in Unziale zeigt: AVE MARIA GRATIA P[LENA] CRAS DABOR NON HODIE AMOR VIN[CIT]. Die Inventare der Schatzkammer der Erzabtei St. Peter bezeichnen das Pastorale 1462 und 1478 als »chlains allvätrisch stäbl«. Traditionell wird der Abtstab mit dem hl. Rupert in Verbindung gebracht.
Die elfbeinerne Krücke ist möglicherweise eine importierte siculoarabische Arbeit des 11. oder 12. Jh.; die größte Verwandtschaft zeigt sie mit dem Pedum St. Heriberti in Deutz. C.L.

85

Österreichische Kunsttopographie XII, Die Denkmale des Benediktinerstiftes St. Peter in Salzburg, bearb. von H. Tietze, Wien 1913, 56, Abb. 84; P. B. Cott, Siculo-arabic ivories, Princeton 1939, Nr. 155, Taf. 62; AK Romanische Kunst in Österreich, Krems an der Donau 1964, 200, Nr. 172.

Salzburg, Erzabtei St. Peter

86* KELCH DES GERHOHUS
mit Patene der Heinricus, Sirus und Ita

Kelch salzburgisch, 3. Viertel 12. Jahrhundert; Patene salzburgisch, 2. Hälfte 12. Jahrhundert

Silber, teilweise vergoldet, Niello. Kelch Höhe 12 cm, Dm. (Kuppa) 9 cm; Patene Dm. 13,5 cm

Der Kelch zeigt einen stark abgeplatteten Fuß, schmal profiliert, mit einer gravierten Inschrift: HOC TIBI DEVOTVS DAT MVNVS XPE GERHOHVS. Zwischen dem glatten Nodus und der Kuppa befindet sich eine vergoldete Perlschnur; die Kuppa selbst ist ungewöhnlich flach und weit gestaltet. Die Patene zeigt auf der Fahne die umlaufende Inschrift: GAVDEAT IN VITA HEINRICVS SIRVS ET ITA. Im vergoldeten Sechspaß des Spiegels ist das apokalyptische Lamm mit der segnenden Hand Gottes dargestellt. Kelch und Patene tragen eine Salzburger Silberrepunzierung von 1806/07.
Die Schatzkammerinventare der Erzabtei St. Peter von 1462, 1472 und 1478 bezeichnen den Kelch folgendermaßen: »Calix S. Rudberti parvus, argenteus et intus deaureatus«. Wie dieser Kelch mit dem Heiligen in Verbindung gebracht wurde, ist unklar. Ebenso fraglich ist, ob Kelch und Patene zusammengehören. Der Name Gerhoch taucht häufiger als Stiftername im 11. und 12. Jh. auf; Heinricus, Sirus und Ita könnten möglicherweise als die Brüder Heinrich und Sighard (Sirus), Grafen von Burghausen, und ihre Nichte Ita, gest. 1212, Gemahlin des Liutold von Plain, identifiziert werden. Da der Kelch aber von Form und Gestaltung her eindeutig noch in das 12. Jh. verweist, kann es sich nicht um eine Gedächtnisstiftung von Kelch und Patene eines Gerhoch zu Ehren der Heinricus, Sirus und Ita handeln – vorausgesetzt, daß die Identifizierung Tietzes zutrifft. Wahrscheinlich ging die ursprünglich dazugehörige Patene schon bald verloren, so daß eine neue angefertigt werden mußte, die dann von den Grafen von Burghausen gestiftet wurde. C.L.

86

Österreichische Kunsttopographie XII, Die Denkmale des Benediktinerstiftes St. Peter in Salzburg, bearb. von H. Tietze. Wien 1913, 46, Fig. 73; F. Martin, Kunstgeschichte der Stadt Salzburg, Wien 1925, 25; V. Elbern, Der eucharistische Kelch im frühen Mittelalter (ZVK XVII) 1963, 46 Anm. 158, 59f. Anm. 180 und Abb. 79; AK Romanische Kunst in Österreich. Krems an der Donau 1964, 173, Nr. 118 (Kelch), Nr. 119 (Patene).

Salzburg, Erzabtei St. Peter

RAUM 5 BURGKAPELLE ST. GEORG

Über annähernd rechteckigem Grundriß erhebt sich die aus der Zeit des frühen 13. Jh. stammende Burgkapelle. Mit ihren beiden Emporen gehört sie der Gattung der höfischen Kirchenräume an. 1517 erhielt der ursprünglich flach gedeckte Raum das Netzrippengewölbe, 1535 wurde die obere Empore im Westen eingezogen, 1579 brach man eine Tür in die Ostmauer, wobei eine Skulpturengruppe zerstört wurde. In den Jahren 1870–1879 fand eine durchgreifende Restaurierung statt, in deren Verlauf man die Gruppe mit König Ludwig II. als Votant vor Maria im Südosten und drei Figuren an der Ostempore neu ergänzte. Der Trausnitzbrand von 1961 zog auch die Kapelle in Mitleidenschaft. 1968 fand deshalb eine erneute Restaurierung statt, der die neugotische Ausstattung fast vollkommen zum Opfer fiel.

Die aus den Anfängen der Kapelle stammende plastische Ausstattung besteht aus der Kreuzigungsgruppe mit den Assistenzfiguren Maria und Johannes, den zwei weiblichen Heiligen unter Baldachinen auf der Empore selbst – vielleicht Barbara und Katharina – und schließlich der Szene der Verkündigung, deren verlorenes Pendant vielleicht den Patron St. Georg darstellte. Vorne an der Emporenbrüstung thronen 18 Figuren: in der Mitte Christus, flankiert von Maria und Johannes dem Täufer, den zwölf Aposteln und drei nicht näher zu identifizierenden Heiligen. Die Christusfigur, die äußerste linke Figur und die zweite Figur von rechts sind Ergänzungen des Jahres 1873.

Mit Ausnahme der aus Eichenholz geschnitzten Kreuzigung mit den Assistenzfiguren sind alle Plastiken aus Stuck gearbeitet. Nach der Ansicht von A. Hubel ist die gesamte mittelalterliche Skulpturenausstattung einem einzigen in Straßburg geschulten Meister zuzuschreiben. Als zeitlicher Ansatz kommen die Jahre nach dem Umzug Herzog Ottos II. von Heidelberg nach Landshut (1231) in Frage.

Auf der skulpturalen Ausstattung beruht die einzigartige Bedeutung der Kapelle im süddeutschen Raum.

Die drei Flügelaltäre gehören dem 15. Jh. an. Das Sakramentshaus links des Hauptaltars ist 1473 datiert. E. J. G.

87

87* DIE TRAUSNITZKAPELLE

Domenico Quaglio, um 1812

Bleistiftzeichnung auf Papier, 71x62 cm

Die zu den ältesten, aus dem frühen 13. Jh. stammenden Teilen der Burg Trausnitz über Landshut gehörende Kapelle liegt, von außen nur durch eine auffallendere Fenstergruppe sichtbar, zwischen Palas und Alter Dürnitz. Der schlichte, annähernd rechteckige Raum war ursprünglich flach gedeckt, jedoch von Anfang an zweigeschossig konzipiert. Der Ursprungsbau besaß allerdings nur Ost- und Westempore. Die spätgotische, hölzerne Maßwerkbrüstung am Laufgang vor der Nordwand (der selbst wohl zur Grundausstattung gehörte), die zweite obere Westempore sowie der auf der Zeichnung noch sichtbare, jedoch 1869 wieder entfernte Laufgang an der Südwand wurden als Ergänzungen bei späteren Umbauten angebracht.
Aus der Mitte des 13. Jh. stammt die hervorragende plastische Ausstattung der Altar-(d. h. Ost-)Seite der Kapelle. Die Darstellungsreihe, die durchaus als zyklische Verbildlichung der christlichen Heilsidee zu verstehen ist, beginnt mit der Verkündigungsgruppe links vor der Altarapsis im Obergeschoß (auf der Zeichnung durch eine Figur der Kreuzigungsgruppe weitgehend verdeckt). Ihr entsprach ein in zwei Bogenstellungen angeordnetes Figurenpaar rechts der Apsis – wohl ebenfalls mit einer Szene des Marienlebens oder der Jugendgeschichte Christi –, die jedoch beim Einbau einer Galerie im Jahre 1579 zerstört wurde. Die Apsis selbst wird begrenzt von weiblichen Heiligen, die unter mächtigen Baldachinen auf halbrunden Wandpfeilern stehen. Die monumentale Kreuzigungsgruppe mit dem frei von der Decke schwebenden Kreuz und den zwei auf der Emporenbrüstung stehenden Assistenzfiguren deutet auf die Vollendung des Heilswerks hin. Anfang und Ende der christlichen Heilslehre zugleich verdeutlichen die vor der Emporenbrüstung in Arkadennischen angebrachten thronenden Apostel- und Heiligenfiguren mit der (später ergänzten) Figur des Weltenrichters. Auf der Quaglio-Zeichnung sind 16 Figuren zu erkennen; es fehlen also noch jene beiden, die erst im späteren 19. Jh. hinzugefügt wurden.
Im Untergeschoß stehen in den beiden Nebenmensen Flügelaltäre, die zeitlich in die 1. Hälfte des 15. Jh. einzuordnen sind. Die beiden großen Schnitzfiguren des hl. Christophorus und des hl. Georg erhielt die Kapelle unter Herzog Ludwig X. als besondere Zuwendungen. Beide Figuren dürften um 1520 entstanden sein. Als Schöpfer des hl. Christophorus wird verschiedentlich neben dem Landshuter Schnitzer Hans Leinberger der »Meister von Dingolfing« genannt; der hl. Georg wird dem ortsansässigen Stephan Rottaler zugeschrieben. E. M.-L.

K. Stadelbauer, Die Kapelle des alten Schlosses zu Landshut (VHN 20) 1879, 239–263; H. Brunner, Die Trausnitzkapelle ob Landshut, München/Zürich 1968; A. Hubel, Der Skulpturenzyklus in der Kapelle der Burg Trausnitz zu Landshut (WB I/1) mit weiterer Lit.

Landshut, Privatbesitz

88 APOSTELKOPF VON DER EMPORE DER TRAUSNITZKAPELLE

Süddeutsch, um 1230/35

Stuck, 28x18 cm

Der durch Sprünge beschädigte und in der Oberfläche verwitterte Kopf dürfte zu einer der drei Figuren von der Apostelgalerie der Landshuter Trausnitzkapelle gehören, die im Lauf der Jahrhunderte beschädigt und schließlich 1873 bzw. 1879 durch Neuschöpfungen ersetzt worden sind. Stilistisch sprechen für diesen Zusammenhang das längliche Gesicht mit dem spitz zulaufenden Kinnbart und dem nahtlos anschließenden Schnurrbart, der bewegte Umriß des Mundes und die zu kleinen Lockenkringeln geordneten Haare – Einzelheiten, welche auch die Emporenfiguren charakterisieren. A. H.

A. Hubel, Der Skulpturenzyklus in der Kapelle der Burg Trausnitz zu Landshut (WB I/1) m. Angaben d. älteren Lit.

Landshut, Burg Trausnitz, Schloßkapelle, auf einer Konsole der Westwand (TLa–P 28 1971)

89* FRAGMENT EINES KRIEGERS (ST. GEORG?)

Um 1230/40

Stuck, farbige Fassung des 15./16. Jh. (Schuppenpanzer silbern, Tunika golden, weiß, grün und rot gestreift, Beinschienen silbern. Gürtel rot, mit goldenen und weißlichen Blüten, Schwert rotbraun, Schwertgurt schwarz mit goldenen und weißlichen Blüten, oben golden mit schwarzem Ornament.) Erstfassung (nach Beobachtungen von F. Buchenrieder, Bayerisches Landesamt für Denkmalpflege): Panzer wohl silbern, Tunika rot, Bein rosa-rot (eventuell mit silberner Beinschiene). 109x47 cm.

Das 1871 bei Bauarbeiten in der Trausnitzkapelle freigelegte Fragment gehört aufgrund seiner wohlerhaltenen mittelalterlichen Fassungen und dem ikonographischen Problem zu den interessantesten Stücken des Skulpturenzyklus. Es muß zu der Skulpturengruppe in den Nischen am Südende der Altarwand gehört haben, die das Pendant zur Verkündigungsgruppe bildete, und wohl 1579 zugunsten eines Laufgangs zerstört worden ist. Erhalten sind allein Unterkörper und linkes Bein eines nach antiker Art mit Schuppenpanzer über der Tunika gerüsteten Kriegers, der das nach staufischer Sitte mit dem Schwertgürtel umwundene Schwert neben sich gestellt hatte. Das verlorene rechte Bein war leicht vorgestellt. Die rohe Ausarbeitung der linken Seite und ein muldenförmiger Abdruck zeigen, daß hier weitere, früher gearbeitete Teile anschlossen. (Da die Figur, der Rückseite zufolge, liegend auf einer glatten Unterlage modelliert worden ist, kann es sich nicht um den Abdruck von Mauerwerk handeln. Es ist an eine weitere Figur zu denken, da man kleinere Zutaten wie etwa einen Schild wohl nachträglich aufmodelliert hätte.) Der nur im Ansatz erhaltene Fuß ist alt gebrochen und nach Glättung

der Bruchstelle roh angekittet worden, wobei, wohl aus Platzgründen, nur der Rist wiederhergestellt worden ist. Es liegt nahe, den zu erschließenden Neuversatz mit dem Einziehen des Gewölbes 1517/18 in Verbindung zu bringen, als nach den Beobachtungen von A. Hubel auch der Verkündigungsengel neu versetzt worden ist. Das Fragment befand sich demnach wohl in der äußeren Nische.
Wegen des Schuppenpanzers kann die Figur nicht einen Herzog des 13. Jh. dargestellt haben, wie angenommen worden ist, sondern nur einen Ritterheiligen, oder den hl. Michael. Gegen Michael spricht das zu Boden gestellte Schwert, das den Krieger als in Ruhe befindlich charakterisiert und mit dem Drachenkämpfer kaum vereinbar scheint. Es dürfte sich daher am ehesten um den hl. Georg handeln, der im 13. Jh. als ruhig stehender Krieger dargestellt wird. Georg ist urkundlich erst 1373 als Patron der Burgkapelle belegt, doch spricht das Fragment entschieden für ein bereits ursprüngliches Doppelpatrozinium Georg und Maria, die an der Altarwand dargestellt gewesen wären. Daß der hl. Georg schon im Hochmittelalter vom Haus Wittelsbach in besonderer Weise verehrt wurde, war noch im 18. Jh. bei der Gründung des Hausritterordens vom hl. Georg bekannt. Mit hoher Wahrscheinlichkeit stellt das Bruchstück des Ritterheiligen mithin das älteste Dokument für die Verehrung des späteren Hauspatrons dar. J. E.

KDB NB XVI, Stadt Landshut, 370; H. Brunner, Die Trausnitzkapelle ob Landshut (Aus Bayerischen Schlössern) München 1968, 9 u. Anm. 9; A. Hubel, Der Skulpturenzyklus in der Kapelle der Burg Trausnitz (WB I/1) 437–444, 439, 442; G. Baumgartner (AK Hausritterorden) 13f.

Landshut, Burg Trausnitz (TLa-V-3 1973)

90** RETABEL AUS KLOSTER ALTENHOHENAU

Tafel neben S.78

Bayern, um 1260

Tannenholz mit Leinwand überzogen, Kreidegrund Tempera, 40,3x86,3 cm

Als Herkunftsort des Retabels wird das 1235 von den Grafen von Wasserburg gegründete Dominikanerinnenkloster Altenhohenau genannt.
Die Tafel zeigt unter vier spitzbogigen Arkaden die Apostel Petrus und Paulus und die Dominikanerheiligen Dominikus und Petrus Martyr. Jeder der Heiligen trägt in seiner Rechten Hand ein Spruchband mit einer zweizeiligen Inschrift:
Petrus:
HOC · EST · VERBVM · Q[V]OD
EWANGELIZATVM · EST · IN . . .
Das Wort ist das Wort, welches unter euch
verkündigt ist. (1 Petr 1,25)
Paulus:
MISIT · DEVS · FILIVM · S[VVM]
. . . [FACTVM] XMVI · ISR . . .
Gott sandte seinen Sohn, geboren von einem Weibe . . . (Gal 4,4)
Dominikus:
DA · FILIVM · TVVM. · VT ·
COMENDAM[VS] · EVM · HODIE ·
Gib deinen Sohn her, daß wir ihn heute essen. (4 Kg 6,28)
Petrus Martyr:
NISS/ · MANDVCAVERITIS · C ·
ARNEM · FILI[I] · HOMINIS · ET ·
BIBE[RITIS] ·
Wenn ihr nicht essen werdet das
Fleisch des Menschensohnes und trin-
ken (sein Blut) . . . (Jo 6, 53) E. M.-L.

AK Staufer I Nr. 435 dort auch mit weiteren Literaturangaben.

Nürnberg, Germanisches Museum (GM 1198)

RAUM 6 ALTE DÜRNITZ

Dieser Raum ist Teil der ältesten Burganlage. Die zweischiffige Anlage zu vier Jochen dürfte gegen 1260/70 errichtet worden sein und ist der Architektur des Refektoriums im Kloster Seligenthal eng verwandt. Die Dürnitz war im Mittelalter Aufenthaltsraum und Festsaal der Burgmannschaft. *E. J. G.*

IM RINGEN UM DIE LANDESHERRSCHAFT: DIE POLITIK DER BAYERISCHEN HERZÖGE

In den Jahren zwischen 1180 und 1300 fielen für die bayerische Geschichte epochemachende Entscheidungen. Ausgehend vom wittelsbachischen Kernraum des Herzogtums entstand Zug um Zug der Territorialstaat. Eine ganze Reihe von Voraussetzungen haben die Entwicklung erst möglich gemacht: das schwache Königtum nach dem Tode Heinrichs VI., das letztlich unerklärte Aussterben der großen Dynastengeschlechter und vor allem auch das Geschick, die Entscheidungsfreude und die Risikobereitschaft der bayerischen Herzöge: Ludwigs I. (1183–1231), Ottos II. (1231–1253), Ludwigs II. (1253–1294) und Heinrichs XIII. (1253–1290).
Sicherlich gelingt es nicht, die Motive ihrer Politik auszumachen und zu beurteilen, Machttrieb und Verantwortung für Land und Leute scharf zu trennen. Das Ergebnis jedoch steht fest: Bayerns geschichtliche Kontinuität wurde gewahrt, Schutz und Rechtssicherheit seiner Bewohner vermehrt und ein staatliches Gebilde geschaffen, das dauernden Bestand für Jahrhunderte hatte. E. J. G.

91* MINIATURKOPIEN NACH DER PFÄLZER REGENTENREIHE IM SCHLOSS ZU AMBERG

Anna Maria Johanna und Eva Margaretha Wisger, dat. 1772, 1773

Deckfarbenmalerei auf Pergament, 13,5–15,5x21,4–26,6 cm

NN 3605: Otto I. und Agnes; Ludwig I. der Kelheimer und Ludmilla; Otto II. der Erlauchte und Agnes (Vorlage: BStGS Nr. 4469).

NN 3606: Ludwig II. der Strenge, Maria von Brabant und Anna von Glogau (Vorlage: BStGS Nr. 4470); Ludwig III. der Wohlerzogene und Elisabeth (Vorlage: BStGS Nr. 4471).

NN 3607: Otto III. von Niederbayern und Agnes (Vorlage: BStGS Nr. 4467); Ludwig II. der Strenge und Mechthild von Habsburg (Vorlage: BStGS Nr. 4481).

NN 3608: Rudolf I. und Mechthild (Vorlage: BStGS Nr. 4474); Adolf der Einfältige und Irmengard (Vorlage: BStGS Nr. 4475).

NN 3609: Ruprecht I. der Rote, Elisabeth und Beatrix (Vorlage: BStGS Nr. 4476); Ruprecht II. und Beatrix (Vorlage: BStGS Nr. 4477).

NN 3610: König Ruprecht III. und Elisabeth (Vorlage: BStGS Nr. 4478); Ludwig III. der Bärtige, Blanka und Mechthild.

NN 3611: Ludwig IV. der Sanftmütige und Margarete; Friedrich I. der Streitbare; Philipp der Aufrichtige und Margarete.

Die Miniaturen reproduzieren eine Reihe von elf Gruppenbildnissen der Pfälzer Linie des Hauses Wittelsbach, die sich einst im Schloß zu Amberg befanden. Die Schwestern schufen die Kopien 1772/73 als Vorlagen für eine von ihrem Vater, dem ehemaligen kurfürstlichen Medailleur in Amberg Johann Georg Wisger, geschaffene Kupferstichfolge. Da die zum Gebrauch in der Schleißheimer Ahnengalerie in der Mitte des 19. Jh. zerschnittenen Amberger Vorbilder nur teilweise erhalten sind (vgl. Kat. Nr. 107, 141, 153), stellen die insgesamt zehn (von einst elf) erhaltenen Miniaturen, von denen hier die ersten sieben ausgestellt sind, eine unschätzbare Hilfe für die Beurteilung der Pfälzer Regentenreihe dar.
Diese Reihe ist bereits im Inventar des Amberger Schlosses von 1613 erwähnt und wohl anläßlich des Neubaus von 1602/03 entstanden. Sie reproduziert wiederum eine verlorene Reihe von Regentenbildern, die sich im Saal des Heidelberger Schlosses befanden, und deren Inschriften erstmals 1500 in einer Chronik zitiert werden (die bisher nur aus der Koinzidenz der Inschriften in Heidelberg und Amberg erschlossene Identität der Darstellung sichert ein bald nach 1559 bei Anthony Cortois in Heidelberg erschienenes Flugblatt mit Holzschnitten, »Gedechtnus / der Churfürsten / vnd Pjalntzgrauen bei Rheyn / auch Hertzogen in Bayrn / (wie die zu Heidelberg im Saal befunden werden«; Nürnberg, Germanisches Nationalmuseum Kupferstichkabinett HB 891).

Retabel aus Kloster Altenhohenau. Bayern, um 1260. Kat. Nr. 90

Das Reich um 1200

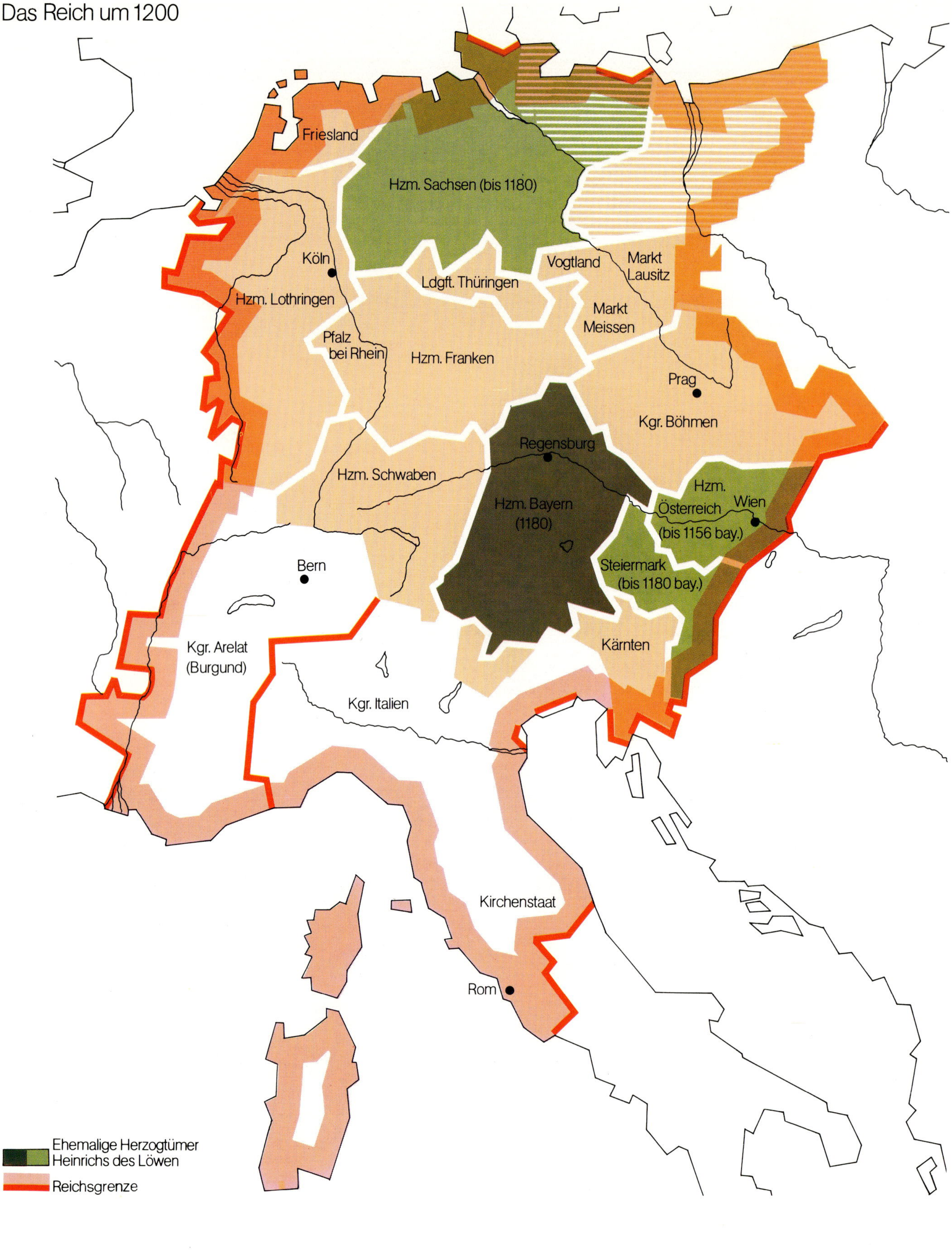

Die Reihe ist im Original verloren und daher nur noch aus den überlieferten Inschriften, der Amberger Folge und den Miniaturkopien zu beurteilen. Der Überlieferung zufolge reichte die Darstellung in Gruppen bis hinauf zu Kurfürst Ludwig VI. (reg. 1576–1583) und seine Gemahlinnen, die auf der elften Tafel abgebildet waren. Da in Amberg 1613 nur elf Tafeln erwähnt sind, hat man die Serie entweder garnicht oder nur in Einzelbildnissen fortgeführt. Für letzteres spricht die Existenz zweier weiterer, offenbar zugehöriger Miniaturkopien von A. M. J. Wisger nach Bildern in Amberg (1775) im Bayerischen Nationalmuseum, die Johann Kasimir, im Typus engstens an die Darstellungsweise der älteren Regentenbilder angelehnt, und Friedrich V. darstellen.

Die Heidelberger Reihe war demnach die offizielle und jeweils ergänzte Darstellung der Pfälzer Regenten, freilich

91

auf dynastischer Grundlage, was den ersten Tafeln zugleich den Charakter einer Stammreihe gab: es waren nicht nur nicht zur Regierung gekommene Fürsten, sondern auch die nicht in der Pfalz herrschenden ersten wittelsbachischen Herzöge Otto I. und Ludwig I. dargestellt. Die nachträgliche Aufnahme einer zweiten Darstellung Ludwigs II. des Strengen mit seiner dritten Gemahlin Mechthild zeigt, daß man diese zunächst vergessene Allianz, der die Brüder Rudolf I. und Ludwig IV. der Bayer entsprossen waren, für unverzichtbar hielt. Anders als beim bayerischen Gegenstück, der Fürstenreihe im Alten Hof zu München, verzichtete man jedoch auf das Prunken mit legendären Vorfahren und Vorgängern, die die Sonderstellung des Herzogtums betonen sollten (nahm andererseits den Niederbayern Otto III. als ersten König aus dem Hause Wittelsbach auf). Man machte beim ersten Herzog Otto I. Halt, stellte dafür aber die Ehefrauen mit dar.
Im Gegensatz zur Münchner Reihe ist die Heidelberger nicht in einem Zuge entstanden. Noch in der Kopie sind verschiedene stilistische Schichten ablesbar. Die ausgestellten Miniaturen repräsentieren den gotischen Bestand, der bis zu Philipp dem Aufrichtigen (1476–1508) reicht. Um diesen Bestand weiter zuverlässig zu unterteilen, reichen die Kopien nicht aus. Den Kostümdetails zufolge dürften die ältesten Darstellungen am Beginn der Serie (bis Otto III.) um 1420/40 entstanden sein, oder doch Vorlagen aus dieser Zeit benutzt haben. Eine nächste Schicht scheint der Zeit um 1450/70 anzugehören. Das letzte Tableau und die zweite Darstellung Ludwigs des Strengen dürften erst gegen Ende des Jh. entstanden sein. Einzelne Details deuten jedoch darauf hin, daß dem Maler der Amberger Kopien insgesamt eine Fassung oder Redaktion des späten 15. Jh. vorgelegen hat. J. E.

Adolf v. Oechelhaeuser, Sebastian Götz, der Bildhauer des Friedrichsbaues (Mitt. z. Gesch. d. Heidelberger Schlosses II) 1890, 163ff., Beil. I, 247–262; KDB OP XVI, Stadt Amberg, 136f.; R. Neumüllers-Klauser, Die Inschriften der Stadt und des Landkreises Heidelberg, Stuttgart 1970, Nr. 169.

München, Bayerisches Nationalmuseum

DIE HERZÖGE LUDWIG I., GENANNT DER KELHEIMER UND OTTO II., GENANNT DER ERLAUCHTE

Schon 1183 ist Herzog Otto I. zu Pfullendorf gestorben. Sein einziger Sohn, Ludwig, war zu diesem Zeitpunkt noch minderjährig, und so führten zunächst die Mutter, Agnes von Loon und der Onkel, Kardinal Konrad von Wittelsbach (vgl. Kat. Nr. 82–84), die Vormundschaft. Von 1187 an zählte Ludwig seine Regierungsjahre, 1192 erhielt er die Schwertleite.
Hatte bis 1189 das mächtige Kaisertum Friedrichs I. Barbarossa stets eingegriffen und entschieden, wenn es Macht und Rechte zu verteilen gab, so entbrannten nun erbitterte Kämpfe. Das zeigte sich vor allem in der Auseinandersetzung um den Donauraum im letzten Jahrzehnt des 12. Jh. Bayern wurde zu einem Kriegsschauplatz, auf dem sich die Heere der Grafen von Bogen, der Grafen von Ortenburg, des Böhmenkönigs und des Herzogs von Österreich, natürlich auch des Herzogs von Bayern schlugen. Nur mit Hilfe des Stauferkaisers Heinrich VI., des Sohnes Barbarossas, konnte Ludwig sich behaupten.
Enge Anlehnung an die Reichspolitik: das ist das durchgängige Motiv der folgenden Jahre bis gegen 1226. Der Bayernherzog nutzte zu seinen Gunsten das welfische Zwischenspiel 1208–1212, sicherte sich die Erblichkeit des Herzogtums und die Anwartschaft auf die Pfalz. Dann, unter Friedrich II. von Staufen, führte er das Kreuzfahrerheer von Tarent nach Ägypten, wo es vor Damiette scheiterte, schließlich wurde er Vormund des Kaisersohnes Heinrich und Verweser des Reichs. In diesen Jahren jedoch kam es zum Zerwürfnis zwischen Ludwig und Friedrich II. 1231 wurde der Herzog auf der Donaubrücke zu Kelheim von einem Unbekannten erstochen, Zeitgenossen vermuten im Auftrag Kaiser Friedrichs.
Im Inneren hatte Ludwigs Regierung den Gewinn der Regensburger Burggrafschaft, des Erbes der Markgrafen von Cham-Vohburg, der Grafen von Velburg, der Grafen von Kirchberg und, zum Teil, der Grafen von Frontenhausen gebracht. Regensburg aber war endgültig verlorengegangen. Ludwigs Ehe mit Ludmilla, der Witwe des Grafen Albert III. von Bogen, legte den Grund zum Erwerb bedeutenden Besitzes im Osten des Herzogtums.
Ludwigs I. Sohn, Herzog Otto II., unablässig im Kampf um die bereits errungenen und neu zu erringende Positionen, verzeichnete die bedeutendsten territorialpolitischen Erfolge. Zuerst focht er als Anhänger der päpstlichen Partei, unterstützt vom päpstlichen Legaten Albert Beham, gegen den Kaiser, dann – 1241 – vollzog er den Kurswechsel. Nun brauchte er die Reichsgewalt, als es darum ging, das Erbe der Bogener (1242) und der Andechser (1248) für sich zu gewinnen, in die Besitznachfolge der Grafen von Falkenstein (1246) und Wasserburg (1247) einzutreten. Von all diesen Dynasten haben die Herzöge Rechte – vor allem Grafenrechte und Vogteien – und Gebiete übernommen, Burgen, Verwaltungsorganisation und häufig auch die Wappenbilder. Die Rauten der Bogener sind bis heute im bayerischen Staatswappen erhalten.
An dem Ringen um die Landesherrschaft beteiligten sich auch die Bischöfe. Wie die Herzöge erhielten sie vom Kaiser landesherrliche Rechte zugestanden. Der Erfolg ihrer Bemühungen blieb jedoch – mit Ausnahme Salzburgs – in engen Grenzen.
E. J. G.

93 Ludwig I. der Kelheimer
und Herzogin Ludmilla
vom Seligenthaler Stiftergrab

92 GRÜNDUNGSURKUNDE DES KLOSTERS SELIGENTHAL

1232

Pergament; von den drei stark beschädigten Siegeln, an Seidenfäden, eines lose beiliegend. 34x31 cm

Herzogin Ludomia (Ludmilla) von Bayern, Witwe Herzog Ludwigs I., gründet mit Wissen und Zustimmung ihres Sohnes, Herzog Ottos II., auf dem Gebiet des Spitals zu Landshut ein Zisterzienserinnenkloster und stattet es mit den Orten Schwarzenberg, Leming, Ober- und Unterfaustern und Ritzenried (alle Lkr. Cham), ihrem elterlichen Erbe, aus.
Nach der Ermordung ihres Gemahls, Herzog Ludwigs des Kelheimers, stiftete Herzogin Ludmilla zu seinem Gedächtnis und dem ihres ersten Gemahls, Graf Albert von Bogen, und zum Heil ihrer Söhne aus beiden Ehen zu Landshut ein Kloster – schon bald Seligenthal genannt –, das mit Zisterzienserinnen besiedelt werden sollte. Das neugegründete Kloster entstand unmittelbar an der Grenze des Bistums Regensburg auf dem Grund und Boden des Hl.-Geist-Spitals, von dem es erst durch Herzog Otto II. 1258 abgetrennt wurde. Ludmilla, die Gründerin von Seligenthal, war eine Přemyslidin – eine Nichte Ottokars I. von Böhmen – und Witwe Alberts III. von Bogen, als sie Herzog Ludwig I. heiratete. Da ihre Söhne aus erster Ehe kinderlos starben, fiel das bedeutende Erbe der Grafen von Bogen 1242 an ihren Sohn Otto aus der Ehe mit Ludwig dem Kelheimer. Durch den Besitz der Bogener erwarben die Wittelsbacher eines der bedeutendsten und geschlossensten Territorien auf dem Gebiet des Herzogtums Bayern. Mit dem letzten Bogener starb zudem eines der mit den wittelsbachischen Expansionsbestrebungen am stärksten konkurrierenden Adelsgeschlechter aus. A. Ho.

Druck: Herzog LUB 16f., Nr. 22; MB XV, 443ff., Nr. 1; A. Kalcher, Die Urkunden des Klosters Seligenthal in Landshut, 1. Abt. (VHN 29) 1893, 181f., Nr. 1. – Lit.: Krausen, Zisterzienserorden 91–94; Bauerreiss 46; Spindler II 500; Krausen (WB I/1).

München, Bayerisches Hauptstaatsarchiv (Kloster Landshut/Seligenthal Urk. 1)

93* DAS SELIGENTHALER STIFTERGRAB
Rekonstruktionsversuch

Süddeutsch, um 1320

Holzplastiken, Stuckauflage, farbig gefaßt. Höhe 141 cm (Stifterfiguren), ca. 48 cm (Fürstenfiguren und Engel)

Die Afrakapelle des von Herzogin Ludmilla gestifteten Klosters Seligenthal beherbergt eines der bedeutendsten Denkmäler der wittelsbachischen Frühzeit: die Figuren der Stifterin Ludmilla, ihres Gemahls Ludwigs I. und 26 weiterer mit dem Haus Bayern verwandter Fürstinnen und Fürsten. Zu diesem Zyklus gehören des weiteren vier posauneblasende Engel. Der heutige Aufstellungsort der Figuren ist die Emporenbrüstung der Afrakapelle.
Zumindest die beiden großen Figuren der Ludmilla und Herzog Ludwigs lagen ursprünglich auf einer in der Afrakapelle errichteten hölzernen Tumba. Ob die kleinen Figuren die Tumba unter spitzbogigen Arkaden umstanden haben, ist umstritten. Während Georg Spitzlberger für eine ursprüngliche Aufstellung an der Empore eintritt, machen die Untersuchungen von F. Buchenrieder und C. List eher die in der Ausstellung versuchte Rekonstruktion der Tumba mit den kleinen Figuren wahrscheinlich. Vor allem der Verweis Lists auf ein Vorbild aus dem mit den Wittelsbachern eng verbundenen Umkreis des schlesischen Herzogshauses vermag zu überzeugen. Vermutlich sind die kleinen Figuren um 1480, die großen um 1615 an der Empore aufgestellt worden.
Die Fassung der Fürstenfiguren stammt aus den Jahren 1871/79. Die jüngste Untersuchung hat ergeben, daß es sich dabei um die dritte Gesamtfassung handelte. Die Erstfassung der Stifterfiguren war buntfarbig, die der kleinen Fürstenfiguren golden (Gewänder), rosa (Inkarnat) und grün (Sockel).
Was die Identifizierung der kleinen Figuren betrifft, so ist auf den Aufsatz von G. Spitzlberger (WB I/1) zu verweisen. Merkwürdigerweise wurde in der Literatur bisher kein Versuch unternommen, die Figuren der Afrakapelle stilistisch näher zu bestimmen. Lediglich zur Datierung äußerten sich die früheren Bearbeiter, die meist den Beginn des 14. Jh. annahmen. Als einziger deutete Theodor Müller einen stilistischen Zusammenhang an, als er auf die Verwandtschaft der Seligenthaler Figuren mit einem Bildwerk der Muttergottes, den Jesusknaben an der Hand führend, verwies. Diese in Laufen (Salzach) für das Bayerische Nationalmuseum München erworbene Gruppe unbekannter Provenienz vertritt in ihrer betonten Weichheit und Kompaktheit eine etwas spätere Stilstufe um 1330; ansonsten ist aber an den zahlreichen stilistischen Gemeinsamkeiten in Körperhaltung und Gewandführung nicht zu zweifeln. Typisch scheinen für die Skulpturen dieses Kreises auch die auffallend langen Gesichter mit der hohen Stirn, dem kugeligen, zurückfliehenden Kinn, dem kleinen Mund und der langen, flachen Nase.
Die Wurzeln des Stils liegen in der Regensburger Plastik seit etwa 1300. Als ältestes und in jeder Hinsicht monumentalstes Werk ist die Holzfigur der Muttergottes aus einer Gruppe der Heimsuchung oder der Verkündigung zu nennen, welche um 1300 entstand und 1914 aus Regensburg in das Bayerische Nationalmuseum München abwanderte. Die lang durchgezogenen, leicht geschwungenen Falten ihres Gewandes, das auf dem Sockel sanft umknickt, entsprechen genau dem Kleid der Ludmilla in Seligenthal. Nicht viel später dürfte die bedeutende Holzfigur einer thronenden Muttergottes entstanden sein, die aus Moosham in das Diözesanmuseum Regensburg gelangte und erst nach der Freilegung entstellender Übermalungen ihre Qualität offenbarte. An den Landshuter Zyklus erinnern die schlanken Proportionen und die scharfkantigen, teilweise wie aus Blech geformten Gewänder. In die Zeit der er-

wähnten Marienfigur aus Laufen gehört das Gnadenbild der niederbayerischen Wallfahrtskirche Haindling, eine Statuette der stehenden Muttergottes mit Kind, deren leicht ausschwingende Gestalt und lappige Faltenführung über Landshut hinausweisen.
Noch näher kommen einige Regensburger Steinfiguren aus der Zeit um 1310/20 dem Landshuter Zyklus. Anzuführen ist die Figur des hl. Jakobus vom nördlichen Chorpfeiler der Regensburger Schottenkirche St. Jakob, die ihrerseits mit dem ältesten Portalzyklus der Nürnberger Sebalduskirche verbunden ist. Das zwischen den Röhrenfalten des Untergewandes und dem lappig umschlagenden Faltenwerk des Mantels kontrastierende Gewandsystem findet sich nicht nur bei der Landshuter Stifterfigur Herzog Ludwigs, sondern auch bei zahlreichen Statuetten der Emporenbrüstung. Ebenso gehören die stark verwitterten Gruppen einer Heimsuchung und einer Verkündigung vom Regensburger Dom in diesen Zusammenhang, worauf die Proportionen der Figuren mit ihren schmalen Schultern, den puppenhaft zierlichen Armen und den großen Köpfen deuten, ebenso wie die verhaltene Anmut und menschliche Würde, die auch das Landshuter Stifterpaar auszeichnet. Berücksichtigt man die große Jahrtagsstiftung vom 24. April 1320, als die Herzöge Heinrich XIV., Otto IV. und Heinrich XV. 300 Pfund Regensburger Pfennige stifteten, damit zum Gedächtnis ihrer Vorfahren ein feierlicher Jahrtags-Gottesdienst begangen werden könne, liegt die Vermutung nahe, daß im Zusammenhang mit dieser Neuorganisation die Figuren der Afrakapelle gestiftet wurden. Jedenfalls deutet auch der stilistische Vergleich auf eine Entstehungszeit um 1320. A.H./E.J.G.

F. Mader (KDB IV, Niederbayern 16 Stadt Landshut) 244ff.; R. Hoffmann (FS Cistercienserinnenabtei Seligenthal in Landshut 1232–1932) Landshut 1932, 121ff.; AK Bayer. Frömmigkeit 171, Nr. 196–199; G. Spitzlberger, Landshut-Seligenthal (Schnell Kunstführer 583) München–Zürich 1975², 22f.; BNM Kat. XIII/2, 18f., Nr. 4; BNM Kat. XIII/1, 18f.; Nr. 82, Taf. 42, 43, 66; KDB II, Oberpfalz 20 BA Regensburg 113, Fig. 76; KDB IV, Niederbayern 25 BA Mallersdorf 116, Fig. 87f.; A. Hubel, Studien zu einer Chronologie der Regensburger Steinplastik im 14. Jh. (Anzeiger des GNM) Nürnberg 1977, 20, Abb. 7 u. 22, Abb. 8; A. Kalcher, Die Urkunden des Klosters Seligenthal in Landshut I, 1232–1400 (VHN 29) 1893, 216f. Nr. 101; F. Buchenrieder, D. Grosser, C. List, E. Melzl, G. Spitzlberger (WB I,1).

Landshut/Seligenthal, Zisterzienserinnenabtei

DER BAMBERGER KÖNIGSMORD

Am 21. Juni 1208 fand in der Bischofspfalz zu Bamberg ein großes Fest statt: Beatrix, die Nichte König Philipps von Schwaben, feierte ihre Hochzeit mit Otto VII. von Andechs-Meranien, einem Bruder Bischof Ekberts von Bamberg.
Das Fest endete blutig: Pfalzgraf Otto XII./VIII. von Wittelsbach, Vetter Herzog Ludwigs I., ermordete König Philipp, der ihm 1203 die Hand seiner Nichte versprochen und das Versprechen nicht gehalten hatte.
Der Täter und die der Mitwisserschaft Verdächtigen – Bischof Ekbert und sein Bruder Markgraf Heinrich von Istrien – verfielen sofort der Reichsacht.
Der Vetter des Mörders, Herzog Ludwig, nutzte die Gunst der Stunde: als erster der deutschen Fürsten erkannte er den bisherigen Gegenkönig, den Welfen Otto IV., an und förderte seine erneute, diesmal einstimmige Wahl. Der Welfe zeigte sich erkenntlich: auf dem Reichstag zu Frankfurt bestätigte er Ludwig am 15. November 1108 die Erblichkeit des bayerischen Herzogtums und übertrug ihm die Reichslehen des Mörders und der beiden Andechser.
Im März 1209 wurde Pfalzgraf Otto XII./VIII. bei Oberndorf an der Donau vom Reichsmarschall Heinrich von Kalden ergriffen und getötet. *E. J. G.*

94

94* KÖNIG PHILIPP VON SCHWABEN

Regensburg, um 1207

Inschrift: P[H]ILIP[PUS] R[E]X ROMA[NORUM]

Kalksteinrelief, Krone ergänzt, Attribut der linken Hand abgebrochen. 185,5x38 cm

Die im Hochrelief gearbeitete Sitzfigur ist durch eine an der Fußplatte befindliche Inschrift als König Philipp von Schwaben (1198–1208) ausgewiesen. In der rechten Hand hält er ein Reliquiar als Zeichen eines geleisteten Eides, in der linken einen nicht mehr zu identifizierenden Gegenstand. Als Rechtssymbol ist die Figur unpersönlich gehalten, in ihrer rohen Gestaltung noch mit der um zwanzig Jahre älteren comaskischen Plastik des Regensburger Schottenportals verbunden. Typologisch sind aber auch irische und skandinavische Vorbilder, etwa die Schachfigur eines Königs aus Uig auf den Hebriden, heranzuziehen.
Wohl zum Dank für die am 9. April 1207 gewährten Steuerprivilegien ließ die Stadt Regensburg die Skulptur des Hohenstaufer-Königs und seiner Frau Irene (?) als Rechtsdenkmäler weithin sichtbar an der Nordseite des mittleren Turms der Steinernen Brücke anbringen. Gerade die Unbeholfenheit des Figurentyps spricht für die *universitas civium,* also die Bürgerschaft als Auftraggeber.
Philipp war der jüngste Sohn Friedrich Barbarossas. Zunächst für den geistlichen Stand bestimmt, wurde er mit Tuszien (1195) und Schwaben (1195) belehnt. 1198 wählte ihn die staufisch-kölnische Partei zum König. Die welfischen Gegner einigten sich auf Otto IV., den Sohn Heinrichs des Löwen. Auf seiten Ottos stand als mächtiger Gegner Philipps das Papsttum: Philipp von Schwaben wurde gebannt.
1208, kurz vor seiner Ermordung durch den Pfalzgrafen Otto von Wittelsbach, deutete sich eine Einigung an: Papst Innozenz löste den Bann und stellte sogar die Kaiserkrönung in Aussicht.
Nach Philipps Tod erkannte die staufische Partei das Königtum Ottos IV. an; 1209 empfing er in Rom die Kaiserkrone. V.L./E.J.G.

KDB II, Oberpfalz u. Regensburg 3, 239f.; K. Bauer, Regensburg, 1970, 277; AK Bayern–Kunst und Kultur Nr. 137; AK Staufer III 29f.

Regensburg, Museum der Stadt (AB 25)

95 ERBLICHE BELEHNUNG HERZOG LUDWIGS I. MIT DEM HERZOGTUM BAYERN

Frankfurt, 15. November 1208

Pergament; von 11 Siegeln 5 stark beschädigt erhalten, von den anderen nur Reste der Seidenschnüre. 24x41 cm

König Otto IV. bestätigt Herzog Ludwig und dessen Nachkommen das Herzogtum Bayern als erbliches Lehen und bekundet, daß er und seine Brüder in bezug auf Bayern keine Ansprüche gegen ihn und seine Erben geltend machen werden. Weiterhin verleiht er dem Herzog das Gut Mering (Lkr. Aichach-Friedberg) und die Reichslehen des Markgrafen Heinrich von Istrien und des Pfalzgrafen Otto von Wittelsbach, die beide des Mordes an König Philipp beschuldigt werden. Besonders bestätigt wird dem Herzog der Besitz des Forstes Bazhart mit der Burg Neuburg (Neuburger Wald mit Neuburg am Inn/Lkr. Passau).
Die Urkunde wurde auf dem Reichstag zu Frankfurt, wenige Tage nach der einstimmigen Wahl Ottos IV. zum König, ausgestellt. Diese Wahl des bisherigen Gegenkönigs war nicht zuletzt dem Wirken Herzog Ludwigs zu verdanken. Otto IV., Sohn des im Jahre 1180 als Herzog von Sachsen und Bayern abgesetzten Heinrich des Löwen, verzichtete nun endgültig auf die Restitution der Welfen in Bayern.
Da Herzog Ludwig seit 1206 einen männlichen Erben hatte (den späteren Herzog Otto II.), war für die Wittelsbacher der Weg zu einem weiteren kontinuierlichen Ausbau ihrer Herrschaft frei. Die in der Urkunde dem bayerischen Herzog verliehenen Lehen konnten zwar nicht alle behauptet werden, brachten aber trotzdem einen beachtlichen Landgewinn. R.H.

Druck: MW I 9–11, Nr. 3; MB XXIXa Nr. 593; Dokumente I/2 Nr. 3 (Auszug). – Regest: RI V/1 Nr. 243. – Lit.: Riezler II 38f.; Spindler II 29; AK Staufisches Erbe, Kallmünz 1968, Nr. 5; AK Bayern – Kunst und Kultur Nr. 157; AK Aus 1200 Jahren Nr. 43.

München, Bayerisches Hauptstaatsarchiv (Kaiserselekt 593)

96 PICKEL AUS OBERWITTELSBACH

13. Jahrhundert oder jünger

Eisen, Länge 22 cm

Der Nacken des Pickels ist zu einem vierkantigen Hammerende geschmiedet.
Der Fund stammt von der Ausbruchsgrube über der Ringmauer von Oberwittelsbach. Der Pickel wurde also beim Abtragen der Mauer benutzt.

1209 hat Herzog Ludwig I. die Burg seines Vetters, des Pfalzgrafen Otto XII. (VIII.), des Königsmörders von Bamberg, zerstört. Die Burganlage ist nie mehr wiederaufgebaut worden. Sicherlich haben die Bewohner der an Steinen armen Umgebung, vor allem Aichachs, die Ruine als willkommenen Steinbruch benützt. R.G.K./E.J.G.

E. Winckelmann, Philipp von Schwaben und Otto IV. von Braunschweig, 1873/78; Spindler II 28f.; R. Koch (WB I/1).

Oberwittelsbach, Landesamt für Denkmalpflege, Grabungsbüro

DER ERWERB DER PFALZGRAFSCHAFT AM RHEIN

Schon 1180 hatte der Gegensatz zwischen Staufern und Welfen zugunsten der Wittelsbacher gewirkt.
Und mitten in der Auseinandersetzung um das Königtum zwischen Friedrich von Hohenstaufen und dem Welfen Otto IV. konnte sich Herzog Ludwig I. die Pfalzgrafschaft am Rhein für sein Haus sichern:
Seit der Ermordung Philipps von Schwaben 1208 in Bamberg hatte sich Ludwig an der Seite des Welfen gehalten. Als dann 1211 Friedrich, der Enkel Barbarossas, Anspruch auf das Königtum erhob, sicherte Ludwig ihm die Wahl zu. Im Jahr darauf schwenkte er um und schlug sich wieder auf die Seite des Welfen. Um das Bündnis zu bekräftigen, fand die Verlobung zwischen Ludwigs Sohn, dem späteren Herzog Otto II., und der Nichte des Welfenkönigs, Agnes, statt. Da Agnes die Tochter des welfischen Pfalzgrafen Heinrich I. war, konnten die Wittelsbacher aus dieser Verbindung den Anspruch auf die Pfalzgrafschaft begründen.
1212 wählte man Friedrich zum deutschen König – mit der Stimme des Bayernherzogs. 1214 wurde Ludwig für seinen minderjährigen Sohn Otto mit der Pfalzgrafschaft belehnt. Wie wichtig dieser Akt den Zeitgenossen erschien, das mag aus der Befürchtung eines Chronisten deutlich werden, Bayern selbst könne nun zu einem Nebenland herabsinken.
In der Tat wog die Pfalzgrafschaft mit ihrem Besitz um Bacharach und Stahleck, mit der Position im Rhein-Neckar-Dreieck und mit den Wormser Kirchenlehen um Heidelberg schwer. Die Pfalzgrafen besaßen unbestritten das Königswahlrecht, versahen das Reichstruchsessenamt, hatten eine bedeutende Stellung am königlichen Hofgericht inne und vertraten spätestens seit der Goldenen Bulle 1356 die Reichsgewalt bei Sedisvakanz.
Für die Wittelsbacher bedeutete die Pfalzgrafschaft den Gewinn eines in der herrschaftlichen Durchdringung schon weit fortgeschrittenen Territoriums, eine nach Westen hin orientierte politische Interessenlage und eine Stärkung der reichspolitischen Stellung. Es gelang nicht, die Gebiete am Rhein schnell mit dem Kernland zu verklammern. Seit 1329, dem Jahr der endgültigen Abtrennung, entwickelten sich die Pfalz und das bayerische Kernland nebeneinander und in vieler Hinsicht vollkommen verschieden. Das Ereignis von 1214 ist im bayerischen Staatswappen noch heute präsent: den gekrönten Löwen haben die Wittelsbacher vermutlich von den welfischen Pfalzgrafen übernommen. E. J. G.

97 URKUNDE HERZOG LUDWIGS I. VON BAYERN FÜR DAS KLOSTER SCHÖNAU/PFALZ

6. Oktober 1214

Pergament, 11x20 cm

Das genaue Datum der Übertragung der rheinischen Pfalzgrafschaft an den bayerischen Herzog Ludwig I. ist nicht bekannt. Sie fällt in den September oder in die ersten Oktobertage des Jahres 1214, in die Zeit nach dem Abschluß des Feldzuges Friedrichs II. an den Niederrhein, an dem sich der Herzog beteiligt hatte, und dem 6. Oktober. An diesem Tag ist Ludwig I. erstmals in der neuen Würde nachzuweisen. Zusammen mit einem Willebrief vom gleichen Tage bietet die Intitulatio der vorliegenden Urkunde den ältesten Beleg für die Übertragung der Pfalzgrafschaft an das Haus Wittelsbach. Der neue Pfalzgraf suchte unmittelbar nach seiner Befreiung aus der Gefangenschaft des Grafen von Jülich, in die er während des zurückliegenden Feldzuges gekommen war, die pfälzischen Lande auf und sprach bei dieser Gelegenheit dem pfalzgräflichen Hauskloster Schönau im Odenwald, wo ihm Vogtrechte zustanden, die Fischerei zu Oppau (bei Frankenthal) auf so lange Zeit zu, bis deren Einkünfte den Schaden ersetzt hätten, der durch herzogliche Kriegsleute während der Abwesenheit Ludwigs I. verursacht worden sei. Das Fischereirecht sollte als Seelgerät für immer im Besitz der Abtei verbleiben, wenn es bei seinem Tod noch nicht zurückgegeben sei. Ludwig I. stellt diese Urkunde als Pfalzgraf und Herzog von Bayern aus. Er führt den pfalzgräflichen Titel, obwohl als wahre Erbin (»vera heres«) des Oppauer Besitzes und damit der Pfalzgrafschaft die Welfin Agnes, die Verlobte seines Sohnes Otto, genannt wird. Die Urkunde kam mit dem Nachlaß des Göttinger Diplomatikers J. Ch. Gatterer (1727–1799) nach Luzern. A. Sch.

QE 5, 19 f., Nr. 6; Reg. Pfalzgr. I, 1 Nr. 3; M. Schaab, Die Zisterzienserabtei Schönau im Odenwald, Heidelberg 1963, 165; G. Schwertl, Die Beziehungen der Herzöge von Bayern und Pfalzgrafen bei Rhein zur Kirche 1180–1294, München 1968, 427.

Luzern, Staatsarchiv (Gatterer-Apparat Nr. 36)

98 BELEHNUNG LUDWIGS, PFALZGRAF BEI RHEIN UND HERZOG VON BAYERN, MIT BURG UND ORTSCHAFT HEIDELBERG

24. März 1225

Pergament

Die Pfalzgrafschaft am Rhein nahm ihren territorialen Ausgang von zerrissenen Allodien am Hunsrück und im Nahetal, bei Worms und Speyer, an der Bergstraße und im Odenwald. Dazu kamen kirchliche Lehen von Köln, Trier und Worms. Ein erster bedeutsamer Schritt zum Ausbau dieses territorialen Kernes gelang bereits dem ersten wittelsbachischen Pfalzgrafen bei Rhein, als er und seine Schwiegertochter Agnes 1225 von Bischof Heinrich von Worms zusammen mit der Grafschaft Stalbühel Burg und Ortschaft Heidelberg erhielten. Als Gegenleistung sollte der Pfalzgraf den Wormser Bischof und sein Hochstift in seinen Schutz nehmen. Das Domkapitel stimmte in einer eigenen Urkunde vom gleichen Tag dieser Belehnung zu. Der Hintergrund dieser Vorgänge ist in mancher Hinsicht undurchsichtig und deswegen unterschiedlich gedeutet worden. Den Pfalzgrafen standen wohl Ansprüche auf das ursprüngliche Wormser Kirchenlehen Heidelberg zu, die von den Staufern angefochten wurden. Diese Ansprüche waren auf Agnes, die Tochter Heinrichs d. Ä., übergegangen, und diese brachte mit ihrem Hausgut Heidelberg nun den Wittelsbachern zu. An ihrer Stelle wurde nach ihrer Verheiratung mit Otto der Pfalzgraf und Herzog von Bayern Ludwig I. belehnt. Die Erwerbung Heidelbergs verschaffte dem Pfalzgrafen als Territorialherrn das Übergewicht gegenüber dem Bischof von Worms im unteren Neckartal. Heidelberg stieg rasch zum Vorort dieses Gebietes auf. Ludwig I. hat seine zielstrebige Territorialpolitik also auch in die Pfalz getragen. A. Sch.

Reg. Pfalzgr. I 10 Nr. 203; M. Schaab, Die Entstehung des pfälzischen Territoriums am unteren Neckar und die Anfänge der Stadt Heidelberg, (Zschr. f. d. Gesch. d. Oberrheins 106) 1958, 233–276; G. Schwertl, Die Beziehungen der Herzöge von Bayern und Pfalzgrafen bei Rhein zur Kirche 1180–1294, München 1968, 235 f.

Karlsruhe, Generallandesarchiv (43/83 1225 III 24)

99 LEHENBUCH DES KURFÜRSTEN FRIEDRICH I. DES SIEGREICHEN VON DER PFALZ

Heidelberg, 1471

Pergamenthandschrift (373 Bl.), mit Ledereinband und Miniaturen. 44x30x12 cm

Dieser prächtig ausgestattete Pergamentband gehört zu den bedeutendsten Lehenbüchern, die in Deutschland bekannt sind. Er bietet im ersten Teil eine Übersicht über die Lehen, die der Kurfürst von der Pfalz, Friedrich der Siegreiche (1449–1476), empfangen hat. Es schließt sich eine Zusammenstellung der vom Kurfürsten ausgegebenen Lehenbriefe mit Reversen in vollem Wortlaut an. Jeder Urkunde ist das Wappen des Lehenträgers beigegeben.
Den vornehmsten Schmuck der Handschrift bilden zwei vorzügliche Miniaturen, die vor dem Verzeichnis der Lehenbriefe eingefügt sind. Das erste Bild zeigt die Eidleistung eines Lehenträgers vor dem Kurfürsten. Daß der dargestellte Kurfürst, der mit Kurfürstenhut und prächtigem Ornat bekleidet den Eid entgegennimmt, Friedrich der Siegreiche ist, belegen die am Thron angebrachten Wappen, die dessen Vorfahren väterlicher- und mütterlicherseits bis ins vierte Glied zurück nennen. Der Lehensmann in grünem Wams und mit zum Eid erhobener rechter Hand wird von einem rotgekleideten Beamten, wohl dem Zeremonienmeister, vorgeführt. Der Eidleistung assistieren weiterhin zwei ebenfalls rotgekleidete Hofbeamte, Protonotar und Sekretär, die wohl die Eidformel vorsprechen. Schließlich wohnt dem Akt noch der Kanzler in geistlicher Tracht bei, wohl Bischof M. Ramung von Speyer. Die zweite Miniatur ist in Formgebung und Komposition der ersten angeglichen. Vor der auf einem Thron sitzenden Himmelskönigin Maria mit dem Kind kniet in voller Rüstung ein pfälzischer Kurfürst. Zwei Heilige – es handelt sich um die hll. Petrus und Philippus – empfehlen ihn dem Schutz der Gottesmutter. Der abgebildete Kurfürst ist wohl Philipp der Aufrichtige (1476–1508). A. Sch.

F. v. Weech, Ueber die Lehensbücher der Kurfürsten und Pfalzgrafen Friedrich I. und Ludwig V., Karlsruhe 1886, 3–12; K. Frhr. v. Neuenstein, Wappen aus dem Lehensbuche Friedrichs I. von der Pfalz, Karlsruhe 1892; E. Frhr. v. Berchem – D. L. Galbreath – O. Hupp, Die Wappenbücher des deutschen Mittelalters, Basel 1928, 39 Nr. 32; H. Rott, Quellen und Forschungen zur südwestdeutschen und schweizerischen Kunstgeschichte im 15. und 16. Jh. I, Stuttgart 1933, 11 ff.; H. Schwarzmaier (Spätgotik am Oberrhein 1450–1530) Karlsruhe 1970, 369 Nr. 465; H. Schwarzmaier, Dokumente zur Geschichte des Oberrheins, Karlsruhe 1971, 20 f.

Karlsruhe, Generallandesarchiv (67/1057)

100* PFÄLZER PFENNIG

Pfalz, Pfalzgraf Otto II. (1228–1253), Münzstätte Alzey

Silber, geprägt; Dm. 19 mm, 0,46 g

Vorderseite: Thronender Pfalzgraf mit Schwert und Burgmodell.
Rückseite: Nicht geprägt. D. St.

P. Joseph, Der Pfennigfund von Kerzenheim (Frankfurter Münzzeitung 1) 1901, 2–6, 26–36, 58–71, hier 29.

München, Staatliche Münzsammlung

101* PFÄLZER PFENNIG

Pfalz, Pfalzgraf Otto II. (1228–1253), Münzstätte Alzey

Silber, geprägt; Dm. 18 mm, 0,46 g

Vorderseite: A · L · Z · E · I · G · E. Steigender Löwe.
Rückseite: Nicht geprägt.

Bei diesen beiden Pfennigen dürfte es sich um zwei zusammengehörige Seiten handeln, die wegen der Dünne des Schrötlings getrennt ausgeprägt wurden. In Alzey war vielleicht schon seit der 2. Hälfte des 12. Jh. eine pfalzgräfliche Münzstätte tätig. Alzey lag im Wormser Währungsbereich, weshalb der Pfalzgraf nach dem leichten Wormser Pfennigschlag münzen ließ. D. St.

P. Joseph, Der Pfennigfund von Kerzenheim (Frankfurter Münzzeitung 1) 1901, 2–6, 26–36, 58–71, hier 29.

München, Staatliche Münzsammlung

102* KAISERSTATUE VOM BRÜCKENKASTELL IN CAPUA

Capua, zwischen 1234 und 1239

Gipsabguß (Original Marmor), Torso Höhe 115 cm, Kopf Höhe 36 cm

Das von Kaiser Friedrich II. zwischen 1234 und 1239 vor der Römerbrücke bei Capua errichtete Brückenkastell war an seiner Fassade mit zahlreichen Figuren geschmückt, die

102

103

das politische Programm des Kaisers verdeutlichen sollten. Zentrum der Komposition war die im Gewand eines römischen Cäsaren thronende Herrscherfigur, welche die von Friedrich angestrebte Renovatio imperii im Sinne eines antiken Weltreiches optisch verdeutlichen sollte. Das Bildwerk spiegelt die oft zitierten Anleihen dieses staufischen Kunstkreises an antiken Vorbildern wider; Anlaß dazu war aber für Friedrich II. nicht eine vorweggenommene ›Renaissance‹, sondern seine an römischen Herrschaftsvorstellungen sich entzündende politische Idee.
Das Original der Sitzstatue wurde 1799 von französischen Soldaten schwer beschädigt und geköpft. Glücklicherweise

104

war kurz vorher ein Gipsabguß des Hauptes angefertigt worden, so daß wenigstens die Rekonstruktion eine gewisse Vorstellung vom ursprünglichen Aussehen der Skulptur vermittelt. A.H.

AK Staufer I 665 f. Nr. 842, III Abb. 73.

Capua, Museo Provinciale Campano (Torso und Abguß des Kopfes) – Göppingen, Heimatmuseum (Abguß)

103* HERZOG LUDWIG I. ZIEHT IN DEN KREUZZUG

Hans Werl (gest. München 1608), München, nach 1601

Öl auf Leinwand, 225x360 cm

Herzog Maximilian I. von Bayern ließ sich wenige Jahre nach seinem Regierungsantritt vom Hofmaler Hans Werl einen Historienzyklus für seinen neuerbauten Festsaal in der Münchner Residenz, den sog. alten Herkulessaal, malen. Die zehn monumentalen Darstellungen zogen sich als breiter Fries über einer Teppichfolge mit den Taten des Herkules um den gesamten Raum. Die Schlacht von Ampfing nahm die Stirnwand des Saales über dem herzoglichen Thron ein, die Darstellung des Aufbruchs zum Kreuzzug schloß sich als erstes Bild einer Längswand an.
Die Themenauswahl der »gedenckwürdige(n) Geschichten unserer geehrten Vorfahrn, Herzogen in Bayern« hatte Maximilian dem Augsburger Humanisten Marx Welser übertragen. Der Herzog wünschte vornehmlich erfolgreiche Schlachten, neuerbaute Städte, und die Wahl von Bayern in ausländischen Königreichen, um den Ruhm seines Hauses, in deutlicher Parallele zu den Herkulestaten, darzustellen. Ausführliche lateinische Beischriften unter den Gemälden bezeichneten die Szenen; sie sind in einer Residenzbeschreibung von 1644 (BStB, cod. ital. 409, fol. 47 ff.) überliefert und ermöglichen die Identifizierung der Darstellungen auf den neun erhaltenen Bildern. – Die Beischrift dieser Szene lautete: LVDOVICVS BOIARIAE DVX, CRVCE SE SVOSQUE SIGNATIS, IN PALESTINAM CONTRA SARACENNOS PROFICISCITVR. ANNO CHRISTI MCCXXII. D.D.

L. Rockinger, Über ältere Arbeiten zur baierischen und pfälzischen Geschichte im geheimen Haus- und Staatsarchive (Abh. d. Kgl. Bayer. Akad. d. Wiss., 3. Kl., 15/3) München 1880, 120 f., Anm. 227 ff.; R. M. Kloos, Die Inschriften der Stadt und des Landkreises München, 1958, Nr. 415; B. Knüttel, Zur Geschichte der Münchner Residenz 1600–1616 (MüJb 3. F. 18) 1967, 187–194.

München, Bayerische Staatsgemäldesammlungen (3747)

104* ERMORDUNG HERZOG LUDWIGS DES KELHEIMERS 1231

Öl auf Nadelholz, 74x141 cm

1231 wurde Herzog Ludwig I. »der Kelheimer« am Donautor seines Geburtsortes Kelheim durch einen Unbekannten erstochen. Die sofortige Tötung des wohl gedungenen Mörders verhinderte die Aufklärung des Verbrechens. Die Zeitgenossen vermuteten, hinter dem Anschlag habe Kaiser Friedrich II. gestanden, dem der bayerische Herzog im Reich zu mächtig geworden sei.
An der Stätte des Mordes wurde ein Kreuz zur Sühne errichtet (den im 17. Jh. kopierten Formen zufolge vielleicht bald nach der Tat), das Stadttor in eine Kapelle umgewandelt.
Die Darstellung der Ermordung gehört zum Fürstenzyklus der Kapitelkirche des Klosters Scheyern, der Nachfolgerin jener Gruftkapelle, in der Herzog Ludwig beigesetzt wurde. Die Anfänge des Zyklus reichen in das späte 14. Jh. zurück (vgl. Bemerkung bei Kat. Nr. 34). Die Komposition der lebhaften Szene schließt jedoch aus, daß die Darstellung in dieser Form vor das 16. Jh. zurückreicht. Vermutlich ist sie erst bei der letzten Redaktion der Bilderreihe 1624/25 eingefügt worden. Für das Bildnis des Kelheimers scheint das sehr ähnliche Blatt in Jost Ammans Folge Pfälzer Regenten von 1580 (Genuinae Icones Ducum Bavariae... ab Anno 463 ad Annum 1563) als Vorlage gedient zu haben, das den Fürsten gleichfalls im Kurornat zeigt: da Ludwig 1214 für seinen Sohn Otto II. die Würde des Pfalzgrafen bei Rhein erlangt hatte, galt er in der Geschichtsschreibung als erster Kurfürst aus dem Hause Wittelsbach. J.E.

J. Hoeck, Die Scheyrer Fürstenbilder in der Wittelsbacher Grabkirche (Der Scheyerer Turm 25/2) 1970, 26–53, 40 f. (auch als Separatdruck, Scheyern 1971); M. Meuer, Die gemalte Wittelsbacher Genealogie der Fürstenkapelle zu Scheyern (MBM 59) München 1975, 72–75.

Scheyern, Benediktinerabtei

105 KIRCHLICHE ERMAHNUNG AN HERZOG OTTO II.

16. Juni 1250

Pergamenturkunde, mit anhängendem ovalem Siegel. 18x19 cm

Der päpstliche Legat, Bischof Petrus von Albano, ermahnt den als Anhänger des gebannten Kaisers Friedrich II. bekannten Herzog Otto II. unter Androhung von Kirchenstrafen, sich den Weisungen des neuernannten Bischofs von Passau Berthold, Graf von Sigmaringen (1250–1254), der dem österreichisch-böhmischen Lager nahestand, zu beugen. Der Papst – Innocenz IV. (1243–1254) – habe dem Bischof die volle Administration in geistlichen *(spiritualia)* und weltlichen *(temporalia)* Dingen zum Wohle der Kirche anvertraut und der Herzog solle dessen Mahnungen *(monita)* und Weisungen *(mandata)* folgen.
Otto, als Anhänger des staufischen Königshauses, war bereits durch die papsttreuen Bischöfe von Regensburg, Freising, Salzburg und Seckau auf dem Provinzialkonzil von Mühldorf 1249 aufgefordert worden, sich vom Kaiser zu lösen und zur Kirche zurückzukehren. Der Papst ließ Otto darüber hinaus wissen, daß er seine Statthalterschaft für den Staufer im Reich als Bann- und Interdikt-Ursache sehe; den einzigen herzogtreuen Bischof, Rüdiger von Radeck (1233–1250, gest. 1258), ließ er durch das Passauer Domkapitel absetzen.

Herzog Otto II. blieb dennoch auf seiten der Staufer; selbst nach dem Tode Kaiser Friedrichs II. (13.12.1250) hielt er weiter seine schützende Hand über König Konrad IV. – seinen Schwiegersohn –, obwohl die innerbayerische und kirchliche Opposition ihn stark bedrängte. Bedingt durch die Schwächung seiner und der staufischen Position gelang es ihm nicht, sich in Auseinandersetzung mit Ottokar II. von Böhmen Teile des babenbergischen Erbes zu sichern.
R.A.M.

Druck: MB XXIX 372; MW I 105f.; RB II 430. – Lit.: Spindler II 49ff.; Doeberl I 247ff.; Riezler II 80ff.; A. Leidl, Die Bischöfe von Passau 739–1968 in Kurzbiographien, 1978 [2]; Bauerreiss IV 75ff.

München, Bayerisches Hauptstaatsarchiv (Hochstift Passau Urk. 92)

106* SIEGEL OTTOS II. ALS HERZOG VON BAYERN UND PFALZGRAF BEI RHEIN

Bayern (?), 1231
Umschrift: + OTTO · DEI · GRACIA · DVX · BAVWARIE

Braunes Wachs mit teilweise abgebrochenem gleichfarbigem Wachsrand; Abdruck der Handhabe oben erkennbar. Gut abgedrückt und erhalten. Ursprünglich mit Seidenfäden an der Urkunde befestigt, heute lose. Dm. 8,6 cm

Als Otto nach der Ermordung seines Vaters Ludwig 1231 neben der rheinischen Pfalzgrafschaft auch das Herzogtum Bayern übernahm, mußte er sich in dieser Eigenschaft ein neues Siegel anfertigen lassen, das er von 1231 bis 1247 benutzte. Daneben wurde zunächst ein eigenes Pfalzgrafensiegel verwandt. Später gab es auch ein gemeinsames Siegel, in dessen Umschrift beide Herrschaften vereinigt waren.

In weit ausgreifender Bewegung, das Siegelrund füllend und teilweise den Schriftrand durchstoßend, sprengt der Herzog nach rechts. Die Vorderhufe des schlanken und fein gebildeten Pferdes greifen weit nach vorn, die Hinterbeine sind in der schnellen Bewegung des Springens fast waagerecht nach hinten gestreckt; der gedrehte Roßschweif folgt ihrer Bewegung. In langem Waffenrock sitzt der Herzog zu Pferde. Hinter seinem bis auf einen schmalen Sehschlitz ganz von einem kantigen Topfhelm verdeckten Kopf entrollt sich das gemusterte und hinten in drei langen Lätzen auslaufende Fahnentuch des Gonfanon. Auf dem dreieckigen, von der Schulter gehaltenen und die Gestalt des Herzogs weitgehend verdeckenden plastisch gewölbten Schild erscheint der steigende, jetzt gekrönte Löwe, den Otto II., nachdem er ihn wenige Jahre zuvor als Pfalzgraf bei Rhein angenommen hatte, nun auch als bayerischer Herzog führt. Der Löwe kann nur als sein eigenes heraldisches Zeichen, zu dem er sich bekennen wollte, und nicht als spezielles Wappen der Pfalzgrafschaft verstanden werden (vgl. Kat. Nr. 115). Unberechtigt wäre die Annahme, der Schild vertrete die Pfalzgrafschaft, die Umschrift das Herzogtum.

Die mächtige Erscheinung der Reitergruppe, die Spannkraft in der Bewegung des Pferdes, das zur Steigerung des majestätischen Eindrucks eingesetzte, in weitem Bogen den Kopf des Herzogs hinterfangende Fahnentuch, die Ausgewogenheit der Gesamtkomposition und ihre Einfügung in das Rund des Siegelfeldes wie die sorgfältige Ausbildung im einzelnen lassen das Siegel von 1231 als eines der schönsten süddeutschen Reitersiegel des 13. Jh. erscheinen. Leider läßt unser geringer Kenntnisstand über die Kunst der Goldschmiede dieser Zeit eine Entscheidung der Frage nicht zu, ob der Herzog den Stempel von einem Goldschmied seiner bayerischen oder pfälzischen Lande hat schneiden lassen.
R.K.

Thomas Ried, Codex chronologico-diplomaticus episcopatus Ratisbonensis I, Regensburg 1816, I Nr. 389; Hofmann, Urkundenwesen U 124, S. 78 (Typar 3), dort auch zu den anderen Siegeln Ottos; Primbs, Wappen (wie Kat. Nr. 45) 255–257 u. 264,5; K. Primbs, Siegel der Wittelsbacher in Bayern bis auf Max III. Josef (AZ NF 2) 1891, 1–26 (2 L. I., a); Jochner 404 mit Abb.; AK Wappen in Bayern Nr. 210; AK Staufer I Nr. 77, II Abb. 26.

München, Bayerisches Hauptstaatsarchiv (zu Reichsstadt Regensburg Urk. 19: 1233 [Jan. 3]gehörig)

106

107* OTTO II. UND AGNES VON SACHSEN

Deutsch, um 1600, nach Vorlage des 15. Jahrhunderts

Öl auf Leinwand, 86,5x69 cm

Die Darstellung Ottos des Erlauchten und seiner Gemahlin aus dem Welfenhause, die ihm die Besitzungen der Pfalzgrafen bei Rhein in die Ehe brachte, ist nach der gotischen

107

Ahnenreihe der Wittelsbacher im Heidelberger Schloß kopiert (vgl. Kat. Nr. 91). Die Inschrift betont, daß Otto mit dieser Heirat die Kurwürde für sein Haus erwarb. Dementsprechend ist er als erster im Kurornat dargestellt (roter Samtmantel mit Hermelinkragen, Kurhut als rote Mütze mit Hermelinbesatz, hier noch ohne Bügel).
Um die Frage, ob die Kurwürde ursprünglich an Bayern oder die Pfalz gebunden gewesen sei, entbrannte im frühen 17. Jh. ein heftiger Streit zwischen Pfälzer und bayerischen Historikern. Von Pfälzer Seite wurde dabei auch auf die vorliegende Darstellung als Beleg für die Kurwürde der Pfalzgrafen bei Rhein verwiesen. J. E.

Kat. der kgl. Gemäldegalerie zu Schleißheim, München 1914², 276, Nr. 3 (Wittelsbacher Ahnengalerie); KDB II, Oberpfalz u. Regensburg 16, Stadt Amberg 136f.

München, Bayerische Staatsgemäldesammlungen (4469)

108 FRIEDENSVERTRAG ZWISCHEN BISCHOF KONRAD IV. VON REGENSBURG UND HERZOG LUDWIG I. VON BAYERN

1205

Pergament; 2 Siegel an roten Seidenschnüren anhängend. 56,5 x 37 cm

Bischof Konrad IV. von Regensburg und Herzog Ludwig I. von Bayern schließen einen Friedens- und Beistandsvertrag; der Herzog schenkt der Regensburger Kirche für den Fall, daß er ohne legitime Erben stirbt, zu seinem und seiner Eltern Seelenheil eine Reihe von Burgen und Gütern (u. a. Kelheim, Burglengenfeld, Regenstauf, Stefling, Wolfhering, Parsberg und Landshut), und der Bischof belehnt den Herzog mit den landgräflichen Lehen im Gebirge (die späteren Landgerichte Kufstein, Rattenberg und Kitzbühel); weitere Bestimmungen für den Fall, daß der Herzog dem Bischof auch das Herzogsamt vermache, für Rechtsprechung, Geleit, Steuern, Marktrecht, Salzhandel und Münze; ein allgemeiner Landfriede wird verkündet.

Herzog Ludwig I. war es in den letzten Jahren des 12. Jh. gelungen, nach dem Aussterben der landgräflichen Linie der mächtigen Familie der Paponen (1196) auf dem Erbwege deren Besitzungen um Regensburg und die Landgrafschaft, die er den Leuchtenbergern weiterverlieh, zu gewinnen. Nunmehr trat der Kampf um Regensburg, die alte Hauptstadt des Herzogtums, in die entscheidende Phase. Stadt und Bischof hatten vom Reich bereits bedeutende Unterstützung auf Kosten der Herzogsrechte erhalten; als aber Bischof Konrad dem Herzog auch die hochstiftischen Lehen der Landgrafen vorenthielt, wagte Herzog Ludwig den Kampf. Nach kriegerischen Auseinandersetzungen kam es zu dem Schied von 1205, einem Ausgleich zwischen Gleichberechtigten, dem weitere in den beiden nächsten Jahrzehnten folgten. Damit entschied sich Regensburgs Zukunft mit dem eigenartigen Nebeneinander von geistlicher Herrschaft und reichsstädtischer Selbstbestimmung, während der Herzog sich zurückziehen mußte und seinen Nutzen in dem erheblichen Landgewinn in der Oberpfalz und um Kufstein, Rattenberg und Kitzbühel fand. H. W.

Druck: MW I, 4–9, Nr. 2; Dokumente I/2, 319 f., Nr. 209. – Regest: RB II, 18, BWR 5; Hofmann, Urkundenwesen Nr. 17. – Lit.: G. Hable, Geschichte Regensburgs. Eine Übersicht nach Sachgebieten, 1970, 213 (Teildruck); S. Rietschel, Das Burggrafenamt und die hohe Gerichtsbarkeit in den deutschen Bischofsstädten während des frühen Mittelalters, 1965, 89 f.; Riezler II 29 ff.; P. Schmid, Regensburg. Stadt der Könige und Herzöge im Mittelalter (Regensburger Hist. Forschungen 6) 1977, 185; G. Schwertl, Die Beziehungen der Herzöge von Bayern und Pfalzgrafen bei Rhein zur Kirche 1180–1294 (MBM 9) 1968, 144 ff.; Spindler II 26; K. O. Ambronn, Verwaltung, Kanzlei und Urkundenwesen der Reichsstadt Regensburg im 13. Jh. (MHStud., Abt. gesch. Hilfswiss. 6) 1968, 6.

München, Bayerisches Hauptstaatsarchiv (Hochstift Regensburg Urk. 13)

109 FRIEDENSVERTRAG ZWISCHEN BISCHOF KONRAD I. VON FREISING UND HERZOG OTTO II. VON BAYERN

Landshut, 28. August 1240

Pergament; am linken oberen Rand Mäusefraß; Siegel Bischof Konrads und Herzog Ottos (beschädigt), an gelben Seidenschnüren anhängend. 28 x 31 cm.

Herzog Otto II. von Bayern verspricht nach seiner Aussöhnung mit Bischof Konrad I. von Freising, die Rechte und Freiheiten der Freisinger Kirche und des Klerus zur Nachlassung seiner, seiner Gemahlin und seines Vaters Ludwig Sünden gewissenhaft zu beachten und im besonderen künftig an Klerus und Kirche keine ungerechten Forderungen, wie Beherbergung von Knechten, Rittern und Jägern, Stellung von Pferden und Leistung von Herbergssteuer zu stellen; dagegen verpflichtet sich Bischof Konrad, von seinem Klerus nur das Kathedraticum von 24 Pfennig und sonstige kirchenrechtlich gestattete Abgaben zu erheben.
Mit diesem Friedensvertrag wurden die schweren Kämpfe vorläufig beendet, die zwischen dem Freisinger Bischof Konrad I. (1230–1258) und den bayerischen Herzögen seit 1230 getobt hatten. Am Anfang dieser Auseinandersetzung stand ein wichtiger Erfolg Herzog Ludwigs I.: Wohl Ende 1229 belehnte ihn Bischof Gerold (1220–1230) mit der Stadt Freising. Damit hätte sich für den Herzog die Möglichkeit eröffnet, wenigstens eines der bayerischen Hochstifte landsässig zu machen, also seiner weltlichen Gewalt zu unterwerfen. Den bayerischen Bischöfen gelang es allerdings mit Hilfe des Kaisers und des Papstes schon 1230, diesen verhängnisvollen Schritt rückgängig zu machen.
In dem 1240 erfolgten Friedensschluß mußte der Herzog sich gewichtiger Rechte begeben, die er wohl als Hochstiftsvogt gefordert hatte: Einlager herzoglicher Leute, Stellung von Pferden und Beherbergungspflicht. Damit war ein erster Schritt zur Entvogtung des Freisinger Hochstifts getan, der erst 1300 zur endgültigen Aufgabe der Vogtei durch die bayerischen Herzöge führte. Der päpstliche Abgesandte Albert Beham bezeichnete den Vertrag von 1240 als Sieg der kaiserlichen Partei und forderte den Papst auf, das Vertragswerk als nichtig zu erklären. Dies unterblieb aber auf Grund der sich entwickelnden neuen politischen Frontstellung. H. W.

Druck: MW I, 69 ff., Nr. 31. – Regest: RB, 302; BWR 19; Reg. Pfalzgr. 25, Nr. 453; Hofmann, Urkundenwesen 231, Nr. 162. – Lit.: Riezler II 76; Spindler, Landesfürstentum 60 f.; G. Schwertl, Die Beziehungen der Herzöge und Pfalzgrafen bei Rhein zur Kirche 1180–1294 (MBM 9) 1968, 133 ff.

München, Bayerisches Hauptstaatsarchiv (Hochstift Freising Urk. 65)

110 BELEHNUNG DER HERZÖGE VON BAYERN MIT DEN BAMBERGISCHEN LEHEN DER GRAFEN VON BOGEN

Esslingen, 1228

Pergament (S. 2 fehlt); von 6 Siegeln 5 stark beschädigt erhalten, an farbigen Seidenschnüren hängend. 28x24 cm

Bischof Ekbert von Bamberg (1203–1237) verleiht Herzog Ludwig von Bayern und dessen Sohn Otto die bambergischen Lehen beiderseits der Donau zwischen Passau und Regensburg, die sich Graf Albert III. von Bogen, dessen Sohn Albert IV. und dessen Bruder [Bertold III.] angeeignet hatten.
Ende des 12. Jh. hatte sich Graf Albert III. von Bogen gewaltsam in den Besitz der bambergischen Lehen im Donaugau gebracht. Die Bogener waren eines der mächtigsten Adelsgeschlechter im Herzogtum Bayern und in ihren Bestrebungen, ihren Machtbereich auszudehnen, einer der größten Gegner der Wittelsbacher beim Ausbau ihres Territoriums. Herzog Ludwig war es jedoch nach anfänglichen Schwierigkeiten gelungen, während seiner Herrschaft seine Position so weit zu stärken, daß er Bischof Ekbert von Bamberg – einen Andechser und somit Mitglied einer weiteren den herzoglichen Bestrebungen entgegenarbeitenden Familie – veranlassen konnte, ihm die Donaugau-Lehen zu übertragen. In Besitz nehmen konnte sie allerdings erst nach dem Aussterben der Bogener 1242 sein Sohn Otto II., dem das gesamte Bogener Erbe zufiel. Ähnlich verhielt es sich mit den Bamberger Lehen der Grafen von Hals – besonders der Vogtei von Kloster Niederalteich –, die ebenfalls die Bogener widerrechtlich in Besitz hatten. Bischof Ekbert hatte sie den Wittelsbachern zur gleichen Zeit verliehen, aber auch sie blieben bis 1242 in den Händen der Bogener. A. Ho.

Druck: MW I 42f., Nr. 16. – Regest: RB II 176; AK Staufisches Erbe, Kallmünz 1968. – Lit.: Spindler II 34; Piendl 39ff.

München, Bayerisches Hauptstaatsarchiv (Kurbayern Urk. 1724)

111 WAHL HERZOG LUDWIGS II. ZUM VOGT VON KLOSTER SEEON

19. November 1247, bei Belagerung der Burg Hartmannsberg (Gde. Endorf/Lkr. Rosenheim)

Pergament; 2 Siegelreste an Pergamentstreifen

Abt Ulrich und der Konvent des Benediktinerklosters Seeon wählen Herzog Ludwig, den Sohn Herzog Ottos II., zum Vogt ihres Klosters.
Die Vogtei des Benediktinerklosters Seeon war bis 1229 in Händen der Grafen von Lebenau. Nach dem Tod des letzten Lebenauers zog der Erzbischof von Salzburg die Vogtei ein; 1247 kam sie dann aber doch an Konrad von Wasserburg und wurde nach dessen Vertreibung durch Herzog Ludwig noch im selben Jahr wieder frei. Nach dem Sieg über den Wasserburger hatte sich Ludwig gegen die Grafen von Falkenstein gewandt und deren Burg Hartmannsberg, ganz in der Nähe von Seeon gelegen, belagert, erobert und zusammen mit anderen Besitzungen der Falkensteiner dem wittelsbachischen Territorium einverleibt. Während der Belagerung dieser Burg – wie ausdrücklich in der Urkunde erwähnt wird – wählen Abt und Konvent von Seeon Herzog Ludwig zum Vogt. Obwohl in der Urkunde das Kloster sein durch päpstliche und kaiserliche Privilegien garantiertes Recht der freien Vogtwahl besonders betonte, wurde es doch durch die gegenwärtige militärische Lage zur Wahl Ludwigs bestimmt, dem zur Arrondierung seiner Neuerwerbungen und Ausdehnung seines rechtlichen Einflußbereichs an dieser Vogtei sehr viel gelegen war. Im Vertrag von Erharting von 1254 bestätigte der gewählte Erzbischof Philipp von Salzburg Ludwig als Vogt von Seeon. A. Ho.

Druck: MW I 98f., Nr. 40; MB II 136, Nr. 10. – Regest: RB II 388. AK Staufisches Erbe, Kallmünz 1968, Nr. 7. – Lit.: R. van Dülmen (HAB 26) 1970, 44f., 48–50; J. Doll, Seeon, München 1912; F. Martin, Die kirchliche Vogtei im Erzstift Salzburg (Mitt. d. Ges. f. Salzburger Landeskunde 46) 1906, 339–436, hier 398–400.

München, Bayerisches Hauptstaatsarchiv (Kurbayern Urk. 14555)

112 BELEHNUNG HERZOG OTTOS II. MIT NEUBURG AM INN UND SCHÄRDING

Parma, Juni 1248

Pergament; Siegel fehlt, rot-goldene Seidenschnur noch vorhanden. 14,5x33,5 cm

Kaiser Friedrich II. belehnt Herzog Otto II. von Bayern für dessen treue Dienste mit den Grafschaften Neuburg am Inn und Schärding, die wegen des Verrats und durch die Ächtung Herzog Ottos von Meranien an das Reich heimgefallen sind.
Von Anfang an waren die Herzöge von Andechs-Meranien unter den schärfsten Gegnern der Wittelsbacher beim Ausbau ihres Territoriums. Als nach der Ermordung König Philipps 1208 die Andechser für mitschuldig erklärt und ihre Güter eingezogen wurden und Herzog Ludwig ihre in Bayern gelegenen Güter großenteils an sich brachte, schien die Entscheidung zwischen beiden Familien gefallen zu sein. Aber schon bald wurden die Andechser wieder von der Acht befreit, und es mußte zwangsläufig zu kriegerischen Auseinandersetzungen mit den Wittelsbachern kommen, die die gerade erst erworbenen und für sie sehr wichtigen Gebiete, besonders im südlichen Bayern, nicht kampflos wieder aufgeben wollten. Waren die Erfolge zuerst auf beiden Seiten, gelang es den Wittelsbachern im Lauf der Jahrzehnte, die Andechser immer weiter zurückzudrängen. 1243 und 1246 wurden Wolfratshausen und Starnberg endgültig für das Herzogshaus Bayern gewonnen. In dieser letzten Phase der Auseinandersetzungen wandte sich der bis dahin staufertreue Otto VIII. von Andechs-Meranien der Kirche, d. h. der päpstlichen Partei zu. Die Folgen für ihn waren einschneidend: Kaiser Friedrich II. zog zur Bestrafung des Verräters dessen Reichslehen ein und belehnte den auf seiner Seite stehenden Herzog Otto II. 1248 mit den zwei letzten in Bayern gelegenen Grafschaften

der Andechser, Neuburg am Inn und Schärding. Als der Andechser kurz darauf ohne männliche Erben starb, gelang es Otto II. ohne Schwierigkeiten, in den Besitz der Grafschaften zu kommen. A. Ho.

Druck: MW I 100, Nr. 41; MB XXX 305, Nr. 784; UBLE III 145; Dokumente I/2, Nr. 235. – Regest: RB II 396; Huillard-Bréholles, Historia Diplomatica Friderici II, VI/2 1861, 631 f.; RI V/1 Nr. 3708; AK Staufisches Erbe, Kallmünz 1968, Nr. 8. – Lit.: Spindler II 44 f.; Hofbauer (HAB 20) 1961, 48–50.

München, Bayerisches Hauptstaatsarchiv (Kurbayern Urk. 1718)

113* SIEGEL HERZOG LUDWIGS I.
2. Reitersiegel

Bayern, vor 1210

Umschrift: + LODOWICVS · DEI · GRACIA· DVX· BAWARIE

Braunes Wachs in gleichfarbiger Wachswanne; an weißer Seidenschnur hängend. Oberfläche berieben. Dm. 10 cm

Herzog Ludwig I., gen. der Kelheimer (1183–1231), hat im Laufe seiner Regierung sein Siegel aus heute meist nicht mehr erkennbaren Gründen mehrfach gewechselt; bis zu 12 Siegelstempel werden unterschieden. Das hier gezeigte, das außerdem nur noch in zwei stark beschädigten Exemplaren von 1210 und 1213 überliefert ist, folgt dem ältesten, ab 1191 belegten Siegel in kopienhafter Abhängigkeit: Der Herzog im langen Kettenhemd, mit Glockenhelm, kurzem, um den Hals gehängten Dreiecksschild, reitet auf lebhaft springendem Pferd nach (heraldisch) links. Die Hinterbeine des Pferdes sind weit nach hinten gestreckt und durchstoßen den Schriftrand bis zum äußersten Rand des Siegels, die Vorderhufe sind erhoben. Auch die Figur des Herzogs stößt mit dem Helm in den Schriftrand, so daß das ganze Bildfeld von der Reitergruppe gefüllt scheint. In der Rechten hält er den aufrechten Schaft der Fahnenlanze, deren Tuch hinter seinem Kopf und deren Enden im freien Teil des Siegels hinter seinem Rücken flattern. Die beiden Siegelstempel unterscheiden sich nur durch die Begrenzungslinie zwischen Umschrift und Bildfeld, die im älteren Siegel fehlt, in der breiteren Bildung der Brust des Reiters auf dem zweiten Stempel und entscheidend in der heraldischen Zier des Schildes: Während der Schild auf dem älteren Siegel leer ist, zeigt er auf dem zweiten einen Adler mit rechtsgewendetem Kopf. In der Notwendigkeit oder doch dem Wunsche, sich zu diesem Wappen zu bekennen, dürfen wir den Grund für die Anfertigung eines neuen Stempels sehen.

Die Wahl des Adlers als Schildzier, der später nie mehr von den Wittelsbachern im Wappen geführt wurde und den auch Ludwig I. in seinen verschiedenen neuen Siegelstempeln ab 1214 aufgab, kann nur im Zusammenhang damit gesehen werden, daß nahezu alle, und zwar mehr als ein Dutzend der Reichsfürsten, von denen wir aus der 1. Hälfte des 12. Jh. Reitersiegel kennen, den Adler-Schild führten. Es kann sich dabei nur um den Adler des Königs und Kaisers handeln, dessen heraldisches Zeichen sie als seine Lehensleute übernahmen. Zwar kennen wir das Wappen Kaiser Friedrich Barbarossas nicht, falls er sich überhaupt der neuen aufkommenden Mode der Heraldik angeschlossen hat, da er auf Siegeln naturgemäß thronend und ohne Waffen und nicht wie die Herzöge gerüstet zu Pferde sitzend dargestellt wurde. Doch liefern Münzen den Beweis, daß schon zu seiner Zeit der Adler als scutum imperatoris (Schild des Kaisers) bezeichnet wurde. Auch die bayerischen Pfalzgrafen hatten als königliche Amtsträger den Adler im Wappen gezeigt: Herzog Ludwigs Vater Otto auf seinem Wappensiegel aus dem Jahre 1179 (BayHStA Kloster Rott Urk. 9) ebenso wie sein Onkel Friedrich auf seinem Reitersiegel im Jahre 1166 (Kat. Nr. 47). Das gleiche gilt noch für den letzten Pfalzgrafen von Bayern aus dem Wittelsbacher Hause, Otto, den Vetter Herzog Ludwigs, der als Mörder König Philipps von Schwaben im Jahre 1208 in Bamberg unrühmlich bekannt ist; sein als Fragment erhaltenes Wappensiegel (BayHStA Reichsstadt Regensburg Urk. 6) zeigt ebenfalls einen einköpfigen Adler. Leider ist ein Siegel von Ludwigs Vater Otto aus seiner Zeit als bayerischer Herzog (1180–1183) nicht erhalten. Von den Reichsfürsten der zweiten Jahrhunderthälfte führten nach dem Zeugnis der Reitersiegel im Grunde nur Friedrich V. von Schwaben, kurzfristig Heinrich der Löwe sowie die Fürsten von Flandern, Brabant und Holland eine andere Schildzier, und zwar einen Löwen. Darin eine antikaiserliche Löwenwappen-Gruppe zu sehen, erscheint freilich wenig überzeugend. Vielmehr dürfte sich nach der ersten Phase der die Lehensabhängigkeit verdeutlichenden Wappengleichheit bald eine Entwicklung in Richtung auf größere Unterscheidung mit frei gewählten Wappenbildern angebahnt haben, die nach anfänglicher Bevorzugung der »königlichen« Tiere Adler und Löwe auch bei den meisten Reichsfürsten zu selbständigen Wappen geführt hat. Zu dem später von Herzog Ludwig geführten Zackenbalken vgl. Kat. Nr. 114. R.K.

J. v. Hormayer, Kritisch-diplomatische Beiträge zur Geschichte Tirols im Mittelalter, Teil 2, Wien o. J., 142–145; Hofmann, Urkundenwesen U 26, S. 50 (Typar 2); Primbs, Wappen (wie Kat. Nr. 45) 248–253 u. 264,3a; Primbs, Siegel (wie Kat. Nr. 106) 2 L. I, a; Jochner 392 ff., 403 f., 416 f., 428 ff., Abb. S. 393; J. E. Korn, Adler und Doppeladler. Ein Zeichen im Wandel der Geschichte (Der Herold NF 5/6) 1963/68, passim (336 f. zu den Adlerwappen der Reichsfürsten); AK Wappen in Bayern Nr. 223 (dort irrtümlich als erstes Typar bezeichnet).

Innsbruck, Archiv des Stiftes Wilten (Urk. von 1210, Lade 1 G Nr. 2, Urk. von 1210)

114* SIEGEL HERZOG LUDWIGS I.
3. Reitersiegel

Bayern, 1214

Umschrift (ergänzt nach anderen Exemplaren): + ⋆ LODEWICVS · DEI · GRACIA · DUX · BAWRIE .

Hellbraunes Wachs; an roter Seidenschnur hängend, Ausbrüche im Schriftrand. Dm. 8 cm

Hl. Jakobus. Glasfenster aus Kloster Seligenthal. Bayerisch, Anfang 14. Jahrhundert. Kat. Nr. 154

Das von 1214 bis 1229, möglicherweise sogar bis zur Ermordung des Herzogs im Jahre 1231 verwendete Typar zeigt wie das ältere (Kat. Nr. 113) den Herzog auf nach (heraldisch) links laufendem Pferd, jetzt jedoch mit flachem Topfhelm und kleinem oben gerade abschließendem Reiterschild vor der Brust. Das Fahnentuch des Gonfanon ist gemustert, ohne daß dieser Musterung eine heraldische Bedeutung – möglicherweise sogar im Sinne der späteren bayerischen Rauten oder Wecken – zukäme; die Rauten gelangten in das Wappen der bayerischen Herzöge erst als Erbe der Grafen von Bogen 1247 unter Ludwig II. (vgl. Kat. Nr. 116).
Der um den Hals gehängte Schild zeigt als Wappenbild einen Zackenbalken, den Herzog Ludwig I. seit 1214 auf allen seinen Siegeln – darunter auch dem 1225/26 kurze Zeit belegten pfalzgräflichen Siegel –, führte. Er muß ihn also als sein persönliches Wappen betrachtet haben, seit er den wenige Jahre lang in seinem älteren Reitersiegel (Kat. Nr. 113) wie viele Landesfürsten der ersten heraldischen Zeit geführten Adler des Königs abgelegt hatte. Die Gründe für die Wahl dieser seiner Schildfigur sind nicht erkennbar. Keiner der Nachfolger folgte ihm hierin; bereits sein Sohn Otto II. wählte als Pfalzgraf bei Rhein und als Herzog von Bayern einen Löwen. Lediglich einzelne Siegel Wittelsbacher Ministerialen des späten 13. Jh. und im mittleren 14. Jh. auch die Siegel einiger im 12. Jh. von den Wittelsbacher Pfalzgrafen gegründeter Klöster wie Scheyern, Ensdorf, Indersdorf und Geisenfeld benutzten – doch offenbar als Zeichen ihrer Abhängigkeit von den Wittelsbachern – ein entsprechendes Wappen mit Zackenbalken. Die ältere heraldische Forschung hat hieraus eine ursprüngliche, ansonsten verschüttete Wappentradition innerhalb des Wittelsbacher Hauses erschließen wollen. Da jedoch der Zackenbalken im Kreis der inzwischen zahlreich bekannten frühen Wittelsbacher Siegel ausschließlich bei Ludwig I. auftritt und auch das einzige verlorene Herzogssiegel, das seines Vaters Ottos I., wenn überhaupt eine Wappenfigur, am ehesten einen königlichen Adler gezeigt haben dürfte, kann der Zackenbalken der späteren abhängigen Siegel ebenfalls nur von dem Wappen Ludwigs I. abgeleitet worden sein, ohne daß wir die im 13. und 14. Jh. dafür maßgebenden heraldischen Erwägungen noch ermessen könnten.
Im Verhältnis zum älteren Siegel (Kat. Nr. 113) ist zwar die Figur des Herzogs bewegter, indem Kopf und Oberkörper aus der Richtung des Reitens weg und gleichsam dem Betrachter zugewandt werden. In der Bildung im einzelnen und in der Geschlossenheit der Komposition erreicht es jedoch den künstlerischen Rang des älteren Typars nicht. Die Schwierigkeiten, die der Siegelschneider in der Einbindung der Reitergruppe in das Siegelrund hatte, werden in dem mehrfachen Abknicken der Vorderhufe des Pferdes und in der ungleichmäßigen Füllung des Bildfeldes nur allzu deutlich. R. K.

P. J. Meij, Gelderse Charters uit München teruggekeerd, s'Gravenhage 1953, Nr. 7a; Hofmann, Urkundenwesen U 67, S. 50 (Typar 3), dort auch zu den weiteren Siegeln Ludwigs; Primbs, Wappen (wie Kat. Nr. 45) 253–255 u. 264,3c; Primbs, Siegel (Kat. Nr. 106) 2, L. I, c; Jochner 403 mit Abb.; AK Wappen in Bayern 134 u. Nr. 225 (dort als 2. Typar bezeichnet).

Arnheim, Rijksarchief in Gelderland (Gelderse Charters, Nr. 7a: [1224, Mai])

115 SIEGEL OTTOS II. ALS PFALZGRAF BEI RHEIN

Bayern oder Pfalz, wohl 1228

Umschrift: + · OTTO · DEI · GR[ATI]A · PALATINVS · COMES · RHENI ·

Dunkelbraunes Wachs mit Resten eines gleichfarbigen Wachsrandes, an zeitweilig durchgerissener, wiederbefestigter Pergamentpressel. Ausbrüche am Rand; besonders an Kopf und Schild des Reiters berieben; kleinere durch Austrocknen des Wachses bedingte Löcher in der Oberfläche. Das Siegel wird durch eine wohl zeitgenössische Hülle aus gelber Seide mit Goldbrokatmuster geschützt. Dm. 8 cm

Auch nach der Hochzeit zwischen Otto und Agnes trat dieser als selbständiger Pfalzgraf – wohl mit Rücksicht auf seinen noch lebenden Schwiegervater Heinrich den Langen, der den Titel eines Pfalzgrafen bis zu seinem Tode 1227 niemals aufgegeben hatte – erst ab 1228 auf.
Ottos wohl damals entstandenes Siegel als Pfalzgraf bei Rhein ist nur in drei Exemplaren aus den Jahren 1229–1231 erhalten. In enger Anlehnung an das 1225 und 1226 belegte Siegel seines Vaters als Pfalzgraf bei Rhein zeigt es ihn auf nach (heraldisch) links springendem zierlichem Pferd mit auffallend kleinem Kopf und spitzen Ohren. Der Reiter trägt einen schweren Topfhelm; die nach rückwärts wehenden Schöße des über dem Kettenhemd getragenen langen Waffenrocks zeigen die schnelle Bewegung des Reitens an. In dem Freiraum hinter seinem Rücken schwingt er in weitausholender Gebärde mit dem rechten Arm das gezogene Schwert. Ein solches gezogenes, über dem Kopf oder der Schulter geschwungenes Schwert anstelle der Fahnenlanze zeigen auch andere zeitgenössische Fürstensiegel; eine überzeugende Erklärung für diese Unterschiede scheint bisher jedoch nicht möglich. Überwiegt im allgemeinen bei den Landesfürsten der Gonfanon, so daß es den Anschein hat, das gezückte Schwert werde möglicherweise von weniger bedeutenden ein Reitersiegel führenden Herren bevorzugt, so wird bei Ludwig I. und Otto II. eine eher gegenteilige Tradition deutlich. Beide führen ein Schwert nur als Pfalzgraf bei Rhein, obwohl gerade die rheinischen Pfalzgrafen unter den weltlichen Fürsten des Reiches die erste Stelle einnahmen, auf ihren sämtlichen Siegeln als Herzöge von Bayern aber den Gonfanon.
Der um den Hals des Pfalzgrafen hängende kurze Reiterschild zeigt, wenn auf den wenigen erhaltenen Exemplaren auch nur noch undeutlich erkennbar, einen steigenden ungekrönten Löwen nach rechts. Ludwig I. hatte wie auf seinen bayerischen Siegeln auch als Pfalzgraf den Zackenbal-

113

ken geführt (vgl. Kat. Nr. 114). Auf dem Pfalzgrafensiegel Ottos II. erscheint damit zum erstenmal der seitdem für das Wittelsbacher und spätere bayerische Wappen bezeichnende Löwe. In der Literatur galt dieser Löwe lange als pfälzisches Erbgut, der von den welfischen Pfalzgrafen und von diesen wiederum von ihren Vorgängern aus dem staufischen Hause übernommen worden sei. Löwen sind zwar die Wappentiere der Welfen wie der Staufer, wenn sie auch nicht in der hier auftretenden und für die Wittelsbacher seitdem kanonisch gewordenen Form des steigenden Löwen auftreten. Von dem welfischen Pfalzgrafen Heinrich dem Jüngeren (gest. 1214) ist kein Siegel bekannt. Sein Vater, Pfalzgraf Heinrich der Lange, zeigte in seinen Siegeln als Pfalzgraf wie als Herzog von Braunschweig, nachdem er zunächst wie viele Reichsfürsten den Adler des Königs geführt hatte, im Schild zwei hersehende laufende Löwen, in der Sprache der Heraldik also Leoparden, die in dieser Form möglicherweise aus dem englischen Wappen seiner Mutter übernommen sind.

114

Von seinem Vorgänger, Pfalzgraf Konrad von Hohenstaufen (1156–1195), ist trotz der langen Regierungszeit kein Siegel erhalten. Doch weisen die relativ spärlichen und späten Belege auch für das staufische Familienwappen – die diesem Hause angehörenden Könige und Kaiser wurden in ihren Siegeln naturgemäß nicht mit Schild und Waffen, sondern als thronende Herrscher dargestellt – eher auf eine Bevorzugung laufender Löwen in der Zwei- oder Dreizahl hin. Unbezweifelbar kennzeichnet diese Frühzeit der Heraldik noch eine gewisse Freiheit in der Wahl und Ausgestaltung heraldischer Symbole im Gegensatz zu der Strenge und Starre späterer Unterscheidungen. Man wird nicht ausschließen können, daß Otto den für die spätere Entwicklung verbindlich werdenden steigenden Löwen auch in Anlehnung an die zahlreichen Wappen mit steigendem Löwen einer großen Gruppe westlicher Herren des hohen Adels, vor allem der Grafen und Herzöge von Flandern, Brabant und Holland, gewählt haben kann (so auch neuerdings Volkert), ähnlich wie seinerzeit sein Vater, nachdem er den ursprünglich geführten Königsadler abgelegt und offenbar frei den Zackenbalken gewählt hatte. Eine Otto vorausgehende ältere Tradition eines pfälzischen Löwen ist jedenfalls nicht beweisbar. R.K.

K. Rossel, Urkundenbuch der Abtei Eberbach im Rheingau I, Wiesbaden 1862, Nr. 231 (mit falscher Datierung); Hofmann, Urkundenwesen U 101 u. S. 78 (Typar 1), dort auch zu den späteren Siegeln Ottos; Jochner 403–404; G. Braun v. Stumm, Der Münzfund von Merzig, mit einem heraldischen Exkurs (Bericht d. staatl. Denkmalpflege Saarland 6) 1953, 83–153, 120–124 (dort im weiteren auch zu den westlichen Löwensiegeln); M. A. Beelarts van Blockland, Quelques remarques sur l'aigle et de lion comme figures héraldiques (Recueil du septième congrès international des sciences généalogique et héraldique) Den Haag 1964, 95–107 (nur zu den westlichen Löwensiegeln); AK Wappen in Bayern Nr. 299; W. Volkert, Die Bilder in den Wappen der Wittelsbacher (WB I/1).

Wiesbaden, Hessisches Hauptstaatsarchiv (Urk. 22,141: [1228–31] Aug. 24)

116* SIEGEL HERZOG LUDWIGS II. VON OBERBAYERN

Wappensiegel

Bayern, 1247

Umschrift (nach anderen Exemplaren ergänzt): + .S. LVDEWICI · PALA[TIN]I · COMI[TIS · RENI · DVCIS· BAW]-ARIE

116

Hellrotes Wachs; an roter und gelber Seidenschnur hängend, mit alter weißer Leinenschutzhülle. Schriftrand und Teil des Bildfeldes links abgebrochen, der Rautenschild jedoch vollständig; außerdem kleinerer Ausbruch im Schriftrand. Oberfläche einiger Rauten leicht berieben. Dm. 7 cm

Herzog Ludwig II. (1253–1294) regierte nach dem Tode seines Vaters Herzog Ottos II. im Jahre 1253 zunächst gemeinsam mit seinem jüngeren Bruder Heinrich XIII. (1253–1290) in Bayern und in der Pfalzgrafschaft, bis es infolge wachsender Differenzen 1255 zur ersten bayerischen Landesteilung kam, durch die er die Herrschaft in Oberbayern und in der rheinischen Pfalz erhielt. Bis zu diesem Zeitpunkt führten beide Brüder anstelle der sonst im Wittelsbachischen Hause und bei dem ganz überwiegenden Teil der Landesfürsten üblichen Reitersiegel ein bloßes Wappensiegel, das bis auf den Namen in der Umschrift identisch war. Ludwig hatte dieses Siegel schon zu Lebzeiten seines Vaters benutzt; es ist an Urkunden aus den Jahren 1247 bis 1255 nachweisbar und wird nicht vor 1247 entstanden sein, da Ludwig damals erst 18 Jahre alt war und vorher kaum Urkunden ausgestellt haben dürfte. Abdrücke des Siegels sind nur als Fragmente oder in beschädigtem Zustand überkommen. Seit 1255 führte Ludwig, seit 1271 auch sein Bruder dem allgemeinen Brauch ihrer Zeit entsprechend Reitersiegel.

Im Wappensiegel ist dem mit einer Rundbogenreihe begrenzten Bildfeld ein plastisch gewölbter Wappenschild mit 23 Rauten aufgelegt, von denen die oberen durch den Schriftrand schräg angeschnitten werden. Alternierend wechseln insgesamt zwölf plastisch hervortretende Rauten, die mit einem die Rautenform wiederholenden Linienmuster verziert sind, mit elf vertieften Feldern ohne Musterung der Oberfläche.

Bei dem Rauten- oder nach dem Sprachgebrauch der mittelalterlichen Quellen dem sog. Weckenschild handelt es sich um das seit Beginn des 13. Jh. belegte Wappen der Grafen von Bogen, deren Erbe die Wittelsbacher 1242 übernommen hatten. Dieses von Ludwig II. als erstem Wittelsbacher geführte und später auch in seinen Reitersiegeln beibehaltene Wappen, bald auf die Zahl von 21 Rauten und den Farbwechsel von Silber und Blau, beginnend mit der ersten angeschnittenen Raute in der (heraldisch) rechten oberen Ecke, fixiert, wurde seitdem zum Wappen des bayerischen Herzogtums. In Verbindung mit dem steigenden gekrönten Löwen, der meist als Wappen der Rheinpfalz angesehen, im Mittelalter oft aber auch als bayerischer Schild bezeichnet wurde, bildete der Rautenschild fortan den wichtigsten Bestandteil des wittelsbachisch-bayerischen Wappens bis in die Neuzeit. R.K.

117

Rossel (wie Kat. Nr. 115) Nr. 256; Hofmann, Urkundenwesen U 237, S. 137 ff. (1. Typar); Primbs, Wappen (wie Kat. Nr. 45) 257–260 u. 265,6 a; Primbs, Siegel (wie Kat. Nr. 106) 3 L. II., a; Jochner 404 u. Abb. S. 416 (Siegel Heinrichs XIII.); G. Braun v. Stumm, Der Münzfund von Merzig, mit einem heraldischen Exkurs (Bericht d. staatl. Denkmalpflege Saarland 6) 1953, 145 f. m. Abb. 57 (Siegel eines Grafen von Bogen von 1209); AK Wappen in Bayern Nr. 204 (u. 205 mit Taf. XIV: Siegel Herzog Heinrichs I.); W. Volkert, Die Bilder in den Wappen der Wittelsbacher (WB I/1).

Wiesbaden, Hessisches Hauptstaatsarchiv (Urk. 22,155: 1249, Aug. 11)

117* SIEGEL DES BAYERISCHEN PFALZGRAFEN RAPOTO II.

Bayern, wohl vor 1209 (vor 1215)

Umschrift (heute nur noch undeutlich, hier ergänzt nach der Urk. BayHStA I, Passau, Domkapitel 36: 1227, April 17): ++ RAPOTO · COMES · PALATINVS · BAWARIE

Braunes fleckiges Wachs; an rotbrauner Seidenschnur in alter Pergament-Schutzhülle hängend. Oberfläche heute weitgehend zerstört, Rand teilweise ausbröckelnd. Rund, Dm. 7,2 cm

Rapoto II. aus dem Hause Spanheim-Ortenburg war seit 1209 bis zu seinem Tode 1231 Pfalzgraf in Bayern. Durch die Häufung von Grafschaftsrechten, Kirchenlehen und Vogteien war er praktisch Herr des Chiemgaues und des Rottals. Daß er Schwager Herzog Ludwigs I. war – wie dieser war er mit einer Přemyslidin, der Schwester der bayerischen Herzogin Ludmilla, verheiratet –, verstärkte seinen Einfluß.
Das Siegel mit dem nach links gewendeten steigenden Fabeltier, einem sog. Panther, vor blütenübersätem Grund ist jedenfalls 1215 an einer Urkunde belegt (BayHStA I, Passau, Domkapitel 24: 1215), dürfte aber bereits nach der Belehnung Rapotos mit der bayerischen Pfalzgrafschaft 1205 entstanden sein. Der Panther war das heraldische Zeichen des gesamten aus Rheinfranken stammenden hochadeligen Hauses der Spanheimer. Für die aus diesem Hause stammenden Herzöge von Kärnten ist er seit 1163, für die Markgrafen bzw. Herzöge von Steiermark seit 1159 und 1182 bezeugt. Auch die nach Ortenburg benannte bayerische Linie führte den Panther, und zwar bis zu ihrem Aussterben im Jahre 1248: Rapoto II. nach links gewendet, sein Sohn und Nachfolger als bayerischer Pfalzgraf Rapoto III. in rechtsgewendeter Form. Von ihm übernahm ihn Herzog Heinrich XIII., der 1255 den größten Teil des Spanheim-Ortenburgischen Erbes an sich gebracht hatte, in seinem zweiten Reitersiegel, so daß der Panther auf diese Weise in das bayerische Wappen einging (vgl. Kat. 149 u. 150). R.K.

MB II 196–198, Nr. 15 (dort Siegeltaf. II, Nr. 13: Panthersiegel Rapotos III.); E. Graf zu Ortenburg-Tambach, Geschichte des reichsständischen, herzoglichen und gräflichen Gesamthauses Ortenburg 2, Vilshofen 1932, 43–60 (zum Siegelführer); AK Wappen in Bayern Nr. 212 u. Abb. Taf. XIV.

München, Bayerisches Hauptstaatsarchiv (Kloster Baumburg Urk. 13: 1228)

118 PFENNIG

Niederbayern, Herzog Heinrich I. (XIII.) (1255–1290), Münzstätte Regensburg

Silber, geprägt, Dm. 18 mm, 1,04 g

Vorderseite: In einem Wulstreif ein schreitender Panther, darüber .H.DVX .

Rückseite: Nebeneinander stehend der Bischof mit Krummstab und der Herzog mit Schwert. D.St.

H. Buchenau, Regensburger Pfennigmünzung unter den niederbayerischen Herzögen (MBNG 42) 1924, 5–19, S. 14.

München, Staatliche Münzsammlung

119 CONFOEDERATIO CUM PRINCIPIBUS ECCLESIASTICIS

Frankfurt, 26. April 1220

Pergament; Siegel abgegangen. 49x59–51 cm

König Friedrich II. verspricht den geistlichen Fürsten u.a., daß deren Nachlaß niemals für das Reichsgut beansprucht werden solle; neue Zoll- und Münzstätten dürfen auf dem Gebiet der geistlichen Fürsten gegen deren Willen nicht errichtet werden, ebenso keine Städte und Burgen; widerrechtlich angelegte Städte und Burgen sollen zerstört werden; Übergriffe der königlichen Amtleute in den Städten der geistlichen Fürsten werden verboten; wer exkommuniziert ist, soll nach sechs Wochen vom König gebannt werden (insgesamt 11 Einzelbestimmungen).
Um die Zustimmung zur Wahl seines Sohnes Heinrich (VII.) zum deutschen König zu erreichen, ließ König Friedrich II. die Rechte der geistlichen Fürsten zusammenstellen. Die Wahl Heinrichs, der seit 1216/17 Herzog von Schwaben und seit 1219 Rektor von Burgund war, wurde wegen Friedrichs bevorstehender Reise nach Rom, wo er im gleichen Jahr noch von Papst Honorius III. zum Kaiser gekrönt wurde, und wegen des geplanten Kreuzzuges notwendig. Friedrich II. hatte die Abreise bereits mehrmals verschoben, bevor die Fürsten im letzten Augenblick einlenkten und Heinrich zum König wählten. Die daraufhin erfolgten Zugeständnisse des Königs in der ›Confoederatio‹ begünstigten die Ausbildung der Landesherrschaft (*plena potestas*) in den Territorien der Kirchenfürsten, wenngleich die einzelnen Bestimmungen wohl keine neuen Rechte schufen. Vielmehr sollten bereits ausgeübte Rechte endgültig durch das Königtum anerkannt und dadurch zukünftigen Streitigkeiten entzogen werden. H.-J.H.

Druck: MGH Const. II Nr. 73; MB XXX a Nr. 649; L. Weinrich, Quellen zur deutschen Verfassungs-, Wirtschafts- und Sozialgeschichte bis 1250, 1977, Nr. 95; Zeumer Nr. 39. – Regest: RI V/1, Nr. 1114. – Lit.: E. Klingelhöfer, Die Reichsgesetze von 1220, 1231/32 und 1235, Weimar 1952; E. Schrader, Zur Deutung der Fürstenprivilegien von 1220 und 1231/32 (Stupor Mundi, hg. v. G. Wolf) 1966, 396–419; P. Zinsmaier, Zur Diplomatik der Reichsgesetze Kaiser Friedrichs II. (1216, 1220, 1231/32, 1235) (ZRG GA 80) 1963, 82–117; AK Bayerns Kirche im Mittelalter Nr. 198; AK Staufer Nr. 14.

München, Bayerisches Hauptstaatsarchiv (Kaiserselekt 649)

120 STATUTUM IN FAVOREM PRINCIPUM

Cividale, Mai 1232

Pergament; Goldbulle lose beiliegend. 38–40x45,5–47 cm

Kaiser Friedrich II. erneuert das von seinem Sohn König Heinrich (VII.) ein Jahr zuvor erlassene Gesetz zugunsten der Landesherren. Er bestimmt u.a., daß auf kirchlichem Grund keine neue Burg oder Stadt gebaut werden soll; jeder Fürst soll seine Herrschaft, gleich ob frei oder verlehnt, unangefochten nutzen; es darf keine außerhalb der Städte wohnenden Pfahlbürger mehr geben; die Eigenleute des Adels und der Kirche sollen nicht mehr in den königlichen Städten aufgenommen werden; die königlichen Städte dürfen auch keine landschädlichen Leute und Geächtete aufnehmen; die städtische Gerichtsbarkeit soll auf das Gebiet der Stadt beschränkt bleiben (insgesamt 23 Einzelbestimmungen).

Nach dem Bruch König Heinrichs (VII.) mit dem für ihn eingesetzten Regenten Herzog Ludwig I. von Bayern im Jahre 1228 steuerte der junge König eine selbständige städtefreundliche Politik. Sein Vater Kaiser Friedrich II. benötigte für seine Italienpolitik jedoch die Hilfe der deutschen Fürsten. Diese wurden dadurch in die Lage versetzt, Heinrich (VII.) die städtefeindliche *Constitutio in favorem principum* auf dem Hoftag zu Worms 1231 abzunötigen. Da der König seine städtefreundliche Politik fortsetzte, wurde das Gesetz 1232 von Kaiser Friedrich II. in Anwesenheit seines Sohnes bestätigt. Den landesherrlichen Gewalten war es damit ähnlich wie bereits 1220 den geistlichen Fürsten mit der *Confoederatio cum principibus ecclesiasticis* (vgl. Kat. Nr. 119) gelungen, ihre Rechte zum Nachteil der königlichen Zentralgewalt verbindlich festlegen zu lassen. H.-J. H.

Druck: MGH Const. II Nr. 171; MB XXX a Nr. 708; Zeumer Nr. 53; L. Weinrich, Quellen zur deutschen Verfassungs-, Wirtschafts- und Sozialgeschichte bis 1250, 1977, Nr. 114. – Regest: RI V/1, Nr. 1965. – Lit.: E. Klingelhöfer, Die Reichsgesetze von 1220, 1231/32 und 1235, Weimar 1952; E. Schrader, Zur Deutung der Fürstenprivilegien von 1220 und 1231/32 (Stupor Mundi, hg. v. G. Wolf) 1966, 396–419; P. Zinsmaier, Zur Diplomatik der Reichsgesetze Kaiser Friedrichs II. (1216, 1220, 1231/32, 1235) (ZRG GA 80) 1963, 82–117; AK Staufer Nr. 16 u. 51; AK Aus 1200 Jahren Nr. 46.

München, Bayerisches Hauptstaatsarchiv (Kaiserselekt 707 a [Ausfertigung für den Erzbischof von Mainz])

121

DER LANDESAUSBAU: AMT UND STADT

Kriegerische Auseinandersetzung mit den Gegnern – Betätigung auf der Ebene der Reichspolitik: das war nur die eine Seite der wittelsbachischen Politik im 13. Jh. Daneben betrieben sie gezielt den Ausbau des Landes. Sie gründeten Städte und Märkte als Zentren des wirtschaftlichen Lebens, als Stützen der herzoglichen Finanzen und als feste Plätze im Land. Ganz Bayern überzogen sie mit einem Netz von Verwaltungsmittelpunkten, Ämtern, in deren Nachfolge heute unsere Landkreise stehen. Herzogliche Gewalt, Staatsgewalt, war auf diese Weise überall im Lande präsent. Nur wenige Wegstunden hatte der Untertan bis zum Sitz des herzoglichen Richters und Verwalters, wo er seine Abgaben entrichtete und sein Recht suchte. Die Amtsträger waren Ministerialen der Wittelsbacher, »Dienstleute«, Unfreie, die auf dem Weg über ihr Amt zum niederen Adel aufstiegen. E. J. G.

121* ZWEI LÖWEN MIT WAPPENSCHILDEN AUS KELHEIM

Ende 14. Jahrhundert

Kalkstein, je ca. 90 cm

Die heute durch Kopien ersetzten Steinreliefs befanden sich in Kelheim an der Außenseite des sog. Donautores, das sich als Teil der ehem. Stadtbefestigung an der Südseite der Altstadt erhalten hat. Dargestellt sind zwei Löwen als Schildhalter: die Schilde der Löwen tragen das bayerische Rautenmuster. Die ins späte 14. Jh. zu datierenden Skulpturen gehören der Tradition nach nicht ursprünglich zu dem aus dem 13. Jh. stammenden Donautor, sondern sollen vom alten Kelheimer Herzogsschloß hierher versetzt worden sein. A.H.

KDB IV/7, Kelheim, 199f. Anm. 1, Fig. 171.

Kelheim, zukünftig im Herzogkasten

122* ANSICHT DER STADT KELHEIM

Mitte 17. Jahrhundert

Federzeichnung auf Papier, laviert; auf Leinen aufgezogen. 32,5x47,5 cm

Die Zeichnung bildet die Stadt Kelheim aus nördlicher Richtung ab. Der Platz zwischen Altmühl (im Vordergrund) und Donau (im Hintergrund) war bereits in vorgeschichtlicher Zeit dicht besiedelt.
Die Stadt Kelheim zeigt sich auf diesem Blatt noch weitgehend in mittelalterlicher Gestalt. Der ziemlich regelmäßige

121

Grundriß verweist auf eine Plangründung der frühen Wittelsbacher: nach einer unbestätigten Überlieferung soll Herzog Otto I. der Stadtgründer gewesen sein. Die Siedlung ist von einer Mauer mit drei Toren umschlossen. Die Straßen sind nicht gepflastert. Auf dem Marktplatz in der Mitte der Stadt steht das Rathaus. Links hinten, außerhalb der Stadt, erhebt sich an der Donaubrücke die Herzogsburg, seit dem Erbe der Kelsgaugrafschaft ein hochbedeutender Herrschaftsmittelpunkt der Wittelsbacher. Deutlich zu erkennen ist der ehem. Bergfried. Rechts am Hang des heutigen Michelsberges das Franziskanerkloster, eine Gründung von 1471. E.J.G.

H. Bleibrunner, Kelheim und die Befreiungshalle, 1963, 21 (Abb.); Krausen, Karten Nr. 647.

München, Bayerisches Hauptstaatsarchiv (Plansammlung Nr. 4584)

123–132 FUNDE AUS DEM »BINNENKASTELL« DER BURG KELHEIM

2. Hälfte 12. Jahrhundert

Gefunden bei den Ausgrabungen 1974

Vor der Erweiterung des heutigen, im Bereich der ehem. Burg Kelheim gelegenen Landratsamtes führte das Bayerische Landesamt für Denkmalpflege im Jahre 1974 archäologische Untersuchungen durch, welche die folgenden Ergebnisse hatten:

Eine erste Burggründung erfolgte um 1000 n. Chr. Im 12. Jh. wies die Burg bereits mehrere Steinbauten auf, welche in einem halbkreisförmigen Areal von 180 m Länge und 80 m Tiefe standen. In die Burgfläche wurde in der 2. Hälfte des 12. Jh. ein mächtiger Bergfried von etwa 12 x 12 m Grundfläche hineingesetzt. Dieser Bergfried war von einer Befestigungsmauer umgeben, die in 10 m Abstand auf der Ostseite durch die Ausgrabungen erfaßt wurde. Auf der Südseite steckt die Mauer noch in voller Höhe im heutigen Altbau des Landratsamtes. Dessen Nordwestecke ist gleichzeitig die Südwestecke des »Binnenkastells«, dessen genaue Form somit nur an der Nordseite des Bergfrieds nicht gesichert ist.

Im 15. Jh., wohl im Zusammenhang mit den urkundlich überlieferten Baumaßnahmen von 1476, wurde das Binnenkastell weitgehend verändert. An seine südwestliche Außenseite wurde das heute noch bestehende Amtsgebäude angebaut, die Ostseite wurde zur Außenmauer der reduzierten Burg und mit einem vorgelegten Graben versehen. Die übrigen Mauerzüge, welche gleich dem Bergfried Buk-

122

kelquaderverblendung aufwiesen, wurden geschleift und für den Neubau des Herzogkastens und zweier Stadtmauertürme verwendet.
Die Rekonstruktion des Binnenkastells stützt sich auf Grabungs- und Baubefunde, was die Außenmauer anbetrifft. Höhe und Form des Bergfrieds nach der Holzschnittvorlage für Aspians Topographie. R. Chr.

KDB IV, Niederbayern 7: Bezirksamt Kelheim, 200 ff.; R. Christlein (VHN 100) 1974, 101 f.; Ders. (H. Bleibrunner, Beiträge zur Heimatkunde von Niederbayern III) Landshut 1976, 57 ff.

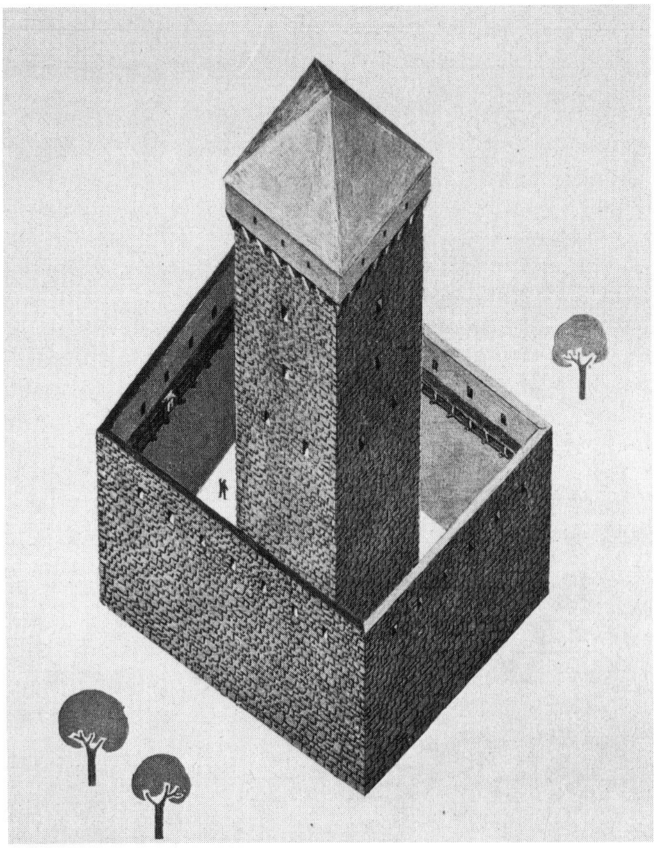

123 GEFÄSSDECKEL

13. Jahrhundert

Ton, scheibengedreht, Dm. 16,8 cm

Deckel aus hellgrauem, hart gebrannten, quarzitgemagerten Ton. Unverziert, Griffknopf ergänzt.

Kelheim, Archäologisches Museum (F. Nr. 69550)

124* GEFÄSSDECKEL

13. Jahrhundert

Ton, scheibengedreht, Dm. 27 cm

Tondeckel, scheibengedreht, grau, grob gemagert. Verzierung durch drei Wellenlinien zwischen konzentrischen Kreisen. Zentraler Griffknopf und Rand seitlich geschlitzt.

Kelheim, Archäologisches Museum (F. Nr. 69512)

125 OFENKACHELN

13./14. Jahrhundert

Ton, scheibengedreht, 8,1/9,2 x 17,7/21,5 cm

Zwei Schüsselkacheln aus hellgrauem, quarzitgemagerten Ton. Sicher einheimische Erzeugnisse.

Kelheim, Archäologisches Museum (F. Nr. 69061 und 69066)

126 SCHÜSSEL

13. Jahrhundert

Ton, scheibengedreht, Höhe 5,7, Dm. 17 cm

Kleine Schüssel aus grauem, grob gemagerten, rauhwandigen Ton, hart gebrannt.

Kelheim, Archäologisches Museum (F. Nr. 69548)

127 TONLAMPE

13. Jahrhundert

Ton, handgemacht

Lämpchen mit eingekniffener Schnauze aus grauem, hart gebrannten, groben Ton. Einheimisch.

Kelheim, Archäologisches Museum (F. Nr. 69069)

128 TOPF

15. Jahrhundert

Ton, scheibengedreht, Höhe 17,2, Dm. 15 cm

Topf mit nach außen umgelegtem Rand, Ton hell/dunkelgrau gefleckt, hart gebrannt. Wohl passauisches Fabrikat.

Kelheim, Archäologisches Museum (F. Nr. 69510)

129* TOPF

15./16. Jahrhundert

Ton, scheibengedreht, Höhe 15,5, Dm. 15 cm

Zylindrischer Topf aus graubraunem, feinen, nicht sehr hart gebrannten Ton. Zwei randständige Henkel. Im Bereich des Deckelfalzes Reste hellgrüner Glasur.
Gefunden in der nach 1476 eingebrachten Auffüllschicht.

Kelheim, Archäologisches Museum (F. Nr. 69504)

130* SCHACHFIGUREN

13. Jahrhundert

Bein, Höhe 3,1/3,0 cm

Zwei Schachfiguren (Springer und Bauer), aus abgesägten

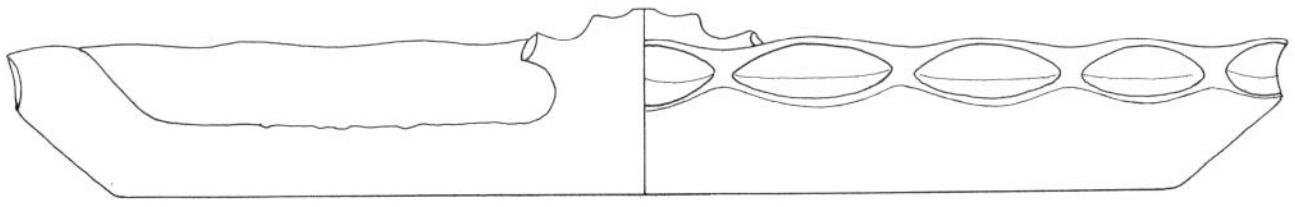

124

Röhrenknochen geschnitzt. Hohlräume durch Knochenspäne verschlossen. Der Springer durch Würfelaugen verziert.

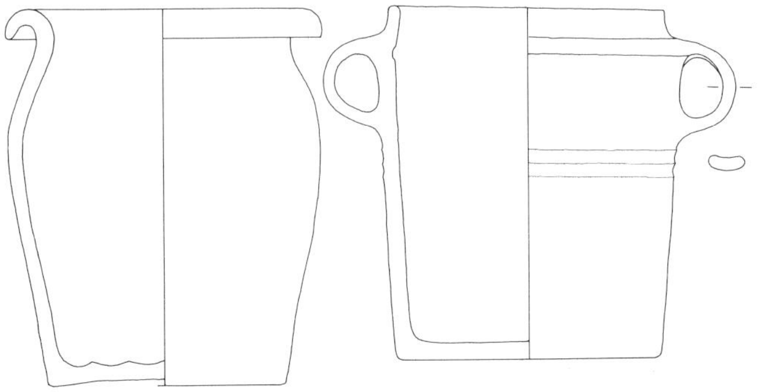

129

Gefunden in einer Schicht der Zeit um 1200.

R. Christlein (VHN 100) 1974, 101f. mit Abb. 27, 1–2 auf S. 101.

Kelheim, Archäologisches Museum (F. Nr. 69517 und 69521)

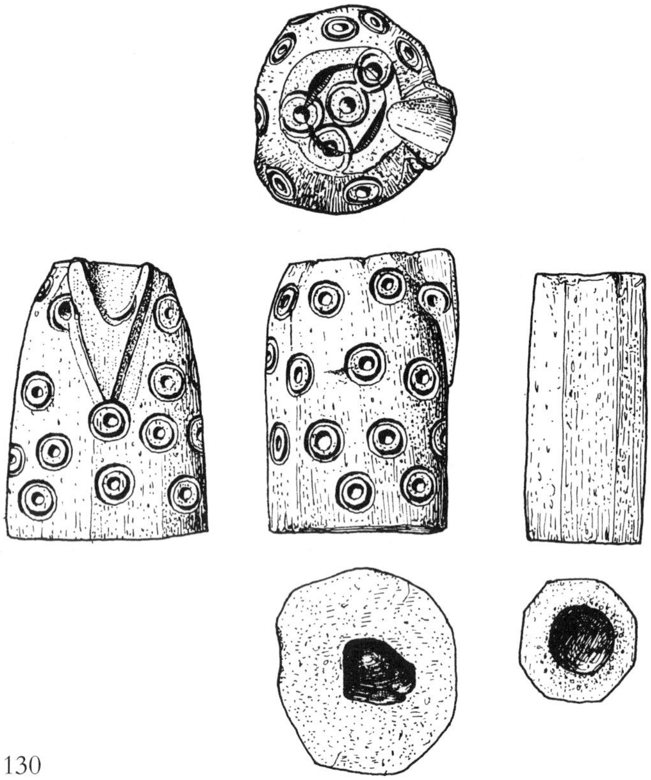

130

131 MÜNZFUND

13. Jahrhundert

Silber

Pfennig von Regensburg, Bistum, Siegfried (1227–1246) oder Albert I. (1246–1260). Bestimmung D. Steinhilber. Gefunden in einer Schicht nach den Umbauten des späten 12. Jh.

Kelheim, Archäologisches Museum (F. Nr. 69541)

132

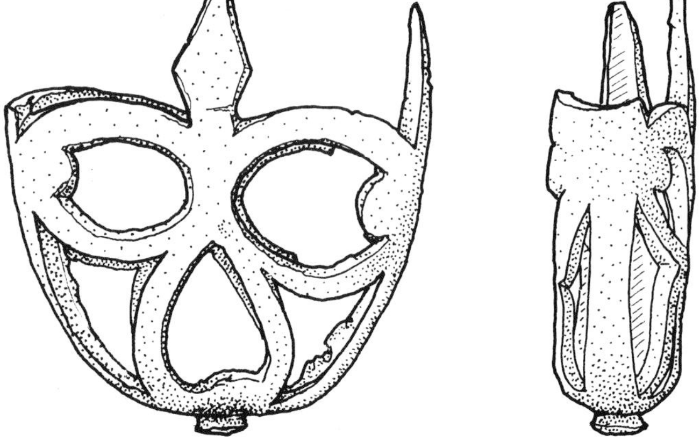

132* SCHWERTORTBAND

11. Jahrhundert

Bronze, gegossen, 3,7 x 3,6 cm

Ortband eines zweischneidigen Schwertes. Bronze, gegossen und nachträglich durchbrochen.
Gefunden in den Schichten der Vorgängerburg.

R. Christlein (VHN 100) 1974, 101f. mit Abb. 27,4 auf S. 101.

Kelheim, Archäologisches Museum (F. Nr. 69542)

133 ANSICHT VON STADT UND BURG VOHBURG

Michael Wening, 1701

Kupferstich, aus ›Historico-Topographica Descriptio . . .‹. (Nachdruck). 12,5x35 cm

Im Kupferstich M. Wenings treten die markantesten Stadtbauten Vohburgs deutlich zutage: die Markgrafenburg mit Teilen jener Burganlage, die Herzog Ernst 1414/15 hatte erbauen lassen, die Neue Pfarre St. Peter auf dem Burgberg mit dem Zwiebelturm (1697) und die alte Stadtpfarrkirche St. Andreas mit dem Spitzturm.
In den Freisinger Traditionen des 9. Jh. wird erstmals ein »Pernhard de Vohapurch« genannt. Er und seine vermutlich edelfreie Familie besaßen auf dem Burgberg eine befestigte, größere Hofanlage, aus der sich in späterer Zeit der Burgsitz entwickelte und um den sich wohl im 9. Jh. Pfarre und Siedlungskern gruppierten. Seit der 2. Hälfte des 11. Jh. nannten sich die Diepoldinger Markgrafen, nachdem sie von Graf Ulrich von Passau, einem Vetter Diepolds III., die Herrschaft Vohburg geerbt hatten, nach dieser und ihrer früheren Neuerwerbung am Regen Grafen von Cham-Vohburg. Als die ältere Linie dieses Geschlechtes mit Berthold III. 1204 ausstarb, fiel Vohburg an Herzog Ludwig I. von Bayern, den Schwager des Verstorbenen. Daß es bereits wenige Jahre später in die bayerische Ämterorganisation integriert wurde, beweist der Eintrag im Herzogsurbar der Jahre 1229/37, wo die Herrschaft als das »Ampte ze Vohburch« erscheint. Erweitert und in mehrere Schergenämter unterteilt wurde es nach Auskunft des Herzogsurbars von 1280 noch im gleichen Jahrhundert.
Vohburg gehörte in der Folgezeit – von einer kurzen Verpfändung an die Burggrafen von Nürnberg abgesehen (1346–1353) – beständig zum Herzogtum bzw. zum Kurfürstentum Bayern. Seinen Stadtcharakter, den es zu Beginn des 14. Jh. kurz besaß, dürfte es mit der Zerstörung der Burg und Schleifung der Mauern durch König Ludwig den Bayern 1316 eingebüßt haben. Erst 1952 erhielt Vohburg wieder die Bezeichnung »Stadt«. E. M.-L.

M. Kirschner, Bilder aus Vohburgs Vergangenheit, 1964; Artikel Vohburg (Bayerisches Städtebuch 1, hg. v. E. Kayser u. Stoob) Stuttgart 1971, 700–703.

München, Haus der Bayerischen Geschichte

134

134* BURG UND MARKT ABBACH AN DER DONAU

Dionys Haberl, Abbach, 1536

Federzeichnung auf Papier, koloriert, 21,5 x 30,5 cm

Die Zeichnung wurde vom herzoglichen Pfleger Dionys Haberl angefertigt, um Hochwasserschäden des Jahres 1536 zu dokumentieren. Sie zeigt den Blick von Westen auf Abbach: Unten die Marktsiedlung, am Hang die Pfarrkirche St. Nikolaus, oben dann, in typischer Spornlage, die Burg Abbach mit Ringmauer, Wohnbau und zwei Türmen. Der eine dieser Türme ist heute der einzige Überrest der ehemals so stolzen Anlage. Rechts ein überbrückter Halsgraben.

Die Burg Abbach ist erstmals am Ende des 10. Jh. erwähnt. Kaiser Heinrich II. soll hier geboren sein (Aventin). 1007 schenkte er die Burg an das neugegründete Bistum Bamberg. Durch Bischof Otto von Bamberg gelangte der Besitz an das von ihm ins Leben gerufene Reformkloster Prüfening, zwischen Abbach und Regensburg gelegen. Zu Beginn des 13. Jh. dann bemächtigte sich Herzog Ludwig I. der Burg. Kloster Prüfening wurde entschädigt.

Um diese Zeit war die Burg, wie aus einer Urkunde hervorgeht, in baufälligem Zustand. Ludwig I. ließ sie instandsetzen.

In den folgenden Jahrhunderten war Abbach Sitz bayerischer Pfleger, also lokales Verwaltungszentrum. Zu Beginn des 18. Jh. wurde das Pflegamt in ein außerhalb des Areals liegendes Gebäude verlegt, 1803 schließlich ganz aufgehoben. Schon 1832 war das Wohngebäude verschwunden, die Ringmauer wurde als Steinbruch benutzt. Die Burg war insgesamt 170–180 m lang und damit eine der großen Anlagen in Bayern. Der heute noch erhaltene, während des letzten Jahres durch Frosteinwirkung stark beschädigte Bergfried (Höhe 27 Meter) weist eine erstaunlich vornehme architektonische Innenausstattung auf. Sie dürfte auf Initiative Ludwigs I. in den Jahren um 1220/30 entstanden sein. E.J.G.

G. M. Gandershofer, Chronik des Marktes Abbach (VHOR 1) 1838, 279–394; KDB IV, Niederbayern 7, 15 (Abb.); H. Bleibrunner, Das kurf. bayer. Wildbad zu Abbach, 1962, m. Abb.; Krausen, Karten Nr. 12.

München, Bayerisches Hauptstaatsarchiv (Plansammlung Nr. 7726)

135* BURGLENGENFELD IN DER OBERPFALZ MIT UMGEBUNG

Nach 1606

Federzeichnung auf Papier, koloriert, 45 x 34,5 cm

Die Zeichnung war Dokument für einen Rechtsstreit um die »Burglengenfelder Lohe«. Dargestellt ist aus der Vogelschau die Gegend zwischen Burglengenfeld, Roding, Winkling, Teublitz und dem Verlauf der Naab. Rechts unten die Siedlung (Markt 1270, Stadt 1542) Burglengenfeld, links davon, auf einem Bergkegel gelegen, die Burg in der Gestalt des frühen 17. Jh.

Burglengenfeld war ursprünglich im Besitz der Grafen von Hopfenohe-(Burg-)Lengenfeld-Pettendorf. 1119 fiel der Ort nach dem Aussterben der Grafen an die Wittelsbacher. Mit diesem Erbe faßten die Wittelsbacher auf dem durch

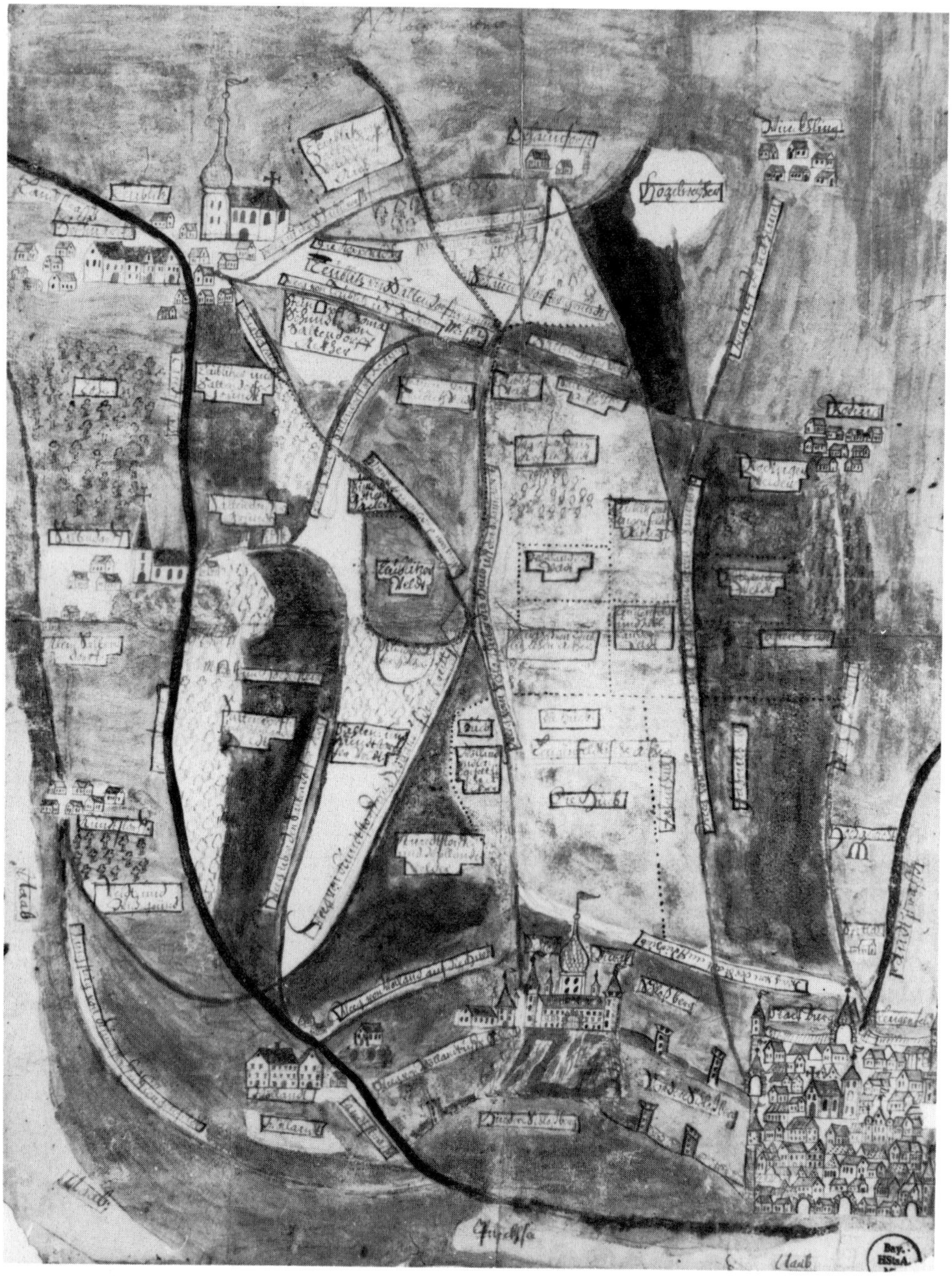

135

Bergbau und Eisenindustrie so bedeutenden Nordgau Fuß. 1123 saßen Ministerialen der Wittelsbacher in Burglengenfeld und verwalteten das gleichnamige Amt. Nach der Landesteilung von 1255 kam Burglengenfeld zu Oberbayern und wurde Sitz eines Viztumamtes – das andere befand sich in München. 1270 gehörten als Unterbehörden die Schergenämter Kallmünz, Pettendorf und (Burg-)Lengenfeld selbst zu diesem Verwaltungsbezirk. Burglengenfeld war eine der größten Burgen der Oberpfalz. 1803 wurde sie zum Teil abgebrochen. E.J.G.

KDB II, Oberpfalz u. Regensburg 5, 10–45; Krausen, Karten Nr. 400.

München, Bayerisches Hauptstaatsarchiv (Plansammlung Nr. 3642)

136* DIE OBERE BURG ZU HEIDELBERG

Ottheinrich, Pfalzgraf von Neuburg (1502–1559), sign. u. dat. oben links: arx sup. in Haydelberck ottohenric. c. p. 1531

Feder und Blei auf ockergetöntem Papier (Nachzeichnung), 14,9x20,7 cm

Die Zeichnung zeigt die Heidelberger Burg vor dem großen Umbau unter Ottheinrich.
Die Burg ist erstmals im Jahr 1225 genannt *(castrum in Heidelberc cum burgo ipsius castri)*. 1303 ist von zwei Burgen die Rede, einer oberen und einer unteren, wie sie auch die Zeichnung deutlich erkennen läßt.
Die Heidelberger Burg war schon zur frühen Wittelsbacherzeit Residenzort. Herzog Otto II. ist hier aufgewachsen und erst nach dem Tod seines Vaters (1231) nach Landshut gezogen.
1537 wurde die Burg zu Heidelberg durch Blitzschlag zerstört. E.J.G.

Heidelberg, Kurpfälzisches Museum

136

137* ANSICHT DER STADT LANDSHUT

Johann Philipp Steidtner (1652–1732), Augsburg, wohl Ende 17. Jahrhundert

Kupferstich, 16,5x31,5 cm

Johann Philipp Steidtner gehörte zur traditionsreichen Augsburger Künstlerfamilie der Steudtner (auch Steudner, Steutner, Steidtner). Er war der Neffe des Goldschmiedes Jacob Steudtner und der Bruder des Kupferstechers Daniel Steudtner. Selbst betätigte er sich als Briefmaler und Verleger. Möglicherweise hat somit auch nicht er, sondern ein Angehöriger seiner Familie, den Stich gefertigt. Zu beziehen jedoch war er – worauf der Vermerk am unteren rechten Bildrand hinweist – über ihn.
Der Kupferstich zeigt Landshut, wie es sich dem von Nordwesten kommenden Besucher noch vor der Mitte des 17. Jh. darstellte. Steidtner oder einer seiner Verwandten dürfte den Stich wesentlich später gestochen haben, hielten

137

sich aber offenbar streng an das Meriansche Vorbild, das 1644 erschien. Selbst in den Legenden stimmen beide Stiche überein (einzige Ausnahme: Merian führt unter B b zusätzlich ein »Abgebrant Schlößl« auf).
Landshut hatte offenbar die schwedische Belagerung des Jahres 1634 baulich gut überstanden. Da die Schweden sich bekanntlich Zugang über die Burg verschafft hatten, blieb die Stadtmauer weitgehend unbeschädigt. Im mittelalterlich anmutenden Stadtbild dominiert nicht die Burg – zu dieser Zeit auch nicht mehr Residenz bayerischer Herzöge – sondern eindeutig die große Bürgerkirche St. Martin. Beim Anblick des überdimensional hoch dargestellten Turmes möchte man der Sage Glauben schenken, wonach die Landshuter den Martinsturm deshalb so hoch bauen ließen, um von dort aus ihren Herzögen in die Schüssel gucken zu können. E.M.-L.

A. Hämmerle, Die Familie der Steudner (Das Schwäbische Museum) 1926, 97–144 mit Stammtaf. u. Lit.; A. Hämmerle, Evangelisches Totenregister zur Kunst- und Handwerksgeschichte Augsburgs, Augsburg 1928, 103.

Landshut, Privatbesitz

138

138* VIER KONSOLSTEINE AUS DER BURG TRAUSNITZ

1. Viertel 13. Jahrhundert

Kalkstein, 37–40x70–90x max. 50–70 cm

Die vier Konsolsteine kamen im Jahre 1967 bei Grabungen in der Alten Dürnitz zum Vorschein, wo sie zur Fundamentverstärkung des östlichen Freipfeilers eingesetzt worden waren. Unklar ist, ob sie jemals ihre Funktion erfüllten oder ob sie noch während des Baus verworfen und als simple Fundamentquader vermauert wurden.
Dargestellt sind vier als Atlanten dienende Figuren, deren Wiedergabe auf die großen Köpfe und die abgeknickten stützenden Arme reduziert ist. Während Herbert Brunner Zusammenhänge mit der lombardischen Plastik des 12. Jh. vermutete, wies W. Sauerländer auf nordfranzösische Skulpturen der Zeit um 1200 hin. Stellvertretend für solche expressiv lebendige Ausformungen sei ein Schlußstein mit der Darstellung eines Paradiesesflusses (?) genannt, der sich in der Chorscheitelkapelle der Abteikirche Sainte-Madeleine in Vézelay befindet (W. Sauerländer, Gotische Skulptur in Frankreich 1140–1270, München 1970, 107, Abb. 46). Die Landshuter Konsolsteine unterscheiden sich von solchen Vorbildern lediglich durch die ausgeprägte Drastik und Derbheit der Ausführung. A.H.

H. Brunner, Die Trausnitzkapelle ob Landshut, München–Zürich 1968, 7f., Abb. 7–10; W. Sauerländer, Die Skulptur des 11. bis 13. Jahrhunderts (AK Bayern – Kunst und Kultur) 47.

Landshut, Burg Trausnitz, Neue Dürnitz

139 ÄLTESTES BAYERISCHES HERZOGSURBAR

1231–1237

Pergamenthandschrift (104 Bl.), 24,5 x 17,5 cm

Das erste bayerische Herzogsurbar ermöglicht einen Überblick über die nutzbaren Besitzungen des Herzogs vor den großen Erwerbungen in der Mitte des 13. Jh. Die zu diesem Zeitpunkt erfolgten Erwerbungen aus den Besitzungen der Grafen von Bogen, Wasserburg, Andechs und Ortenburg sind im Urbar noch nicht enthalten. Dagegen sind die den Wittelsbachern ebenfalls erst nach der Übernahme der Herzogswürde zugefallenen Besitzungen der Herzöge von Meranien-Dachau, der Markgrafen von Vohburg-Cham und der Grafen von Kirchberg bereits aufgeführt. Die besitzgeschichtliche Auswertung des Urbars läßt daher seine Entstehungszeit in den Jahren 1231 bis 1237 erkennen. Die bisherigen Versuche zur weiteren Einengung dieses Zeitraums vermögen noch nicht zu überzeugen.
Das Urbar ist von einer einzigen Hand geschrieben; die Überschriften und Initialen sind mit roter Tinte ausgeführt. Der Text des Urbars ist in deutscher Sprache abgefaßt und stellt damit eines der ältesten und umfangreichsten Denkmäler der deutschen Kanzleisprache dar. Die Verwaltungseinheiten, nach denen der herzogliche Besitz gegliedert ist, werden in den Randvormerkungen *officium,* in den deutschen Überschriften *ampt* genannt. Einzelnen dieser Ämter sind Schergenämter unterstellt. Landshut bildet selbst kein Amt, stellt jedoch die übergeordnete Instanz für 23 Schergenämter dar. Bei dem Amt Wöhr ist fraglich, ob ihm wirklich fünf Schergenämter unterstellt waren, oder ob es nicht wie diese nur ein nach Vohburg gehöriges Schergenamt war. Aichach und Bayerdilling werden als Kasten (granarium) bezeichnet. J.G.

Druck: MB XXXVI, I, 3–128. – Lit.: W. Volkert, Die älteren bayerischen Herzogsurbare (Bll. f. oberdeutsche Namenforschung 7) 1966, 1–32; Hofmann, Urkundenwesen 48f.; AK Staufisches Erbe, Kallmünz 1968, Nr. 1; AK aus 1200 Jahren Nr. 47.

München, Bayerisches Hauptstaatsarchiv (Staatsverwaltung 1064)

141

141
Ludwig II., Maria von Brabant und Anna von Glogau

DIE HERZÖGE LUDWIG II., GENANNT DER STRENGE UND HEINRICH XIII.

Unter der Regierung Herzog Ludwigs II. (geb. 1229, Herzog 1253, gest. 1294) und Herzog Heinrichs XIII. (geb. 1235, Herzog 1253, gest. 1290) erhielt der bayerische Territorialstaat seine Abrundung und Konsolidierung.
In den Verträgen von 1253 (Regensburg), 1254 (Salzburg), 1261 (Freising) und 1262 (Passau) kam es zum Interessenausgleich mit den Bischöfen, der im Ergebnis – mit Ausnahme Salzburgs – ihre Einschnürung in enge Territorien bedeutete. An adeligem Besitz konnten Güter der Grafen von Ortenburg (1259/72) um Eggenfelden, Pfarrkirchen und Oberviechtach, und von den Grafen von Moosburg erworben werden (1281). Den wichtigsten abschließenden Baustein jedoch bildete das »Konradinische Erbe« von 1268.
Konradin, der letzte Vertreter des staufischen Hauses, ein Neffe Herzog Ludwigs II., war in Bayern aufgewachsen. Schon 1263 setzte er testamentarisch den Onkel zum Erben seines gesamten Besitzes ein. Als Konradin sein Erbe in Italien, das mit Hilfe des Papstes Karl von Anjou an sich gerissen hatte, in Besitz nehmen wollte, unterstützten ihn die bayerischen Herzöge bei der Vorbereitung seines Italienzuges. Gegen die Verpfändung wichtiger Burgen und Vogteien auf dem Nordgau und gegen die Verpfändung der Stadt Donauwörth (1266) überließen sie ihm 4000 Mark Silber. 1266 erneuerte Konradin auch sein Testament von 1263. 1268 brach er mit 3000 Rittern nach Italien auf. Bei Tagliacozzo unterlag er Karl von Anjou im August, und am 29. Oktober ließ er unter dem Beil des Henkers zu Neapel sein Leben.
Das Erbe Konradins bedeutete für Bayern den Gewinn der staufischen Güter am Lechrain und auf dem Nordgau, wobei Nürnberg und Eger, dann die Klostervogteien über Rottenbuch und Steingaden sich nicht behaupten ließen.
Vertragliche Einigung mit den Bischöfen, letzte Erwerbungen aus altadeligem Besitz, Konradinisches Erbe: für Bayern war dies der Abschluß der Epoche der Territorialisierung.
In die Zukunft jedoch wies das Desinteresse Ludwigs II. an der deutschen Krone zugunsten des eigentlich unbedeutenden Habsburgers Rudolf: Grundlage des Aufstiegs einer Dynastie, in deren Schatten Wittelsbach und Bayern künftig treten sollten.

Die Gestalt Herzog Ludwigs erscheint durch die Bluttat vom 18. Januar 1256 in einem verdüsterten Licht. Im Jähzorn hatte er aus Eifersucht seine Frau Maria von Brabant töten lassen. Von seiner Reue zeugt die Sühnestiftung des Zisterzienserklosters Fürstenfeld. *E. J. G.*

140 GENEALOGIE DER ERSTEN WITTELSBACHISCHEN HERZÖGE

Hermann von Niederalteich (um 1200–1275 ?), Niederalteich, spätes 13. Jahrhundert

Pergamenthandschrift (197 Bl.), 32x23 cm

Das Benediktinerkloster Niederalteich unterhielt Verbindungen zu allen bayerischen Herzogsfamilien von den Agilolfingern bis zu den Wittelsbachern. Das Verhältnis zu den Wittelsbachern wurde 1242 besonders eng, als nach dem Aussterben der Grafen von Bogen die Vogtei über das Kloster an die herzogliche Familie überging. Da die Bogener wegen mannigfacher Bedrückungen in Niederalteich gefürchtet waren, wurden die Wittelsbacher als Befreier aus Jahrhunderte währender Bedrängnis begrüßt. Ihre Vogtei regte zu eingehender Beschäftigung mit ihrer Geschichte an.
Niederalteich wurde neben dem Kloster Scheyern die entscheidende Keimzelle der bayerischen Landesgeschichtsschreibung. Der bedeutendste Historiograph, den dieses Kloster hervorgebracht hat, ist Abt Hermann (um 1200–1275), der über Jahrzehnte hinweg die Ereignisse seiner Zeit aufgezeichnet hat. Daneben beschäftigte er sich mit mehreren Spezialfragen der Geschichte Bayerns und seines Klosters. Unter anderem behandelte er die wittelsbachische Genealogie, die sein Jahrhundert sehr interessierte, wie auch das ältere Vorbild Konrads von Scheyern belegt. Der Niederalteicher Abschrift des ›Chronicon universale‹ Frutolf/Ekkehards ist in einer Skizze der älteste Versuch einer Darstellung der Genealogie der Wittelsbacher in Form eines Stammbaumes beigegeben. Er verbindet die Wittelsbacher ds 13. Jh. über Agnes, die Gemahlin Herzog Ottos II., und ihre pfälzischen Vorfahren mit den Welfen. Dieses einfache Stemma ist – wie ein weiterer Stammbaum der von Hermann selber oder seinem Schreiber angefertigten Handschrift – wohl zeitgenössisch nachgetragen. Der Schluß dieses Stammbaums gabelt sich: von Otto II. führt je eine Linie zu Ludwig II. von Oberbayern und zu Heinrich XIII. von Niederbayern. So wird die Auffassung des Zeichners/Schreibers deutlich, daß es nunmehr, ab 1255, zwei bayerische Herzogtümer gebe.
Der Codex kam als Buchentfremdung der Humanistenzeit bereits im 16. Jh. nach Wien. A. Sch.

Th. F. A. Wichert, Die Annalen Hermanns von Nieder-Altaich (Neues Archiv 1) 1876, 375–393; P. Kehr, Hermann von Altaich und seine Fortsetzer, Diss. Göttingen 1883; J. Klose, Das Urkundenwesen Abt Hermanns von Niederaltaich (1242–1273), seine Kanzlei und Schreibschule, Kallmünz 1967.

Wien, Österreichische Nationalbibliothek (Cod. 413)

141* LUDWIG II., MARIA VON BRABANT UND ANNA VON GLOGAU

Deutsch, um 1600, nach Vorlage des 15. Jahrhunderts

Öl auf Leinwand, 88x95 cm

Die Darstellung Ludwigs des Strengen und seiner beiden ersten Gemahlinnen ist nach der gotischen Ahnenreihe der Wittelsbacher im Heidelberger Schloß kopiert (vgl. Kat. Nr. 91). Bei der Anlage der Reihe im 15. Jh. ist offenbar übersehen worden, daß Ludwig dreimal verheiratet war und daß seine Söhne Rudolf und Ludwig aus dieser dritten Ehe mit Mechthild, der Tochter König Rudolfs von Habsburg, stammten. Man hat daher um 1500 eine zweite Darstellung Ludwigs des Strengen mit seiner dritten Gemahlin angefertigt (Kopie: BStGS Nr. 4481).
Der nächst der Darlegung der Abstammung wichtigste Zweck der spätgotischen Ahnenreihe: mit ruhmvollen Allianzen zu prunken und den Glanz des Hauses zu erhöhen, wird im vorliegenden Bild besonders deutlich: Während das Eifersuchtsdrama von Donauwörth vorsichtig mit den Worten »Marey von Brabant raumbt das bett« umschrieben ist, wird die schlesische Herzogstochter Anna zur polnischen Königin befördert. J. E.

Kat. der kgl. Gemäldegalerie zu Schleißheim, München 1914², 276, Nr. 4 (Wittelsbacher Ahnengalerie); KDB II, Oberpfalz u. Regensburg 16, Stadt Amberg 136 f.

München, Bayerische Staatsgemäldesammlungen (4470)

142 STIFTUNGSURKUNDE DES ZISTERZIENSERKLOSTERS FÜRSTENFELD

München, 22. Februar 1266

Pergament; Wachssiegel (beschädigt) an roter Seidenschnur. 61x47 cm

Herzog Ludwig II. von Bayern stattet das von ihm gegründete Zisterzienserkloster Fürstenfeld mit Einkünften und Grundbesitz in einzeln genannten Orten sowie dem Recht der freien Vogtwahl und anderen Rechten aus.
1256 ließ der als jähzornig bekannte Herzog Ludwig der Strenge seine erste Gemahlin Maria von Brabant wegen vermeintlicher ehelicher Untreue hinrichten. Zur Sühne für diese Tat, die allgemein als Mord betrachtet wurde, stiftete der Herzog als Alternative für den von Papst Alexander IV. geforderten Kreuzzug ein Kloster bei Aibling. Nach zweimaliger Verlegung erhielt es seinen endgültigen Standort auf dem herzoglichen Besitz bei Bruck. Dort fand Ludwig schließlich auch seine letzte Ruhestätte. Das neue Wittelsbacher Hauskloster genoß zu allen Zeiten die Gunst des bayerischen Herrscherhauses, besonders die Kaiser Ludwigs IV., den es beim Erwerb der Königswürde und in seinen Auseinandersetzungen mit der Kurie nachhaltig unterstützte. R. Z.

Druck: MB IX 90–92, Nr. 3; QE V 210–214, Nr. 87. – Regest: RB III 260; BWR 31. – Lit.: K. A. Röckl, Beschreibung von Fürstenfeld, München

Hl. Johannes. Glasfenster aus Kloster Seligenthal. Bayerisch, Anfang 14. Jahrhundert. Kat. Nr. 154

1840, 12; J. M. Söltl, Ludwig der Strenge, Herzog von Bayern, Pfalzgraf bei Rhein, Nürnberg 1857, 95 ff.; Riezler II 112 f.; E. von Fugger, Kloster Fürstenfeld, eine Wittelsbacher Stiftung . . ., München 1884; K. Hampe, Geschichte Konradins, Leipzig 1942 (Anhang v. H. Kämpf), 58; Krausen, Zisterzienserorden, 40–43; Hofmann, Urkundenwesen 248, Nr. 404. Spindler II 98.

München, Bayerisches Hauptstaatsarchiv (Kloster Fürstenfeld Urk. 4)

143* HERZOG LUDWIG DER STRENGE MIT SEINEN DREI GEMAHLINNEN UND KAISER LUDWIG DER BAYER
vom ehem. Stiftergrab der Klosterkirche Fürstenfeld

Niederbayern (Landshut ?), 1505–1513

Zwei Figuren. Eichenholz, rückseitig geflacht, teilweise gefaßt (Inkarnat, Rüstungsteile), Ausbrechungen an Händen und Füßen. 144 cm (Ludwig der Bayer); 163 cm (Ludwig der Strenge)

143

143

Die beiden Figuren, Kaiser Ludwig der Bayer und Herzog Ludwig der Strenge mit seinen drei Frauen, zeigen sich in Plattenharnischen der Zeit um 1500. Die Figur Ludwigs des Bayern, mit halblangem, lockigem Haar – die Schädelkalotte ist nicht detailliert ausgearbeitet – und gekräuseltem Kinnbart, trägt eine Rüstung mit Stoßkragen, gewölbter Brustplatte, Ellbogenkapseln, Hüftgehänge und Maschenschurz, Kniekacheln und Eisenschuhen, weißgrau gefaßt und an ihren Konturen mit Goldkanten abgesetzt. Die Brustplatte weist ein symmetrisches, dunkelgraues, verschlungenes Rankenmuster auf. Beide Arme sind angewinkelt, die linke Hand weist nach oben. Ludwig der Strenge, auch er als älterer Mann mit kurzem Lockenhaar, geradem, leicht abstehendem Kinn- und Backenbart und über die Mundwinkel hängendem Schnurrbart charakterisiert, ist mit einem fast identischen Harnisch ausgestattet, als dessen einzige Besonderheit sich die geriefelten Unterarmschienen erweisen. Über seiner Rüstung trägt er geschlitzte Ärmel und einen seitlich aufspringenden, gefältelten Rock. Hinter seiner linken Schulter, nach oben verschoben, erscheint die Dreikopfgruppe seiner drei Gemahlinnen, Maria von

Brabant (um 1226?–1256), Anna von Schlesien-Glogau (um 1240–1271) und Mechthilde von Habsburg (um 1251–1304).

Das Stiftergrab der Klosterkirche Fürstenfeld wird uns in einer Beschreibung des Abtes Leonhard III. Treutwein von 1591 überliefert. Es handelte sich demnach um ein hölzernes Hochgrab, auf dessen Deckplatte die beiden Figuren Ludwigs des Bayern und Ludwigs des Strengen mit seinen drei Frauen lagen. An den Längsseiten des Monumentes waren Reliefs mit Darstellungen der Geburt Christi bzw. der Anbetung der Hl. Drei Könige angebracht. Kopf- und Fußseite zierten Reliefs, die den Abschied Christi von seiner Mutter, bzw. Abt Johann IV. Scharb zeigten. Das Stiftermonument umgab ein hölzernes Gitter mit sechs geschnitzten, leuchterhaltenden Engeln und vier Löwen, die jeweils ein Banner trugen. Als Entstehungszeit des Grabmals gibt Abt Leonhard Treutwein die Amtszeit Johann Scharbs an, der 1505 gewählt wurde und 1513 starb.

Das Fürstenfelder Stiftergrab wurde vermutlich beim Schwedeneinfall von 1632 schwer beschädigt; 1693 mußte die Stifterkapelle hinter dem Chor der Kirche wegen ihres ruinösen Zustandes abgebrochen werden; 1740 versuchte Andreas Felix von Oefele für seine ›Acta funebria ducum Bavariae‹ Angaben über das Monument von den Fürstenfelder Zisterziensern zu bekommen, die ihm jedoch nicht zur Verfügung gestellt werden konnten. Nach der Säkularisation des Klosters gelangten die einzigen erhaltenen Figuren des Monuments, Ludwig der Bayer und Ludwig der Strenge, zuerst in Privatbesitz, konnten aber 1859 vom Fürstenfelder Kaplan Carl Riedl dem bayerischen Königshaus als Schenkung angeboten und schließlich dem Bayerischen Nationalmuseum übergeben werden.

Eine Rekonstruktion des Stiftergrabes scheint nach der mutmaßlichen Zerstörung durch die Schweden für längere Zeit ein Anliegen der Fürstenfelder Mönche gewesen zu sein. Die Klosterchronik des letzten Abtes Gerard Führer vom Beginn des 19. Jh. enthält eine großformatige Miniatur en grisaille, die stilistisch auf ein Vorbild des 17. Jh. zurückgeht und wohl ein Rekonstruktionsvorhaben der maximilianischen Zeit vorstellt. In dieser Darstellung sind die noch erhaltenen Fragmente der spätgotischen Kirchenausstattung vereint, in öffentlicher Unkenntnis des Bestandes des ursprünglichen Hochgrabes. Den Zustand des 18. Jh. hingegen überliefert ein Kupferstich aus den ›Monumenta Boica‹ (1767). Die Stifterfiguren waren offensichtlich in einer flachen Wandnische angebracht; zu ihren Füßen befand sich eine von Voluten gerahmte Inschriftplatte, deren Text mehrfach überliefert ist.

Der Kupferstich der ›Monumenta Boica‹ zeigt uns die heute fehlenden Attribute der beiden Stifterfiguren, nämlich Zepter und Krone Ludwigs des Bayern und das Kirchenmodell, das beide Fürsten tragen. An diesen drei Beigaben fällt die zeitliche Inkongruenz zum spätgotischen Stil der Figuren auf. Zepter und Krone sind in ihren Formen dem 17. Jh. zugehörig, und auch das Kirchenmodell zeigt trotz seines spätgotischen Äußeren eine Zwiebelhaube. Zwei Kupferstiche, die vor 1632 entstanden, überliefern uns vermutlich das ursprüngliche Aussehen des Kirchenmodells. Jobst Ammans Darstellung Ludwigs des Strengen aus den ›Bildnissen der Mitglieder des baierischen Hauses‹ aus dem letzten Viertel des 16. Jh. und Wolfgang Kilians Stich des gleichen Themas aus Gewolds ›Genealogie‹ von 1621 zeigen uns die weitgehend romanisch gebliebene Anlage der Fürstenfelder Klosterkirche mit sparsamen gotischen Erweiterungen, wie Spitzhauben und Treppengiebeln. Dieses originale Kirchenmodell scheint, wie die übrigen Attribute, deren ursprüngliches Aussehen nicht überliefert ist, im Schwedeneinfall verlorengegangen zu sein. In einer Restaurierung des 17. Jh. wurden offenbar diese Beigaben zeitgemäß ergänzt; auch der ornamentale Stil des Rankenwerkes auf den Brustplatten der beiden Fürsten sowie die Fassung und Konturierung der Harnische entspricht der maximilianischen Zeit.

Chr. Gewold, Genealogia . . ., ed. 1621; I. D. Schmid, Sepulchrographia Nobilitatis . . ., BStB, cgm. 2002, fol. 2b; MB IX (1767); M. Herrgott, Monumenta Augusti Domus Austriacae IV (Tophographia Principum Austriae) St. Blasien 1772, II, Auctarium Diplomatum XLIII, 143; Chronicon Fürstenfeldense von Entstehung dieses Klosters an bis zu ihrer Auflösung im Jahre 1802, zus.gestellt vom letzten Abt Gerard Führer, BStB cgm. 3920; C. Becker, Jobst Amman, Leipzig 1854; K. Riedl, Die Grabstätten und Reste der alten, 1718 abgebrochenen Klosterkirche zu Fürstenfeld (OA XVII) 1857, 214ff.; E. Graf v. Fugger, Kloster Fürstenfeld, eine Wittelsbacher Stiftung und deren Schicksale von 1258–1803, 1884; BNM Kat. XI 7, Nr. 66; 700 Jahre Fürstenfeld, München–Zürich (1963); C. Böhne, Das Grabmal Ludwig des Strengen in der Fürstenfelder Klosterkirche (Amperland 3) 1966, 41ff.; Ders. (Amperland 10) 1974, 456ff.; C. List (WB I/1).

München, Bayerisches Nationalmuseum (R 157a Ludwig der Bayer; R 157 Ludwig der Strenge)

144* »GRÜNDERKREUZ« DES KLOSTERS FÜRSTENFELD

Westdeutsch (?), 2. Hälfte 13. Jahrhundert

a) Kreuz: Kupfer vergoldet. Restlänge des frühgotischen Teils 31,4 cm, Breite 24 cm

b) Kruzifixus: Bronze (Gelbguß?), vergoldet. Höhe 20 cm, Spann 19,6 cm

Lilienkreuz, unteres Ende verloren, in jüngerer Zeit angesetzt und überpunziert. Kerben der Lilienenden vor der letzten Vergoldung nachgefeilt. Im Zentrum und den Enden Rechtecklöcher zur Montage eines Besatzes eingearbeitet. An der Unterseite des Querbalkens Bohrlöcher wohl für Besatz. Gegossener Titulus des frühen 17. Jh. z. Z. gelöst.

Vorderseite: In den ehem. fünfblättrigen Lilienenden Brustbilder von Maria, Johannes und Engel (oben) vor aufgestochenem Grund. Ein in gleicher Weise gestochenes Band faßt die Kreuzbalken ein. Im Zentrum gravierte Kontur eines Kruzifixus, Körper nach links ausschwingend, Kopf nach rechts auf die Schulter geneigt; Kreuznimbus. Gesamthöhe (mit Nimbus) 11,6 cm, Spann 9,1 cm, Handlochdistanz (links außerhalb des Konturs) 8,2 cm. Am obe-

144 Rückseite

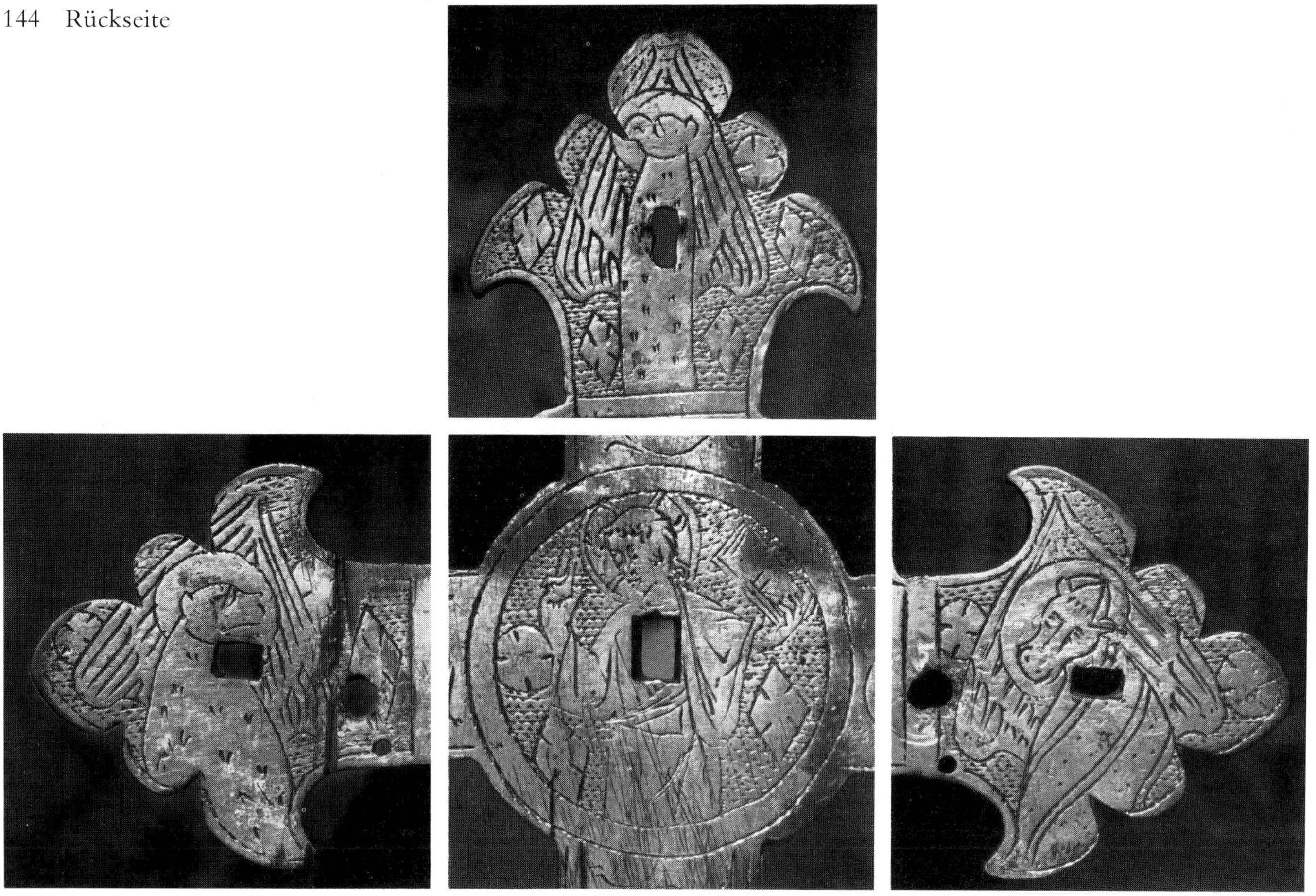

144

ren Stammabschnitt schräger gravierter Titulus IHS (S inversiert).
Rückseite: in den Lilienenden Evangelistensymbole (Mensch mit dem unteren Ende verloren), im Medaillon der Kreuzmitte Christus als Lehrer vor aufgestochenem Grund. Auf den Balken graviert Ranken.
Das von der Kunstgeschichte bisher kaum beachtete Werk ist von Cl. Böhne als Rest der mittelalterlichen Ausstattung des Klosters Fürstenfeld erkannt worden. Es gehört damit zu den wenigen erhaltenen Kunstwerken des 13. Jh., die mit einiger Wahrscheinlichkeit mit Mitgliedern des Hauses Wittelsbach in direkte Verbindung gebracht werden können. Zweifelsfrei original ist freilich nur das Kreuz, das erstmals im Inventar der Klosterkirche von 1853/54 genannt ist (Kruzifixe. 10:1 byzantinisches von Messing, von rein historischem Werthe – ohne Wertangabe. Da die Inventare nur zu fiskalischen Zwecken geführt wurden, ist das Fehlen des für wertlos erachteten Gegenstandes in den älteren Inventaren kein Beweis gegen die Herkunft aus Fürstenfeld.) Das Inventar von 1872, das zwischen Kreuzen und Kruzifixen differenziert, führt das Stück nur als Kreuz an (Nr. 11. 1 Kreuz. byzantinisches, von Messing), der Korpus scheint demnach noch nicht vorhanden gewesen zu sein.
Daß der Kruzifixus nicht zugehörig sein kann, zeigen seine Dimensionen (er verdeckt die Gravuren auf den Kreuzenden) und die Tatsache, daß er den Kontur eines kleineren Kruzifixus mit passenden Befestigungslöchern überdeckt. Daß die jetzigen Nagellöcher innen noch nicht oxydiert sind, spricht für eine rezente Montage. Der Kruzifixus selbst gehört einem Typus an, von dem zur Zeit zehn Exemplare bekannt sind, keines davon zweifelsfrei mittelalterlicher Herkunft. Mit Sicherheit rezent ist das vom Verfasser gesehene silberne Exemplar der Pfarrkirche Bensberg-Immekeppel, das von derselben Hand graviert zu sein scheint wie das Fürstenfelder und dem Montagezusammenhang nach um die Jahrhundertwende entstanden ist. Es ist anzunehmen, daß zumindest der größere Teil der Exemplare als Werke kirchlichen Kunstgewerbes um die Jahrhundertwende ohne Fälschungsabsicht entstanden und erst später für mittelalterlich gehalten worden ist. Der Kruzifixus steht neuromantischem Stilempfinden nahe.
Angesichts des Forschungsstandes zur Goldschmiedekunst des späteren 13. Jh. läßt sich das einfache, doch routiniert gearbeitete Kreuz – vermutlich ein Serienprodukt – noch nicht näher einordnen. Lilienenden scheinen im 13./14. Jh. vor allem im nordwesteuropäischen Bereich beliebt gewesen zu sein. Ähnliche, durch »Schaftringe« abgesetzte En-

144 Vorderseite

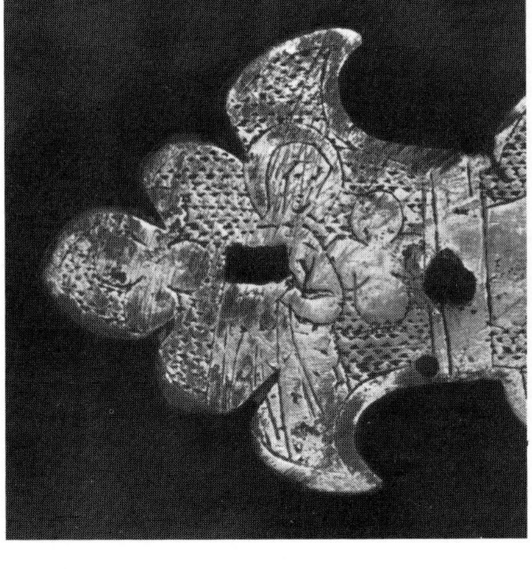

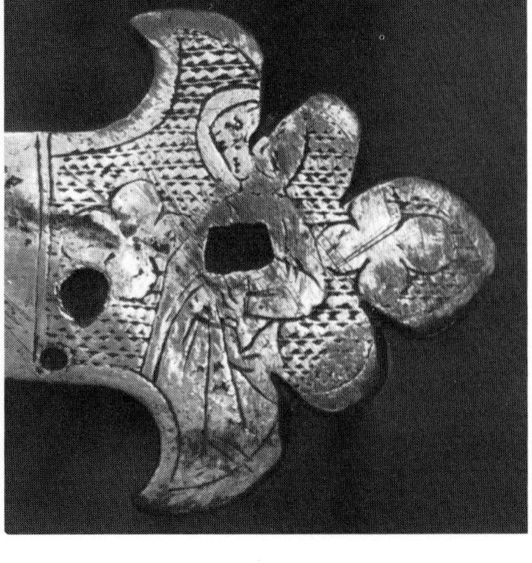

den finden sich an Werken des Hugo von Oignies um 1230/40 (AK Rhein und Maas, Köln 1972, M8), doch wirkt die vorliegende Form mit den fünfblättrigen Enden jünger. Die Gravuren sind schon deutlich frühgotisch geprägt und lassen an einen Ansatz gegen das Ende des Jahrhunderts denken. Eine Obergrenze für das Datum gibt wohl der gravierte Kontur des Kruzifixus, der offenbar noch dem Viernageltyp folgte. Es liegt nahe, anzunehmen, daß der Klostergründer das Werk im Rheinland erworben hat. J. E.

Cl. Böhne, Das Gründerkreuz von Fürstenfeld (Amperland 13) 1977, 233; Inventare der kgl. Hofkirche Fürstenfeld im Besitz der Museumsabteilung der SV, München, und des Landbauamtes München; wertvolle Hinweise werden Prof. Dr. Peter Bloch, Berlin, verdankt.

Fürstenfeldbruck, ehem. Klosterkirche Fürstenfeld

KONRADINISCHES ERBE

Vgl. Text S. 109

145 ZWEITES TESTAMENT KONRADINS VON STAUFEN

Augsburg, 24. Oktober 1266

Pergament; von den 7 Siegeln an Seidenschnüren fehlt S 6, S 2 und S 3 sind beschädigt. 25,5x39,5 cm

König Konrad von Jerusalem und Sizilien und Herzog von Schwaben übergibt den Brüdern seiner Mutter Elisabeth, den bayerischen Herzögen Ludwig II. und Heinrich XIII., wegen ihrer väterlichen Fürsorge für ihn seinen gesamten Besitz in Deutschland und Italien für den Fall seines erbenlosen Todes.

Die Urkunde, die mit dem ersten Testament Konradins von 1263 bis auf die frühere Beschränkung der Erbberechtigung auf Herzog Ludwig identisch ist, wurde auf dem Hoftag in Augsburg ausgestellt, wohl im Zusammenhang mit der Ankündigung eines Italienzugs für das folgende Jahr. Enge Verwandtschaft und territoriales Interesse an den staufischen Besitzungen an den bayerischen Grenzen erklären gleichermaßen die Unterstützung Konradins durch die Herzöge. Ihr territorialer Gewinn nach dem fatalen Ende des Italienzugs durch Schenkungen, Verpfändungen und nicht zuletzt durch das Testament Konradins bildet den krönenden Abschluß im Aufbau des bayerischen Territoriums. R. Z.

Druck: QE V 219–221, Nr. 90; Dokumente I/2 Nr. 90. – Lit.: Riezler II 129; Doeberl I 266; K. Hampe, Geschichte Konradins, Leipzig 1942 (Anhang von H. Kämpf) 102–104; AK Staufisches Erbe, Kallmünz 1968, Nr. 28; Spindler II 76.

München, Bayerisches Hauptstaatsarchiv, Abt. III Geheimes Hausarchiv (Hausurkunden 59)

146* DENARO KONRADINS

Sizilien, König Konrad II. – Konradin – (1254–1258), Münzstätte Messina

Billon (geringwertige Silberlegierung), geprägt, Dm. 16 mm, 0,48 g

Vorderseite: + · C. SECVNDVS. Gekrönter Adler.
Rückseite: + · IER · ET SICIL · R. Kreuz.

Die Legende dieses Pfennigs lautet ausgeschrieben: Cunradus secundus Jerusalem et Sicile rex. Konradin, geboren 1252, war noch ein Kind, als sein Onkel und Vormund Manfred, der für ihn Sizilien verwaltete, diese Münze prägen ließ. Brindisi und Messina waren zur Stauferzeit die bedeutendsten Münzstätten des Königsreiches, aus denen vor allem die bekannten Augustalen, Goldmünzen Kaiser Friedrichs II., hervorgingen. D. St.

Corpus Nummorum Italicorum XVIII, Rom 1910/43, 216; R. Spahr, Le monete Siciliane dai Bizantini a Carlo I d'Angiò (582–1282), Zürich–Graz 1976, zu Nr. 166.

München, Staatliche Münzsammlung

Landesteilung von 1255

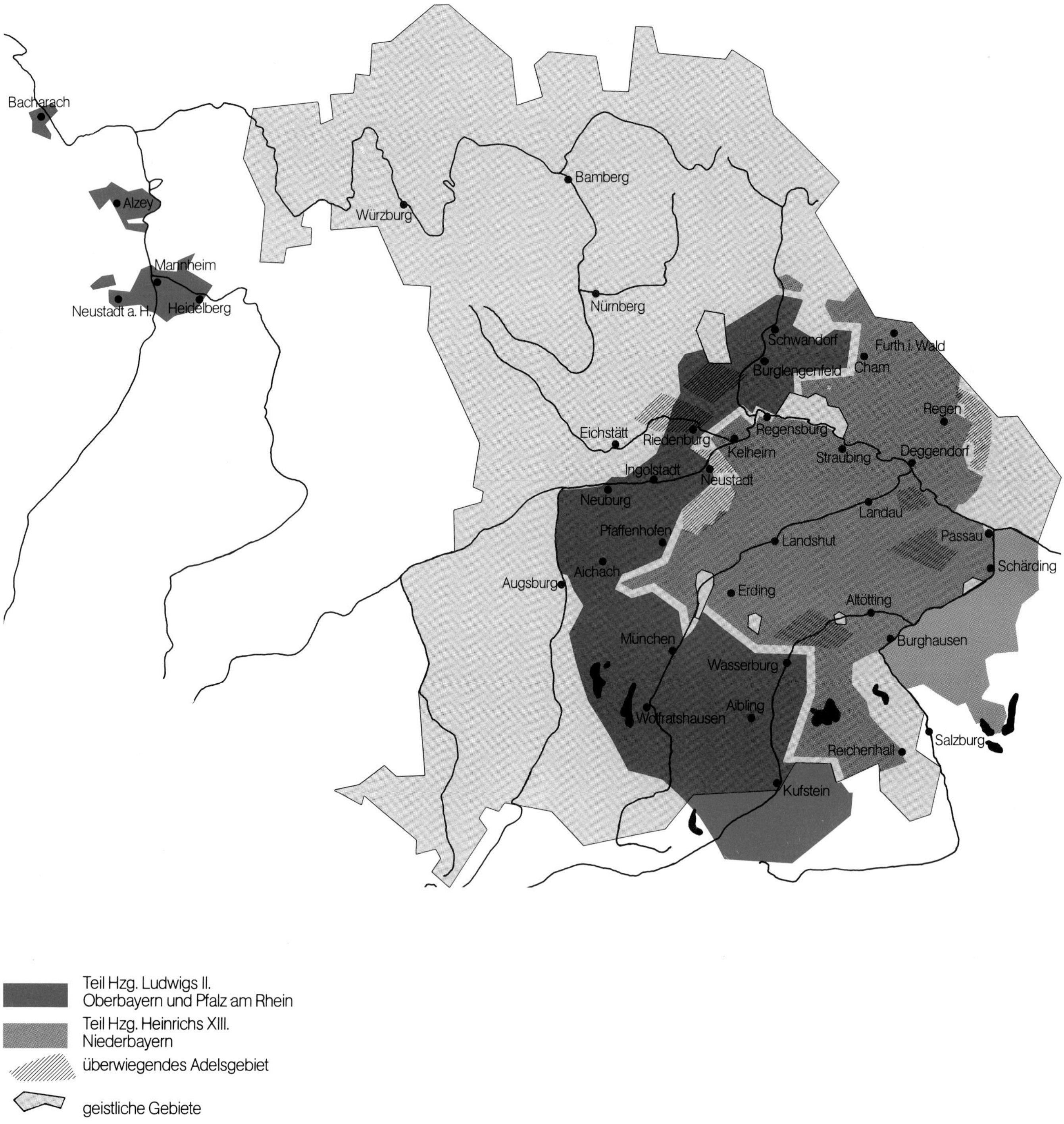

LANDESTEILUNG UND NIEDERBAYERISCHE SONDERENTWICKLUNG

Im März des Jahres 1255 teilten Ludwig II. und sein Bruder Heinrich XIII. das Herzogtum Bayern, das sie seit dem Tode ihres Vaters Otto II. 1253 gemeinsam besessen und regiert hatten. Keine Urkunde, sondern nur der Bericht des Abtes Hermann von Niederalteich überliefert diesen Vorgang. Ludwig erhielt Oberbayern, die wittelsbachischen Ämter auf dem Nordgau und die Pfalz am Rhein.

Heinrichs Anteil war Niederbayern. Die Grenzlinie verlief etwa von Kelheim über Moosburg nach Rosenheim. Nach dem Bericht Abt Hermanns hatte zwar Ludwig die wittelsbachischen Rechte in Regensburg zugestanden erhalten, die Tatsache aber, daß Heinrich 1272 zusammen mit dem Bischof Rechtssatzungen für die Regensburger Münze erläßt, zeigt, daß die Teilung der Rechte zwischen den Herzögen nicht mit letzter Strenge und Klarheit durchgeführt war.

Für Bayern bildete die Landesteilung von 1255 den Auftakt zu einer ganzen Epoche von Landesteilungen – mit einer Unterbrechung zur Zeit Ludwigs des Bayern. Die außenpolitischen Wirkungen des Jahres 1255 waren bedeutend: Oberbayern/Pfalz orientierte sich mehr nach Westen, Niederbayern nach Osten, was seinen deutlichsten Niederschlag in den niederbayerischen Auseinandersetzungen mit Ottokar von Böhmen und im ungarischen Königtum Herzog Ottos III. fand.

Die Landesteilung 1255 legte den Grund zur Sonderentwicklung Niederbayerns bis hin zu den Reichen Herzögen. Ihre Wirkungen waren nicht einseitig negativ, ließ sich doch das Teilherzogtum leichter herrschaftlich erschließen und verwalten.

Die kulturelle Blüte Landshuts vollends im 15. und 16. Jh. ist ohne das Jahr 1255 nicht denkbar. E. J. G.

147* URBAR DES VIZTUMAMTES STRAUBING

Kurz nach 1301

Pergamenthandschrift (94 Bl.), 32x24,5 cm

Hatte das älteste bayerische Herzogsurbar (Kat. Nr. 139) noch in einem Band den gesamten Raum des Herzogtums erfaßt, so liegt die zweite derartige Beschreibung in vier Bänden vor, die nicht zur gleichen Zeit entstanden sind. Jedes der beiden seit 1255 bestehenden Teilherzogtümer ist dabei entsprechend der inzwischen erfolgten Einteilung in Viztumämter mit zwei Bänden vertreten. Der älteste davon ist das zwischen 1279 und 1284 in lateinischer Sprache angelegte oberbayerische Urbar für das Gebiet südlich der Donau, das spätere Viztumamt München. Ebenfalls schon um 1285 und auch in Latein wurde das Gebiet des oberbayerischen Viztumamtes nördlich der Donau, das spätere Viztumamt Burglengenfeld, beschrieben. Wesentlich ausführlicher und mit vielen eingestreuten Weistümern versehen zeigt sich das kurz vor 1300 in deutscher Sprache verfaßte Urbar für das niederbayerische Viztumamt an der Rott (mit dem Sitz auf dem Reichenberg bei Pfarrkirchen).

Das Urbar des späteren Viztumsamtes Straubing ist zwar nur einige Jahre jünger als sein Gegenstück für das Viztumamt an der Rott und äußerlich diesem sehr ähnlich. Es zeigt jedoch diesem und den beiden oberbayerischen Urbaren gegenüber einen deutlichen Fortschritt. Waren bei diesen noch die Einkünfte der Ämter bzw. Gerichte, Schergenämter, Städte und Burgen zwanglos aneinandergereiht worden, ohne daß immer die Über- oder Unterordnung deutlich war, so wird jetzt bei untergeordneten Ämtern, Burgen oder sonstigen Einkünften immer der Name des übergeordneten Gerichts genannt, und zwar steht bei aufgeschlagenem Band auf dem linken Blatt oben die Bezeichnung *Iudicium* und auf dem rechten Blatt der Name des Gerichts. Als Nachtrag enthält das Urbar ein Verzeichnis der auf Konradin zurückgehenden Besitzungen um Floß und Parkstein, die von Bayern nur kurze Zeit behauptet werden konnten. J. G.

Druck: MB XXXVI I 429–535. – Lit.: W. Volkert, Die älteren bayerischen Herzogsurbare (Bll. f. oberdeutsche Namenforschung 7) 1966, 1–32; L. Schnurrer, Urkundenwesen, Kanzlei und Regierungssystem der Herzöge von Niederbayern 1255–1340 (MHStud., Abt. Gesch. Hilfswiss. 8) 1972, 300ff.; AK Staufisches Erbe, Kallmünz 1968, Nr. 20d.

München, Bayerisches Hauptstaatsarchiv (Staatsverwaltung 1068)

148 HERZOG HEINRICH XIII. VON NIEDERBAYERN REGELT DIE RECHTSVERHÄLTNISSE DER REGENSBURGER »MÜNZERHAUSGENOSSENSCHAFT«

Abbach, 24. November 1272

Pergament, 10x21 cm; mit abhängendem Siegel, Dm. 9 cm

Unter Mitwirkung des Bischofs Leo Thundorfer (1262–1277) regelt Herzog Heinrich XIII. (1253–1290) die Rechte *(iura)* der Regensburger »monetarii«, deren Vereinigung als »hougenozschaft« bezeichnet wird. Die Urkunde bestätigt der Genossenschaft ihre alten Rechte, sichert ihr das eigenständige und traditionelle Kooptationsrecht weiterhin zu und legt darüber hinaus fest, daß Bischof und Herzog an niemanden außerhalb des »consortium« das »officium monetariorum« verleihen.

Die sog. Münzerhausgenossenschaft besaß die Münzhoheit (Prägung, Handel) von Herzog und Bischof in Erbpacht. Sie bildete eine Korporation, deren Mitglieder sich aus den vornehmsten Geschlechtern der Stadt rekrutierten. Sofern nicht die Söhne der Münzherren selbst nachrückten, erfolgte der Zutritt durch bischöfliche oder herzogliche Ernennung.

Die gemeinsame Münztätigkeit von Bischof und niederbayerischem Herzog sowie ihre Delegation an das reichsstädtische Bürgertum dokumentieren anschaulich die politischen Verhältnisse in Regensburg im 13. Jh. R. A. M.

Druck: MW I 261f. – Lit.: Spindler III/I, 1423ff.; C. Th. Gemeiner, Reichsstadt Regensburgische Chronik, 4 Bd., 1800/24, Neudruck hg. v. H. Angermeier, 2 Bde., 1971, I 400f.; K. Sperl, Die Münzgeschichte Regensburgs von Karl d. Großen bis zum Erlöschen der herzoglich-bischöflichen Gemeinschaftsmünze, Diss. Erlangen 1926.

München, Bayerisches Hauptstaatsarchiv (Reichsstadt Regensburg Urk. 76)

149 SIEGEL HERZOG HEINRICHS XIV. DES ÄLTEREN VON NIEDERBAYERN

Bayern, 1311, mit Änderungen von 1331

Umschrift: [H]EINRICVS · DEI · GR[ATI]A · COMES · PALAT[INUS] · RENI · DVX · BAWARIE ·

Hellbraunes Wachs, infolge Austrocknens des Wachses leicht fleckig; an Pergamentpressel hängend. Gut abgedrückt und erhalten; kleinere Ausbrüche im Schriftrand; hinterer Wappenschild mit dem Panther berieben. An der Urkunde außerdem das Siegel Heinrichs XV. (Kat. Nr. 150). Dm. 10,2 cm.

Heinrich XIV. (1305–1339), der älteste Sohn Stephans I. von Niederbayern, Herzog seit 1310, unterstand zunächst der Vormundschaft seines Onkels Otto III. von Niederbayern und nach dessen Tode zusammen mit seinem jüngeren Bruder Otto IV. und seinem Vetter Heinrich XV. der gemeinsamen Vormundschaft der Herzöge von Oberbayern Rudolf I. und Ludwig IV. Ein eigenes Reitersiegel ist jedoch schon von 1311 ab belegt, als Heinrich etwa sechs Jahre alt war. Schnurrer hat überzeugend vermutet, daß der Stempel wie der des Reitersiegels für den jüngeren Bruder Otto zum Zweck der Besiegelung der ottonischen Handfeste vom 15. Juni 1311 (Kat. Nr. 288) angefertigt wurden, um die zukünftigen Herzöge schon damals auf das bedeutende und folgenreiche Privileg festzulegen, das als Grundlage der Freiheit der drei bayerischen Landstände – Adel, Geistlichkeit und Städte – galt.
Das Siegel folgt dem Typ der bayerischen Herzogssiegel, wie er seit dem Siegel seines Großvaters Heinrich XIII. von 1271 festlag und in der Ausstellung als frühestes Beispiel durch das Ludwigs des Bayern von 1294 (Kat. Nr. 324) vertreten ist. Abweichungen finden sich in der Damaszierung des Grundes, in der gestreckteren Haltung des springenden Pferdes, das den Schweif hochwirbelt und damit die Pferdedecke über der Hinterhand hochreißt. Das Roßkleid selbst ist durch eine aufwendige Borte kostbar verziert. Über dem Kopf des Pferdes erscheinen in Abdrücken des Siegels seit dem Jahre 1331 im Grund des Feldes ein M, auf

147

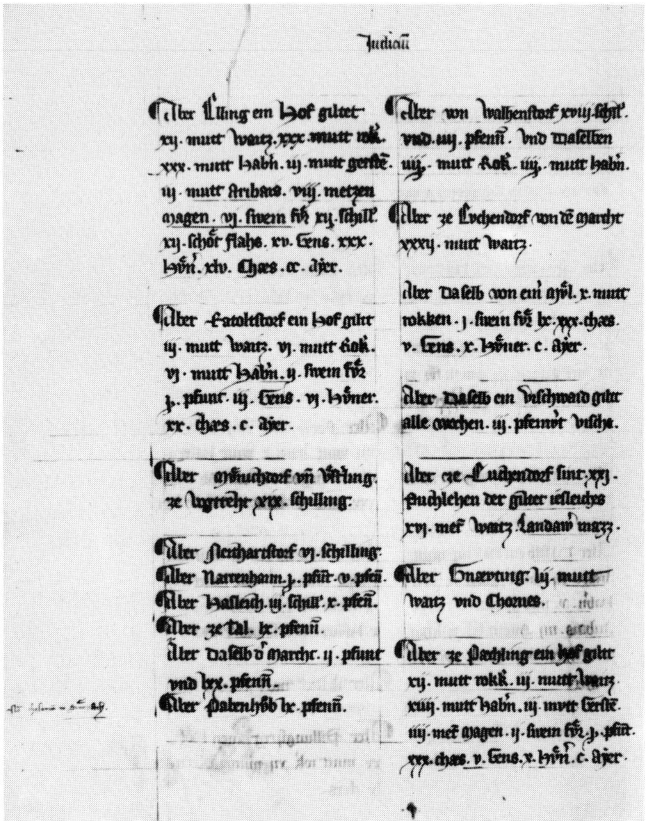

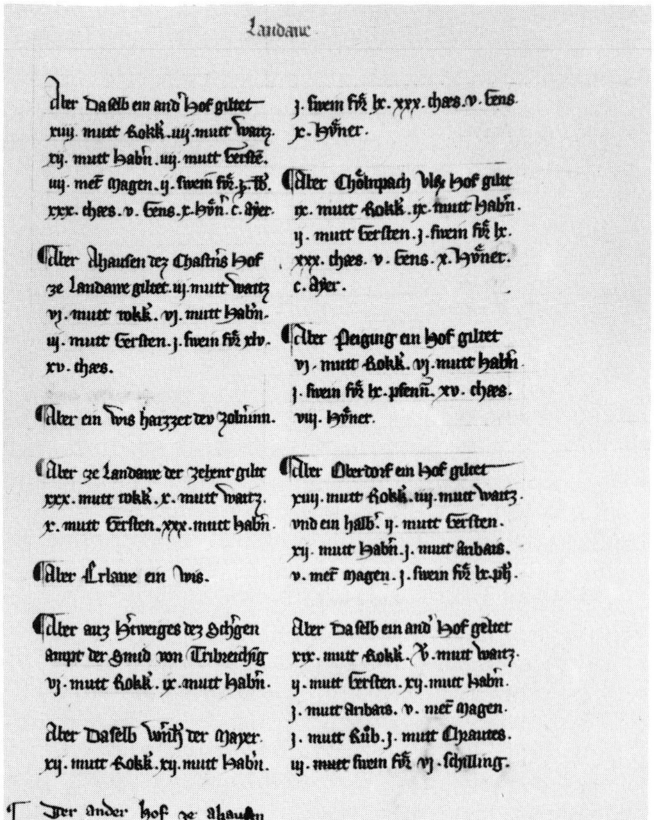

147

149

150

den Zungen des Gonfanons die Buchstaben M N M. Offenbar wurden diese Buchstaben 1331 nachträglich in den Stempel eingeschnitten. Eine einleuchtende Erklärung dieser Änderung fehlt bis heute. Daß die Abkürzungen als Heinricus maior und damit als Unterscheidungsmerkmal zu dem Siegel seines jüngeren Vetters Heinrich XV. des Jüngeren (Kat. Nr. 150) aufzufassen seien, ist wenig wahrscheinlich, da der Herzog in Textquellen niemals maior, sondern stets Heinricus senior genannt wird. Wahrscheinlicher handelt es sich um die Abkürzung einer damals beliebig angenommenen Devise, wie sie sich in vielfachen Abwandlungen in der ritterlichen Welt der gotischen Zeit größter Beliebtheit erfreute. Die Verteilung der Wappen folgt dem zweiten Reitersiegel seines Vaters Stephan I. und dem seines Oheims Otto III.: am Arm der Löwenschild, am Pferdehals der bayerische Rautenschild und auf der Hinterhand des Pferdes der Panther des alten Hauses Ortenburg-Spanheim (vgl. Kat. Nr. 117), den die Herzöge von Niederbayern als Nachfolger der Ortenburger in deren altem Herrschaftsgebiet seit dem Reitersiegel Heinrichs XIII. von 1271 führten. R.K.

Regensburger Urkundenbuch (MB LIII) 1912, Nr. 636; Primbs, Wappen (wie Kat. Nr. 45) 260f. u. 264, 16; Primbs, Siegel (wie Kat. Nr. 106) 14, H. II, a–b; Schnurrer (wie Kat. Nr. 150), U 1194 u. S. 44 u. 47 (Siegel 19/14) u. S. 75f.; dort S. 35f. (Siegel 2) auch zum genannten Siegel Heinrichs XIII., S. 42 (Siegel 12) zum Reitersiegel Stephans I.; AK Wappen in Bayern Nr. 215.

München, Bayerisches Hauptstaatsarchiv (Reichsstadt Regensburg Urk. 433: 1331, Mai 8)

150* SIEGEL HERZOG HEINRICHS XV. DES JÜNGEREN VON NIEDERBAYERN

Bayern, wohl 1326 (vor 1329)

Umschrift: HEINRICVS · DEI · GR[ATI]A · PALAT[INUS] · COMES · RENI · DVX · BAWARIE

Hellbraunes Wachs, infolge Austrocknens des Wachses leicht fleckig; an Pergamentpressel hängend. Durchweg gut abgedrückt und erhalten. An der Urkunde außerdem das Siegel Heinrichs XIV. (Kat. Nr. 149). Dm. 8,5 cm

Heinrich XV. der Jüngere, genannt der Natternberger (1312–1333), war der Sohn Herzog Ottos III., der ab 1305 zugleich König von Ungarn war, wo er sich jedoch nur bis 1307 behaupten konnte. Da Otto schon wenige Tage nach Heinrichs Geburt gestorben war, unterstand dieser zusammen mit seinen älteren Vettern Heinrich XIV. und Otto IV. der Vormundschaft der oberbayerischen Herzöge Rudolf I. und vor allem Ludwig IV. Schon für den Sechsjährigen wurde 1318 ein erstes Reitersiegel angefertigt, da die herzoglichen Urkunden ihn als Mitregenten nannten. Ohne Zweifel verwahrte und führte für ihn der inzwischen volljährige Heinrich XIV. das Siegel. Wohl 1326, als Heinrich XV. vierzehn Jahre alt und damit mündig geworden war, wurde ein neuer Stempel angefertigt, von dem der gezeigte Abdruck stammt. Er ist zwar erst ab 1329 an Urkunden belegt, doch fehlen nach dem Verschwinden des älteren Siegels im Jahre 1326 aus den folgenden Jahren überhaupt Urkunden.

152

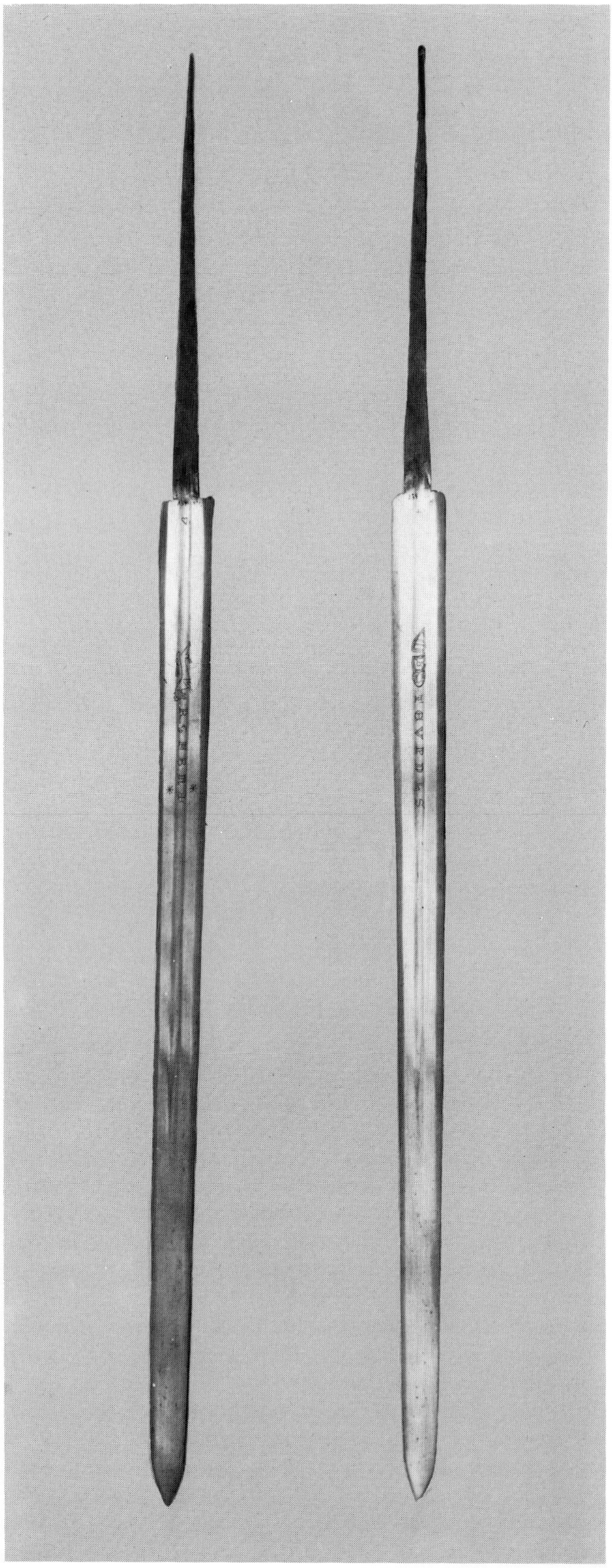

Im Rahmen des vorgegebenen Schemas der bayerischen Herzogssiegel folgt das zweite Reitersiegel Herzog Heinrichs XV. in der Bildung des eher steigenden als in gestrecktem Galopp laufenden Pferdes dem seines Vaters Otto III. von 1290. Das Pferd erhebt sich mit Kopf und Vorderhufen auffallend hoch, die Hinterhufe sind nicht wie bei den übrigen Siegeln der Zeit fast waagerecht nach hinten ausgestreckt. Die Wappenschilde sind wie auf dem väterlichen Siegel und dem seines älteren Vetters Heinrichs XIV. angeordnet: am Arm der Löwen-, am Pferdehals der Rautenschild, auf der Hinterhand der Panther. Auffallendste Abweichung bietet der Helmschmuck: während der junge Herzog auf dem älteren Siegel von 1318 wie die übrigen bayerischen Herzöge den mit Büffelhörnern und Lindenzweigen besteckten Kübelhelm trug, sitzt als Zier jetzt ein gekrönter Löwe auf dem Helm, über dem das ungarische Doppelkreuz erscheint, deutlicher Hinweis auf die ungarische Königswürde seines Vaters. In dieser weniger als bei den Wappen durch Regeln festgelegten, aber doch der Heraldik verbundenen Sphäre demonstriert die Helmzier die vornehme königliche Abkunft des jugendlichen Herzogs. Das Fahnentuch ist mit drei Kugeln und einem Kreuz verziert, die Lätze zeigen nur undeutliche Zeichen, wohl keine Buchstaben wie bei Heinrich XIV.
Das Siegel spiegelt in seiner hinter dem des älteren Vetters Heinrich XIV. zurückbleibenden Größe die Abhängigkeit von diesem und das geringere politische Gewicht des jüngeren Herzogs, der erst nach der Landesteilung vom August 1331 einen eigenen Herrschaftsbereich erhielt, ihn jedoch am 6. Nov. 1332 bereits wieder mit dem Heinrichs XIV. zusammenlegte. R.K.

Regensburger Urkundenbuch (MB LIII, 1912, Nr. 636; L. Schnurrer, Urkundenwesen, Kanzlei- und Regierungssystem der Herzöge von Niederbayern 1255–1340 (MHStud. Abt. Gesch. Hilfswiss. 8) 1972, 51 f. (Siegel 27); dort 51 (Siegel 25) u. 37 (Siegel 3) auch zu dem ersten Reitersiegel Heinrichs XV. und dem seines Vaters Otto; Primbs, Wappen (wie Kat. Nr. 45) 260 f. u. 264, 18; Primbs, Siegel (wie Kat. Nr. 106) 15, H. III., b; AK Wappen in Bayern Nr. 215.

München, Bayerisches Hauptstaatsarchiv (Reichsstadt Regensburg Urk. 433: 1331, Mai 8)

151 VERGLEICH DER BAYERISCHEN HERZÖGE LUDWIG II. UND HEINRICH XIII.

24. Januar 1262

Pergament, 1 Siegel an grün-gelber Seidenschnur anhängend. 39x38,8 cm, Dm. des Siegels 7 cm

Unter Mitwirkung von jeweils 4 Ministerialen und unter Zuziehung Graf Friedrichs von Trüdingen vergleichen sich die beiden Herzöge Ludwig und Heinrich dahingehend, daß Ludwig weiterhin Alleinregent der Pfalz sein soll. Die Brüder bestätigen ferner, neuanfallende Ländereien zu teilen, aber auch etwaige territoriale Verluste gemeinsam zu tragen. Insonderheit teilt der Vertrag Güter in der Wachau,

im böhmischen Schüttenhofen, um Schärding, Hagenau und Ried am Inn, und weist andere Herrschaften und Rechte, die strittig waren, einem der beiden Herzöge zu. Beide Brüder sichern die volle Rechtswahrung des andern zu und bekunden ihre Absicht, die seit 1255 bestehenden Konflikte zu beenden.
Nach der 1255 von den Herzögen Ludwig II. (1253–1294) und Heinrich XIII. (1253–1290) vorgenommenen Teilung der wittelsbachischen Lande war es zwischen den beiden Regenten wiederholt zu Differenzen gekommen. Die Interessen der Brüder divergierten zunächst weniger außen- als vielmehr innenpolitisch. Heinrich XIII. beanspruchte vor allem eine Mitregentschaft in der Pfalz. Das Freisinger Schiedsgericht vom 24. Januar 1262 leitete im politischen Umgang der beiden Regenten zwar nur eine kurze Friedensperiode ein, wirkte aber in bezug auf die selbständige Entwicklung der wittelsbachischen Teilherzogtümer langfristig stabilisierend. R.A.M.

Druck: MW I 181–185. – Lit.: Riezler II 118 f.; Doeberl I 262 ff.; Spindler II 69 ff.

München, Bayerisches Hauptstaatsarchiv, Abt. III Geheimes Hausarchiv (Urk. Nr. 19)

152* KLINGE EINES ZEREMONIENSCHWERTES KÖNIG OTTOKARS II. VON BÖHMEN

3. Viertel 13. Jahrhundert

Auf beiden Seiten im Hohlschliff gravierte Zeichen: Topf-Helm mit böhmischem Zimier auf österreichischem Bindenschildwappen, Inschr.: TEVPDLS; auf Gegenseite: gekrönter Böhmischer Löwe, Inschr.: RGFBN, zwei Sterne, Krukenkreuz. Länge 141 cm

Die Kombination des österreichischen Schildwappens mit dem böhmischen Helmzimier ist für Ottokar II. Přemysl belegt. Die Klinge dürfte 1278 als Trophäe in den Besitz der Habsburger gelangt sein. Oakeshott ordnet die Waffe seinem Typ XIII b zu, doch scheint ihm die Länge von Klinge und Angel entgangen zu sein, die das Ottokarschwert eher als einen Vertreter seines Typs XIII a erscheinen läßt. Diese ungewöhnlich langen Waffen können als Vorläufer der Schwerter zu anderthalb Hand gelten. Sie wurden durchaus im Kampf verwendet, doch dienten sie wegen ihres imposanten Aussehens oft auch als Zeremonialwaffen, wie das gewiß beim Schwert Ottokars II. der Fall sein dürfte. M.J.

B. Thomas–O. Gamber, Katalog der Leibrüstkammer I, Wien 1976, 48; O. Gamber, Die mittelalterlichen Blankwaffen der Wiener Waffensammlung (Jb. d. Kunsthist. Sammlungen 57) Wien 1961, 16 ff.; R. E. Oakeshott, The Sword in the Age of Chivalry, London 1964, 47.

Wien, Kunsthistorisches Museum (Waffensammlung A 34)

153

153* OTTO III. VON NIEDERBAYERN UND AGNES VON GLOGAU

Deutsch, um 1600, nach Vorlage des 15. Jahrhunderts

Öl auf Leinwand, 88x79 cm

Otto III. von Niederbayern gehört nicht in die Ahnenreihe der Pfälzer Kurfürsten. Seine Aufnahme in die gotische Ahnenreihe des Heidelberger Schlosses (vgl. Kat. Nr. 91), nach der das Gemälde kopiert ist, dürfte daher mit der Mehrung des Ruhmes durch Darstellung königlicher Verwandter motiviert gewesen sein (den noch berühmteren Kaiser Ludwig den Bayern jedoch hat man als Unterdrücker seines Bruders Rudolf I. offenbar nicht aufnehmen wollen).
Die fremdartige Kopfbedeckung Ottos ist vielleicht als Hinweis auf seine Königswürde in Ungarn zu verstehen. Der Inschrift zufolge begleitet ihn seine zweite Gemahlin Agnes von Glogau, die wie ihre ältere Verwandte Anna (vgl. Kat. Nr. 141) hier zur Königin von Polen erhoben ist. J.E.

Kat. der kgl. Gemäldegalerie zu Schleißheim, München 1914^2, 288, Nr. 60 (Wittelsbacher Ahnengalerie); KDB II, Oberpfalz u. Regensburg 16, Stadt Amberg 136 f.

München, Bayerische Staatsgemäldesammlungen (4467)

RAUM 7 GEWÖLB AN DER ALTEN DÜRNITZ

Der zweischiffige und zweijochige Raum ist über annähernd quadratischem Grundriß errichtet. Von einem zentralen Freipfeiler laufen Gurt- und Rippenbänder nach außen. Der Raum ist wie die Alte Dürnitz um 1260/70 entstanden; seine Bestimmung ist nicht endgültig geklärt. *E. J. G.*

KUNST UND KULTUR IN WITTELSBACHISCHEN HAUSKLÖSTERN

Tafel neben S. 94, S. 110

154* GLASFENSTER AUS DEM KLOSTER SELIGENTHAL

Bayerisch, Anfang 14. Jahrhundert

Das Zisterzienserinnenkloster Seligenthal bei Landshut wurde von Ludmilla, der Gemahlin Ludwigs des Kelheimers, kurz nach dessen Ermordung im Jahre 1231 zu seinem Gedächtnis gestiftet. Als fürstliches Hauskloster, in dem später wittelsbachische Prinzessinnen und zahlreiche Töchter aus dem bayerischen Adel den Schleier nahmen, hatte die Abtei von Anfang an eine Sonderstellung inne. Bis zum 16. Jh. diente die Klosterkirche dem Herzogshaus als Grablege.

154

1860 hat das BNM zehn einem einheitlichen Zusammenhang entstammende Glasgemälde erworben; ein elftes in London wurde später als zugehörig erkannt. Die Herkunft der Scheiben aus Seligenthal wird gesichert durch das Bild einer Fürstin in zisterziensischer Tracht, dessen Namensangabe DOMINA ELIZABET DUCISSA BAWARIE auf Elisabeth, die vierte Tochter Heinrichs XIII. von Niederbayern, bezogen werden kann (1270 in das Kloster eingetreten, 1314 dort gestorben und bestattet).

Die auf der Londoner Scheibe dargestellte Agnes ist wohl als die zweite Gemahlin Ottos III. von Niederbayern zu bestimmen. Die sonstigen fürstlichen Trägerinnen dieses Namens kommen kaum in Frage, da sie entweder unverheiratet starben (die Bezeichnung DOMINA AGNES UXOR SUA schließt sie aus) wie die Töchter Heinrichs XIII. und Ottos II. oder außerhalb von Seligenthal bestattet sind (Gemahlin Ottos II.). Agnes, Tochter Heinrichs II. von Glogau, wurde 1309 mit Otto III. von Niederbayern vermählt; dieser starb 1312 und wurde in Seligenthal beigesetzt. Agnes heiratete 1319 erneut.

Über den ursprünglichen Anbringungsort der Glasfenster und die Rekonstruktion des Ensembles ist nichts bekannt. Da neben Agnes auch ihr Gemahl dargestellt gewesen sein muß, sind zumindest drei Stifterfiguren nachweisbar; da vier Heiligendarstellungen erhalten sind, wird man auch die Zahl der Stifter mit wenigstens vier ansetzen. Ob es sich allerdings dabei um Reste eines ausführlichen genealogischen Zyklus handelt, wie angenommen wurde, bleibt dahingestellt.

Die erhaltenen Scheiben lassen das System der Fensterbahnen erschließen. Zuunterst waren die Wappen, wie der umlaufende Randstreifen ausweist, darüber sicherlich die Stifterfiguren angebracht. Rekonstruiert man über jeder Fürstengestalt eine Heiligenfigur, über diesen die ursprünglich nach oben sich noch fortsetzenden Baldachine, so ergibt

154

C. M. Frhr. v. Aretin, Altertümer und Kunstdenkmale des bayerischen Herrscherhauses, Lief. V, München 1864; BNM Kat. X 9ff., Nr. 4–13; J. L. Fischer, Handbuch der Glasmalerei, Leipzig 1914, 72f.; J. Schinnerer, Ein bayerisches Glasgemälde im South-Kensington-Museum zu London (MüJb 6) 1911, 204–207; B. Rackham, A Stained Glass Panel from Landshut at the Victoria & Albert Museum (Burlington Magazine 36) 1920, 104–110; KDB IV, Niederbayern 16, 1927, 225 Anm. 1.

	Maße
Katharina (G 918)	94,8x54,7 cm
Pfälzer Wappen	87,1x54,0 cm
Andreas (G 917)	94,8x54,3 cm
Baldachin (G 920)	91,2x54,9 cm
Elisabeth (G 914)	87,6x54,4 cm
Bayerisches Wappen mit 2 Baldachinen (G 921)	88,4x53,5 cm
Baldachin (G 919) unteres Stück	91,2x54,8 cm
Agnes (London)	65,5x51,0 cm

München, Bayerisches Nationalmuseum
London, Victoria & Albert Museum

154

sich für die Fensterbahnen ein Maß von ca. 4,20x0,52 m, eine für die Architektur um 1300 sehr plausible Proportionierung. Die erschließbare Fensterhöhe legt die Annahme nahe, daß die Scheiben aus der Klosterkirche stammen, deren Aussehen vor dem barocken Umbau nur unvollkommen zu rekonstruieren ist; eine Herkunft aus der Afrakapelle kommt jedenfalls nicht in Frage.

Die Richtigkeit der Identifizierung der Agnes vorausgesetzt, wird die Entstehungszeit auf die Jahre 1309–1319 eingegrenzt, während derer sie Gemahlin bzw. Witwe des Wittelsbachers war. Figurenstil und die Formen der Tabernakelturm-Architekturen stimmen mit dieser Ansetzung gut überein (vgl. R. Becksmann, Die architektonische Rahmung des hochgotischen Bildfensters, Berlin 1967, 18ff.). Möglicherweise handelte es sich bei den Seligenthaler Scheiben um eine Stiftung nach dem Tode Ottos III. 1312 oder der Elisabeth im Jahre 1314. D.D.

154

155* MARIENFIGUR VOM ALTAR DER PREYSINGKAPELLE IN SELIGENTHAL

Regensburg, Ende 13. Jahrhundert

Holz, mit älterer farbiger Fassung, Höhe 60 cm

Das Bildwerk befindet sich in der Landshuter Zisterzienserinnenabtei Seligenthal, und zwar – statt eines Altargemäldes – auf dem 1629 datierten Altar der sog. Preysingkapelle, welche südlich an das Langhaus der Klosterkirche anschließt. Anläßlich dieser Aufstellung dürfte der Schleier Mariens stark beschnitten worden sein. Ungewöhnlich scheint die Armhaltung des in altertümlicher Tradition auf dem Schoß der Mutter thronenden Jesuskindes. Die erhobene rechte Hand griff (wenn ursprünglich) wohl in einer als zärtlich zu verstehenden Geste an den Schleier Mariens oder verwies auf die (verlorene) Krone der Muttergottes, die sie dem göttlichen Sohn verdankt.

Stilistisch läßt sich die Figur dem Regensburger Kunstkreis gegen Ende des 13. Jh. zuweisen. Nah verwandt scheinen ein Bildwerk der Anna Selbdritt im Bayerischen Nationalmuseum München (Ph. M. Halm – G. Lill, Die Bildwerke in Holz und Stein vom 12. Jh. bis 1450 [Kat. BNM XIII, 1] München 1924, 14 Nr. 69, Taf. 17, 18) sowie eine auch im Typus ähnliche Sitzmadonna aus der Sammlung Schwartz, Mönchengladbach (W. Beeh – H. Schnitzler, Bewahrte Schönheit – Mittelalterliche Kunst der Sammlung Hermann Schwartz (Aachener Kunstblätter 21) 1961, Nr. 12).
A. H.

KDB IV, Niederbayern 16, Stadt Landshut, 232, Fig. 175.

Landshut, Zisterzienserinnenabtei Seligenthal, Preysingkapelle

156* GRADUALE

Bayern (Landshut?), um 1270/77 (?), mit nachmittelalterlichen Zusätzen

Pergament (276 Bl. + 3 Bl. Papier, nachmittelalterlich; zu Anfang defekt, Bl. 273–275 fehlen). Einband weißes Leder auf Holz. Vorderdeckel mit Einzelstempeln, spätgotisch, u. a. großer schreitender Löwe im Quadrat, geschwungenes Spruchband *maria,* Zweig mit drei Sternblüten in Raute, Blattstab, Rosetten. Rückdeckel nur mit Streicheisenlinien. Rücken nachmittelalterlich erneuert, Rollenstempel. Zwei Schließen. – Ungewöhnlich zwei Lesezeichen, befestigt an den mit grüner Seide und Goldfäden verzierten oberen Bünden: Leinenbänder mit scheibenförmigen Endstükken aus Flechtarbeit in Gold-, anscheinend auch Silberfaden. 51 x 36 cm

Ludmilla, Witwe Herzogs Ludwig I. von Bayern, gründete 1232 das Frauenkloster Seligenthal vor Landshut, links der Isar, demnach in der Diözese Regensburg. Schon in der Stiftungsurkunde (vgl. Kat. Nr. 92) wird es dem Zisterzienserorden zugerechnet, dessen Glanz – so der Text – wie der Morgenstern im Nebel strahlt und wie die Sonne das Haus Gottes, die Kirche, erleuchtet. Doch hatte das Generalkapitel in Cîteaux gerade vier Jahre früher beschlossen, keine Frauenklöster mehr in die Ordensgemeinschaft aufzunehmen, es gestattete aber künftig entstehenden Frauenkonventen die Übernahme von Ordensregel und -gewohnheiten. Nicht nach den Generalkapitelsprotokollen, aber nach einem durchaus unverdächtigen Eintrag der Kaisheimer Chronik unterstand Seligenthal ab 1238 diesem Kloster (frdl. Hinw. von Friedrich Kobler), ab 1255 lassen sich auch urkundlich Kontakte zum Abt von Kaisheim fassen. Das Marienpatrozinium der neuen Gründung ist 1242 bezeugt, die erste Äbtissin, Agnes Gräfin von Grünenbach, regierte bis zu ihrem Tod 1277; zum Kloster gehörige Geistliche und Laienbrüder bezeugen 1253 ff. Rechtsakte. Es ist nötig, an diese historischen Fakten zu erinnern, um das Graduale in seinem ursprünglichen Kontext zu sehen. Denn einerseits folgt es recht genau den Zisterzienserbräu-

chen und -festen, andererseits widersprechen seine farbigen Initialminiaturen auf Goldgrund ebenso wie die zahlreichen Sequenzen den Ordensvorschriften. Es spiegelt sich also in ihm der unklare Status von Zisterzienserinnen-Klöstern, wie in manchen anderen Bildhandschriften.
Die Ausstattung besteht noch aus 20 Bildinitialen, zahlreichen Gold-Farbe-Initialen ohne figürliche Zutaten, Randzeichnungen und vielen nur mit der Feder gearbeiteten Ornamenten (Fleuronnée) aus der Entstehungszeit, mit Illustrationen der Kirchenfeste, meist aus dem Leben Jesu, zu Pfingsten und Trinitatis, zu Mariä Lichtmeß, Verkündigung, Himmelfahrt und Geburt, und zu einigen Heiligenfesten.

155

Zum ersten Advent sieht man das Warten auf den Erlöser aus der Nachkommenschaft Davids, dargestellt in Form der Wurzel Jesse nach Isa. 11,1, mit dem schlafenden Stammvater Jesse, aus dessen Leib ein Baum aufwächst. Ranken bilden Rundrahmen für zwei unbenannte Propheten, die das Kommen des Messias voraussagen. Statt der Vorfahren Christi steht hier allein Maria, mit dem Apfel, der sie als die neue Eva erweist, liebevoll dem zu ihr aufschauenden Christuskind zugewandt. Die Darstellung einer stehenden Muttergottes in diesem Zusammenhang ist nicht häufig, der Bildtyp, allgemein gesagt, gegenüber dem der thronenden Madonna moderner.
Der Leib des Kruzifixus ist, wie mehrfach in Texten und Bildern des 14. Jh., ganz von Blut überronnen (wenig wahrscheinlich, daß die Figur später übermalt wurde), das Haupt aber bleich und mit geschlossenen Augen; Text: der Kreuzeshymnus des Venantius Fortunatus. – Der Marientod hat, wie mehrfach, Anklänge an die Totenliturgie der mittelalterlichen Kirche; zwei Apostel halten Vortragekreuze. Neben dem Bild kniet ein anbetender, jugendlich bartloser Mann im gegürteten Gewand mit Tupfenmuster, sicher kein Geistlicher. – Zur Mariengeburt benutzte der Maler ein Weihnachtsbild als Vorlage. Wie sonst Maria liegt hier die Mutter Anna auf einem gebogenen Lager, nicht auf einem Bett, wie Maria ohne Anklänge an das Zeitkostüm. Sie reicht das Kind einer Dienerin, die aus einer Schnabelkanne Wasser in den Badezuber gießt und gleichzeitig die Temperatur prüft. Sie trägt Tracht des 13. Jh.: den *surcot* mit angenähten Leerärmeln, niedriges Gebende mit gewelltem Rand. Neben dem Bild eine anbetende Nonne.
Bei einigen Bildern hat weder Bibel noch Legende, sondern die Liturgie das Thema bestimmt. Zum Fastensonntag Laetare sieht man einen Gekrönten mit Rose: Hinweis auf die an diesem Tag vom Papst geweihte Goldene Rose, die er auch Weltlichen, besonders Herrschern, übersandte. – Zum Fest Johannis am 27. Dezember steht zur Rechten der Evangelist, zur Linken der hl. Bernhard von Clairvaux: Der Introitus *In medio ecclesiae* wurde zu beiden Festen gesungen, vgl. fol. 226v. Ähnlich scheint der Fall bei der Initiale zum Benediktsfest (21.3.) zu liegen, mit Franziskus neben Benedikt – übereinstimmender Text: *Os justi.* Benedikt trägt die schwarze Cuculle mit genestelten Ärmeln, Franziskus das graue Ordensgewand mit weißem Knotenstrick, die Zeichen der Stigmatisation sind hervorgehoben. Zu ihm schaut eine anbetende Klosterfrau auf.
Als Schreiberin ist fol. 257r eine Elisabeth genannt, wohl eine Seligenthaler Nonne (s. u.). Daß Schreiberin und Maler(in) nicht identisch sind, lehren einige hübsche, doch eher laienhafte Randzeichnungen; ihre Beischriften stimmen mit dem Haupttext überein. Die Frühlings- und Osterfreude z. B. beschreibt sie mit Versen des Hohen Liedes (2,11f.: *Flores apparuerunt in terra nostra . . . vox turturis audita est)*

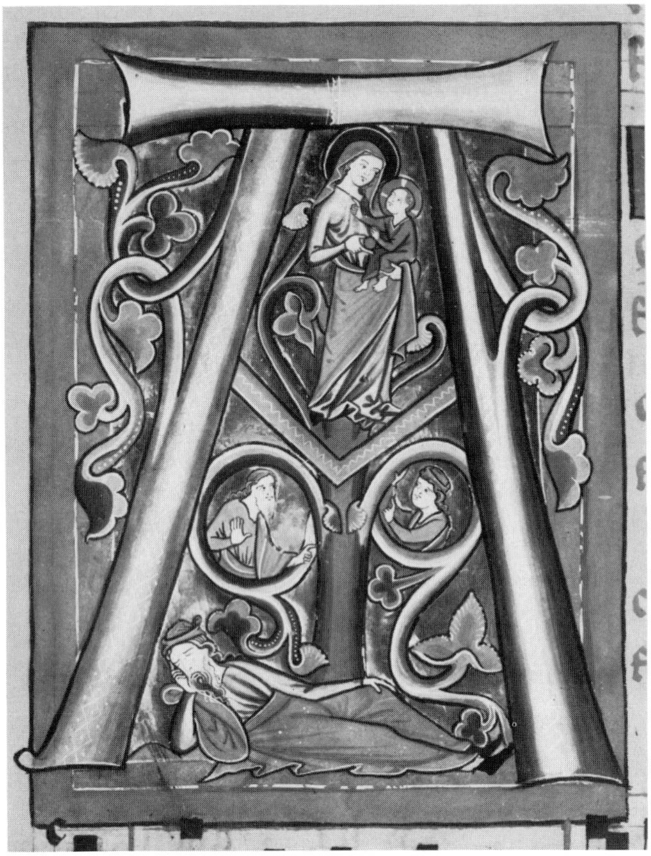

156

den Miniaturen angebrachten Schutzläppchen aus dünnen, verschiedenfarbigen Seidenstoffen.

Wie Swarzenski feststellte, ähnelt die Machart am meisten einem Legendar aus dem Dominikanerinnenkloster Hl.-Kreuz in Regensburg (Oxford), zu datieren zwischen 1271 und 1276. Seine Qualität ist deutlich besser, die Ausstattung viel reicher. Man vergleiche etwa Verkündigung oder Mariengeburt im ganzen, den richtenden Christus mit demjenigen des Abendmahlbildes – im Legendar stets etwas schlankere Gestalten, mehr Bewegung, differenzierte Zeichnung der Gewänder wie der Physiognomien. Vergleichbar sind die in Relation zu den Figuren sehr großen, wulstig gebogenen Initialranken, besetzt mit dreilappigen Blättern, oft mit Tupfen- oder Linienbesatz. Sie sind im Graduale weicher gerundet, alternieren dort wie im Legendar mit ungeteilten, etwa fächerförmigen, die an die früheren Palmettgebilde erinnern. Die zarten Linienranken in den Zwickeln, selten auch im Bildfeld, stimmen vereinfacht mit Regensburger Motiven überein.

Im Regensburger Legendar sieht man als Adoranten (und Stifter ?) u. v. a. Margareta von Ungarn, eine Tochter von König Bela IV., demnach Schwester der mit Herzog Heinrich von Niederbayern vermählten Elisabeth (ihre gleichnamige Tochter war Nonne in Seligenthal); außerdem –

156

und illustriert sie durch zwei Tauben auf einem dreiblütigen stilisierten Rosenbusch (wiederholt 107v zum österlichen Alleluja). Gleichfalls laienhaft und in diesem Zusammenhang sonderbar ist die Initiale zu Pfingstmontag *(Cibavit nos)*: ein Johannesadler mit Menschenkörper; hier zeigt sich, daß das Fleuronnée von der Schreiberin ausgeführt wurde.

Charakteristisch für den Figurenstil sind lange, leicht gebogene oder fast gerade Linien, die besonders die Mantelsäume bestimmen. Die Gewänder darunter haben kleinteiligere Falten, auch eher geometrisch gereiht als fließend oder geschwungen. An die älteren Bildungen des »Zackenstils« (vgl. clm. 17401, Kat. Nr. 157) erinnern hartbrechende Faltengeschiebe (Magdalena des *Noli me tangere,* Decke bei Jesse und bei Maria im Geburtsbild), während die moderneren, in der französischen Skulptur entwickelten und von dort aus auch in die Malerei übernommenen »Schüsselfalten« meist knapp und wenig auffällig gestaltet bzw. durch Farbmodellierung verdeutlicht sind (Tischtuch Abendmahl, Schurz des Kruzifixus, Maria der Wurzel Jesse und Darbringung). – Die Farbskala ist begrenzt, vorwiegend auf Blau und Lilabräunlich, Rot und Grün, alle mit Weiß aufgehellt, öfters durch Tupfenmuster bereichert; der Goldgrund hochpoliert, gelegentlich mit in Mattgold aufgesetzten Ornamenten. Mehrfach erhielten sich die über

Thronende Madonna aus dem Scheyerer Matutinale. Kloster Scheyern, um 1220/35. Clm. 17 401, fol. 25r. Kat. Nr. 157

Theophilus-Legende aus dem Scheyerer Matutinale. Kloster Scheyern, um 1220/35. Clm. 17 401, fol. 18v. Kat. Nr. 157

wenn die Identifizierung stimmt – Sophia, Schwester des Herzogs Heinrich, vermählt mit Graf Gebhard von Hirschberg. Doch sind die Übereinstimmungen beider Handschriften nicht so eng, daß der Seligenthaler Kodex in Regensburg hergestellt sein müßte. Er hat gewisse Ähnlichkeiten mit einem 1300 von dem Mönch Werner v. Eichstätt im Zisterzienserkloster Kaisheim geschriebenen Graduale (Einzelblätter: München, Graph. Slg., Inv. Nr. 40229, 40230), gleichfalls mit Initialminiaturen auf Goldgrund, wenig moderner. Es ist auch möglich, daß ein in Regensburg oder Kaisheim ausgebildeter Geistlicher dort oder in Landshut das von Elisabeth geschriebene Buch ausmalte. Das führt zur Frage der Datierung. Swarzenski hielt den nachmittelalterlichen Eintrag fol. 4v für verbindlich: *1260 bey erster Frau Abbtissin Agnes Gräffin v. Preyssing dis grosse Ambt Buech* [Amt = *officium* = Gottesdienst] *gesch*[r]*iben worden von Closter Frau Elisabetha* (der Eintrag fol. 5r bezieht sich auf ein noch in Seligenthal verwahrtes Graduale von 1462, 1681 unter Schonung der Bilder neugeschrieben). Man fragt sich aber, ob hier nicht ein Versehen vorliegt, denn die Ostertafel (fol. 262v) beginnt mit 1270 – üblich ist, sie mit dem Jahr der Herstellung anfangen zu lassen. Erst 1261 bestimmte das Generalkapitel in Cîteaux die Abfolge Nikolaus – Petrus (von Tarentaise) – Wilhelm (von Bourges) in der Litanei, wie im Codex fol. 101r zu lesen. Hält man – trotz des falschen Familiennamens – den Kern der zitierten Nachricht für glaubhaft, wogegen nichts spricht, so kann man das Graduale in die letzten Jahre der Äbtissin Agnes (gest. 1277) setzen, d. h. zwischen 1270 und 1277. Das Graduale blieb, sichtbar an den Nachträgen, lange in Gebrauch. Im späten 17. Jh. dürfte die Handschrift modernisiert worden sein, wobei man die Miniaturen sorgfältig schonte. Etwa die Hälfte der alten Notenschrift wurde entfernt, zu kontrollieren anhand eines im Rückdeckel eingeklebten Papierblatts *(Verzaichnus was in grossen Ambt buocht neu* [?] *gemacht ist);* das Abteibuch von Seligenthal enthält Rezepte, wie altes Pergament herzurichten sei: Waschen mit Seife bzw. Lauge, Einlegen in Sauermilch, Rasenbleiche, Entfernen von Tintenresten mit dem Federmesser. Am 27. Oktober 1700 wurde ein altes Graduale zum Binden gegeben, *wurdt auß gewaschen* [,] *zueberait, Sch:M: Benigna leniert. Vnd Sch:M:Ida schribe desses.* Es scheint sich um den Londoner Kodex zu handeln, auf dessen Einband (Rücken), Zustand und Schmuck sich diese Notiz beziehen läßt. Zugefügt wurden damals sehr reizvolle breite Ornamentleisten – eine sichtbar fol. 5r, zusammen mit neugeschriebenen Noten – mit geschwungenen Akanthusblättern und eingestreuten Tulpen, Rosen, Kornblumen, Granatäpfeln, Trauben etc., meist nur in Rot, vereinzelt bunt. Wie haben hier also ein sicheres Zeugnis dafür, daß ein Chorbuch über 400 Jahre stets in Gebrauch blieb, damit auch, daß über Jahrhunderte hin die zugehörigen Bilder angesehen und beachtet wurden. R.Kr.

Catalogue of additions to the manuscripts in the British Museum in the years MDCCCXLVI–MDCCCXLVII, o. O. 1864, 329f.; H. Swarzenski, Die lateinischen illuminierten Handschriften des 13. Jh. in den Ländern

156

an Rhein, Main und Donau, Berlin 1936, 39, 114f. (Nr. 31), Abb. 395–413; ebd. S. 38, 111ff. (Nr. 27), Abb. 343–386 (das Regensburger Legendar); LUB Nr. 22 (Stiftungsurkunde), 45 (Patrozinium), 51ff. (Kleriker von Seligenthal), 60 u. 93 (Abt von Kaisheim als Siegler bzw. Zeuge); Fr. Hüttner (Hrsg.), Die Chronik des Klosters Kaisheim, verfaßt vom Cistercienser Johann Knebel im Jahre 1531 (Bibliothek des litterarischen Vereins in Stuttgart CCXXVI) 1902, 61f.; J.-M. Canivez, Statuta Capitulorum Generalium Ordinis Cisterciensis, II (Bibliothèque de la revue d'histoire ecclésiastique Fasc. 10) Louvain 1934, 68 (1228), 477f. (1261); Cistercienserinnenabtei Seligenthal in Landshut, 1932, 108 (Abteibuch), 148 (Graduale von 1462).

London, The British Library (cod. Add. 16950)

ZUR SCHEYERER BUCHMALEREI

Vier Exponate dieses Saales, sämtlich sehr stattliche Codices mit reichem Bildschmuck, kamen infolge der Säkularisation 1803 an die Bayerische Staatsbibliothek in München. Sie stammen aus dem Benediktinerkloster Scheyern und wurden auch dort geschrieben, zwischen ca. 1220/35 und 1241. Die Wittelsbacher übergaben dem Konvent um 1118 ihre Burg Scheyern (bei Pfaffenhofen, Diözese Freising), nachdem sich frühere Ansiedlungen der Mönche in Bayrischzell, Fischbachau und Eisenhofen als nicht existenzfähig erwiesen hatten; sie wählten Scheyern bis zur Mitte des 13. Jahrhunderts als Grablege. Sie erlangten, daß das Kloster unmittelbar dem päpstlichen Stuhl unterstellt wurde, behielten sich

157

aber – wie üblich – als Stifter die Vogtei vor, d. h. den weltlichen Schutz der Ordensgemeinschaft und ihrer Güter, übten sie ebenso energisch wie unkanonisch aus, gegenüber denjenigen Äbten, unter denen die hier gezeigten Bildhandschriften entstanden: Abt Conrad (1206–1225) zwangen sie mehr oder minder zur Resignation, seinen Nachfolger Heinrich (1226–1259) drängten sie dem Konvent auf und sorgten später gleichfalls dafür, daß er sein Amt aufgab; das Kloster reagierte nicht eben positiv auf die Unterdrückung des Rechtes auf freie Abtswahl, vgl. die – nachträglich geschönten – Annalen. Beide Äbte waren zeitweilig im Dienste der Herzöge tätig bzw. ihnen freundschaftlich verbunden: Conrad weilte 1224 als Vermittler im Kloster Prüfening bei Regensburg; von Heinrich sagt der ihm wohlgewogene Mönch und Schreiber Conrad (in clm. 17403 = Kat. Nr. 160), er sei den Landesherren lieb und wert gewesen. An engen, wenngleich nicht immer harmonischen Kontakten zwischen den auch für die Mehrung der Bibliothek zuständigen Äbten und dem Hause Wittelsbach ist demnach nicht zu zweifeln. *R. Kr.*

157* MATUTINALE

Kloster Scheyern, um 1220/1235

Pergament (473 Bl.), zu Anfang unvollständig. Einband weißes Leder auf Holz, Rollenstempel, auf dem Vorderdeckel das Klosterwappen von Scheyern. Lt. Inschrift 1764 durch Joh. Math. Achter in Wolnzach hergestellt. 55x40 cm

Das Matutinale enthält die Texte zur Matutin, der klösterlichen Gebetszeit am frühen Morgen. Vorgeschaltet sind nicht-liturgische Texte, teils allgemeiner Art (Papst- und Herrscherlisten), teils auf Scheyern bezüglich (Verzeichnis von Gütern und Einkünften), auch lateinische Gedichte über das Kreuzesholz, die Silberlinge des Judas, Henoch und Elias. Am Schluß der Handschrift eine Abtsliste. Der Schreiber Conrad, ein Mönch des Klosters, nennt sich fol. 269v und 473r.

Zwei Bildgruppen sind zu unterscheiden, von denen die erste vor dem Matutinale-Text steht, die zweite zu ihm gehört. Beide sind als mehr oder weniger intensiv kolorierte Federzeichnungen (ohne Gold) ausgeführt.

Die erste Gruppe beginnt mit vier Seiten, die den einzigartigen Rang der Klosterpatronin Maria als Miterlöserin der Menschheit zeigen. In der Form des Apokalyptischen Weibes steht sie mit dem Christuskind vor dem teuflischen Drachen, dieser wird durch Christi Kreuzestod besiegt, versucht nach der Himmelfahrt Christi die Kirche durch Ketzereien zu zerstören, doch rechtgläubige Bischöfe bekämpfen auf dem Konzil von Nikaia Arius und seinesglei-

157

chen, Maria wird von den heiligmäßigen Frauen des Alten Testaments als jungfräuliche Gottesmutter gepriesen. – Es folgen zwei Erzählungen, die Maria als Retterin einzelner Menschen erweisen: Sie bewahrt eine schwanger gewordene Äbtissin vor der Schande; sie leistet Fürbitte für Theophilus, der sich dem Teufel verschrieben hatte – eine Vorform der Faust-Sage – und erlangt den Teufelspakt zurück. Einem dieser Legendenbilder wurden wenig später kleine Zeichnungen mit dem anbetenden Abt Conrad und einem unbenannten Schreiber zugefügt.
Die zweite Gruppe umfaßt einen Kalender mit Tierkreiszeichen, sieben Szenen aus dem Leben Mariä, von der Verkündigung bis zur Aufnahme ihrer Seele in den Himmel. Es folgen die Patrone derjenigen Kirchen, die der Konvent vor seiner Übersiedlung nach Scheyern innehatte: St. Martin in Fischbachau, St. Peter bei Eisenhofen, am Schluß Maria mit dem Kirchenmodell, als Herrin von Scheyern, zu Füßen ein unbenannter Abt. Weitgehend gleichartige Figuren finden sich in Initialminiaturen des Matutinale; die unfigürlichen Initialen enthalten schöngezeichnete Blattranken auf farbigem Grund.
Die Bildgruppen sind von verschiedener Machart. Die erste hat augenscheinlich Motive der Regensburg-Prüfeninger Malerei des 12. Jh. aufgenommen (vgl. bei Kat. Nr. 160/161). In ihr dominieren gebogene und geschwungene Linien, in der zweiten gerade, oft eckig aufeinanderstoßende – im kunsthistorischen Jargon »Zackenstil« genannt, letztlich byzantinischer Herkunft, in Thüringen-Sachsen schon im ersten Jahrzehnt des 13. Jh. vorkommend, in Bay-

157

ern anscheinend erst 20–30 Jahre später. Doch finden sich einzelne Figuren mit solcherart gestalteten Gewändern auch

157

zu Anfang des Matutinale. Auch differieren die künstlerischen Qualitäten in beiden Gruppen; in der ersten wird das Apokalyptische Weib zu Recht als die beste Miniatur der Scheyerer Malerschule angesehen, in der zweiten erreicht die subtil gezeichnete, zart kolorierte Marienfigur den höchsten Rang und wurde anscheinend vorbildlich für spätere Scheyerer Madonnenbilder.
Der dargestellte Abt Conrad regierte bis 1225. Entsprechend hat man bisher alle Miniaturen des Codex ins 1. Viertel des 13. Jh. datiert. Conrad lebte aber noch 1245, es ist wahrscheinlich zu machen (Kroos, WB I/1), daß das Matutinale zwar unter ihm begonnen, aber erst unter seinem Nachfolger Heinrich vollendet wurde. R.Kr.

J. v. Hefner, Ueber den Mönch Conrad von Scheyern (OA 2) 1840, 155ff., bes. 161ff.; J. Damrich, Ein Künstlerdreiblatt des XIII. Jh. aus Kloster Scheyern (Stud. z. dt. Kunstgeschichte 52) Straßburg 1904, passim, bes. 8–24 (Beschr. d. Bilder, Abdr. d. Beischriften); A. Boeckler, Zur Conrad von Scheyern-Frage (Jb. f. Kunstwissenschaft) 1923, 83ff., bes. 84ff.; AK Ars sacra, München 1950, Nr. 215; Cimelia Monacensia, Wiesbaden 1970, Nr. 33; R. Kroos, Die Bildhandschriften des Klosters Scheyern aus dem 13. Jh. (WB I/1); H. Hauke–R. Kroos, Das Matutinalbuch aus Scheyern, Wiesbaden 1980.

München, Bayerische Staatsbibliothek (clm. 17401)

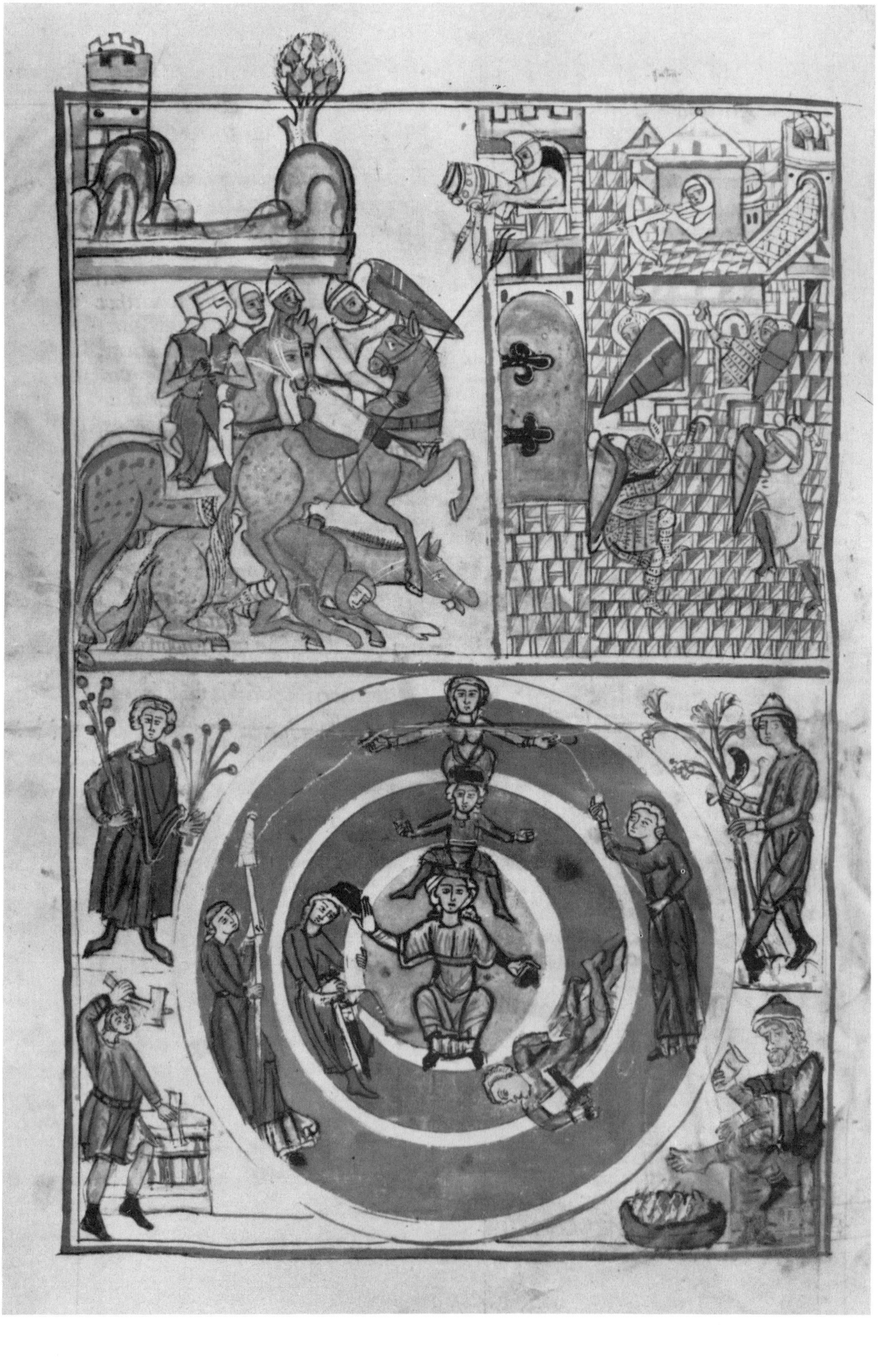

158

158* FLAVIUS JOSEPHUS: ›ANTIQUITATES IUDAICAE UND BELLUM IUDAICUM‹

Kloster Scheyern, kurz vor 1241

Pergament (303 Bl.), Einband weißes Leder auf Holz, zwei Schließen. 51x35 cm

Fol. 1r und 1v enthalten kolorierte Federzeichnungen ohne Textbezug, doch wieder mit der Kirchenpatronin von Scheyern, hier in Form der Wurzel Jesse, d. h. Jesse/Isai als Stammvater Christi und in dem seinem Leib entwachsenden Baum Maria mit dem Kinde thronend, umgeben von sieben Tauben als Zeichen der sieben Geistesgaben nach Isaja 11,1 ff. In den Rahmenleisten Brustbilder von Männern in verschiedenartiger Tracht, am ehesten Vorfahren Christi, dazu vielleicht Propheten und andere Gestalten des Alten Testaments. Die Rückseite enthält eine seitengroße I-Initiale – ohne weitere Schrift – mit einem stehenden Christus vor gestirntem Grund, daneben die Krönung Mariä. Dieses Blatt könnte aus einer anderen Handschrift hierher übertragen worden sein, stilistisch stimmt es am ehesten mit einigen Illustrationen des Matutinale (Kat. Nr. 157) überein.
Die ausgestellte Miniatur ist das Titelbild zu jenem Werk des Flavius Josephus, das auch die Zerstörung von Jerusalem durch Titus 70 n. Chr. schildert. Nach dem im Mittelalter üblichen Verfahren ist das Geschehen wie eine zeitgenössische Belagerung dargestellt. Aus der Landschaft (Turm, Hügel und Baum wie auf einer Leiste gereiht) traben Reiter in Rüstungen des 13. Jh. heran und versuchen, die Stadt in Brand zu stecken. Einer der Verteidiger löscht die Flammen aus einem Wasserfäßchen. Andere werfen Steine auf Soldaten herab, die mit Mauerhaken die Befestigung erklettern, ein Armbrustschütze zielt auf die Reiter. – Im unteren Bild sieht man dazu den ewigen Wechsel von Glück und Unglück: Das Glücksrad erhebt und stürzt drei Menschen; Fortuna gibt und nimmt ihnen Kronen als Zeichen von Macht und Wohlergehen; der Gefallene durchbohrt sich mit seinem Schwert. Entsprechend spinnen und halten die drei Parzen den Lebensfaden. Die Zeit, in der das Geschick wechselt, verbildlichen die Personifikationen der vier Jahreszeiten in den Ecken. – In der gleichen, sehr derben, aber lebendigen Machart, den gleichen stumpfen Farben sind die Initialen (mehrere mit figürlichen Zutaten) hergestellt. Weder Bilder noch Initialen haben genaue Parallelen in den anderen erhaltenen Scheyerer Codices.
Da die Handschrift im Bibliothekskatalog von 1241 bereits vorkommt, muß sie (wohl nur wenig) früher entstanden sein. Als Auftraggeber wird Abt Heinrich (1226–1259), als Schreiber der Mönch Conrad genannt. R. Kr.

J. v. Hefner, Ueber den Mönch Conrad von Scheyern (OA 2) 1840, 155 ff., bes. 171 f.; J. Damrich, Ein Künstlerdreiblatt des XIII. Jh. aus Kloster Scheyern (Stud. z. Dt. Kunstgesch. 52) Straßburg 1904, passim, bes. 31–34 (Beschr. d. Bilder); A. Boeckler, Zur Conrad von Scheyern-Frage (Jb. f. Kunstwissenschaft) 1923, 83 ff., bes. 96 f.; R. Kroos, Die Bildhandschriften des Klosters Scheyern aus dem 13. Jh. (WB I/1).

München, Bayerische Staatsbibliothek (clm. 17404)

159* PETRUS COMESTOR: ›HISTORIA SCHOLASTICA‹

Kloster Scheyern, kurz vor 1241

Pergament (230 Bl.), Einband weißes Leder auf Holz, zwei Schließen. 45x30 cm

Der Kodex enthält die zwischen 1169 und 1173 verfaßte Weltgeschichte (›Historia scholastica‹) des an der Kathedralschule von Notre-Dame in Paris lehrenden Petrus Comestor, ein schnell und weit verbreitetes, als Schulbuch benutztes Werk.
Die vorangestellten Illustrationen haben mit dem Text nur insofern zu tun, als sie dem mittelalterlichen Unterrichtsbetrieb dienten. Zu Anfang sieht man wiederum die Patronin von Scheyern, sehr sorgfältig ausgeführt, mit farbiger Modellierung und feinen Weißhöhungen. Neben der thronenden Madonna stehen zwei Engel in reicher, z. T. byzantinisierender Kleidung. Auf den Stufen kniet anbetend ein vergleichsweise winzig kleiner Benediktinermönch, nach der Unterschrift der Schreiber Conrad; ihm wendet sich mit Blick und Segensgestus das Christuskind zu. Im Typus ähnelt die Hauptfigur der – früheren – Madonna im Matutinale, doch zeigen die scharfgratigen, gelegentlich wie gehämmerte Bleche kantig aneinanderstoßenden Gewandmotive noch ausgeprägter als im Matutinale die Kennzeichen des sog. Zackenstils (vgl. Kat. Nr. 157). Die folgenden Bilder haben weniger metallische, weniger zugespitzte Formen, doch sind die Übergänge fließend. Das erste, zugleich am sorgfältigsten ausgeführte Blatt enthält aus den Artes liberales, d. h. den sieben Hauptwissenschaften des Mittelalters, die Musik, wie die übrigen – außer Arithmetik und Geometrie – als Frau personifiziert, die einen langstieligen Hammer zum Anschlagen der neben ihr hängenden Glöckchen hält, dazu ein Buch. Wie eine vornehme verheiratete Frau des 13. Jh. trägt sie fußlanges Gewand, offenen Mantel, auf dem Haupt das Gebende (Kinnschleier) kombiniert mit schmaler Kopfbinde, unter dem die durch helle Bänder zusammengefaßten Haarsträhnen herabfallen. Ihr Spruchband ruft zum Gotteslob mit Zimbeln auf (Ps. 150,5). Im Unterschied zu den folgenden Artes ist sie allein, Türme und Stadtmauer bezeichnen die in der Antike durch ihre Musiker berühmte Stadt Theben. Darunter thront in gleicher Kleidung (hier auch die modische Mantelverschluß-Schnur angegeben) die Astronomie und weist hinauf zum Himmel. Neben ihr (und neben den folgenden Artes) sitzen zwei Vertreter, d. h. aus Geschichte oder Sage berühmte Gelehrte des jeweiligen Faches, hier Ptolemäus mit Fernrohr und Atlas mit einer sternbesetzten Scheibe. In flüchtigerer Technik, derb laviert, folgen Grammatik, Rethorik, Dialektik, Arithmetik und Geometrie, in irregulärer Abfolge, nicht dem Aufbau des mittelalterlichen Schulsystems entsprechend. Zwischen Dialektik und Arithmetik sieht man die Herrscherin der Artes, die Philosophia, mit ihren Begleitern Plato und Sokrates.
Gegenüber den spitzigen und preziösen Formen der Madonna erscheinen die Artes breit, die Physiognomien eher

159

stumpf. Eine recht gute, monumentale Vorlage ist unvollkommen wiederholt.
Nach dem Eintrag in clm. 17403 (Kat. Nr. 160) von 1241 hat der in fol. 2v dargestellte Mönch Conrad das Buch geschrieben, demnach (kurz) vor 1241. R. Kr.

J. v. Hefner, Ueber den Mönch Conrad von Scheyern (OA 2) 1840, 155 ff., bes. 172 ff.; J. Damrich, Ein Künstlerdreiblatt des XIII. Jh. aus Kloster Scheyern (Stud. z. Dt. Kunstgesch. 52) Straßburg 1904, passim, bes. 24–30 (Beschr. d. Bilder, Abdruck d. Beischriften); A. Boeckler, Zur Conrad von Scheyern-Frage (Jb. f. Kunstwissenschaft) 1923, 83 ff., bes. 94 ff.; J. Kronjäger, Berühmte Griechen und Römer als Begleiter der Musen und der Artes Liberales in Bildzyklen des 2. bis 14. Jh., Diss. Marburg (Lahn) 1973, 113 ff., 296 ff.; R. Kroos, Die Bildhandschriften des Klosters Scheyern aus dem 13. Jh. (WB I/1).

München, Bayerische Staatsbibliothek (clm. 17405)

160* MATER VERBORUM

Kloster Scheyern, 1241

Pergament (244 Bl.), Einband weißes Leder auf Holz, Einzelstempel (spätmittelalterlich). 54x37 cm

Die Miniaturen stehen ohne inhaltlichen Zusammenhang vor dem Text, der früher Salomo von Konstanz zugeschriebenen *Mater verborum,* einem ausführlichen Glossar zu schwierigen Wörtern aus der lateinischen Bibel (Vulgata) und weiteren ähnlichen Verständnishilfen. In ihnen kommen auch deutsche Übersetzungen vor, meist über das entsprechende lateinische Wort geschrieben (Interlinearglossen), z. B. crepusculum = Morgenröte – *tageroth;* umbraculum = schattiger Ort – *loubin;* ibex = Steinbock – *steingeiz.* – Am Schluß sind für Scheyern ausgestellte Papst- und Kaiserurkunden eingetragen, ein unvollständiger Bericht über die Klostergründung, Rezepte gegen verschiedene Krankheiten u. a.
Texte wie Miniaturen sind aus einer im Benediktinerkloster Prüfening bei Regensburg 1158 bzw. 1165 geschriebenen Vorlage kopiert (Kat. Nr. 161). Auf dem ersten Blatt schematische Zeichnungen medizinischen und geographischen Inhalts. Zur Beschreibung der folgenden kolorierten Zeichnungen vgl. die Vorlage-Handschrift: der Mensch als Mikrokosmos, medizinische Themen, die Stadt Jerusalem. Es folgt ein Blatt mit sieben Bildern zur Musik, dessen Pendant in der Prüfeninger Handschrift jetzt fehlt: David und Papst Gregor d. Gr. als Vertreter der Kirchenmusik im Alten und Neuen Testament; David bzw. die Prophetin Mirjam musizierend, beide mit Gefährten; Personifikationen der Musik, Guido von Arezzo und Boethius, Pythagoras. Auch das Prinzip der Tugend/Laster-Folge ist bei Kat. Nr. 161 skizziert.
Neben den Bildern der Tugenden sieht man wiederum Maria, die Patronin von Scheyern, ausgezeichnet durch sorgfältige Deckfarbenmalerei vor farbigem Grund. Sie thront über Stufen auf einer Steinbank (die Linienornamente meinen Marmorierung), deren Rückwand aber gedrechselt ist. Zwei kleinere Engel mit Lilienstäben verehren sie als Glanz der Heiligen, Hoffnung und Licht der Frommen, Himmelstür etc. Vor dem Thron stehen Elisabeth, die Mutter Johannis des Täufers, und Anna, wohl die Mutter Mariä, und preisen die jungfräuliche Mutter des weltbeherrschenden Gottes (Thema der »drei heiligen Mütter«). Der vor dem Fußschemel kniende Mönch und Schreiber – Conrad, nach der kopfstehenden Inschriftzeile unter dem Bild – bittet den von der Jungfrau geborenen Christus um Vergebung seiner Sünden. – Im Vergleich zu der fast unirdisch zarten Madonna im Matutinale und der schmalgesichtigen, in kleinteilig-hart stilisierte Gewänder gehüllten der ›Historia scholastica‹ ist die Figur hier, bei gleichem Grundtyp, breit und mächtig, das Gesicht voller, der Ausdruck mehr dumpf als ernst. Knie und Unterschenkel werden unter den weicher modellierten Falten deutlich spürbar.
Auf der Rückseite findet sich der für die Scheyerer Malerschule eminent wichtige Eintrag betr. der unter den Äbten Conrad (1206–1225) und Heinrich (1226–1259) gefertigten Bücher, mit dem Datum 1241, das also auch für die Handschrift mit ihren Miniaturen verbindlich ist.
Die Arkadenrahmen des Glossars wurden weniger differenziert und zierlich ausgeführt als in der Prüfeninger Vorlage, enthalten aber auch zahlreiche figürliche Motive, vor allem Tiere und Masken, gelegentlich mit deutschen Beischriften, so zu stilisierten Pflanzen *plvom, lavb, plat.* – Am

160

Schluß finden sich Bilder von Heilpflanzen und Notizen über ihre Wirkungen.
Die Unterschiede zwischen Vorlage und Kopie sind besonders gut faßbar bei den medizinischen Themen. Der Scheyerer Miniator bringt auf einer Seite nur sechs (die Vorlage neun) Szenen unter, d. h. die Bildfelder sind deutlich höher. Die für Regensburg/Prüfeninger Arbeiten bezeichnende leidenschaftslose Ruhe verändert der Kopist durch Übersetzen der rundlich geschwungenen Linien in seinen zeitgenössischen »Zackenstil«, durch Zuspitzung von Aktionen und Physiognomien, unterstützt durch energische Lavierung. Dasselbe erkennt man beim Vergleich der Tugend-Exempla, besonders an dem zu seinen Brüdern sprechenden Joseph, oben links. Auf dem Blatt mit Musikthemen sieht man die modernsten Figuren, knapp und zügig umrissen, in schon deutlich gotischer S-Schwingung.
R. Kr.

J. v. Hefner, Ueber den Mönch Conrad von Scheyern (OA 2) 1840, 155 ff., bes. S. 165 ff.; J. Damrich, Ein Künstlerdreiblatt des XIII. Jh. aus Kloster Scheyern (Stud. z. Dt. Kunstgesch. 52) Straßburg 1904, passim, bes. 34–43 (Beschr. d. Bilder, Abdruck d. Inschriften); A. Boeckler, Zur Conrad-von-Scheyern-Frage (Jb. f. Kunstwissenschaft) 1923, 83 ff., bes. 97 ff.; AK Ars sacra, München 1950, Nr. 216; R. Kroos, Die Bildhandschriften des Klosters Scheyern aus dem 13. Jh. (WB I/1).
Die Spezialliteratur zu den medizinischen Themata und den Glossen entspricht derjenigen zu clm. 13002 (Kat. Nr. 158).

München, Bayerische Staatsbibliothek (clm. 17403)

161* MATER VERBORUM

Kloster Prüfening, 1158 und 1165

Pergament (229 Bl., 2 Bl. ausgeschnitten), Einband der Regensburger Stadtbibliothek, 16. Jahrhundert.: gelbbraunes Leder auf Holz, Rollenstempel, Mittelfeld mit Stadtwappen von Regensburg. 54x36 cm

Da sich aus dem Mittelalter relativ selten Vorlage *und* Kopie erhalten haben, ist es besonders reizvoll, die Prüfeninger Vorlage neben ihrer Scheyerer Kopie zu zeigen. Mit Ausnahme eines fehlenden Blattes und einer (jetzt) leicht differierenden Abfolge enthält sie fast alle Bilder und Texte, die ca. 80 Jahre später in Scheyern abgemalt und abgeschrieben wurden.
Die szenischen Darstellungen finden sich am Anfang des Kodex und gehören zusammen mit dem auf 1165 datierten Schatzverzeichnis des Benediktinerklosters Prüfening bei Regensburg, das in dieser Zeit, ebenso wie Regensburger Konvente (vor allem das Benediktinerkloster St. Emme-

161

160 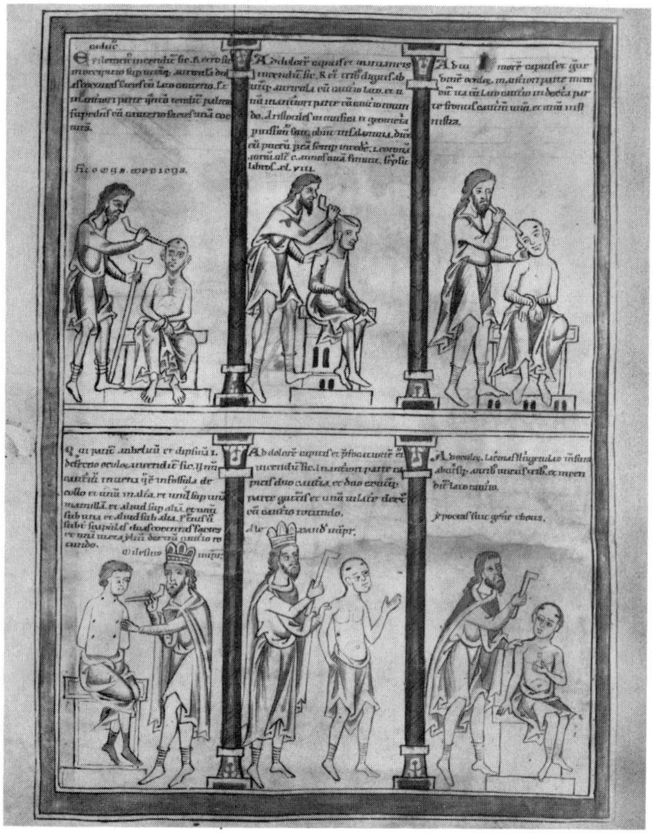

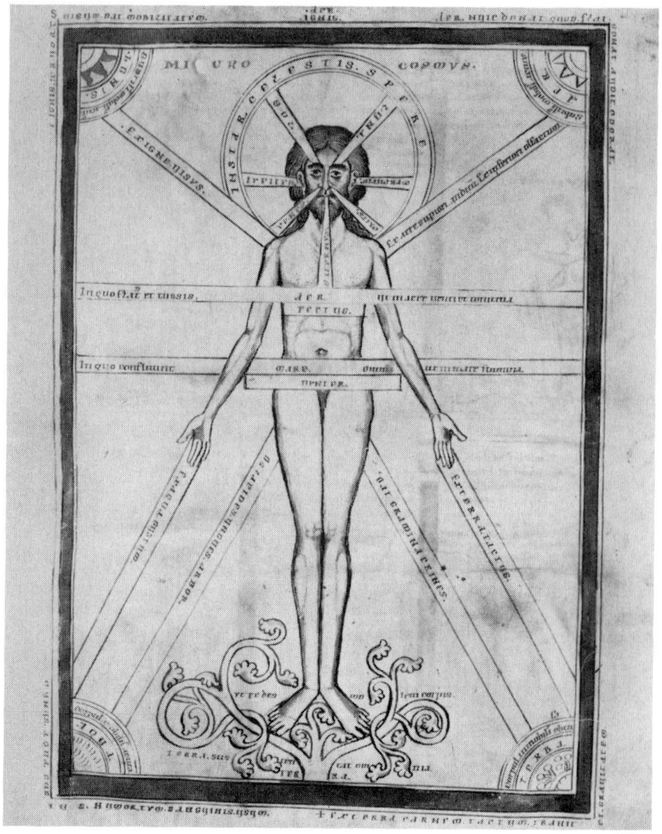 160

ram) literarisch wie künstlerisch aktiv und bedeutend war. Die Themen sind recht verschiedenartig, ohne erkennbaren Zusammenhang. Zu Beginn stand das Bild des Menschen als Mikrokosmos, verbunden mit den Elementen (jetzt fol. 7v). Dann folgen 22 Szenen, in denen die antike, aber noch im Mittelalter gebräuchliche Therapie durch Brennen mit dem glühenden Eisen dargestellt wird, jeweils Arzt und Patient nebeneinander; fünf eher grob gezeichnete Aktfiguren enthalten die Schemata von Arterien, Venen, Knochen, Nerven und Muskeln, letztlich auf Galen zurückzuführen. Anschließend die beiden ausgestellten Blätter mit Beispielen für Tugenden und Laster aus meist biblischen Geschichten; die weiblichen Personifikationen der Tugenden bzw. Laster stehen neben der Szene, durch kurze Texte auf ihren Spruchbändern als Bewirkende gekennzeichnet. Die zwei Blätter müssen zusammen gesehen werden: die Außen- und die Innenreihen sind jeweils aufeinander bezogen. So sieht man in der untersten Reihe links außen, wie sich der hochfahrende König Saul wegen seiner Niederlage ins Schwert stürzt, das Laster Gloria = (eitler) Ruhm sagt ironisch *sic colo,* so ehre, schmücke ich dich; entsprechend rechts außen die Salbung des Hirtenknaben David zum zukünftigen König, Humilitas = Demut, Bescheidenheit krönt ihn und sagt dazu wahrheitsgemäß *beo,* ich beglücke, beschenke. Das übergreifende Schriftzitat aus Jac. 4,6: Gott widersteht den Hoffärtigen, aber den Demütigen gibt er Gnade.

Es folgt eine Ansicht der Stadt Jerusalem und – als Rahmen um den Beginn des Schatzverzeichnisses – Christus mit Heiligen und Engeln, der Klosterstifter Bischof Otto von Bamberg, der Protektor Erzbischof Eberhard von Salzburg, und Mönche von Prüfening.

Der Hauptteil des Kodex, 1158 geschrieben, enthält nur farbige Arkadenrahmen, Kapitelle und Basen öfters mit Tieren verziert, und Blattranken-Initialen. Sie dekorieren das vormals Bischof Salomo von Konstanz zugeschriebene Glossar und andere Glossarien, am Schluß sind Prüfeninger Urkunden und ein Reliquienverzeichnis des 13. Jh. nachgetragen.

Als Schreiber nennt sich fol. 8r Swicher, Mönch in Prüfening. R.Kr.

A. Boeckler, Die Regensburg-Prüfeninger Buchmalerei des 12 u. 13. Jh. (Miniaturen aus Hss. d. BStB 8) 1924, 20 ff. (Beschr. aller Zeichnungen m. ihren Beischriften), 79 f. (Initialen), 91 ff. (Beschr. d. Hs., ältere Literatur) Taf. VII–XVII = Abb. 11–21F; AK Ars sacra, München 1950, Nr. 207; Cimelia Monacensia, Wiesbaden 1970, Nr. 30; AK Staufer I Nr. 356; K. Sudhoff, Tradition und Naturbeobachtung in den Illustrationen medizinischer Handschriften und Frühdrucke vornehmlich des 15. Jh. (Stud. z. Gesch. d. Medizin 1) 1907, 49 ff., bes. 53 ff., 64 f.; Th. Meyer-Steineg – K. Sudhoff, Illustrierte Geschichte der Medizin, Stuttgart 1965 [5], 54 ff., 167; R. Herrlinger, Geschichte der Medizinischen Abbildung 1, München 1967, 18 ff., 39; Y. V. O'Neill, The Fünfbilderserie Reconsidered (Bulletin of the History of Medicine XLIII) 1969, 236 ff.; E. Steinmeyer – E. Sievers, Die althochdeutschen Glossen IV, Berlin 1898, 535 f.

München, Bayerische Staatsbibliothek (clm. 13002)

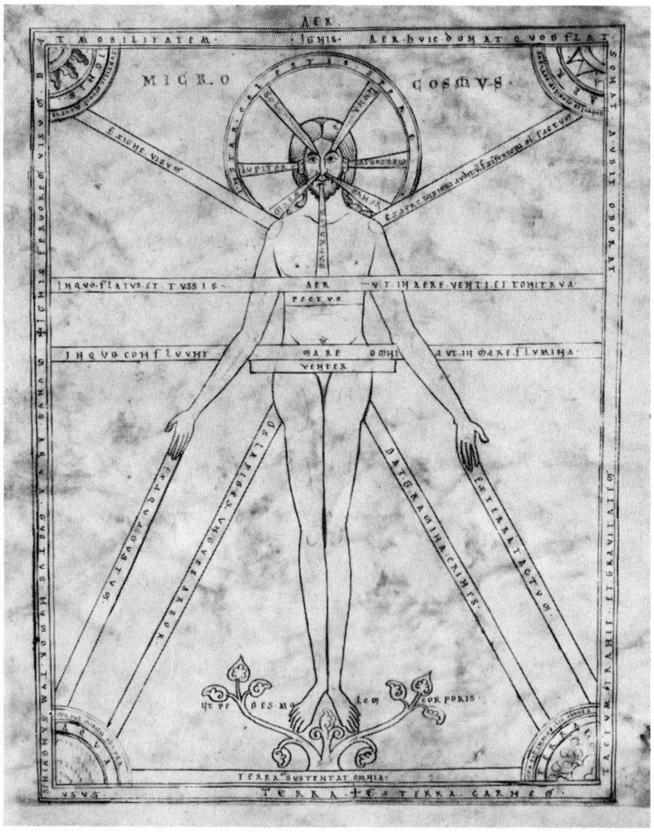
AER
IGNIS
MICRO
COSMVS
PECTVS
VENTER
TERRA SVSTENTAT OMNIA

161

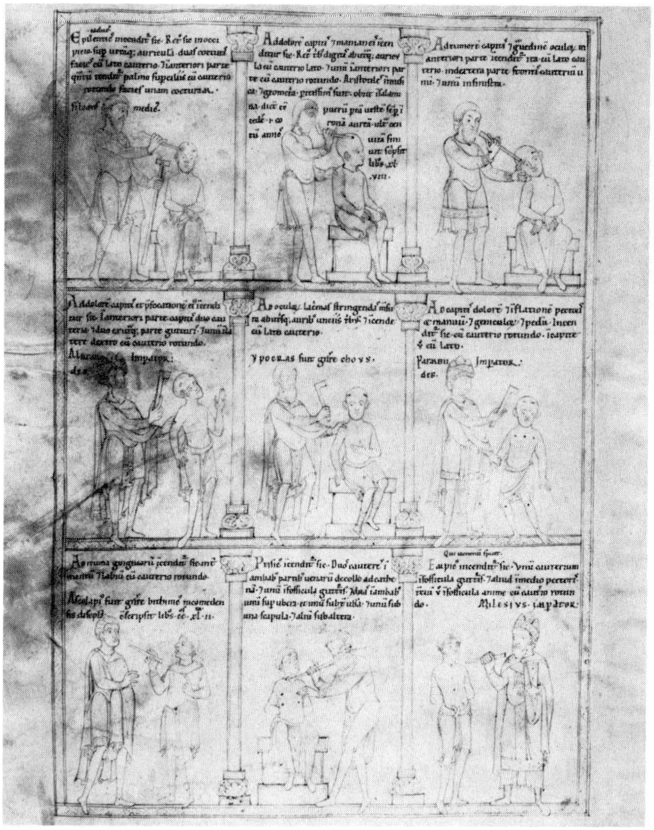

161

ZWEITES OBERGESCHOSS

Über die Söllertreppe und den Söller mit seinem herrlichen Ausblick auf die Stadt führt der Weg in die Ausstellungsräume des zweiten Obergeschosses. Sie sind im Brand von 1961 fast völlig zerstört worden. Die neugefertigten Kassettendecken entsprechen in der Feldereinteilung jedoch den verlorenen Originalen des 16. Jahrhunderts.
Das Kabinett im Italienischen Anbau enthält noch Ausstattungsreste der Jahre 1575/76 mit Stukkaturen in der Art des Carlo Pallago.

DIE STÄNDE IM FRÜHEN WITTELSBACHISCHEN HERZOGTUM

RÄUME 8 UND 9

DIE STADT

Die große Entfaltung städtischer Gemeinwesen, wie sie sich in Deutschland seit der Mitte des 12. Jh. allenthalben beobachten läßt, ist das Ergebnis einer gezielten Städteförderungspolitik der staufischen Kaiser und einer nicht minder gezielten Städtegründungspolitik der aufsteigenden Landesfürsten. Beide Entwicklungen lassen sich erklären aus dem Bemühen des einen – des Kaisers –, sich in den Städten Verbündete zu schaffen und sie, die wirtschaftlichen Machtzentren des Landes, seinen Reichsländern zu integrieren, und aus den territorialpolitischen Überlegungen des anderen – des Landesherrn –, in Grenz- und Konkurrenzräumen Herrschaftspositionen zu festigen oder aufzubauen, die qualitativ besser als die bisherigen Burganlagen waren. Dem Kaiser kam dabei zugute, daß die Städte, wirtschaftlich durch den Aufschwung von Handel und Verkehr, durch die Ausweitung des gemünzten Geldumlaufs und eine zunehmende Bevölkerungsdichte stark geworden, politisch aber von ihren Stadt- und Landesherren bevormundet, sich selbst um den Schutz des Reiches bemühten. Die Landesherren profitierten bei ihren Gründungen von den neuen Lebensgewohnheiten der Kaufleute und Handwerker, die nicht mehr von Grund und Boden bestimmt waren und sich nicht mehr in die alte bäuerlich-statische Lebens- und Herrschaftsordnung des flachen Landes einordnen ließen. Die mit der städtischen Lebens- und Wirtschaftsform verbundene Lösung der Schollenbindung und die Freizügigkeit über das ganze Land nach dem Motto »Stadtluft macht frei« wurde ein geradezu dynamisches Sprengmittel für die noch weitgehend in agrarischen Strukturen verhaftete Gesellschaft.
Die Wittelsbacher konnten, als sie 1180 zu Herzögen Bayerns aufstiegen, auf keine »gewachsenen Städte« zurückgreifen. Den alten, meist auf römische Wurzel zurückreichenden Bischofsstädten (»civitates«) wie Regensburg, Passau, Salzburg oder Freising standen geistliche Fürsten als Stadtherren vor. Regensburg, die alte Hauptstadt des Herzogtums, entzog sich ihrem Zugriff gänzlich, über München erlangten sie erst 1240 die Stadtherrschaft. So sahen sie sich zu Neugründungen gezwungen, die sie, soweit sie nicht auf präurbane Siedlungen zurückgriffen, bevorzugt an strategisch wichtigen und auch wirtschaftlich günstigen Fluß- und Straßenachsen plazierten. Es nimmt nicht Wunder, daß der Landesherr als Stadtherr jenen rasch wachsenden städtischen Kommunen zunächst wenig Spielraum für Selbstverwaltung ließ. Freiheiten, die zu politischer Autonomie führten und – wie bei nicht wenigen Reichsstädten – den Aufbau eigener Territorien ermöglichten, konnten diese landesherrlichen Gründungsstädte nie erlangen. Daß der herzogliche Stadtherr unter dem Druck finanz- und besitzstarker Bürgerschaften sich dennoch zur Gewährung solcher Privilegien verstehen mußte, die genossenschaftliche Zusammenschlüsse ermöglichten, eine auf den städtischen Burgfrieden begrenzte Administration und teilweise auch (niedere) Gerichtsbarkeit zuließen und im übrigen der ständisch-sozialen Freiheit seiner Bewohner Rechnung trugen, möge das Beispiel Landshut zeigen. E. M.-L.

162 DAS HÖLZERNE MODELL DER STADT LANDSHUT NACH JAKOB SANDTNER

Nachbildung durch Theo Vinse, 1932–1934

Holz, 164x144 cm (maximal)

Der Straubinger Drechsler Jakob Sandtner baute in herzoglichem Auftrag 1571 ein hölzernes Modell der Stadt Landshut. Es war nach Straubing (1568) und München (1570) sein drittes Stadtmodell, dem er 1572 noch das von Ingolstadt und 1574 das von Burghausen folgen ließ.

In der Modellstadt Landshut liegt der Burgberg am südlichen Rand plaziert. Am entgegengesetzten nördlichen Rand befindet sich die Brücke. Zwischen beiden Richtungsschwerpunkten breitet sich eine gotische Stadtlandschaft aus, in der die konsequente Führung der Gassenzeilen besticht. Die Häuser sind erstaunlich gleichförmig, ihre Giebel einheitlich den Straßen zugewandt. Schmuckbauten finden sich so gut wie keine. Das ausdrückliche Verbot des Rates (1407) ließ selbst die Anbringung von Erkern nicht zu. Zu den wenigen Ausnahmen gehört das Rathaus, dessen Erker zur Grasgasse hin ein im übrigen erst kurz vor der Sandtnerschen Stadtaufnahme (die bei allen Modellen vor Ort erfolgte) angebrachter Achtkanterker schmückt. Das Traufseithaus spielte im damaligen Stadtbild eine offenbar nur geringe Rolle. Zwei der sehr wenigen Vertreter finden sich in der Westzeile der Altstadt gegenüber dem Martinsmünster. Das aus den Ingolstädter und Münchner Modellen bekannte flachschlüssige Grabendachhaus fehlt gänzlich. Mit dem südlichen Eckhaus der Altstadt zur Steckengasse beginnt die lange Reihe der Lauben, die über St. Martin hinaus die östliche Altstadtzeile bis zum Nahensteig begleiten und in ihrem nördlichen und südlichen Ende die Grenzen der ältesten Stadt sichtbar machen.

In auffallender Parallelität stehen die beiden Straßenzüge der Altstadt und der Neustadt. Östlich dieser beiden, von der Mauer in stumpfem Winkel umfangen, schließt sich die Freyung an. Der hier aufragende Turm von St. Jodok ist neben dem alles überragenden Turm von St. Martin die zweite dominierende Vertikale des Stadtbildes.

Die Mauer, wie das Modell sie vorführt, bezieht die Burg in die Stadtbefestigung mit ein. Die acht Stadttore (ohne Nebentore) sind schlicht; nur zwei, das Länd- und das Burghauser Tor, weisen Vorhöfe, Barbakaden auf.

Das im Modell festgehaltene Erscheinungsbild der Burg ist spätmittelalterlich. Zur Zeit der Entstehung des Modells beherbergte die Trausnitz im übrigen noch einmal herzogliche Bewohner: Albrecht V. hatte die Burg seinem Erbprinzen Wilhelm und dessen junger Gemahlin, Renata von Lothringen, zur Verfügung gestellt, die die Anlage samt ihrem Interieur im Sinne der Renaissance umgestalteten.

Das Modell der Stadt Landshut nach Jakob Sandtner, dessen Original im Bayerischen Nationalmuseum in München aufbewahrt wird, hat in den Jahren 1932 bis 1934 durch Theo Vinse (nach zeichnerischen Aufnahmen von Franz Josef Weinzierl) die in der Ausstellung gezeigte Nachbildung gefunden. E. M.-L.

Lit.: A. Frh. v. Reitzenstein, Die alte baierische Stadt in den Modellen des Drechslermeisters Jakob Sandtner, gefertigt in den Jahren 1568–1574 im Auftrag Herzog Albrechts V. von Bayern, München 1967; F. Schwäbl, Das Stadtmodell Jakob Sandtners (1573) (Das Bayerland 37/9) 1926, 258–261; K. Trautmann, Kulturbilder aus Alt-München, München 1915; H. Bleibrunner, Landshuts Stadtbefestigung nach dem Sandnermodell, 1572, Landshut 1964.

Landshut, Stadt- und Kreismuseum

DIE GRÜNDUNG LANDSHUTS

»MCCIIII . . . Lvdwicus dux Bawariae castrum et oppidum in Lantshvt construere cepit« – im Jahr 1204 begann Ludwig, der Herzog von Bayern, Burg und Stadt in Landshut zu bauen. Dieser Nachricht des Historiographen Hermann, Abt des Klosters Niederalteich von 1242 bis 1273, verdanken wir die genaue Kenntnis des Gründungsjahres von Burg und Stadt Landshut.

Daß der Ort zu den bayerischen Gründungsstädten gehört, die nach bestimmten, von Topographie, Herrschafts-, Wirtschafts- und Verkehrsverhältnissen beeinflußten Überlegungen durch einen herzoglichen Willensakt planvoll angelegt wurden, bezweifelte in der Folgezeit kaum jemand. Umstritten hingegen blieb bis heute, ob die Stadt »aus wilder Wurzel« oder im Anschluß an präurbane Siedlungen entstand. Die frühe, im allgemeinen vor 1204 datierte Nennung von Freisinger Zinspflichtigen »de Lanthut« läßt ältere Ansiedlungen in der Tat vermuten. Deren Beschreibung als Wirtschaftshöfe, Mühlen, Schwaigen oder ähnliche Güter wie auch deren genaue Lokalisierung etwa am Dreifaltigkeitsplatz, am Rennweg oder der oberen Altstadt hält quellenmäßiger Überprüfbarkeit hingegen nicht stand.

Die politischen Ereignisse der Jahre 1203 und 1204 sprechen im übrigen eindeutig dafür, daß es Ludwig dem Kelheimer bei der Gründung Landshuts nicht um die Erweiterung eines bestehenden Gemeinwesens unter handelspolitischem Gesichtspunkt, sondern um die Errichtung eines herzoglichen Machtzentrums im östlichen Teil Bayerns, am Rande des umstrittenen Donaugaues, ging. So ist auch die herzogliche Zerstörung der regensburgischen Feste Straßburg als Brückenkopf des Altheimer Isarüberganges und die Umleitung des Verkehrs auf den bisher wenig frequentierten Landshuter Übergang nicht als eine jener mehr oder weniger kleinlichen Provokationen zu verstehen, die die seit dem Aussterben der Paponen ständig neu aufflammenden Auseinandersetzungen zwischen regensburgischem Bischof und bayerischem Herzog würzten, sondern als demonstrative Geste des Wittelsbachers, seiner beabsichtigten Stadt- und Residenzgründung wirtschaftliche Voraussetzungen zu schaffen. Denn daß Landshut als mögliche Hauptstadt des Herzogtums konzipiert war, ist um so weniger zu bezweifeln, als angesichts der staufischen Städtepolitik jener Zeit auf eine erneute Inanspruchnahme Regensburgs als Metropole Bayerns kaum noch Aussicht bestand.

Bereits ein Jahr nach der Gründung der Stadt lassen sich herzogliche Ministerialen – Dienstmannen also, die mit Verwaltungs-, Verteidigungs- und Organisationsaufgaben betraut waren – in Landshut nachweisen. 1218 war die Landshuter Residenz auch in Dichter- und Spielmannskreisen bekannt. Der bayerische Sänger Neidhart von Reuental erinnerte sich auf seinem Weg ins Heilige Land: »du sage zu Landeshuete, wir leben alle in hohem Muete«.
E. M.-L.

163 ERSTE ERWÄHNUNG VON EINWOHNERN LANDSHUTS

Vor oder nach 1204

Handschrift, 26x18,5 cm

In den Traditionsbüchern des Hochstifts Freising erscheinen erstmals Zinspflichtige, die »von Landshut« genannt werden: *P(er)hte de landshuote.* G. Sp.

Th. Bitterauf, Die Traditionen des Hochstifts Freising II (QE NF 5) 1909, 549 Nr. 1775; Herzog LUB 1 Nr. 2.

München, Bayerisches Hauptstaatsarchiv (Hochstift Freising Literale 6, fol. 28)

164 BERICHT DES VEIT ARNPECK ÜBER DIE GRÜNDUNG LANDSHUTS

Landshut, Ende 15. Jahrhundert

Der Landshuter Geschichtsschreiber Veit Arnpeck berichtet, Herzog Ludwig (I.) habe im Jahr 1204 wegen räuberischer Überfälle zwischen Moosburg und Dingolfing an der Stelle, wo jetzt die Burg Landshut stehe, eine hölzerne Warte erbaut und sie mit vier Dienstleuten zur Bewachung der Straße besetzt, damit man wieder sicher zu Wasser und zu Lande reisen könne, und daher komme auch der Name, der ja »Hut und Schutz des Landes« bedeute. Als nun die Leute sahen, daß da gutes und schönes Land und üppige Weiden waren, um Mensch und Tier zu ernähren, errichteten sie drei Schwaigen und erbauten Häuser wegen der Fruchtbarkeit der Erde. Als dies der vorgenannte Herzog sah, sprach er den Ansiedlern Privilegien zu, vor allem damit sie nach Ansäßigmachung gegen alle ihre Gläubiger sicher seien. Dann kam ein Jude, der den Bewohnern gegen Zins Geld beschaffte. Schließlich ließ der Herzog die hölzerne Warte abbrechen und begann, auf demselben Berg eine feste Burg zu erbauen.
Auf diese Weise nahm die Stadt Landshut ihren Anfang, und sie war vorher weder ein Dorf noch ein Markt.
G. Sp.

Veit Arnpeck, Chronicon Baivariae (QE NF III) 1915, 220; Th. Herzog, Landshuter Häuserchronik, Neustadt/Aisch 1957, 9; Herzog LUB 13*.

München, Bayerische Staatsbibliothek (cod. bav. 1230)

MARKT, HANDEL UND GEWERBE IN LANDSHUT

Landshut galt im hohen und späten Mittelalter als niederbayerischer Hauptumschlagsplatz für Getreide, Vieh und Salz. Gute Handelsbeziehungen ins oberbayerische Nachbarherzogtum, nach Regensburg, Nürnberg und Böhmen und wiederholte Kontakte mit oberitalienischen Fernhandelszentren verbürgten ein reges, über den niederbayerischen Raum hinausgehendes Import/Export-Geschäft. Es besaß seit alters das Niederlags- oder Stapelrecht, das 1392, nach der erneuten Landesteilung, von den Herzögen Friedrich und Heinrich XVI. ausdrücklich bestätigt wurde (»Mer versprechen wir in, daz hie ze Lantzhůt von altter ein rechteẃ nyderleg sol sein, daz wellen wir allso ernstlichen schaffen bey allen vnsern slozzen, mit allen vnsern amptlaẃten, daz die niderleg hie sol vnd můs sein, als von altter hie gewesen ist, mit aller chawfmanschaft«). Die florierenden Salzimporte erlaubten zu Beginn des 15. Jh. die Errichtung eines Salzstadels und veranlaßten die Stadt wenig später, den Salz- wie im übrigen auch den Getreidehandel auf eigene Rechnung zu betreiben.
Die Versorgung der Stadt- und umliegenden Landbewohner mit allen für das tägliche Leben notwendigen Gütern, insonderheit auch den verschiedensten Handwerkserzeugnissen, gewährleisteten die in Landshut abgehaltenen Wochen- und Jahrmärkte. Diese wie auch der gesamte außermärkische Warenverkehr unterlagen strengen Kontrollen. In der 1256 von Herzog Heinrich XIII. erlassenen Preis- und Polizeiordnung befaßten sich vier der 21 Einzelsätze mit der Herstellung von Waren, neun mit den Preisen, sieben mit speziellen Handels- und Verkaufsvorschriften, zwei mit der Einhaltung von Maß und Gewicht und je eine mit den Löhnen, der Verkaufspflicht und der Stundung von Zechschulden. Das ausdrückliche Verbot jeder Form von Kartellbildung, von Preisabsprachen, Wucher und Vorratskauf sollte Geschäftsleute und Konsumenten vor Auswüchsen einer skrupellos gehandhabten »freien Marktwirtschaft« schützen. Käufern wie Verkäufern kam es zugute, daß eingeführte Waren nur auf dem freien Markt verkauft werden durften.
Die Bildung von Zünften und Zechen setzte in Landshut Mitte des 14. Jh. ein. Wie kein anderer Wirtschaftszweig profitierte gerade ab dieser Zeit das Handwerk vom Ausbau der herzoglichen Residenz und Hofhaltung. Die Hochblüte der in Landshut zu besonderem Ansehen gelangten Goldschmiede, Plattner, Kürschner und Büchsenmacher liegt jedoch, wie auch in anderen süddeutschen Städten, erst im 15. und beginnenden 16. Jahrhundert.
E. M.-L.

165 POLIZEI- UND PREISVERORDNUNG FÜR DIE STADT LANDSHUT

16. November 1256

Pergamenthandschrift (135 Bl.), 21x15 cm

Im Kodex des Abtes Hermann von Niederalteich und seiner

Nachfolger findet sich ein Eintrag in lateinischer Sprache über Polizei- und Preisverordnungen des Herzogs Heinrich XIII. für die Stadt Landshut. G. Sp.

Archiv für Kunde österr. Gesch. I 70ff.; QE 5, 154; Herzog LUB 37 Nr. 65.

Wien, Haus-, Hof- und Staatsarchiv (Handschriften R 83, fol. 40–41)

166 HERZOG HEINRICH XIV. STIFTET IN DIE NEUGEGRÜNDETE FREYUNG EINEN JAHRMARKT (BARTHLMÄ-DULT) UND EINEN FREITAG-WOCHENMARKT

18. Mai 1339 (Abschrift des 15. Jahrhunderts)

Urkunden- und Kopialbuch der Stadt Landshut von dem Stadtschreiber Paul Mornauer, 1439–1464; Pergament (54 Bl.); Holzdeckel mit braunem Ledereinband und originalen Messingbeschlägen; 31 x 23 cm

»Nun haben wir . . . einen freyen jarmarkcht gegeben vnd verlihen, der alle jar in der freyung ewigklich sol sein auf sand Bartholomeus tag vorhinzu achttag vnd hinnach achttag . . .«
Obgleich die einzelnen Verkaufsbestimmungen zeitbedingt waren, lebt dieser Markt als Barthlmä-Verkaufsdult bis auf den heutigen Tag weiter. G. Sp.

VHN 21, 1880, 39 Nr. 21; Herzog LUB 241 Nr. 443.

Landshut, Stadtarchiv (Bd. 22, 15)

167 SCHUHSOHLE

12. Jahrhundert

Leder, 22 x 9 cm

Bei Grabungen im unmittelbaren Vorgelände der Burg Dillingen – die 1966 der Neubau des Dillinger Rathausrückgebäudes ermöglichte – konnten Reste von mindestens 10 Lederschuhen geborgen worden. Da deren Länge das Maß von 18, 21 und 22 cm nie überschritt, dürfte es sich bei den Funden um Kinder- und Frauenschuhe handeln.
Die ausgestellte Schuhsohle ist – wie im übrigen auch alle anderen entdeckten Lauf- und Brandsohlen – aus einem Stück geschnitten, ein Fersenfleck diente offenbar als Versteifung. Der Schuhmode des 12. Jh. entsprechend fehlen Absätze. Aus den reichen Funden von Rahmenleisten mit regelmäßig fortlaufend gesetzten Nahtlöchern zu schließen, waren die Schuhe ursprünglich rahmengenäht. Da von Zehenkappen nur Bruchstücke gefunden wurden, läßt sich die Schuhform nicht eindeutig rekonstruieren, dürfte aber unseren heutigen flachsohligen Lederhausschuhen entsprochen haben. E. M.-L.

H. J. Seitz, Von mittelalterlichen Bodenfunden im allgemeinen und vom Schuhwerk im besonderen (Die 7 Schwaben 20/2) 1970, 70–81; Ders., Hochmittelalterliche Bodenfunde aus Dillingen a. d. Donau (Jb. d. hist. Ver. Dillingen/D. 75) 1973, 98–113.

Lauingen, Heimatmuseum

168 g und h

168* TÖPFE AUS DEGGENDORF, LANDSBERG/LECH, MÜNCHEN

Siedlungsfunde, 13./14. Jahrhundert

Keramik

Mittelalterliches Hausgerät ist nur in sehr geringem Umfang überliefert. Keramik kommt im Verlauf von Grabungen in der Regel zerscherbt zum Vorschein und wird nachträglich ergänzt. Unser Wissen über die Sachkultur des 13. und frühen 14. Jh. ist äußerst gering; so können über Vorbereitung und Verwendung von Keramik nur vage Aussagen getroffen werden. Man wird davon ausgehen müssen, daß im mittelalterlichen Haushalt Keramik bei Transport, Vorratshaltung und Zubereitung von Speisen und Getränken sowie als Geschirr an der Tafel eine dominierende Rolle spielte. Gefäße aus Glas, Zinn und Edelmetallen waren Luxusgegenstände. Sicherlich hatten Keramikgefäße z. T. den

168 a, b und c

168 d, e und f

Charakter der »Wegwerfverpackung«, vor allem dann, wenn sie der Aufbewahrung geschmacks- oder geruchsintensiver Nahrungsmittel – z. B. Fisch – dienten. Gefertigt wurde die Gebrauchskeramik wohl meist in lokalen Werkstätten. An Importware ist kaum zu denken.
Töpfe dienten hauptsächlich der Aufbewahrung von Getreide, Hülsenfrüchten, Schmalz, eingelegtem Fleisch und eingelegten Fischen, sicher auch Honig und Marmeladen.

a) TONGEFÄSS, ergänzt, außen am Boden Radkreuz
Höhe 23 cm
Siedlungsfund aus Deggendorf

H. Dannheimer, Keramik des Mittelalters aus Bayern (Kataloge der Prähistorischen Staatsslg. 21) 1973, 60, Taf. 28,5 u. 53,2.

München, Prähist. Staatsslg. (1965, 627)

b) TONGEFÄSS, ergänzt, außen am Boden Radkreuz
Höhe 15,5 cm
Siedlungsfund aus Deggendorf

Dannheimer (wie oben).

München, Prähist. Staatsslg. (1965, 629)

c) TONGEFÄSS, ergänzt
Höhe 28 cm
Siedlungsfund aus Deggendorf

Dannheimer (wie oben) 60, Taf. 28,6 u. 53,3.

München, Prähist. Staatsslg. (1965, 626)

d) TONGEFÄSS, ergänzt
Höhe 19,8 cm
Siedlungsfund aus Landsberg/Lech
München, Prähist. Staatsslg. (1975, 895)

e) TONGEFÄSS, ergänzt
Höhe 16,5 cm
Siedlungsfund aus Landsberg/Lech
München, Prähist. Staatsslg. (1975, 896)

f) TONGEFÄSS, ergänzt
Höhe 16,3 cm
Siedlungsfund aus Landsberg/Lech
München, Prähist. Staatsslg. (1975, 897)

g) TONGEFÄSS, ergänzt
Höhe 22,6 cm
Siedlungsfund aus München
München, Prähist. Staatsslg. (1976, 152)

h) TONGEFÄSS, ergänzt
Höhe 17,6 cm
Siedlungsfund aus München
München, Prähist. Staatsslg. (1976, 153)

E. J. G.

169★ AQUAMANILE IN FORM EINES HUNDES

Neuburg/Donau, 14. Jahrhundert (Bodenfund)

Keramik, Länge 30,5 cm

Aquamanilien (Gießgefäße) dienten im Mittelalter zur Reinigung der Hände im liturgischen wie auch im profanen Bereich an der Tafel. Griff, Einguß- und Ausgußöffnung sowie die Füße machten es praktikabel. Aquamanilien spiegeln in ihrem Material wie auch in der Formgebung den sozialen Rang ihrer Umgebung wider. So finden sich kunstvolle Bronzeaquamanilien vorwiegend im liturgischen Gebrauch an großen Kirchen.
Das Neuburger Tonaquamanile ist vielleicht zur Händewaschung an der Tafel gebraucht worden. In der unbeholfenen Wiedergabe des Tierkörpers mag es aus einem lokalen Handwerksbetrieb hervorgegangen sein. Ein paralleles Stück befindet sich in der Prähistorischen Staatssammlung München. E. J. G.

169

O. v. Falke – E. Meyer, Romanische Leuchter und Gefäße, Gießgefäße der Gotik, 1935; E. Kasten, Tönerne figürliche Gießgefäße des MA in Europa (Arbeits- u. Forschungsber. z. sächs. Bodendenkmalpflege 20–21) 1976; AK Staufer I 497–503; Lexikon des Mittelalters I, 1979, 825 f.

Neuburg/Donau, Heimatmuseum

170 a

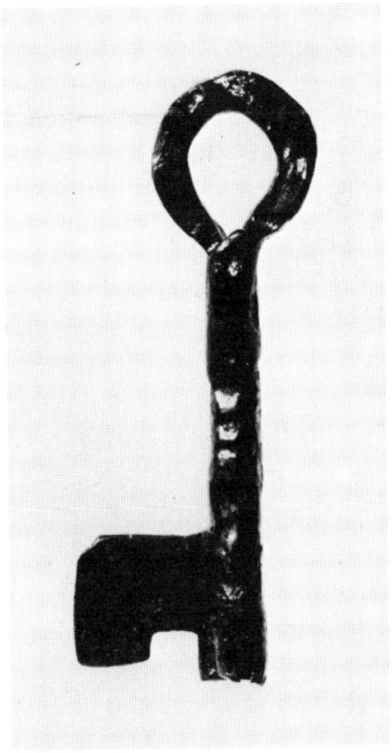
170 b

170 c

170* SCHLÜSSEL

13./14. Jahrhundert

Eisen

a) SCHLÜSSEL MIT NAHEZU KREISFÖRMIGER RAUTE
Länge 14,3 cm
Siedlungsfund aus Karlstein bei Bad Reichenhall
1964, 1221.

b) SCHLÜSSEL MIT LEICHT OVALER RAUTE
Länge 8,6 cm
Siedlungsfund aus Schnaittenbach, Lkr. Amberg-Sulzbach
1977, 2183.

c) SCHLÜSSEL MIT GEZIPFELTER RAUTE
Länge 12 cm
Siedlungsfund aus Altenstadt bei Schongau
1976, 2319 E.J. G.

München, Prähistorische Staatssammlung

171

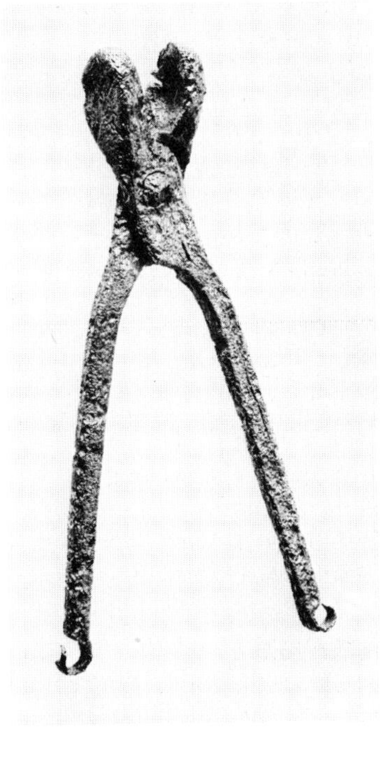

171* ZANGE

13. Jahrhundert

Eisen, Länge 12,2 cm

Die Zange ist ein Siedlungsfund aus dem Bereich der ehem. Reichsburg Cham und läßt auf das Bestehen eines handwerklichen Betriebes in dieser Siedlung schließen. Der genauere Zweck der Zange ist nicht bekannt. E.J.G.

H. Dannheimer, Keramik des Mittelalters aus Bayern (Katalog d. Prähistorischen Staatssammlung, hg. v. H.-J. Kellner 21) 1973, 50, Taf. 14,5.

München, Prähistorische Staatssammlung (1952, 672)

DIE STÄDTEBAULICHE ENTWICKLUNG LANDSHUTS

Wie die meisten wittelsbachischen Gründungsstädte war Landshut als Straßenmarkt angelegt. Die Ausdehnung des alten Stadtkernes, der sich zu beiden Seiten der in die Römerzeit zurückreichenden Fernhandelsstraße Regensburg–Brenner erstreckte, läßt sich heute noch an den Lauben der Ostseite der mittleren und oberen Altstadt ablesen. Eine erste Erweiterung der rasch aufblühenden Stadt erfolgte bereits vor der Mitte des 13. Jh. entlang der Hauptstraße nach Norden bis zu dem an der Isarbrücke gelegenen Hl.-Geist-Spital. Das 1410 abgebrochene »Alte Judentor«, das die obere Altstadt dort abschloß, wo die Laubengänge enden, erhielt sein Pendant im Spitaltor (entfernt 1773), das einst die zwei gegenüberliegenden Häuser der unteren Altstadt, die stadteinwärts an die Spitalkirche und an das Spital angrenzen, verband. Beide Tore standen in einer Entfernung von etwa 600 m zueinander. Die gegen Ende des 13. Jh. erfolgte Anlage der Neustadt als ein der Altstadt parallel laufender Straßenzug brachte eine Verdoppelung des bisherigen Baubestandes. Die zwischen den beiden Stadtteilen geschaffenen schmalen Verbindungsstraßen gaben dem Stadtgrundriß ein leiterförmiges Aussehen, ohne jedoch insgesamt die Geschlossenheit der beiden Längsfluchten zu zerstören.

Zu Beginn des 14. Jh. verlängerte man die Altstadt nach Süden in Richtung Dreifaltigkeitsplatz. Jenseits des »Alten Judentores« wurde das »Neue Judentor« erbaut, das später den Namen »Münchner Tor« erhielt, da es die aus München kommende Straße sperrte. Ebenso wurde die Bergstraße, über die der Verkehr nach Vilsbiburg lief, durch das Burghauser Tor einbezogen, so daß die Stadteinfahrten beider Überlandstraßen in den Bering zu liegen kamen und darüber hinaus der Verteidigungsgürtel der Stadt mit jenem der Burg verschmolz.

1338 ließ Herzog Heinrich XIV. als dritten großen Stadtteil die Freyung erbauen und in ihrer Mitte die zweite Pfarrkirche Landshuts, St. Jodok, errichten. Der Name Freyung sollte an die zehnjährige Steuerfreiheit erinnern, die der Herzog hier jedem Neusiedler gewährte. Die mit der Freyung erbaute neue Nordostbefestigung umschloß nun auch die bereits 1271 bzw. 1280 gegründeten Niederlassungen der Dominikaner und Franziskaner. Der gesamte zwischen Isar und den Höhen der rechten Talseite gelegene innerstädtische Siedlungsraum hatte in Länge und Breite eine Ausdehnung von jeweils etwa 750 m erreicht. An ihn schlossen sich nördlich und westlich einige z.T. ältere Vorstadtsiedlungen an: so links der Isar der Stadtteil Zwischenbrücken, die Vorstadt St. Nikola mit dem Lehbuhl und dem Rennweg, rechts des Flusses der Gries und der Hagrain.

Die letzte, ebenfalls im 14. Jh. in Angriff genommene Stadterweiterung rundete die Neustadt nach Norden ab und bezog die Untere Länd, die sich in späterer Zeit mit Salz-, Bräu- und Malzstadel zu einem ausgesprochenen Stadelviertel entwickelte, in die Ummauerung mit ein. Zu diesem Zweck entstand jenseits des Spitaltores, hart am Ufer der Isar, das Innere Isartor, auch »Blauer Turm« genannt, und kurz vor dem jetzigen Maxwehr das »Zerrertor«. Daß diese Bautätigkeit spätestens 1361 abgeschlossen war, belegt ein Antrag der Landshuter Wollwirker vom 16. Oktober desselben Jahres, in welchen diese einen Weg und eine Tür durch die Stadtmauer zu ihren Wirkrahmen forderten.

Das mittelalterliche Landshut hatte nach dieser fünften Erweiterung seine größte Ausdehnung erreicht. Auf einem ummauerten Terrain von etwa 40 ha waren mehr als 900 Häuser entstanden. Die sich wohl noch Mitte des 14. Jh. bei 9000 einpendelnde Einwohnerzahl wurde erst im 19. Jh. – dann allerdings klar – überschritten. E. M.-L.

172 HERZOG HEINRICH XIV. VEREINBART MIT DEN BÜRGERN VON LANDSHUT DIE GRÜNDUNG DES NEUEN STADTTEILS FREYUNG UND DEN BAU DER JODOKSKIRCHE

Landshut, 5. April 1338

Pergamenturkunde, Siegel fehlt, 52,2x29,0 cm

Herzog Heinrich XIV. gestattet den Bürgern, außerhalb der Ringmauer vor dem Barfüßerkloster einen neuen Stadtteil anzulegen und dort, im Einvernehmen mit Bischof und Domkapitel von Freising, eine Kirche für die Reliquien des hl. Jodok zu errichten. Der Pfarrer von St. Martin, Meister Heinrich, wird vom Herzog entschädigt. Er gewährt eine Steuerbefreiung (Freyung) auf zehn Jahre und trifft Bestimmungen wegen des Schenkrechts und der Marktsätze, des Ausschlusses der Verbrecher von dieser Vergünstigung und wegen der Entschädigung der Bürger, die dort Grundstücke verloren haben. G. Sp.

Abschr. des 15. Jh., StadtA Landshut Bd. 22, 40; Abschr. des 18. Jh., StadtA Landshut Bd. 28, 20; VHN 21, 1880, 33 Nr. 19; Herzog LUB 236 Nr. 437.

Landshut, Stadtarchiv (Urk. 54)

DAS LANDSHUTER SPITALWESEN

Vielleicht schon vor, zumindest aber nur wenige Jahre nach der Gründung Landshuts entstand das älteste Versorgungsheim der Stadt, das Hl.-Geist-Spital. Den dort tätigen Brüdern vom Hl. Geist und ihrem Spitalmeister war die Verpflegung von Reisenden, die Betreuung von alten Menschen, aber auch der Unterhalt der beiden Isarbrücken und der stadteinwärts führenden Straße anvertraut. In Anbetracht der nicht geringen Unkosten, die die Wartung der frequentierten Verkehrswege forderte, sprach ihnen Herzog Heinrich XIII. 1272 sämtliche aus Straßen- und Brückenzoll fließenden Einnahmen zu. Nach Ausweis der Urbare besaß das Hl.-Geist-Spital auch umfangreiche Besitzungen innerhalb und außerhalb des Burgfriedens der Stadt. Auf seinem Grund und Boden gründete Herzogin Ludmilla 1232 das Kloster Seligenthal.

Krankenhäuser im modernen Sinn, nämlich Heilanstalten zur befristeten Unterbringung und Behandlung von Patienten, waren im Mittelalter so gut wie unbekannt. Da Kranke grundsätzlich in der Familie gepflegt und von Badern und Ärzten ambulant versorgt wurden, dienten entsprechende Einrichtungen – wenn sie nicht wie das Hl.-Geist-Spital nur karitative Aufgaben an grundsätzlich gesunden Menschen zu erfüllen hatten – als Verwahrungsorte für unheilbar Kranke, für Aussätzige oder von der Pest Befallene. Dort, in jenen am Stadtrand oder in schwach besiedelten Straßenzügen gelegenen Siechen-, Leprosen-, Blattern- oder Pesthäusern blieben bei nur notdürftiger Versorgung die von Seuchen Befallenen im allgemeinen zwangsweise und – beim damaligen Stand der Medizin lebenslang.
Das älteste Seuchenkrankenhaus Landshut ist das 1252 erstmals erwähnte St.-Barthlmä-Leprosenhaus bei St. Nikola. Das St.-Lazarus-Leprosenhaus am Grieß, das Häuslein der Sondersiechen am Martinsfriedhof, das Seelhaus hinter dem Hl.-Geist-Spital und das St.-Rochus-Blatternhaus folgten im 14. und 15. Jh.
E. M.-L.

173 ERSTES ERHALTENES URBAR DES HEILIGGEISTSPITALS

Um 1326–1340 (Nachträge bis 1397)

Originalhandschrift in Minuskeln, 1. Hälfte 14. Jahrhundert; Pergament (23 Bl., davon das erste und letzte auf den Holzdeckel geklebt); Einband Leder mit Eisenkopfnägeln. 24x18 cm

Im Anschluß an das Verzeichnis der dem Spital zustehenden jährlichen Abgaben findet sich auf dem letzten Blatt die Tariftafel des Brückenzolls: »Ditz ist der vngelt der zů der prucke gehŏrt.« Zu den zollpflichtigen Waren zählen vor allem Salz, Korn, Wolle, wollenes Tuch, Häute, Blei, Kupfer, Leinen, Osterwein. G. Sp.

Landshut, Stadtarchiv (Bd. 13)

174 HERZOG OTTO DER ERLAUCHTE TRENNT DIE GÜTER DES KLOSTERS SELIGENTHAL UND DES HEILIGGEISTSPITALS

10. Januar 1252

Pergamenturkunde, lateinisch, 28,0x13,1 cm. Rest des Reitersiegels Ottos II. mit Löwenschild

Herzog Otto trennt das Kloster Seligenthal und das Heiliggeistspital in Landshut auf Bitten beider Häuser. Das Spital übergibt alle Besitzungen jenseits der Brücke dem Kloster, mit Ausnahme des Hofes des Reginbert, eines Gartens und der Wiese bei den Leprosen, die es vom Herzog für 50 Pfd. Pfennige verpfändet hat. Das Kloster übergibt dem Spital alle Besitzungen in Ergolding und das halbe Bräuhaus. Diese Urkunde ist mit ein Beleg dafür, daß das Kloster Seligenthal ursprünglich auf dem Grund und Boden des Spitals gegründet wurde. G. Sp.

Abschr. StadtA Landshut A II F 4 Nr. 21; Abschr. des 16. Jh. Klosterarchiv Seligenthal; VHN 29, 1893, 184f. Nr. 5, 7 (Regest).

München, Bayerisches Hauptstaatsarchiv (Kloster Seligenthal Urk. 4)

175 HERZOG HEINRICH XIII. SPRICHT DEM HEILIGGEISTSPITAL STRASSEN- UND BRÜCKENZÖLLE ZU

Landshut, 18. August 1272

Pergamenturkunde, lateinisch, 24,0x13,7 cm. Großes Reitersiegel (Dm. 9,2 cm) mit Umschrift: DEI · GRA · PALATINVS · COMES · RENI · DVX · BAWARIE

Herzog Heinrich XIII. beurkundet, daß dem Spitalmeister Bruder Tristram in Ausübung seiner Verpflichtung zur Herstellung und zum Unterhalt der beiden Isarbrücken sowie der öffentlichen Straße im Zugang zur Stadt weit mehr Kosten entstanden sind, als ihm aus den Gefällen zufließen. Er verfügt daher, daß ihm in Zukunft die gesamten Zolleinnahmen daraus verbleiben sollen. Wenn ein Spitalmeister sich um Straßen und Brücken nicht kümmern sollte, so ist er von den Spitalpflegern zu entlassen und durch einen geeigneteren zu ersetzen. G. Sp.

Abschr. des 15. Jh., StadtA Landshut Bd. 15, 38 Nr. 62; VHN 21, 1880, 1 Nr. 1 (mit Fehlern); Herzog LUB 59 Nr. 108.

Landshut, Stadtarchiv (Urk. 3)

LANDSHUT ALS »FESTER PLATZ«

Landshuts älteste und in die Gründungszeit der Stadt zurückreichende Befestigung war noch kein geschlossener Mauerkranz, sondern ein einfacher, durch einen Holzzaun bekrönter Erdwall mit vorgelagertem Wassergraben. Offenbar jedoch bereits Mitte des 13. Jh., anläßlich der ersten Stadterweiterung, begann man, dieses Wall-Graben-System durch eine feste Mauer zu ersetzen. Abt Hermann von Niederalteich berichtet, der Böhmenkönig Ottokar II. habe 1257 den vergeblichen Versuch unternommen, »ante muros civitatis vel castri in Landshuot« (vor die Mauern der Stadt und Burg Landshut) zu ziehen, um sie einzuäschern, sei jedoch von den herzoglichen Brüdern bei Mühldorf geschlagen worden.
Trotz fortschreitender Stadterweiterung blieben Burg und Stadt auch in der 2. Hälfte des 13. Jh. durch unverbundene, völlig selbständige Verteidigungsanlagen geschützt. Erst zu Beginn des

14. Jh. ging man daran, den herzoglichen Bering mit dem bürgerlichen zu vereinigen, verlegte zu diesem Zweck die Einmündung der Burghauser Straße durch die Anlage der Alten Bergstraße in die Stadt hinein und führte den Neubau der Stadtmauer um Dreifaltigkeitsplatz und Judenviertel.
Die Instandhaltung und oftmalige Erweiterung des Befestigungsgürtels ließen sich in Friedenszeiten Herzog und Bürger gleichermaßen angelegen sein. In den dreißiger Jahren des 14. Jh. jedoch, als die allgemeine politische Lage sich zwar entspannt, aber noch keineswegs beruhigt hatte, als Heinrich d. Ä. (XIV.) unentschlossen zwischen dem luxemburgischen und dem wittelsbachisch-oberbayerischen Lager wechselte, schien dem Herzog eine rasche Ausbesserung des ramponierten Gemäuers dringend geboten. 1337 erließ er den Bürgern von Landshut für zwei Jahre die Stadtsteuer, machte ihnen u. a. aber zur Auflage, die Gelder für Reparaturen an der Stadtmauer zu verwenden. 1338, wenige Wochen nachdem er der Anlage eines neuen Stadtteiles, der Freyung, zugestimmt hatte, erließ er den Bürgern der Stadt wiederum für die Dauer von zwei Jahren die Stadtsteuer, einigte sich mit ihnen aber gleichzeitig über den Bau eines breiten und tiefen Stadtgrabens, um das neue Viertel besonders wirkungsvoll zu schützen. Innerhalb von drei Jahren – »es wår dann, das vns vnd si sôlich not an gieng« – sollte der neue Graben, der die Stadt gleichzeitig gegen Osten abschloß, fertiggestellt werden. Durch ein Streichwehr in der Nähe des heutigen Maxwehrs wurde er mit Wasser gefüllt. Die fünfte und letzte Erweiterung des städtischen Terrains Mitte des 14. Jh. in Richtung Untere Länd gab dem Landshuter Befestigungsgürtel das Aussehen, wie es uns aus dem hölzernen Stadtmodell Jakob Sandtners oder aus dem Kupferstich Matthäus Merians bekannt ist. Die Zahl der Stadttore wuchs auf zehn an. Mit Ausnahme des Äußeren Isartores, das erst 1494 neben St. Sebastian zum Schutz der Vorstadt Zwischenbrücken erbaut, jedoch nicht mehr in den Mauerring einbezogen wurde, bestanden: Spitaltor, Ländtor, Neues Judentor (= Münchner Tor), Burghauser Tor, Hagraintor, Kapuzinertor, Inneres Isartor, Altes Judentor, Neustadttor und »Tor bei St. Jobst«. Die drei letztgenannten fanden, da sie wohl schon im 15. Jh. wieder abgebrochen wurden, im Sandtnerschen Stadtmodell keine Darstellung mehr. E. M.-L.

176 HERZOG HEINRICH XIV. BEFREIT DIE BÜRGER VON LANDSHUT AUF ZWEI JAHRE VON DER STADTSTEUER

Deggendorf, 4. Januar 1337

Pergamenturkunde, 28,8x15,4 cm. Mit anhängendem Reitersiegel, Dm. 10 cm

Herzog Heinrich XIV. erläßt den Bürgern von Landshut auf die Dauer von zwei Jahren die gewöhnliche Stadtsteuer zur Entschädigung für die Dienste, die sie ihm in dem Krieg gegen den Kaiser auf dem Feld getan haben, für den Bau zur Besserung der Stadtbefestigung und für die 200 Pfund Regensburger Pfennige, die sie an des Herzogs Gläubiger zu Regensburg bezahlt haben. G. Sp.

Abschr. des 15. Jh., StadtA Landshut Bd. 22, 18, Bd. 23, 73; VHN 21, 1880, 31 Nr. 17; Herzog LUB 225 Nr. 415.

Landshut, Stadtarchiv (Urk. 50)

NEUE FORMEN DER SEELSORGE: DIE BETTELORDEN

Jene nach Beendigung des Investiturstreites allenthalben sichtbar und spürbar gewordene kirchlich-religiöse Neuorientierung erfaßte mit der ihr innewohnenden Radikalität auch das Mönchtum. Kritik vor allem erhob sich gegenüber dem alten Ideal einer abgeschlossenen, sich selbst genügenden Frömmigkeit, wie es die alten Prälatenorden der Benediktiner, Augustinerchorherren, Zisterzienser und Prämonstratenser vertraten. Die Mönche seien in die Welt einzubeziehen, seien an einer angesichts der wachsenden Städte immer aktueller werdenden Laienseelsorge zu beteiligen und in die Pflicht einer wirksamen Sozialfürsorge zu nehmen, so die Neuerer im kirchlichen Lager. Dem Papst war an solchen in unmittelbarem Kontakt mit der Bevölkerung lebenden mönchischen Organisationen in besonderem Maße gelegen, weil er hoffte, mit ihrer Hilfe der in der Laienschaft spürbaren Sektiererei Herr zu werden und zugleich Kräfte zu gewinnen, um den Ansprüchen von Bischöfen und Weltgeistlichkeit ein Gegengewicht zu setzen. So entstanden zu Beginn des 13. Jh. die großen Bettelorden der Franziskaner und Dominikaner, denen später kleinere wie die der Augustiner-Eremiten oder der Karmeliter folgten. Die neuen Orden bauten ihre Klöster ausschließlich in Städten und versahen sie mit schlichten, doch großräumigen, auf zahlreichen Predigtbesuch berechneten Kirchen. Ihre Existenz bestritten sie aus Almosen (daher auch ihre Bezeichnung als Mendikanten = Bettler), aus den Erträgnissen, die ihre seelsorgerische und karitative Tätigkeit abwarf, nicht jedoch aus Grundbesitz.
Zu den großen Persönlichkeiten des Franziskanerordens zählt der Prediger Berthold von Regensburg, zu denen des Dominikanerordens einer der führenden Theologen des 13. Jh., Albertus Magnus. Jeder der beiden widmete sich auf seine Weise den großen Themen der Zeit: der Ketzerbekämpfung, der Buß- und Volkspredigt, der scholastischen Wissenschaftspflege, der metaphysischen Erklärung der Welt.
In Landshut hielten die Dominikaner während der Regierungszeit Herzog Heinrichs XIII. Einzug. Sie siedelten sich außerhalb der Stadtmauer an und begannen 1271 ihre imposante, gotische Kirche zu bauen. 1280 wurde, ebenfalls zunächst außerhalb der Stadtmauer, am Fuß des Trausnitzberges, das Franziskanerkloster gegründet. Beide Orden konnten sich bei ihrer Niederlassung der hilfreichen Unterstützung ihrer Mitbrüder in Regensburg erfreuen, die dort schon seit den zwanziger Jahren des 13. Jahrhunderts in klösterlichen Gemeinschaften lebten. E. M.-L.

177 DEUTSCHE PREDIGTEN BERTHOLDS VON REGENSBURG

Berthold von Regensburg OFM (um 1210–1272)

Papier, 28,5x22 cm

Die zur Überlieferung der wahrscheinlich im Augsburger Minoritenkonvent Ende des 13. Jh. zusammengestellten sog. *Y-Gruppe der deutschen Predigten Bertholds von Regensburg gehörende, zweispaltig von einem einzigen Schreiber in Bastarda geschriebene, große Initialen, Randmalereien und Drolerien aufweisende Handschrift ist vom 16. 2. bis 28. 7.1444 (vgl. fol. 1v und 313ra) für den in Niederösterreich begüterten Ritter Hans von Hofkirchen (nach Hofkirchen bei Vilshofen) angefertigt worden, dessen Wappen den Vorderdeckel schmückt und dessen Geschlecht zum alten bayerischen Adel zählte. Der Kodex enthält 97 der insgesamt 130 Berthold-Predigten der *Y-Gruppe. In fast allen von ihnen versucht der Prediger, seinen Hörern die christlichen Tugenden in anschaulicher Weise nahezubringen und sie vor den herrschenden Lastern der Zeit, insbes. vor *gîtekeit* (Habgier), *unkiusche, hoffart* und *ketzerîe* zu warnen. Immer wieder wendet er sich auch in Form der Standesschelte an bestimmte soziale Gruppen, um sie zur Erfüllung ihrer ständischen Pflichten anzuhalten. Im Unterschied zu den in über 300 Handschriften überlieferten fast 500 lateinischen Sermonen Bertholds von Regensburg ist keine einzige seiner deutschen Predigten von ihm selbst authentisiert, weshalb sich auch der Anteil seines gesprochenen Wortes in ihnen nicht feststellen läßt. Die Echtheit einer unter dem Namen Bertholds von Regensburg überlieferten deutschen Predigt, für deren Authentizität weder das Fehlen noch das Vorhandensein des Namens Bertholds etwas aussagt, läßt sich allein durch das Aufzeigen von Parallelen zum Aufbau oder zu der Gedankenfolge in seinen lateinischen Sermonen nachweisen. Auftraggeber und Redaktor der ausgestellten Handschrift sahen als Verfasser aller in ihr enthaltenen Predigten Berthold von Regensburg an, wie die ganzseitig kolorierte Federzeichnung auf Blatt 1 beweist, die den vor einer Kirche predigenden Franziskaner darstellt unter dem Spruchband: *Das ist prueder perichtolt der prediger.* P. S.

Berthold von Regensburg, Vollständige Ausgabe seiner deutschen Predigten mit Einleitungen und Anmerkungen v. Franz Pfeiffer u. Joseph Strobl, 2 Bde., Wien 1862 u. 1880; Neudruck mit einer Bibliographie und einem überlieferungsgesch. Beitr. v. K. Ruh, Berlin 1965; H. Menhardt, Verzeichnis der altdeutschen literarischen Handschriften der österreichischen Nationalbibliothek 1 (Dt. Akad. d. Wiss. zu Berlin. Veröff. d. Instituts für dt. Sprache u. Lit. 13) Berlin 1960, 395 f.; G. v. Wilpert, Deutsche Literatur in Bildern, Stuttgart 1965 [2], 47; D. Richter, Die deutsche Überlieferung der Predigten Bertholds von Regensburg (Münchener Texte u. Untersuchungen zur dt. Lit. d. Mittelalters 21) München 1969, bes. 90 ff.; S. Dietrich, Die deutschen Predigten Bertholds von Regensburg (Zschr. f. Schweizerische Kirchengeschichte 67) 1973, 169–257; I. von der Lühe–W. Röcke, Ständekritische Predigt des Spätmittelalters am Beispiel Bertholds von Regensburg (D. Richter [Hrsg.], Literatur im Feudalismus [Literaturwissenschaft und Sozialwissenschaften 5]) Stuttgart 1975, 41–82.

Wien, Österreichische Nationalbibliothek (cod. 2829)

178 DEUTSCHE PREDIGTEN BERTHOLDS VON REGENSBURG

Berthold von Regensburg OFM (um 1210–1272)

Pergament, 10,5x8,5 cm

Das um 1300 von einer einzigen Hand mit 13 bis 17 Zeilen pro Seite einspaltig, ohne Überschriften und mit einfachen roten und blauen Initialen geschriebene, von zwei mit hellem Leder überzogenen Holzdeckeln mit Messingbeschlägen und einer heute fehlenden Schließe zusammengehaltene »Taschenbuch« gehörte einst dem Kloster St. Emmeram in Regensburg (alte Signatur: m. 5), stammt jedoch ursprünglich aus Augsburg und enthält Gebete, Betrachtungen, Traktate und Predigten verschiedener Autoren, vornehmlich in deutscher Sprache. Auf Blatt 9r – 12r und 57v – 90r stehen die die sog. Überlieferungsgruppe * Z repräsentierenden acht deutschen Predigten des Franziskaners Berthold von Regensburg, die sich an Nonnen als Publikum wenden. Nach der Franz von Assisi in ihnen zugewiesenen hervorragenden Rolle zu schließen, dürfte es sich dabei um Franziskanerinnen gehandelt haben. Die schriftliche Form dieser Predigten, für die sich nur in den Nummern 1 (Von den sieben Schöpfungstagen), 4 (Vom dreifachen Ordensgelübde), 6 (Vom Empfang des Herrn) und 7 (Von dem Weg zur Vollkommenheit) direkte Vorlagen unter den lateinischen Predigten Bertholds von Regensburg finden lassen, kann ebensowenig wie bei den übrigen deutschen Berthold-Predigten diesem selbst zugewiesen werden, sondern ist aller Wahrscheinlichkeit nach um 1280 unter Benutzung von dessen lateinischen Sermonen von einem oder mehreren Franziskanern in Augsburg abgefaßt worden. Die aufgeschlagene, fol. 63v beginnende Predigt Nr. 3 (Von den zehn Jungfrauen) geht aus von Matth. 25, 1 ff. und will geistliche Frauen nicht nur vor schweren und läßlichen Sünden warnen, sondern sie vor allem ermahnen, die Ordensgesetze genau einzuhalten »vnd aller meist driv dinch, die, dar vf allez geistliche leben gegruntfestet ist, daz ist chvsche vnd armvt vnd gehorsam«. P. S.

Berthold von Regensburg, Deutsche Predigten (Überlieferungsgruppe * Z) hg. v. Dieter Richter (Kleine deutsche Prosadenkmäler des Mittelalters 5) München 1968; E. Petzet, Die deutschen Pergament-Handschriften Nr. 1–200 der Staatsbibliothek in München (Catalogus codicum manu scriptorum bibliotecae monacensis V/1) München 1920, 317–321; D. Richter, Die deutsche Überlieferung der Predigten Bertholds von Regensburg (Münchener Texte u. Untersuchungen zur dt. Lit. d. Mittelalters 21) München 1961, bes. 149 f.

München, Bayerische Staatsbibliothek (cgm. 176)

179 NEKROLOG DER REGENSBURGER MINORITEN: OBIIT-VERMERK FÜR BERTHOLD VON REGENSBURG

Pergament, 36x27 cm

Um 1460 hat der Regensburger Franziskaner-Guardian Johannes Rab (gest. 2. Januar 1471), die Todestage der Mitglieder und Wohltäter seines Konventes in einem mit zahl-

reichen farbigen Wappen und Miniaturen geschmückten Gedenkbuch zusammenstellen lassen. Wie oft in solchen Anniversarien, sind der römische Kalender und die Feste der Hauptheiligen mit roter Tinte geschrieben, die Monatsersten und einige Initialen wurden mit blauer Farbe hervorgehoben; nicht wenige der Abbildungen und Wappen sind später herausgeschnitten worden.
Auf der Rückseite von Blatt 47 findet sich als erster Eintrag zum 14. Dezember: *Obiit frater perhtoldus magnus predicator. M°.CC°.LXXII.* Die links neben diese Notiz gemalte farbige Miniatur eines im Gras knienden betenden Franziskaners soll diesen Bruder Berthold darstellen, dessen hohes Ansehen bei dem Gestalter des Nekrologs der ihm beigegebene Heiligenschein beweist. Von den eigenen Zeitgenossen wurde der um 1210 (vielleicht in Regensburg) geborene, ca. 1226 in den Franziskanerorden eingetretene und ab 1240 als Bußprediger nachweisbare Berthold, der heute als »größter Volksprediger des deutschen Mittelalters« gilt, nicht nur als Redner, dem Chronisten übertreibend 40000 bis 100000 Zuhörer nachsagten, gefeiert. Auch als Vermittler in Familien-, Besitz- und Regierungsstreitigkeiten war er sehr gesucht. Die letzten Jahre seines Lebens hat der im Auftrag des Papstes bis Paris und nach Ungarn reisende Mönch im Minoritenkloster zu Regensburg zugebracht, wo er auch gestorben ist und seine letzte Ruhestätte gefunden hat. Der ausgestellte Nekrolog dieses Klosters verzeichnet zum 8. Juni 1293 auch den Todestag seiner Schwester Elisabeth und zum 11. Oktober 1282 den seines Schwagers Merchlin Sachs. P.S.

Liber anniversariorum Fratrum Minorum Ratisbonensium, hg. v. F. L. Baumann (MGH Necrologia Germaniae 3) Berlin 1905, 247–260; A. E. Schönbach, Über Leben, Bildung und Persönlichkeit Bertholds von Regensburg I u. II, Sitzungsberichte Wien 154 u. 155, Wien 1906 u. 1907; Neudruck: A. E. Schönbach, Studien zur Geschichte der altdeutschen Predigt VII u. VIII, Hildesheim 1968; Georg Schwaiger, Der selige Bruder Berthold von Regensburg (Bavaria sancta 2) Regensburg 1971, 163–171; F. G. Banta, Berthold von Regensburg (Die deutsche Literatur des Mittelalters. Verfasserlexikon 1) 1977 ², 817–823.

München, Bayerische Staatsbibliothek (clm. 1004, Tr. I)

180 PAPST GREGOR IX. FORDERT HERZOG OTTO II. ZUR UNTERSTÜTZUNG DER DOMINIKANER AUF

Rieti, 4. Februar 1232

Pergamenturkunde; Bleibulle an Hanfschnur. 26x31 cm

Papst Gregor IX. fordert den Herzog von Bayern auf, den Dominikanern bei ihrer Aufgabe, das Evangelium zu verkünden und die Häresie zu bekämpfen, Hilfe und Unterstützung zu gewähren.
Mit dem Beginn des 13. Jh. hatte sich eine weitgestreute häretische Strömung über ganz Europa ausgebreitet. Die weltlichen Machtbestrebungen der Kirche, der Zwiespalt kirchlicher und weltlicher Gewalt hatten bei vielen Gläubigen Zweifel an den Lehren der Kirche hervorgerufen. Im Gegensatz dazu stand das Bedürfnis nach echter Religiosität und Frömmigkeit.
Der vom hl. Dominikus gegründete und nach ihm benannte Orden der Dominikaner – auch Predigerbrüder genannt – hatte es sich zur besonderen Aufgabe gemacht, durch die Verkündung des Evangeliums und eine theologisch geschulte Predigt häretische und ketzerische Lehren zu bekämpfen. Auch Bayern war von häretischen Strömungen nicht verschont geblieben. Damit auch in »Alemannien« der wahre Glaube wieder erstrahle *(resplenduerit in Alemania fida fides),* wie es die Urkunde Gregors ausdrückt, forderte der Papst 1232 den bayerischen Herzog auf, dem Dominikanerorden bei seiner Tätigkeit in Bayern Schutz und Hilfe zu gewähren. Die erste Niederlassung der Dominikaner in Bayern war 1229 in Regensburg errichtet worden. A.Ho.

Regest: RB II 206; A. Potthast, Regesta pontificum Romanorum 1198–1304, 2 Bde., 1874/75, Nr. 8866. – Lit.: Bauerreiss IV 12ff.; Riezler II 225; M. Popp, Die Dominikaner im Bistum Regensburg (Klöster und Orden im Bistum Regensburg) 1978, 227–258, hier 227–233.

München, Bayerisches Hauptstaatsarchiv (Reichsstadt Regensburg Urk. 15)

181* PATERNOSTERSCHNUR

14. Jahrhundert, Grabfund aus Achsenschwang/Lkr. Starnberg

30 Knochenringlein (Dm. 1,2 cm), Band neu ergänzt

In vielen Religionen und zu allen Zeiten verwendete man zum Abzählen von Gebeten Gebetsschnüre. Für das Christentum sind sie seit dem 4. Jh. belegt. In der Mitte des 13. Jh. setzt eine Produktion solcher Schnüre in großem Umfang ein. In der Form des seit dem Spätmittelalter gebräuchlichen Rosenkranzes hat sich in unserem Raum die Gebetsschnur noch heute erhalten.
Die ausgestellte Gebetsschnur ordnet 30 Knochenringlein in Gruppen zu je 10. Sie gehört zur Gruppe der »mittellangen Paternosterschnüre«, die seit dem 14. Jh. die weiteste Verbreitung in ganz Europa gefunden haben.
Das billige Material, aus dem die Schnur gefertigt ist, deutet auf die Herkunft des Besitzers aus sozial niederer Schicht. E.J.G.

AK 500 Jahre Rosenkranz, Köln 1975, bes. 61–90 (G. Ritz). Der Fund ist unveröffentlicht.

München, Prähistorische Staatssammlung (1976, 2249)

DREI VOTIVE

14. Jahrhundert

Eisen, geschmiedet

a) Menschliche Figur mit erhobenen Händen, aus dickem Vierkanteisen geschmiedet, Kopf würfelartig geformt mit flüchtig angedeutetem Gesicht. Arme und Beine dünne Eisenbänder; Füße abgebogen, davon der linke beschädigt. Hände mit angedeuteten Fingern. Höhe 13,7 cm

181

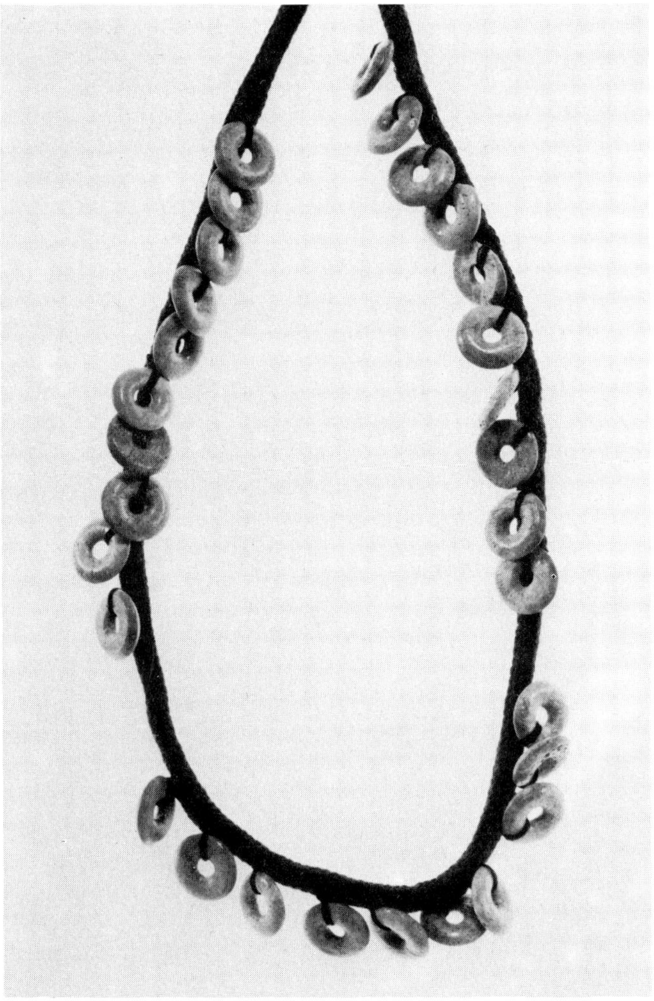

b) Pferd in normaler, stehender Haltung mit leicht gebeugtem Kopf. Körper einschließlich Schwanz aus einem Stück Bandeisen geformt, durch das Beine und Ohren aus dünneren schmalen Bandeisenstreifen gesteckt sind. Linkes Bein gebrochen, die anderen unten nach außen zu kleinen Standflächen geformt. 15,1x21 cm

c) Kleines Pferd in gebückter Haltung. Körper und abgewinkelter kurzer Schwanz aus Bandeisen geformt. Spitze Ohren und Beine ohne gebogene Standflächen aus schmalen Eisenstreifen gefertigt und durch den Körper bzw. den Kopf gesteckt. Wie bei Votiv b) auch hier die Andeutung von Nüstern. 5,6x16,5 cm

Die drei Eisenvotive wurden 1977 anläßlich der in der Pfarrkirche St. Georg in Amberg vorgenommenen archäologischen Untersuchung des Landesamtes für Denkmalpflege ausgegraben. Sie befanden sich in der Schuttfüllung, die man in das ausgebrannte Erdgeschoß des Turmes einer älteren Georgskirche eingebracht hatte. Da sie selbst keinerlei Brandbeschädigungen aufweisen, darf als sicher gelten, daß sie während der kurzen Zeitspanne zwischen der Feuersbrunst 1356 und dem 1359 begonnenen Neubau der Georgskirche dorthin gelangten. Die eisernen Opferfiguren vorliegender Art, die man zunächst mit dem im süddeutschen Raum seit dem späten 11. Jh. weit verbreiteten Leonhardkult in Verbindung bringen möchte, haben in diesem Fall zweifellos als Zeugen einer frühen Georgsverehrung zu gelten. E. M.-L.

W. Sage, Die archäologischen Untersuchungen in der Pfarrkirche St. Georg zu Amberg (Archiv f. Gesch. Oberfrankens 59) 1979, 25–39.

Amberg, St. Georg

183 SALBUCH DER PFARREI ST. MARTIN

1331 (mit Nachträgen bis ca. 1350)

Originalhandschrift in Minuskeln aus der ersten Hälfte des 14. Jh. von dem Bürgerschreiber Liebhart. Die Einträge in Kursive stammen von Hans dem Schreiber, vermutlich einem Sohn Liebharts; 36 Pergamentblätter, davon das erste und letzte auf die Holzdeckel geklebt, dazu 2 Papierblätter mit Übertragung des Textanfangs und -endes; Einband Leder; 23x16,5 cm

Abschrift einer Urkunde vom 22. Dezember 1329: Heinrich der Chnaus kauft nach Rat der Zwölfer von St. Martin eine halbe Waage (Unschlitt) mit dem Versprechen der Errichtung eines Seelgeräts. Sollte er dieses nicht einlösen, und sollten er oder seine Nachkommen die halbe Waage wieder verkaufen wollen, so ist diese der Kirche um die bezahlten 5 Pfd. Regensburger Pfennige wieder anzubieten. G. Sp.

VHN 3 (III) 1854, 102; Herzog LUB 186 Nr. 328.

Landshut, Stadtarchiv (Bd. 12, 41)

184 TORSO EINER STUCKFIGUR AUS ALT-ST. MARTIN IN LANDSHUT

Vermutlich 14. Jahrhundert

Gefunden 1967 bei Grabungen in der Martinskirche. Reste alter Fassung in Rot und Gold. Bruststück mit Halsansatz; Apostel oder Heiliger; 54x34 cm. G. Sp.

Landshut, Stadt- und Kreismuseum (2695)

185 GRUNDRISS VON KONVENTGEBÄUDEN UND KIRCHE DER DOMINIKANER IN LANDSHUT

Um 1700 (?)

Kelheimer Stein in altem Holzrahmen, 54x100 cm, 5x5,5 cm (Rahmen)

Der in eine Steinplatte gerissene und auch in der Beschriftung mehrfarbig angelegte Grundriß (gelblich, bläulichgrau, rötlich) gibt den Zustand nach dem Umbau der Konventsgebäude 1699 und vor dem Umbau der Kirche 1747–1749 wieder. Der bei diesem Umbau entfernte Lettner der Kirche ist in seinen seitlichen Teilen noch dargestellt, die südlich des Langhauses liegenden zwei Kapellen sind gegen das Seitenschiff noch offen, im Westen ist eine damals möglicherweise nicht mehr vollständig erhaltene Empore (aus mittelalterlicher Zeit?) eingetragen. Die ursprünglich mit drei Eingängen besetzte Westfassade der Kirche zeigt nur noch das hinter einer Vorhalle liegende Mittelportal, vor dem südlichen Seitenschiff liegt ein Heiligenhäuschen. Links unten zwei Maßstäbe (Landshuter Schuh). F.K.

Landshut, Stadt- und Kreismuseum (2364)

186 BASIS EINER FENSTERSÄULE

Erste Hälfte 13. Jahrhundert

Kalkstein, abgerieben, 10,7x20x20cm

Die Basis unbekannter Herkunft liegt auf einem achteckigen Sockel und zeigt relativ steiles Profil. Die Achteckform des Sockels ist bei Fenstersäulen nicht häufig, in Verbindung mit Diensten sowohl bei Kirchen- wie bei Profanbauten die Regel. F.K.

Regensburg, Museum der Stadt (HVE 79a)

187 ZWEI FENSTERSÄULEN

3. Viertel 13. Jahrhundert

Kalkstein, Reste von Fassung. Ergänzungen in Gips, Bestoßungen und Kittungen.

a) KAPITELL
Höhe 24,5 cm, Deckplatte 25,5x25,5cm, Schaftringdurchmesser 11,5cm; Säule Höhe 113,5cm; Basis Höhe 14cm, Sockelplatte 26x25,5cm.

b) KAPITELL
Höhe 26,5cm, Deckplatte 22x22cm, Schaftringdurchmesser 11,5cm; Säule aus drei Bruchstücken zusammengesetzt und ergänzt, Höhe 99,5cm; Basis Höhe 14cm, Sockelplatte 26x26cm

Die beiden Kelchknospenkapitelle haben ihre Enden nur zum Teil als Blätter ausgeformt; bei dem einen (a) sind in der unteren Reihe zwei Männerköpfe eingefügt, bei dem anderen zeigt die obere Reihe Hundeköpfe mit Blattohren, die untere Reihe Männerköpfe mit spitzen Hüten (Juden?). Die Basen sind unterschiedlich ausgeformt: die eine (a), zweiteilig, sitzt durch eine Schräge abgesetzt auf dem quadratisch geformten Sockel, die Ecken sind durch stark abgeriebenes Ornament besetzt, die andere (b) besteht aus einer Folge von Kehlen und Schrägen und geht ohne Absatz in den Sockel über. Dennoch können beide Fenstersäulen

188

sogar in ein und demselben Fenster gestanden haben. Sie stammen aus dem Haus Keplerstraße 1 in Regensburg. F.K.

Regensburg, Museum der Stadt (K 1941/18a–b)

188* KELCHKAPITELL AUS REGENSBURG

13. oder 14. Jahrhundert

Kalkstein, Höhe 28,5cm, Deckplatte 28x28cm, Schaftring Dm. 14cm

Das glatte Kelchkapitell, wohl von einer Fenstersäule, stammt aus einem Haus »Hinter den Grieben« in Regens-

189

burg. Der Kapitellkelch ist glatt, wie es etwa die Kapitelle in der ersten Bauphase des Domes in Regensburg zeigen, auch die der Dominikanerkirche und der Minoritenkirche in Regensburg. Der hohe Kämpfer mit starker Einziehung zum Kapitell hin findet sich bei den genannten Bauten nicht; seine Form macht auch die Datierung des Kapitells schwierig. Einen ähnlichen, aber nicht übereinstimmenden Aufbau zeigen Kapitelle in Mainz, die mit den Lettnern des Domes zusammengebracht werden. Dies könnte – wie die Kelchform – doch erlauben, entgegen der bisherigen Datierung des Stücks in das 14. Jh. eine Entstehungszeit um die Mitte des 13. Jh. anzunehmen. F.K.

Regensburg, Museum der Stadt (K 1966/68)

189★ KELCHKNOSPENKAPITELL AUS DER MINORITENKRICHE REGENSBURG

3. Viertel 13. Jahrhundert

Hellgrauer Kalkstein, einige Blätter bestoßen. Höhe 25,5 cm, Deckplatte 25,8 cm, Schaftring Dm. 14 cm

Das 1933 beim Erdaushub für die Erneuerung der Chorstufen gefundene Kapitell zeigt auf kelchförmigem Kern angeordnet zwei Blätterreihen auf kräftigen Stielen und niedrige Deckplatte. Der ursprüngliche Anbringungsort des Kapitells ist nicht mehr feststellbar (Lettner?); mit der Bauornamentik des Langhauses hat das Stück nichts gemein, auch zu der in den älteren Teilen der Konventgebäude erhaltenen Bauornamentik gibt es keine Entsprechungen. F.K.

Regensburg, Museum der Stadt (K 1936/299)

DIE VERFASSUNG UND VERWALTUNG DER STADT LANDSHUT

Landshut galt seit seiner Gründung im Jahr 1204 als Stadt im Rechtssinn, als besonderer, aus dem flachen Land herausgenommener Gerichts- und Verwaltungsbezirk. Obwohl rechtlich eine herzogliche Stadt, konnte es sich doch früh durch den Erwerb von Privilegien eine den autonomen Stadtgemeinden ähnliche Stellung schaffen.

Die Polizei- und Preisverordnung von 1256 läßt erstmals Grundzüge einer Stadtverfassung und Stadtverwaltung erkennen. Wiederholt ist darin die Rede von der »civitas« und von den »provisores civitatis«, von der Gesamtheit der Bürger und ihren Vertretern, denen die Aufsicht über das Gewerbewesen, die Sorge für das rechte Maß und Gewicht und, bei Störungen der kommunalen Ordnung oder des Marktfriedens, der Erlaß angemessener Strafen oblag. Die Ausbildung des Stadtrates als bürgerliches Selbstverwaltungsorgan scheint 1279, bei Erlaß des ältesten Stadtrechtsprivilegs Landshuts, abgeschlossen gewesen zu sein. Zunächst lediglich als »commune consilium« oder »cives rectores civitatis« beschrieben, wird sein zahlenmäßiger Umfang später präzisiert in der Bezeichnung »duodecim cives«, »die zwelfer von der stat«. Als primus inter pares der sich vorwiegend aus dem Patriziat der Stadt rekrutierenden Ratsmitglieder tritt seit 1340 ein Kämmerer in Erscheinung, der, in Analogie zum herzoglichen Kammermeister, sich offenbar in erster Linie um Geldangelegenheiten zu kümmern hatte. Seit der Wende zum 15. Jh. ist dieser nicht nur erster Mann des Rates, sondern Oberhaupt der Stadt schlechthin, seit 1495 begegnet anstelle des Kämmerers der Bürgermeister. Gegen Mitte des 14. Jh. konstituierte sich ein weiterer, ebenfalls aus zwölf Vertretern bestehender Bürgerausschuß, der sich in der Folgezeit zum sog. äußeren Rat entwickelte und dessen Aufgaben ähnlich denen des seit dem ausgehenden 14. Jh. bestehenden großen Gemeindeausschusses in der Mitberatung, vielleicht auch in der Kontrolle des nun als »innerer Rat« bezeichneten eigentlichen Stadtregimentes zu sehen sind.

Ebenfalls seit der Polizei- und Preisverordnung von 1256 ist ein »iudex civitatis«, ein vom Herzog bestellter, jedoch in späterer Zeit der Aufsicht des Stadtrates unterworfener Richter bekannt. Dessen Befugnisse waren räumlich auf den Burgfrieden der Stadt und sachlich auf niedergerichtliche Fälle beschränkt. Alle Hoch- und Blutgerichtsbarkeit beanspruchte weiterhin der Herzog bzw. sein Stellvertreter, der Viztum. E.M.-L.

190 BESTÄTIGUNG DES LANDSHUTER STADTRECHTSPRIVILEGS DURCH HERZOG HEINRICH XIII.

17. August 1279

Pergamenturkunde, lateinisch, ohne Siegel. Abschrift des 13. Jahrhunderts. 36,0x39,2 cm

Herzog Heinrich XIII. betont die bevorzugte Rechtsstellung des Fürstenwohnsitzes vor den gemeinen Städten des Landes und bestätigt Rechte, die teilweise bis auf den Stadtgründer Ludwig I. zurückgingen. Hinweise auf römisches Recht sollten die Bedeutung der Privilegien in den Augen der Bürger abschwächen. Es sind vor allem Stadtverfassung und Befugnisse der städtischen Organe, die städtische Gerichtsbarkeit und privatrechtliche Bestimmungen berührt. G. Sp.

VHN 21, 1880, 2 Nr. 2; R. F. Ring, Die Entwicklung des Landshuter Stadtrechts bis zur Mitte des 14. Jh. (VHN 76) 1950, 116; QE 5, 314 Nr. 130; Krenner, Anleitung . . . baier. Landtage, München 1804, 107 Nr. 6; Herzog LUB 69 Nr. 123.

Landshut, Stadtarchiv (Urk. 4)

191 STADTRECHT VON LANDSHUT. SAMMLUNG VON VERLIEHENEN UND GEWOHNHEITSMÄSSIG ERWORBENEN RECHTEN

Stadtbuch, entstanden zwischen 1335 und 1338, aufgezeichnet 1361

93 Pergamentblätter, 1 Vorsatzblatt und je 1 Blatt an der Innenseite der Holzdeckel, dazu 2 Papierblätter; Ledereinband, 33x27 cm

Allem Anschein nach wurde diese Aufzeichnung von einem namentlich nicht faßbaren Stadtschreiber im Auftrag des Stadtrates angelegt, um bisherige Rechte zu sichern. Dazu kamen eine Reihe neuer Bestimmungen, die eine Mehrung der Befugnisse der Stadt als Ganzem, des Zwölferrats oder der Rechte des einzelnen Bürgers beinhalten. Unverkennbar zeigt sich die Tendenz, die völlige Autonomie der Stadtgemeinde zu verwirklichen, die sich besonders in den Versuchen äußert, den Stadtrichter als Vertreter des Landesherrn unter die Kontrolle des Zwölferrats zu bringen. Diese Entwicklung wird in Landshut schließlich durch Herzog Heinrich den Reichen gewaltsam beendet, indem Versuche der Bürgerschaft, gegen die Abschaffung erworbener Rechte zu opponieren, 1408 und 1410 durch strenge Strafen bis zu Landesverweisungen und Hinrichtungen geahndet werden. G. Sp.

R. Ring, Die Entwicklung des Landshuter Stadtrechts bis zur Mitte des 14. Jh. (VHN 76) 1950, 83–108; Herzog LUB 213 Nr. 399.

Landshut, Stadtarchiv (Bd. 11)

LANDSHUTS STADTFINANZEN

Die älteste erhaltene Stadtkammerrechnung Landshuts von 1424/25 wie auch die Einnahmen- und Ausgabenbücher der folgenden Jahre geben Einblick nicht nur in das Finanzgefüge, sondern auch in die Gesellschaftsordnung und das Wirtschaftsleben der niederbayerischen Metropole und ihres Umlandes. Vergleicht man die Gesamteinnahmen des Herzogtums Niederbayern-Landshut von 20218 Pfund Pfennigen (1427) mit denen Landshuts von 3000 Pfund Pfennigen (1424–1426), so wird die Prosperität der Stadt mehr als deutlich. Landshut bezahlte von allen Städten und Märkten des Teilherzogtums mit Abstand die höchsten gewöhnlichen Stadtsteuern und leistete den höchsten Satz bei den Landsteuern. Die Bezeichnung »reiches Landshut« trug es zu Recht. *E. M.-L.*

192 ÄLTESTE ERHALTENE STADTKAMMERRECHNUNG DER STADT LANDSHUT

1424–1425

Handschrift, Papier in Pergament gebunden; hinterer Umschlag fehlt. 30x12cm

Der Band ›Einnemen vnd ausgeb‹ gibt als seltenes Dokument Einblick in einen Teil der Finanzverwaltung der Stadt. Es werden bei den Einnahmen unter anderem angesprochen die Fleischbänke, die Jahrmarktgelder, das Frauenhaus, der Ziegelstadel; bei den Ausgaben der Torwartel, vermischte Ausgaben, der Züchtiger, die Stadtpfeifer und die Zehrung (Tagegelder). G. Sp.

Landshut, Stadtarchiv (GIIa fasc. 1, 1424–1425)

DIE SIEGEL DER STADT LANDSHUT

Die Stadt Landshut führte im 13. und 14. Jh. vier verschiedene Siegel, von denen zwei als eigentliche, sog. große Stadtsiegel zu gelten haben, die beiden anderen als Credenz- bzw. Sekretsiegel hingegen vermutlich nur bei Anlässen von geringerer Bedeutung Verwendung fanden. Alle vier Siegel sind rund und tragen auf ihren nur geringfügig variierenden Wappenschilden die drei Eisenhüte. Gegen die Annahme, Kaiser Ludwig der Bayer habe den Landshuter Bürgern ihrer Verdienste auf dem Schlachtfeld von Gammelsdorf 1313 wegen die drei Helme verliehen, spricht die Tatsache, daß auch schon der erste bekannte Siegelabdruck von 1275 diese militärischen Kopfbedeckungen aufweist. Angesichts der wenig überzeugenden Rückführung des Landshuter Wappens auf die Wappen einzelner Landshuter Geschlechter mag man der Erklärung zustimmen, das Landshuter Siegel- und Wappenbild sei lediglich redendes Zeichen und stehe als Symbol für die »Landshüte«. Nicht auszuschließen ist, daß das bis heute übliche Landshuter Wappen bereits vor 1242, also vor dem Aussterben der Grafen von Bogen bestand, da es im Gegensatz zu einer Reihe anderer wittelsbachischer Stadtwappen keine Rauten aufweist. *E. M.-L.*

193 SIEGEL DER STADT LANDSHUT ÄLTESTES STADTSIEGEL (TYPAR I)

Nachgewiesen 1275, 1306, 1313

Dreihelmenwappen in spitzovalem Schild; Dm. 6,8 cm
Umschrift: S · CIVIVM · LANDESHVTENSIUM
An Urkunde vom 22. Juli 1313
Pergament, 24,2x24,7 cm

Richter, Rat und Gemeinde der Stadt Landshut begeben sich wegen ungerechter Forderung der Herzöge Heinrich, Otto und Heinrich in den Schutz der Herzöge Rudolf und Ludwig. G. Sp.

Oefele II 128; Herzog LUB 130 Nr. 225.

München, Bayerisches Hauptstaatsarchiv, Abt. III Geheimes Hausarchiv (Hausurkunden 1921)

194 ZWEITES GROSSES STADTSIEGEL (TYPAR II)

Nachgewiesen 1326, 1331, 1335

Dreihelmenwappen in spitzovalem Schild, von Rankenwerk umgeben; Dm. 6,8 cm
Umschrift: + SIGILLVM · CIVIVM · LANDESHVTENSIVM
An Urkunde vom 6. Januar 1335
Pergament, 25,5x34,6 cm

Vermächtnisbrief der Margret der Fraezzin, Bürgerin zu Landshut. G. Sp.

Abschrift des 15. Jh., StadtA Landshut Bd. 15, 118 Nr. 191; Herzog LUB 207 Nr. 385.

Landshut, Stadtarchiv (Urk. 45)

195 CREDENZSIEGEL (TYPAR III)

Nachgewiesen 1321, 1370, 1392

Dreihelmenwappen in spitzovalem Schild; Dm. 3,2 cm
Umschrift: S · CREDENCIE CIVIVM LANTSHVTENSIVM
An Urkunde vom 21. Dezember 1321
Pergament, 25,4x13,7 cm.

Herwurch die Wůcheraerinne, Bügerin zu Landshut, übergibt eine Wiese an das Heiliggeistspital. G. Sp.

Abschr. des 15. Jh. StadtA Landshut Bd. 15, 108 Nr. 173, fol. 155 Nr. 246; Herzog LUB Nr. 280.

Landshut, Stadtarchiv (Urk. 25)

196 SEKRETSIEGEL (TYPAR IV)

Nachgewiesen 1397

Dreihelmenwappen in rundem Schild; Dm. 3,1 cm
Umschrift: S · SECRETUM · CIVIUM · LANTZHUTE
An Urkunde vom 15. April 1397
Pergament, 29,8x12,3 cm

Vereinbarung zwischen Rat und Gemeinde der Stadt und dem Angrenzer Konrad dem Kettner. G. Sp.

Herzog LUB Nr. 1455.

Landshut, Stadtarchiv (Urk. 391)

DAS MÜNZWESEN
Münztechnik, Münzregal, Münzbild

Münzen wurden im Mittelalter mit der Hand hergestellt. Zunächst mußte das an die Münzstätte gelieferte Silber, das teils aus den Tiroler Bergwerken kam, teils aus eingewechselten fremden oder ungültigen alten Münzen bestand, umgeschmolzen und so mit Kupfer legiert werden, daß es den vorgesehenen Feingehalt erreichte. Es wurde dann zu Stangen, den Zainen, gegossen und zu Blechstreifen ausgehämmert, aus denen ein Arbeiter mit der Metallschere die Münzplättchen schnitt. Das Münzplättchen, den Schrötling, legte man auf den eisernen Unterstempel, den Stock, der fest in einen Holzblock eingelassen war und auf seiner Oberseite eines der beiden Münzbilder eingraviert hatte. Auf den Schrötling setzte man den Oberstempel, kurz ›Eisen‹ genannt, in den das andere Münzbild eingraviert war, und schlug mit einem Hammer kräftig zu, so daß sich die Stempel beiderseits auf dem Schrötling abdrückten, der damit zur Münze wurde.
Der Münzherr, also der Landesherr, führte den Münzbetrieb mit Beamten entweder selber, wie man es für die Münze in München bis ins 13. Jh. anzunehmen hat, oder er verpachtete ihn an einen Unternehmer, was seit Beginn des 14. Jh. mit den Münzstätten in München und Ingolstadt geschah, als die Münzung weithin an die Landstände übergegangen war. Eine andere Unternehmensform gab es in Regensburg, wo die Münze durch eine Gesellschaft, die Hausgenossenschaft, betrieben wurde. Dem Münzbetrieb stand jeweils ein Münzmeister vor, der die Arbeiten zu überwachen hatte und für die ordnungsgemäße Ausmünzung verantwortlich war. Das Münzamt hatte zudem nicht nur die Münzen herzustellen, ihm oblag auch die Beschaffung des Silbers und der Geldwechsel.
Mit Herzog Ludwig I. dem Kelheimer (1183–1231) setzte die Münzung der Wittelsbacher Herzöge ein, wobei offenbleibt, ob von den ihm zugewiesenen Geprägen nicht das eine oder andere unter dem ersten Wittelsbacher Herzog Otto I. (1180–1183) entstanden sein kann. Die Pfennige Ludwigs I. stammen aus den Münzstätten in Regensburg und München. Sie zeigen einen sehr sorgfältig ausgeführten Stempelschnitt, wie er später an den bayerischen Pfennigen nicht mehr zu beobachten ist.
Im 13. Jh. wurden weitere herzogliche Münzstätten errichtet oder ihre Errichtung beabsichtigt. Es handelt sich um die Münzbetriebe in Amberg, Ingolstadt, Landshut, Neuötting und Straubing.
In Landshut eröffnete Herzog Otto II. der Erlauchte (1231–1253) 1253 zur Erntezeit eine Münze. Streitigkeiten mit dem Regensburger Bischof hatten dem bayerischen Herzog die bisher gemeinsam betriebene Münzung in Regensburg unmöglich gemacht. Die Landshuter Pfennige waren von Regensburger Schlag; sie wurden als alleingültige Währung für die ganze Gegend verbindlich. Ottos Sohn, Heinrich XIII., unterwarf sich 1255 einem Schiedsspruch der Stadt Regensburg und gab nach nur zweijährigem Bestehen seine Landshuter Münze auf.
Neben den herzoglichen Münzstätten bestanden im Herzogtum Bayern die Münzbetriebe der Hochstifte Eichstätt, Freising, Passau und des Erzstiftes Salzburg.

Die bayerischen Pfennige zeigen seit dem 12. Jh. bis in die Zeit Herzog Ludwigs II. des Strengen (1255–1294) einen großen Bilderreichtum. Herzöge und Bischöfe, Kirchen, Burgen, Darstellungen von Kampf und Belehnung, Reiter, Löwe, Adler, Bäume und Blumen, eingefügt in vielfältiges Zierwerk, wechseln einander ab. Manche dieser Bilder sind als heraldische Darstellungen, als Wappenbilder anzusehen, so z. B. der Löwe auf den Pfennigen Heinrichs des Löwen, der Adler auf den Pfennigen Ludwigs I. und Ottos II., der Wolf auf Passauer Pfennigen des Bischofs Berthold und schließlich das Rautenwappen auf Pfennigen Rudolfs I. und Ludwigs IV. Selten zeigen die Gepräge dieser Jahrhunderte eine Schrift, eine Wertbezeichnung überhaupt nicht.

Das mittelalterliche Münzwesen Europas hat seine Grundlage in den Münzreformen König Pippins (751–768) und Kaiser Karls des Großen (768–814). Demnach ist der Silberpfennig oder Denar die einzige Münzsorte, sieht man von den gelegentlichen Prägungen von Halb- und Viertelpfennigen ab. 12 Pfennige – in Bayern und Österreich 30 Pfennige – ergaben einen Schilling, der jedoch keine Münze war, sondern nur eine Zähleinheit, ebenso das Pfund Pfennige, mit dem die Anzahl von 240 Pfennigen bezeichnet wurde.

In diesem Zusammenhang ist die Entwicklung des bayerischen Münzwesens zu sehen. Die ersten im mittelalterlichen Bayern entstandenen Münzen waren königliche Pfennige, denen bald Gepräge der Herzöge und Bischöfe folgten. Von Herzog Arnulf (907–937) sind die frühesten herzoglichen Pfennige bekannt. Regensburg war der Sitz der ältesten bayerischen Münzstätte, deren Erzeugnisse für eine Reihe weiterer Münzstätten innerhalb wie außerhalb Bayerns maßgebend werden sollten. Hier münzten sowohl die bayerischen Herzöge wie die Regensburger Bischöfe. Der Bischof von Eichstätt hatte 908 das Recht zu münzen erhalten, die Bischöfe von Freising und Salzburg 996, der Bischof von Passau 999.

Seit der ersten Hälfte des 12. Jh. ist im Gebrauch der Münzen ein Wandel zu beobachten. Während im 10. und 11. Jh. das Münzgeld weithin dem Fernhandel mit den ost- und nordeuropäischen Ländern diente und, wie zahlreiche Münzfunde dort zeigen, in diese Länder abfloß, wird nun die Münze immer mehr im Inland als Zahlungsmittel verwendet. Das ursprünglich sehr einheitliche Erscheinungsbild der Münzen löst sich jetzt auf. Im Aussehen, teilweise auch im Wert, begannen die Gepräge der verschiedenen Münzherren voneinander abzuweichen. Diese Unterschiede im Bild, im Gewicht, in der Machart der Münzen beschränkten mehr oder weniger deren Gültigkeit auf den Herrschaftsbereich des Münzherrn. Fremde Münzen mußten, soweit sie nicht ausdrücklich zugelassen waren, gegen einheimische eingewechselt werden. Andererseits suchte man durch Übernahme fremder Münzbilder und Machart in ein größeres Umlaufgebiet miteinbezogen zu werden oder ein solches zu schaffen, um so der eigenen Münze mehr Geltung, Beliebtheit und damit auch Wert zu verleihen.

Der Wert einer Münze, ihre Kaufkraft, beruhte im wesentlichen auf ihrem Gehalt an Edelmetall. Es war darum möglich, einen größeren Geldbetrag in einer abgewogenen Menge Edelmetall, etwa in Gestalt eines Silberbarrens, zu entrichten. Ein Pfennig hatte bis ins 13. Jh. eine hohe Kaufkraft, in die heutige Zeit übertragen etwa die Kaufkraft von 5 bis 10 DM, je nachdem, ob man Lebensmittel, gewerbliche Güter, Haus- und Grundbesitz oder Löhne und Gehälter in Betracht zieht. Mit der Gewichts- und Feingehaltsminderung des Pfennigs seit dem 13. Jh. sank dessen Kaufkraft, eine Minderung, die den Pfennig allmählich zum Kleingeld werden ließ und ihn auch für den alltäglichen Bedarf verwendbar machte.

Die mittelalterliche Wirtschaftsstruktur war durch die Landwirtschaft bestimmt, die sich weithin selbst versorgte und des Geldes kaum bedurfte. Im Tauschhandel beschaffte man sich die Güter, die man nicht selber erzeugte; Abgaben wurden weithin mit Lebensmitteln, Rohstoffen, Waren und Dienstleistungen abgegolten. Allerdings war die Höhe solcher Abgaben häufig in Geldwerten festgesetzt. Dagegen spielte das Geld eine wichtige Rolle in den Städten, den Mittelpunkten von Handel, Verkehr und Gewerbe. Mit der Entwicklung des Städtewesens ging die des Geldwesens einher. In Bayern ist zunächst die Stadt Regensburg zu nennen, Sitz der ältesten Münzstätte. Regensburg beherrschte den wichtigen Donauhandel. Daneben traten bald Passau und Salzburg, ebenfalls sehr früh Sitze von Münzstätten. Die Städte, denen aus wirtschaftlichen Gründen an einem brauchbaren Münzwesen viel gelegen sein mußte, erlangten vielfach gewisse Aufsichtsrechte über die Münze und über den Geldverkehr.

1158 erhielt das Herzogtum Bayern neben Regensburg eine weitere Münzstätte, als Herzog Heinrich der Löwe (1156–1180) Markt und Münze des Hochstifts Freising in Oberföhring zerstörte und in München eine eigene Münzstätte einrichtete.

Neben den einheimischen Münzen spielten fremde eine nicht unbedeutende Rolle. Der Landesherr konnte den Geldverkehr etwa mit Hilfe des Wechselzwanges und der Ungültigkeitserklärung bestimmter Münzen in gewissem Sinn steuern und damit seinen eigenen Münzen einen entsprechenden Umlaufbereich verschaffen. Aber es blieb nicht aus, daß durch Handel, Abgaben, Verkehr, Zölle usw. fremde Münzen in Umlauf kamen und trotz aller Beschränkungen und Verbote als Zahlungsmittel verwendet werden konnten. In den Städten, an wichtigen Marktorten und Zollstationen sammelten sich ausländische Münzen, liefen um oder wurden eingewechselt. So begegnet man im Herzogtum Bayern neben den Pfennigen aus den herzoglichen Münzstätten auch den Pfennigen der Nürnberger Reichsmünze, österreichischen, böhmischen und sächsischen Pfennigen, Tiroler Kreuzern, oberitalienischen Piccoli, vereinzelt auch französischen Deniers und englischen Sterlingen. Seit der 1. Hälfte des 14. Jh. erscheinen immer mehr Goldmünzen im Zahlungsverkehr, so Florene aus Florenz, Dukaten aus Venedig, böhmische und ungarische Gulden.

Die Pfennige der bayerischen Münzstätten waren keineswegs untereinander gleichwertig. Sie hatten ebenso wie ausländische Münzsorten einen Wechselkurs, der sich im wesentlichen nach dem Metallwert der betreffenden Münze richtete. So galt der Regensburger Pfennig gegen Ende des 13. Jh. in München zwei Münchner Pfennige. Für einen Münchner Pfennig erhielt man

sechs Piccoli, kleine, aus Verona stammende Pfennige. Der Goldgulden wurde zur Zeit Kaiser Ludwigs des Bayern (1314–1347) in München mit 90–120 Münchner Pfennigen bewertet.
Mit dem Vordringen fremder Münzsorten kündigte sich seit dem ausgehenden 13. Jh. ein Wandel im Münzwesen an, der im 14. Jh. dann voll einsetzte. Das bisher auf dem Pfennig beruhende System begann sich aufzugliedern in Münzen, die ein Mehrfaches des Pfennigs darstellten. Das Münzgeld eroberte sich immer mehr Lebensbereiche, besonders in den Städten, wo die unterschiedlichsten Bedürfnisse brauchbare Klein-, Mittel- und Großmünzen verlangten. Bayern nahm an diesem Wandel noch nicht mit entsprechenden Münzprägungen teil, seine Münzstätten beschränkten sich weiterhin auf die Ausgabe von Pfennigen.
Kaiser Friedrich I. (1152–1190) billigte die Verlegung der Freisinger Münze von Oberföhring nach München und verpflichtete den Bischof von Freising, der in Freising weitermünzen konnte, und den Herzog von Bayern zur gegenseitigen Teilung ihrer Einnahmen aus dem Münzbetrieb. Jeder hatte ein Drittel seiner Einnahmen seinem Partner abzuliefern. Diese Münzgemeinschaft dauerte unter den Wittelsbacher Herzögen fort.
Eine weitere Münzgemeinschaft bestand in Regensburg, wo etwa seit der Übernahme Bayerns durch die Wittelsbacher Bischof und Herzog gemeinsam die Münzstätte betrieben.
Das Münzbild verweist eindeutig auf diese staatsrechtlichen Verhältnisse, wenn z.B. die bischöfliche Münze zu Freising eine Seite ihrer Münzen mit demselben Bild beprägt wie die herzogliche Münzstätte in München, oder wenn bei den Regensburger Pfennigen Herzog Heinrichs I. von Niederbayern (1255–1290) auf einer Seite der Münze der regierende Bischof von Regensburg und der Herzog von Niederbayern nebeneinander stehend dargestellt sind. *D. St.*

197 DIE STADT REGENSBURG ALS SCHIEDSRICHTER IM STREIT UM DIE MÜNZE

24. August 1255

Pergamenturkunde, lateinisch, Siegel Bischof Alberts I. von Regensburg. 14,9x13,4 cm (Siegel zerdrückt)

In dem Streit Herzog Heinrichs mit Bischof Albert von Regensburg um die Regensburger Münze, sowie die Münze, die Heinrich gleich seinem Vater Otto selig zu Landshut schlagen ließ, bestimmt ersterer die Stadt Regensburg zum Schiedsrichter. G. Sp.

MB 53, 44 Nr. 85; Herzog LUB 34 Nr. 61.

München, Bayerisches Hauptstaatsarchiv (Reichsstadt Regensburg Urk. 43)

198–218* HERZOGLICHE PFENNIGE

198 PFENNIG

Bayern, Herzog Ludwig I. der Kelheimer (1183–1231), Münzstätte München

Silber, geprägt, Dm. 19 mm, 0,83 g

Vorderseite: In einer aus Lilienbögen gebildeten Umrahmung ein Bischofsbrustbild zwischen zwei Flügeln.
Rückseite: Stehender Herzog mit Zepter und Fahne.
D. St.

H. Buchenau, Der Münzfund von Karlstein bei Reichenhall (1851) mit Beiträgen zur Münzkunde der beiden ersten Baiernherzöge aus dem Hause Wittelsbach (MBNG 32/33) 1914/15, 77–114, Nr. 10.

München, Staatliche Münzsammlung

199 PFENNIG

Bayern, Herzog Ludwig I. der Kelheimer (1183–1231), Münzstätte München

Silber, geprägt, Dm. 20 mm, 1,03 g

Vorderseite: In einer aus Lilienbögen gebildeten Umrahmung ein laufender Hirsch.
Rückseite: Stehender Herzog mit Zepter und Fahne.
D. St.

H. Buchenau, Der Münzfund von Karlstein bei Reichenhall (1851) mit Beiträgen zur Münzkunde der beiden ersten Baiernherzöge aus dem Hause Wittelsbach (MBNG 32/33) 1914/15, 77–114, Nr. 13.

München, Staatliche Münzsammlung

200 PFENNIG

Bayern, Herzog Ludwig I. der Kelheimer (1183–1231), Münzstätte Regensburg

Silber, geprägt, Dm. 19 mm, 0,86 g

Vorderseite: In einem Wulstreif ein schwertschwingender Reiter. Außen Kreuzchenrand.
Rückseite: Stehender Herzog mit Zepter und Fahne.
D. St.

H. Buchenau, Der Münzfund von Karlstein bei Reichenhall (1851) mit Beiträgen zur Münzkunde der beiden ersten Baiernherzöge aus dem Hause Wittelsbach (MBNG 32/33) 1914/15, 77–114, Nr. 18.

München, Staatliche Münzsammlung

201 PFENNIG

Bayern, Herzog Ludwig I. der Kelheimer (1183–1231), Münzstätte Regensburg

Silber, geprägt, Dm. 19 mm, 1,06 g

Vorderseite: In einem Wulstreif herzogliches Brustbild mit Schwert und Fahne. Außen Sternchenrand.

Von links nach rechts:

204 Vs
198 Vs
232 Vs

212 Vs
199 Vs
219 Vs

213 Vs
200 Vs
220 Vs

228 Vs
201 Vs
225 Vs

214 Vs
202 Vs
224 Vs

229 Vs
203 Vs
226 Vs

Von links nach rechts:

226 Rs
203 Rs
229 Rs

224 Rs
202 Rs
214 Rs

225 Rs
201 Rs
228 Rs

220 Rs
200 Rs
213 Rs

219 Rs
199 Rs
212 Rs

232 Rs
198 Rs
204 Rs

Von links nach rechts:

100 Vs
233 Vs
13 Vs

101 Vs
205 Vs
14 Vs

235 Vs
206 Vs
15 Vs

234 Vs
221 Vs
16 Vs

230 Vs
207 Vs
222 Rs

231 Vs
227 Vs
223 Vs

Von links nach rechts:

100 Rs
233 Rs
13 Rs

101 Rs
205 Rs
14 Rs

235 Rs
206 Rs
15 Rs

234 Rs
221 Rs
16 Rs

230 Rs
207 Rs
222 Vs

231 Rs
227 Rs
223 Rs

200 Vs

199 Vs

228 Vs

Rückseite: Thronender (?) Herzog mit Schwert und Fahne (Zepter?). D. St.

J. L. Fischer, Fund von Petting (MBNG 26/27) 1908/09, 61–84, Nr. 24.

München, Staatliche Münzsammlung

202 PFENNIG

Bayern, Herzog Ludwig I. der Kelheimer (1183–1231), Münzstätte Regensburg

Silber, geprägt, Dm. 19 mm, 0,91 g

Vorderseite: Kopf in einem Rautenkranz, außen Sternchenrand.
Rückseite: Thronender Herzog mit Zepter und Fahne. D. St.

H. Geyer, Der Fund Roding (MBNG 49) 1931, 11–26, Nr. 18b.

München, Staatliche Münzsammlung

203 PFENNIG

Bayern, Herzog Ludwig I. der Kelheimer (1183–1231), Münzstätte Regensburg

Silber, geprägt, Dm. 18 mm, 0,79 g

Vorderseite: In einem Wulstreif ein liegender Löwe mit Krone und Flügel. Außen Sternchenrand.
Rückseite: Thronender Herzog mit Zepter und Fahne (?). D. St.

H. P. Cappe, Die Münzen der deutschen Kaiser und Könige des Mittelalters 1, Dresden 1848, Taf. X, 164.

München, Staatliche Münzsammlung

204 PFENNIG

Bayern, Herzog Ludwig I. der Kelheimer (1183–1231), Münzstätte Regensburg

Silber, geprägt, Dm. 20 mm, 0,97 g

Vorderseite: In einem Wulstreif ein Baum, außen Sternchenrand.
Rückseite: Thronender Herzog mit Zepter und Schwert (?).

W. Schratz, Muthmassliche Zutheilung der Regensburger Gemeinschaftsmünzen von Mitte des 11. bis Mitte des 13. Jahrhunderts (Numismatische Zschr. 22) 1890, 25–46, Nr. 53.

München, Staatliche Münzsammlung

205 PFENNIG

Bayern, Herzog Ludwig I. der Kelheimer (1183–1231), Münzstätte München

Silber, geprägt, Dm. 20 mm, 0,91 g

Vorderseite: Adler in einer aus Lilienbögen gebildeten Umrahmung.
Rückseite: Stehender Herzog mit Zepter und Fahne. D. St.

J. L. Fischer, Fund von Petting (MBNG 26/27) 1908/09, 61–84, Nr. 2.

München, Staatliche Münzsammlung

206 PFENNIG

Bayern, Herzog Ludwig I. der Kelheimer (1183–1231), Münzstätte München

Silber, geprägt, 21 mm, 0,90 g

Vorderseite: Adler in einer aus Lilienbögen gebildeten Umrahmung.
Rückseite: Stehender Herzog mit Zepter und Fahne. D. St.

J. L. Fischer, Fund von Petting (MBNG 26/27) 1908/09, 61–84, Nr. 2.

München, Staatliche Münzsammlung

100 Vs

216 Vs

201 Vs

207 PFENNIG

Bayern, Herzog Ludwig I. der Kelheimer (1183–1231), Münzstätte Regensburg

Silber, geprägt, Dm. 19 mm, 1,01 g

Vorderseite: Adler in einem Wulstreif. Rand aus Kreuzchen und Ringeln.
Rückseite: Thronender Herzog mit Schwert und Fahne. D. St.

J. L. Fischer, Fund und Petting (MBNG 26/27) 1908/09, 61–84, Nr. 29.

München, Staatliche Münzsammlung

208 PFENNIG

Bayern, Herzog Otto II. der Erlauchte (1231–1253), Münzstätte Regensburg

Silber, geprägt, Dm. 17 mm, 0,94 g

Vorderseite: In einem Wulstreif Herzogsbrustbild mit einem Pfeil in jeder Hand. Außen Sternchenrand.
Rückseite: Thronender Herzog (König?) mit Schwert und Reichsapfel (?). D. St.

H. Gebhart, Der Münzfund von Hersbruck (MBNG 54) 1936, 63–153, Nr. 59.

München, Staatliche Münzsammlung

209 PFENNIG

Bayern, Herzog Otto II. der Erlauchte (1231–1253), Münzstätte Regensburg

Silber, geprägt, Dm. 18 mm, 1,04 g

Vorderseite: In einem Wulstreif ein Löwe mit Adlerkopf. Sternchenrand.
Rückseite: Thronender Herzog mit Fahne und Adler (Falke?) D. St.

M. Bernhart–H. Buchenau, Münzfund von Bügerleithen bei Hemau (MBNG 28) 1910, 107–116, S. 108, II.

München, Staatliche Münzsammlung

210 PFENNIG

Bayern, Herzog Otto II. der Erlauchte (1231–1253), Münzstätte Regensburg

Silber, geprägt, Dm. 18 mm, 1,02 g

Vorderseite: In einem Wulstreif ein Löwe mit Adlerkopf. Sternchenrand.
Rückseite: Thronender Herzog mit Fahne und Adler (Falke?). D. St.

M. Bernhart–H. Buchenau, Münzfund von Bügerleithen bei Hemau (MBNG 28) 1910, 107–116, S. 108, II.

München, Staatliche Münzsammlung

211 PFENNIG

Bayern, Herzog Otto II. der Erlauchte (1231–1253), vermutlich Münzstätte München

Silber, geprägt, Dm. 17 mm, 0,93 g

Vorderseite: In einem Wulstreif ein schwertschwingender Reiter. Außen Sternchenrand.
Rückseite: Schreitender Greif. D. St.

H. Buchenau, Der Münzfund von Beratzhausen (MBNG 31) 1913, 137–163, Nr. 3.

München, Staatliche Münzsammlung

212 PFENNIG

Niederbayern, Herzog Heinrich I. (XIII.) (1255–1290), Münzstätte Regensburg

Silber, geprägt, 18 mm, 0,95 g

Von links nach rechts:

333 Vs
217 Vs
215 Vs

334 Vs
218 Vs
208 Vs

336 Vs
329 Vs
209 Vs

335 Vs
330 Vs
210 Vs

146 Vs
331 Vs
211 Vs

332 Vs
216 Vs

Von links nach rechts:

333 Rs
217 Rs
215 Rs

334 Rs
218 Rs
208 Rs

336 Rs
329 Rs
209 Rs

335 Rs
330 Rs
210 Rs

146 Rs
331 Rs
211 Rs

332 Rs
216 Rs

Vorderseite: In einem Wulstreif das Herzogsbrustbild mit Schwert und Zepter.
Rückseite: Hl. Petrus sitzend mit Schlüssel und Fisch. D. St.

H. Buchenau, Regensburger Pfennigmünzung unter den niederbayerischen Herzögen (MBNG 42) 1924, 5–19, S. 12a.

München, Staatliche Münzsammlung

213 PFENNIG

Niederbayern, Herzog Heinrich I. (XIII.) (1255–1290), Münzstätte Regensburg

Silber, geprägt, Dm. 18 mm, 0,78 g

Vorderseite: In einem Wulstreif ein gekrönter wachsender Löwe über einer Zinnenmauer.
Rückseite: Engelsbrustbild. D. St.

H. Buchenau, Regensburger Pfennigmünzung unter den niederbayerischen Herzögen (MBNG 42) 1924, 5–19, S. 13a.

München, Staatliche Münzsammlung

214 PFENNIG

Niederbayern, Herzog Heinrich I. (XIII.) (1255–1290), Münzstätte Regensburg

Silber, geprägt, Dm. 18 mm, 1,04 g

Vorderseite: In einem Wulstreif ein schreitender Panther, darüber .H.DVX .
Rückseite: Nebeneinander stehend der Bischof mit Krummstab und der Herzog mit Schwert. D. St.

H. Buchenau, Regensburger Pfennigmünzung unter den niederbayerischen Herzögen (MBNG 42) 1924, 5–19, S. 14.

München, Staatliche Münzsammlung

215 PFENNIG

Niederbayern, Herzog Heinrich I. (XIII.) (1255–1290), Münzstätte Regensburg

Silber, geprägt, Dm. 18 mm, 0,81 g

Vorderseite: In einem Wulstreif Herzogsbrustbild mit einer Lilie in jeder Hand.
Rückseite: Zwei Adler über drei Giebeln; im mittleren Giebel ein Kopf. D. St.

H. Buchenau, Regensburger Pfennigmünzung unter den niederbayerischen Herzögen (MBNG 42) 1924, 5–19, S. 14.

München, Staatliche Münzsammlung

216 PFENNIG

Oberbayern, Herzog Ludwig II. der Strenge (1255–1294), vielleicht Münzstätte München

Silber, geprägt, 16 mm, 0,76 g

Vorderseite: In einem Wulstreif ein Kreuz.
Rückseite: Greif(?). D. St.

J. E. Obermayr, Historische Nachricht von Bayerischen Münzen, Frankfurt/Leipzig 1763, Taf. X, 39.

München, Staatliche Münzsammlung

217 PFENNIG

Oberbayern, Herzog Ludwig II. der Strenge (1255–1294), vielleicht Münzstätte München

Silber, geprägt, Dm. 16 mm, 0,65 g

Vorderseite: In einem Wulstreif ein stehendes Lamm mit Fahne (Osterlamm).
Rückseite: Ein mit Lindenblättern besteckter Helm. D. St.

A. Luschin v. Ebengreuth, Wiener Münzwesen im Mittelalter, Wien/Leipzig 1913, Nr. 129.

München, Staatliche Münzsammlung

218 PFENNIG

Oberbayern, Herzog Ludwig II. der Strenge (1255–1294), Münzstätte Ingolstadt (?)

Silber, geprägt, Dm. 16 mm, 0,69 g

Vorderseite: In einem Wulstreif ein Einhorn.
Rückseite: Geflügelter Fisch. D. St.

A. Luschin v. Ebengreuth, Wiener Münzwesen im Mittelalter, Wien/Leipzig 1913, 63, Fig. 7.

München, Staatliche Münzsammlung

219–235* BISCHÖFLICHE PFENNIGE

219 PFENNIG

Freising, Bischof Otto II. (1184–1220), Münzstätte Freising

Silber, geprägt, Dm. 21 mm, 0,94 g

Vorderseite: Adler mit Bischofskopf, umrahmt von Lilienbögen.
Rückseite: Stehender Bischof mit Krummstab und Buch. D. St.

R. Sellier, Die Münzen und Medaillen des Hochstifts Freising (Bayerische Münzkataloge 4) Grünwald bei München 1966, Nr. 75.

München, Staatliche Münzsammlung

220 PFENNIG

Freising, Bischof Otto II. (1184–1220), Münzstätte Freising

Silber, geprägt, Dm. 21 mm, 0,98 g

Vorderseite: Adler mit Bischofskopf, an Stelle des rechten Flügels eine Hand mit Krummstab. Umrahmung aus Lilienbögen.
Rückseite: Stehender Bischof mit Krummstab und Buch.
D. St.

R. Sellier, Die Münzen und Medaillen des Hochstifts Freising (Bayerische Münzkataloge 4) Grünwald bei München 1966, Nr. 76.

München, Staatliche Münzsammlung

221 PFENNIG

Freising, Bischof Otto II. (1184–1220), vermutlich Münzstätte Freising

Silber, geprägt, Dm. 18 mm, 1,08 g

Vorderseite: Adler in einer aus Lilienbögen gebildeten Umrahmung.
Rückseite: Stehender Bischof mit Krummstab und Buch.
D. St.

R. Sellier, Die Münzen und Medaillen des Hochstifts Freising (Bayerische Münzkataloge 4) Grünwald bei München 1966, Nr. 72.

München, Staatliche Münzsammlung

222 PFENNIG

Freising, Bischof Albert I. (1158–1184), Münzstätte Freising

Silber, geprägt, Dm. 24 mm, 0,96 g

Vorderseite: Stehender Bischof mit Kirchenmodell und Krummstab. Sternchenrand.
Rückseite: Kopf des hl. Korbinian, umgeben von einem Schriftkreis: · SC · CORBINIANVS · Außen drei Engelsbrustbilder abwechselnd mit drei Palmetten. D. St.

R. Sellier, Die Münzen und Medaillen des Hochstifts Freising (Bayerische Münzkataloge 4) Grünwald bei München 1966, Nr. 67.

München, Staatliche Münzsammlung

223 PFENNIG

Passau, Hochstift, um 1150–1180, Münzstätte Passau

Silber, geprägt, Dm. 24 mm, 0,91 g

Vorderseite: Bischofsbrustbild mit Krummstab und Buch. Umrandung aus buchstabenartigen Zeichen.
Rückseite: Stehendes Lamm mit Kreuzstab. Umrandung aus buchstabenartigen Zeichen. D. St.

H.-J. Kellner, Die Münzen der niederbayerischen Münzstätten (Bayerische Münzkataloge 2) Grünwald bei München 1958, Nr. 2.

München, Staatliche Münzsammlung

224 PFENNIG

Passau, Bischöfe Rüdiger von Radeck (1233–1250) bis Berthold von Sigmaringen (1250–1254), Münzstätte Passau

Silber, geprägt, Dm. 19 mm, 0,78 g

Vorderseite: In einem Wulstreif ein Bischofskopf zwischen drei Türmen.
Rückseite: Geflügeltes drachenartiges Tier. Sternchenrand.
D. St.

H.-J. Kellner, Die Münzen der niederbayerischen Münzstätten (Bayerische Münzkataloge 2) Grünwald bei München 1958, Nr. 23.

München, Staatliche Münzsammlung

225 PFENNIG

Passau, Bischöfe Berthold von Sigmaringen (1250–1254) bis Otto von Lonsdorf (1254–1265), Münzstätte Passau

Silber, geprägt, Dm. 18 mm, 0,76 g

Vorderseite: In einem Wulstreif ein Bischofskopf zwischen zwei Türmen, darüber zwei Krummstäbe und ein Turm.
Rückseite: Schreitender Wolf unter einer zweitürmigen Kirche. D. St.

H.-J. Kellner, Die Münzen der niederbayerischen Münzstätten (Bayerische Münzkataloge 2) Grünwald bei München 1958, Nr. 24.

München, Staatliche Münzsammlung

226 PFENNIG

Eichstätt, Bischof Hartwig von Hirschberg (1196–1223), Münzstätte Eichstätt

Silber, geprägt, Dm. 19 mm, 0,86 g

Vorderseite: Umschrift: + H · C · R · T · V · I · G. In einem Wulstreif eingeflügelter Kreuzstab.
Rückseite: Stehender Bischof mit Krummstab und Buch.
D. St.

E. B. Cahn, Die Münzen des Hochstifts Eichstätt (Bayerische Münzkataloge 3) Grünwald bei München 1962, Nr. 19.

München, Staatliche Münzsammlung

227 PFENNIG

Regensburg, Bischöfe Konrad III. (1186–1204) bis Konrad IV. (1204–1227), Münzstätte Regensburg

Silber, geprägt, Dm. 21 mm, 0,87 g

Vorderseite: Adler in einem Wulstreif. Außen Sternchenrand.
Rückseite: Thronender Bischof mit Krummstab und Buch.
D. St.

L. Fikentscher, Versuch zu einer Münzgeschichte der Herzöge von Meranien, Markgrafen von Istrien, Grafen von Andechs und Plassenburg weltlichen und geistlichen Standes (MBNG 14) 1895, 1–66, Taf. 4, 77.

München, Staatliche Münzsammlung

228 PFENNIG

Regensburg, Bischöfe Albert II. (1260–1262) bis Leo Thundorfer (1262–1277), Münzstätte Regensburg

Silber, geprägt, Dm. 18 mm, 0,86 g

Vorderseite: In einem Wulstreif ein schreitender geflügelter Löwe mit Bischofskopf.
Rückseite: Engelsbrustbild. D. St.

H. Buchenau, Regensburger Pfennigmünzung unter den niederbayerischen Herzögen (MBNG 42) 1924, 5–19, S. 13b.

München, Staatliche Münzsammlung

229 PFENNIG

Regensburg, Bischof Heinrich II. (1277–1296), Münzstätte Regensburg

Silber, geprägt, Dm. 18 mm, 1,09 g

Vorderseite: In einem Wulstreif der hl. Petrus mit Schlüssel und Fisch, in einem Boot sitzend.
Rückseite: Nebeneinanderstehend der Bischof mit Krummstab und der Herzog mit Schwert. D. St.

H. Buchenau, Regensburger Pfennigmünzung unter den niederbayerischen Herzögen (MBNG 42) 1924, 5–19, S. 14.

München, Staatliche Münzsammlung

230 PFENNIG

Regensburg, Bischof Konrad III. (1186–1204), Münzstätte Regensburg

Silber, geprägt, Dm. 18 mm, 1,04 g

Vorderseite: In einem Wulstreif ein Bischofskopf zwischen zwei Türmen über einer vierbogigen Arkade (Brücke?). Sternchenrand.
Rückseite: Thronender Bischof mit Krummstab und Buch. D. St.

J. L. Fischer, Fund von Petting (MBNG 26/27) 1908/09, 61–84, Nr. 32.

München, Staatliche Münzsammlung

231 PFENNIG

Regensburg, Bischöfe Konrad III. (1186–1204) bis Konrad IV. (1204–1227), Münzstätte Regensburg

Silber, geprägt, Dm. 17 mm, 0,97 g

Vorderseite: In einem Wulstreif ein tonsurierter Kopf zwischen vier Lilien. Außen Sternchenrand.
Rückseite: Thronender (?) Bischof mit Krummstab und Buch (?). D. St.

W. Schratz, Muthmassliche Zutheilung der Regensburger Gemeinschaftsmünzen von Mitte des 11. bis Mitte des 13. Jahrhunderts (Numismatische Zschr. 22) 1890, 25–46, Nr. 37.

München, Staatliche Münzsammlung

232 PFENNIG

Regensburg, Bischof Siegfried (1227–1246), Münzstätte Regensburg

Silber, geprägt, Dm. 18 mm, 0,80 g

Vorderseite: In einem Wulstreif ein Bischofsbrustbild, in jeder Hand einen Kreuzstab haltend. Sternchenrand.
Rückseite: Zwei einander zugewandte Löwen über drei Bögen; im mittleren Bogen ein Kopf. Sternchenrand. D. St.

H. Buchenau, Der Münzfund von Beratzhausen (MBNG 31) 1913, 137–163, Nr. 7.

München, Staatliche Münzsammlung

233 PFENNIG

Salzburg, Erzbischof Eberhard II. (1200–1246), Münzstätte Salzburg

Silber, geprägt, Dm. 20 mm, 0,75 g

Vorderseite: Kreuz, von Strahlen umgeben. Außen zwei Kerbreifen.
Rückseite: Stehender Bischof mit Krummstab und Buch. D. St.

B. Koch, Der Salzburger Pfennig (Numismatische Zschr. 75) 1953, 36–73, Nr. 8.

München, Staatliche Münzsammlung

234 PFENNIG

Salzburg, Erzbischof Wladislaus (1265–1270?), Münzstätte Salzburg

Silber, geprägt, Dm. 17 mm, 0,74 g

Vorderseite: In einem Wulstreif unter einem Turm ein Bischofskopf; beiderseits eine gestielte Rose.
Rückseite: Schreitender Greif. D. St.

B. Koch, Der Salzburger Pfennig (Numismatische Zschr. 75) 1953, 36–73, Nr. 15.

München, Staatliche Münzsammlung

235 PFENNIG

Salzburg, Erzbischof Friedrich II. (1270–1284?), Münzstätte Salzburg

Silber, geprägt, Dm. 17 mm, 0,82 g

Vorderseite: In einem Wulstreif ein Bischofskopf.

Rückseite: In blattartiger Umrahmung eine Rosette. D. St.

B. Koch, Der Salzburger Pfennig (Numismatische Zschr. 75) 1953, 36–73, Nr. 16.

München, Staatliche Münzsammlung

RAUM 10

DER ADEL

Die Herausbildung eines durch Abstammung bevorrechteten Standes – der nobilitas, noblesse, nobility, des Adels – läßt sich für alle europäischen Kulturen nachweisen. Als ein von der herrschenden Sozialordnung jeweils neu definierter Begriff bezeichnet Adel jedoch zu verschiedenen Zeiten jeweils abweichend strukturierte Gruppen. An sich konstitutive Kennzeichen wie »Geblütsheiligkeit«, kriegerische Tüchtigkeit und Grundbesitz wurden, entsprechend der von Staat, Gesellschaft und Kirche postulierten Erwartungen, auch im deutschen Raum seit Bestehen des fränkischen Reiches wiederholt unterschiedlich und neu formuliert. Zweifel darüber, daß trotz aller Bedeutung wirtschaftlicher Faktoren bei der Entstehung von Adel dessen Ausübung von Herrschaft über Land und Leute vor jeder Art von sachbezogenem Reichtum als oberstes Bewertungskriterium zu gelten habe, bestanden gleichwohl zu keiner Zeit.

In fränkischer Zeit entstand aus dem Königsdienst, der Königsgefolgschaft, ein Dienstadel, der neben der gallo-römischen Senatorenaristokratie zum Träger der Verwaltung von Land und Kirche aufstieg. Er verschmolz allmählich mit dem Uradel der germanischen Stämme, soweit dieser nicht ausstarb oder ausgerottet wurde, zum Hochadel der grafenbaren Geschlechter. In karolingischer Zeit rekrutierte sich aus hohen Beamten- und Heerführerfamilien eine neue Oberschicht, die Zulauf auch aus jenen Gesellschaftskreisen erhielt, die gegen die Verpflichtung zum »obsequium«, zur Gefolgschaft, ein Lehen als materielle Grundlage für den immer kostspieliger werdenden Kriegsdienst zu Pferde erhielten. Vasallität und Lehenswesen, die bald auch auf jene unmittelbar vom König zu vergebenden Amtsgüter (comitatus) ausgedehnt wurden, schufen einen neuen Adelsbegriff und eine neue Rangordnung. Mit der Ausbreitung karolingischer Macht über andere Stammesgebiete vollzog sich eine Symbiose des örtlichen Adels mit den ins Land entsandten fränkischen Adelsfamilien. Aus der so entstandenden, lückenlos in die fränkisch-karolingische Ämter- und Lehenhierarchie intregrierten Reichsaristokratie schälte sich, begünstigt durch die Versippung mit dem herrschenden Königshaus, ein engerer Kreis bedeutender Familien heraus, denen zunehmend die Ernennung in höchste Ämter vorbehalten blieb und aus deren Reihen die sog. jüngeren Stammesherzöge erwuchsen.

Je mehr der Hochadel sich in der Folgezeit gegenüber dem Königtum exponierte, durch die Vogtei in den kirchlichen Immunitätsbezirken eine Fülle von Hoheitsrechten in seinen Händen häufte, je zahlreicher seine Rodungsherrschaften wurden und je stärker er seit dem Investiturstreit eigene Territorien aufzubauen begann, um so deutlicher traten die Folgen der gesellschaftlichen Umschichtung zutage. Eine klare Hierarchisierung des Adels bildete sich aus. Der Kreis der Mächtigen trat beim Sturz Heinrichs des Löwen als geschlossener »Reichsfürstenstand« auf; sieben von ihnen, die Kurfürsten, wurden zu Königswählern. Von unten, aus dem Stand der ehemals Unfreien, der sog. servientes, drängten neue Gesellschaftsschichten nach. Die im Kriegsdienst bewährten, mit Hof- und Verwaltungsämtern betrauten Ministerialen hatten sich über ihre Dienstlehen oder durch Heirat Zugang zum Rittertum verschafft und bildeten alsbald eine neue, in dieser Form bisher nicht bestehende Gruppierung: den niederen Adel. Die Feudalordnung, wie sie sich um 1200, orientiert an der Lehensfähigkeit, herausgebildet hatte, fand ihre reichsrechtliche Fixierung in der Heerschildordnung. Dem König kam der erste Schild zu, der zweite und dritte den geistlichen und weltlichen Fürsten, die als Träger von Fahnlehen unmittelbare Vasallen des Königs waren. Den vierten Schild hatten die Grafen und Herren inne, den fünften die kleinen Vasallen und den sechsten die Ministerialen. Die übrigen rittermäßigen Geschlechter, die die aktive Lehensfähigkeit nicht besaßen, also im Grunde über keinen Heerschild mehr verfügten, standen am Fuß der Pyramide.

König, Fürsten, hohen und niederen Adel vereinte im 12. Jh. jene im wesentlichen aus Frankreich kommende neue Gesellschafts- und Kulturform des Rittertums. Aus ihm erwuchs nicht nur die erste umfassende Laienkultur Europas, sondern auch ein neues Standesbewußtsein und Geltungsgefühl, das integrierend vor allem auf die Ministerialen wirkte. Selbst als in spätmittelalterlicher Zeit der Zerfall des Ritterstandes, seiner Ethik, seiner Bräuche, Lebensformen, seiner Literatur und Kultur einsetzte, wurde die politische Bedeutung des Adels davon kaum berührt. Geistliche und weltliche Fürsten wählten nach wie vor den König, repräsentierten mit ihm das Reich

und standen als Landesherren ihren Territorien vor. Grafen und Herren gelang der Aufbau kleiner und mittlerer Herrschaften vorwiegend in den ehemals staufischen Reichsländern; hier auch schlossen sie sich mit dem landsässigen Ritteradel zu neuen Formen der Reichsritterschaft zusammen. In den Territorialstaaten baute der landsässige Adel mit Grundherrschaft und Niedergericht eigene Verwaltungs- und Gerichtssprengel auf – in Bayern als Hofmarken und Landsassengüter bezeichnet – und organisierte sich gegenüber dem Landesherrn zusammen mit den Prälaten und Städten in Landständen. Weitgehend im Besitz seiner althergebrachten Rechte blieb der Adel auch dann noch, als im 14. und 15. Jh. dem Reich und seinen Territorien aus dem Bürgertum der Städte neue Führungsschichten erwuchsen.
E. M.-L.

RITTERTUM UND KRIEGSFÜHRUNG

Das Hohe Mittelalter war die Blütezeit des Rittertums. Hält man sich an die übliche vereinfachende Definition, dann bildeten die Ritter eine elitäre, exklusiv adelige Kriegerkaste. Tatsächlich war aber die Ritterschaft noch im 12. Jh. eine nach unten offene, ganz vorwiegend aus (unfreien) Ministerialen und nichtadeligen Freien bestehende Schicht, in die der Adel erst allmählich eintrat, als das Rittertum durch die Kreuzzugsbewegung ein hohes gesellschaftliches Prestige erhalten hatte. Die von der Kirche propagierten Ideale des christlichen Kriegers – Schutz der Armen und Schwachen, Kampf gegen die Feinde des Glaubens – und die vom Adel eingebrachten höfischen Vorstellungen, vor allem der Frauendienst, wirkten zusammen, um den Ritter zum Leitbild der hoch- und spätmittelalterlichen Laienkultur zu machen. Indem die Ritterschaft schließlich mit dem Adel verschmolz, übernahm sie vom 13. Jh. an in wachsendem Maße politische, gesellschaftliche und wirtschaftliche Funktionen, die sie ihren eigentlichen militärischen Aufgaben entfremdeten. So konnte das Söldnertum im Spätmittelalter zur bestimmenden militärischen Kraft werden. Eine neue Erscheinung waren die Söldner freilich nicht; bereits im 11. und 12. Jh. spielten sie neben den feudalen Aufgeboten eine große Rolle, da die Dienstpflicht der Vasallen zeitlich stark begrenzt war und diese daher für langwierige Unternehmungen kaum in Frage kamen. Nicht nur Schützen und leichte Reiter finden wir unter diesen Söldnern, sondern von Anfang an auch zahlreiche Ritter. Man darf also die Bedeutung, die das Lehenssystem als tragendes Fundament für das mittelalterliche Kriegswesen besaß, nicht überschätzen.

Auch in taktischer Hinsicht dominierte der Panzerreiter nicht in so ausschließlicher Weise, wie das dem gängigen Bild von der Kriegführung der Ritterzeit entsprechen würde. Ihre höchste Wirksamkeit entwickelte die mittelalterliche Taktik, wenn es zum engen Zusammenwirken von Rittern und Armbrust- oder Bogenschützen kam. Fußvolk mit blanker Waffe spielte, zumindest in der Verteidigung, ebenfalls eine recht bedeutende Rolle, indem es häufig den festen Rückhalt bildete, durch den gedeckt die Ritter den Augenblick zum entscheidungssuchenden Angriff abwarteten und hinter den sie sich im Falle eines Mißerfolges zurückzogen. Auch zögerten die Ritter selbst durchaus nicht, abzusitzen und zu Fuß zu kämpfen, wenn es die taktische Situation erforderte, und das war bis ins 15. Jh. hinein recht oft der Fall. Des weiteren darf man nicht übersehen, daß mittelalterliche Armeen weit mehr Zeit mit dem Verheeren des feindlichen Gebiets und vor allem mit langwierigen Belagerungen zu verbringen pflegten als mit offenen Feldschlachten, doch kam nur in den letzteren die taktische Überlegenheit des Ritters zur Geltung.

Übermäßig betont wird häufig auch das ritualisierte Wesen der ritterlichen Kriegführung, die dadurch in ein allzu verharmlosendes romantisches Licht gerät. Gewiß, das von Kirche und Gesellschaft übernommene und geförderte Ideal des christlichen Ritters, der auf die Kreuzzüge zurückzuführende internationale Charakter des Rittertums, das Gefühl der Verbundenheit innerhalb einer Gesellschaftsgruppe mit ausgeprägtem Elitebewußtsein, die im Turnier erworbene Neigung zu einer sportlich-fairen, spielerischen Fechtweise, schließlich überkommene rechtliche Vorstellungen vom Kampf als Gottesurteil, all das blieb nicht ohne Einfluß auf das Verhalten der meisten Ritter und setzte einer nur an rationalen militärischen Zweckmäßigkeiten orientierten Kriegsführung Grenzen, die manche Episoden der mittelalterlichen Kriegsgeschichte schwer erklärbar, ja unwirklich erscheinen lassen. Im allgemeinen aber war der Krieg in der Ritterzeit für die Betroffenen eine kaum weniger harte und blutige Angelegenheit als in anderen Epochen. Freilich muß man sich die Ritterheere entgegen den heillos übertriebenen Stärkeangaben vieler Chronisten ziemlich klein vorstellen, selbst in den Hauptschlachten des Mittelalters verfügte selten eine Seite über mehr als 2–3 Tausend Ritter und 8–10000 Mann Fußvolk. Die Zahl der unmittelbar in die Kämpfe Verstrickten war also verhältnismäßig gering, doch muß man die Intensität der Gefechtstätigkeit an den prozentualen Verlusten messen, und diese waren in der Regel sehr hoch. Auch darf der wirtschaftliche Schaden nicht unterschätzt werden, den selbst diese kleinen Heere anzurichten vermochten, denn infolge der Schwäche der Angriffsmittel, die zur Niederkämpfung befestigter Plätze zur Verfügung standen, griff man regelmäßig auf indirekte Methoden der Kriegführung zurück und deren beliebteste bestand in der systematischen Verwüstung des offenen Landes.

Die geringe Stärke der mittelalterlichen Armeen hatte ihre Ursache zum einen in den technisch und wirtschaftlich bedingten Schwierigkeiten, Massenheere zu bewegen und vor allem zu versorgen, zum anderen in der organisatorischen Schwäche des Kriegswesens selbst. Die Heere waren mehr oder weniger impro-

visiert, es gab keine größeren Einheiten und Verbände, dementsprechend fehlte es an einer funktionsfähigen Kommandostruktur, der auch das ausgeprägte, eine Disziplinierung im modernen Sinne unmöglich machende Selbstbewußtsein des Rittertums entgegenstand. Dementsprechend befand sich die mittelalterliche Taktik gleichfalls auf einem ziemlich niedrigen Niveau. Zwar versuchte man, die Truppen möglichst geschlossen an den Feind zu bringen, doch waren Manövrierfähigkeit und Führbarkeit dieser Formationen gering, das Fußvolk beschränkte sich vorwiegend auf die Defensive, um nicht in Unordnung zu geraten, das Reitergefecht pflegte sich bald in Einzelkämpfe aufzulösen. In der ersten Hälfte des 14. Jh. fanden mehrere Schlachten statt, die den künftigen militärischen Niedergang des Rittertums ankündigten. Englische Langbogenschützen, in festen taktischen Körpern fechtende flämische, schweizerische und schottische Spießträger errangen entscheidende Siege gegen herkömmliche Ritterheere. Der Umstand, daß zur gleichen Zeit auch die ersten, noch sehr primitiven und taktisch bedeutungslosen Feuerwaffen in Gebrauch kamen, hatte übrigens mit dieser Entwicklung nicht das mindeste zu tun.

Bewaffnung und Ausrüstung

Die klassischen Waffen des Ritters waren Lanze und Schwert. Als gelegentlich getragene Zusatzwaffen ergänzten Axt, Streitkolben und Dolch diese Bewaffnung, der letztere wurde im 14. Jh. sogar fester Bestandteil der ritterlichen Ausrüstung. Die 2,5–3 m lange Lanze, mit der der Ritter den Kampf aus der Bewegung eröffnete, wurde im 12. Jh. noch manchmal frei schwingend in der Wurfbewegung verwendet, üblicherweise griff man jedoch mit eingelegter Lanze an, so daß der Stoß mit der ganzen Wucht des trabenden oder galoppierenden Pferdes geführt werden konnte. Das mit einer Hand geschwungene Schwert war primär eine Hiebwaffe, wie die Kehlung der breiten Klinge und die gedrungene Form der Spitze erkennen lassen. Erst im 14. Jh. kamen besser zum Stechen geeignete Schwerter auf, da die neue Plattenpanzerung gegen flächige Hiebe ziemlich unempfindlich war. Der Gebrauch des Ritterschwertes hatte mit der neuzeitlichen Fechtkunst wenig zu tun, vielmehr handelte es sich um einen brutalen Austausch von Hieben und Stichen, wobei man den Schild nicht nur zur Parade, sondern auch zum Behindern und Zurückdrängen des Gegners benützte.

Der Körperschutz bestand im Hochmittelalter im wesentlichen aus dem Haubert, dem aus ineinandergenieteten Eisenringen zusammengesetzten Kettenhemd. Komplette Rüstungen aus dieser Zeit sind nicht erhalten, doch kann man sich aufgrund der zahlreichen überlieferten Darstellungen ein recht genaues Bild von ihnen machen. Bis in die Mitte des 12. Jh. trugen die meisten Ritter über einem gepolsterten Untergewand ein halbärmeliges Kettenhemd, an das eine Kapuze aus dem gleichen Material angesetzt war, die man über den Kopf zog und an der Wange verschloß, so daß nur Augen und Nase ungeschützt blieben. In der zweiten Hälfte des Jahrhunderts wurden die Ärmel verlängert und mit gleichfalls in einem Stück angesetzten Fäustlingen versehen. Außerdem kamen Kettenpanzerstrümpfe in Gebrauch. Im 13. Jh. ging man allmählich dazu über, einzelne besonders empfindliche Körperpartien zusätzlich durch gekocht modelliertes Leder und einzelne Metallplatten zu schützen. Am verbreitetsten waren zunächst Kniebukkel und, wegen der seit dem späten 12. Jh. allgemein getragenen langen, locker fallenden Waffenröcke nur schwer erkennbar, Lederkorsette mit eingenieteten Eisenplatten. Im 14. Jh. verstärkte sich diese Tendenz, den lockeren Kettenpanzer durch steife Materialien zu ergänzen, die Extremitäten wurden mehr und mehr mit festem Leder und später mit Eisenschienen bedeckt, bis sich schließlich in der zweiten Hälfte des 14. Jh. die Frühform des kompletten Plattenpanzers (Harnisch) herausgebildet hatte.

Der charakteristische Helm des 11. und 12. Jh. war der normannische oder Nasalhelm, ein verhältnismäßig leichter, meist spitz zulaufender, später oft auch glockig gewölbter oder zylindrisch abgeflachter Helm mit Naseneisen. Letzteres wurde gegen Ende des 12. Jh. durch eine Gesichtsmaske mit Augen- und Luftlöchern ersetzt, wenig später trat ein Nackenschutz hinzu, und als man um 1220 beides miteinander verband, entstand der den ganzen Kopf umschließende flachscheitelige Topfhelm des 13. Jh. Bald nach 1300 erhielt der Topfhelm einen gewölbten oder konischen Scheitel, mit dem er auf der Beckenhaube aufsaß, einem leichten, das Gesicht freilassenden Helm mit Kettenpanzerkragen, der nun statt der Panzerkapuze getragen wurde. Diese Beckenhaube verdrängte in der zweiten Hälfte des 14. Jh. den großen Helm, der sich von da an zu einem Spezialhelm für bestimmte Turnierarten weiterentwickelte.

Wichtigste Schutzwaffe des Ritters war zunächst aber der Schild. Seine Bedeutung nahm ab, als die Panzerung immer vollständiger und besser wurde, eine Entwicklung, die sich deutlich an der sich verringernden Größe des Schildes ablesen läßt. Im 12. Jh. trug man noch den großen »normannischen« Spitzovalschild, der den Mann vom Kinn bis zur halben Wade deckte. Material war, wie auch bei den späteren Schilden, mit Leder bezogenes Holz. Dann wurde die obere Rundung des Schildes abgeflacht, so daß dieser die Form eines gleichschenkeligen Dreiecks erhielt. Um die Mitte des 13. Jh. reduzierte man die Höhe des Schildes, dessen Umriß nun ein gleichseitiges Dreieck bildete, und in dieser Form wurde der Schild bis in die zweite Hälfte des 14. Jh. getragen, bis er allmählich ganz aus dem Kriegsgebrauch zu verschwinden begann.

Die Behinderung, die der Ritter durch Gewicht und Starrheit der Rüstung erfuhr, wird gewöhnlich weit überschätzt. Eine komplette Rüstung einschließlich der Waffen wog um 1150 etwa 20–25 kg, um 1250 gegen 30 kg, um 1350 etwa 35 kg. Zum Vergleich: Neuzeitliche Infanteristen, von denen im Gegensatz zum Ritter lange Fußmärsche erwartet werden, trugen oft bis zu 30 kg, wobei zu berücksichtigen ist, daß das Marschgepäck nicht wie die Rüstung das Gewicht über den ganzen Körper verteilt, sondern einseitig die Schultern belastet. Die mechanische Behinderung durch den lockeren und beweglichen Kettenpanzer bzw. durch den für den jeweiligen Träger speziell gefertigten Plattenpanzer war gering. *M. J.*

236

236/237 ZWEI TOPFHELME AUS DEM BURGSTALL MADELN

In ganz Europa sind nicht viel mehr als ein Dutzend Topfhelme aus dem 13. und 14. Jh. erhalten geblieben. Zum Teil handelt es sich um Bodenfunde, zum Teil um Funeralhelme, die über Gräbern aufgehängt wurden. Die beiden ausgestellten Helme wurden 1940 bei Ausgrabungen im Burgstall Madeln in stark korrodiertem Zustand gefunden. Die Burg Madeln, die seit dem 13. Jh. den Herren von Eptingen gehörte, wurde 1356 durch das Erdbeben von Basel zerstört und nicht wieder aufgebaut. M.J.

H. Schneider, Die beiden Topfhelme von Madeln – die Entwicklungsgeschichte des Topfhelms (Zschr. f. Schweizerische Archäologie u. Kunstgeschichte 14/1); G. Quasigroch, Der Topfhelm von Dargen (Zschr. f. Waffen- und Kostümkunde 21) 1979.

236* TOPFHELM AUS DER ZEIT UM 1300

Eisen, 31x20,2x31,1 cm, 2,540 kg

Der Helm besteht aus fünf ineinander vernieteten Eisenplatten. Er gehört zur Spätform des älteren flachscheiteligen Typs (Kübelhelm), die im frühen 14. Jh. außer Gebrauch kam. Das Gewicht lastete mit der Scheiteldeckplatte ganz auf der Schädeldecke des Ritters, der unter dem Helm die Kettenpanzerkapuze und unter dieser eine gepolsterte Haube trug. Auf der rechten Seite der Wangenplatte befinden sich zahlreiche Atemlöcher, der kreuzförmige Durchbruch am Kinn diente dagegen zur Sicherung des Helms, indem man hier einen T-förmigen Knebel einhängte, der durch eine Kette mit dem Brustpanzer verbunden war. An dieser Kette konnte der Helm in Gefechtspausen auf dem Rücken getragen werden, wie das auf den Skulpturen des Mainzer Kurfürstenzyklus zu sehen ist (vgl. Kat. Nr. 297). Der Helm weist auf der linken Seite Spuren eines Lanzenstoßes auf. M.J.

Liestal, Kantonsmuseum Baselland

237* TOPFHELM AUS DER ZEIT UM 1325

Eisen, 34x26,5x28,5 cm, 2,335 kg

Sieht man von den aufgenieteten Verstärkungsbändern ab,

237

ist dieser Helm aus nur drei Platten zusammengesetzt. Er hat das im 14. Jh. übliche gewölbte Scheitelstück, mit dem der Helm die nun statt der Panzerkapuze getragene Bekkenhaube umschließt. Auf diese Weise reicht der Helm im Gegensatz zum flachscheiteligen Typ bis auf die Schulter. Die Atemöffnungen sind kreuzförmig, die runden Löcher dienen teilweise zur Befestigung des Helmfutters, teilweise zu der des Helmzimiers. Eine Eigentümlichkeit dieses Helms ist der senkrechte Schlitz auf dem hinteren Mittelgrat, der wohl ein Federn des auf die Schultern aufsitzenden Helmes bewirken soll. Außergewöhnlich ist auch die Breite des Sehschlitzes. M.J.

Liestal, Kantonsmuseum Baselland

238* FLACHSCHEITELIGER TOPFHELM SOG. BOZENER HELM

Süddeutsch (?), um 1300

Eisen, 29x22x31 cm, 2,215 kg

Der »Bozener Helm« ist nach dem aus der Mitte des 13. Jh. stammenden »Dargener Helm« (Museum für Deutsche Geschichte, Ostberlin) der älteste Topfhelm, der in gutem Erhaltungszustand auf uns gekommen ist. Ähnlich dem früheren der beiden Madeler Topfhelme (Kat. Nr. 236, 237) gehört er zur Spätform des flachscheiteligen Typs. Er ist ebenfalls aus fünf Eisenplatten zusammengenietet. Die mit einem sehr ausgeprägten Mittelgrat versehene Gesichtsplatte hat auf beiden Wangen je 11 Luftlöcher in Form eines senkrecht halbierten Kreuzes. Die paarweise angeordneten Löcher unterhalb der Scheitelplatte dienten zur Befestigung des Zimiers. Der Helm soll von einer Burg in der Nähe von Bozen stammen. M.J.

Airoldi, Arme et Armature Italiene, Mailand 1961, Taf. 56; C. Blair, European Armour, London 1958, 196; H. Schneider, Die beiden Topfhelme von Madeln – die Entwicklungsgeschichte des Topfhelms (Zeitschr. f. Schweizerische Archäologie u. Kunstgeschichte 14/1) Basel 1953, 24–46; G. Quasigroch, Der Topfhelm von Dargen (Zschr. f. hist. Waffen- u. Kostümkunde 1) 1979.

Rom, Museo Nazionale di Castel San Angelo (869)

239* KETTENHEMD

Anfang 15. Jahrhundert

Eisen

Von den im Hochmittelalter verwendeten Kettenpanzern ist fast nichts erhalten geblieben. Das ausgestellte Kettenhemd stammt bereits aus dem frühen 15. Jh., doch unterscheidet es sich nur durch seine geringere Länge von dem um die Mitte des 14. Jh. gebräuchlichen Typ. Der Panzer aus ineinandergenieteten Eisenringen war keltischen Ursprungs und hatte weite Anwendung in der römischen Armee gefunden. Man benützte ihn im frühen Mittelalter weiterhin, wenn auch in Anbetracht der Metallarmut der Zeit nur in sehr beschränktem Maße. In der Kreuzzugszeit wurde er zum einzig üblichen Typ des ritterlichen Körper-

238

schutzes, erst im Laufe des 14. Jh. ging seine Bedeutung allmählich zurück, bis er vom Ende dieses Jahrhunderts an nur mehr zur Ergänzung des kompletten Plattenpanzers, des Harnisches, diente. Das Gewicht eines langärmeligen Kettenhemdes (Haubert) schwankt je nach Stärke der Ringe zwischen etwa 6 kg und 15 kg. Auf mittelalterlichen Darstellungen ist die komplizierte Struktur des Kettenpanzers oft stark stilisiert, was zu der irrigen Annahme geführt hat, es habe verschiedene Abarten des Kettenpanzers gegeben. M.J.

G. F. Laking, A Record of European Armour and Arms, London 1920, II 167 ff.; C. Blair, European Armour, London 1958; R. Robinson, The Armour of Imperial Rome, London 1975, 164–173.

Zürich, Schweizerisches Landesmuseum (38250)

240 KETTENPANZERKAPUZE

Um 1300

Eisen

Diese Kapuze ist das früheste komplette Stück Kettenpanzer, das in gutem Zustand erhalten geblieben ist. Bis ins späte 13. Jh. war die Panzerkapuze (hersenier) gewöhnlich in einem Stück mit dem Panzerhemd gearbeitet. Sie wurde über den Kopf gestülpt und mit einer über das Kinn gezogenen lappenartigen Verlängerung (fintâle, ventaille) in der Schläfengegend festgeschnallt, ein Stirnband hielt sie in Position. Dann kamen gesonderte Panzerkapuzen auf, meist mit einem breit über die Schultern fallenden Kragen, die

239

schließlich im Laufe des 14. Jh. von der Beckenhaube mit Panzerbrünne verdrängt wurden. Man trug die Panzerkapuze über einer gepolsterten Kappe, bisweilen befand sich unter oder über dem Kettenpanzer auch ein leichter bombierter Helm (Hirnhaube), ein Abkömmling des alten Nasalhelms und Vorläufer der Beckenhaube. Der Grund hierfür war, daß man den beschwerlichen Topfhelm nur aufsetzte, wenn es unbedingt erforderlich war; um aber die Schädeldecke auch ohne großen Helm einigermaßen gegen Hiebe zu schützen, schien es erforderlich, den elastischen Kettenpanzer durch einen starren Helm zu verstärken. Die Edinburgher Kapuze, das einzige erhaltene Stück dieses im späten 13. und frühen 14. Jh. gebräuchlichen Typs, hat einen vertikalen Schlitz im Nacken, der mit Riemen geschlossen wurde. M.J.

C. Blair, European Armour, London 1958, 27 f., 46; O. Gamber, Die Bewaffnung der Stauferzeit (AK Staufer III) 117.

Edinburgh, Royal Scottish Museum

241–244 VIER RITTERSCHWERTER

Das Schwert war die wichtigste und vornehmste Waffe des Ritters. Im 10. Jh. erhielt das im frühen Mittelalter vor allem von skandinavischen Vorbildern geprägte Schwert die Form, die es mit nur geringen Veränderungen bis ins frühe 14. Jh. behalten sollte: sehr breite, gerade, zweischneidige Klinge mit Hohlschliff und gedrungener Spitze, breite, meist gerade Parierstange, kurzer Griff für eine Hand und breiter, bis ins frühe 13. Jh. gewöhnlich paranußförmiger, dann meist scheibenförmiger Knauf. Das Schwert des hohen Mittelalters war in erster Linie eine Hiebwaffe, wie die breite, gekehlte Form der Klinge und die wenig ausgeprägte Spitze zeigen. Im 14. Jh., als man den Kettenpanzer mehr und mehr durch Platten und Schienen ergänzte, wurde eine Waffe benötigt, die in die Fugen des festen Panzers einzudringen vermochte. Dementsprechend erhielten nun die Schwerter sich deutlich verjüngende Klingen von massivem rhombischem Querschnitt, wodurch sie besser zum Stechen geeignet wurden. Da der verstärkte Körperschutz die Bedeutung des Schildes verminderte, konnte der Kämpfer häufig auch die linke Hand zur Bedienung des Schwertes freimachen. Seit der 2. Hälfte des 13. Jh. gab es deshalb neben den normalen Schwertern die sog. Bastarde oder Schwerter zu anderthalb Hand mit verlängerten Griffen, so daß man sie im Bedarfsfalle mit beiden Händen bedienen konnte. M.J.

R. E. Oakeshott, The Sword in the Age of Chivalry, London 1964; G. F. Laking, A Record of European Armour and Arms I, London 1920; E. Wagner, Hieb- und Stichwaffen, Prag 1966; M. Seitz, Blankwaffen I, Braunschweig 1965.

241★ SCHWERT AUS DEM 11. ODER FRÜHEN 12. JAHRHUNDERT

Aus der Isar bei Pullach/Lkr. München

Eisen, Länge 93 cm

Schwerter dieses Typs (Typ X nach Oakeshotts Einteilung) sind bereits auf ottonischen Miniaturen abgebildet und blieben bis in die 1. Hälfte des 12. Jh. in Gebrauch. M.J.

F. Weber (Altbayer. Monatsschrift 7) 1907, 145.

München, Prähistorische Staatssammlung (NM 3666)

242★ SCHWERT AUS DEM 12. ODER FRÜHEN 13. JAHRHUNDERT

Bodenfund aus Roding/Obpf.

Eisen, Länge 99,5 cm, Klinge 84 cm

Die Waffe entspricht Oakeshotts Typ XII. M.J.

Bodenfund. Bauchig pilzförmiger Knauf. Gerade Parierstange. Zweischneidige Klinge mit schmaler Mittelkehle; im oberen Teil tauschiert (Einlagen ausgefallen) »S O S«, auf der Gegenseite Spuren von »O S O«. Gefunden bei Roding, Opf. E.S.

Ingolstadt, Bayerisches Armeemuseum (A 3617)

243 HIEBSCHWERT

Passau, um 1300

Eisen, Gesamtlänge 115,5 cm, Klinge 95,4 cm

Bodenfund. Dicker Scheibenknauf, kräftig abgefaßt. Gerade Parierstange. Zweischneidige Klinge mit flacher Mittelkehle. Spitze abgebrochen. Beidseits tauschierte Wolfsmarke (Einlagen helle Kupferlegierung, teilweise ausgefallen). Gefunden in der Donau bei Deggendorf. E. S.

Ingolstadt, Bayerisches Armeemuseum (A 3625)

244* SCHWERT AUS DER MITTE ODER 2. HÄLFTE DES 14. JAHRHUNDERTS

Passau, 14. Jahrhundert

Eisen, am Griff Holzreste, Länge 103,5 cm, Klinge 82,3 cm

Bodenfund. Achteckiger Scheibenknauf mit leicht abgefaster Kante, beidseits in Rundfeld Kreuz. An der Angel Reste des Griffholzes. Parierstange leicht abwärts gebogen. Zweischneidige Klinge, flach sechskantig. Im oberen Teil beidseits Tauschierung: Kleine Wolfsmarke (Einlagen Kupferlegierung, teilweise ausgefallen).
Die Waffe stellt das im 14. Jh. häufige Mittelding zwischen einem normalen Schwert von Oakeshottes Typ XV und einem Schwert zu anderthalb Hand vom Typ XVa dar. E. S./M.J.

Ingolstadt, Bayerisches Armeemuseum (A 3940)

245* ZWEI DOLCHE VOM TYP BASILARD

Eisen, Länge 36,8/38,5 cm, Klinge 26,3/26,5 cm

Bodenfunde. Griff einseitig hohl, Belag fehlt. Klinge kontinuierlich spitz zulaufend; Mittelgrat, im oberen Teil von zwei kurzen Kehlungen begleitet. Klingenohren durchlocht.
Bei A 3391 auf der Klinge einseitig Marken eingeschlagen, zwei »B« übereinander.

241

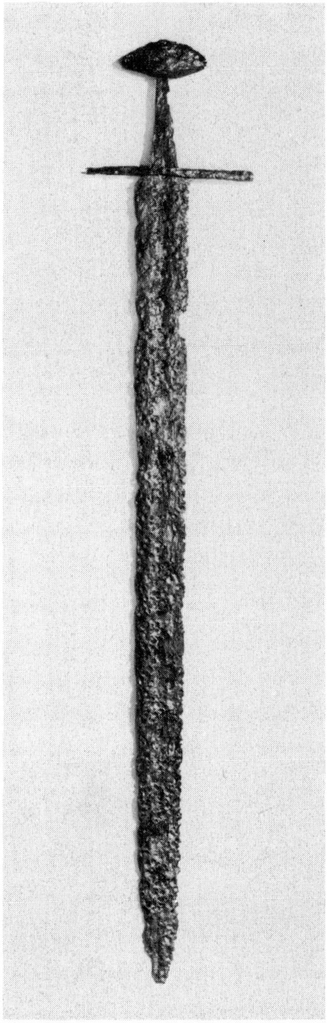

242

244

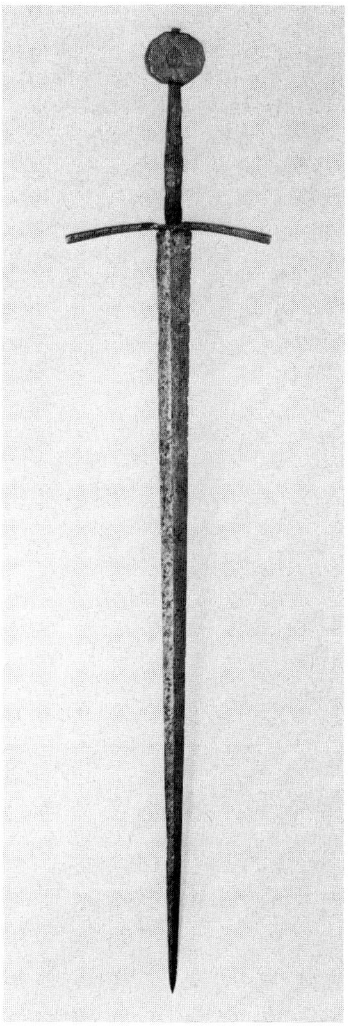

In der ersten Hälfte des 14. Jh. wurde der Dolch neben Lanze und Schwert zum festen Bestandteil der ritterlichen Bewaffnung. Neben Dolchen, die einfach verkleinerte Varianten der üblichen Schwerttypen darstellen, erfreute sich im 14. und 15. Jh. der Basilard großer Beliebtheit. Sein Kennzeichen ist der parallel zur Parierstange verlaufende schmale Querknauf. Alle Kurfürsten des Mainzer Zyklus tragen Dolche von diesem Typ (vgl. Kat. Nr. 297).

E. S./M. J.

H. Seitz, Blankwaffen I, Braunschweig 1965, 201, 208/9; H. Schneider, Untersuchungen an mittelalterlichen Dolchen aus dem Gebiet der Schweiz (Zs. f. Schweizerische Archäologie und Kunstwissenschaften 20) Basel 1960, 91–105

Ingolstadt, Bayerisches Armeemuseum (A 3390, A 3391)

245

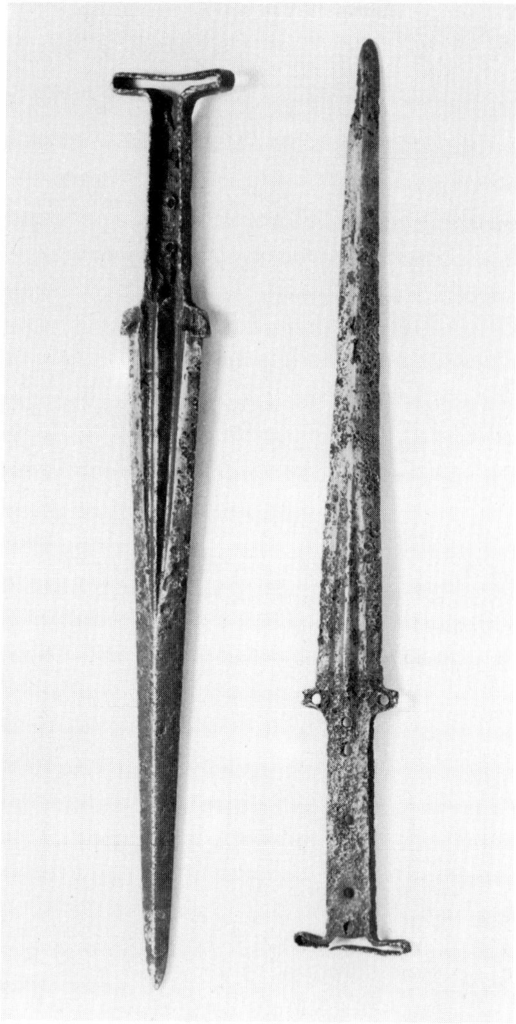

246* TRENSE MIT RINGKNEBEL

14. Jahrhundert

Eisen, Ringdurchmesser 4,7 bzw. 6,5 cm. Gliedlänge 7,9 und 9,1 cm

Die Trense ist ein Einzelfund vom Moosberg bei Murnau (Lkr. Garmisch-Partenkirchen).
Entsprechend dem Stellenwert, den das Pferd im Rahmen der adeligen Kultur besaß, waren Techniken, die sich mit der Herstellung von Zaumzeug befaßten, hoch entwickelt.

E. J. G.

J. Garbsch, Der Moosberg bei Murnau (Münchner Beitr. zur Vor- und Frühgesch. 12) 1966, 92, Taf. 37 Nr. 4; H. Dannheimer, Zu einer spätmittelalterlichen Trense aus Mühlthal an der Isar (Bayer. Vorgeschichtsblätter 36) 1971, 181, Abb. 1,3.

München, Prähistorische Staatssammlung (1960, 324)

247–264 FUNDE VOM »BURGSTALL« BEI ROMATSRIED

12. Jahrhundert

Die mittelalterliche Befestigungsanlage in der Nähe von Romatsried (Ldkr. Kaufbeuren) befindet sich auf einer nach Süden gerichteten Bergzunge der über dem Tal des Mühlbaches gelegenen Hochfläche. Der ehemals mit Wall und Graben umgebene Burgstall war eine Verteidigungsanlage nach Muster der Ungarnrefugien des 10. Jh. und wurde vermutlich im letzten Drittel des 12. Jh. zerstört. Im Inneren der Umwallung wurden Spuren intensiver Bebauung (Holz- und Steinbauten) festgestellt, von denen eindeutig ein Brunnen, ein Kalkofen, die Fundamente eines rechteckigen Turmes sowie einer Saalkirche (mit Apsis) zuverlässig identifiziert werden konnten. Vermutlich gehörte die Anlage später zum Grundbesitz des Klosters Irsee.
Die Grabungen von L. Ohlenorth 1935 bis 1937 förderten zahlreiche Keramikfunde, aber auch Münzen, Schmuck, Werkzeuge, Gebrauchsgegenstände sowie Waffen zutage, die als charakteristisch für den damaligen Lebensstandard gelten können.

R. A. M.

H. Dannheimer, Keramik des Mittelalters aus Bayern (Kataloge der Prähistorischen Staatssammlung, hg. v. H.-J. Kellner 15) 1973, 61–69, Taf. 30–51.

Kaufbeuren, Heimatmuseum

247 VERTEILERSTÜCK

Breite 5,5 cm

Halbmondförmiges Verteilerstück mit drei Scharnierenden, Bronze, mit Spuren von Vergoldung; an zwei Enden

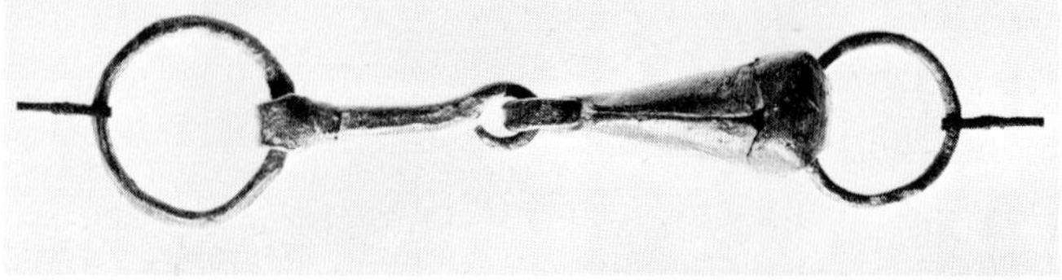

246

sind Löwenköpfe ganz leicht eingeritzt, die Innenfläche trägt in einer großen Halbmondzelle noch einen dünnen S-förmigen Steg und Reste blauer und weißer Emaileinlagen.

248a STRIEGEL

Länge 19,8 cm

Eisernes Werkzeug zum Reinigen der Haustiere; stabförmiger Griff mit Öse.

248b STRIEGEL

Länge 12,8 cm

Werkzeug zum Reinigen der Haustiere; Griff aus organischem Material.

249a 5 HUFEISEN

11,8–10 cm

Schmale Hufeisen mit gewelltem Rand.

249b 4 HUFEISEN

10–11,2 cm

Schmale Hufeisen mit gewelltem Rand.

249c HUFEISENFRAGMENTE

10,2–8,5 cm

Zwei relativ breite Hufeisenfragmente mit glattem Rand; vermutlich Schoneisen für verletzte Rinderklauen.

250 7 SPOREN

11,4–13,1 cm

Eiserne Nietsporen mit kräftigem Stachel; die Bügel teilweise geschweift.

251 SCHNALLEN

Breite 4,3–7 cm

Fünf Eisenschnallen; teils mit halbkreisförmigem Bügel, teils mit rechteckigem Bügel (zweiteilig).

252 KASTENGRIFF

Breite 10 cm

U-förmiger eiserner Kastengriff mit Spuren von Vergoldung; die beiden Ringösen gewaltsam aufgebogen.

253 BRONZERING

Dm. 7,2 cm

Einseitig gewölbter Bronzering mit Scharnieransatz, im Bereich der vier Nagellöcher leicht verdickt und beidseits davon mit Linienpaaren verziert.

254 BRONZERÄDCHEN

Ca. 2 cm

Profiliertes Rädchen aus Bronze, versehen mit zwei Gußzapfen.

255 2 WOLFSANGELN

Länge 5,9 cm

Eiserne Fischinstrumente mit zweiseitigem Widerhaken.

256 11 BOLZENSPITZEN

Eisen, Länge zwischen 4,8 u. 7,9 cm

Verdickte vierkantige Spitzen mit Tülle. Derartige Spitzen wurden für Armbrustbolzen verwendet. Die Armbrust verdrängte wegen ihrer größeren Durchschlagskraft und besseren Treffgenauigkeit im Hohen Mittelalter den Bogen. M.J.

257 LANZENSPITZEN

Länge 17,1–19,7 cm

Fünf eiserne Lanzenspitzen mit unterschiedlicher Formgebung des Blattes.

258 PFEILSPITZEN UND GESCHOSSBOLZEN

12. Jahrhundert

Länge 4,8–7,9 cm

Eiserne Geschoßbolzen mit kräftig verdickter Spitze und offener Tülle; Pfeilspitzen mit flacher Spitze sowie eine Flügelpfeilspitze.

259 EISENSPITZEN

Länge 7,4–17,6 cm

Zehn im Querschnitt z. T. quadratische Eisenspitzen mit offener Tülle.

260a GRIFFDORNMESSER

12. Jahrhundert

Länge bis 14,6 cm

21 eiserne Griffdornmesser mit unterschiedlicher Federwölbung.

260b GRIFFDORNMESSER

Länge 12,5 cm

Eisernes Griffdornmesser, die Klinge gegen den leicht gekrümmten Rücken zu beidseits mit identischer Gold- und Messingtauschierung.

260c GRIFFDORNMESSER

Länge 9,8–15,8 cm

Fünf eiserne Griffdornmesser mit geschweiftem Rücken.

261a SCHNEIDENTEIL

Länge 21,8 cm

Eisernes Schneidenteil einer Sichel.

261b SCHNEIDENBESCHLÄGE

Breite 14,5 bzw. 16,3 cm

Zwei eiserne Schneidenbeschläge von Holzschaufeln oder -spaten.

262a SCHLÜSSEL

Länge 4,7–6,7 cm

Sechs kleine Eisenschlüssel mit Rautengriff, gespaltenem Rohr und unterschiedlich durchbrochenem Bart.

262b SCHLÜSSEL

Länge 4,7–6,7 cm

Acht Eisenschlüssel mit offener ringförmiger Raute und meist offenem Rohr.

263 ZANGE

Länge 16,5 cm

Eiserne Zange, das eine Griffende zum Aufbiegen von Nägeln als Haken, das andere als Tülle ausgebildet.

264 SCHERE

Länge 24,5 cm

Eiserne Schere, die federnden Bügelenden verbreitert.

HÖFISCHE DICHTUNG

Mit Friedrich Barbarossa und der Machtentfaltung des staufischen Kaisertums ging die Vorherrschaft des Geistlichen in der Literatur zu Ende. Sündenklage und Bußruf, Marienlyrik und Heiligenlegenden als literarische Ausdrucksformen einer geistig zutiefst erschütterten Vorgängerepoche wichen neuen diesseitsbezogenen Themen. Unter dem Eindruck eines glanzvoller denn je repräsentierten deutschen Reiches entstand die Kultur des Rittertums, wurden die deutschen Fürstenhöfe zu Pflegestätten dichterischen Schaffens, wurden fürstliche Herren zu Auftraggebern und Gönnern der literarisch tätigen Ritter. Die höfisch-ritterliche Dichtung des späten 12. und 13. Jh. war Standesdichtung. Der durch Heerzüge und Kreuzfahrten gewandt und selbstbewußt, durch französischen Kulturexport gebildet und in seinem Auftreten galant und weltmännisch gewordene Ritter stellte sich und sein kulturelles Ambiente künstlerisch dar. »Höfisch« wurde zum neuen Qualitätsbegriff nicht nur im standesrechtlichen, sondern auch im gesellschaftlich-zwischenmenschlichen Sinne. Es umfaßte all jene Tugenden, die den in anderer sozialer Verantwortung Stehenden, den Geistlichen und Bürgerlichen, weitgehend fehlten und die beim einfachen Bauern – als dem gesellschaftlichen Gegenwert des Ritters – eine vermeintlich angeborene »Dörperlichkeit« ausschloß. Der höfische Mann nur verstand sich als der eigentlich gebildete, wohlerzogene, an Waffen wie im geselligen Umgang gleichermaßen geübte. Die Zugehörigkeit zur höfischen Gesellschaft wurde als Steigerung des eigenen Daseins empfunden. Sie verbürgte die Teilnahme an prachtvollen Turnieren, glanzvollen Festen und amüsanter Zerstreuung. Hatte die Literatur der Salierzeit noch zu Askese und Weltabkehr aufgerufen, so propagierten die Dichter der Stauferzeit die »vröude«, den »hôhen muot«, die »minne« vor allem als den Inbegriff intensiv erlebter Diesseitigkeit.

Die höfisch-ritterliche Idealwelt, die sich in Lyrik, Minnesang und Heldenepos selbst verherrlicht hatte, verlor jedoch bereits zu Lebzeiten Kaiser Friedrichs II. ihre Verbindlichkeit. Sie hatte im altbayerisch-süddeutschen Raum ihren großen Vertreter in Albrecht von Johansdorf gefunden, sie fand hier auch ihre Kritiker: Tannhäuser, sehr viel mehr aber noch Neidhart von Reuental, beide ritterlichen Geschlechtes, parodierten und travestierten diese überfeinerte, ästhetisierende Hofgesellschaft und hielten ihr die einfach-volkstümliche Welt des Ländlichen, auch des Bäuerischen als Spiegel vor. Vom politischen, sozialen, wirtschaftlichen und kulturellen Verfall des Rittertums profitierte das aufstrebende Stadtbürgertum, das nun zum neuen Kulturträger heranwuchs.

E. M.-L.

265 ALBRECHT, DICHTER DES ›JÜNGEREN TITUREL‹ (ALBRECHT VON SCHARFENBERG?): ›VERFASSERFRAGMENT‹

Um 1300

Pergamentblatt, obere Hälfte, 21 x 34 cm

Der ›Jüngere Titurel‹, ein über 6000 Strophen umfassendes Epos, entstanden um 1270, nimmt seinen Ausgang vom ›Titurel‹ Wolframs von Eschenbach (dichtete etwa 1200 bis 1220). Wolfram hatte darin die Liebesgeschichte zweier Gestalten seines ›Parzival‹, Sigunes und ihres auf der Suche nach dem Brackenseil getöteten Ritters Tschionatulander, weiter ausgestaltet, das Gedicht blieb indes Fragment. In den ›Jüngeren Titurel‹ ist sein Text integriert, ferner benutzt das Epos seine Strophenform (Titurelstrophe) – außer der Liebesgeschichte werden weitere Geschehnisse aus dem Gralsbereich, die der ›Parzival‹ gar nicht oder nur am Rande dargestellt hatte, breit erzählt. Das Werk wirkte im Mittelalter vor allem auch durch seinen metaphernreichen »geblümten« Stil. Es ist in zahlreichen Handschriften überliefert, wurde 1477 bereits gedruckt und galt bis zu Beginn des 19. Jh. als ein Werk Wolframs.

In Wirklichkeit hieß sein Dichter Albrecht. Er gibt Näheres über seine Intentionen im sog. Verfasserfragment zu erkennen. Darin betont er die Notwendigkeit, Wolframs Werk zu vollenden und setzt sich mit Kritikern auseinander. In den letzten Strophen des Bruchstücks preist er überschwänglich Herzog Ludwig II. den Strengen von Bayern. Die Forschung vermutet, daß Albrecht mit dem Gedicht um 1272/73 versuchte, den Herzog zum Gönner zu gewinnen. Seine bisherigen Mäzene, Heinrich der Erlauchte, Markgraf von Meißen und Landgraf von Thüringen und dessen beide Söhne, hatten sich damals vermutlich zurückgezogen. Die Hoffnung auf den Wittelsbacher scheint den Dichter jedoch getrogen zu haben. H. B.

Ausg.: E. Petzet, Heidelberger Bruchstücke des Jüngeren Titurel (SB München) 1903, 287–320 (mit Faksimile); W. Wolf (Hrsg.), Der Jüngere Titurel (Altdt. Übungstexte 14) Bern 1952, 78ff. – Lit.: H. de Boor, Drei Fürsten im mittleren Deutschland (FS I. Schröbler, PBB/Tübingen 95)1973 (Sonderheft) 238–257; J. Bumke, Mäzene im Mittelalter, München 1979, 14–16, 25, 215f. (andere Deutung).

Heidelberg, Universitätsbibliothek (cpg. 1332)

266 DREI STROPHEN REINMARS VON BRENNENBERG

Aufzeichnung ohne Verfasserangabe auf der Rückseite und auf den Rändern einer bayerischen Urkunde von 1324

14. Jahrhundert.

Pergamentblatt, 12x20 cm

Reinmar von Brennenberg stammte aus einem Geschlecht, das sich nach der Burg Brennberg bei Regensburg nannte. Er ist zwischen 1224 und 1238 mehrmals als Ministeriale des Hochstifts Regensburg nachgewiesen; vor 1276 wurde er mit mehreren seiner Mannen von Regensburger Bürgern erschlagen. Den Mord zeigt das Bild, das seinen Gedichten in der Großen Heidelberger (Manessischen) Liederhandschrift (Sigle C) vorangestellt ist; die Tatsache seines gewaltsamen Todes lebte bis ins 16. Jh. in der in mehreren Liedern verbreiteten Sage vom Bremberger fort.

Erhalten sind von Reinmar vier Minnelieder (nur in C) und ein vielfach aufgezeichneter Spruchton mit 15 Strophen (Ton IV, auch Hofton genannt). Seine Gedichte erweisen den bayerischen Minnesänger als begabten Nachfahren Walthers von der Vogelweide, den er selbst seinen »meister« nennt und dessen Tod er (neben dem anderer berühmter Minnesänger) beklagt. Die ausgestellte Aufzeichnung (Sigle P in KLD) von Reinmars Strophen IV, 10, 11 (diese hier verstümmelt) und 12, repräsentiert den für den Minnesang nicht seltenen Überlieferungstyp der Einzelüberlieferung in fremder Umgebung, der Zufallsaufzeichnung durch Liebhaber, die dem praktischen »Gebrauch« durch Lesen oder Singen möglicherweise näher steht als die Niederschrift in großen repräsentativen Handschriften. Die Strophen enthalten ein Streitgespräch zwischen Liebe und Schönheit mit anschließendem Preis beider durch den Dichter. Sie sind im 14. Jh. außerdem in der Großen Heidelberger Liederhandschrift überliefert, im 15. Jh. in der Colmarer Liederhandschrift (Mainz um 1470, BStB, cgm. 4997) H. B.

Edition: C. v. Kraus (Hrsg.), Deutsche Liederdichter des 13. Jh., 2. Aufl. durchgesehen v. G. Kornrumpf, Tübingen 1978, 1 (Text) XXIX, 331f., 2 (Kommentar) 385ff., 721f. – Lit.: P. Sappler, Das Königsteiner Liederbuch (Münchener Texte u. Unters. 29) München 1970, 226 Anm. 5.

München, Bayerische Staatsbibliothek (cgm. 5249/27)

267 BRUCHSTÜCKE ZWEIER BAYERISCH-ÖSTERREICHISCHER HANDSCHRIFTEN DER GEORGSLEGENDE DES REINBOT VON DURNE

a) Anfang 14. Jahrhundert. Sexternio einer Pergamenthandschrift. 14,5x9–10 cm

b) Ende 14. Jahrhundert. Rest einer zweispaltig geschriebenen Pergamenthandschrift. Ausgestellt: Spalte b der Vorder-, Spalte a der Rückseite. 14,5x10 cm

Die in 6134 mittelhochdeutschen Reimpaarversen abgefaßte Georgslegende ist die einzige deutsche Dichtung des 13. Jh., in der ein Wittelsbacher ausdrücklich als Auftraggeber genannt wird: nach Aussage von Prolog und Epilog verfaßte Reinbot von Durne das Werk im Auftrag Herzog Ottos II. und seiner Gemahlin Agnes von der Pfalz. Als Entstehungszeit sind die Jahre nach 1235 wahrscheinlich. Das Gedicht erzählt das Wundermartyrium des großen Heiligen, vom Drachenkampf weiß Reinbot nichts. Angesichts der ständigen Bedrohung des Herzogs mit der Exkommunikation und ihrer mehrfachen Verhängung war der Auftrag an den Dichter nicht nur von religiösem, sondern auch von politischem Gewicht: durch die fromme Stiftung der Legende wurde die Gläubigkeit des Herzogspaares sichtbar – und wohl auch mit Propagandaeffekt – ans Licht gestellt. Vorbild Reinbots – der vielleicht identisch ist mit einem 1240 in der Umgebung des Herzogs nachweisbaren Schreiber – war Wolframs von Eschenbach ›Willehalm‹, doch hat er auch andere klassische Autoren der mittelhochdeutschen Literatur benutzt. Die Auswahl des Heiligen –

St. Georg galt als der erste der Nothelfer, als der Schutzpatron der christlichen Ritter – dürfte dem Gedicht von vornherein weite Verbreitung gesichert haben: wir kennen vier vollständige (oder doch fast vollständige) Handschriften, fünf Fragmente und zwei Prosaauflösungen.
Das ausgestellte Bruchstück a) (Sigle m^2) stellt einen der ältesten Überlieferungszeugen dar (etwas älter ist nur das Fragment E); es enthält v. 5666–5917 der Ausgabe von Kraus. Bruchstück b) (Sigle m) enthält v. 2080–2157 (mit einer kleinen Lücke); die gereimte Überschrift auf der Vorderseite ist Schreiberzutat. H. B.

Ausg.: C. v. Kraus (Hrsg.), Der Heilige Georg Reinbots von Durne (Germanische Bibliothek 3/1), Heidelberg 1907; H.-F. Rosenfeld, Zu Reinbots Georg (PBB 53) 1929, 208–228 (Fragment E). – Lit.: G. Vollmann-Profe, Der Prolog zum ›Heiligen Georg‹ des Reinbot von Durne (K. Grubmüller u. a. [Hrsg.], Befund und Deutung, FS H. Fromm) Tübingen 1979, 320–341 (dort auch die ältere Lit.).

München, Bayerische Staatsbibliothek (cgm. 5249/15)

268 HANDSCHRIFT MIT DREI MINNEREDEN
›Des Minners Klage‹ – Hadamar von Laber: ›Die Jagd‹ – ›Der Minnenden Zwist und Versöhnung‹

14. Jahrhundert

Pergament (84 Bl., am Anfang fehlen etwa 9, am Ende 3 Bl.); moderner Halbledereinband. 18x13 cm

Die Handschrift enthält drei Minnereden des 14. Jh., die die von Wolfram von Eschenbach geschaffene, dann von Albrecht, dem Dichter des ›Jüngeren Titurel‹, aufgegriffene Titurelstrophe verwenden: Bl. 1r–3r steht der Schluß (Anfang fehlt durch Blattverlust) des anonymen Gedichts ›Des Minners Klage‹ (Brandis Nr. 30, gedr. Schmeller Str. 676–689); Bl. 3r–81v folgt ›Die Jagd‹ Hadamars von Laber (Brandis Nr. 513); Bl. 81v–84v schließlich das ebenfalls anonyme Gedicht ›Der Minnenden Zwist und Versöhnung‹ (Schluß fehlt; Brandis Nr. 233, gedr. Schmeller Str. 692–713).
Minnereden – Gedichte, deren Hauptthema die weltliche Minne ist – waren vom Ende des 13. Jh. an das ganze Spätmittelalter hindurch beliebt. Am berühmtesten war ›Die Jagd‹, die allegorische Darstellung der Jagd nach Minne, die durch die Strophenform, durch die Verbindung von Minnethematik und Jagd und durch den »geblümten« Stil Wolframs ›Titurel‹ und dem ›Jüngeren Titurel‹ verpflichtet ist. Das Gedicht ist in nicht weniger als 17 Handschriften überliefert (die vorliegende Handschrift führt die Sigle B). Es entstand vermutlich 1335/40, als Dichter gilt der Oberpfälzer Hadamar (III.) von Laber, der urkundlich erstmals 1324 nachweisbar ist, ab 1341 tritt er vor allem im Umkreis Ludwigs V. von Brandenburg, des ältesten Sohnes Kaiser Ludwigs des Bayern, auf; 1354 ernannte Ludwig ihn zum Rat. Die beiden anderen Gedichte stehen der ›Jagd‹ nahe, mindestens beim zweiten ist sogar Hadamars Autorschaft nicht unwahrscheinlich. H. B.

J. A. Schmeller (Hrsg.), Hadamar's v. Laber Jagd (Bibliothek d. Literar. Ver. 20) Stuttgart 1850; K. Stejskal (Hrsg.), Hadamars v. Laber Jagd, Wien 1880. – Lit.: T. Brandis, Mittelhochdeutsche, mittelniederdeutsche und mittelniederländische Minnereden (Münchener Texte u. Unters. 25) München 1968; I. Glier, Artes amandi (Münchener Texte u. Unters. 34) München 1971.

München, Bayerische Staatsbibliothek (cgm. 179)

269 ZWEI BLÄTTER EINER HANDSCHRIFT MIT LIEDERN NEIDHARTS VON REUENTAL

Würzburg (?), 14. Jahrhundert

Pergament, 20x15 cm

Neidhart von Reuental, dessen produktive Zeit in die Jahrzehnte zwischen etwa 1210 und 1240 fällt, wirkte bis etwa 1230/31 wahrscheinlich in Bayern und stand vielleicht in näherer Beziehung zum Landshuter Hof Herzog Ludwigs I. des Kelheimers. Später dichtete er im Umkreis Herzog Friedrichs II. des Streitbaren von Österreich (1230–1246). Neidhart war einer der originellsten und bedeutendsten Dichter des deutschen Mittelalters, bekannt und beliebt bis über das 15. Jh. hinaus. Seine Tanzlieder transponieren die Grundsituation des höfischen Minnesangs – Werbung des Ritters um die Dame – in das ihr gänzlich unangemessene bäuerliche, »dörperliche« Milieu. In den in der schönen Jahreszeit spielenden ›Sommerliedern‹ erscheint in der Regel der Rittersänger als Sehnsuchtsziel der Bauernmädchen und Bauernweiber – sie wollen beim Tanz im Freien seine Huld erringen; neben dem dem Minnesang entlehnten Natureingang – die frohe Jahreszeit fordert zu Tanz und Spiel auf – finden sich meist Streitgespräche zwischen Mutter und Tochter (die Tochter will zum Ritter, die Mutter sucht dies zu verhindern – oder umgekehrt) oder Gespräche zwischen Mädchen. Die Zeit der ›Winterlieder‹ ist die des Tanzes in der Bauernstube. Außer dem Natureingang – Klage über den Verlust der Sommerfreude – finden sich Kataloge von Bauernnamen, die Schilderung von Prügeleien und sonstigen groben Zwischenfällen; der Rittersänger wirbt hier, meist vergeblich, um Bauernmädchen, seine Rivalen sind Bauernburschen.
Neidharts Lieder sind bis zum Ende des 15. Jh. breit überliefert, einige der Handschriften enthalten auch zahlreiche Melodien. Das ausgestellte Handschriftenfragment (Sigle C^b) enthält insgesamt sieben Lieder ganz oder bruchstückhaft, sechs Winterlieder (Beyschlag Nr. 26, 27, 39, 41, 45, 86) und ein Sommerlied (Beyschlag Nr. 3). H. B.

Faksimile: G. Fritz (Hrsg.), Abbildungen zur Neidhart-Überlieferung I, (Litterae 11) Göppingen 1973. – Ausg.: S. Beyschlag (Hrsg.), Die Lieder Neidharts. Der Textbestand der Pergament-Handschriften und die Melodien, Darmstadt 1975 (mit Übersetzung). – Lit.: D. Boueke, Materialien zur Neidhart-Überlieferung (Münchener Texte u. Untersuchungen 16) München 1967, 14.

München, Bayerische Staatsbibliothek (cgm. 5249/26)

ADEL IN DER OBERPFALZ

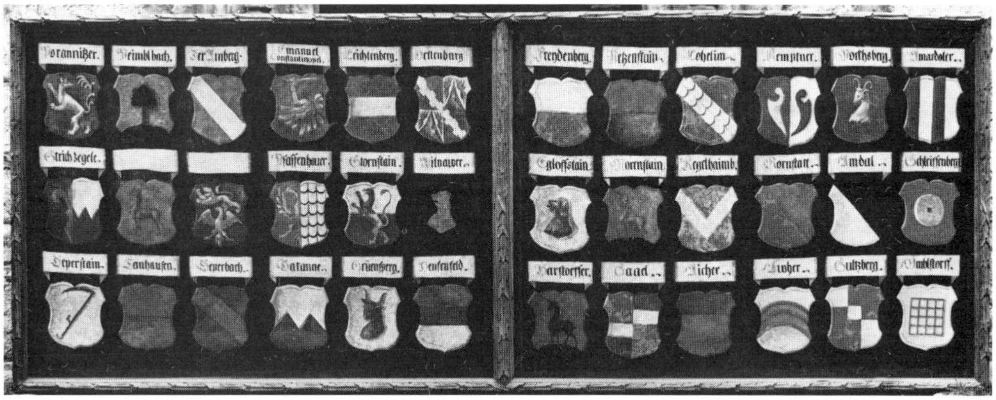

270

270* WAPPENTAFEL DER EHEM. KLOSTERKIRCHE KASTL/OPF.

1715

Öl auf Leinwand, 127x332 cm

Über den Arkadenbögen im Mittelschiff des Langhauses der ehem. Kloster- und jetzigen Pfarrkirche Kastl/Opf. verläuft ein 1906 wiederhergestellter Fries mit 69 Wappen der Stifter und Gönner des Klosters. Der Wappenfries, dessen ältere Fassung dem 14. und dessen jüngere Fassung dem späten 16. Jh. angehörte, war 1674 kopiert, dann aber übertüncht worden. Diese Kopien haben sich erhalten u.a. in der Pörgerschen Chronik und in der Högerschen Kollektaneensammlung. Vermutlich nach letzterer ließen die Jesuiten 1715 zwei Wappentafeln anfertigen, die heute an den Wänden der Seitenschiffe hängen.
Die in der Ausstellung präsentierte Tafel benennt als Wohltäter der ehem. Benediktinerabtei u.a. die Landgrafen von Leuchtenberg, die Grafen von Hirschberg, Andechs und Ortenburg, das Reichsministerialengeschlecht der Rindsmaul zu Grünsberg, die Herren von Wildenau, Störnstein, Egloffstein, Kemnath und Gleissenthal. E.M.-L.

KDB II, BA Neumarkt, 1909, 164; L. Krauß–H. Schnell, Kastl/Opf. (Kleine Kunstführer Nr. 278) 1976[5].

Kastl/Opf., Pfarrkirche

DIE LEUCHTENBERGER

Den Leuchtenbergern, einst Vasallen der Diepoldinger Markgrafen, gelang seit der Mitte des 12. Jh. der Aufstieg zu einem der bedeutendsten Adelsgeschlechter im Raum der heutigen Oberpfalz.

Wie Otto V. von Wittelsbach, so hatte auch Gebhard I. von Leuchtenberg als Schwiegersohn Friedrichs von Lengenfeld den Grundstock seiner nordgauischen Besitzungen mit dem Erbe der Herren von Hopfenohe-Pettendorf-Lengenfeld gelegt. Wie die Wittelsbacher, so gehörten die Leuchtenberger dem Dynastenadel an, und wie diese genossen sie bald bevorzugte Stellungen im staufischen Gefolgstroß. 1158/62 und 1166/68 begleitete Gebhard II. Kaiser Friedrich Barbarossa auf seiner zweiten und vierten Reichsheerfahrt nach Italien, 1165, anläßlich der Heiligsprechung Karls des Großen, begegnet er in kaiserlicher Umgebung in Aachen, 1168 urkundete er auf einem Reichstag zu Würzburg. Hatte Gebhard I., der quellenmäßig belegbare Ahnherr des Geschlechtes, sich noch mit dem bloßen Epitheton »de Liukenberge« begnügen müssen, so führte nun sein Sohn, Gebhard II., seit 1158, seit dem Reichstag zu Roncaglia, den Titel eines Grafen von Leuchtenberg. Doch damit war der Aufstieg keineswegs beendet. Bereits der nächsten Generation winkten mit neuen Ämtern neue Namensattribute. Diepold II. erwarb gegen Ende des 12. Jh., nachdem der jüngere Zweig der Pabonensippe, die Landgrafen von Stefling ausgestorben waren, mit deren Amt (als bayerischem Lehen) auch deren Titel: Die Leuchtenberger stiegen zu Landgrafen auf.

Vermögen, Besitzungen und Rechte hatten in ihrer Ausdehnung mit der Standeserhebung Schritt gehalten. Nimmt man hinzu, was später erst noch ausgebaut worden ist an Burgen, Städten oder Amtssitzen, was verlorenging und wiedergewonnen wurde wie Wernberg, so bleiben als leuchtenbergische Herrschaftsmittelpunkte zu nennen: Leuchtenberg, Pleystein und Waldeck, Schmidgaden und Wernberg, Freudenberg, Falkenberg und Waldershof, Neuhaus und Schwarzenschwal. Von ihren Stammlanden an der Luhe hatten die Landgrafen weit in den oberpfälzischen Raum ausgegriffen, Eigengüter, Reichs- und Stiftslehen gleichermaßen um Regensburg wie im Egerland erworben. Sie waren mächtig geworden in so beängstigendem Maße, daß die Wittelsbacher es als Genugtuung empfinden mochten, als sie ihnen 1282 und 1283 die Landgrafschaft samt Gericht und Geleit, dazu die Herrschaft Waldeck verkauften. Doch auch aus dem Egerland zogen sich die Landgrafen noch vor der Jahrhundertwende zurück. Besitzteilungen hatten die Familie anfällig gemacht und sie in eine Finanzkrise geführt, aus der sie erst wieder Landgraf Ulrich (1293–1334), die imposanteste Gestalt unter den Leuchtenber-

gern des 14. Jh., befreite. Dem Reichsbannerträger, dem Vertrauten Ludwigs des Bayern und Mitstreiter in der Schlacht bei Mühldorf glückte 1332 der Erwerb von Pfreimd, das seither anstelle Leuchtenbergs als Residenz diente. Die den Landgrafen gegen Mitte des Jahrhunderts zugemutete Unterstützung Karls IV. und seiner nordgauisch-böhmischen Territorialpolitik hatte keineswegs die Folgen, die zunächst zu befürchten standen. Bei den Besitzteilungen 1366 und 1381 besaßen sie nicht weniger als die Festen Leuchtenberg, Pfreimd, Stein (zur Hälfte), Stierberg, Betzenstein, Troschenreuth, Pleystein, Burg und Stadt Reichenstein mit dem Markt Schönsee, Grafenwöhr, Neuhaus, die Herrschaften Wildstein, Treffelstein, Schwarzenburg, Waldmünchen mit Rötz und vor allem die Grafschaft Hals bei Passau, die 1375 als Erbe seines Neffen Leopold an Landgraf Johann I. gefallen war. Der imposante Herrschaftskomplex war gleichwohl auf die Dauer nicht zu halten. Familieninterne Rivalitäten und mißgünstige Zeitumstände lösten einen bis zum Erlöschen der Familie Mitte des 17. Jh. währenden Verfallsprozeß aus. Die mehr oder weniger getarnten Notverkäufe des folgenden Jahrhunderts konnten durch die Erbschaft der Herrschaft Grünsfeld im nordöstlichen Baden nicht mehr kompensiert werden. Die Landgrafen, die Mitte des 15. Jh. noch Sitz und Stimme im Reichsfürstenstand erhalten hatten, sanken zu kleinen verschuldeten Adeligen ab. Unter Maximilian Adam, dem letzten seines Stammes, betrugen die laufenden Jahreseinnahmen 9400 fl, die festen Ausgaben 6600 fl, die Schulden aber nahezu 200000 fl. Als er 1646 als kaiserlicher Kommandant in Nördlingen starb, fiel der um Pfreimd sich konzentrierende Restbestand des ehemals großräumigen Herrschaftsbereiches als Reichslehen an Herzog Albrecht VI. von Bayern als nächsten Anverwandten. In wittelsbachischem Besitz verblieben die durch Ankäufe zur »jüngeren Landgrafschaft Leuchtenberg« arrondierten Ländereien, von nur kurzer Unterbrechung abgesehen, auch in der Folgezeit. E. M.-L.

271

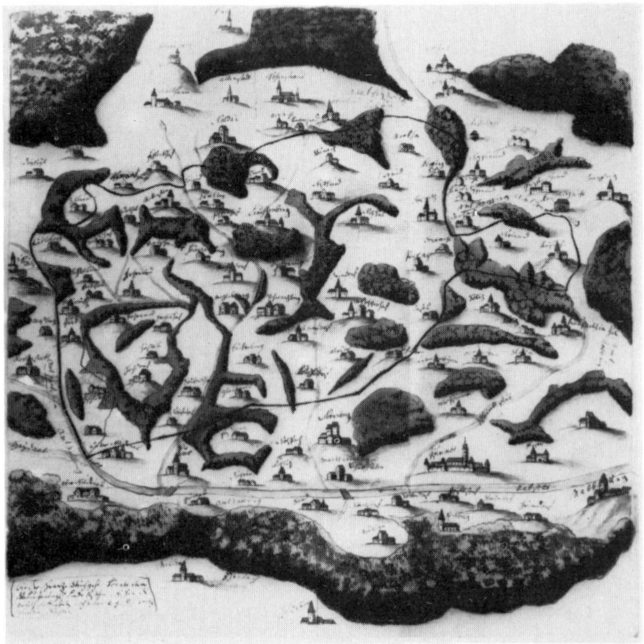

271★ DAS LANDRICHTERAMT LEUCHTENBERG

Ende 18. Jahrhundert

Papier, in Akt eingebunden, 47x54 cm

Die handgezeichnete Karte wurde zu einer Relation von Felix von Löwenthal über die staatsrechtlichen Verhältnisse der Landgrafschaft Leuchtenberg angefertigt. Sie zeigt als dunkel umrandetes Gebiet das Landrichteramt Leuchtenberg mit seiner Hofmark Woppenhof, seinen Landsassengütern Glaubendorf, Muglhof, Pirk, Schirmitz, Trebsau, Wildenau und seinem Gerichts- und Verwaltungsmittelpunkt Leuchtenberg. Im Süden lassen sich die Grenzbereiche des ehemals kurpfälzischen Amtes Nabburg, im Norden und Nordwesten große Teile der pfalz-sulzbachischen Ämter Vohenstrauß und Pleystein erkennen. Anrainer gleichfalls im Süden sind das Stadtrichteramt Pfreimd und das Pflegamt Wernberg, die beide zusammen mit dem Landrichteramt Leuchtenberg die im 17. Jh. entstandene, jüngere Landgrafschaft Leuchtenberg bildeten.

Die Landgrafen von Leuchtenberg hatten Anfang des 14. Jh. ihre hoch- und niedergerichtlichen Rechte über ihre vorwiegend östlich der Naab zwischen Unter- und Mittellauf von Luhe und Pfreimd ansässigen Grundholden in einem Landrichteramt institutionalisiert. Grenzregulierende Zuerwerbungen im Süden, Westen und Osten sowie erfolgreich geführte Prozesse mit benachbarten Herrschaftsträgern im Norden – so den Gutsherren von Roggenstein und den Pfälzer Wittelsbachern – ließen das Landrichteramt Leuchtenberg bis zur Mitte des 16. Jh. zu einem stabilen, in sich geschlossenen Gerichtssprengel werden. Gericht, Stock und Galgen und Blutbann rührten vom Reich zu Lehen.

Nach dem Aussterben der Landgrafen von Leuchtenberg 1646 belehnte Kaiser Ferdinand III. Herzog Albrecht VI. von Bayern mit der reichslehenbaren Landgrafschaft. Bereits 1650 trat dieser sie jedoch gegen die Herrschaft Haag an seinen Bruder, Kurfürst Maximilian I., ab. Da diesem als aperte oberpfälzische Lehen auch die ehemals leuchtenbergische Herrschaft Pfreimd sowie das vormals gleichfalls leuchtenbergische Halsgericht über Wernberg heimgefallen waren, er sich darüber hinaus durch Kauf in den Besitz der Herrschaft Wernberg (ehem. böhmisches Lehen) und des Marktes Luhe (ehem. leuchtenbergisches Eigen) zu setzen wußte, blieben trotz kurzfristiger großer Besitzaufsplitterung den Haupterben der Leuchtenberger nicht nur die Landgrafschaft, sondern auch die diese flankierenden Ämter als geschlossener Besitzkomplex erhalten.

Maximilian Philipp, den zweitältesten Sohn Kurfürst Maximilians, auf den gemäß testamentarischer Verfügung die genannten oberpfälzischen Gebiete gefallen waren, belehnte Kaiser Ferdinand III. mit der Landgrafschaft und Wernberg. Kurfürst Ferdinand Maria verlieh seinem Bruder die Landeshoheit über Pfreimd, 1665 schließlich auch die Superiorität über Wernberg und Luhe. Damit war die jüngere Landgrafschaft Leuchtenberg, bestehend aus den

272

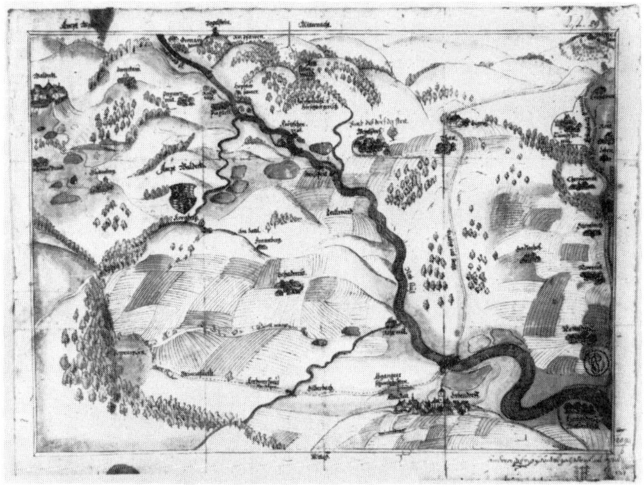

Ämtern Leuchtenberg, Pfreimd und Wernberg, entstanden. E. M.-L.

D. Bernd, Vohenstrauß (HAB Altbayern 39) 1977, dort mit weiterführender Lit.

München, Bayerisches Hauptstaatsarchiv, Abt. III Geheimes Hausarchiv (Kasten schwarz Nr. 7996)

272* DAS KURPFÄLZISCHE AMT WALDECK

1581

Papier auf Leinwand; Federzeichnung, koloriert, ohne Maßstab. 36x52cm

Diese Darstellung des kurpfälzischen Amtes Waldeck aus der Vogelschau wurde angefertigt in der Streitsache des »Einfahls zu Wezelsdorff vnd Hinwegführung des Niclas Praun daselbst gen Erbendorf«. Sie zeigt in kleinen Ansichten u. a. Schloß Waldeck, Kronau, Guttenberg, Fraunberg und Wetzldorf im Amt Waldeck sowie Thann, Siegritz, Thumsenreuth, Hauxdorf, Erbendorf und Krumennaab im pfalz-sulzbachischen Amt Parkstein.

Die territoriale Ausformung und herrschaftsmäßige Erfassung des nachmaligen kurpfälzischen Amtes Waldeck beginnt sich Anfang des 12. Jh. deutlich abzuzeichnen. Während unter Markgraf Diepold III. vor allem der Fichtelgebirgsraum und das Egerer Becken samt der Wondreb-Senke in einen nordwärts gerichteten fortschreitenden Landesausbau einbezogen wurden, kam das westlich des Stiftslandes gelegene und den Steinwald großenteils einschließende waldeckische Gebiet 1119 als Erbe der Herren von Hopfenohe-Pettendorf-Lengenfeld an die (späteren) Landgrafen von Leuchtenberg. Es blieb seither – und vor allem auch dann, als nach dem Tod Diepolds III. im Jahr 1146 nahezu der gesamte nördliche Nordgau dem Reich heimfiel – eine eigenständige, sich um die Burg Waldeck gruppierende Herrschaft. Neben Leuchtenberg bildete die Feste Waldeck den bevorzugten Wohnsitz der Herren von Leuchtenberg, die sich wiederholt auch »de Waldekke« nannten. Erst nach dem Untergang der Staufer, als deren planvolle Reichslandpolitik durch die ebenso zielbewußte Territorialpolitik der Wittelsbacher abgelöst wurde, gaben die Leuchtenberger diesen Besitzkomplex auf. Am 10. Januar 1283 verkaufte Landgraf Friedrich II. von Leuchtenberg zusammen mit der Landgrafschaft auch das leuchtenbergische Herrschaftsgebiet um Waldeck an Herzog Ludwig den Strengen von Bayern für 1200 Pfund Regensburger Pfennige. Vom Verkauf ausgenommen waren lediglich die sog. Mannlehen, die sich die Landgrafen weiterhin vorbehielten. Da Landgraf Friedrich II. bereits am 7. März des gleichen Jahres dem bayerischen Herzog auch jene Besitzungen übereignete, welche ihm sein Bruder Gebhard einst verpfändet hatte, gelangte das Haus Wittelsbach in den Besitz eines geschlossenen Herrschaftskomplexes, den es nun seinerseits als Amtsbereich neu formierte.

Den Umfang dieses seit Beginn des 14. Jh. als »officium Waldekke« bezeichneten Amtsbereiches erschließt das oberbayerische Herzogsurbar, das unter der Titelüberschrift ›Redditus bonorum castri in Waldecke‹ dessen Pertinenzgüter um 1285 angibt. Dieser Auflistung zufolge erstreckte sich das wittelsbachische Amt im Norden von der zunächst noch als Zeidelweide gekennzeichneten siedlungsarmen Waldzone bis Dießfurth im Süden, grenzte im Osten an das Stiftsland Waldsassen, im Südosten an das zunächst niederbayerische, später dann zum pfalz-sulzbachischen Teilherzogtum gehörende Amt Parkstein und stieß im Westen an Herrschaftsbereiche, die ursprünglich den Burggrafen von Nürnberg gehörten.

Eine den gestiegenen Administrationsbedürfnissen entsprechende organisatorische Untergliederung des nun als Landrichteramt Waldeck-Kemnath bezeichneten Gerichts- und Verwaltungssprengels läßt sich seit Beginn des 16. Jh. beobachten. Der engere Bereich um Waldeck tritt in entsprechenden Verzeichnissen seither als sog. Obergericht auf. E. M.-L.

Krausen, Karten Nr. 133; H. Sturm, Kemnath (HAB Altbayern 40) 1975, 7–21; I. Wagner, Geschichte der Landgrafen von Leuchtenberg I, Kallmünz 1952 ², passim.

München, Bayerisches Hauptstaatsarchiv (Plansammlung Nr. 3281)

273 URKUNDE ÜBER DEN ERWERB DER LEUCHTENBERGISCHEN GRAFSCHAFT UND DER BURG WALDECK DURCH HERZOG LUDWIG DEN STRENGEN

Ingolstadt, 10. Januar 1283

Pergament, lateinisch; Siegel Landgraf Friedrichs II. von Leuchtenberg (Reitersiegel) an Pressel hängend. 23,5x20,5 cm

Landgraf Friedrich II. von Leuchtenberg verkauft für 1200 Pfund Regensburger Pfennige an Herzog Ludwig II. von Bayern seine Landgrafschaft, Gericht und Geleit mit allen ihren Rechten, Ehren und Würden, welche er vom Herzog

zu Lehen hatte, dazu die Burg Waldeck (Gde. Kemnath) und die anderen Güter, Besitztümer, Sachen und Menschen mit ihren Zugehörigkeiten, sei es, daß sie als Lehen oder daß sie als Eigentum zu ihm gehören, jedoch mit Ausnahme der sogenannten Mannlehen. Dabei gibt er die vom Herzog rührenden Lehen in dessen Hände zurück, während er die Reichslehen drei Getreuen des Herzogs überträgt, nämlich den Gebrüdern Dietrich und Heinrichvon Wildenstein und Marschall Ulrich von Lengenfeld (heute: Burglengenfeld, Lkr. Schwandorf/Opf.), die dieselben mit seiner Erlaubnis *(per manum nostram)* für 2000 Pfund Regensburger Pfennige dem Herzog verpfänden. Gemeinsam mit seinem älteren Sohn Fr. (= Friedrich III.) verzichtet er auf jedes Eigentumsrecht an den obengenannten Gütern.
Diese Urkunde gibt ein anschauliches Zeugnis von der Ausweitung des wittelsbachischen Herrschaftsbereiches nach Norden, wo Ludwig der Strenge vorwiegend durch Ankäufe sein Territorium bedeutend erweitern konnte. Die oben erwähnten Güter bildeten in der Folgezeit den Hauptbestandteil des Amtes Waldeck; sie sind im Urbar desselben Herzogs im einzelnen aufgeführt. P.M.

Druck: M. Doeberl, Die Landgrafschaft der Leuchtenberger, München 1893, 32ff., Nr. 4b. – Regest: RB IV 202. – Lit. I. Wagner, Geschichte der Landgrafen von Leuchtenberg I, Kallmünz 1940, 56/ff.; G. Brunner, Geschichte von Leuchtenberg und der ehemaligen Landgrafen von Leuchtenberg, Weiden 1862, 10, 17/f.; J. v. Fink, Das Amt Waldeck unter Herzog Ludwig dem Strengen (VHOR 8) 1844, 302; Wittmann, Geschichte der Landgrafen von Leuchtenberg (Abh. d. hist. Classe der k. b. Akad. d. Wiss. 6/1) München 1850, 41f.; J. B. Brenner, Die Landgrafen von Leuchtenberg, Rothenburg o. T. 1834, 14, 29f., 42; A. Kraus, Die Landgrafschaft Leuchtenberg (Die Oberpfalz 64) 1976, 133.

München, Bayerisches Hauptstaatsarchiv (Kurbayern Urk. 13494)

274* SIEGEL LANDGRAF FRIEDRICHS II. VON LEUCHTENBERG

Bayern, Mitte 13. Jahrhundert

Umschrift: + SIGIL[LVM] FRIDERICI L[A] NTGRAVI DE LVGKENBERGE

Helles Wachs, offenbar vermischt mit Mehl; an Pergamentpressel hängend. Stellenweise schwach abgedrückt und berieben. Ausbrüche im Schriftrand. Dm. 7 cm

Im nördlichen Teil der Oberpfalz, im sog. Nordgau, herrschten im 12. Jh. die Herren von Leuchtenberg und Waldeck, zunächst als Grafen, am Ende des Jh. auch als Landgrafen bezeichnet. Ihre Herrschaft bestand, wenn durch die bayerischen Herzöge auch zunehmend geschmälert, bis 1650. Landgraf Friedrich II. wurde zuerst 1244 erwähnt und starb 1284. Herrschaftsrechte übte er offenbar überwiegend zusammen mit seinem jüngeren Bruder Gebhard IV. (vgl. Kat. Nr. 277) ab 1255 aus. 1283 verkaufte er den größten Teil seiner Herrschaft an Herzog Ludwig II. von Oberbayern.
Das künstlerisch recht bescheidene Siegel zeigt den Landgrafen mit Topfhelm und am Arm getragenem Dreiecksschild auf einem steifen Pferdchen nach (heraldisch) rechts

274

reitend. In der rechten Hand hält er, nach vorn gekippt, eine Lanze, an der ein kurzes in engem Rautennetz gemustertes Fahnentuch ohne Zungen befestigt ist. Der Schild zeigt das leuchtenbergische Wappen, das schon im Siegel seines Vaters Gebhard III. von 1244 zu erkennen ist: einen Balken, der durch eine ähnliche Musterung wie beim Fahnentuch vom Schildgrund abgehoben ist. Eine präzise Farbangabe nach Art späterer Wappendarstellungen wird man darin nicht zu sehen haben. Die naturgemäß erst aus späterer Zeit überlieferten Farben des leuchtenbergischen Wappens weisen auf einen blauen Balken in silbernem Feld. R.K.

M. Doeberl, Die Landgrafschaft der Leuchtenberger, München 1893, 32, Nr. 46 (Text der Urk.); KDB II, Oberpfalz u. Regensburg 8, Vohenstrauß 40, Abb. 25; I. Wagner, Geschichte der Landgrafen von Leuchtenberg I, Kallmünz 1952², 56f. (zur Urk.), Abb. des Siegels nach 30.

München, Bayerisches Hauptstaatsarchiv (Kurbayern Urk. 1349)

275 VERPFÄNDUNG VERSCHIEDENER LEUCHTENBERGISCHER GÜTER AN HERZOG LUDWIG DEN STRENGEN

Regensburg, 7. März 1283

Pergament, lateinisch; Siegel des Ausstellers fehlt, nur die Pressel ist erhalten. 22x17 cm

Landgraf Friedrich II. von Leuchtenberg tut kund, daß ihm sein verstorbener Bruder Gebhard IV. für 120 Mark Silbers (Egerer Gewichts) eine Reihe von Gütern verpfändet hat, darunter das ganze Dorf Hartwichshof (Gde. Vohenstrauß) mit Ausnahme zweier Lehen, die Vogtei über die Kirche in

Kastl (Lkr. Tirschenreuth), die Dörfer Plärn (bei Erbendorf), Riglasreuth (Gde. Neusorg, Lkr. Tirschenreuth) und Albenreuth (Gde. Kemnath), die Vogteien Tressau (Gde. Kirchenpingarten, Lkr. Bayreuth), Kirmses (Gde. Kirchenpingarten), »Rinzins«, Kirchenpingarten, (»Alten«-) Pingarten, Konnersreuth (Gde. Plößberg, Lkr. Tirschenreuth), Grub (Gde. Kirchenpingarten), Plößberg, Punreuth (Gde. Immenreuth, Lkr. Tirschenreuth), Döberein (Gde. Immenreuth), »Gozmansberch« und »Bernbach«, vier Hufen (»mansus«) bei Ahornberg (Gde. Immenreuth), acht Hufen bei Lenau, Gde. Kulmain, Lkr. Tirschenreuth) sowie den halben Wald »Welmvzels« (Mehlmeisel, Lkr. Bayreuth), zu dem sechs Dörfer gehören. Dieselbe Pfandschaft tritt er an Herzog Ludwig II. von Bayern ab, mit der Bestimmung, daß bei Wiedereinlösung der besagten Güter die Pfandsumme an diesen zu entrichten ist.
Die in dieser Urkunde genannten Güter kamen zum Amt Waldeck und sind im Urbar Herzog Ludwigs des Strengen im einzelnen an gesonderter Stelle aufgeführt. Sie konnten von den Nachkommen Landgraf Gebhards IV. von Leuchtenberg nicht mehr eingelöst werden und wurden am 29. August 1311 zum größten Teil von Ulrich I. von Leuchtenberg an Ludwig IV. von Bayern als Gegenleistung für eine Belehnung zu rechtem Eigen gegeben. P.M.

Druck: M. Doeberl, Die Landgrafschaft der Leuchtenberger, München 1893, 34f., Nr. 4c. – Regest: RB IV 206. – Lit.: I. Wagner, Geschichte der Landgrafen von Leuchtenberg I, Kallmünz 1940, 57–60; G. Brunner, Geschichte von Leuchtenberg und der ehemaligen Landgrafen von Leuchtenberg, Weiden 1862, 17; J. v. Fink, Das Amt Waldeck unter Herzog Ludwig dem Strengen (VHOR 8) 1844, 302f., 306ff.; Wittmann, Geschichte der Landgrafen von Leuchtenberg (Abh. d. hist. Classe der k. b. Akad. d. Wiss. 6/1) München 1850, 43ff.

München, Bayerisches Hauptstaatsarchiv (Kurbayern Urk. 13492)

276 URKUNDLICHE BESTÄTIGUNG DES ÜBERGANGS DER BURG PFREIMD VON HERZOG HEINRICH DEM JÜNGEREN VON NIEDERBAYERN AN LANDGRAF ULRICH I. VON LEUCHTENBERG

Mitterfels, 26. März 1332

Pergament, deutschsprachig; Siegel des Ausstellers (Reitersiegel) stark beschädigt erhalten. 16,5x28 cm

Herzog Heinrich XV. von Bayern übereignet dem Landgrafen Ulrich I. von Leuchtenberg, dessen Ehefrau und dessen Erben zur Gegengabe *(widerlegung)* für das Haus Falkenstein (bei Roding), das er von diesem gekauft hat, seine Burg Pfreimd (bei Nabburg) mit allen von alters her zugehörigen Rechten einschließlich des Zolles ebenda und leistet für sich, seine Gemahlin und seine Erben auf dieselbe Besitzung für alle Zeiten Verzicht.
Der Tausch des Hauses Falkenstein gegen die Burg Pfreimd bedeutete sowohl für die Herzöge von Niederbayern als auch für die Landgrafen von Leuchtenberg eine Abrundung ihres Territoriums. Die Feste Pfreimd wurde von den Herzögen Heinrich XIV., Otto IV. und Heinrich XV. von Bayern bereits im Dezember 1322 an Landgraf Ulrich I. von Leuchtenberg verpfändet. Nach ihrem Übergehen in das volle Eigentum der Leuchtenberger bildete sie bis zum Aussterben des Geschlechts im Jahre 1646 die Residenz der Landgrafen. P.M.

Regest: RB VII 10. – Lit.: I. Wagner, Geschichte der Landgrafen von Leuchtenberg II, Kallmünz 1950, 32; A. Kraus, Die Landgrafenschaft Leuchtenberg (Die Oberpfalz 64) 1976, 134.

München, Bayerisches Hauptstaatsarchiv (Landgrafschaft Leuchtenberg Urk. 15)

277* SIEGEL LANDGRAF GEBHARDS IV. VON LEUCHTENBERG

Bayern, Mitte 13. Jahrhundert

Umschrift (ergänzt nach anderen Exemplaren): + S[IGILLVM] GEBEHARDI LAN[T]GRAVII DE LEVCHENBERGE

Dunkelbraunes Wachs; an Pergamentpressel hängend. Stellenweise, vor allem am Helm, abgerieben. Inschrift nur teilweise lesbar. Ausbrüche im Schriftrand. Dm. 7 cm

Landgraf Gebhard IV., in Urkunden erwähnt seit 1244, verstorben 1279, war der jüngere Bruder Landgraf Friedrichs II. Sein Siegel, offenbar zum erstenmal an einer Urkunde für Kloster Waldsassen vom 21. Okt. 1255 erhalten, zeigt den Reiter in einer wesentlich bewegteren Darstellung als das seines Bruders (Kat. Nr. 274). Das Pferd erhebt sich zu einer Sprungbewegung, so daß es fast in einer Diagonale aufsteigt; den Schweif wirbelt es hoch. Der Reiter wendet

277

sich zum Beschauer um, ist aber fast ganz von dem dreieckigen Schild an seinem Arm verdeckt. Mit der linken Hand greift er in die Zügel, mit der rechten hält er die Fahnenlanze, deren kurzes Tuch in zwei Zungen gespalten ist. Sein Topfhelm ist mit zwei Hörnern besteckt. Auf dem Schild ist diesmal der Grund durch Rauten oder Kugeln verziert, der Balken selbst unverziert; eine vom Schild seines Bruders abweichende heraldische Darstellung ist damit wohl nicht beabsichtigt, gemeint ist vielmehr nur die Unterscheidung von Schildgrund und Balken. R.K.

Heinrich Gradl, Monumenta Egrana, Denkmäler des Egerlandes als Quelle für dessen Geschichte, Eger 1884–1886, Nr. 322; I. Wagner, Geschichte der Landgrafen von Leuchtenberg I, Kallmünz 1952², 43 (zur Urk.), Abb. des Siegels nach 44.

München, Bayerisches Hauptstaatsarchiv (Kloster Waldsassen Urk. 80)

278* SIEGEL LANDGRAF HEINRICHS VON LEUCHTENBERG

Bayern, um 1280

Umschrift: + S[IGILLVM] · HENRICI · LANTGRAVII · [LE ?]VCKEBERGE

Hellbraunes Wachs; an Pergamentpressel hängend. Größerer Ausbruch im Schriftrand, Schrift teilweise undeutlich abgedrückt. Dm. 7 cm

Landgraf Heinrich von Leuchtenberg, der zweitälteste Sohn Gebhards IV. (vgl. Kat. Nr. 277), begegnet zuerst 1279 in einer Urkunde des Regensburger Domkapitels, dessen Mitglied er damals war. Diese Kanonikerwürde gab er jedoch aufgrund eines schriftlichen Verweises wegen seines Lebenswandels – gerügt wurde vor allem der rufschädigende Besuch von Wirtshäusern und anderen ungehörigen Zusammenkünften – freiwillig oder gezwungenermaßen auf. In der hier gezeigten Urkunde verkaufte er seinen Anteil an der leuchtenbergischen Landgrafschaft mit Gericht und Geleitsrecht an Herzog Ludwig II. von Oberbayern. Wohl seit 1283 bis zu seinem Tode 1295 war er Mitglied des Deutschen Ritterordens.
Das wohl nur in der kurzen Zeit zwischen seinem Ausscheiden aus dem Regensburger Domkapitel und dem Eintritt in den Deutschen Orden geführte Siegel ist im Kreise der bisher bekannt gewordenen frühen Leuchtenberger Siegel das reizvollste, wenn es sich auch deutlich an das Siegel seines Vaters (Kat. Nr. 277) anlehnt. Auf einem fast in einer Diagonale mit weit ausgestreckten Vorder- und Hinterhufen in die Höhe springenden Pferd sitzt der Landgraf in einer für das schnelle Reiten oder gar das Springen in Wirklichkeit typischen, auf Siegeln aber überaus selten dargestellten Haltung: Um sich ganz der schnellen Bewegung des Pferdes einzufügen, beugt er den Oberkörper mit dem schweren Topfhelm und dem dreieckigen am Arm getragenen Schild, vor allem aber die Lanze weit nach vorn und hält sich mit den gerade ausgestreckten Beinen am Körper des Pferdes fest. Trotz der allgemein auf Reitersiegeln gesuchten Suggestion größter Schnelligkeit des Pferdes wird für den Reiter selbst – wohl des Eindrucks größerer Würde wegen – die ruhig aufrechte Haltung oder gar eine Wendung zum Beschauer bevorzugt. Der Landgraf greift mit der linken Hand in die Zügel; am Oberarm hängt der Schild, dessen Balken hier ungemustert vor gerautetem Grunde erscheint. In der Rechten hält er die kurze Fahnenlanze. Sein Helm ist mit einem zweiteiligen Adlerflug geschmückt. R.K.

MW I Nr. 145; M. Doeberl, Die Landgrafschaft der Leuchtenberger, München 1893, 32, Nr. 4a; I. Wagner, Geschichte der Landgrafen von Leuchtenberg I, Kallmünz 1952², 54 (zur Urk.), Abb. des Siegels nach 54.

München, Bayerisches Hauptstaatsarchiv (Kurbayern Urk. 13491)

278

DIE SULZBÜRG-WOLFSTEINER

Der relativ geschlossene Reichsgutbezirk in Neumarkt in der Oberpfalz hatte besonders zur Stauferzeit eine Vielzahl königlicher Dienstmannen angezogen: die Thannbrunner, Simbacher, Pollanter, Thanner, Erasbacher, Wettenhofer, Weidenwanger, Thannhauser, Steiner, Rindsmaul und andere mehr. Als Quasi-Beamte des Reiches verwalteten sie zunächst von ihren Burgen aus unveräußerliche Dienstlehen, ehe sie selbst, als ursprünglich Unfreie, nach einem in der Geschichte beispiellosen Aufstieg in den Kreis des Adels hineinwuchsen und selbst echte Lehen empfingen. Nicht allen, selbstverständlich, glückte ein gleich großer Sprung über Standesgrenzen hinweg. Die Masse der Aufsteiger konnte sich durch besondere Leistung, durch Besitz, durch Heirat oder auch nur durch Glück für jene untere Schicht der aristokratischen Gesellschaft qualifizieren, die sich später, bezeichnet als sog. niederer Adel, vom Hochadel, den Reichsfürsten und Grafen, unterschied. Einige wenige machten auch hiervon eine Ausnahme. Zu ihnen gehörten die Sulzbürg-Wolfsteiner, die vom einfachen Reichsministerialengeschlecht zum Reichsfürstenstand aufstiegen. Offenbar waren deren Startbedingungen von Anfang an besser als die der benachbarten Geschlechter. Der 1217 urkundlich erstgenannte Sulzbürger, Gottfried, konnte immerhin bereits 1249 nach Manier der hocharistokratischen Familien ein Kloster gründen – Seligenporten nämlich – und dieses, wiederum dem Beispiel des hohen Adels folgend, zur Familiengrablege bestimmen. Anders als seine Standesgenossen, die es, der ministerialen Tradition folgend, im Thronstreit der Jahre 1246/50 mit Kaiser Friedrich II. hielten, trat Gottfried von Sulzbürg entschieden auf die Seite des Gegenkönigs über, unterstützte zunächst Heinrich Raspe und später dann Wilhelm von Holland. Es sollte sein Schaden nicht sein. Heinrich Raspe verlieh ihm die Burgen Adelburg und Haimburg, dazu die Einkünfte aus dem Amt Berngau. Auch über Wolfstein verfügten die Sulzbürger offenbar bereits zu dieser Zeit. Gottfrieds gleichnamiger Sohn aus seiner Ehe mit Bertha von Heideck nannte sich im Unterschied zu seinem Vater stets Gottfried von Wolfstein. Da dessen Bruder Ulrich 1286 den bisher namengebenden Burgsitz Obersulzbürg an die Grafen von Hirschberg verkaufte, sahen sich auch die übrigen Familienmitglieder veranlaßt, ihren Namen zu wechseln. Wolfstein blieb die Familienbezeichnung allerdings auch dann, als Mitte des 15. Jh. Sitz und Herrschaft Wolfstein vom Böhmenkönig als erledigtes Lehen eingezogen und anderweitig verkauft wurden.

Der Aufstieg zu einem an Besitz und Rechten den begütertsten Familien des Landes gleichwertigem Geschlecht gelang den Wolfsteinern im 14. und beginnenden 15. Jh. Die von den Hirschbergern an die Eichstätter Kirche, an die wittelsbachischen Herzöge und schließlich an die Herren von Dürnwang übergegangene Burg Obersulzbürg kauften Albrecht und Gottfried von Wolfstein 1350 für 2000 Pfund Pfennige zurück. 1353 leistete Ludwig der Brandenburger, der Sohn Ludwigs des Bayern, als bayerischer Herzog Verzicht auf alle Lehensansprüche und bestätigte, wie wenige Wochen nach ihm auch König Karl IV., daß Obersulzbürg vom Reich zu Lehen rühre. Etwa zu gleicher Zeit glückte den Wolfsteinern auch der Erwerb der Reichsgüter um Pyrbaum. Eine Rindsmaulin hatte sie in die Ehe gebracht und damit ihrem Gemahl, Albrecht von Wolfstein, Einflußmöglichkeiten in einem Gebiet erschlossen, das im Kampf gegen die expansive Territorialpolitik der pfälzischen Wittelsbacher besondere strategische Bedeutung besaß.

Auf Arrondierung, Sicherung des Bestehenden durch Ankauf fremder Besitzeinsprengsel, richteten die Wolfsteiner in der Folgezeit ihr besonderes Augenmerk. Der Erwerb der Feste Niedersulzbürg 1403 von den Gundelfingern brachte sie ihrem erklärten Ziel, dem Aufbau einer eigenen Landesherrschaft, so entscheidend näher, daß 1414, als Kaiser Sigismund Wilhelm von Wolfstein mit Halsgericht, Blutbann und Kirchensatz über das Schloß Obersulzbürg und die Dörfer Mühlhausen und Biberach belehnte, sie zumindest in dieser Herrschaftsenklave ihre Wünsche erfüllt sehen konnten. Die hohe Gerichtsbarkeit als unabdingbare Voraussetzung für landesherrliche Ambitionen erwarben die Wolfsteiner im übrigen auch für Pyrbaum und Wolfstein. Letzteres freilich vermochten sie auf Dauer nicht zu behaupten. Die immer bedrohlicher werdende Umklammerung durch die kurpfälzischen Pflegämter Pfaffenhofen und Haimburg, vor allem aber die spannungsreiche Nachbarschaft zum Schultheißenamt Neumarkt veranlaßte sie, sich nach einem mächtigen Schutzherrn umzusehen. Am 13. Dezember 1460 trug Hans von Wolfstein die Feste Wolfstein dem Böhmenkönig zu Lehen auf. Dieser zog sie nach dem Tod des Wolfsteiners (1462) als erledigtes Lehen ein und verlieh sie samt der dazugehörigen Herrschaft neu an Appel, Jörg, Christoph und Veith, Viztum zu Neuenschönberg. Daß die Neumarkter Pfalzgrafen nach dem für sie überraschend in Bewegung geratenen Besitz-Umverteilungsprozeß alles daransetzen würden, die Herrschaft ihrem Territorium anzugliedern, stand von Anfang an außer Zweifel. Dennoch dauerte es noch drei Jahre, bis die neuen Besitzer sich dem massiven Druck ihrer Nachbarn beugten und die Feste einschließlich aller Zugehörungen und Rechte zum Kauf anboten. Wolfstein wurde 1465 pfalzgräfliches Pflegamt.

Dieser Gebietsverlust hatte die Wolfsteiner zwar ärmer, nicht aber im reichsrechtlichen Sinne schwächer und schon gar nicht im gesellschaftlichen Sinne unbedeutender gemacht. Im Gegenteil: nachdem Kaiser Karl V. sie 1523 in den erblichen Reichsfreiherrnstand erhoben und mit weiteren Privilegien ausgestattet hatte, war ihre standesherrliche Position stärker denn je. Ihre landesherrliche Autorität in den Herrschaften Pyrbaum und Sulzbürg hatte sich selbst in Kirchenangelegenheiten als so stabil erwiesen, daß ihre Untertanen auch dann protestantisch blieben, als die an Bayern gefallenen übrigen Teile der Oberpfalz längst wieder der katholischen Religion anhingen. Eine letzte Machterhöhung erfuhren die Wolfsteiner 1673, als Kaiser Leopold Albrecht von Wolfstein in den Reichsgrafenstand erhob.

1740 erlosch das Geschlecht. Da Kaiser Ferdinand 1562 bereits dem bayerischen Herzog die »Lehensexpectans« für den Fall des Aussterbens der Wolfsteiner im Mannesstamm zugesichert hatte, gingen sämtliche Reichslehen an Kurfürst Karl Albrecht über, als Christian Albrecht von Wolfstein am 27. April 1740 als letzter seiner Familie verschied. Das Allodialerbe teilten sich zunächst die Fürsten von Hohenlohe und die Grafen von Giech, ehe der bayerische Kurfürst auch dieses nach langjährigen Auseinandersetzungen seinen sonstigen oberpfälzischen Besitzungen zuschlagen konnte. *E. M.–L.*

279 DIE HERRSCHAFT SULZBÜRG

Um 1600

Papier auf Leinwand, Federzeichnung koloriert; ohne Maßstab. 31x40 cm

Die naturalistische, mit Wäldern, Mühlen, Wasserläufen und Straßen gezeichnete Landschaftsskizze bildet neben

dem geschlossenen Territorium der Herrrschaft Sulzbürg auch Teile des im Schultheißenamt Neumarkt und in der Herrschaft Holnstein gelegenen Mediatbesitzes dieser Reichsherrschaft ab. Ortsansichten finden sich somit nicht nur von Obersulzbürg und dessen benachbarten Dörfern, sondern auch von Erasbach, Großberghausen, Neumarkt und Pollanten. Der Galgen auf dem heute noch so bezeichneten »Galgenberg« bei Obersulzbürg verdeutlicht in anschaulicher Weise, daß die Herrschaft Sulzbürg mit dem Hochgericht begabt war. (Am 31. Juli 1414 hatte Kaiser Sigismund Wilhelm von Wolfstein mit Halsgericht, Bann und Kirchensatz über das Schloß Sulzbürg und die Dörfer Mühlhausen und Biberach belehnt.)
Sulzbürg ist die Stammburg eines Reichsministerialengeschlechtes, das sich seit dem späten 13. Jh. nach Wolfstein nannte. Zu ihren reichen Besitzungen um Obersulzbürg – dessen unmittelbare Zugehörigkeit zum Reich König Karl IV. am 15. Juli 1353 bestätigt hatte – gewannen die Wolfsteiner noch vor der Mitte des 14. Jh. die Reichsgüter in und um Pyrbaum und 1403 die (heute abgegangene) Feste Niedersulzbürg, die sie 1496 dem Reich zu Lehen auftrugen. Sulzbürg wurde der eine Mittelpunkt der aus zwei Enklaven bestehenden Reichsherrschaft Sulzbürg-Pyrbaum. Sie fiel 1740, nach dem Tod des letzten Wolfsteiners, auf Grund der 1562 verliehenen »Lehensexpectanz« an den bayerischen Kurfürsten. E. M.-L.

B. Heinloth, Neumarkt (HAB Altbayern 16) 1967, 73–111; Krausen, Karten Nr. 324.

München, Bayerisches Hauptstaatsarchiv (Plansammlung 3248)

280 ANERKENNUNG DER FESTE OBERSULZBÜRG ALS REICHSLEHEN

München, 28. April 1353

Pergament, 1 Siegel (leicht beschädigt) anhängend. 18x33,5 cm

Ludwig der Brandenburger erkennt an, daß die Feste Obersulzbürg, mit der er Albrecht von Wolfstein, seinen Getreuen, belehnt hat, vom Reich zu Lehen geht; er löst darum Albrecht von seiner Lehenspflicht ihm gegenüber und verweist ihn als Lehensmann an das Reich.
Ulrich von Sulzbürg, Sohn des Gottfried, des Gründers von Kloster Seligenporten, hatte die Burg Obersulzbürg an Graf Gebhard von Hirschberg verkauft, der sie wiederum an die Eichstätter Kirche schenkte. Nach Gebhards Tod zogen die bayerischen Herzöge Sulzbürg an sich und belehnten 1330 die Herren von Dürnwang damit. Albrecht und Gottfried von Wolfstein, mit Heinrich von Dürnwang verschwägert, kauften Sulzbürg und andere Güter 1350 von ihm zurück. Markgraf Ludwig der Brandenburger mußte in vorliegender Urkunde seinen Lehensansprüchen auf Obersulzbürg entsagen, und am 15. Juli 1353 bestätigte König Karl IV. die Reichsunmittelbarkeit von Obersulzbürg. Die Stellung der Wolfsteiner festigte sich noch, als 1354 Karl IV. sie von der Zuständigkeit des in Wittelsbacher Hand befindlichen Landgerichts Hirschberg befreite. K.-E. L.

Regest: RB VIII, 267. – Lit.: B. Heinloth, Neumarkt (HAB Altbayern 10) 1967, 96f.

München, Bayerisches Hauptstaatsarchiv (Kurbayern Urk. 23124)

281 STIFTUNG DES KLOSTERS SELIGENPORTEN DURCH GOTTFRIED VON SULZBÜRG

1249

Pergament; 2 Siegel anhängend, 3. Siegel lose beiliegend, alle leicht beschädigt (Siegler: Bischof und Domkapitel von Eichstätt und der Abt von Heilsbronn). 42,5x32 cm

Bischof Heinrich von Eichstätt bestätigt, daß Gottfried von Sulzbürg und dessen Frau Adelheid ein Zisterzienserinnenkloster mit Namen Seligenporten *(felix porta)* in der Eichstätter Diözese gegründet haben. Zur Ablösung der Zehnten, die die Stifter bis jetzt von allen ihren Besitzungen an das Kloster entrichtet haben, übergeben sie acht Höfe und weitere genannte Besitzungen.
Schon 1242 hatte der Reichsministeriale Gottfried von Sulzbürg zusammen mit seiner Frau Adelheid von Hohenfels das vorgenannte Kloster gestiftet. König Konrad IV. stellte es – ebenfalls 1249 – unter seinen Schutz, obwohl Gottfried ins Lager des Gegenkönigs Wilhelm von Holland übergegangen war. Dort gelang es dem Sulzbürger, Einnahmen aus dem Amt Berngau (Lkr. Neumarkt/Opf.) als Reichslehen zu gewinnen. Seine beiden Ehen mit Frauen aus dem Hochadel (Adelheid von Hohenfels, Bertha von Heideck) förderten den Aufstieg des Geschlechts, das sich auch »von Wolfstein« nannte. Seligenporten blieb trotz seiner Privilegierung durch das Reich bis zur Reformation Hauskloster der Wolfsteiner. K.-E. L.

Regest: RB II, 420–21; F. X. Buchner, Regesten des Klosters Seligenporten I (Jahresber. d. Hist. Ver. f. Neumarkt i. O. u. Umgebung 2) 1905,

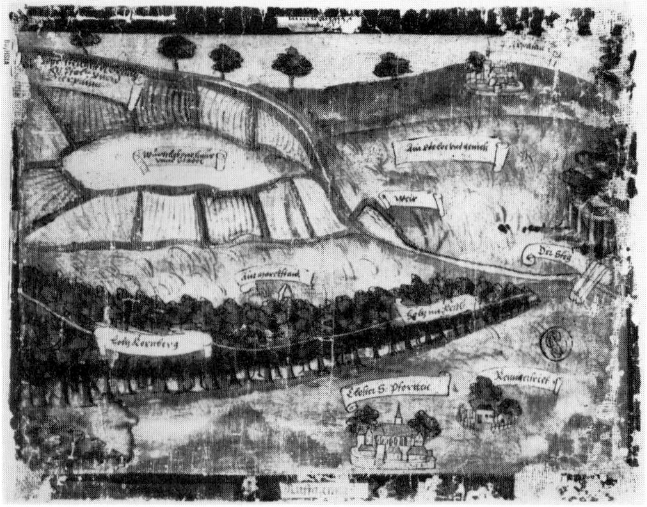
282

48–66, hier 49, Nr. 2. – Lit.: Krausen, Zisterzienserorden 89f.; B. Heinloth, Neumarkt (HAB Altbayern 10) 1967, 78f.

München, Bayerisches Hauptstaatsarchiv (Kloster Seligenporten Urk. 1)

282* KLOSTER SELIGENPORTEN UND UMGEBUNG

Etwa 1600

Papier auf Leinwand, Federzeichnung koloriert, abgegriffen. 28,5x40,5 cm

Die kolorierte Federzeichnung – eine Landschaftsdarstellung aus der Vogelschau – wurde angefertigt in einer Streitsache zwischen dem Zisterzienserinnenkloster Seligenporten und der Herrschaft Pyrbaum. Neben Waldungen, Fluren und einem Weiher zeigt der Plan in kleinen Ansichten am unteren Bildrand Seligenporten mit Ummauerung und Torturm, am oberen rechten Bildrand das ebenfalls ummauerte Pyrbaum.

Die Gründung von Seligenporten fällt in die 1. Hälfte des 13. Jh., die Zeit der Hochblüte der Zisterzienserinnenklöster. Um 1242 wiesen Gottfried von Sulzbürg (gest. 1259) und seine Gemahlin, Adelheid von Hohenfels, frommen Frauen, die zuvor in Neumarkt und Pilsach in klösterlichem Verband, doch ohne bestimmte Ordensregel gelebt hatten, den Ort »Zu den Eichen« als Platz für eine klösterliche Niederlassung an. Der Name »Felix porta«, Selige Pforte, erscheint erstmals 1247, als das Generalkapitel in Cîteaux über das Aufnahmegesuch des Klosters in den Zisterzienserorden beriet. Zum Vaterabt und geistlichen Leiter des jungen Konvents wurde der Abt von Heilsbronn berufen; als erste Äbtissin ist die Nonne Fridruna (Fedran) aus Kloster Maidbronn überliefert.

Aufbauend auf den reich dotierten Stiftungen der Herren von Sulzbürg, einem zu Ansehen und Macht gelangten oberpfälzischen Reichsministerialengeschlecht, das seine soziale Gleichrangigkeit mit dem alten Dynastenadel durch die Gründung eines »Hausklosters« (auch als Familiengrabstätte) hinreichend dokumentiert sah, konnte Seligenporten seinen Besitzstand rasch mehren. Obwohl die Sulzbürger im deutschen Thronstreit auf der Seite des Gegenkönigs standen, stellte König Konrad IV. 1249 das Kloster unter seinen besonderen Schutz und bestellte als Schirmherr und Richter an seiner Statt den Landrichter und Burggrafen von Nürnberg sowie vier Nürnberger Bürger. 1355 übertrug Kaiser Karl IV. die Vogtei über Seligenporten den Pfälzer Kurfürsten und bestätigte ausdrücklich die klösterliche Niedergerichtsbarkeit.

F. X. Buchner, Regesten des Klosters Seligenporten 1242–1342 (Jahresber. d. Hist. Ver. Neumarkt 3) 1906, 48ff.; J. Hierl, Die letzten Tage des Klosters Seligenporten (Jahresber. d. Hist. Ver. Neumarkt 9/10) 1915, 20–28; B. Heinloth, Neumarkt (HAB Altbayern 16) 1967, 136–150; KDB II, BA Neumarkt, 1909, 253–272; Kirchenführer Seligenporten, bearb. v. B. Appel, 1972; Krausen, Karten Nr. 327; Krausen, Zisterzienserorden 89–91.

München, Bayerisches Hauptstaatsarchiv (Plansammlung Nr. 3266)

283

283* ZWEI TOTENSCHILDE DER WOLFSTEINER

1391 und 1402

Umschrift des 1. Schildes: An̄ dō mcclxxxxi an dem · nesten – eritag – noch · s · iohannestag · babtista · do · starb · her · albreht · von · Wolfstein.
Umschrift des 2. Schildes: Vo · christ · geburt · m.cccii · an · der neste · mitwochen · i · dr · Karwoche · starb · h · steffa · v. wolfstein.

Öl auf Fichtenholz, Dm. 0,93 und 0,85 m

Der Ritter Gottfried von Sulzbürg, der 1242 mit seiner Gemahlin Adelheid das Kloster Seligenporten gegründet hatte, schuf hier für sich, seine Familie und Nachkommen, die sich später »von Wolfstein« nannten, eine Begräbnisstätte. Für zahlreiche Angehörige der Familie wurde nach deren Tod ein Totenschild mit dem Wappen der Wolfsteiner (in Gold ein schreitender und ein springender Leopard) gefertigt und an der Scheidewand zwischen Gruft und Langhaus im ehem. Zisterzienserinnenkloster Seligenporten angebracht. Der Historiker Johann David Koeler der Universität Altdorf zählt in seinem 1728 erschienenen Werk ›Historia Genealogica Dominorum et Comitum de Wolfstein‹ noch 16 Totenschilde auf, wohingegen bei Erscheinen des Sulzbacher Kalenders 1865 nur noch 12 Schilde bestanden. Derzeit existieren noch 7 Schilde, von denen die ausgestellten zwei – in Erinnerung an die 1391 bzw. 1402 verstorbenen Wolfsteiner Albrecht und Stephan – die ältesten sind.
E. M.-L.

KDB II, BA Neumarkt, 1909, 269f.; Manuskripte des Heimatforschers Franz Muhr in Seligenporten.

Seligenporten, Pfarrkirche

DIE PAULSDORFER

Die Paulsdorfer, die sich nach ihrer früheren Stammburg Paulsdorf bei Amberg nannten, zählten nicht zum Dynastenadel des Landes. Sie waren Reichsministerialen mit einem zunächst relativ begrenzten Güterbesitz um Ensdorf, Nabburg und Eger. Ihre Verdienste, die sie sich weniger als kriegserprobte Haudegen als vielmehr als verläßliche Verwalter und umsichtige Organisatoren, als Vizedome, Richter, Pfleger, Marschälle und Vögte erwarben, brachten ihnen reiche Entlohnungen an Geld, Allodialbesitz und Lehen und steigerten ihr gesellschaftliches Ansehen in einem Maße, daß sie bereits gegen Ende des 13. Jh. zu den vornehmsten Familien des Landes zählten. Anfang des 14. Jh. schon konnte ein Paulsdorfer es wagen, um die Hand einer Leuchtenbergerin anzuhalten, im 16. Jh. schließlich war ein Paulsdorfer standesgemäßer Heiratskandidat für eine Gräfin von Ortenburg.
Das Geschlecht läßt sich urkundlich bis in das ausgehende 12. Jh. zurückverfolgen. Mit Konrad I. (1240–1299) (Genealogie nach Primbs) trat es auf die politische Bühne Bayerns. Bei Vergleichs-, Verkaufs- und Belehnungsverhandlungen wurde der als Viztum und Landrichter ausgewiesene Paulsdorfer von den bayerischen Herzögen, vom Regensburger Bischof, von den Äbten der oberpfälzischen Klöster und von angesehenen Geschlechtern als Ratgeber, Zeuge, Bürge oder Mitsiegler beigezogen. Noch zu seinen Lebzeiten gelangte die mit dem Blutbann begabte Herrschaft Tännesberg an seine Familie. Diesem relativ geschlossenen Besitzzentrum im Osten des heutigen Landkreises Neustadt a. d. Waldnaab schloß sich ämtisch nicht organisierter Streubesitz in Richtung Norden bis an die Mauer der Stadt Eger und in Richtung Süden bis vor die Tore Regensburgs an. Insbesondere das Spital am Fuß der Steinernen Brücke in Regensburg und das dortige Minoritenkloster konnten sich jahrzehntelang Konrads besonderer Zuwendung erfreuen. Das letztere auch wählte er zu seiner und seiner Vorfahren Grablege und ließ zu diesem Zweck eine Grabkapelle in den Kreuzgang des Klosters bauen, die so stattlich war, daß die Brüder sie zeitweise als Kapitelsaal benutzten.
Die Nachfahren Konrads I., unter ihnen vor allem sein Sohn Heinrich I. (1296–1340), der Vertraute Kaiser Ludwigs des Bayern und Marschall von Oberbayern, und sein Enkel, Heinrich II., der Verfasser des ältesten paulsdorfischen Lehenbuches, standen an politischer Verantwortung und sozialem Engagement und, daraus resultierend, an Ansehen und Vermögen, ihrem Ahnherrn in nichts nach. Obwohl allzugroße Erbansprüche eine Aufteilung des Besitzes erzwangen, blieb der Familienverband intakt, konnten sogar Haselbach und Naabeck dazugewonnen werden. Den Verkauf des oberen und unteren Hauses zum Tännesberg in den neunziger Jahren des 14. Jh. an die pfälzischen Wittelsbacher kompensierte der zu etwa gleicher Zeit eingeleitete Erwerb der Feste Kürn. Nach dieser ebenfalls mit der Hals- und Blutgerichtsbarkeit begabten Herrschaft nannten sich die Paulsdorfer in der Folgezeit.
Der Niedergang des Geschlechtes kündigte sich spät, erst gegen Ende des 16. Jh. mit Johann Christoph I., an. Mißachtung der Familie durch unlauteren Lebenswandel – der ehemalige Domherr hatte mit dem Obermünsterer Stiftsfräulein Barbara Sinzenhofer eine so stürmische Hochzeitsfeier ausgerichtet, daß beim Rat der Stadt Regensburg Klagen wegen angefangenen Rumors einliefen –, monetäre Schwierigkeiten auch durch den Verlust des Obermünsterer Propsteiamtes und anderer Pfründen führten die Paulsdorfer nahe an den gesellschaftlichen und finanziellen Ruin. Selbst als Stephan II. durch die Resignation des Bruders in den Besitz einzelner Dompfründen gelangte, besserte sich die Lage kaum. Johann Christoph II. jedenfalls erbte von Vater und Onkel nichts als Schulden. Vor seinen Gläubigern floh er nach Speyer, wo ihn, den letzten Paulsdorfer, 1623 der Tod ereilte. *E. M.-L.*

284 URKUNDE KONRAD PAULSDORFERS ALS LANDRICHTER ZU AMBERG

8. April 1296

Pergament; Siegel des Ausstellers stark beschädigt anhängend. 26x20,5 cm

Konrad von Paulsdorf, der alte Landrichter (zu Amberg), beurkundet, daß »Frau Alhaid die alt Füchsin« sich mit ihrem Sohn Friedrich gegen Hingabe des Hofes zu Ratendorf (Rottendorf, Gde. Schmidgaden, Lkr. Schwandorf/Opf.) wegen seines Vatergutes geeinigt hat.
Die Paulsdorfer, seit 1190 als Ministerialengeschlecht in der Oberpfalz belegt, waren Ende des 13. Jh. eine einflußreiche und begüterte Familie, wozu besonders der in vorliegender Urkunde genannte Konrad (I.) (1240–1299) beigetragen hatte. Als Ratgeber der bayerischen Herzöge ist er seit 1261 nachweisbar; 1270, 1276, 1280 und nach 1290 wird er als Viztum genannt, 1296 als Landrichter zu Amberg. Der Grundstock seiner Güter lag um Ensdorf und im Viztumamt Nabburg; Konrad selbst wurden Reichslehen im Egerer Kreis verliehen, woher auch seine Frau Agnes stammte. Konrads Sohn Seifried war 1299 Domherr in Regensburg, er muß vor 1319 gestorben sein. K.-E. L.

Druck: MB XXIV, 331, Nr. 19. – Regest: RB IV, 618; K. Primbs, Geschichte und Genealogie der Paulsdorfer (VHOR 40) 1886, 112, Nr. 15. – Lit.: Primbs (wie oben) 1–192.

München, Bayerisches Hauptstaatsarchiv (Kloster Kastl Urk. 25)

285 PFRÜNDESTIFTUNGSURKUNDE HEINRICH DES PAULSDORFERS IM KLOSTER PIELENHOFEN

Regensburg, 4. Juni 1324

Pergament; 2 Siegel anhängend (Frauensiegel allgemeinem Brauch entsprechend: Frau zwischen den Schilden der Paulsdorfer – Ehemann – und der Leuchtenberger – Vater).

Heinrich der Paulsdorfer, Marschall in Oberbayern, und seine Frau Beatrix geben dem Kloster Pielenhofen, in dem sich ihre Töchter Agnes und Osanna befinden, zu einer Pfründe für diese 5 Schilling 10 Pfennig, 80 Eier und 7 Hühner aus einem Gut zu Tauching mit der Bestimmung, daß nach dem Tode der Töchter diese Reichnisse dem Kloster heimfallen.

Heinrich (I.) der Paulsdorfer (1296–1340) setzte den Aufstieg seines Geschlechtes, der unter seinem Vater Konrad I. begonnen hatte, fort. 1314 und 1319 ist er als herzoglicher Kämmerer, 1324, 1327–28 und 1340 als Marschall in Oberbayern, also als Träger eines Hofamtes, genannt. 1327 war er auch Landrichter zu Neumarkt. Wohl 1309 heiratete Heinrich Beatrix, die Schwester Landgraf Ulrichs von Leuchtenberg. Beider Töchter, die in der vorliegenden Urkunde genannten Agnes und Osanna, sind 1342–1350 bzw. 1358–1370 Äbtissinnen des Klosters Pielenhofen gewesen. K.-E. L.

Regest: RB VI, 137; K. Primbs, Geschichte und Genealogie der Paulsdorfer (VHOR 40) 1886, 119 Nr. 44. – Lit.:Primbs (wie oben) 1–192.

München, Bayerisches Hauptstaatsarchiv (Kloster Pielenhofen Urk. 123)

286

286* TURNIERSATTEL DER PAULSDORFER

Regenburg, um 1400

Holz mit Pergament-, Leder- und Leinwandbezug

Ursprünglich in der Totenkapelle der Patrizierfamilie Paulsdorfer bei der Minoritenkirche aufgehängt. Teil des sog. *deutschen Gestechs im hohen Zeug,* bei dem der Reiter gleichsam in den Bügeln stand und hinten von einem starken Eisenband umschlossen wurde, das ein Herunterfallen vom Pferd verhinderte. Der Reiter war somit in der Handhabung der Waffe, dem Turnierkolben oder der Stechstange, durch das Pferd nicht behindert. Der Vorderbogen in den Wappenfarben der Paulsdorfer (rot-silbern) reicht weit über die Brust hinauf und deckt beiderseits die Beine. Ein Bügel am oberen Rand diente dazu, dem Reiter beim Ausfall einen Anhalt für die linke Hand zu bieten. An den Schlaufen vorne wurde eine Art Kissen als Brustschutz des Pferdes geschnallt.

Regensburg war im Mittelalter ein beliebter Turnierort. »Gestochen« wurde auf dem Haidplatz und am Herzogshof. Zu dem glanzvollen Turnier von 1393 fanden sich 224 auswärtige Gewappnete ein, darunter die Herzöge von Bayern mit ihrem Gefolge. V.L.

Regensburg, Museum der Stadt (HV 1416)

DIE SCHWEPPERMÄNNER

Ansehen und Reichtum waren ihnen nicht in die Wiege gelegt; für Schenkungen, Stiftungen und Privilegierungen, die ihrem Namen hätten Klang geben können, waren ihre Mittel zu gering. Weder durch Gelehrsamkeit noch durch handwerkliches Geschick haben sie Aufmerksamkeit erregt. Berühmt geworden sind sie durch Mut, durch Tapferkeit, durch Draufgängertum. Und einer aus ihrem Geschlecht wurde des Königs Held: Seyfried Schweppermann. Wiguläus Hundt nennt ihn einen »homo militaris«, einen Krieger, wie ihn selbst das an wagemutigen Kämpfern gewiß nicht arme 14. Jh. nur einmal hervorgebracht hat. Tapfere Soldaten wie Albrecht Rindsmaul, der Schwager Seyfrieds, und Weigel von Trausnitz standen in seinem Schatten. Die Nachwelt tat das ihre, um sein Andenken wachzuhalten. Den (verbürgten) Helden von Gammelsdorf (1313) machte sie zum Retter von Mühldorf (1322). Nach dieser Schlacht, die einem Wittelsbacher die deutsche Königs- und später die römische Kaiserkrone brachte, soll Ludwig der Bayer, nachdem die Vorräte in seinem Gefolge knapp geworden und nur noch eine Anzahl von Eiern vorhanden war, gesagt haben: »Jedem Mann ein Ei, dem frommen Schweppermann zwei.« 1337 ist Seyfried Schweppermann gestorben. An seinem Grab in Kastl steht zu lesen:

Hie leit begraben Seyfried Schweppermann,
Alles Thuns und Wandels ahn,
Ein Ritter keck und vest,
Der zu Gunderstorff im Streit that das best,
Der ist nun todt,
Dem Gott genodt. Obijt. Anno 1337.
Jedem ein Ey,
Dem frommen Schweppermann zwey.

Träger des Namens Schweppermann treten in oberpfälzischen Urkunden erst seit Beginn des 13. Jh. in Erscheinung. Früher nannte sich das Geschlecht nach seiner Stammburg Hulloch oder Hülloch (Hillohe) nahe Lauterhofen. Seine nicht allzu reichen Streubesitzungen lagen hauptsächlich in den Ämtern Neumarkt und Pfaffenhofen, zum geringeren Teil auch um Altdorf. Als sog. Schweppermanns-Burgen gingen Grünsberg und Pfaffenhofen in die Geschichte ein. Grünsberg soll Seyfried Schweppermann sich zusammen mit 300 Pfund Regensburger Pfennigen als Entgelt für seinen selbstlosen Einsatz auf dem Schlachtfeld von Gammelsdorf verdient haben. Verschiedentlich auch lassen sich die Schweppermänner als Vögte der St. Emmeramer Propstei Litzlohe nachweisen. Zu Beginn des 15. Jh. scheint das Geschlecht – drei Generationen nach Seyfried Schweppermann – mit Seiz und Ulrich Schweppermann erloschen zu sein. 1433 ging die Pfandschaft der Feste Grünsberg an die Freudenberger über, die »diese an sich gelöset haben von der Schweppermann seligen Erben«, wie die Urkunde erklärend hinzufügt. *E. M.-L.*

287 BELEHNUNGSURKUNDE SEYFRIED SCHWEPPERMANNS MIT DER VOGTEI ZU LITZLOHE

21. Januar 1333

Pergament; Siegel des Ausstellers (sehr guter Zustand) abhängend. 12,5x23 cm

Seyfried Schweppermann bestätigt, daß er und sein Sohn Otto von Abt Albrecht von St. Emmeram zu Regensburg die Vogtei zu Litzlohe (Lkr. Neumarkt/Opf.) als Lehen empfangen haben.
Die in der vorliegenden Urkunde genannte Vogtei über Litzlohe hatte Seyfried Schweppermann gemeinsam mit seinem vierten Sohn Otto inne, letzterer genannt »von Viermühlen«, da er zwischen Litzlohe und Neumarkt vier Mühlen besaß. Während Otto anscheinend kinderlos starb, setzte der fünfte Sohn Seyfrieds, Ludwig, das Geschlecht der Schweppermann fort, das 1433 im Mannesstamm erlosch.
K.-E. L.

Regest: RB VII, 33 – Lit.: J. B. Prechtl, Neue Beiträge zur Lebensgeschichte des Ritters Seifried Schweppermann (Sammelbl. d. hist. Ver. Freising 4) 1896/97, 20–36.

München, Bayerisches Hauptstaatsarchiv (Kloster Regensburg/St. Emmeram Urk. 348)

288★ DIE OTTONISCHE HANDFESTE

15. Juni 1311

Pergamenturkunde 6 Siegel an farbigen Seidenschnüren. 70,5x55 cm

Otto III., König von Ungarn und Herzog von Bayern, die bayerischen Herzöge Heinrich XIV. und Otto IV. sowie Agnes, Königin von Ungarn und Herzogin von Bayern, und Judith, Herzogin von Bayern, gestehen allen geistlichen und weltlichen Herren, die eine Steuer bewilligen, die Gerichtsbarkeit auf ihren Gütern zu, soweit diese *mit tür und mit tor . . . beslossen* sind. Dem herzoglichen Richter verbleiben jedoch alle Delikte, *die zu dem tode ziehent,* wie Diebstahl, Totschlag, Notzucht und Straßenraub, sowie die Gerichtsbarkeit über Grund und Boden. Diebstahl fällt jedoch nur dann unter die Zuständigkeit des herzoglichen Richters, wenn das Diebesgut mehr als sechs lange Schillinge wert ist. Für die Verhaftung, Auslieferung und Bestrafung von Delinquenten werden eingehende Regelungen getroffen: Der Dieb soll dem herzoglichen Richter durch den Amtmann des Niedergerichtsbezirks so ausgeliefert werden, wie er *mit gürtl ist umfangen,* also ohne alle Habe. Wenn kein Amtmann zur Stelle ist, dürfen der herzogliche Richter oder seine Bediensteten den Täter selbständig verhaften. Der Dieb muß innerhalb von vierzehn Tagen abgeurteilt werden; geschieht das nicht, ist er freizulassen. Das Vermögen des Diebes fällt an den Grundherrn. Sind Frau oder Kinder vorhanden, so erhalten sie ein Drittel. Bei Totschlägen steht das Verhaftungsrecht allein dem herzoglichen Richter zu. Auch das Vermögen des Totschlägers (mit Abzug eines Drittels für Frauen und Kinder) fällt an den herzoglichen Richter, wenn die Tat nach dem Tode oder nach einer Flucht des Totschlägers abgeurteilt wird. In gleicher Weise soll bei Notzucht und Straßenraub verfahren werden.

Bei einem Totschlag durch einen *graven, freien, dinstmannen, ritter oder edlen knecht* behält sich der Herzog die Aburteilung vor. Auch alle sonstigen Streitigkeiten zwischen den benannten Personengruppen sollen nach altem Recht durch den Herzog, den Viztum, oder einen sonstigen herzoglichen Beauftragten entschieden werden.

Des weiteren wird das Verfahren geregelt, wenn ein herzoglicher Hintersasse gegen einen Hintersassen der geistlichen und weltlichen Herren zu klagen hat, und auf welche Weise die Bürger der Städte und Märkte gegen diese vollstrecken können. Den Landherren wird zugestanden, daß sie ihre Leibeigenen, die in eine herzogliche *panstat* gezogen sind, innerhalb von Jahr und Tag herausfordern können. Die Herzöge werden nicht gestatten, daß Bürger außerhalb der Stadt sitzen und sich auf diese Weise von ihren Herren freimachen.

Unberührt bleiben alle früher erteilten Handfesten und alle sonst den Landherren zustehenden Rechte wie Dorfgerichte, Grafschaften und Hofmarken.

Bei keinem Gut, das der Herzog an die geistlichen und weltlichen Herren verpfändet hat oder das mit Tür und Tor beschlossen ist, sollen die herzoglichen Amtleute die Nachtsölde beanspruchen können.

Für die den geistlichen und weltlichen Herren in dieser Handfeste zugestandenen Gnaden sollen diese eine Steuer entrichten, und zwar vom Ertrag ihrer Güter pro Scheffel Weizen 80 Pf., pro Scheffel Hafer 30 Pf. usw.; bei Schwaigen mit Viehhaltung den halben Wert der gewonnenen Käse; bei Schweinen den Geldwert der *Fronkost.* Die bäuerlichen Untertanen zahlen ein Achtel vom Wert ihres Vermögens. Die Steuer ist einmalig und wird von den herzog-

288

lichen Amtleuten erhoben. Steuerfrei sollen alle unmittelbar bebauten Güter der Dienstmannen, Klöster, Geistlichen und Spitäler sein.
Zur Steuer soll auch das Pfründevermögen der Geistlichen *(widemb)* herangezogen werden. Dafür wird ihnen die Gnade gewährt, daß weder der Herzog noch sonst jemand in Zukunft Ansprüche auf den Nachlaß des Geistlichen geltend machen wird. Soweit der Geistliche nicht über seinen Nachlaß zugunsten seiner Seele verfügt hat, soll dieser an die Kirche fallen und zu deren *pesserung* nach Anweisung der Zechleute oder anderer Pfarreimitglieder verwandt werden.
Verstöße gegen diese Handfeste sollen vor dem Viztum oder dem Herzog selbst geklagt werden. Erhält der Betroffene kein Recht, sollen ihm alle geistlichen und weltlichen Herren dazu verhelfen. Die Grafen, Freien und Dienstmannen haben einen Eid geschworen, daß sie sich zur Wahrung ihrer Rechte miteinander verbinden und daß sie sich gegen alle Eingriffe in ihre Rechte durch den Herzog oder seine Amtleute wehren können; und soweit sie sich dabei um Hilfe an andere Herren wenden, darf ihnen das nicht entgolten werden.
Als Vormund der beiden Herzöge Heinrich XIV. und Otto IV. siegelt auch Herzog Ludwig von Oberbayern diese Urkunde. Zur Mitsiegelung bzw. Zustimmung sollen auch der römische König, die Herzöge von Österreich und Kärnten sowie die Bischöfe von Salzburg, Freising, Regensburg und Passau gewonnen werden, doch alles ohne Einfluß auf die Gültigkeit der Handfeste. Auch um eine päpstliche Zustimmung soll man sich gemeinsam bemühen.
Die Ottonische Handfeste ist vor allem das Werk Herzog Ottos III. von Niederbayern, der als König von Ungarn (seit 1305) und durch militärische Auseinandersetzungen mit dem österreichischen Herzog Friedrich seine eigenen finanziellen Möglichkeiten weit überspannt hatte und der nun seinen Geldbedarf nicht mehr durch Verpfändungen und Einzelverkäufe herzoglicher Rechte decken konnte. Da Otto schon 1312 starb, ist es sehr fraglich, ob die in der Handfeste vorgesehene Steuererhebung jemals zu Durchführung kam. Da es jedoch bei der Ottonischen Handfeste nicht nur um einen Verkauf von Gerichtsrechten, sondern gleichzeitig um eine Fixierung niederbayerischen Rechts und um eine Abgrenzung landesherrlicher Hochgerichtsbarkeit von der Niedergerichtsbarkeit der geistlichen und weltlichen Landherren ging, blieb die Handfeste auch über den Tod Ottos hinaus für die landständische und die Rechtsentwicklung im Herzogtum Bayern von größter Bedeutung. Sie wurde als erster Brief in die Sammlung der (seit 1514 gedruckten) landständischen Freiheitsbriefe aufgenommen und bildete bis zum Landrecht von 1616 die Grundlage für das in Niederbayern geltende Recht. 1447 wurde den Richtern in Niederbayern der Besitz der Ottonischen Handfeste vorgeschrieben.
Wer im einzelnen die in der Handfeste vorgesehene Steuer entrichtet hat und welcher der Landherren das angekündigte Bündnis mit dem Recht zur Widerstandsleistung beschworen hat, ist nicht bekannt. Erst 1347 schlossen der Ritterstand und die Städte von Niederbayern, die ihrerseits in der Handfeste nicht erwähnt sind, unter Berufung auf die Handfeste eine urkundlich belegbare ewige Einung. Die Prälaten traten dieser Einung 1394 bei (Bayern-Landshut und Bayern-Straubing).
In welchem Umfang der Herzog die Zustimmung der Bischöfe zur Handfeste erlangt hat, läßt sich nicht mehr ermitteln. Bekannt sind Verträge mit den Bischöfen von Passau und Regensburg aus dem Jahre 1312. R.H.

Druck: Dokumente I/2 Nr. 404; H. Patze, Quellen zur Entstehung der Landesherrschaft, 1969, Nr. 21. – Lit.: S. Hiereth, Die Ottonische Handfeste von 1311 und die niederbayerischen Städte und Märkte (ZBLG 33) 135–154; AK Aus 1200 Jahren Nr. 52.

München, Bayerisches Hauptstaatsarchiv (Bayerische Landschaft Urk. 5)

DIE KLÖSTER

Die Klosterlandschaft Bayerns zur Zeit der frühen wittelsbachischen Herzöge baut sich aus mehreren Schichten auf:
Die zahlreichen in die Zeit des frühen Mittelalters zurückreichenden Gründungen gehörten mit wenigen Ausnahmen dem Benediktinerorden an. Sie lagen entweder in der freien Landschaft (z. B. Tegernsee, Benediktbeuern, Niederalteich, Weltenburg) oder als ehem. Domklöster innerhalb der Bischofsstädte (z. B. St. Emmeram in Regensburg).
Beflügelt vom Reformgeist, der von Lothringen und Burgund ausging und in Bayern vor allem in Regensburg nachhaltigen Widerhall fand, kam es nach der Jahrtausendwende zu einer zweiten benediktinischen Gründungswelle, die im 12. Jh. ihren Höhepunkt erreichte. Die Initiative zur Gründung ging von Bischöfen – vor allem Otto von Bamberg ist zu nennen – aus (z. B. Prüfening, Mallersdorf, Biburg) oder aber von hochadeligen Familien, die häufig ihre Burgen zu Klöstern umwandelten (z. B. Ebersberg, Seeon, Scheyern, Reichenbach, Kastl). Meist auf adeligen Stiftungen beruhen die seit den Zeiten des Investiturstreites in Bayern gegründeten Institute der Augustinerchorherren (z. B. Dießen, Beuerberg, Weyarn, Baumburg, Rottenbuch).
Die Reformorden der Zisterzienser (auf der Grundlage der Benediktinerregel) und der Prämonstratenser (auf der Grundlage der Augustinerchorherrenregel) haben in Bayern nur mit vergleichsweise wenigen Niederlassungen Fuß fassen können.
Den alten Klöstern waren die Entwicklungen des 13./14. Jh. nicht günstig. Die im Umbruch befindlichen Herrschaftsverhältnisse, der Verlust der Stifterfamilien, Eingriffe von Vögten und Bischöfen, vor allem aber das Ausbleiben einer durchgreifenden Reformbewegung bis hin zur 1. Hälfte des 14. Jh. führten vor allem ab der Mitte des 13. Jh. vielerorts zu einem Verfall geistigen und geistlichen Lebens.
Neue reformerische Kraft aber ging von der *Bettelordenbewegung* aus. Seit der 1. Hälfte des 13. Jh. traten Franziskaner und Dominikaner, Augustinereremiten, seit 1330 dann Karmeliten in Bayern auf. Von Herzögen und Bischöfen gefördert, gründeten sie in den Städten des Landes ihre Niederlassungen und prägten durch Predigt, Seelsorge und Ketzerbekämpfung das religiöse Leben der Zeit. Als Träger weltlicher Herrschaftsrechte jedoch spielten sie keine Rolle.
Anders die Klöster der Benediktiner, Zisterzienser, Augustinerchorherren und Prämonstratenser, die seit der Mitte des 13. Jh. vermehrt herzogliche Gerichtsprivilegien erhielten, Hofmarksherren wurden und zusammen mit dem Adel und den Städten schließlich die ständische Vertretung des Landes bildeten.
Der zielbewußten Politik der wittelsbachischen Herzöge ist es gelungen, die zu Beginn des 13. Jh. noch so unterschiedliche Rechtsstellung der bayerischen Klöster zu vereinheitlichen. Auf diese Weise konnten nur die innerhalb Regensburg gelegenen Stifte St. Emmeram, Ober- und Niedermünster sowie das Augustinerchorherrenstift Berchtesgaden ihre Reichsunmittelbarkeit behaupten. Die ehem. Reichsklöster Benediktbeuern, Tegernsee und Ebersberg stiegen endgültig zur Landsässigkeit ab. So ist die Klosterpolitik der frühen Wittelsbacher ein wichtiger Bestandteil ihrer Territorialpolitik gewesen. E. J. G.

DAS BENEDIKTINERKLOSTER NIEDERALTEICH

Niederalteich zählt zu den ältesten und reichsten Klöstern des mittelalterlichen Bayern.
741 vom Agilolfingerherzog Odilo gegründet und von der Reichenau aus besiedelt, wurde Niederalteich nach dem Sturz der Agilolfinger fränkisches Königskloster. 848 erhielt es das Recht der freien Abtwahl, 857 die Reichsunmittelbarkeit. Nach Zeiten des Niedergangs im 10. Jh. setzte um die Jahrtausendwende unter Abt Gotthard eine Blüte des monastischen Lebens ein. 1152 verlor Niederalteich seine Reichsunmittelbarkeit: durch Schenkung König Friedrich Barbarossas wurde es bambergisches Eigenkloster; die Grafen von Bogen übten die Vogtei aus. In der ersten Hälfte des 13. Jh. traten die Wittelsbacher in nähere Beziehungen zu Niederalteich, 1242 übernahmen sie mit dem Bogener Erbe die Vogtei.
Vor allem unter Abt Hermann (1242–1273) setzte ein erneuter

wirtschaftlicher und auch geistiger Aufschwung ein. Nach Hermanns Resignation 1273, vor allem aber nach seinem Tod 1275 kam es zu größeren Unruhen im Kloster, die 1282 mit der Ermordung des Abtes Volkmar durch einige Mönche ihren Höhepunkt erreichten.
Niederalteich verfügte über ausgedehnte Besitzungen im Gäuboden, in Österreich und in den Rodungsgebieten des Bayerischen Waldes, schließlich auch in Ingolstadt. Die herzoglichen Gerichtsprivilegien für Niederalteich von 1244 und 1258 sind gute Beispiele für die Klosterpolitik der Herzöge im 13. Jh.
Niederalteich bestand als Abtei bis zur Säkularisation 1803. Seit 1918 besteht es wieder als benediktinische Kommunität.

E. J. G.

289 HL. MAURITIUS AUS NIEDERALTEICH

Mitte 13. Jahrhundert

Kelheimer Marmor, Höhe 178 cm

Das aus dem Kloster Niederalteich stammende Bildwerk gelangte vor 1876 in das Bayerische Nationalmuseum. Dargestellt ist der Patron des Klosters, der hl. Mauritius, als Krieger gekleidet, mit spitzem Dreiecksschild und (nicht erhaltener) Lanze. Die vor glatter Rückwand fast vollrunde Wandfigur wird überhöht von einer auf zwei seitlichen Kragsteinen aufruhenden Deckplatte. Von daher kann man auf eine Verwendung innerhalb einer architektonischen Anlage schließen, die vielleicht ähnlich gewesen sein mag wie bei den monumentalen Figuren im Chor des Magdeburger Domes. Nachdem auch der Dom in Magdeburg den hl. Mauritius zum Patron hat und dieser Heilige im Chor dargestellt ist, könnten durchaus Zusammenhänge bestehen.
Die bescheidene Qualität der stark verwitterten Niederalteicher Figur läßt stilistische Vergleiche kaum zu. A.H.

BNM Kat. XIII/1, 13 Nr. 66, Taf. 33; KDB IV, Niederbayern 17, Stadt und Bez.-Amt Deggendorf 230 Anm. 2; G. Stadtmüller–B. Pfister, Geschichte der Abtei Niederalteich 741–1971, Augsburg 1971, 63, Abb. S. 143.

München, Bayerisches Nationalmuseum (MA 116)

290 PONTIFIKALIENPRIVILEG FÜR DIE ÄBTE VON NIEDERALTEICH

Lateran, 12. April 1241

Pergamenturkunde; Bleibulle an rot-gelben Seidenfäden. 21,5x26 cm

Papst Gregor IX. erlaubt dem Abt von Niedralteich (Altahensis) und seinen Nachfolgern auf Bitten Herzog Ottos II. von Bayern den Gebrauch von Mitra und Ring.
Das päpstliche Privileg für Niederalteich ordnet sich in die Auseinandersetzung zwischen Kaiser Friedrich II. und der Kurie ein. Herzog Otto II. stand bis etwa 1240 – beeinflußt von dem Passauer Kanoniker Albert Behaim – in Opposition zum Kaiser und den ihn unterstützenden bayerischen Bischöfen. Erst die Bedrohung Bayerns durch die Mongolen bewog Otto zu einer Annäherung an König Konrad IV., die durch die 1246 realisierte, aber lange vorher geplante Vermählung Konrads mit der Herzogstochter Elisabeth deutlichen Ausdruck fand. Dem Versuch Ottos, durch eine Förderung der Klöster deren Unterstützung gegen die päpstliche Politik zu finden, stand auf seiten der Kurie die gleiche Motivation gegenüber, so daß die scheinbare Kooperation der beiden Mächte hier erklärlich wird.
Verstärkt wird der Einsatz des Herzogs durch seine innenpolitischen Bestrebungen nach einer rechtlichen Arrondierung des bayerischen Territoriums. Seit 1228 hatte dies zu Auseinandersetzungen zwischen Herzog Ludwig I. und den Klostervögten von Niederalteich, den Grafen von Bogen, geführt, die aber erst 1242, nach dem Aussterben der Grafenfamilie, zugunsten der Herzöge entschieden wurden, die sich in den Besitz der Vogtei setzen konnten.

R.Z.

Druck: MB XI 211 f., Nr. 71 (falsch datiert: 1240). – Lit.: Piendl III 35–49; Hemmerle, Benediktinerklöster 86–89; G. Stadtmüller–B. Pfister, Geschichte der Abtei Niederalteich 741–1971, Ottobeuren–Augsburg 1971.

München, Bayerisches Hauptstaatsarchiv (Kloster Niederalteich Urk. 55/1, Zweitausfertigung ebd. 55/2)

291 HERZOG HEINRICH XIII. ERLÄSST DEM KLOSTER NIEDERALTEICH ABGABEN UND ERTEILT EIN GERICHTSPRIVILEG

5. April 1258

Pergament, ohne Siegel, 22x22,5 cm

Zugunsten der Infirmerie des Klosters erläßt Herzog Heinrich XIII. Abgaben in der Gesamthöhe von 7 Pfund und drei Schilling Pfennigen von den Gütern zu Tundorf, Rukasing, Ellerbach, Ottmaring, Steinhausen, Weinleinsrevt(?), Padling, Ruckerting, Erchenfrieding, Siegharting, Reimprechting, Ernsting, Hunding, Haiming, Fronhof, Mendorf, Hörolfing, Altenufer, Schwarzach, Lanzing, Dösingerried. Auf allen diesen Gütern erhält das Kloster die niedere Gerichtsbarkeit. Kloster Niederalteich, ehemaliges Reichskloster, war zur Zeit, als diese Urkunde ausgestellt wurde, bereits in den Stand der Landsässigkeit herabgesunken. Die Verleihung des Niedergerichts grenzt die Befugnisse von Kloster und Herzog klar ab, eine Entwicklung, die dann in Niederbayern in der Ottonischen Handfeste ihren Abschluß findet (vgl. Kat. Nr. 288).
Nach der Übernahme der Vogtei über Niederalteich durch die Grafen von Bogen entwickelten sich die Beziehungen zwischen den Herzögen und dem Kloster so, daß Niederalteich geradezu ein niederbayerisches Hauskloster wurde. Dies spiegelt sich in der Kapitalhilfe des Klosters ebenso wie in den Beziehungen der Äbte zu den Herzögen und der

Tätigkeit Niederalteicher Mönche in der herzoglichen Kanzlei. E.J.G.

Druck: QE 5, 161. – Lit.: G. Schwertl, Die Beziehungen der Herzöge von Bayern und Pfalzgrafen bei Rhein zur Kirche 1180–1294 (MBM 9) 1968, 277, 312, 320.

München, Bayerisches Hauptstaatsarchiv (Kloster Niederalteich Urk. 71)

292 KOPF EINES KÖNIGS AUS NIEDERALTEICH

Regensburg, Ende 13. Jahrhundert

Kalkstein, mit Resten alter Bemalung. Höhe 28 cm

Der Kopf wurde 1927 im Hof des Klosters Niederalteich bei Bauarbeiten gefunden; 1948 erwarb ihn das Bayerische Nationalmuseum. Trotz Verwitterung und Beschädigungen (es fehlen die Nase, das rechte Ohr, einige Locken und die Zacken des Kronreifs) beeindruckt die Skulptur durch den wachen, angespannten Gesichtsausdruck und die dekorative Ordnung der spiralig gedrehten Locken. Mit Recht verwies Th. Müller auf die stilistische Nähe zur Regensburger Monumentalplastik, die sich gegen Ende des 13. Jh. in der Nachfolge des sog. Erminoldmeisters entwickelte. Die engsten Zusammenhänge zeigt die Stuckplastik des Regensburger Dollingersaales, die um 1290 zu datieren ist (L. Hahn-Heidenhain, Die Dollingerplastik zu Regensburg [Oberrheinische Kunst 3] 1928, 19–44). A.H.

BNM Kat. XIII/2, 17 Nr. 3.

München, Bayerisches Nationalmuseum (48/30)

293 URBAR DES ABTES HERMANN VON NIEDERALTEICH

Niederalteich (1254)

Handschrift (151 Bl. Pergament, 5 Bl. Papier unbeschrieben); Holzdeckeleinband mit Überzug aus Schweinsleder. 34x24,5 cm

Das während der Regierungszeit Abt Hermanns von Niederalteich (1242–1273) wahrscheinlich Ende 1254 angelegte und in Teilen auf ältere Vorlagen zurückgehende Urbar, das seinerseits spätere wirtschaftliche Aufzeichnungen des Klosters beeinflußt hat, ist Teil einer Sammelhandschrift aus Niederalteich, die wohl erst im 17. Jh. in dieser Form zusammengebunden wurde.

Dem 52 Blatt einnehmenden Urbar (Bl. 5'–56') sind zwei nur wenig jüngere Register vorgebunden, in denen die im Urbar genannten Güter und Rechte des Klosters nach Gauen und Ämtern aufgegliedert sind. Darüber hinaus sind in dem Codex eine Abtliste bis 1503, eine Darstellung der Vogteiverhältnisse und der ›Breviarius Urolfi‹ enthalten, neben einer Vielzahl von Urkundenkopien, die zum Teil auch den unbeschriebenen Raum innerhalb des Urbars einnehmen. Die Holzdeckel der Handschrift sind mit geprägtem Schweinsleder überzogen, zwei früher vorhandene Messingschließen fehlen. Ausgenommen einige wenige Blätter mit geringerer Breite sind die Seiten in zwei Spalten geteilt mit deutlich sichtbarer Liniierung. Gelegentlich begegnen Verzierungen der Initialen sowie – meist im Zusammenhang mit Bruchstellen im Pergament – kleine Zeichnungen. Charakteristisch für eine auf Bl. 5 mit fol. I beginnende Blattzählung sind die rote Tinte und die Lage der römischen Zahlzeichen jeweils auf der verso-Seite. Diese Zählung reicht bis Bl. 139, sie wird von einer jüngeren Hand bis Bl. 143 fortgesetzt. Die heute gültige Zählung aus dem 20. Jh. ist mit Bleistift am oberen rechten Rand der recto-Seiten angebracht.

Die Niederschrift des Urbartextes erfolgte durch einen einzigen Schreiber, der Übergang des Textes von einer Lage zur anderen weist das Urbar darüber hinaus als planmäßig angelegt aus.

Die Niederschrift des Urbars ist Teil der Reformbestrebungen Abt Hermanns, dessen Reputation vor allem auf seiner Tätigkeit als Historiograph beruht. Die Lage Niederalteichs im Spannungsfeld zwischen Bayern, Österreich und Böhmen, im Grenzbereich der Bistümer Passau und Regensburg, aber unter Bamberger Patronat, zwang zu einem Lavieren zwischen diesen Mächten. Erschwerend kam hinzu, daß die Mißwirtschaft vieler seiner Vorgänger und die Bedrückungen durch die Klostervögte, die Grafen von Bogen, auch zu einem wirtschaftlichen Niedergang des ehemals so blühenden Klosters geführt hatten. Das Aussterben des Grafenhauses 1242 und der dadurch bedingte Übergang der Vogtei an die Herzöge von Bayern boten zusammen mit dem Engagement Hermanns die Möglichkeit zu einer wirtschaftlichen Konsolidierung. Entscheidungen allein durch den Abt, selbst in Fällen von geringer Bedeutung, zeigen die Absichten Hermanns deutlich. Begünstigt durch seine Fähigkeit, zwischen den Gegnern zu vermitteln, gelang es ihm, dem Kloster die notwendige Ruhe zu sichern. Daß er Niederalteich auch wieder zu einem geistigen Zentrum machen konnte, das die Reformen des 13. Jh. beeinflußte, zeugt von der Ausnahmestellung Hermanns unter den Äbten Niederalteichs. R.Z.

S. Herzberg-Fränkel, Die wirtschaftsgeschichtlichen Quellen des Stiftes Niederaltaich (MIÖG Erg. Bd. 8) 1911, 1 ff. (mit älterer Lit.); B. Braumüller, Hermann, Abt von Niederaltaich (VHN 19) 1875, 245 ff.; J. Klose, Das Urkundenwesen Abt Hermanns von Niederaltaich (1242–1273), seine Kanzlei und Schreibschule, (MHStud. Abt. Gesch. Hilfswiss. 4) Kallmünz 1967; G. Stadtmüller–B. Pfister, Geschichte der Abtei Niederaltaich 741–1971, Ottobeuren–Augsburg 1971; J. Wetzel, Die Urbare der bayerischen Klöster und Hochstifte vom Anfang des 11. Jahrhunderts bis 1350, Diss. München 1976.

München, Bayerisches Hauptstaatsarchiv (Kloster Niederalteich Urk. 39)

294* EVANGELIAR AUS NIEDERALTEICH

Niedersachsen (Bremen?), ca. 1060–1080

Pergament (226 Bl.), 23x17 cm

Der eindrucksvolle vergoldete Silbereinband, dessen Mitte von einem stark erhabenen Relief des lehrenden Christus

294

beherrscht wird, eingefaßt in einen Rahmen, den im Wechsel Edelsteine bzw. Halbedelsteine und kleine goldene Puttos schmücken, stellt eine bedeutende Goldschmiedearbeit des 14. Jh. dar. Er gehört einem Evangeliar, das, wesentlich älter, eine Spätstufe der ottonischen Buchkunst repräsentiert. Die Handschrift ist mit Kanontafeln und Evangelistenbildern ausgestattet, denen jeweils eine Purpurzierseite vorausgeht, die wie ein Stoffmuster gestaltet ist. Ausgezeichnet ist die Handschrift noch durch eine ikonographische Eigenheit: die Inspiration der Evangelisten wird nicht nur durch die Evangelistensymbole, sondern zusätzlich durch den Hl. Geist in Gestalt einer Taube auf jedem Bild versinnbildet.

Die Hervorhebung des hl. Willehad, des ersten Bischofs von Hamburg-Bremen, durch eine Vigil läßt die Herkunft der Handschrift aus Bremen vermuten. Enge Beziehungen zwischen Niederalteich, in dessen Besitz sie bis zur Säkularisation war, und Niedersachsen gehen auf Bischof Godehard von Hildesheim zurück, der vordem zwischen 996 und 1022 Abt von Niederalteich gewesen ist. H. Ha.

B. Riehl, Die bayerische Kleinplastik der frühromanischen Periode (Forsch. z. Kultur- u. Literaturgesch. Bayern II) 5; A. Goldschmidt, Die deutsche Buchmalerei 2, München 1928; A. Boeckler, Kunst des frühen Mittelalters, Bern 1949, Nr. 100; G. Swarzenski, Die Regensburger Buchmalerei des X. und XI. Jh., Stuttgart 1969², 16 Anm. 13 u. S. 86 Anm.

München, Bayerische Staatsbibliothek (clm. 9475)

295★ SIEGEL DES ABTES RUGER VON NIEDERALTEICH

Bayern, wohl 1323 (vor 1331)

Umschrift: (+) RVEGERVS · DEI : GR[ATI]A ABBAS · D[E] . INFERIORI . ALTAC[H]

Helles Wachs, gemischt mit Mehl; an Pergamentpressel hängend. Nicht ganz scharf abgedrückt und stellenweise bestoßen. Ausbrüche im Schriftrand. Das ursprünglich anhängende Siegel des Konvents verloren. 6,7x4,5 cm (spitzoval)

Nur von wenigen Äbten des Klosters Niederalteich haben sich aus der Zeit vor dem späteren 14. Jh. Siegel erhalten. Von Abt Hermann (1242–1273) und Abt Poppo (1282–1289) kennen wir überwiegend nur Fragmente oder stark beschädigte Abdrücke. Von Ruger, der von 1323 bis 1335 Abt war und in dessen Regierungszeit 1326 die Weihe der gotischen Abteikirche fiel, haben wir mehrere Siegelabdrücke von 1331. Sein Siegel folgt dem für geistliche Würdenträger, vor allem Bischöfe und Äbte, üblichen Schema: Ruger sitzt, bekleidet mit den Zeichen seiner geistlichen Würde Kasel, Mitra und Stab, auf dem typisch kirch-

295

lichen Ehrensitz, dem Faldistorium, von dem nur seitlich die beiden Löwenköpfe und das darüber gebreitete Tuch sichtbar sind. In der erhobenen linken Hand hält er das geschlossene Evangelienbuch. Auch die spitzovale Gesamtform ist für geistliche Siegel, vor allem solche geistlicher Personen, weniger geistlicher Institutionen, typisch, während weltliche Fürsten fast ausnahmslos die runde Siegelform wählten. Die auffallend untersetzte, massige Gestalt wird man kaum als Darstellung der persönlichen Erscheinung des Abtes, sondern eher als Ergebnis der Schwierigkeiten zu verstehen haben, die der Goldschmied mit der Darstellung einer thronenden Gestalt in der reichen geistlichen Gewandung zu überwinden hatte. R.K.

G. Stadtmüller–B. Pfister, Geschichte der Abtei Niederaltaich 741–1971. Ottobeuren–Augsburg 1971, 170f. (zur Person des Siegelführers), Abb. des Siegels 162.

München, Bayerisches Hauptstaatsarchiv (Kloster Kastl Urk. 78)

296 GODEHARDSTAB AUS NIEDERALTEICH

Hildesheim (?) um 1020/30, Panisellus deutsch u. islamisch, 11. Jahrhundert

Krümme Elfenbein, Stab Holz. Länge d. Stabes 142,5 cm, Höhe d. Krümme 8 cm

Der hl. Godehard, 1022–1038 Bischof von Hildesheim, war vorher Abt des Benediktinerklosters Niederalteich gewesen. Dort wird der Stab aufbewahrt, der durch eine zeitgenössische Inschrift auf einem um den Schaft gelegten Ring den Namen des Heiligen nennt: GOTEHARDO HOC FECIT, während ein zweiter Ring darüber mit der Umschrift SCE · GODEHARDE spätere Buchstabenformen aufweist und erst nach der Kanonisation Godehards (1131) angebracht worden sein kann. Der Panisellus zeigt in seinem dreieckigen Kopfstück ein Rautenmuster in Flachstickerei aus Gold und farbiger Seide, eine deutsche Arbeit des 11. Jh., während das nur in Resten erhaltene Fähnchen ein islamisches Textil der gleichen Zeit darstellt.
Die Krümme aus Elfenbein ist in Form einer sich einrollenden Blattranke mit stilisierten Weintrauben geschnitzt; am unteren Ende umgreift eine Hand den einwärts gebogenen Ast. Während man bisher angenommen hatte, die Krümme sei eine Ergänzung des 13. Jh., verwies neuerdings R. Suckale auf die enge Verwandtschaft mit den die Schäfte der berühmten Bernwardsleuchter von Hildesheim umziehenden Blattranken, so daß der ganze Stab einheitlich dem 11. Jh. zugeordnet werden kann. Damit dürfte es sich tatsächlich um ein von St. Godehard in Auftrag gegebenes Pedum handeln. A.H.

KDB IV, Niederbayern 17, Stadt und Bez.-Amt Deggendorf 236ff., Fig. 195, Taf. 26; AK Sakrale Gewänder des Mittelalters, München 1955, 16 Nr. 15, Abb. 6; AK Bayer. Frömmigkeit 154f. Nr. 143, Taf. 37; AK Bayern – Kunst und Kultur 313 Nr. 60 (R. Suckale).

Niederalteich, Klosterkirche

RAUM 13

Projektion: Städte, Burgen, Klöster

Städtegründungen der Wittelsbacher

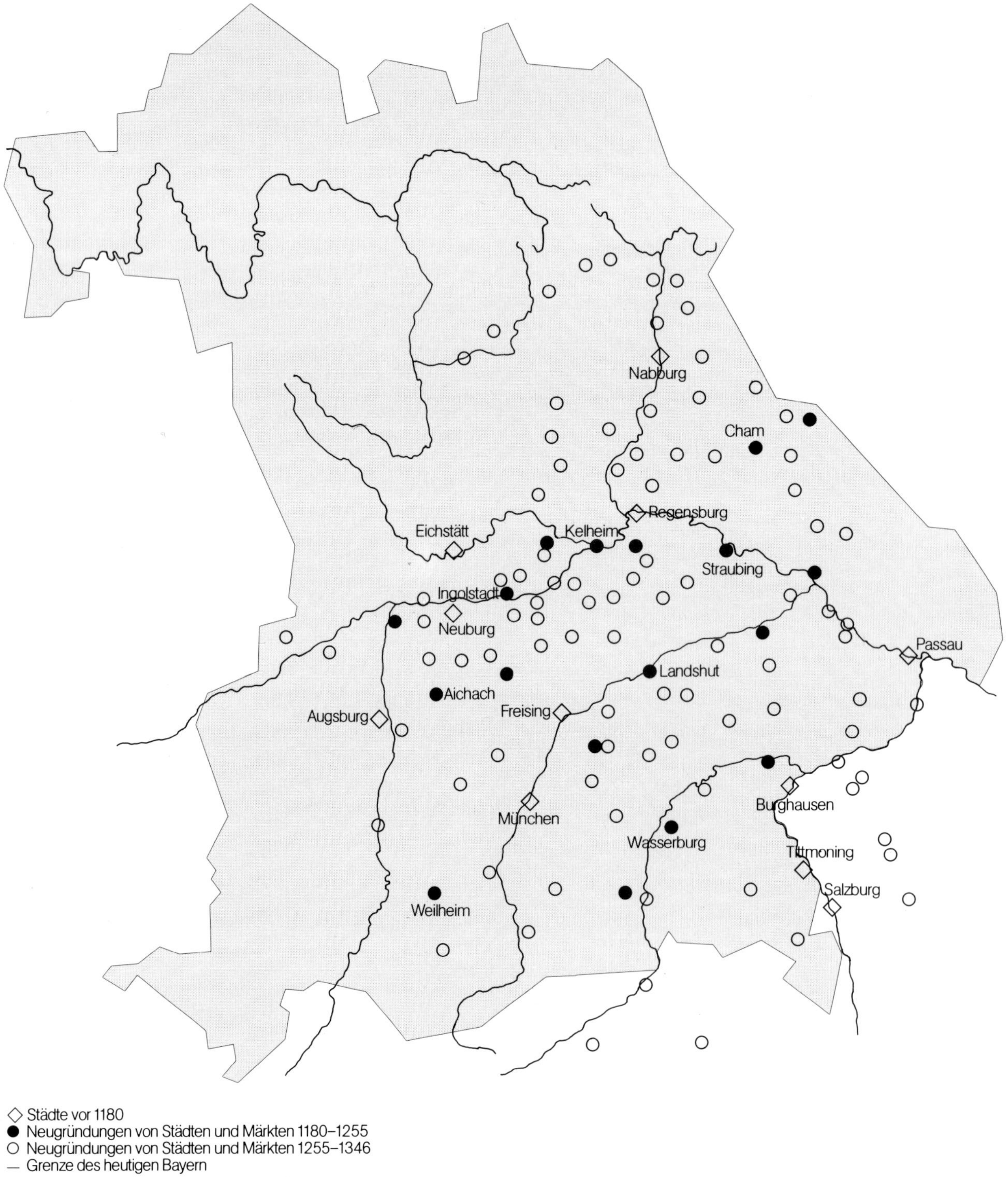

◇ Städte vor 1180
● Neugründungen von Städten und Märkten 1180–1255
○ Neugründungen von Städten und Märkten 1255–1346
— Grenze des heutigen Bayern

Der Adel um 1300 in Bayern

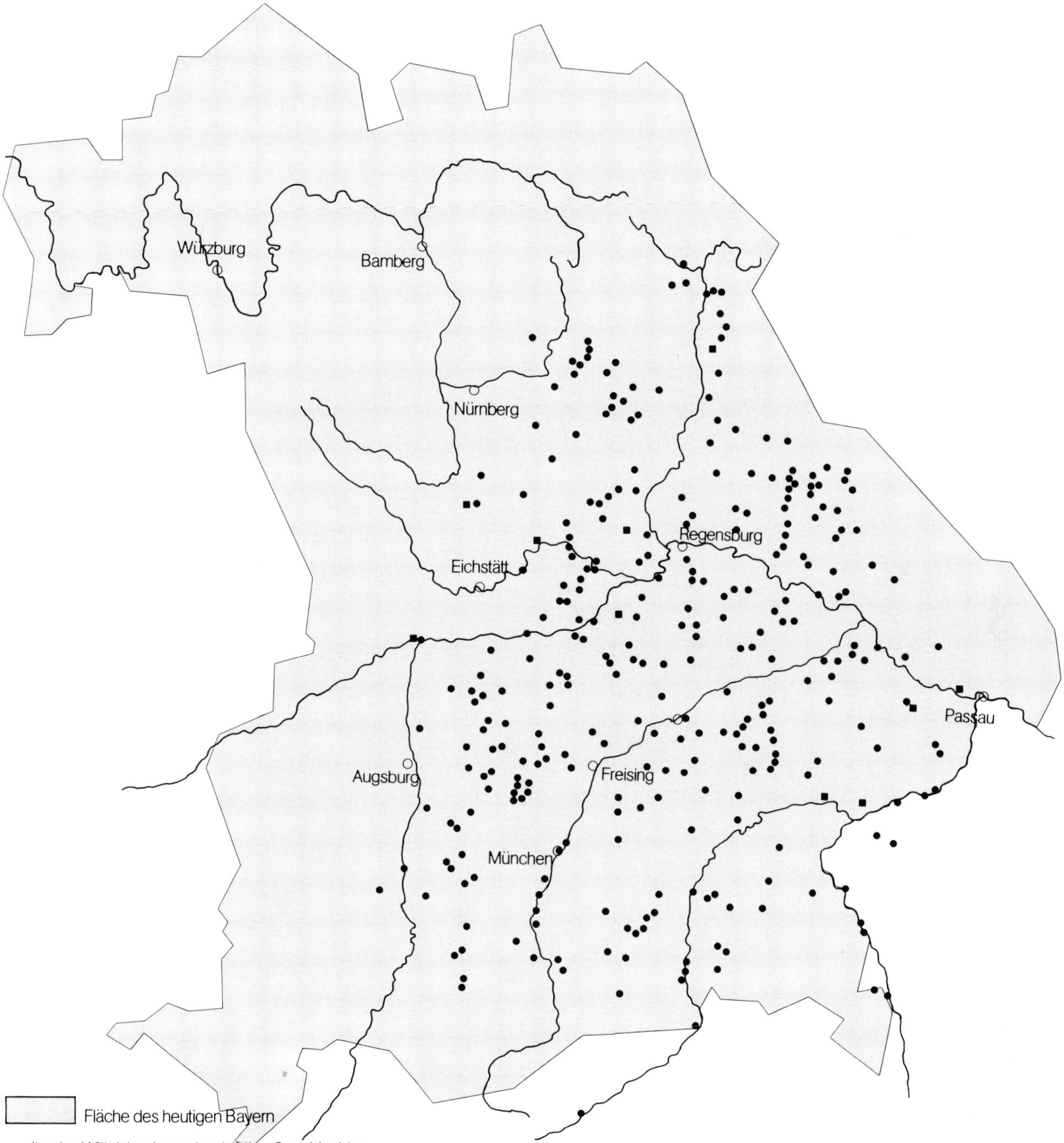

Fläche des heutigen Bayern

■ alte, den Wittelsbachern ebenbürtige Geschlechter

● Edelfreie, Reichs- und aufgestiegene Adelsministeriale

Nach dem „Stammbuch" von Wigulaeus Hundt
(für Oberpfalz zusätzlich: Historischer Atlas von Bayern)

Klöster in Bayern
zur Zeit Ludwig des Bayern

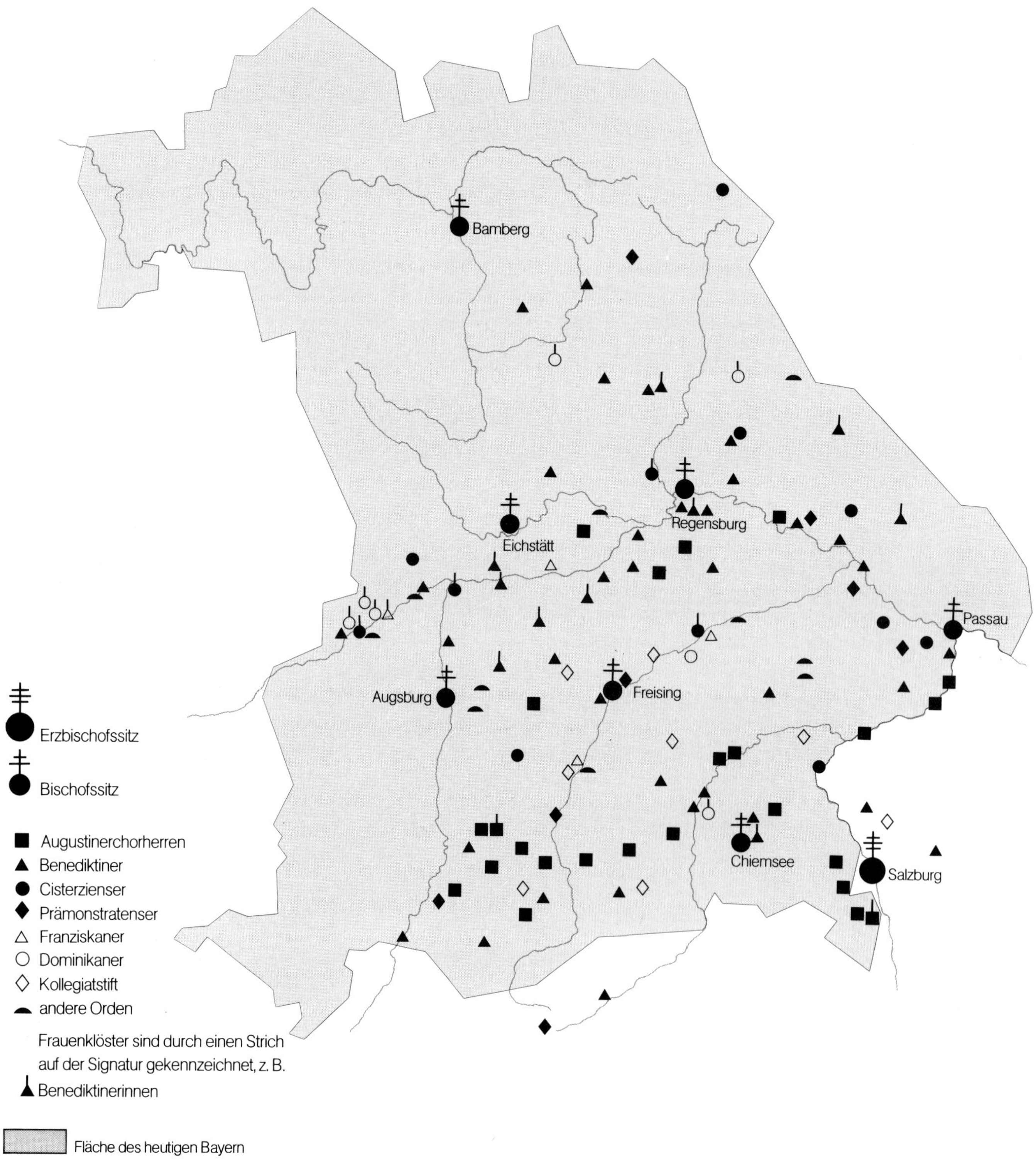

ERSTES OBERGESCHOSS

Über die Laubengangtreppe führt der Weg auf die Empore der Burgkapelle und von dort in die Ausstellungsräume des ersten Obergeschosses. Auch sie sind im Brand von 1961 fast völlig zerstört worden. Nur Stuck- und Malereireste des späten 16. Jh. haben sich erhalten.

LUDWIG DER BAYER

Ludwig der Bayer, von Zeitgenossen bewundert und verehrt, von anderen als Ketzer und Vorbote des Antichrist verachtet und bekämpft, gehört zu den interessantesten Herrscherpersönlichkeiten des späteren Mittelalters. Der erste Wittelsbacher auf dem Thron der römischen Könige und Kaiser, 1282 geboren, entstammte der Ehe Herzog Ludwigs II. des Strengen mit der Habsburgerin Mechthild, einer Schwester König Albrechts I., und regierte zusammen mit seinem älteren Bruder Rudolf seit 1301 das väterliche Erbe am Rhein und in Altbayern. Nachdem er von den niederbayerischen Herzögen Stephan I. und Otto III. zum Vormund ihrer minderjährigen Kinder, der niederbayerischen Herzöge Heinrich XIV., Otto IV. und Heinrich XV., bestellt worden war und bei Gammelsdorf am 13. November 1313 ein österreichisches Heer geschlagen hatte, wurde er – nicht zuletzt dieses Erfolges wegen – am 20. Oktober 1314 von der luxemburgischen Partei im Kurkolleg in zwiespältiger Wahl gegen Herzog Friedrich den Schönen von Österreich zum römischen König gewählt und mußte in den folgenden Jahren mit wechselndem Erfolg gegen die Habsburger Krieg führen. Schließlich gelang es ihm jedoch, im September 1322 Friedrich den Schönen in der Schlacht bei Mühldorf gefangenzunehmen und den Thronkampf damit für sich zu entscheiden. Nachdem Papst Johann XXII. im März 1324 den siegreichen Thronprätendenten gebannt und dessen Königtum im Juli des gleichen Jahres annulliert hatte, da dieser nicht bereit war, seine Herrschaft von päpstlicher Zustimmung abhängig zu machen, suchte Ludwig nun den Ausgleich mit den Habsburgern, söhnte sich 1325 mit Friedrich dem Schönen aus und erkannte seinen früheren Gegner sogar als Mitkönig an.
Von italienischen Parteigängern gerufen, zog er zu Beginn des Jahres 1327 über die Alpen, ließ sich am Pfingstfest 1327 zu Mailand mit der Krone der langobardischen Könige krönen und empfing schließlich am 17. Januar 1328 zu Rom in St. Peter aus den Händen des Sciarra Colonna als Vertreter der Stadt Rom die Kaiserkrone. Ohne entscheidende Erfolge im Kampf gegen Johann XXII. und dessen Schützling, König Robert von Neapel, errungen zu haben, mußte er freilich zu Beginn des Jahres 1330 sein italienisches Unternehmen abbrechen und unverrichteter Dinge nach Deutschland zurückkehren, nachdem er noch im August des Vorjahres mit den Pfalzgrafen Rudolf II. und Ruprecht I., den Nachkommen seines 1319 verstorbenen Bruders Rudolf, den berühmten Hausvertrag zu Pavia geschlossen hatte.
Im August des Jahres 1330 kam es zu einer endgültigen, von kleineren Mißhelligkeiten abgesehen bis ans Ende seiner Regierungszeit dauernden Verständigung mit den Brüdern des inzwischen verstorbenen Friedrich des Schönen, den Herzögen Albrecht und Otto von Österreich. Auch suchte Ludwig jetzt auf dem Verhandlungsweg zu einem Ausgleich mit Johann XXII. zu kommen. Der Mißerfolg dieser Bemühungen veranlaßte ihn schließlich im November 1333, seinen Verzicht auf die Herrschaft zugunsten Herzog Heinrichs XIV. von Niederbayern für den Fall in Aussicht zu stellen, daß der Papst ihn zuvor vom Bann lösen würde.
Die seit dem Frühjahr 1335 mit Benedikt XII., dem Nachfolger Johanns XXII., geführten Verhandlungen ließen sich zunächst gut an, wurden aber schließlich im April 1337 unmittelbar vor ihrem Abschluß auf Betreiben König Philipps VI. von Frankreich abgebrochen. Nun wandte sich der Kaiser dem englischen König Edward III. zu, der im Begriffe stand, in Frankreich einzufallen, schloß im Juli 1337 mit diesem ein Angriffsbündnis gegen den gemeinsamen Gegner und ernannte ihn im folgenden Jahr auf einem Reichstag zu Koblenz zu seinem Reichsvikar, nachdem er wenige Wochen zuvor zu Frankfurt im Anschluß an den Kurverein zu Rhens ein Gesetz über die Unabhängigkeit des römischen Kaisertums von kirchlicher Zustimmung verkündet hatte.
Da Eduard III. in den folgenden Jahren im Kampf gegen Philipp VI. nur mäßige Erfolge erzielte, die englischen Teilsiege zudem den französischen Einfluß an der Kurie nicht zu brechen vermochten, wechselte Ludwig

schließlich zu Beginn des Jahres 1341 die Fronten und schloß ein Freundschaftsbündnis mit Philipp VI. Zur erhofften Aussöhnung mit der Kurie kam es freilich auch jetzt nicht, da der zwar fromme, in politischen Dingen aber unerfahrene Benedikt XII. aus nicht geklärten Ursachen den Pakt Ludwigs mit Frankreich mißbilligte. Der Erwerb der Grafschaft Tirol zu Beginn des folgenden Jahres tat Ludwigs Ansehen in der Öffentlichkeit schweren Abbruch, nachdem der Kaiser, um eine Ehe zwischen Margarete, der Erbin von Tirol, und Markgraf Ludwig von Brandenburg zu ermöglichen, die bestehende, wenn auch kinderlos gebliebene Ehe der Gräfin mit einem Sohn des böhmischen Königs für ungültig erklärte.

Benedikt XII. starb am 25. April 1342. Sein Nachfolger Clemens VI., der frühere Erzieher Markgraf Karls von Mähren, hatte entscheidenden Anteil daran, daß sein Zögling noch zu Lebzeiten Ludwigs römischer König wurde. Er nahm die aggressive Politik Johanns XXII. wieder auf, lud Ludwig am Gründonnerstag des Jahres 1343 wiederum vor das päpstliche Gericht, trat jedoch wenige Monate später erneut in Verhandlungen, forderte aber schließlich von ihm den Verzicht auf jegliche Herrschaft und erzwang damit den Abbruch der Verhandlungen. Noch war freilich nicht die Mehrheit im Kurkolleg für die Wahl eines luxemburgischen Kandidaten gewonnen. Sie wurde erreicht, indem Clemens VI. den bisherigen Erzbischof von Mainz, einen erklärten Anhänger Ludwigs, absetzte und durch Gerlach von Nassau, einen Mann der päpstlich-luxemburgischen Sache, ersetzte. Nun konnte am 11. Juni 1346 der Kandidat der Kurie zum römischen König gewählt werden.

Die letzten Monate von Ludwigs Regierung sind gekennzeichnet von den Vorbereitungen eines Angriffs auf den neuen König. Diese waren freilich noch nicht abgeschlossen, da starb der Kaiser unerwartet am 11. Oktober 1347. Der Papst und das Haus Luxemburg konnten aufatmen. Deutschland blieb ein neuer Thronkampf erspart. Nun erst konnte der Luxemburger Karl IV. die Herrschaft wirklich antreten. A. Schü.

RAUM 14

KÖNIGSWAHL

Das bereits von König Rudolf von Habsburg angestrebte Ziel, seinem Haus die römische Königskrone zu erhalten, ging weder bei seinem Tod, noch beim Tod seines Sohnes, König Albrechts I., in Erfüllung. Die Kurfürsten, jene Gruppe von Reichsfürsten, auf die im Laufe des 13. Jh. das Recht der Königswahl ausschließlich übergegangen war, entschieden sich nämlich 1292 für Graf Adolf von Nassau, 1308 dagegen für Graf Heinrich von Luxemburg. Nach dem unerwarteten Tod des ersten Luxemburgers auf dem Thron der römischen Könige – Kaiser Heinrich VII. starb am 24. August 1313 zu Buonconvento in der Toskana – eröffnete sich nun wiederum für Habsburg die Möglichkeit, einem Mitglied seines Hauses die Königskrone zu verschaffen. Der Erzbischof von Köln, Heinrich von Virneburg, war auch tatsächlich bereit, seine Stimme Herzog Friedrich dem Schönen zu geben, dem ältesten Sohn König Albrechts. Die Erzbischöfe von Mainz und Trier, Peter von Aspelt und Balduin von Trier, ein Bruder Heinrichs VII., die beide 1308 maßgeblich zur Wahl des Luxemburgers beigetragen hatte, suchten die Wahl eines Habsburgers mit allen Mitteln zu verhindern, um Johann, den noch minderjährigen Sohn des verstorbenen Kaisers, zum römischen König zu erheben. Nachdem sich jedoch zeigte, daß der Habsburger auf keinen Fall gewillt war, seine Kandidatur zurückzuziehen, außerdem auch eine Doppelwahl zu befürchten stand, einigten sie sich schließlich auf Ludwig den Bayern, der im Herbst 1313 ein österreichisches Heer bei Gammelsdorf besiegt hatte. Daß die Gefahr einer zwiespältigen Wahl überhaupt bestand, lag daran, daß die Führung der sächsischen Kurstimme sowohl von Herzog Johann von Sachsen-Lauenburg wie auch von Herzog Rudolf von Sachsen-Wittenberg beansprucht wurde, während auf die böhmische Kurstimme sowohl Herzog Heinrich von Kärnten wie auch Graf Johann von Luxemburg, die beide mit Schwestern des letzten böhmischen Königs aus Přsemyslidischem Haus vermählt waren und daher den Titel eines böhmischen Königs führten, Anspruch erhoben. Entscheidend aber war, daß Ludwigs eigener Bruder, Herzog Rudolf, dem im Münchner Vertrag vom 21. Juni 1313 die Führung der pfälzischen Kurstimme auf Lebenszeit zugesprochen worden war und der in früheren Jahren zu den eifrigsten Anhängern Heinrichs VII. gezählt hatte, sich den Habsburgern anschloß. Damit konnte sich sowohl Friedrich der Schöne wie auch Ludwig der Bayer im Besitz der Mehrheit der Kurstimmen wähnen. So wählten am 19. Oktober 1314 schließlich der Erzbischof von Köln und Herzog Rudolf von Bayern, dazu Herzog Heinrich von Kärnten als böhmischer Titularkönig und Herzog Rudolf von Sachsen-Wittenberg den österreichischen Herzog zum König, während Ludwig am folgenden Tag vom Mainzer und Trierer Erzbischof sowie von Markgraf Waldemar von Brandenburg als Inhabern unbestrittener Kurstimmen, dazu von Herzog Johann von Sachsen-Lauenburg und Graf Johann von Luxemburg, dem tatsächlichen Besitzer der böhmischen Herrschaft, zum König erhoben wurde. Nun war ein Thronkampf unvermeidlich geworden, der erst mit

297 Der deutsche König
aus dem Mainzer Kurfürstenzyklus

der Gefangennahme König Friedrichs in der Schlacht bei Mühldorf 1322 ein Ende finden sollte. Dem Papst aber bot die strittige Wahl des Jahres 1314 einen Anlaß mehr, dem siegreichen Thronprätendenten das Recht auf die Herrschaft im Römischen Reich abzusprechen, solange er nicht durch den apostolischen Stuhl anerkannt sei. *A. Schü.*

297* DER MAINZER KURFÜRSTENZYKLUS
König und Königswähler

Mainz, um 1330

Sandsteinreliefs, 200x100 cm

In den Jahren 1300–1317 wurde auf dem Platz »Am Brand« in Mainz ein öffentliches Warenlagerhaus mit zwei übereinanderliegenden dreischiffigen Hallen erbaut. An der Schaufront waren als Zinnen die Reliefs der sieben Kurfürsten (Erzbischöfe von Mainz, Köln und Trier, Pfalzgraf bei Rhein, Herzog von Sachsen, Markgraf von Brandenburg, König von Böhmen) und des deutschen Königs angebracht. Das Gebäude selbst wurde 1793 durch französische Beschießung beschädigt und zu Beginn des 19. Jh. abgetragen. Kleider und Ausrüstung der Figuren lassen eine Datierung um 1330 angeraten erscheinen. Demnach wäre mit dem abgebildeten König Ludwig der Bayer gemeint.
Das »Kurkolleg« als Versammlung der alleinigen Königswähler bildete sich allmählich im Verlauf des 13. und beginnenden 14. Jh. heraus. Einen Abschluß fand die Entwicklung erst im Reichsgesetz der Goldenen Bulle (1356), das Zusammensetzung, Rechte und Pflichten des Kollegiums genau definierte.
Daß der Zyklus an einem öffentlichen Gebäude der Stadt Mainz angebracht war, verweist auf die bedeutende Rolle, die Mainz als Sitz des Erzbischofs und Erzkanzlers des Reiches spielte. E.J.G.

E. L. Fischel, Mittelrheinische Plastik des 14. Jh., 1923, 40, 153; A. v. Reitzenstein, Der Ritter im Heergewäte (Stud. z. Gesch. der europ. Plastik, FS Th. Müller) 1965, 85f.; M. Lintzel, Die Entstehung des Kurfürstenkollegs (Sitzungsberichte Leipzig 99/1) Leipzig 1952; H. Mitteis, Die deutsche Königswahl, 1944[2].

Originale: Mainz, Mittelrheinisches Landesmuseum
Abgüsse: München, Haus der Bayerischen Geschichte

298 WAHLKAPITULATION HERZOG LUDWIGS IV. VON BAYERN FÜR DEN MAINZER ERZBISCHOF PETER VON ASPELT

Lorch/Rhein, 12. September 1314

Pergamenturkunde, lateinisch, mit dem Siegel des Ausstellers (herzogliches Reitersiegel) und den Siegeln von 24 der 25 Bürgen. Das Siegel Graf Bertholds von Graisbach fehlt. Eberhard von Breuberg verwendet sein Sekretsiegel; die Siegel von Hermann, Scholaster von Speyer, von dessen Bruder Albrecht, dem Edlen von Lichtenberg, von Wilhelm von Frankenstein, von Gottfried von Wolfstein, von Heinrich von Ehrenfels und von Renneward von Strahlenberg sind beschädigt. 26,5x49 cm

Pfalzgraf Ludwig bei Rhein, Herzog von Bayern, verspricht im Hinblick auf die beständige treue Aufopferung Erzbischof Peters von Mainz um seine Erhebung, daß er diesem – wenn er römischer König werden sollte – die Burg, die Stadt und die Altstadt Weinheim mit dem Dorf Laudenbach und der Hälfte des Dorfes Hemsbach, die ihm und seinem Bruder gehört, geben und zu eigen machen

297

297 Die Kurfürsten von Köln, Mainz und Trier

297

werde. Weiterhin verspricht er, dem Erzbischof die von ihm und seinem Bruder erbaute Burg Reichenstein und – für die Auslagen und Bemühungen Peters von Mainz bei den Feierlichkeiten und notwendigen Aufwendungen seiner Wahl – 10000 Mark reinen Silbers zu geben. Für das Geld werde er dem Erzbischof die Burg Lindenfels mit gewissen Gütern der Abtei Lörrach verpfänden. Den Ratgebern Peters von Mainz werde er am nächsten Osterfest 1000 Mark reinen Silbers geben. Weitere eidliche Zusagen werden von Herzog Ludwig in bezug auf die Erfüllung der vorher aufgeführten Versprechen gemacht. Außerdem stellt dieser dem Erzbischof 25 namentlich genannte Bürgen, die bei Nichterfüllung der von ihm eingegangenen Verbindlichkeiten in Aschaffenburg Einlager halten sollen und sich dazu mit ihrem Eid verpflichten.

Herzog Ludwig von Bayern mußte den geistlichen Kurfürsten von Mainz und Trier und König Johann von Böhmen zur Belohnung für seine Wahl zum römischen König vor derselben eine Reihe von Versprechen und Zugeständnissen machen. Dabei verpflichtete er sich – besonders dem Erzbischof Peter von Mainz gegenüber – auch zur Abtretung von wittelsbachischen Besitzungen, wodurch der zwischen ihm und seinem Bruder Rudolf bestehende Zwist noch vertieft wurde. Rudolf wählte am 19. Oktober 1314 den gegen Ludwig kandidierenden Herzog Friedrich von Österreich zum römischen König. P.M.

297

Druck: MGH Const. V, Nr. 58. – Regest: Böhmer 237 Nr. 22; BWR 74; Reg. Pfalzgr. I 113f., Nr. 1899; Regesten der Erzbischöfe von Mainz von 1289–1396, hg. v. G. Frhrn. v. d. Ropp, Abt. I, bearb. v. E. Vogt, Leipzig 1913, I 304f., Nr. 1678; H. E. Scriba, Regesten der bis jetzt gedruckten Urkunden zur Landes- und Orts-Geschichte des Großherzogthums Hessen, Darmstadt 1847, I 73 Nr. 792. – Lit.: Spindler II 144; Riezler II 306 f.; J. H. Hennes, Die Burgen Reichenstein und Rheinstein nebst einigen benachbarten Orten (Monatsschr. f. rheinisch-westfälische Geschichtsforschung u. Alterthumskunde 2) 1876, 195; H. Schrohe, Der Kampf der Gegenkönige Ludwig und Friedrich um das Reich bis zur Entscheidungsschlacht bei Mühldorf (Hist. Stud., hg. v. E. Ebering, 29) Berlin 1902, 228.

Nürnberg, Germanisches Nationalmuseum

299–307 WAFFEN AUS DER MÜHLDORFER GEGEND

Am 28. September 1322 kam es bei Mühldorf am Inn zur Entscheidungsschlacht zwischen Ludwig dem Bayern und Friedrich dem Schönen. Obwohl die Schlacht schon Gegenstand zahlreicher Untersuchungen war, sind viele Einzelheiten unklar. Wir wissen nicht, weshalb der Habsburger sich auf den Kampf einließ, da er doch im Gegensatz zu Ludwig noch erhebliche Verstärkungen zu erwarten hatte. Umstritten ist auch die genaue Lage des Schlachtfeldes. Während früher der Schauplatz des Geschehens in den We-

297

297

sten von Mühldorf, in die Gegend von Ampfing, verlegt wurde, neigt man heute der wohl zutreffenden Ansicht zu, die Schlacht sei im Nordosten der Stadt, bei Erharting an der Isen, geschlagen worden. Ganz unsicher sind die Zahlenverhältnisse. Ludwig soll 1800, Friedrich 1400 Ritter und außerdem ein Kontingent ungarischer berittener Bogenschützen gehabt haben. In welchem Maße außerdem nichtritterliche Reiterei – abgesehen von den Ungarn – und Fußvolk an der Schlacht teilgenommen haben, ist unbekannt, letzteres scheint sich jedenfalls nicht besonders hervorgetan zu haben. Am wahrscheinlichsten dürfte es sein, wenn man von je 5–6000 Kombattanten auf beiden Seiten ausgeht.

297

◁◁△ 297 Kürfürsten von Böhmen, Brandenburg und Sachsen

Nachdem die Bayern und Böhmen die Isen überschritten hatten, kam es zu einem erbitterten Handgemenge, das schließlich durch das zufällig oder absichtlich verzögerte Eingreifen des Burggrafen von Nürnberg für den Wittelsbacher entschieden wurde. Friedrich der Schöne fiel mit fast allen seinen Rittern in Gefangenschaft; die in den Quellen genannte Zahl von 1100 Toten für beide Seiten zusammen erscheint glaubhaft. Rechnet man eine Mindestzahl von Verwundeten und die Gefangenen hinzu, so ergibt sich der gemessen an der Zahl der Kämpfer sehr hohe Gesamtverlust von wenigstens 4000 Mann. Aus unerfindlichen Gründen hat man sich angewöhnt, Mühldorf die letzte Ritterschlacht zu nennen.

Die ausgestellten Waffen sind allesamt in oder bei Mühldorf gefunden worden. Bei einigen läßt sich ihre Verwendung in der Schlacht von 1322 mit erheblicher Sicherheit behaupten. M. J.

299 LANZENEISEN

Gefunden an der Isen bei Erharting, nördlich von Mühldorf

13. oder 14. Jahrhundert

Eisen, Länge 34 cm

Massives gedrungenes Blatt mit Mittelgrat, langer Tülle. Typisches Lanzeneisen des 13. oder 14. Jh., als die Waffe nicht mehr freischwingend, sondern fast ausschließlich eingelegt verwendet wurde und beim Aufprall einer starken Belastung ausgesetzt war. Der Fundort liegt auf dem vermutlichen Schlachtfeld, es handelt sich also mit größter Wahrscheinlichkeit um ein bei Mühldorf 1322 verwendetes Eisen. M.J.

Mühldorf/Inn, Kreisheimatmuseum (167)

300 ZWEI LANZENEISEN

Gefunden an der Isen bei Frixing, nördlich von Mühldorf

Eisen, Länge 26,5 bzw. 36,5 cm

Lange flache Blattspitzen mit Mittelgrat und kurzer Tülle. Große flache Lanzeneisen waren im Hoch- und Spätmittelalter nicht mehr gebräuchlich, da sie beim Stoß mit eingelegter Lanze auf einen gut gepanzerten Gegner zu leicht abbrachen. Die beiden Eisen sind entweder älter oder sie gehören zu infanteristischen Stangenwaffen. M.J.

Mühldorf/Inn, Kreisheimatmuseum (165, 166)

301 SCHWERT

Aus dem Inn bei Mühldorf

11. oder 12. Jahrhundert

Eisen, Länge 93 cm

Schwert mit breiter Klinge mit breitem Hohlschliff, Spitze abgebrochen, kurzem Griff, gerader Parierstange, paranußförmigem Knauf. Die Waffe wurde bei der alten Innbrücke von Mühldorf gefunden. Ob sie bei der Niederlage Ottokars von Böhmen 1257 in den Fluß gekommen ist, scheint angesichts des frühen Typs (Oakeshott X, spätes 10. bis frühes 12. Jh.) sehr unwahrscheinlich. M.J.

R. E. Oakeshott, The Sword in the Age of Chivalry, London 1964, 28 ff.

Mühldorf/Inn, Kreisheimatmuseum (159)

302 SCHWERT

Aus dem Inn bei Mühldorf

11. oder 12. Jahrhundert

Eisen, Länge 95 cm

Schwert mit breiter Klinge, kurzem Griff, gerader Parierstange und pilzförmigem Knauf. Der Zustand der Klinge läßt keine genaue Typisierung mehr zu, doch dürfte die Knaufform eine Entstehung nach der Mitte des 12. Jh. ausschließen. Fundort und historische Zuordnung wie Inv. Nr. 159. M.J.

R. E. Oakeshott, The Sword in the Age of Chivalry, London 1964, 86 ff.

Mühldorf/Inn, Kreisheimatmuseum (160)

303 SCHWERT

Aus dem Inn bei Mühldorf

13. Jahrhundert

Eisen, Länge 106 cm

Breite Klinge mit breitem, flachem Hohlschliff, kurzem Griff, gerader Parierstange und Spätform des Paranußknaufs. Die Klinge könnte zu Oakeshotts Typ XII gehören, der Knauf verweist auf das 13. Jh. Die Waffe, die ebenfalls bei der alten Mühldorfer Innbrücke gefunden wurde, könnte also recht gut in den Kämpfen des Jahres 1257 verwendet worden sein. M.J.

R. E. Oakeshott, The Sword in the Age of Chivalry, London 1964, 37 ff., 87 f.

Mühldorf/Inn, Kreisheimatmuseum (161)

304 SCHWERT

Gefunden an der Isen (Stegmühle), nördlich von Mühldorf

14. Jahrhundert

Eisen, Länge 112 cm

Schwert mit sich stetig verjüngender Klinge von hexagonalem Querschnitt mit schmalem Hohlschliff im oberen Drittel, langem Griff, der Gebrauch mit beiden Händen zuläßt, gerader, sich zu den Enden hin stark verbreiternder Parierstange und scheibenförmigem Knauf mit zentralem Bukkel.
Die Waffe gehört zu Oakeshotts Typ XVII und dürfte demnach aus der 2. Hälfte des 14. Jh. stammen. Ganz ausgeschlossen ist es trotzdem nicht, daß die Waffe bereits bei Mühldorf verwendet wurde, da gerade die Untersuchungen von Oakeshott gezeigt haben, daß der Gebrauch vieler Schwerttypen früher eingesetzt hat, als man sie bisher zu datieren pflegte, so etwa Typ XVI a, der auch oft zu Unrecht auf die 2. Hälfte des 14. Jh. beschränkt wurde. Der Fundort spricht jedenfalls für diese These. M.J.

R. E. Oakeshott, The Sword in the Age of Chivalry, London 1964, 65 ff.

Mühldorf/Inn, Kreisheimatmuseum (162)

305 SCHWERT

Gefunden an der Isen (Stegmühle), nördlich von Mühldorf

14. Jahrhundert

Eisen, Länge 116 cm

Klinge mit schmalem Hohlschliff, im oberen Drittel Spitze abgebrochen, langer Griff, der den Gebrauch mit beiden Händen zuläßt, gerade Parierstange mit sich leicht verbreiternden Enden, querovalem Knauf mit Mittelgrat.
Die Waffe gehört zu Oakeshotts Typ XVI a, der während des ganzen 14. Jh. verwendet wurde. Das Schwert könnte also aus der Schlacht bei Mühldorf 1322 stammen, der Fundort liegt immerhin in der Nähe des vermutlichen Schlachtfeldes. M.J.

R. E. Oakeshott, The Sword in the Age of Chivalry, London 1964, 63 ff.

Mühldorf/Inn, Kreisheimatmuseum (163)

306 SCHWERT

Vom Mühldorfer Stadtwall

2. Hälfte 14. Jahrhundert

Eisen, Länge 112 cm

Schwert mit sich stetig verjüngender Klinge von rhombischem Querschnitt, langem, den Gebrauch mit beiden Händen zulassenden Griff, leicht gebogener Parierstange und kleinem scheibenförmigen Knauf. Die im früheren Burggraben von Mühldorf gefundene Waffe gehört zu Oakeshotts Typ XVa und ist in die 2. Hälfte des 14. Jh. zu datieren. Vermutlich stammt sie von einer der Belagerungen Mühldorfs 1364 oder 1387. M.J.

R. E. Oakeshott, The Sword in the Age of Chivalry, London 1964, 59 f.

Mühldorf/Inn, Kreisheimatmuseum (158)

307 AXTKLINGE

Aus dem Inn

12./13. Jahrhundert

Eisen, 17x16 cm

Axtklinge mit langem Bart. Gehörte zu einer u. U. mit beiden Händen geführten Waffe. M.J.

Mühldorf/Inn, Kreisheimatmuseum (170)

308 BEILKLINGE

Gefunden an der Isen (Stegmühle), nördlich von Mühldorf

Eisen, 15x12 cm

Mit sehr langer Tülle, möglicherweise Werkzeug. Äxte wurden bis ins 13. Jh. gelegentlich im abgesessenen Kampf benutzt, kamen aber dann weitgehend außer Gebrauch, Beile scheinen dagegen als Kriegswaffe im ganzen Hochmittelalter fast gar keine Rolle gespielt zu haben. M.J.

Mühldorf/Inn, Kreisheimatmuseum (171)

309 STACHELSPORN

Aus dem Inn bei Mühldorf

11. oder 12. Jahrhundert

Eisen, Länge 16 cm

Stachelsporn mit kurzem ausladendem Stachel, geradem Hals und rundem Bügel. M.J.

Mühldorf/Inn, Kreisheimatmuseum (118)

310 RADSPORN

Aus dem Inn bei Mühldorf

2. Hälfte 13. oder 14. Jahrhundert

Eisen, Länge 12,5 cm

Radsporn mit teilweise abgebrochenem Bügel. Der Radsporn verdrängte ab Mitte des 13. Jh. den Dornsporn. M.J.

Mühldorf/Inn, Kreisheimatmuseum (124)

311 DIE SCHLACHT BEI MÜHLDORF (AMPFING)

Hans Werl (gest. München 1608), München, nach 1601

Öl auf Leinwand, 225x1080 cm

Die Beischrift der Darstellung lautete: LVDOVICVS CAE: IMPERATOR, BOIARIAE DVX, IN OENI FLVMINIS RIPA PROPE PAGVM AMPFINGH: DE IMPERIO ARMIS CERTANS, AEMVLVM CLADE ATTECTA VINCTVM ABDVXIT, IMPERIOQVE POTITVR. IV. CALENDAS OCTORBIS ANNO CHRISTI MCCCXXII. D.D.

Vgl. Kat. Nr. 103.

Burghausen, Schloß (BStGS 3750)

312 BÜNDNISVERTRAG DER HERZÖGE VON NIEDERBAYERN MIT KÖNIG LUDWIG, KÖNIG JOHANN VON BÖHMEN UND ERZBISCHOF BALDUIN VON TRIER

Regensburg, 11. Oktober 1322

Pergamenturkunde, deutschsprachig; drei Siegel der Aussteller. 22x42,5 cm

Die Herzöge Heinrich XIV., Otto IV. und Heinrich XV. von Niederbayern verbünden sich mit König Ludwig von Rom, König Johann von Böhmen und Erzbischof Balduin von Trier. Dabei geloben die Bündnispartner an Eides Statt, sich auf Lebenszeit wechselseitig mit Leib und Gut und mit aller ihrer Macht zu helfen und zu raten gegen jedermann und namentlich gegen Herzog Friedrich von Österreich, dessen Brüder und deren Helfer. Auch die Freunde und Helfer der Vertragschließenden sollen in das Bündnis aufgenommen werden. Würden von den sechs Partnern dieses Übereinkommens einer oder mehrere sterben, soll das Bündnis auf dessen oder deren Kinder, Lehnsleute *(Stifte)*, Helfer und Diener ausgedehnt werden, wenn diese in ihm bleiben wollen. Ferner soll keiner der Vertragsschließenden ohne das Wissen, den Willen und den Rat der übrigen fünf oder derjenigen, welche von diesen dann noch leben, einen Separatfrieden mit Herzog Friedrich von Österreich, dessen Brüdern und deren Helfern herstellen. Dieser Bündnisvertrag kam nur 13 Tage nach der Schlacht bei Mühldorf und Ampfing zustande. Er zerbrach schon im nächsten Jahr, als Ludwig der Bayer seinen ältesten Sohn Ludwig mit der Mark Brandenburg belehnt hatte. Dieser Vorgang verstimmte König Johann von Böhmen, der gehofft hatte, Brandenburg für sich selbst zu erwerben. So schloß derselbe schon im September 1323 mit den österreichischen Herzögen einen Vertrag, durch welchen das Bündnis mit König Ludwig erheblich gelockert wurde. P.M.

Druck: MGH Const. V Nr. 688; MW II 375 f; Nr. 266. – Regest: RB VI 73; Böhmer 309 Nr. 347; W. Erben, Bertold von Tuttlingen, Registrator und Notar in der Kanzlei Kaiser Ludwigs des Bayern (Akad. d. Wiss., phil.-hist. Kl., Denkschr. 66/2) Wien–Leipzig 1923, Anh. IV, Nr. 37a; BUR 112; J. Emler, Regesta diplomatica nec non epistolaria Boyhemiae et Moraviae III, Prag 1890, Nr. 810. – Lit.: Riezler II 343; Spindler II 152; F. v. Weech, Kaiser Ludwig der Bayer und König Johann von Böhmen, Diss. München 1860, 25.

München, Bayerisches Hauptstaatsarchiv (Kurbayern Urk. 11400)

313 ANGEBLICHE FESSEL FRIEDRICHS DES SCHÖNEN VON ÖSTERREICH

1322 (?)

Eisen, angerostet, Länge ca. 70 cm

Bei der am 28. September 1322 zwischen Ampfing und Mühldorf geschlagenen Schlacht konnte König Ludwig die Österreicher nicht nur entscheidend besiegen, sondern auch seinen Vetter und Rivalen um die deutsche Königskrone, den Habsburger Friedrich den Schönen, gefangennehmen. Da zu erwarten stand, daß Herzog Leopold von Österreich alles unternehmen würde, um die Freilassung seines Bruders zu erzwingen, ließ König Ludwig den Gefangenen zunächst auf die nahe Burg Dornberg, später über Landshut und Regensburg nach dem abgeschieden im Pfreimdtal gelegenen Trausnitz bringen. Hier, angeblich im knapp 18 m² großen, obersten Turmgeschoß der Burg, brachte Friedrich der Schöne seine knapp zweieinhalb Jahre währende Gefangenschaft zu. Die in der sog. Versöhnungskapelle in die Wand eingelassene Eisenkette soll der Überlieferung nach zur Fesselung Friedrichs gedient haben. E. M.-L.

J. B. Schütz, Chronik des königlich bayerischen Schlosses Trausnitz im Thal, Nabburg 1842, 27ff.

Trausnitz bei Nabburg/Opf., Versöhnungskapelle

314 ANERKENNUNG LUDWIGS DES BAYERN ALS KÖNIG UND KAISER DURCH DIE HERZÖGE ALBRECHT UND OTTO VON ÖSTERREICH

Hagenau, 6. August 1330

Pergamenturkunde, deutschsprachig; Siegel Herzog Ottos von Österreich (Reitersiegel, stark beschädigt). In der Corroboratio sind die Siegel beider österreichischen Herzöge angekündigt. 25x45,5 cm

Die Herzöge Albrecht II. und Otto von Österreich erklären, daß sie sich unter der Vermittlung König Johanns von Böhmen mit Kaiser Ludwig verglichen haben, so daß zwischen diesem und ihnen hinsichtlich aller Kriege und Mißhelligkeiten, die bis auf den heutigen Tag geschehen sind, eine vollständige Versöhnung sein soll, in welche auch die Helfer und Diener beider Parteien eingeschlossen sind. Die Herzöge sollen des Reiches Leute und Gut, soweit es nicht ihr Lehen oder ihre Pfandschaft ist, dem Kaiser zurückgeben und ebenso Gundelfingen, das dessen Erbe ist. Dagegen soll der Kaiser den Herzögen alle Reichslehen leihen, welche diese von ihren Vorfahren haben, und die von früheren Königen und Kaisern versetzten Reichspfandschaften bestätigen. Besonders soll er Albrecht und Otto von Österreich Villingen leihen. Die Herzöge sollen dem Kaiser in deutschen Landen gegen jedermann behilflich sein, und ebenso der Kaiser den Herzögen. Dieses Bündnis ist nicht gegen die Kirche, die Könige von Ungarn und Böhmen, den Herzog von Kärnten, die Herzöge von Bayern, den Erzbischof von Salzburg und den Bischof von Passau gerichtet. Abmachungen, welche mit Friedrich dem Schönen von Ludwig dem Bayern bzw. den Herzögen getroffen wurden und diesen oder jenem zum Schaden gereichen können, sollen außer Kraft sein.

Nachdem Friedrich der Schöne am 13. Januar 1330 auf Schloß Gutenstein gestorben war, wurde die Zeit reif für eine Verständigung zwischen Ludwig dem Bayern und den Habsburgern. Nach einer letzten militärischen Konfrontation vor Colmar söhnten sich Kaiser Ludwig und die österreichischen Herzöge unter der Vermittlung König Johanns von Böhmen in Hagenau aus. Dieser Friedensschluß, der einen Abschluß des sechzehnjährigen Thronstreites bedeutete, bewirkte eine Anerkennung des Kaisertums und des Königtums Ludwigs des Bayern durch die Habsburger und schuf schließlich die Voraussetzung für das über das Erbe Herzog Heinrichs von Kärnten am 26. November 1330 getroffene Abkommen des Kaisers mit Österreich. P. M.

Druck: MGH Const. VI. Nr. 834. – Regest: Böhmer 253 Nr. 181; Die Kärntner Geschichtsquellen 1326–1335, hg. v. H. Wießner (Monumenta historica ducatus Carinthiae 9) Klagenfurt 1965, Nr. 361; J. Emler, Regesta diplomatica nec non epistolaria Bohemiae et Moraviae III, Prag 1890, Nr. 1674. – Lit.: Riezler II 399f.; Spindler II 166; F. Seibt, Karl IV., Ein Kaiser in Europa, 1346–1378, München 1978, 102; F. v. Weech, Kaiser Ludwig der Bayer und König Johann von Böhmen, München 1860, 30ff.; GG I, 531; Lhotsky 317.

München, Bayerisches Hauptstaatsarchiv (Kaiser-Ludwig-Selekt 417)

ITALIENPOLITIK LUDWIGS DES BAYERN

Dem aus dem luxemburgischen Grafenhaus stammenden Kaiser Heinrich VII. gebührt das Verdienst, nach dem Untergang des staufischen Hauses im Mannesstamm als erster römischer Herrscher eine Politik verfolgt zu haben, die auf eine Beruhigung und Stabilisierung der politischen Verhältnisse Italiens abzielte. Sein Nachfolger Ludwig der Bayer setzte diese Politik zeitweilig fort. Er ernannte bereits 1315 Johann von Beaumont, den Bruder des Grafen von Holland, zu seinem Reichsvikar für Italien und griff nach Beendigung des Thronstreits in die guelfisch-ghibellinischen Auseinandersetzungen ein, indem er seinen Anhängern Truppen und Geld schickte und auf diese Weise mithalf, einen päpstlich-guelfischen Sieg über die Visconti zu vereiteln. Nachdem ihn Papst Johann XXII. 1324 gebannt und anschließend seine Wahl zum römischen König annulliert hatte, traf die Regierung noch im Herbst des gleichen Jahres erste Vorbereitungen zu einem persönlichen Eingreifen Ludwigs in Italien. Da ein Zug über die Alpen notwendigerweise zu einer Auseinandersetzung mit König Robert von Neapel, dem Schützling Johanns XXII., führen mußte, wurde mit König Friedrich III. von Sizilien, einem Mitglied des Hauses Aragon, das seit der Sizilianischen Vesper über die Insel herrschte, ein Bündnis geschlossen, außerdem mit Herzog Heinrich von Kärnten Verbindung aufgenommen, dem als Inhaber der Grafschaft Tirol besondere Bedeutung im Hinblick auf die Sicherung der Alpenübergänge zukam.

Im Anschluß an eine Unterredung mit König Friedrich zu Innsbruck und eine Zusammenkunft mit ghibellinischen Herren und Vertretern italienischer Kommunen brach Ludwig schließlich im Frühjahr 1327 von Trient aus nach Italien auf, zog über Como nach Mailand und ließ sich dort am Pfingstfest, dem 31. Mai, mit der Eisernen Krone der Langobarden krönen. Nach einem mehrmonatigen Aufenthalt in der Stadt brach er Mitte August in Richtung Toskana auf, überquerte bei Cremona den Po und begann Anfang September mit der Belagerung Pisas, das ihm, um den Frieden mit König Robert und der Stadt Florenz nicht zu gefährden, die Tore versperrt hatte, ihn aber nach mehrwöchiger Belagerung schließlich einlassen mußte. Von Pisa aus begann er am 15. Dezember den Marsch auf Rom, das er von Viterbo kommend am 7. Januar betrat und wo er am 17. Januar zum Kaiser gekrönt wurde.

Obwohl sich in den stadtrömischen Ereignissen der folgenden Monate die Wiedergeburt eines Kaisertums nach ottonischem und salischem Vorbild anzukündigen schien – im April setzte Ludwig den angeblich häretischen Papst ab, während im folgenden Monat mit kaiserlicher Zustimmung Volk und Klerus der Stadt einen neuen Papst wählten –, setzte im Grunde genommen bereits mit der Kaiserkrönung der Niedergang seines italienischen Unternehmens ein. Das guelfische Florenz, in das König Robert von Neapel vorsorglich eine Besatzung gelegt hatte, zwang Ludwigs treuesten Anhänger auf italienischem Boden, den im November des Vorjahrs zum Herzog von Lucca erhobenen Castruccio Castracani degli Antelminelli, zur eiligen Rückkehr in die Toskana. Der geplante Angriff auf das Königreich Neapel mußte vorerst unterbleiben, da König Friedrich von Sizilien die auf ihn gesetzten Hoffnungen vorerst nicht erfüllen konnte. Geldknappheit machte sich breit, und die Stimmung der stadtrömischen Bevölkerung schlug um. Schließlich zog sich der Kaiser wieder nach Pisa zurück, wo er am 21. Oktober eintraf und bis in den April des nächsten Jahres blieb.

Nun häuften sich die Schwierigkeiten. Castruccio Castracani war in der Zwischenzeit verstorben, die ghibellinischen Herren suchten den Frieden mit der Kurie. Im Heer brachen Meutereien aus, nachdem der Sold nicht mehr pünktlich bezahlt werden konnte. Hermann von Lichtenberg, der kaiserliche Kanzler, mußte schließlich nach Deutschland reisen, um neue Gelder zu beschaffen. Im Juni schlug der Kaiser sein Quartier zu Pavia auf, wo dann Anfang August das Erbe Herzog Ludwigs des Strengen im Hausvertrag von Pavia geteilt wurde. Nachdem alle Hoffnungen geschwunden waren, die ursprünglichen Pläne verwirklichen zu können, zog der Kaiser schließlich im November nach Parma, feierte Weihnachten in Trient und traf im Februar 1330 wieder in seinem bayerischen Herzogtum ein. Ein mit großen Hoffnungen begonnenes Unternehmen war kläglich gescheitert. *A. Schü.*

315* HERZOG RUDOLF I. VON BAYERN AUF DEM ROMZUG KAISER HEINRICHS VII.

Um 1340

Pergament. Das Balduineum 1 (= 1 C Nr. 1) insges. 424 Bl.; die Miniaturen am Anfang dieser Handschrift, die jetzt getrennt vom eigentlichen Balduineum aufbewahrt werden, umfassen 37 Bl.

König Heinrich brach im Herbst 1310 nach Italien auf, um sich in Rom zum Kaiser krönen zu lassen. Sein Weg führte über Bern, Lausanne und Turin nach Mailand, wo er am Dreikönigstag des Jahres 1311 mit der Krone der langobardischen Könige gekrönt wurde. Nach langwierigen Kämpfen mit guelfischen Parteigängern konnte er im Mai 1312 in Rom einziehen, wo er am 29. Juni 1312 von päpstlichen Legaten in der Lateranbasilika zum Kaiser gekrönt werden mußte, da Johann von Gravina, ein Bruder König Roberts von Neapel, und die Orsini Teile der Stadt besetzt hielten und dem König den Weg nach St. Peter versperrten. Am 24. August 1313 ereilte den Kaiser der Tod zu Buonconvento in der Toskana; in den vorangegangenen Monaten hatte er Florenz vergeblich belagert und Vorkehrungen zu einem Zug gegen Robert von Neapel getroffen.

Zu den weltlichen Großen, die den König begleiteten, ge-

315

hörte auch Herzog Rudolf I. von Bayern. Er verließ jedoch wenige Monate nach der Krönung das kaiserliche Heer, nachdem er dem Herrscher beim Erwerb der Kaiserkrone behilflich gewesen war und damit seine Pflichten als Lehensträger erfüllt hatte.
Der Bruder des Kaisers, der einflußreiche Kurfürst Balduin von Trier, ließ um 1340 eine größtenteils den Taten Heinrichs gewidmete Bilderchronik malen, aus der das hier gezeigte Blatt stammt. Das obere Bild zeigt König und Königin mit ihrem Gefolge bei der Besteigung des Mont Cenis, im unteren Bild ist der Abstieg in Richtung auf das im Piemonteser Gebiet gelegene Städtchen Susa dargestellt.

A. Schü.

G. Irmer, Die Romfahrt Kaiser Heinrichs VII. im Bildercyclus des Codex Balduini Trevirensis, Berlin 1881; F.-J. Heyen, Kaiser Heinrichs Romfahrt. Die Bilderchronik von Kaiser Heinrich VII. und Kurfürst Balduin von Luxemburg 1308–1313, München 1978².

Koblenz, Landeshauptarchiv (1 C Nr. 1)

316* DIE ETTALER BERGSTRASSE

Um 1615

Federzeichnung in Sepia, 38 x 120,4 cm

Landschaftsdarstellung der ältesten Ettaler Bergstraße (Ettaler Kienbergweg) mit mehrspännigen Fuhrwerken. Darüber rechts die projektierte neue Straße, die dann 1628/29 gebaut wurde. Am linken oberen Bildrand ist der gotische Rundbau der Klosterkirche Ettal dargestellt.
Die Ettaler Straße war ein Teil der von Augsburg nach Italien über den Brenner führenden Route, der sog. unteren Straße. Sie verlief von Augsburg über Schongau, Ammergau, Ettal, Oberau, Partenkirchen, Scharnitz, Zirler Berg, Innsbruck zum Brenner. Funde machen es wahrscheinlich, daß die Straße über den Ettaler Berg schon zur Römerzeit benutzt wurde; im Mittelalter jedenfalls dürfte die Ettaler Route eine der wichtigsten Verkehrslinien von Augsburg nach Italien gewesen sein, und zwar schon vor der Gründung des Klosters Ettal 1330. Die Benutzung dieser Reichsstraße war Pflicht und wurde vor allem von den Nutznießern dieser Route, der mit dem Niederlagsrecht ausgestatteten Stadt Schongau und dem Markt Oberammergau, durchgesetzt und überwacht.
Die Stiftung des Klosters Ettal war daher auch ein Mittel zur Sicherung der Reichsstraße, des Geleits und der Zollabgaben. Jeder Benutzer der Reichsstraße genoß Königsschutz und mußte für Verluste entschädigt werden.
Das Aufblühen der Stadt München hat dann später die konkurrierende Straße über Murnau begünstigt, deren Streckenführung durch das Murnauer Moos allerdings häufig durch die Hochwasser der Loisach unterbrochen war.
Der Weg von Oberammergau bis Oberau und umgekehrt dürfte wegen seiner Steigungen hauptsächlich als Saumpfad benutzt worden sein. Oberammergau besaß spätestens seit 1332 ein Niederlagsrecht und das Recht, die Kaufmannsgüter durch seine Rottleute von der Echelsbacher Brücke bis nach Oberau transportieren zu lassen. Das Gericht Ammergau, das zur Erstausstattung des Klosters gehört, war in seiner Eigenschaft als Reichsgut auch für den Unterhalt der Reichsstraße verantwortlich. Die territorial- und verkehrspolitische Bedeutung der Gründung Ettals ist also auch im Hinblick auf die Reichsstraße nicht gering einzuschätzen.

R. H.

H. G. Dussler, Geschichte der Ettaler Bergstraße, Ettal 1971/72 (mit Abb. d. Karte auf Taf. III hinter 114).

München, Bayerisches Hauptstaatsarchiv (Plansammlung 11115)

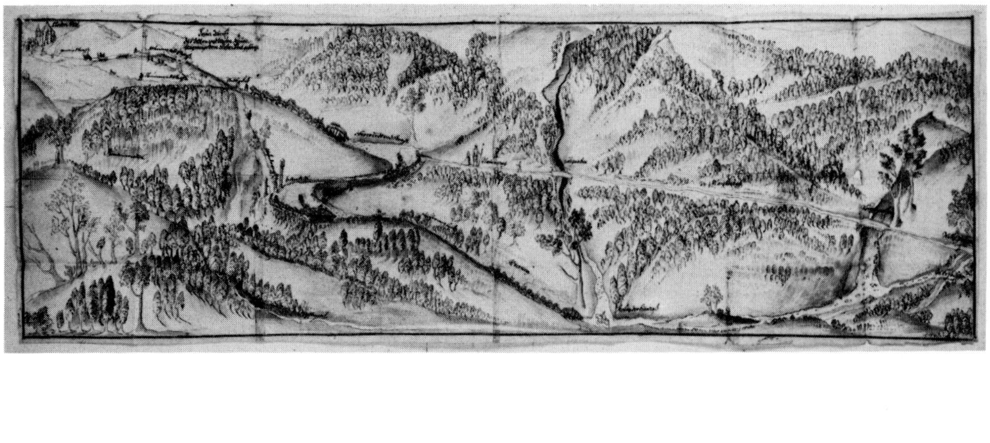

316

317 PAPST BENEDIKT XII.

Paolo da Siena. 1341/42

Marmorbüste, lebensgroß

Der Südfranzose Benedikt XII. (1334–1342) zählt zu den besten Vertretern des Avignonesischen Papsttums. Als anerkannter Theologe, dem allerdings politische Erfahrungen fehlten, richtete er sein Hauptaugenmerk auf die Abstellung innerkirchlicher Mißstände. Schon bald nach Antritt seines Pontifikats bemühte er sich um eine Reform des Benediktiner- und Zisterzienserordens, suchte einen Ausgleich zwischen Franziskanern und Dominikanern zustande zu bringen und entschied den von seinem Vorgänger Johann XXII. ins Leben gerufenen Streit um die Anschauung Gottes. Der dem Zisterzienserorden angehörende Papst, der sich von Nepotismus freihielt, bemühte sich, die Auswüchse des Pfründenunwesens zu beseitigen, widerrief deshalb alle von seinem Vorgänger erteilten Anwartschaften auf nicht erledigte Pfründen, regelte das System der Visitationsgebühren und trug für die Einhaltung der Residenzpflicht Sorge. Vergeblich suchte er den Ausbruch des Hundertjährigen Krieges zwischen England und Frankreich zu verhindern.
In der Geschichte der Auseinandersetzung zwischen Papsttum und Kaisertum kommt diesem Papst insofern eine besondere Bedeutung zu, als er wohl der einzige Inhaber des Apostolischen Stuhles war, der zumindest anfangs bereit war, Ludwig den Bayern vom Bann zu lösen. Die zu diesem Zweck im Frühjahr 1335 in die Wege geleiteten Verhandlungen wurden jedoch zwei Jahre später durch den Papst, der sich französischem Druck beugte, ergebnislos abgebrochen. Weitere Versuche, in den Jahren 1338 und 1341 zu einem Ausgleich zu gelangen, führten ebenfalls nicht zum erhofften Ziel.
Die noch zu Lebzeiten Benedikts XII. aus Anlaß der Erneuerung des Dachstuhls von St. Peter durch Paolo da Siena geschaffene Marmorbüste zeigt nicht die Gesichtszüge des Papstes; vielmehr handelt es sich dabei um eine freie Nachbildung der im Jahre 1300 durch Arnolfo di Cambio geschaffenen Büste Papst Bonifaz' VIII. A. Schü.

B. Guillemain, Benedetto papa XII (Dizionario biografico degli Italiani 8) 1966, 378–384; L. Boehm, Papst Benedikt XII. (1334–1342) als Förderer der Ordensstudien. Restaurator – Reformator – oder Deformator regularer Lebensform? (Secundum regulam vivere. FS N. Backmund, hg. v. G. Melville) Windberg 1978, 281–310.

Rom, Vatikan

318 DIE ›SACHSENHÄUSER APPELLATION‹ LUDWIGS DES BAYERN

Sachsenhausen 1324

Pergamenturkunde in Papierlibell (9 Bl.), 21x14 cm

Ludwig der Bayer war der letzte Herrscher des Mittelalters, der die Unabhängigkeit des römischen Königtums gegen päpstliche Herrschaftsansprüche verteidigte. Von Johann XXII. am 8. Oktober 1323 mit der Begründung zur Verantwortung gezogen, er habe ohne ausdrückliche Erlaubnis des Apostolischen Stuhles die Herrschaft im Römischen Reich angetreten, legte der König am 18. Dezember 1323 zu Nürnberg sowie am 5. Januar 1324 zu Frankfurt Berufung an ein allgemeines Konzil ein. Nachdem der Papst, der diese Rechtsmittel des Angeklagten zu unterdrücken wußte, Ludwig am 23. März 1324 mit dem großen Kirchenbann belegt hatte, rief dieser am 22. Mai des gleichen Jahres zu Sachsenhausen erneut ein zukünftiges Konzil an.
Bemerkenswert an dieser sog. Sachsenhäuser Appellation ist, daß es sich bei der Urkunde, die über diesen Schritt ausgefertigt wurde, um eines der frühesten Beispiele einer sog. Kanzleifälschung handelt, da der in ihr enthaltene Vorwurf, Johann XXII. sei aufgrund dogmatischer Entscheidungen Häretiker geworden, von Ludwig selbst überhaupt nicht erhoben, sondern vielmehr durch den königlichen Protonotar nachträglich in die Urkunde aufgenommen wurde.
Das ausgestellte Exemplar dieser Appellationsschrift, die nach dem 11. Juli 1324 vornehmlich in Deutschland und Italien verbreitet wurde, stammt aus dem ehem. herzoglichen Archiv und war, da sie für die königliche Verwaltung bestimmt war, von Anfang an unbesiegelt. A. Schü.

Druck: MGH Const. 5, 723–744, Nr. 909. – Lit.: A. Schütz, Die Appellationen Ludwigs des Bayern aus den Jahren 1323/24 (MIÖG 80) 1972, 71–112; A. Schütz, Papsttum und römisches Königtum in den Jahren 1322–1324 (HJb 96) 1978, 245–269.

München, Bayerisches Hauptstaatsarchiv, Abt. III Geheimes Hausarchiv (Hausurkunden Nr. 225)

319 DER ›DEFENSOR PACIS‹ DES MARSILIUS VON PADUA

Marsilius von Padua (Padua um 1280–1342/43 München)

Frankreich, 1. Hälfte 15. Jahrhundert (nach 6. Febr. 1417)

Pergament (186 Bl.), 33x25,5 cm. Aufgeschlagen fol 3r

Ludwig dem Bayern gebührt das Verdienst, Gelehrten eine Zuflucht geboten zu haben, die das geistige Leben späterer Generationen entscheidend beeinflussen sollten, die jedoch aufgrund ihrer Lehren mit der kirchlichen Autorität in Konflikt geraten waren. Zu den bedeutendsten Wissenschaftlern unter diesen Asylanten gehörte der Arzt und Philosoph Marsilius von Padua. Er veröffentlichte 1324 zu Paris anonym den ›Defensor pacis‹ und floh 1326, nachdem der Name des Verfassers bekannt geworden war, zu Ludwig. Das bahnbrechende Werk dieses Mannes, in dem die Unterodnung der kirchlichen Hierarchie unter den Willen des Kirchenvolkes gefordert und dem Herrscher als dem vom Volk gewählten Repräsentanten ein Aufsichtsrecht über die Kirche zugestanden, dazu jeglicher prinzipieller Unterschied zwischen Klerikern und Laien bestritten wurde – bezeichnenderweise erschien es 1522 erstmals im Druck –, ist infolge seiner Bedeutung für den Konziliarismus und die Reformation in zahlreichen Handschriften überliefert.

Das hier gezeigte Manuskript, eine Handschrift des 15. Jh., gehörte früher dem berühmten Konvent von Saint Victor zu Paris und liegt heute auf der französischen Nationalbibliothek. Die farbenprächtige Miniatur auf Blatt 3, das Werk eines französischen Künstlers, zeigt im oberen linken Viertel in besonderer Umrahmung den von weltlichen Ratgebern und Rittern umgebenen Kaiser auf dem Thron mit Krone, Schwert und Reichsapfel. Die Gruppe im rechten oberen Viertel versinnbildlicht die geistliche Gewalt. Dargestellt sind der Papst, links neben ihm drei sitzende Kardinale sowie zwei stehende Priester mit Buch, Kelch und Hostie, zu Füßen des Papstes zwei Erzbischöfe sowie zwei Bischöfe, die miteinander disputieren. Das untere Bild zeigt dagegen eine Szene aus dem Leben der Universität: fünf kniende Gestalten, vorne ein Geistlicher mit einem rotgebundenen und goldverzierten Buch, überreichen sechs Professoren, die miteinander zu disputieren scheinen, ein wissenschaftliches Werk. A. Schü.

Marsilius von Padua, Defensor pacis, hg. v. R. Scholz (MGH Fontes iuris germanici antiqui in usum scholarum 9) Hannover 1932 (maßgebliche Ausgabe des lateinischen Textes).

Paris, Bibliothèque Nationale (Ms. latin 14620)

320 ›TRACTATUS CONTRA WILHELMUM OCCAM‹

Konrad von Megenberg (1309–1374)

1. Hälfte 15. Jahrhundert

Papierhandschrift (680 S.) mit Holzdeckeleinband, lederüberzogen. Der Traktat gegen Occam fol. 461–483. 30x22 cm

Bereits wenige Wochen nach dem unerwarteten Tod Kaiser Ludwigs des Bayern erteilte Clemens VI. päpstlichen Kommissären Vollmacht, die Anhänger des verstorbenen Kaisers vom Bann zu lösen. Wer wieder in die Kirche aufgenommen werden wollte, mußte eine mäßige Geldbuße entrichten sowie eine Gehorsamserklärung abgeben, die neben einer ausdrücklichen Absage an Ludwigs Nachkommen ein Treueversprechen gegenüber dem Papst und König Karl beinhaltete.

In einem wohl 1348 entstandenen Traktat wandte sich Wilhelm von Ockham gegen diese Unterwerfungsformel. Wie früher betonte er auch jetzt, daß dem Kaiser entgegen kurialer Anschauung das Recht zustehe, den häretischen und unwürdigen Papst abzusetzen. Dazu bestritt er die Rechtgläubigkeit Clemens' VI. und die Legitimität der Herrschaft König Karls, erklärte alle Eide, die ihnen geschworen wurden, für ungültig und stellte schließlich fest, daß Karls Wahl zum römischen König das Werk meineidiger Fürsten gewesen sei.

Daß das vielleicht anonym erschienene Werk wenigstens teilweise erhalten blieb, verdanken wir dem Regensburger Domherrn Konrad von Megenberg, einem unermüdlichen, wenn auch nicht immer erfolgreichen Pfründenjäger, der aus leicht durchschaubaren Motiven 1354 einen ›Tractatus contra Wilhelmum Occam‹ verfaßte, in den er Auszüge aus dem Werk des damals bereits verstorbenen (wohl 1349) Franziskaners aufnahm.

Konrads Schrift zur Verteidigung Karls IV. ist in zwei Handschriften des 15. Jh. überliefert, von denen eine zu Brünn, die andere zu Eichstätt liegt. Ausgestellt ist hier die aus dem ersten Viertel des 15. Jh. stammende Eichstätter Überlieferung. A. Schü.

Druck: R. Scholz, Unbekannte Kirchenpolitische Streitschriften aus der Zeit Ludwigs des Bayern (1327–1354) 2, Rom 1914, 346–391. – Lit.: Scholz (wie oben) 1, Rom 1911, 127–140.

Eichstätt, Staats- und Seminarbibliothek (MS Staatsbibl. 698)

KAISERKRÖNUNG

Ludwig der Bayer verfolgte mit seinem Eingreifen in Italien von Anfang an das Ziel, sich zum römischen Kaiser krönen zu lassen. Von diesem Vorhaben war schon in Briefen die Rede, die er noch in Trient im Februar und März 1327 an seinen Schwiegervater, Graf Wilhelm von Holland, und andere Persönlichkeiten schrieb. Wenige Monate später überbrachten ihm Gesandte der Stadt Rom, die zusammen mit anderen Vertretern ghibellinischer Kommunen seiner Krönung zu Mailand beiwohnten, die förmliche Einladung zum Empfang der Kaiserkrone.

Am 7. Januar 1328 hielt Ludwig von Viterbo kommend Einzug in Rom, wo er zunächst im Vatikan, später im Palast bei Santa Maria Maggiore Wohnung nahm. Am 11. Januar wurde ihm sodann von den Römern, die erst vor kurzem die Anhänger König Roberts von Neapel aus der Stadt vertrieben hatten, auf einer Volksversammlung auf dem Kapitol das Senatorenamt angetragen, dazu der folgende Sonntag für die Krönungsfeierlichkeiten bestimmt.

In der Geschichte des abendländischen Kaisertums kommt dieser Krönung insofern eine besondere Bedeutung zu, als Ludwig zwar nach überkommenem Zeremoniell gekrönt wurde, er aber der erste und, wie sich zeigen sollte, auch der einzige Herrscher war, der die Kaiserkrone – bedingt durch die politischen Umstände – aus den Händen des römischen Volkes und nicht, wie seit langem üblich, durch den Papst empfing.

Die fehlende päpstliche Zustimmung tat freilich den Feierlichkeiten keinen Abbruch: der Krönungszug, der sich am Sonntag, den 17. Januar 1328, vom Lateran nach St. Peter bewegte, wurde angeführt durch Manfred de Vico, den Präfekten der Stadt, dem Bannerträger sowie die Mitglieder des städtischen Rats der 52 folgten. Ludwig und seine Gemahlin Margarete, beide in weiße Gewänder gehüllt, saßen auf zwei Schimmeln; vor ihnen schritt ein Rechtsgelehrter, der das Buch mit dem Krönungszeremoniell in Händen hielt. Eine große Menschenmenge folgte dem Zug. In St. Peter angekommen, wurde das Herrscherpaar durch die Bischöfe von Castello, Aleria und Chiron, die auch den feierlichen Krönungsgottesdienst hielten, gesalbt, um nach vollzogener Salbung durch Sciarra Colonna, jenen stadtrömischen Adeligen, der 25 Jahre zuvor Papst Bonifaz VIII. zu Anagni gefangengenommen hatte, im Auftrag des römischen Volkes die Kaiserkrone zu empfangen. Wie frühere Kaiser erließ auch Ludwig im Anschluß an seine Krönung drei Gesetze; ihr Wortlaut ist nicht mehr erhalten, dem Bericht eines Zeitgenossen, des Florentiners Giovanni Villani, zufolge betrafen sie die Erhaltung des Glaubens, die Ehrerbietung gegenüber der Geistlichkeit sowie den Schutz der Witwen und Waisen.

Ihren Abschluß fand die Krönung mit einem Festmahl auf dem Kapitol, das bis weit in die Nacht hinein dauerte. Nachdem Castruccio Castracani am folgenden Tag noch zum Senator der Stadt ernannt worden war, kehrte das Kaiserpaar, das die Nacht im Senatorenpalast verbracht hatte, nach Santa Maria Maggiore zurück.

A. Schü.

321 BERICHT ÜBER DIE KAISERKRÖNUNG LUDWIGS DES BAYERN

1341–1347

›Chronik des Erlauchten Kaisers Ludwig IV.‹. Älteste Abschrift, um 1400, lateinisch. 5 Papierbl., davon 1 mit dem hinteren Deckbl. zusammengeheftetes Einzelbl. (197) und 1 Lage aus 2 Doppelbl. 30x20,5 cm

In den Jahren 1341 bis 1347 verfaßte ein anonymer Autor unter der Überschrift *Hec est cronica Ludowici incliti imperatoris quarti* eine Geschichte Ludwigs des Bayern, welche teils in biographischer, teils in chronikartiger Form gestaltet ist und den Zeitraum 1311 bis 1347 behandelt. Sie ist in drei Abschriften überliefert, von welchen sich eine in Wien befindet und zwei weitere in der Bayerischen Staatsbibliothek in München lagern. Das vorliegende Exemplar, das älteste von den dreien, ist um 1400 geschrieben und als Bl. 197–201 in einen als Sammelband angelegten Kodex des Stiftes Rottenbuch eingeheftet worden. Der anonyme Verfasser hat vermutlich einem der niederbayerischen Augustinerklöster in der Inn- und Salzachgegend angehört, am wahrscheinlichsten dem Chorherrenstift Ranshofen. Er bringt in seinem Werk eine starke Abneigung gegen die Österreicher zum Ausdruck, denen er Treulosigkeit vorwirft. Dagegen hebt er Ludwig den Bayern fast nur mit Lobsprüchen hervor, wobei er sich oft zu Übertreibungen hinreißen läßt, was der Chronik einen legendenhaften Ton und einen panegyrischen Stil verleiht. Weil die historischen Tatsachen meist lückenhaft und oft ungenau oder gar irrtümlich geschildert werden, dürfte der Verfasser nicht weit aus seinem Kloster herausgekommen sein. Die in der Chronik enthaltene, mit Bibelsprüchen ausgeschmückte Erzählung über die Kaiserkrönung Ludwig des Bayern (auf Bl. 199–200) dürfte zu einem gewissen Teil der Phantasie des Autors entsprungen sein. In einigen historischen Hauptaussagen geht sie allerdings auf mündliche Augenzeugenberichte zurück, die dem Verfasser wohl mittelbar zugekommen sind. Etwas genauere und in bezug auf das Zeremoniell detailliertere Schilderungen der Kaiserkrönung Ludwigs des Bayern am 17. Januar 1328, die nicht durch den Papst, sondern durch Sciarra Colonna als Vertreter des römischen Volkes vollzogen wurde, sind uns durch die *Cronica* des Giovanni Villani und die *Cronica Sanese* überliefert.

P.M.

Druck: G. Leidinger, Bayerische Chroniken des XIV. Jh. (MGH SS rer. Germ. 19) Hannover–Leipzig 1918, 119–139; Scriptores rerum Austriacarum, hg. v. Hieronymus Pez, Leipzig 1725, II 415–426; Johannes Victoriensis und andere Geschichtsquellen Deutschlands im vierzehnten Jh., hg. v. J. F. Böhmer (Fontes rerum Germanicarum, hg. v. J. F. Böhmer, I) Stuttgart 1843, 148–159. – Übers.: W. Friedensburg, Quellen zur Geschichte Kaiser Ludwigs des Baiern I (GdV 81) Leipzig 1941 [2], 103–119. – Lit.: Leidinger 1918 (wie oben) 105–118; Th. F. A. Wichert, Beiträge zur Kritik der Quellen für die Geschichte Kaiser Ludwigs des Baiern (FdG 16) 1876, 57–63; A. Lütolf, Kritische Erörterungen (FdG 15) 1875, 566–569; Riezler II 566f.; M. Mayr, Wiener Handschriften zur bayerischen Geschichte (NA 5) 1880, 132ff.; G. Leidinger, Zur Vita Ludovici IV. (NA 19) 1894, 686–692; O. Lorenz, Deutschlands Geschichtsquellen im Mittelalter 1, Berlin 1876, 167ff.; J. Matthias, Beiträge zur Geschichte Ludwigs des Bayern während seines Romzuges, Diss. Halle a. S. 1908, 24f., Anm. 5, 37; Friedensburg 1941 (wie oben) IX–XI; Zur Krönungsfeier Kaiser Ludwigs am 17. Januar 1328: Matthias 1908 (wie oben) 20–39; Riezler II 374ff.

München, Bayerische Staatsbibliothek (clm. 12259)

322* SIEGEL KAISER LUDWIGS IV. DES BAYERN

Italien, 1327/28

Umschrift: + LVDOVICVS · QVARTVS · DEI · GRACIA · ROMANORVM · IMPERATOR · SEMPER . AVGVSTVS

Hellbraunes, infolge Trockenheitsschäden leicht fleckiges Wachs, an gelber und grüner Seidenschnur anhängend. Geringe Ausbrüche im äußeren Kleeblattrand; untere Gesichtshälfte des Kaisers nicht deutlich abgedrückt, Nase bestoßen. Sonst vorzüglich abgedrückt und außergewöhnlich gut erhalten, die starke Wölbung des gesamten Siegels wohl durch den Druck des im Laufe der Zeit austrocknenden Holzes der nicht ursprünglichen Siegelkapsel verursacht. Dm. 10,5 cm

Das kaiserliche Siegel hat sich zum erstenmal an einer Urkunde vom 27. Januar 1328, also zehn Tage nach der ersten Krönung, erhalten. Doch scheint der Stempel schon am Krönungstag vorhanden gewesen zu sein (vgl. MGH Const. VI, Hannover 1914–1927, Urk. Nr. 385, 386). Er müßte dann vorzeitig, also wohl noch im Jahre 1327, hergestellt worden sein. Über den Künstler ist nichts bekannt, über die Herstellung des in vieler Hinsicht außergewöhnlichen Stempels nichts überliefert.
Ludwig der Bayer ist als frontal thronende Figur dargestellt; aber der Thron ist entgegen jahrhundertealter Tradition der Siegel der deutschen Könige und Kaiser und auch der meisten übrigen europäischen Könige nicht als steinerne Bank mit hoher architektonischer Rückenlehne gebildet. Der eigentliche Grund, auf dem der Kaiser sitzt, ist nicht erkennbar; seitlich kommen unter den Falten seines Mantels zwei Adler mit angehobenen Flügeln und zurückgewandtem Kopf hervor, die ihre Krallen auf zwei geduckte Löwen setzen, auf denen auch die Füße des Kaisers ruhen. Trotz der naturalistischen Bildung der Adler ist die Vorstellung eines Adlerthrones wirksam. Die kaiserlichen Wappentiere sind aber nicht bloße Zier eines solchen Thrones; der Kaiser thront vielmehr unmittelbar auf ihnen, die in sehr prononcierter Weise als lebende Vögel gekennzeichnet sind. Eine solche Rückprojektion des Bildes eines Wappentieres in die lebendige Wirklichkeit findet sich in der heraldischen Sphäre nur selten, allenfalls in frühen Bildern kämpfender Wappentiere, die die Darstellung des Kampfes und Sieges ihrer Wappenherren vertreten. Das Siegel ist mit der Wahl des kaiserlichen Adlers als Thronfigur Fortsetzung und zugleich Kritik an dem letzten vorausgehenden Siegel eines Kaisers, also Heinrichs VII. aus dem luxemburgischen Hause, das der venezianische Goldschmied und Steinschneider *Lienar de Venize, talleur de pieres . . .* und *. . . talleur do sael l'empereur,* im Jahre 1313 geschaffen hatte (Posse, Kaisersiegel I Taf. 47,1). Heinrich thront auf dem Rücken zweier Löwen, wie dies für die Goldbulle Ludwigs des Bayern beibehalten wurde (vgl. Kat. Nr. 323). Über den Rücken der Tiere war eine Decke gebreitet, so daß nur Kopf, Hals und Vorderbeine sichtbar waren; diese sind als Figuren aus Stein oder vergoldetem Holz vorstellbar, der kaiserliche Sitz steht einem Löwenthron herkömmlicher Art noch durchaus nahe. Anregungen zu dieser Bildgestalt scheinen stärker noch als die geistlichen Siegel der Bischöfe die französischen Königssiegel geliefert zu haben, bei denen die Herrscher auf Faltstühlen mit seitlich unter dem Mantel hervorschauenden Löwenköpfen von gerade zu dieser Zeit zunehmender Größe saßen. Heinrich VII. setzte seine Füße zusätzlich auf einen am Boden zusammengekauerten Löwen, ein altes, vor allem von Grabmälern bekanntes Hoheitsmotiv, das – in der Erweiterung zu zwei Löwen – im Siegel Ludwigs weitergeführt wurde, während die Thronlöwen durch die in höherem Maße kaiserlichen Tiere, die Adler, ersetzt wurden.
Der – im Hinblick auf das antike Kaisertum und den Adler als Zeichen der römischen Kaiser des Altertums – auch im Mittelalter in kaiserlich gesinnten Kreisen Italiens stets lebhafte Adlerkult hat auch den Schmuck der Krone und des Zepters im Siegel Ludwigs des Bayern bestimmt. Adlerzepter, freilich in weniger antikisierender Form, hatten salische Herrscher auf ihren Siegeln getragen. Später waren die Zepter auf deutschen Königs- und Kaisersiegeln mit einem Kreuz geschmückt und endeten in gotischer Zeit allgemein in einer Laubwerkbekrönung. Hier aber schwebt über dem Laubwerk ein rechts gewendeter Adler mit ausgebreiteten Flügeln. Die formalen Anregungen dürften weniger in der Darstellung eines antiken Kaisers, die selten ein Adlerzepter führten, als vielmehr in den römischen Feldzeichen auf einem der in Rom im Mittelalter noch sichtbaren antiken Reliefs, etwa den aurelianischen Darstellungen am Konstantinsbogen, zu suchen sein. Ein ähnliches Adlerzepter hatte freilich auch Heinrich VII. auf seinem bereits genannten Kaisersiegel in der Hand gehalten.

Einmalig ist dagegen bei Ludwigs Siegel, daß sogar die großen, aus angeschnittenen Ovalen bestehenden Platten der Kaiserkrone mit Adlern belegt sind. Die Tiere mit ausgebreiteten Flügeln und rechtsgewendetem Kopf sind freilich nur auf wenigen gut erhaltenen Abdrücken des Siegels zu erkennen. Auch die Form der Krone, die wie ein hoher

Goldbulle Kaiser Ludwigs IV. des Bayern. 1327/28. Vorderseite: Der thronende Kaiser.
Rückseite: Ansicht der Stadt Rom. Kat. Nr. 323

Turban wirkt, ist ungewöhnlich und steht im Gegensatz zu den allgemein üblichen, weit ausladenden Laubkronen der Zeit, wie sie auch Ludwig auf seinem Königssiegel getragen hatte (vgl. Kat. Nr. 325). Die Krone besteht aus einem goldenen schmalen Stirnreif, den darüberstehenden Adlerplatten, die also nicht der unter der Krone von den Kaisern getragenen Mitra zugerechnet werden können, und einem

322

goldenen abschließenden Knauf, der vom Perlrand der das Siegelfeld umgebenden Umschrift überschnitten, von ihm aber deutlich unterschieden wird. Die von der Krone herabhängenden Pendilien sind oberhalb der Schultern des Kaisers als lange schmale Bänder sichtbar.

Ist der antikisierende Adlerkult aus der Atmosphäre Roms vor und während der Kaiserkrönung Ludwigs – der Gründung der römischen Republik, der Volksversammlung auf dem Kapitol, der Ausrufung des Kaisers durch das römische Volk, etc. – verständlich, so betont die Kleidung des thronenden Kaisers in auffallender Weise seine geistliche, ja kirchliche Stellung. Entgegen der üblichen Trageweise des weltlichen Mantels, die auch auf deutschen Herrschersiegeln mit einer einzigen lange zurückliegenden Ausnahme bei König Otto IV. im Jahre 1198 beachtet wurde, ist Ludwigs Mantel nicht in der Weise einer antiken Chlamys mit einer Spange vor der rechten Schulter geschlossen, so daß die linke Mantelhälfte die Brust verdeckt und die rechte Mantelhälfte über die Schulter zurückgeworfen wird. Ludwig trägt vielmehr den symmetrisch auf beiden Schultern aufliegenden Mantel, der nach Art des Pluviales der Geistlichen mit einer Agraffe vor der Brust zusammengehalten ist. Wo der Mantel durch die Arme zurückgeschlagen wird, ist die gekreuzte Stola sichtbar, deutlichstes Zeichen der von den deutschen Herrschern in Anspruch genommenen geistlichen Würde. Die Stola war bisher noch niemals auf deutschen Herrschersiegeln dargestellt worden. Die Betonung gerade dieser kirchlichen Elemente in der Kleidung und ihre Herausstellung auf dem kaiserlichen Siegel dürfte nicht ohne Zusammenhang mit den zweifelhaften Umständen der Kaiserkrönung Ludwigs, die praktisch unter Ausschluß kirchlicher Instanzen stattgefunden hatte, zu sehen sein. Sie liegen auf derselben Linie wie die nach der Wahl eines Gegenpapstes durch diesen auf Wunsch Ludwigs noch einmal vollzogene Krönung.

Dem außerordentlichen Anspruch der Bildthematik des Siegels entspricht die künstlerische Durchgestaltung mit der trotz allen Gewandreichtums sich frei und natürlich entfaltenden Gestalt des Herschers. Die schwierigen Probleme der Verkürzung der Oberschenkel bei einer frontal sitzenden Relieffigur scheinen mühelos wie auf keinem anderen deutschen Herrschersiegel gelöst. Der Reichtum der vielfach übereinandergeschichteten Falten des über die Knie und Beine gebreiteten Mantels ist von seltener Ausgewogenheit; besonders charakteristisch, wie der dünne Stoff des Mantels sich auf dem rechten Oberschenkel Ludwigs staut, das Knie hervortreten läßt, um dann seitlich in zwei mehrfach übereinanderschlagenden Tütenfalten, das Bein umgebend, herabzufallen. Der geschmeidigen Führung des Gewandes entspricht die überaus feine und lebhafte Bildung der Tierkörper, sowohl im Gefieder der Adler wie in den mächtig lagernden Löwen. Ein hochentwickeltes Proportionsgefühl läßt auch die ungewöhnlich sorgfältige und ausgewogene Reihung der Buchstaben der Umschrift, die ohne Abkürzung auskommt, und die Formung der antikisierenden Buchstaben im einzelnen erkennen. Die Umschrift ist, was im ausgestellten Exemplar nur noch in Ansätzen erkennbar ist, außen noch einmal von jener charakteristischen Kleeblattreihe umgeben, die auch die Goldbulle ziert.

Die antikisierenden Elemente, das ausgeprägte Verständnis für Proportion und Körperlichkeit lassen es wahrscheinlich werden, daß Ludwig der Bayer ebenso wie sein Vorgänger in der Kaiserwürde, Heinrich VII., die Schaffung des Stempels seines Kaisersiegels einem italienischen Künstler anvertraut hat, was ohnehin die historischen Umstände seiner Romfahrt und die Notwendigkeit, unmittelbar nach der Krönung über ein Siegel zu verfügen, nahelegen. Bei dem gänzlichen Fehlen einer Überlieferung für figürliche italienische Goldschmiedekunst dieser Zeit und in Anbetracht der geringen Zeugnisse der Skulptur vor allem in Rom ist es derzeit nicht möglich, die Herkunft des Künstlers innerhalb Italiens näher zu bestimmen. Daß der Stempelschneider mit dem Meister der Goldbulle identisch war, ist aus historischen und im Hinblick auf die Figur des thronenden Ludwig auch aus künstlerischen Gründen wahrscheinlich. Die abweichende thematische Ausgestaltung der Kaiserseite der Goldbulle mit Löwenthron, Laubwerkkrone und Laubwerkzepter berührt nicht diese Frage, sondern gehört in den Bereich der Vorstellungen der Auftraggeber, also der

Kanzleibeamten oder sonstigen Berater Ludwigs, nach denen sich der Goldschmied zu richten hatte. R.K.

Regest: Böhmer, Regesten Ludwigs des Bayern (Kat. Nr. 325) Nr. 1427; M. Foltz, Urkundenbuch der Stadt Friedberg (Veröff. der Hist. Kommission für Hessen und Waldeck 1) Marburg 1904, Nr. 279. – Lit.: F. M. Haberditzl, Über die Siegel der deutschen Herrscher vom Interregnum bis Kaiser Sigmund (MIÖG 29) 1908, 625–661, bes. 646–649 u. Abb. 10; Posse, Kaisersiegel (Kat. Nr. 324) I Taf. 51,1; Bansa (Kat. Nr. 325) 3–15; E. Kittel, Siegel, Braunschweig 1970, 214 m. Abb.; AK Aus 1200 Jahren Nr. 58 m. Abb. (Urk. mit einer Initialzeichnung, in der ein Adler einen Löwen schlägt, und Siegel); F. Battenberg, Das Hofgerichtssiegel der deutschen Kaiser und Könige, 1235–1451 (Quellen u. Forsch. z. höchsten Gerichtsbarkeit im alten Reich 6) Köln/Wien 1979, 103–110 (dort auch zu anderen Siegeln Ludwigs des Bayern).

Darmstadt, Hessisches Staatsarchiv (A 3, Friedberg: 1332, März 3 [I])

Tafel neben S. 214

323** GOLDBULLE KAISER LUDWIGS IV. DES BAYERN

Italien, zwei Exemplare 1327/28

Umschrift auf der Vorderseite: + LVDOVICVS · QVARTVS · DEI · GRACIA · ROMANORVM · IMPERATOR · SEMPER · AVGVSTVS – auf der Rückseite: ROMA · CAPVT · MVNDI · REGIT · ORBIS · FRENA · ROTVNDI

Gold, an geflochtenen roten, gelben und grünen Seidenschnüren anhängend. Das Exemplar an KLS 1264 auf der Vorderseite durch ein Loch beschädigt, Rand geringfügig verdrückt. Dm. 4,5 cm

Die älteste Urkunde mit Goldbulle datiert vom 7. Februar 1328 (BayHStA, Kaiser-Ludwig-Selekt 1263; Böhmer 956), also 3 Wochen nach der Kaiserkrönung; die Eisenstempel für die beiden Seiten der Bulle müssen etwa gleichzeitig mit dem Stempel für das Wachssiegel um die Wende der Jahre 1327/28 angefertigt worden sein. Allein in den Jahren 1328/29 hat Ludwig der Bayer noch während seines Aufenthaltes in Italien mindestens 25 Urkunden mit Goldbullen ausgestellt. Auffallend viele gerade der Urkunden der ersten Zeit sind in dieser feierlichen, aufwendigen und teuren Form besiegelt. 48 Goldbullen sind aus seiner Regierungszeit erhalten. Im Gegensatz zu anderen deutschen Herrschern hatte er in der Königszeit keine Goldbulle verwendet.
Die Bullen der deutschen Könige und Kaiser zeigen auf der Vorderseite das Bild des thronenden Herrschers meist in weitgehender Übereinstimmung mit dem gleichzeitig benutzten Wachssiegel und auf der Rückseite ein Bild der Stadt Rom als des Zentrums ihrer königlichen und kaiserlichen Herrschaft in mehr oder weniger abbreviaturhafter Gestalt. Die Umschrift nennt in Form eines wahrscheinlich auf Wipo zurückgehenden Hexameters spätestens seit Kaiser Konrad II. (1027–39) unverändert bis zum Ende des Mittelalters Rom das Haupt der Welt, das die Zügel des Erdkreises regiere. Die häufige Bezeichnung der Stadtdarstellung als »Aurea Roma« fehlt bei Ludwig dem Bayern. Der sonst meist unverziert gebliebene Steg zwischen Vorder- und Rückseite ist mit Adlern belegt. Diese drei Teile der Goldbullen mußten mit den entsprechenden Stempeln geformt, d. h. Goldblech von rückwärts in sie hineingetrieben und die einzelnen Goldbleche dann in jedem Einzelfall von einem Goldschmied zusammengelötet werden, wobei ein aufwendiger Federmechanismus im Innern die Befestigung an den Seidenfäden bewirkte.
Auf der Vorderseite entspricht die schlanke Figur des thronenden Herrschers weitgehend dem gleichzeitigen Wachssiegel (Kat. Nr. 322), doch fehlen die dort bezeichnenden Adlerdarstellungen: Das lange Stabzepter endet in einer Laubwerkbekrönung, die kaiserliche Krone entspricht den Laubwerkkronen der gotischen Zeit, wenn sie auch zusätzlich durch einen Doppelbügel ausgezeichnet ist. Der Thron wird aus zwei stehenden Löwen gebildet, über deren Rükken ein großes Tuch gebreitet ist, und schließt damit unmittelbar an die Lösung des Kaisersiegels und der Goldbulle Heinrichs VII. an, die der Venezianer Lienar 1313 geschaffen hatte (vgl. bei Kat. Nr. 322). Offenkundig bewahrt die Goldbulle damit noch den Ausgangspunkt, der für die Kreise der Kanzleibeamten oder sonstigen Ratgeber Ludwigs des Bayern maßgebend war, als sie in Rom das Bildprogramm der kaiserlichen Siegel festlegten. Die Ersetzung des Löwen- durch den Adlerthron im gleichzeitigen Wachssiegel, die Einführung des Adlerzepters und der mit Adlern gezierten Krone kann nur als Weiterentwicklung und Steigerung dieses durch die Siegel Heinrichs VII. vorgegebenen und in der Goldbulle Ludwigs beibehaltenen Bildschemas verstanden werden. Sie war Ausdruck jener Rückbezüge auf den spezifisch stadtrömischen Charakter des Kaisertums Ludwigs des Bayern, für die es aus den Tagen um die Kaiserkrönung so viele Zeugnisse gibt und in die Ludwig sich nicht zuletzt durch die Unmöglichkeit einer Verständigung mit dem in Avignon residierenden Papst zunehmend hineinsteigerte oder -treiben ließ. Die Konzeption des Bildprogramms der Vorderseite der Goldbulle und der Beginn der Arbeit des Goldschmiedes muß also der Arbeit am Stempel des Wachssiegels vorausgegangen sein, wenn vielleicht auch nur wenige Tage. Die Annahme, die Stempel müßten von verschiedenen Goldschmieden geschaffen worden sein, ist aufgrund dieser Unterschiede ebensowenig zwingend wie die Folgerung, die Stempel der Goldbulle seien später als der des Wachssiegels fertig geworden, da die ältesten heute erhaltenen Belege eine solche Reihenfolge suggerieren. Die sehr ähnliche Bildung der thronenden Figur und solche Details wie der auffallende Kleeblattrand beweisen jedenfalls, daß die Stempel für Bulle und Siegel im selben künstlerischen Ambiente und in engstem Zusammenhang geschaffen worden sind.
Als eine der erstaunlichsten Stadtdarstellungen des Mittelalters und deutlichste Hinwendung zu den Werten der Antike ist seit langem die Rückseite der Goldbulle bewundert worden. Anstelle der schematischen, mehr symbolhaften, jedenfalls stark abgekürzten üblichen Rombilder der Goldbullen in Form einer Kirche oder allenfalls der Stadtmauer mit Türmen und Kirche – auch die Goldbulle Heinrichs VII. hatte sich im Rahmen dieser Tradition gehalten, nur

auf der Bulle Friedrich Barbarossas von 1152 war das Kolosseum als großer Rundbau erkennbar – zeigt die Bulle Ludwigs des Bayern ein Bild der Stadt Rom in Vogelschauperspektive, das etwa vom Monte Mario im Nordwesten der Stadt aus gesehen ist. Im Kranz der Mauern hat der Künstler die wichtigsten klassischen und christlichen Monumente der Stadt versammelt: In der Mitte der offene Rundbau des Kolosseums, davor an prominentester Stelle der Senatorenpalast des Kapitols als Sitz der antiken und mittelalterlichen Stadtherrschaft, auf die sich Kaiser und römisches Volk gerade in diesen Tagen der Krönung Ludwigs des Bayern besonnen hatten, rechts davon der Titus- oder Konstantinsbogen mit der Cestiuspyramide im Hintergrund, links eine große christliche Kirche, offenbar die Lateranbasilika, davor am Rand der Mauer die Marc-Aurel-Säule und weiter vorn die Torre delle Milizie (oder Torre dei Conti). In der vorderen Ecke der Stadtmauer neben dem Stadttor ist das Pantheon dargestellt. Rechts des Tibers mit der Tiberinsel und vier Brücken erkennt man vorn die Engelsburg, daneben den alten noch aus der Antike stammenden Bau der Peterskirche mit dem dahinterstehenden Obelisken und eine weitere christliche Kirche, wohl Sta. Maria in Travestere.

Stärker noch als die Detailtreue, mit der die Gebäude wiedergegeben sind, beeindruckt die künstlerische Kraft, mit der die wichtigsten Monumentalbauten ohne Angabe von Plätzen und Straßen, aber doch in weitgehender Annäherung an ihre tatsächliche Lage, zu einem großen Gesamtbild der Ewigen Stadt zusammengefügt sind. Da wichtige Romdarstellungen des späteren Mittelalters diesem Bildschema folgen, hat man ein gemeinsames Vorbild postuliert, das nicht von dem Goldschmied selbst, sondern einem bedeutenden Maler seiner Zeit erdacht worden sei. Ein antikes Vorbild hat sich für diese Rombilder nicht finden lassen. Auch bei Anlehnung an eine wenig ältere vorgegebene Romdarstellung wäre die Leistung des Goldschmiedes außerordentlich: Die Zentrierung innerhalb der Fülle der dargestellten Bauten auf den sonst nie so herausgehobenen Kapitolspalast, dem formal die Rundform des Kolosseums wie eine Hoheitsformel zugeordnet ist, und die Einbindung der vielfältigen Gebäude in das kleine Rund der Siegelfläche bezeugt auf jeden Fall den herausragenden Rang der speziellen Leistung des Schöpfers dieser Goldbulle. R.K.

Regest: Böhmer, Regesten Ludwigs des Bayern (Kat. Nr. 325) Nr. 957 u. 969; MGH Const. VI, Hannover 1914–27, Nr. 395 u. 399; Bansa (Kat. Nr. 325) 182, 184 (zur Urk.) 3 (zur Goldbulle). – Lit.: F. M. Haberditzl, Über die Siegel der deutschen Herrscher vom Interregnum bis Kaiser Sigmund (MIÖG 29) 1908, 645 f.; Posse, Kaisersiegel (Kat. Nr. 324) I Taf. 50; W. Erben, Rombilder auf kaiserlichen und päpstlichen Siegeln des Mittelalters (Veröff. des Hist. Seminars der Universität Graz VII) Graz/Wien/Leipzig 1931, 57 f.; A. P. Frutaz, Le piante di Roma, Rom 1962, 119 f., II Taf. 144; AK Bauten Roms auf Münzen und Medaillen. Münzkabinett München 1973, Nr. 183 (mit älterer Lit.); A. Schmitt, Zur Wiederbelebung der Antike im Trecento (Mitt. d. Kunsthist. Instituts in Florenz 18) 1974, 167–220 (bes. 177 mit Abb. 8); AK Die Parler und der Schöne Stil, 1340–1400. Europ. Kunst unter den Luxemburgern, Köln 1978, III 156.

München, Bayerisches Hauptstaatsarchiv (Kaiser-Ludwig-Selekt 1264 u. 1265)

324★ SIEGEL HERZOG LUDWIGS IV. VON OBERBAYERN

Bayern, 1294

Umschrift: LVDWICVS · DEI · GR[ATI]A · COMES · PALATIN[US] · RENI · DVX · BAWARIE

Dunkelbraunes, leicht fleckiges Wachs; an roter und grüner Seidenschnur hängend. Gut abgedrückt und erhalten. Dm. 9,2 cm

Als Herzog Ludwig II. von Oberbayern 1294 starb, hinterließ er zwei Söhne, die mangels einer Erbfolgeregelung gleichermaßen zur Herrschaft berufen waren, den älteren

324

1274 geborenen Rudolf und dessen später zur deutschen Königs- und römischen Kaiserwürde aufsteigenden jüngeren Bruder Ludwig. Ludwig war 1283 geboren, damals also erst neun Jahre alt. Obwohl er seine Herrschaftsansprüche im wesentlichen mit Unterstützung seiner Mutter Mechthild und deren habsburgischer Verwandten erst im Laufe der nächsten Jahre gegen seinen älteren Bruder durchsetzen konnte, ist sein Herzogssiegel an Urkunden spätestens ab 1295 belegt (Posse). Offensichtlich wurden unmittelbar nach dem Tode des Vaters für die beiden Brüder zwei nahezu identische Siegelstempel angefertigt, die sich nur im Namen der Umschrift und in dem nebensächlichen Detail unterschieden, daß bei Ludwig der Grund des Siegelfeldes durch großblättrige Pflanzen gefüllt ist; bei Rudolfs Siegel ist dieser Grund leer. Ludwig benutzte den Siegelstempel während seiner gesamten Herzogszeit, zuletzt noch in der

Zeit zwischen Wahl und Krönung zum König in Frankfurt Ende Oktober 1314 (vgl. Kat. Nr. 325).
Im Gegensatz zu älteren landesfürstlichen Siegeln, die sich im wesentlichen auf die Gruppe von Pferd und Reiter beschränkten (vgl. etwa Kat. Nr. 10, 11, 113, 114, 115), prägt das Bild der Reitersiegel des ausgehenden 13. und des 14. Jh. ein ganz anderer Aufwand an Waffen und Rüstungszubehör, eine Häufung, oft Wiederholung heraldischer Zeichen, auch eine Vorliebe für reine Zierformen wie die besteckten Helme und die blumenübersäten Gründe. Der auch künstlerisch entscheidend nutzbar gemachte Unterschied liegt in der Einführung der großen schleppenden Couvertüre, die den Pferdekörper fast völlig verhüllt und in zwei der Bewegung des Tieres nachwehenden Stoffbahnen die sonst kompositionell nur schwer zu bewältigende untere Hälfte des Siegelfeldes füllt. Ihre schwingenden Falten übernehmen die Aufgabe, Kraft und schnelle Gangart der Reitergruppe zu verdeutlichen; die unnaturalistisch ausgreifenden Vorder- und Hinterhufe des Pferdes treten in der Gesamterscheinung zurück und verlieren sich teils unter der Pferdedecke, teils im Schriftrand. Die Reitergruppe rückt dadurch im Siegelfeld tiefer herab; der Figur des Reiters, die jetzt die Mitte des Siegels einnimmt, wächst eine neue Würde zu.
Herzog Ludwig reitet auf dem fast ganz verhüllten Pferd, von dem nur Auge, Maul und Beine sichtbar sind, nach (heraldisch) rechts, wendet den Oberkörper jedoch dem Beschauer zu. Seine Gestalt ist fast ganz von der Rüstung bedeckt. Arme und Beine stecken in einem Kettenanzug, wie die Musterung zeigt; ein langer Waffenrock weht – unterhalb des Schwertes – wie die Decke des Pferdes nach hinten zurück. Der große Kübelhelm, der nur einen schmalen Sehschlitz offen läßt, ist mit Büffelhörnern geziert, die mit Lindenästen besteckt sind. Von der Fahnenlanze sind nur der Lanzenschaft und die langen Zungen zu erkennen, das Fahnentuch ist von der riesigen halbkreisförmigen Zier des Helmes verdeckt. Drei Wappenschilde werden vorgeführt: Am Arm hält der Herzog den kleinen mit Rauten – jetzt in der klassisch gewordenen Zahl 21 – bedeckten Schild. Auf dem Roßkleid am Hals und auf der Hinterhand des Pferdes sind zwei Schilde mit steigenden gekrönten Löwen angebracht. Rauten- und Löwenschild werden jetzt wohl eindeutig als die Zeichen des Herzogtums Bayern und der rheinischen Pfalzgrafschaft verstanden. Die Tendenz zum Schmuckhaften und zur Häufung köstlichen Zierats ergreift auch den Grund, der durch botanisch unterschiedene Pflanzen gefüllt wird, besonders charakteristisch der dreiblättrige Zweig zwischen dem Rücken des Pferdes und den Zungen des Gonfanon.
Bei den Stempeln der Siegel Rudolfs I. und Ludwigs IV. handelt es sich primär nicht um eine einmalige Leistung des ausführenden Goldschmiedes. Die recht zahlreichen bayerischen Herzogssiegel der Zeit zeichnen sich vielmehr durch eine ungewöhnliche Gleichförmigkeit aus, die stilistischem Wandel nur geringen Raum ließ: Herzog Ludwig II. (1253–1294) hatte auf seinem ersten Reitersiegel von 1256 zum erstenmal den mit Büffelhörnern und halbkreisförmig mit Lindenästen besteckten Helm und am Arm den Rautenschild getragen; das merkwürdig aufsteigende Pferd entbehrte noch der Couvertüre. In seinem zweiten Reitersiegel von 1289 war auch sein Pferd ganz verdeckt, die Pferdedecke selbst mit zwei Löwenschilden geschmückt. 1271 war im Reitersiegel Herzog Heinrichs XIII. von Niederbayern (1253–1290) die fortan bis weit ins 14. Jh. verbindliche Lösung gefunden worden: der mit Büffelhörnern und Lindenästen bedeckte Kübelhelm, der das Fahnentuch des Gonfanon weitgehend verdeckt und halbkreisförmig in den Schriftrand greift, so daß das Kreuz der Umschrift entfallen mußte; am Arm des Reiters der Rautenschild, das Pferd mit wehendem Roßkleid, belegt mit zwei Wappenschilden, vorn der steigende Löwe, hinten bei den niederbayerischen Herzögen der Panther; bei den oberbayerischen Herzögen wurde der Löwenschild wiederholt. Die Reihenfolge der Wappenschilde wechselte selten. Auch in der Bewegung des Pferdes wurde den Goldschmieden, die den Siegelstempel schnitten, offenbar nur geringe Variationsbreite zugestanden (vgl. Kat. Nr. 150). Selbst die Titel der Umschrift blieben unverändert und nehmen keine Rücksicht auf die verschiedenen Teilungen in Ober- und Niederbayern und die tatsächliche Herrschaft über die Pfalz. Alle Herzöge nennen sich gleichermaßen »Herzog von Bayern und Pfalzgraf von Rhein«. Das Herzogssiegel Ludwigs des Bayern und das ihm genau entsprechende, sicher von derselben Hand geschaffene seines älteren Bruders Rudolf I. erscheinen in der Subtilität ihrer Ausführung dennoch als besonders herausragende Vertreter dieser größeren Gruppe bayerischer Herzogssiegel. R.K.

MB 9, 118, Nr. 30; Primbs, Wappen (Kat. Nr. 45), S. 265, 10; Primbs, Siegel (Kat. Nr. 106), S. 3, L. IV. a; Otto Posse, Die Siegel der deutschen Kaiser und Könige von 751 bis 1913, I, Dresden 1909, Taf. 50, 2–3; AK Wappen in Bayern Nr. 207. Die übrigen genannten Herzogssiegel durchweg unpubliziert, vgl. die Beschreibung der Siegel Ludwigs II. bei L. Schnurrer, Urkundenwesen, Kanzlei und Regierungssystem der Herzöge von Niederbayern, 1255–1340 (MH Stud. Abt. Gesch. Hilfswiss. 8) Kallmünz 1972, 35–52, sowie die freilich sehr unzuverlässigen Nachzeichnungen auf den Siegeltafeln in MB 2 u. 3, München 1763 u. 1764.

München, Bayerisches Hauptstaatsarchiv (Kloster Fürstenfeld Urk. 75)

325* KÖNIGSSIEGEL LUDWIGS IV.

Mittelrhein (?), 1314

Umschrift: + LVDOWICVS · DEI · GRACIA · ROMANORVM · REX · SEMPER · AVGVSTVS

Braunes, leicht fleckiges Wachs; an Pergamentpressel hängend. Im Gesicht und am Knie des Königs geringfügig bestoßen. Dm. 10 cm

Ludwig der Bayer wurde am 20. Okt. 1314 vor den Toren der Stadt Frankfurt durch die Erzbischöfe von Mainz und Trier, den König von Böhmen, den Markgrafen von Brandenburg und den Herzog von Sachsen zum römisch-deut-

325

schen König gewählt. Am 23. zog er in die Stadt ein und wurde, wie es für die neugewählten Könige Brauch war, auf den Altar der Bartholomäuskirche gesetzt. Am 25. November erfolgte in Aachen die Krönung durch die Erzbischöfe von Mainz und Trier. In der Zwischenzeit stellte der Neugewählte bereits Urkunden unter dem Titel eines römischen Königs aus; der Siegelstempel war jedoch Ende Oktober noch nicht fertig, so daß Ludwig sein herzogliches Reitersiegel (Kat. Nr. 324) verwenden mußte. In einer Urkunde vom 24. Okt. heißt es in diesem Sinne: *Mit unserm insiegel gesiegelt, das zu dem herzogthum gehört, wann wir noch kein insiegel haben, das zu dem reiche gehört;* auch eine lateinische Urkunde vom 29. Oktober enthält die Formulierung, daß das *sigillum regium* noch nicht zur Verfügung stehe. Das Königssiegel wurde zum erstenmal am Krönungstag in Aachen verwandt; der Stempel muß in den fünf Wochen zwischen Wahl und Krönung hergestellt worden sein.
Thronsiegel führten die deutschen Könige und Kaiser seit Otto III.; auch die übrigen europäischen Könige ließen sich auf ihren Siegeln thronend mit Krone, Zepter und Reichsapfel, im Mantel und ohne Waffen darstellen, während für die Fürsten unterhalb der Ebene der Könige die Reitersiegel bezeichnend waren; in einigen Fällen gab es stattdessen Darstellungen des stehenden, immer aber gewappneten Fürsten. Den Titel *semper augustus* neben dem eines römischen Königs enthalten die Umschriften der deutschen Königssiegel seit Philipp von Schwaben (1198–1208) und Otto IV. (1198–1218). Damit wurde die staatsrechtliche Theorie dokumentiert, daß dem römisch-deutschen König schon kraft dieses seines Königtums die Kaiserwürde zustehe und der Papst die Krönung zum Kaiser zu vollziehen habe, sobald der König zu diesem Zweck nach Rom ziehe.
Auf einem gotischen Architekturthron mit spitzen Arkadenstellungen und seitlichen Fialen thront König Ludwig auf einem großen Kissen, dessen Enden auf den Seiten hochgedrückt werden. Auf dem Haupt trägt er über den weit vom Kopf abstehenden Lockenbüscheln eine Lilienkrone, in der rechten Hand hält er das lange Zepter, das in breitem Laubwerk endet. Mit der fast waagerecht ausgestreckten Linken hebt er den Reichsapfel empor und rafft damit den Mantel hoch. Dieser Mantel wird mit einer rautenförmigen Agraffe vor der rechten Schulter zusammengehalten, die linke Hälfte bedeckt in mehreren Schüsselfalten die Brust und fällt dann hinter dem den Apfel haltenden Arm bis auf das Thronkissen herab; das untere Stück ist wohl über die Knie geschlagen. Die rechte Mantelhälfte wird in äußerster Straffheit durch den dreieckförmig abgespreizten rechten Arm vom Körper weggezerrt und öffnet so die Figur gleichsam auf der Seite, so daß man bis auf den Leib und die Innenseite des den Rücken bedeckenden Mantels sieht. In einer großen fallenden Stoffbahn, die zunächst dem Verlauf des Ärmels des Untergewandes folgt, ist der Saum diagonal über den Schoß gelegt, um erst auf der anderen Seite neben dem linken Knie zu Boden zu fallen. In seiner ganzen Fülle ist dann der untere Teil auch der rechten Mantelhälfte über Knie und Unterschenkel gebreitet und bildet dort zwischen den Beinen zwei scharfe Dreiecke. Kleinteilige Treppensäume und perspektivische Schlingen am Saum der beiden übereinanderliegenden Mantelhälften und des Untergewandes füllen die Zone zwischen den Füßen des Königs. Die brettartig schräg nach vorn abfallende Thronstufe wird von einer sorgfältig ausgearbeiteten dreigeteilten Blattkonsole gestützt. Der harten Präzision der Thronarchitektur entspricht die Scharfkantigkeit der Faltenbildung wie die Straffheit der Gestalt. In genauester Wiedergabe der einzelnen Körperteile und ihrer Funktionen werden die Folgen, die jede einzelne Bewegung der Arme oder das Vorwölben der Brust im weiteren Gesamtzusammenhang der Figur hat, präzise verfolgt und in ihrer Gegensätzlichkeit ohne verschleifende Kompromisse herausgearbeitet. Das feine Leben der Linien in der Gewandung aus einem Stoff, der als leicht und dünn charakterisiert ist, verbindet sich mit dem Ausdruck von Spannkraft in der Bildung des Körpers zu einer eindrucksvollen Königsdarstellung von geschliffener Eleganz.
Die Bestimmung der künstlerischen Herkunft des Goldschmiedes, dem der Siegelstempel verdankt wird, ist beim gegenwärtigen Wissensstand kaum möglich. Von der Goldschmiedekunst der Zeit haben sich bis heute nur verschwindend geringe Reste, allenfalls Gefäße ohne größeren figürlichen Schmuck, erhalten. Schon zu seiner Entstehungszeit übertraf der Auftrag zu einem Königssiegel mit der Darstellung der großen thronenden Figur des Herrschers im weiten Mantel an Anspruch und Bedeutung fast alles, was ein Goldchmied sonst zu arbeiten hatte. Die künstlerischen Probleme einer solchen Aufgabe, eine isolierte menschliche Gestalt in reicher Gewandung als Relief darzustellen, entsprachen trotz objektiven Größen- und Materialunterschiedes am ehesten denen figürlicher Grab-

denkmäler. Vergleichbare figürliche Grabsteine sind aus dem Anfang des 14. Jh. aber nur in sehr geringer Zahl erhalten; die meisten Grabfiguren auch aus dem späteren Verlauf des Jahrhunderts stellen Ritter in Rüstungen dar, die nur wenig mit einer thronenden Königsfigur gemeinsam haben. Dennoch lassen sich gewisse allgemeine Stiltendenzen des Ludwig-Siegels mit mittelrheinischen Werken, etwa Mainzer Bischofsgräbern der Zeit in Beziehung setzen, so daß hier versuchsweise die Herstellung des Siegels am Mittelrhein vorgeschlagen werden soll, wofür nicht zuletzt auch die historischen Umstände des Regierungsbeginns Ludwigs und die in den Urkunden deutlich werdende Notwendigkeit sprechen, unmittelbar nach der Wahl in Frankfurt ein königliches Siegel anfertigen zu lassen. In Betracht käme dann ein Goldschmied aus der Stadt Frankfurt oder aus dem Umkreis des Mainzer Erzbischofs Peter von Aspelt, der zu den Wählern und Parteigängern Ludwigs gehörte und ihn auch in Aachen zum König krönte. R.K.

Paul Oesterreicher, Neue Beiträge zur Geschichte 3, Bamberg 1824, 80 (Text der Urk.); Johann Friedrich Böhmer, Die Urkunden Kaiser Ludwigs des Bayern (Regesta imperii) Frankfurt a. M. 1839, Nr. 637; H. Bansa, Studien zur Kanzlei Kaiser Ludwigs des Bayern vom Tag der Wahl bis zur Rückkehr aus Italien, 1314–1329 (MH Stud. Abt. Gesch. Hilfswiss. 5) Kallmünz 1968, 168 (zur Urk.), 3–15 (zur Besiegelung); Posse, Kaisersiegel (Kat. Nr. 324) I Taf. 50,5.

München, Bayerisches Hauptstaatsarchiv (Kaiser-Ludwig-Selekt 274)

326 MEDAILLE

1328 Abschlag der Stempel für die Goldbulle 1328

Goldblech, Dm. 4,55 cm

Vorderseite: In einem Dreipaß der Kaiser mit Krone, Reichsapfel und Zepter auf einem Löwenthron. Umschrift: + LUDOVICVS · QVARTVS · DEI · GRACIA · ROMANORUM · IMPERATOR · SEMPER · AVGVSTVS.
Rückseite: Rom vom Monte Mario im Nordwesten der Stadt aus gesehen, umgeben von der Aurelianischen Mauer, durchflossen vom Tiber, zu dessen Insel zwei Brücken führen. Im Hintergrund eine weitere Brücke. In der Mitte der Senatorenpalast (Kapitol), davor das Pantheon, dahinter das Kolosseum. Links außen die Marc-Aurel-Säule. Der daneben dargestellte Turm dürfte der Torre delle Milizie oder der Torre dei Conti sein. Vor ihm die Porta Flaminia. Durch den Tiber getrennt schließen sich die Engelsburg mit Brücke an, die Porta S. Petri und die alte Peterskirche, dahinter der Obelisk und S. Maria in Trastevere. Links vom Kolosseum S. Maria Maggiore (oder S. Giovanni in Laterano?), rechts vom Kolosseum der Titusbogen und die Cestiuspyramide. Im Hintergrund mindestens noch zwei Stadttore. Umschrift: + ROMA · CAPVT · MVNDI · REGIT [Ranke] ORBIS · FRENA · ROTVNDI.

Erben verweist auf die Übereinstimmung dieses Rombildes mit der Mehrzahl der Romdarstellungen im späteren Mittelalter, so daß man an ein gemeinsames Vorbild denken könnte. Der Künstler dürfte ein norditalienischer (venezianischer?), vielleicht auch ein römischer Stempelschneider gewesen sein. D.St.

O. Posse, Die Siegel der deutschen Kaiser und Könige I, Dresden 1909, T. 50.7–8, Bd. V, Dresden 1913, 37ff.; W. Erben, Rombilder auf kaiserlichen und päpstlichen Siegeln des Mittelalters (Veröff. d. Hist. Seminars d. Universität Graz VII) Graz 1931; G. Habich, Die deutschen Schaumünzen des XVI. Jh. 1.2. München 1931, S. L, Abb. 51; F. Zink, Die frühesten Stadtansichten auf deutschen Medaillen und Münzen (Anzeiger des GNM) 1954–1959, 192; A. P. Frutaz, Le Piante di Roma II, Rom 1962, Taf. 144; Staatliche Museen zu Berlin, Petschafte des Münzkabinetts aus dem 13.–16. Jh., Berlin 1964, 11 Nr. 2; AK L'Europe Gothique XIIe–XIVe siècles, Paris 1968, Nr. 543.

München, Staatliche Münzsammlung

327* SIEGEL DER KÖNIGIN BEATRIX

Mittelrhein (?), 1314/15

Umschrift: + BEATRIX · DEI · [GRACI]A. RE[GIN]A · ROMANORVM.

Braunes Wachs; an Pergamentpressel hängend. Siegel stark verschmutzt, wohl durch Reste älteren Abgußmaterials; Hintergrund undeutlich abgedrückt, Gesicht und Knie stark abgerieben; Ausbrüche im Schriftrand. Dm. 7,7 cm

Beatrix, Tochter Herzog Heinrichs III. von Schlesien-Glogau, war seit 1309 mit Ludwig dem Bayern vermählt; sie starb am 24. Aug. 1322. Die wenigen unter ihrem Namen ausgestellten Urkunden sind meist nur mit ihrem Sekretsiegel (Posse, Bd. 1, Taf. 52, 2–3) besiegelt. Ein Siegel aus ihrer Herzoginnenzeit ist nicht bekannt. Der Stempel ihres offenbar nur in dem ausgestellten Exemplar erhaltenen

327

Thronsiegels als Königin muß unmittelbar nach der Königskrönung Ludwigs des Bayern am 25. Nov. 1314 in Frankfurt geschaffen worden sein, da er ihr im Januar 1315 zur Besiegelung der hier gezeigten Urkunde schon zur Verfügung stand.
Er zeigt die Königin auf einer breiten Thronbank vor fialenbekrönter Rückwand aus gotischen Architekturformen hochaufgereckt sitzend; nur auf der linken Seite findet sich bei der Bank eine Andeutung perspektivischer Verkürzung. Die stabförmige Gliederung der Rückseite nimmt daran nicht teil. Auf dem Haupt trägt die Königin eine große seitlich weitausladende Laubkrone, in der rechten erhobenen Hand ein Blütenzepter. Die Linke zieht die Manteltassel herab. Ihre sich vom Körper abwinkelnden Arme schieben den Mantel zur Seite und lassen das modische, dem Oberkörper ganz eng anliegende Kleid sehen, während der in schrägen Falten verlaufende, am Boden nachschleppende stoffreiche Mantel Knie und Beine verhüllt.
Der schlechte Erhaltungszustand erschwert eine genauere stilgeschichtliche Kennzeichnung – auch im Hinblick auf das gleichzeitig entstandene Königssiegel ihres Gemahls (Kat. Nr. 325). Das spitzige und kantige Herausstoßen der Ellbogen aus dem Körperumriß findet sich bei figürlichen Darstellungen der Zeit allenthalben und vermag in dieser Allgemeinheit allein nicht als verbindendes Element zu gelten. Die Bildung der Thronarchitektur und die Ordnung der Falten des Mantels unterscheidet sich andererseits so deutlich von der entsprechenden Figur König Ludwigs, daß man die beiden Siegelstempel kaum demselben Goldschmied zuschreiben möchte. R.K.

K. Primbs, Die Siegel der Frauen und Töchter des Hauses Wittelsbach (AZ 8) 1883, 84–99 (86); Posse, Kaisersiegel (Kat. Nr. 324) I Taf. 52/1.

München, Bayerisches Hauptstaatsarchiv (Brandenburg-Ansbach, Auswärtige Dokumente 3)

328* SIEGEL DER KAISERIN MARGARETE

Italien, wohl 1327/28

Umschrift zwischen Perlreihen: + MARGARETA · DEI · GRA[CIA · ROM]ANORVM · IMPERATRIX · LVDOVICI · QVARTI ·

Hellbraunes Wachs; an blauer und roter geflochtener Seidenschnur hängend. Im Gesicht und an den Knien abgerieben. Ausbrüche im Schriftrand. Dm. 9 cm

Die zweite Gemahlin Ludwigs des Bayern Margarete (gest. 1356) war die Tochter Graf Wilhelms III. von Holland; die Hochzeit fand noch zur Königszeit Ludwigs am 25. 2. 1324 in Köln statt. Wilhelm III. war seit 1314 einer der wichtigsten Parteigänger Ludwigs in der Auseinandersetzung um das deutsche Königtum. Durch diese Verbindung, vor allem durch die weitere Verwandtschaft seiner Gemahlin, gewann Ludwig eine bedeutende Stellung im Nordwesten des Reiches und sollte später sogar die Grafschaften Hennegau, Holland, Seeland und Friesland erwerben können.
Ein Königinnensiegel Margaretes ist nicht überliefert. Ein

328

angebliches Herzoginnensiegel (Posse, I, Taf. 52,4) gehört nicht ihr, sondern der gleichnamigen, aus Böhmen stammenden Herzogin von Niederbayern (1313–1343), der Gemahlin Herzog Heinrichs XIV. Margaretes Siegel als Kaiserin kann frühestens kurz nach dem 27. Januar 1328 entstanden sein, als sie zusammen mit ihrem Gemahl Ludwig IV. in Rom gekrönt wurde. Der älteste bisher aufgefundene Beleg an einer Urkunde stammt vom 21. März 1333 (BayHStA, KLS 535 1/3). Doch ist ihr Siegel wie Kaisersiegel und Goldbulle ihres Gemahls (Kat. Nr. 322, 323) offenbar im Zusammenhang der Kaiserkrönung entstanden.
Die Kaiserin sitzt frei auf einer lehnenlosen Thronbank, in ein weit und lose herabfallendes Gewand gehüllt, das von dem über die Schultern liegenden über den Unterkörper geschlagenen Mantel kaum unterschieden wird. Mit der linken Hand zieht sie die Manteltassel vor der Brust herunter. In der weit vom Körper erhobenen Rechten hält sie den Reichsapfel empor; wie beim Kaisersiegel Ludwigs IV. zeichnet sich das Kreuz darauf nur schwach ab. Auf ihrem Haupt trägt sie eine weitausladende Lilienkrone; das offene Haar fließt, ihr Gesicht rahmend, in Wellen bis auf die Schultern herab. Auf der Vorderseite der Thronbank sind in Medaillons Wappen angebracht: rechts von der Kaiserin der Adler als das Wappen des Reiches und Kaiser Ludwigs, links, auf dem Abdruck nur noch undeutlich erkennbar, vier steigende Löwen, der gevierte Schild der Grafen von Holland-Hennegau, also ihr Familienwappen. Die beiden äußeren Seitenflächen der Thronbank, die trotz der perspektivisch gemeinten Verkürzungen beide sichtbar sind, sind mit Rankenwerk verziert. Die Vorderkante der

Thronstufen ist zwischen Perlreihen mit jenem charakteristischen Kleeblattfries belegt, der sich auch auf dem äußeren Rahmen des Siegels und der Goldbulle Kaiser Ludwigs findet. Dieses Motiv, aber auch die Natürlichkeit des weitgehend unornamentalisierten frei und reich herabfallenden Gewandes lassen auch stilgeschichtlich die Entstehung des Siegels in demselben italienischen Kunstkreis wahrscheinlich werden, in dem die Stempel für Siegel und Goldbulle Kaiser Ludwigs angefertigt wurden. Besonders bei der Goldbulle finden sich in der Auffassung der freisitzenden Figur und der Faltenbildung des Mantels unterhalb des linken Armes, im Schoß und über den Beinen unmittelbare Parallelen. R. K.

MB 9, 185 Nr. 97; H. Bansa, Studien zur Kanzlei Kaiser Ludwigs des Bayern vom Tag der Wahl bis zur Rückkehr aus Italien 1314–1329 (MH Stud. Abt. Gesch. Hilfswiss. 5) Kallmünz 1968, 326, Anm. 62 (zur Urk.); Waldemar Schlögl, Die Traditionen und Urkunden des Stifts Diessen, 1114–1362 (QE NF 22/1) 1967, Nr. 143 (zur Urk. von 1333); Primbs, Frauensiegel (Kat. Nr. 44) 93; Posse, Kaisersiegel (Kat. Nr. 324) I Taf. 52/6; AK Wappen in Bayern Nr. 148.

München, Bayerisches Hauptstaatsarchiv (Kloster Fürstenfeld Urk. 362)

329–335* MÜNZEN LUDWIGS DES BAYERN

329 PFENNIG

Oberbayern, Herzöge Rudolf I. der Stammler und Ludwig IV. (1294–1317), Münzstätte Ingolstadt oder München

Silber geprägt, Dm. 16 mm, 0,69 g

Vorderseite: In einem Wulstreif ein schreitender Panther (?), darüber RL.
Rückseite: Der Rautenschild zwischen Palmzweigen. D. St.

A. Luschin v. Ebengreuth, Zur bayerischen Münzkunde (Numismatische Zschr. 5) 1873, 122–143, 132, Tafel VI, 15.

München, Staatliche Münzsammlung

330 PFENNIG

Oberbayern, Herzöge Rudolf I. der Stammler und Ludwig IV. (1294–1317), Münzstätte Ingolstadt oder München

Silber, geprägt, Dm. 16 mm, 0,55 g

Vorderseite: In einem Wulstreif ein schreitender Panther (?), darüber RL.
Rückseite: Der Rautenschild zwischen Palmzweigen. D. St.

A. Luschin v. Ebengreuth, Zur bayerischen Münzkunde (Numismatische Zschr. 5) 1873, 122–143, 132, Taf. VI, 15.

München, Staatliche Münzsammlung

331 PFENNIG

Oberbayern, Herzöge Rudolf I. der Stammler und Ludwig IV. der Bayer (1294–1317), vermutlich Münzstätte München

Silber, geprägt, Dm. 16 mm, 0,66 g

Vorderseite: In einem Wulstreif ein Turm zwischen zwei Kreuzen.
Rückseite: Schreitender Drache (?). D. St.

A. Luschin v. Ebengreuth, Zur bayerischen Münzkunde (Numismatische Zschr. 5) 1873, 122–143, 126, Taf. IV, 4.

München, Staatliche Münzsammlung

332 PFENNIG

Oberbayern, Herzöge Rudolf I. der Stammler und Ludwig IV. (1294–1317), Münzstätte München

Silber, geprägt, Dm. 16 mm, 0,70 g

Vorderseite: In einem Wulstreif ein Mönchsbrustbild mit einem Kreuzstab in den Händen.
Rückseite: Adler. D. St.

Beierlein Nr. 64.

München, Staatliche Münzsammlung

333 PFENNIG

Oberbayern, Herzog Ludwig IV. (1294–1347, ab 1314 König), Münzstätte Ingolstadt

Silber, geprägt, Dm. 17 mm, 0,68 g

Vorderseite: In einem Wulstreif ein gekröntes Brustbild zwischen zwei Schwertern.
Rückseite: Geflügelter Fisch. D. St.

Beierlein Nr. 65.

München, Staatliche Münzsammlung

334 PFENNIG

Oberbayern, Herzog Ludwig IV. (1294–1347, ab 1314 König), Münzstätte Ingolstadt

Silber, geprägt, Dm. 17 mm, 0,56 g

Vorderseite: In einem Wulstreif ein schreitendes Einhorn, darüber ING.
Rückseite: Geweih mit Lilie. D. St.

A. Luschin v. Ebengreuth, Zur bayerischen Münzkunde (Numismatische Zschr. 5) 1873, 122–143, Taf. VI, 5.

München, Staatliche Münzsammlung

335 STERLING

Römisch Deutsches Reich, König Ludwig IV. (1314–1347, Kaiser 1328), Münzstätte Aachen

Silber, geprägt, Dm. 18 mm, 1,17 g

Vorderseite: (Adler) LVDOVICVS : ROM : REX . Königsbild. Rückseite: MON-ETA-AQVE-NSIS. Kreuz, in dessen erstem Winkel ein Adler, in den anderen Winkeln je drei Kugeln sind.
Seit Ausgang des 12. Jh. setzte sich in England mit dem Sterling ein Pfennigtyp durch, der bald am Niederrhein und in Westfalen weite Verbreitung fand und dort seit Anfang des 13. Jh. von zahlreichen Münzstätten nachgemacht wurde. So konnte es nicht ausbleiben, daß auch die königliche Münze in Aachen diesen beliebten Pfennigschlag übernahm. D. St.

Beierlein Nr. 96.

München, Staatliche Münzsammlung

336 GOLDSCHILD

Römisch Deutsches Reich, Kaiser Ludwig IV. der Bayer (1314–1347), vermutlich Münzstätte Antwerpen

Gold, geprägt, Dm. 30 mm, 4,44 g

Vorderseite: + LVDOVICVS : DEI · GRA · ROMANORVM INP. Der Kaiser auf einem gotischen Thron sitzend mit einem Schwert in der Rechten, mit der Linken den Adlerschild haltend. D. St.
Rückseite: + XP'C : VINCIT : XP'C : REGNAT : XP'C : INPERAT. In einem Vierpaß ein Blumenkreuz.
Der Goldschild (Chaise d'or) gehört in die große Reihe der spätgotischen Goldgepräge, die vor allem von den Niederlanden und Frankreich ausging. Er ist vermutlich in Antwerpen 1338 im Zusammenhang mit der Auseinandersetzung Ludwigs und Eduards III. von England mit Frankreich entstanden. Der Goldschild Ludwigs des Bayern, seinerzeit in Hamburg »bayerischer Schildgulden« genannt, spielte in Bayern selbst keine Rolle. D. St.

Beierlein Nr. 67.

München, Staatliche Münzsammlung

337 DIE VEREINBARUNGEN DES KURVEREINS VON RHENS 1338

16. Juli 1338

Pergamenturkunde, Siegel Erzbischof Heinrichs von Mainz anhängend. 25x33 cm

Erzbischof Heinrich von Mainz bestätigt, daß er sich mit den anderen Kurfürsten gegen eine Verletzung ihrer und des Reiches Ehren, Rechte und Güter verbunden hat, und verspricht, daß er zusammen mit den anderen Kurfürsten das Kurrecht und andere Rechte der Kurfürsten, die diese vom Reich haben, nach allen Kräften beschützen und beschirmen wird. Zu diesem Zwecke sollen sich die Kurfürsten gegenseitig helfen und unterstützen und sich dabei durch keine Einmischungen von Dritten beirren lassen. Auch wollen sie den Bund nach Möglichkeit erweitern und ihre Untergebenen zur Befolgung des Beschlossenen anhalten. Bei allen Unstimmigkeiten unter den Kurfürsten soll das gelten, was die Mehrheit beschließt *(was wir dann gemainelichen oder der merer tail under uns daruber sprechen und machent, das sol macht haben und wir sollen auch das halten ane arglist)*. Keiner, der dieses Bündnis beschworen hat, darf sich davon lösen oder das Bündnis als ungültig betrachten, weder durch *dispensation, absolution, relaxation, abolition, in integrum restitution* usw., ganz gleich, ob ein solches Rechtsmittel auf Antrag oder ex officio angewandt werde.
Das Treffen der Kurfürsten (mit Ausnahme des Kurfürsten von Böhmen) in Rhens am Rhein diente vor allem dazu, die Rechte des Kurkollegiums bei der Königswahl gegen die päpstlichen Ansprüche abzusichern. Zum erstenmal in der deutschen Verfassungsgeschichte formulierten die Kurfürsten in Rhens die Gültigkeit des Mehrheitsprinzips für alle ihre Entscheidungen, also auch für die Wahl (Kur des Königs). Damit wandten sich die Kurfürsten gegen den päpstlichen Standpunkt: Papst Johann XXII. hatte die Königswahl Ludwigs des Bayern insbesondere deswegen nicht anerkannt, weil sie nicht einstimmig *(in discordia)* erfolgt war. Dem war von Ludwig schon in der Sachsenhäuser Appellation vom 22. Januar 1324 das Mehrheitsprinzip als Rechtsgrundlage seiner Wahl entgegengehalten worden.
Das Bündnis der Kurfürsten von Rhens, das ohne zeitliche Begrenzung geschlossen und mit Hinblick auf den erwarteten päpstlichen Widerstand auch mit kanonisch-rechtlichen Formulierungen abgesichert worden war, schuf eine Korporation (Kurfürstenkolleg, Kurfürstenverein) mit eigener Satzungsgewalt. Diese findet ihren ersten Niederschlag in dem am gleichen Tag erlassenen Weistum der Kurfürsten, das die Selbständigkeit und Unanfechtbarkeit der kurfürstlichen Königswahl betont: der von der Mehrheit gewählte König bedarf weder für die Verwaltung der Reichsgüter oder Reichsrechte noch zur Führung des Königstitels einer päpstlichen Zustimmung. Weitergehend leitet dann das von Ludwig dem Bayern am 6. August 1338 in Frankfurt auf unsicherer Rechtsgrundlage und einseitig erlassene Königswahlgesetz *(licet juris)* aus der Wahl der Kurfürsten die Stellung des *verus imperator* ab, also des Weltkaisers, der alle kaiserlichen Regierungsrechte in Anspruch nehmen darf. Die päpstliche Krönung und der Kaisername werden damit zu bloßen Formalien abgewertet.
Die Beschlüsse von Rhens, hinter denen vor allem die Kurfürsten von Mainz und Trier standen, waren durch die am 12. Juli erfolgte Aussöhnung dieser beiden Kurfürsten und durch die Verärgerung der Kurfürsten über die Behandlung ihrer Gesandten in Avignon begünstigt worden. Wenn auch das Bündnis der Kurfürsten vor allem gegen die päpstlichen Ansprüche gerichtet war und damit mittelbar dem Kaiser zugute kam, so bemühte sich doch das Kurfürstenkollegium um eine unabhängige Stellung gegenüber Kaiser und Papst gleichermaßen. Der Kaiser, der in Rhens nicht

anwesend war und der im vorliegenden Kurfürstenbündnis und im Weistum auch nicht unmittelbar genannt wird, muß von dem Ergebnis des Rhenser Kurfürstentreffens tief enttäuscht gewesen sein; lediglich Erzbischof Heinrich stellte ihm eine Bestätigung aus, daß mit der Nennung des »Reichs« im Rhenser Weistum nur Kaiser Ludwig gemeint sei. Für Papst Benedikt XII. in Avignon entwarf Erzbischof Balduin von Trier einen gemäßigten Bericht, der offensichtlich dem Papst ein Entgegenkommen erleichtern sollte.
Vom Bündnis der Kurfürsten in Rhens sind mehrere Ausfertigungen der Kurfürsten bekannt. Die Gesamturkunde aller beteiligten Kurfürsten ist nur abschriftlich erhalten. Das in den Formen einer Gerichtsverhandlung ergangene Rhenser Weistum ist nur als Notariatsinstrument überliefert. R.H.

Druck: Zeumer Nr. 141 (die Gesamturkunde aller Kurfürsten). – Regest: Regesten der Erzbischöfe v. Mainz I/2 Nr. 934. – Lit.: M. Kramer, Das Kurfürstenkolleg von seinen Anfängen bis zum Zusammenschluß im Rhenser Kurverein des Jahres 1338, 1913, 260ff.; H. Lieberich, Kaiser Ludwig der Bayer als Gesetzgeber (ZRG 76) 1959, 189ff.; E. E. Stengel, Avignon und Rhens, 1930.

München, Bayerisches Hauptstaatsarchiv (Kurbayern Urk. 11170)

338 KAISER LUDWIG DER BAYER

Nürnberg, um 1340

Steinrelief (Abguß), 162x113 cm

Die in unmittelbarer Nähe der altbayerischen Lande gelegene Stadt Nürnberg stand bereits im Thronkampf auf wittelsbachischer Seite und sollte auch später zu den Hauptstützen Ludwigs des Bayern gehören. In den Jahren 1314 bis 1347 weilte Ludwig in der Reichsstadt nicht weniger als 70mal. Unter den zahlreichen Gnadenerweisen, die die Reichsstadt von ihm erhielt, verdient das Privileg vom 12. September 1332, mit der er ihr Zollfreiheit an wichtigen Handelsplätzen des Römischen Reiches gewährte, besondere Beachtung.
Zu Ehren Ludwigs des Bayern ließ die Stadt Nürnberg im Großen Saal ihres 1332 bis 1340 erbauten Rathauses zwei um 1340 geschaffene Reliefs anbringen, die 1945 allerdings weitgehend zerstört wurden. Das eine der beiden Kunstwerke – traditionell »Norimberga und Brabantia« genannt – versinnbildlichte die Erneuerung einer Zollvereinbarung zwischen Nürnberg und einer befreundeten Handelsstadt, zum Ausdruck gebracht durch die allegorische Figur der »Norimberga«, die einer zu ihren Füßen knienden Figur ein Schwert, zwei Handschuhe und ein Stäbchen übergibt; das zweite Relief, dessen Abguß hier ausgestellt ist, zeigt dagegen Ludwig den Bayern im kaiserlichen Ornat mit Zepter und Reichsapfel auf dem Kaiserthron sitzend. Bemerkenswert an diesem Bildwerk ist, daß sowohl die Gestalt des Herrschers wie auch die zu seinen Füßen liegenden Löwen und die ihn flankierenden Adler der Darstellung des Kaisers auf dem Thronsiegel der Jahre 1328 bis 1347 nachgebildet wurden. A. Schü.

Abb.: Geschichte Nürnbergs in Bilddokumenten, hg. v. G. Pfeiffer u. W. Schwemmer, München 1970 Tafel 14; K. Martin, Die Nürnberger Steinplastik im XIV. Jh., Berlin 1927, Taf. 112. – Lit.: K. Martin (wie oben) 34f., 152; AK Kaiser Karl IV. Nr. 58.

München, Bayerisches Nationalmuseum

339

339* KOPFFRAGMENT KAISER LUDWIGS

Nürnberg, um 1340

Steinplastik

Bei der Zerstörung des Nürnberger Rathauses 1945 blieben von dem Relief Kaiser Ludwigs nur wenige Fragmente erhalten, zu denen das Kopffragment gehört. Vgl. Kat. Nr. 338. A. Schü.

Vgl. Kat. Nr. 338

Nürnberg, Stadtmuseum

RAUM 17

DIE REGIERUNG LUDWIGS DES BAYERN

REICHSKANZLEI

Von den verschiedenen Ämtern am mittelalterlichen Königs- und Kaiserhof ist die Reichskanzlei, die Expeditionsbehörde der Zentralverwaltung des Römischen Reiches, am besten erforscht. An der Spitze dieser Institution stand formell jeweils einer der drei Erzkanzler: für Deutschland übte dieses Amt der Erzbischof von Mainz, für Italien der Erzbischof von Köln aus; bei Aufenthalten des Herrschers im burgundischen Teil des Römischen Reiches war schließlich der Erzbischof von Trier Leiter der Kanzlei. Die tatsächliche Leitung der Reichskanzlei lag jedoch in Händen des Kanzlers. Während der gesamten Königszeit und in den ersten Jahren der Kaiserzeit übte dieses Amt der Speyerer Domscholaster und spätere Bischof von Würzburg, Hermann von Lichtenberg, aus, der in den Jahren 1329/30 zeitweilig durch den Magister Heinrich von Thalheim, einen Minoriten aus der Umgebung Michaels von Cesena und Wilhelms von Ockham, vertreten wurde. In späteren Jahren werden der Augsburger Bischof Ulrich von Schöneck (gest. 1337), nach dessen Tod Graf Albrecht von Hohenburg, der 1342 anläßlich einer Gesandtschaft an die Kurie Ludwigs Dienste quittierte und dafür von Clemens VI. in den fünfziger Jahren mit dem Bistum Freising entlohnt wurde, sowie – in den letzten Jahren – Bischof Leutold von Freising aus dem Haus der Grafen von Schaumberg als Kanzler genannt.

Weilten die Kanzler nicht am Hof oder war das Kanzleramt überhaupt unbesetzt, war die Leitung der Kanzleigeschäfte zumeist dem Protonotar – einem Beamten, der stets eine juristische Ausbildung besaß – übertragen. Der erste namentlich bekannte Protonotar Ludwigs war der spätestens seit 1324 in königlichen Diensten stehende Magister Ulrich Wild aus Pressath in der Oberpfalz, der für die – im Interesse des Königs durchgeführte – »Verfälschung« der Sachsenhäuser Appellation verantwortlich war. Er starb 1328 auf Ludwigs Italienzug. Sein Nachfolger war der weithin als hervorragender Kirchenrechtler bekannte Magister Ulrich Hofmaier aus Augsburg, der seit Anfang der dreißiger Jahre in Ludwigs Diensten stehend an sämtlichen Verhandlungen seines Herrn mit der Kurie seit dieser Zeit teilnahm.

An der Verfertigung der Urkunden und Akten wirkten direkt jedoch weder Kanzler noch Protonotare mit. Diese Arbeit wurde von den zumeist namentlich nicht bekannten Notaren der Reichskanzlei besorgt. Den spärlichen Hinweisen über diesen Personenkreis nach zu schließen, stammten sie vornehmlich aus dem bayerischen sowie aus dem schwäbisch-fränkischen Raum. Zu Beginn seiner Regierung konnte Ludwig sich dazu neben Beamten aus seiner herzoglichen Kanzlei auch auf Notare stützen, die bereits unter Heinrich VII. in der Reichskanzlei beschäftigt waren. Ein Teil des Kanzleipersonals trat nach Ludwigs Tod in die Dienste Ludwigs des Brandenburgers und Herzog Stephans II. Nur Heinrich von Nordenberg und der zeitweilig in Ludwigs Kanzlei beschäftigte Nürnberger Stadtschreiber Herdegen lassen sich in späteren Jahren in der Kanzlei Karls IV. nachweisen.

Hingewiesen sei vor allem auf den Notar Leonhard von München, der nicht nur eine Vielzahl von Urkunden Ludwigs schrieb, sondern darüber hinaus auch bemerkenswerte Miniaturen auf kaiserlichen Urkunden schuf. A. Schü.

340

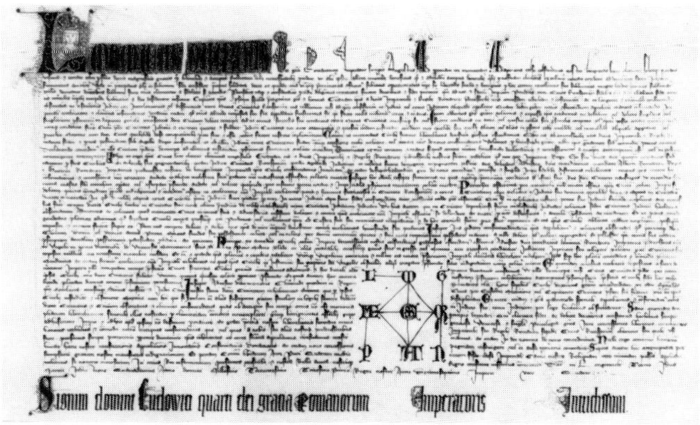

340* KAISERLICHE BESTÄTIGUNG DER REGENSBURGER GERICHTS- UND STEUERRECHTE

Burglengenfeld, 13. März 1331

Schreiber des Textes : K 7; Zeichner der Elongata : Notar Leonhard von München (1329–1347)

Pergamenturkunde, Goldbulle verloren, ursprünglich an grün-roten Seidenfäden. 44 x 68 cm

Kaiser Ludwig der Bayer bestätigt der Stadt Regensburg die von seinen Vorgängern, König Albrecht I. und Kaiser

340

Heinrich VII., sowie von ihm selbst verliehenen Gerichts- und Steuerrechte.
Als sich Ludwig am 13. März 1331 in Burglengenfeld aufhielt, ließ er den Regensburger Bürgern 7 Diplome ausstellen (MB 53 Nr. 627–633), das letzte sogar in zweifacher Ausfertigung und mit der Goldbulle besiegelt. Diese noch besonders feierlich ausgeführte Doppelausfertigung bildet die Zusammenfassung der bereits durch die übrigen sechs Urkunden erneuerten Rechte.
Leonhard von München, der als bedeutendster Schreiber der Kaiserzeit Ludwigs des Bayern seit 1329 bis 1347 kurz vor dem Tode Ludwigs als Notar, Schreiber und Diplomat des Kaisers tätig ist und zugleich als erster Münchner Notar der Reichskanzlei wird, schreibt zuerst die Initiale der Urkunde mit den folgenden Buchstaben der Elongata (verlängerte Schrift); ein anderer Schreiber unbekannten Namens, mit der Sigle K 7, setzt anschließend den Text der ersten Zeile fort, in dessen Lücken Leonhard mehrere Großbuchstaben mit Verzierungen einfügt; er beendet die Niederschrift mit dem Eintrag der Signumzeile. Im Mittelpunkt der schwarzgrundierten L-Initiale zeichnet Leonhard ein Kopfbild en face der Kaiserin Margarete (von Holland), mit der Ludwig seit 1324 in zweiter Ehe verheiratet war, der Zeit entsprechend in jugendlicher Darstellung, mit Kopfschleier und Stirnreif. Es ist das einzige Bild der Kaiserin in zeitgenössischer Darstellung.
Der Kaiserin diagonal gegenüber setzt Leonhard dem I von Imperatoris der Signumzeile (letzte vergrößerte Zeile, rechts) ein Dreiviertelprofil des Kaisers an mit angedeuteter Bügelkrone, ebenso jugendlich wie die Kaiserin, auch wenn Ludwig damals bereits 49 Jahre zählte. P. A.

Druck: MB 53, 356 Nr. 633. – Abb.: H. v. Sybel–Th. v. Sickel, Kaiserurkunden in Abbildungen Liefg. IX Taf. 17 mit Textband 319. – Regest: Böhmer 78 Nr. 1271. – Lit.: H. Bansa, Studien zur Kanzlei Kaiser Ludwigs des Bayern vom Tag der Wahl bis zur Rückkehr aus Italien (1314–1329) (MH Stud. Abt. Gesch. Hilfswiss. 5) 1968, 191ff.; Wrede, Leonhard v. München 53ff. mit Kat. Nr. 2.

München, Bayerisches Hauptstaatsarchiv (Kaiser-Ludwig-Selekt 464)

341 PRIVILEGIENBESTÄTIGUNG KAISER LUDWIGS DES BAYERN FÜR DIE STADT WINDSHEIM

Nürnberg, 25. Mai 1331

Schreiber der Urkunde und Zeichner der Bildinitiale: Notar Leonhard von München (1329–1347)

Pergamenturkunde, Thronsiegel verloren, durch moderne Nachbildung ersetzt; Initiale als Federzeichnung. 55,8 x 41,2 cm

Kaiser Ludwig der Bayer bestätigt den Bürgern der Stadt Windsheim die Urkunden seiner Vorgänger, König Adolfs vom 5. Mai 1295, König Albrechts I. vom 4. Februar 1302 (zwei Diplome vom gleichen Datum) und Kaiser Heinrichs VII. vom 11. Mai. 1313, und droht Zuwiderhandelnden den Verlust der kaiserlichen Huld sowie eine Geldbuße von Pfund Gold an.
Die Urkunde liegt in zwei Ausfertigungen vor. Vorliegendes Diplom schrieb Notar Leonhard. Von ihm stammt auch die reichverzierte L-Initiale, in deren Mitte er ein Fabelwesen einzeichnet. Dieses besteht aus einem nach halblinks blickenden Frauenkopf mit reichem Haarschmuck, der einem überlangen Hals aufsitzt, und einem Löwenleib mit eingezogenem Schwanz.
Die Zweitausfertigung schrieb ein anderer Notar, mit der Sigle K 22, von dem auch die Ettaler Klosterordnung stammt. Hier fehlt die L-Initiale, für die 5 cm freigelassen wurden; es war wohl ebenfalls eine Prachtinitiale vorgesehen, die jedoch unterblieben ist. Dafür sind die folgenden Anfangsbuchstaben der ersten Zeile, wie unter diesem Schreiber üblich, durch gleichmäßige Streckung und Verdickung besonders hervorgehoben. Die Urkunde fand übrigens als Regest auch Eingang in das gleichzeitig von der Kanzlei Kaiser Ludwigs geführte Reichsregister. P. A.

Druck: H. Bansa, Die Register der Kanzlei Ludwigs des Bayern (QE NF 24/2) 1974, 396 Nr. 552. – Regest: Böhmer 81 Nr. 1315; Schultheiss, UB der Stadt Windsheim, 1963, 75 Nr. 121. – Lit.: Wrede, Leonhard v. München 72, 89f. mit Kat. Nr. 4.

Windsheim, Stadtarchiv (Aa2)

342* BESTÄTIGUNG DES IUS DE NON EVOCANDO, DES BERGWERKSRECHTES UND DES MÜNZREGALS FÜR DAS HOCHSTIFT BAMBERG

Bamberg, 24. November 1331

Schreiber des Textes und Künstler der Federzeichnung: Notar Leonhard von München (1329–1347)

Pergamenturkunde, Thronsiegel verloren. 41 x 52 cm

342

342

Kaiser Ludwig der Bayer erneuert dem Hochstift Bamberg, seiner Vorgänger und des hl. Römischen Reiches Gründung, die von früheren Kaisern und Königen verliehenen Rechte: 1) das Ius de non evocando (Gerichtsstand für Ministerialen, Bürger, sonstige Stadtbewohner und Eigenleute vor keinem fremden Gericht, sondern ausschließlich vor dem des Bischofs und seiner Amtleute), 2) das Bergwerksregal mit Erhebung des Bergbauzehnten, 3) das Recht der Münzprägung zu Villach und Griffen nach Wert und Gewicht der Friesacher Münze (alle in Kärnten), 4) alle Gnaden, Freiheiten, Exemtionen und Privilegien.
Die Urkunde fand Eingang in das gleichzeitig geführte Jüngere Reichsregister. Am gleichen Tag erteilte Ludwig dem Hochstift einen Schutzbrief (Bansa Nr. 593) und eine eigene Bestätigung des Münzrechts in Villach und Griffen (Bansa Nr. 595).
Leonhard versah die Urkunde mit einer reichverzierten Initiale. Den Schaft des L durchzieht eine Ranke mit fünf Blättern. Der Balken enthält ein Fabelwesen mit dem nach links geneigten Kopf eines Jünglings, dessen gespaltene Zunge einer Beere entgegengestreckt ist, und dem Leib eines Löwen. Das Innere des Buchstabens ist mit Knospen- und Blütenrosetten gefüllt, über denen sich ein auf einer Spitze stehendes Quadrat mit einer an ein Kreuz gehefteten Blüte erhebt. Anscheinend unterblieb die weitere Füllung des Quadrats und die Vollendung des Rosettenschmuckes.

P. A.

Druck: Mon. Ducatus Carinthiae 9, 1965 151. 485; H. Bansa, Die Register der Kanzlei Ludwigs des Bayern (QE NF 24/2) 1974, 445 Nr. 594. – Regest: Böhmer 85 Nr. 1382. – Lit.: Wrede, Leonhard v. München 71 f. mit Kat. Nr. 5

Klagenfurt, Kärntner Landesarchiv

343* KAISERLICHE BESITZ- UND RECHTEBESTÄTIGUNG FÜR KLOSTER HEILSBRONN

Nürnberg, 28. Oktober 1336

Schreiber des Textes und Künstler der Federzeichnung: Notar Leonhard von München (1329–1347)

Pergamenturkunde, Thronsiegel, an grün-lila Seidenfäden, verloren. 36,5 x 60 cm

Kaiser Ludwig der Bayer nimmt Abt und Konvent des Zisterzienserklosters Heilsbronn (Lkr. Ansbach) in der Diözese Eichstätt mit allem Besitz in seinen Schutz, bestätigt ihnen die von seinen Vorgängern gewährten Privilegien, Freiheiten, Schenkungen, Verleihungen und Gnaden, insbesondere das Patronatsrecht der Pfarrkirche in Nördlingen sowie alle Rechte an genannten Gütern, erneuert ihre Gerichtsbarkeit über die klösterlichen Hintersassen, befreit die genannten Güter von Steuern und Abgaben und gewährt Steuer- und Abgabenfreiheit für die Hintersassen des Klosters.

343

343

Erstmals ersetzt Leonhard die L-Initiale durch eine Adler-Löwe-Gruppe, wie er sie dann auch später noch auf vier weiteren Urkunden verwendet (Wrede, Kat. Nr. 13, 16, 17, 24): auf kariertem Hintergrund ein Adler in Seitenansicht mit Blick nach rechts, die Fänge in die Mähne eines zusammengekauert vor ihm liegenden Löwen gegraben. Zur Deutung der Tiergruppe als politische Allegorie vgl. Kat. Nr. 349. Gestreckt und verdickt sowie abwechselnd übereinandergestellt folgen die weiteren Majuskeln des Namens, an die sich Großbuchstaben, ebenso verdickt, doch betont kursiv verziert, anschließen. P. A.

Regest: Böhmer 112 Nr. 1803. – Lit.: A. Heidacher, Die Entstehungs- u. Wirtschaftsgesch. des Kl. Heilsbronn bis zum Ende des 15. Jh., 1955, 34ff.; Wrede, Leonhard v. München 75 mit Kat. Nr. 9.

München, Bayerisches Hauptstaatsarchiv (Kaiser-Ludwig-Selekt 637)

344 SCHENKUNG DES LANDES LITAUEN AN DEN DEUTSCHEN ORDEN DURCH KAISER LUDWIG DEN BAYERN

München, (15. November) 1337

Schreiber des Textes und Künstler der Bildinitiale: Notar Leonhard von München (1329–1347)

Pergament, mit Signumzeile, Monogramm und Goldbulle. 72,5 x 47,5 cm

Kaiser Ludwig der Bayer schenkt dem Hochmeister Dietrich v. Altenburg und dem Deutschen Orden das Land der Litauer – nämlich Samaiten, Karschauen und Rußland –, in dem Herzog Heinrich II. von Niederbayern vor kurzem eine Hauptburg *(castrum capitale)* errichtet hatte, investiert den Hochmeister mit allen Gerechtsamen, erklärt, daß der Herzog der Hauptburg, auf der die Einwohner des Landes ihr Recht suchen sollen, Namen, Wappen und Fahne des Landes Bayern verliehen und die Errichtung einer Kathedralkirche mit Erzbistum ins Auge gefaßt habe, und bestimmt, daß Kirche und Erzbistum den Namen Bayern tragen sollen.

Von der Urkunde, die ein wechselvolles Schicksal von Berlin nach Königsberg, von dort nach Göttingen und jetzt wieder nach Berlin führte, ist sowohl das Konzept mit den Siegeln des Hochmeisters und Herzog Heinrichs XIV. als auch Ludwigs Nachurkunde vom 12. Dez. 1337 erhalten, in der die auf Bayern bezugnehmenden Sätze fehlen. Zu ihrer diplomatischen, verfassungsgeschichtlichen und politischen Würdigung ist die ausführliche Vorbemerkung im Preuss. UB heranzuziehen.

Leonhard schrieb den Text und setzte der ersten Zeile eine Bildinitiale voran. Der Kaiser steht mit dem Zepter in der Rechten und dem Reichsapfel in der Linken vor dem mit Akanthusblättern verzierten Thronsitz. Vor ihm kniet der Hochmeister, den ein schwarzes Kreuz auf dem Mantel als Ritter des Deutschen Ordens ausweist. Zwischen seinen Händen hält er den Lanzenschaft der bayerischen Rautenfahne. Ein Zierblock mit dunkel kariertem Hintergrund nimmt die ausgesparten, durch Vierpässe verbundenen Minuskeln des Namens auf. Zwei reich mit Knospen und Blattornamenten geschmückte Majuskeln leiten zu den Anfangsbuchstaben der folgenden Wörter über, die gestreckt, verdickt, mit Knospen, einer Blüte und Zacken verziert sind und die Zeile ausklingen lassen. Eine aus besonders verdickten gotischen Minuskeln bestehende Signumzeile bildet das Gegenüber zur Zierzeile. P. A.

Druck: Stacke, Deutsche Geschichte 1, 1880, nach 608 mit Übers. u. Abb.; Arndt-Tangl, Schrifttafeln 3 T. 94 (Abb. mit Text S. 53); Preuss. UB 3, 1944–61, 96 Nr. 134. – Regest: Böhmer 117 Nr. 1876. – Lit.: Werminghoff, Die Urkunden Ludwigs d. Bayern für den Hochmeister des Deutschen Ordens (AUF 5) 1914, 21 ff.; Preuss. UB 3, 96 ff. (Vorbem.); Wrede, Leonhard v. München 38 f., 59 ff. mit Kat. Nr. 10.

Berlin, Geheimes Staatsarchiv, Preußischer Kulturbesitz (XX. HA StA Königsberg, Schieblade 20 Nr. 29)

345* ERNEUERUNG ALLER BISHERIGEN RECHTE DES ERZSTIFTES TRIER

Frankfurt, 10. März 1339

Schreiber des Textes und Künstler der Federzeichnung: Notar Leonhard von München (1329–1347)

Pergamenturkunde, mit Signumzeile, Monogramm und Goldbulle (verloren). 61,7 x 54,5 cm

Kaiser Ludwig der Bayer bestätigt genannten (trierischen) Städten, Orten, Tälern und Burgen in den Diözesen Trier, Metz und Mainz Frankfurter Recht, erneuert Erzbischof Balduin den Besitz der Burgen Kochem und Klotten, erlaubt den Rückkauf von genannten, verpfändeten Orten, gewährt das Recht des Münzschlags in der Stadt Trier sowie das Zollrecht am Rhein in und bei Koblenz, befreit den Erzbischof von der Pflicht zum Besuch der kaiserlichen Hoftage, gewährt ihm für seine Untertanen eigenen Gerichtsstand, befreit ihn und seinen Klerus vom Zoll für Güter des Eigenbedarfs, gewährt für Streitfälle seines Klerus eigene Gerichtsbarkeit, umreißt die Rechte des Trierer Erzkanzleramtes, gewährt weitere Rechte und bestätigt alle bisherigen kaiserlichen und königlichen Privilegien.

Die Urkunde, die zu den großen Sammelprivilegien der Trierer Kirche gehört, wird mit einer Bildinitiale eingeleitet, an die sich eine über die ganze Breite des Pergaments verteilte Zierzeile anschließt. Die sonst übliche Buchstabeninitiale ersetzt Leonhard durch eine Personengruppe: Kaiser Ludwig steht im Schmucke seiner Insignien, mit Bügelkrone, Kaisermantel, Stola, Manipel und Lilienzepter, vor dem mit Akanthusblättern verzierten Thronstuhl und streckt Erzbischof Balduin von Trier die Rechte entgegen. Der Kurfürst hält in seiner Linken die Trierer Fahne, auf deren Wimpel ein lateinisches Kreuz, das Wappen der Trierer Kirche, aufgezeichnet ist; es entspricht der farbigen Zeichnung (auf Silber ein rotes Kreuz) in der gleichzeitigen Bilderchronik ›Kaiser Heinrichs VII. Romfahrt‹. Wenig früher (14. August 1338) hatte Leonhard eine ähnliche Gruppe mit dem Kaiser und den beiden Herzögen (Vater und Sohn) von Pommern geschaffen (Wrede, Kat. Nr. 11), die jedoch nicht an die Natürlichkeit der Trierer Gruppe heranreicht. Die folgende Zierzeile besteht aus drei Zierblöcken, die auf dunkel schraffiertem Hintergrund die durch Vierpässe miteinander verbundenen, ausgesparten Minuskeln der Intitulatio aufnehmen *(udouicus-dei-Roma);* die Blöcke werden voneinander durch zwei Gruppen von ornamental verzierten, schwarz grundierten und abwechselnd übereinandergestellten Majuskeln getrennt (QUARTUS – GR[ACI]A). Initiale und Zierzeile beherrschen in abwechselnd weißer und dunkler Tönung das Bild der Urkunde. Zusammen mit der Signumzeile am untersten Rand grenzen sie den Text symmetrisch ab. P. A.

Druck: Hontheim, Historia Trevirensis dipl. 2, 1750, 118 Nr. 642. – Regest: Böhmer 372 Nr. 3432. – Lit.: Lüdicke, Die Sammelprivilegien Karls IV. für die Erzbischöfe v. Trier (NA 33) 1907, 347 ff.; Wrede, Leonhard v. München 39, 61 ff., 95 mit Kat. Nr. 12.

Koblenz, Landeshauptarchiv (Abt. 1 A Nr. 4983)

345

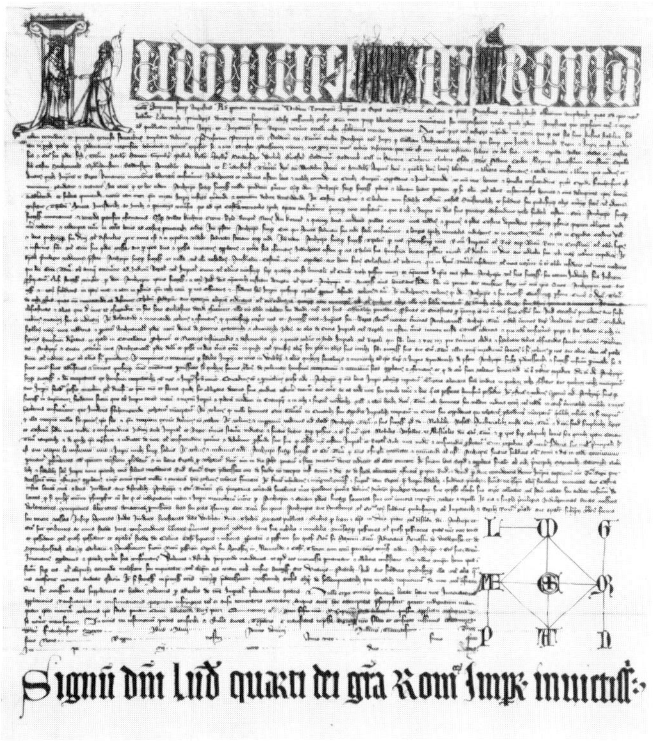

346★ GEWÄHRUNG DER FREIHEITEN UND RECHTE DER STADT KÖLN AN DIE STADT FREIBURG IM BREISGAU

Speyer, (1. Dezember) 1339

Schreiber der Urkunde und Künstler der Federzeichnung: Schreiber K 22

Pergamenturkunde, mit Goldbulle und Monogramm (ohne Signumzeile). 35 x 59,5 cm

Kaiser Ludwig der Bayer verleiht dem Bürgermeister, den Vierundzwanzig, dem Rat und der Bürgerschaft zu Freiburg (im Breisgau) alle Freiheiten und Rechte der Stadt Köln: 1) ein Bürger darf nur vor dem Schultheiß in der Stadt verklagt werden, 2) die Stadt darf ein Ungeld von Wein und Getreide erheben, 3) die Vorstädte, die mit einer Mauer umgeben sind, sollen dieselben Rechte wie die Altstadt besitzen.
Von der Urkunde existiert eine Zweitausfertigung mit einfacher Ausstattung und mit Thronsiegel, doch mit dem Tagesdatum zum 1. Dezember, auf welchen Tag auch die Prachtausfertigung, die der Tagesdatierung entbehrt, zu beziehen ist. Zu den Rechtsbeziehungen zwischen Freiburg und Köln vgl. die bei W. Schlesinger, Das älteste Freiburger Stadtrecht, Zs. d. Savigny-Stiftung 83 (Germ. Abt.) 1966 S. 111ff. unter Nr. 41, 51, 57 u. 73 verzeichnete Literatur.
Im Unterschied zum Reichtum an Varianten von Bild- und Pflanzeninitialen, über den Leonhard von München verfügt, bevorzugt der Schreiber dieses Diploms, ein Zeitgenosse seines Kollegen, der viele seiner Urkunden mit dem noch nicht gedeuteten Schreiberzeichen IM abschließt und in der Literatur sogar mit dem Notar Werner von Neuenburg gleichgesetzt wird, geometrische Regelmäßigkeit der Zierate, die auch hier in Form der aus gleichmäßigen spitzen Winkeln gebildeten Zickzacklinie im linken U der Initiale W zum Ausdruck kommt, und gitterförmige Anordnung der erhöhten und verdickten Großbuchstaben der ersten Zeile, die zusätzlicher Schmuckelemente entbehren. Dieselben Verzierungsformen verwendet er auch für drei Prunkurkunden (Wrede, Kat. Nr. 31–33). P. A.

Druck: Schreiber, UB der Stadt Freiburg i. Br. 1/2, 1828, 344 Nr. 175. – Regest: Böhmer 127 Nr. 2038. – Lit.: Wrede, Leonhard v. München 38, 103f. mit Anh. Nr. 24.

Freiburg, Stadtarchiv (A1: Ic Nr. 22)

347★ BEFREIUNG DES FRANKFURTER LIEBFRAUENSTIFTES VON ABGABEN UND DIENSTLEISTUNGEN

Straubing, 10. November 1340

Schreiber der Urkunde und Zeichner der Initiale: Notar Leonhard von München (1329–1347)

Pergamenturkunde, mit Thronsiegel, Reste an rot-gelben Seidenfäden. 26,5 bis 27 x 46,5 cm

Kaiser Ludwig der Bayer befreit Dekan und Kapitel des Frankfurter Liebfrauenstifts mit allen Angehörigen von jeder Bede, Steuer, Zins- und Malgeld sowie Schatzung und sonstigen weltlichen Dienstleistungen, wofür die Chorherren für den Kaiser, seine Vorfahren, seine Vorgänger und Nachfolger zu einem jährlichen und ewigen Jahrtag mit Vigil, Messe, Gebet und anderem Gottesdienst am Tag nach Mariä Lichtmeß verpflichtet werden.
Notar Leonhard schrieb den Text, den er mit seinem charakteristischen Schreiberzeichen beendet, in deutscher Sprache, die erstmals in der Kanzlei des Wittelsbachers offizielle Anerkennung findet.
Das W von *Wir* verzierte er mit reicher Knospenfüllung. Im linken Zwickel ist das Wappen des Reichsadlers angebracht, im rechten eine Helmzier, wie sie auch auf Ludwigs zweitem Herzogssiegel vorkommt, über dieser eine Blüte.

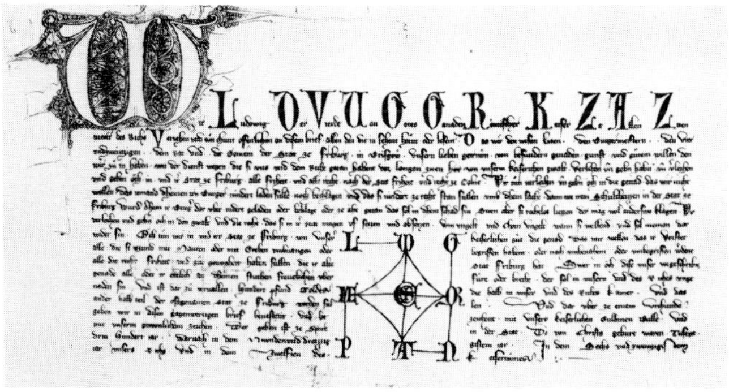

346

347

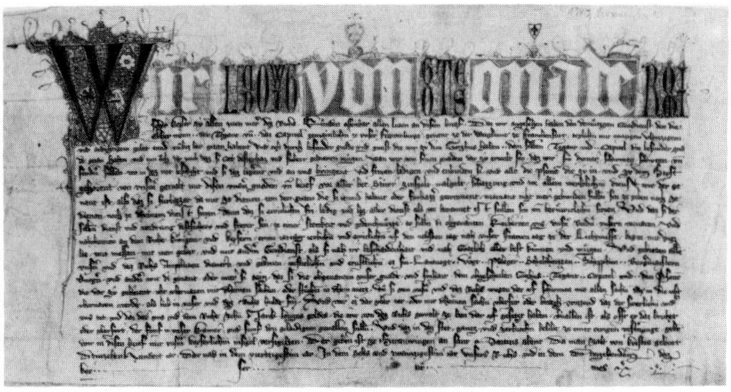

Die Buchstaben der ersten Zeile (Intitulatio) sind abwechselnd angeordnet: ausgesparte gotische Minuskeln auf kariertem Hintergrund in Zierblöcken, gotische Majuskeln schwarz verdickt und wechselweise übereinandergestellt auf reich mit Knospen und Blüten versehenem Muster. Ein Blattmedaillon und ein Lilienwappen krönen den oberen Abschlußstrich des mittleren und rechten Zierblocks.

P. A.

Druck: Böhmer-Lau, UB der Reichsstadt Frankfurt 2, 1905, 533 Nr. 720. – Regest: Böhmer 133 Nr. 2121. – Lit.: Wrede, Leonhard v. München 86 mit Kat. Nr. 14.

Frankfurt, Stadtarchiv (Liebfrauenstift Nr. 864a)

348* BESTÄTIGUNG DER RECHTE DER LANDSHUTER BÜRGER DURCH KAISER LUDWIG DEN BAYERN

Landshut, 6. Januar 1341

Schreiber des Textes und Zeichner der Zierzeile: Notar Leonhard von München (1329–1347)

Pergamenturkunde, mit Thronsiegel (verloren). 33,5 x 57 cm

Kaiser Ludwig der Bayer bestätigt Rat und Bürgern zu Landshut wegen ihrer Treue und weil sie ihn und seine Erben als ihre Herren anerkannt haben, alle Handfesten und Briefe (Urkunden) ihrer früheren Herren, verspricht Bezahlung aller Schulden seiner verstorbenen Vettern, anerkennt alle Handfesten und Rechte einzelner Bürger, ermäßigt ihre gewöhnliche Steuer von 500 auf 300 Pfd. Regensburger Pfennige sowie die Gerichtsgefälle von 50 auf 30 Pfd., verspricht Bestellung eines ihnen genehmen Richters, gewährt 50 Pfd. aus dem Landshuter Zoll zur Regulierung des Wassers (Isar) und zur Ausbesserung des Wehrs, regelt den Steuer- und Wachdienst sowie die Eintreibung von Schulden, bedroht Mörder und Totschläger mit der Acht, bestimmt die gerichtliche Zuständigkeit für Totschlag sowie die Erbfolge für kinderlose Bürger, verspricht freie Partnerwahl bei Heiraten von Mann und Frau und gewährt weitere Rechte.

Das Diplom, mit dem der Kaiser 16 Einzelbestimmungen zugunsten der Landshuter Bürger trifft und das die wichtigste Verleihung Ludwigs für die Stadt Landshut darstellt, stammt in Schrift und Federzeichnung von der Hand des Notars Leonhard von München, der den Text der deutschsprachigen Urkunde mit seinem Schreiberzeichen abschließt.

Ein großes W leitet die erste Zeile ein. Mit Spiralen, Schnecken und Knospenrosetten sind die Zwischenräume zwischen den beiden dunkel grundierten V ausgefüllt. Zwei große Blüten, unter diesen zwei kleinere, nehmen die Mitte beider V ein. Zwei Gruppen von schwarzgefüllten, verzierten Majuskeln *(IR – UOn)*, nach diesen je ein Zierblock, der ausgesparte gotische Minuskeln auf verschieden grundiertem Hintergrund aufnimmt *(Ludouig – gotes)*, schließen sich über die ganze Breite des Pergaments an. Damit erreicht Leonhard eine wirkungsvolle Verteilung von Schwarz und Weiß, mit dem kaiserlichen Namen in der Mitte, über die ganze erste Zeile.

P. A.

Druck: Herzog LUB 1, 253 Nr. 469. – Regest: Böhmer 134 Nr. 2131. – Lit.: Wrede, Leonhard v. München 39, 97 mit Kat. Nr. 15.

Landshut, Stadtarchiv (Urk. 57)

348

349* KAISERLICHE BESTÄTIGUNG DER GRÜNDUNG DES NÜRNBERGER HEILIGGEISTSPITALS

24. Februar 1341

Schreiber der Urkunde und Künstler der Federzeichnung: Notar Leonhard von München (1329–1347)

Pergamenturkunde, Thronsiegel an grün-gelben Seidenfäden; Initiale als Federzeichnung. 49,8 x 78,3 cm

Kaiser Ludwig der Bayer bestätigt auf Bitte des Nürnberger Bürgers Konrad Groß die Gründung und Ausstattung des Heiliggeistspitals, das dieser mit Zustimmung des Bischofs Lupold v. Bamberg, des dortigen Domkapitels und des Pfarrers von St. Sebald, Gunthers von Aufseß, zur Pflege der Kranken und Versorgung der Armen der Stadt in besagter Pfarrei an der Pegnitz errichtet hatte.

Konrad Groß gehört einer Nürnberger Patrizierfamilie an.

Er war seit 1339 Reichsschultheiß der Stadt und einer der großen Geldgeber des Kaisers, womit auch die reiche Ausstattung der Urkunde, die sogar in doppelter Ausfertigung (vgl. Kat. Nr. 350) ausgestellt wurde, zu erklären ist. Das 1341 städtischer Verwaltung unterstellte Spital, das noch heute als städtische Stiftung besteht, nimmt seit fast 650 Jahren (um 1332 gegründet, Stiftungsbrief von 13. Januar 1339) dieselben Aufgaben wahr.

Die Zierzeile besteht aus einem L mit einer Adler-Löwe-Gruppe und zwei Zierleisten, die die durch Vierpässe verbundenen Minuskeln des Namens *(udouicus)* und der Ordnungszahl *(uartus),* beide durch ornamentales Q getrennt,

349

aufnehmen. Über dem ersten Block sind die Wappen des Kaisers, die bayerischen Rauten, der Reichsadler und der pfälzische Löwe, über dem zweiten der niederbayerische Panther angebracht. Mit der Adler-Löwe-Gruppe – der Adler gräbt seinen Schnabel in den Kopf des Löwen – bedient sich Leonhard einer auf die Stauferzeit zurückreichenden politischen Allegorie: der Adler verkörpert den Kaiser, das Reich, der Löwe die Feinde desselben, den Kampf der Anhänger des Kaisers (Ghibellinen) mit dessen Gegnern (Guelfen), eine symbolische Darstellung, die erstmals auf dem 1328 anläßlich der Kaiserkrönung in Rom von einem italienischen Künstler geschaffenen kaiserlichen Thronsiegel zum Ausdruck kommt. P. A.

Druck: H. v. Sybel–Th. v. Sickel, Kaiserurkunden in Abbildungen, Textband 325. – Abb.: H. v. Sybel–Th. v. Sickel, Liefg. IX Tafel 21; AK Bayerns Kirche im Mittelalter, Hss. u. Urk. aus Bayer. Staatsbesitz, 1960, 51 Nr. 256 mit Abb. 53; AK Aus 1200 Jahren 124 mit Abb. 58. – Regest: Böhmer 134 Nr. 2142. – Lit.: A. Gemperlein, Konrad Gross, der Stifter des Nürnberger Heiliggeist-Spitals u. seine Beziehungen zu Kaiser Ludwig (Mitt. d. Ver. f. Gesch. der Stadt Nürnberg) 1944, 83–126; Wrede, Leonhard v. München 13, 76ff., 86 mit Kat. Nr. 17.

München, Bayerisches Hauptstaatsarchiv (Kaiser-Ludwig-Selekt 784)

350 KAISERLICHE BESTÄTIGUNG DER GRÜNDUNG DES NÜRNBERGER HEILIGGEISTSPITALS

München, 24. Februar 1341

Schreiber der Urkunde und Künstler der Federzeichnung: Notar Leonhard von München (1329–47)

Pergamenturkunde, mit Thronsiegel; Initiale als Federzeichnung. 48 x 75 cm

Die Urkunde stellt die Zweitausfertigung von Kat. Nr. 349 dar; sie kam erst im Verlauf der Vorarbeiten zu den Reichsregesten Kaiser Ludwigs des Bayern (Regesta Imperii) zum Vorschein. Zu Regest und Erläuterung vgl. Kat. Nr. 349. Wie bei Kat. Nr. 349 ist die Initiale L reich verziert, die gesamte erste Zeile in eine Zierleiste mit zwei Zierblöcken gestellt, die wie bei Kat. Nr. 349 durch das mit Ranken, Blüten und Knospen geschmückte Q von *Quartus* getrennt sind. Schaft und Balken des L durchzieht eine ausgesparte Ranke, an der feinstilisierte Blätter hängen. Das von Schaft, Balken und Schlußstrich gebildete Innenrechteck ist mit Girlanden gefüllt, die mit Blüten, Blättern, Knospenstengeln und Schnecken gefüllte Rosetten umkreisen. In der Mitte dieser Füllung befindet sich ein Medaillon, in dem auf dunklem Hintergrund der ausgesparte Kopf eines Bacchus mit Weinblättern angebracht ist. Der Blick des Weingottes ist auf ein Frau-Löwe-Wesen gerichtet, das einem Medaillon am Fußende des L-Schaftes eingezeichnet ist und das eine große Ähnlichkeit mit dem gleichen Fabelwesen auf Kat. Nr. 341 aufweist.

Die folgende Zierzeile nimmt die Buchstaben von Namen und Ordnungszahl auf *(udouicus uar),* erstere durch dunkel gezeichnete Vierpässe miteinander verbunden, die Buchstaben selbst ausgespart, letztere dunkel getönt und durch ausgesparte Vierpässe verbunden. Anstelle der Wappen auf Kat. Nr. 349 ist der obere Rand des ersten Zierblocks mit einer Blütenrosette besetzt. P. A.

Wrede, Leonhard v. München 39f., 72f. mit Kat. Nr. 18.

Eichstätt, Diözesanarchiv (Urk. 47)

351* SCHENKUNG EINES KIRCHENPATRONATS AN KLOSTER ALDERSBACH

Schärding, 10. Februar 1343

Schreiber der Urkunde und Zeichner der Initiale: Notar Leonhard von München (1329–1347)

351

351

Pergamenturkunde, mit Thronsiegel an roten Seidenfäden; Initiale als Federzeichnung. 25 x 54 cm

Kaiser Ludwig der Bayer schenkt Abt und Konvent des Zisterzienserklosters Aldersbach in der Diözese Passau das Patronatsrecht der Pfarrkirche Münster in seiner Herrschaft Griesbach (Rotthalmünster Lkr. Griesbach) nach Tod oder Resignation des bisherigen Pfarrers (rector et pastor), Erasmus Schenken von Anzenkirchen (Lkr. Pfarrkirchen). Der Schaft der Initiale L besteht aus zwei übereinandergeordneten Herzblättern, die Spitze krönt eine Lilie; den Balken bildet ein in eine Halbkuppel gelegtes halbes Blatt. Zwei Buchstabengruppen, die aus gestreckten und verdickten Majuskeln bestehen, in abwechselnder Doppelstellung, umrahmen einen Zierblock mit zwei ausgesparten Minuskeln, dem ein unziales D vorgesetzt ist *(Dei),* wonach die Zeile mit erhöhten Einzelbuchstaben, durch Schlingen, Blatt- und Blütenmuster hervorgehoben, endet. Gegenüber seinen sonstigen Prachturkunden bevorzugt Leonhard in diesem Fall ausschließlich pflanzliche Verzierungen.

P. A.

Druck: MB 5 S, 428 Nr. 74. – Regest: Böhmer 145 Nr. 2312. – Lit.: Wrede, Leonhard v. München 47f., 98 mit Kat. Nr. 20.

München, Bayerisches Hauptstaatsarchiv (Kaiser-Ludwig-Selekt 897)

352* PRIVILEGIENBESTÄTIGUNG FÜR DIE STADT PASSAU

München, 17. November 1345

Schreiber der Urkunde und Zeichner der Bildinitiale: Notar Leonhard von München (1329–1347)

Pergamenturkunde, mit Goldbulle an grün-roten Seidenfäden. 42 x 50,5 cm

Kaiser Ludwig der Bayer bestätigt Rat und Bürgern der Stadt Passau alle Gnaden, Briefe (Urkunden), Rechte, Freiheiten und guten Gewohnheiten, die ihnen von seinen Vorgängern, den römischen Königen und Kaisern, verliehen wurden.

Das Diplom ist in deutscher Sprache abgefaßt. Es ist mit Signumzeile und Monogramm versehen und enthält am Schluß des Textes das charakteristische Schreiberzeichen Leonhards.

Die 1. Zeile ist reich verziert: *WIR Ludouig uon.* Die mit Blüten, Ranken und Knospen geschmückte Initiale ›W‹ zeigt in der oberen Mitte ein Medaillon, in dem auf dunklem Hintergrund die Büste des Kaisers dargestellt ist. Die Feinheiten der Federzeichnung entsprechen zeitgenössischen Beschreibungen (dazu Wrede 56ff.); deutlich ist die auf die habsburgische Mutter Mechthild (Tochter König Rudolfs) zurückgehende Hakennase zu erkennen. Mit der Zeichnung hat Leonhard, der dem Kaiser fast 20 Jahre als Notar diente und seinem Herrn beinahe täglich begegnete, wohl ein porträtähnliches Bildnis beabsichtigt (Wrede 58). Am Fuße des W ist ein zweites Medaillon mit einem stilisierten Löwen, als Wächter des Thrones, angebracht. Die durch Vierpässe verbundenen Minuskelbuchstaben des kaiserlichen Namens stehen in einer Zierleiste, der als Wappen der Reichsadler, der pfälzische Löwe und die bayerischen Rauten aufsitzen.

P. A.

Druck: Erhard, Gesch. der Stadt Passau 1, 1862, 123 Anm. 277. – Regest: Böhmer 378 Nr. 3517. – Lit: Wrede, Leonhard v. München 56ff., 73, 87, 138f. mit Kat. Nr. 23.

Passau, Stadtarchiv (Urk. I Nr. 43)

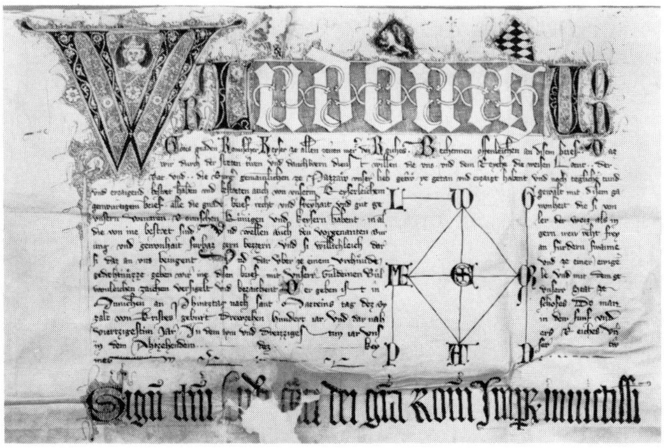 352

353 URKUNDE KAISER LUDWIGS DES BAYERN FÜR DIE PFALZGRAFEN BEI RHEIN

Nürnberg 1331

Pergamenturkunde, 14x34 cm; Siegel (mit Rücksiegel) an grüner Seidenschnur

Der im August 1329 zwischen Kaiser Ludwig dem Bayern und den Nachkommen seines Bruders Rudolf zu Pavia geschlossene Hausvertrag war als eine Vereinbarung unter Familienmitgliedern an sich nicht von der Zustimmung Dritter abhängig, um in Kraft treten zu können. Allein jene Bestimmungen des Vertrags, durch die Rechte nicht beteiligter Personen berührt wurden, bedurften einer solchen Genehmigung. Das war zum einen bei der Abmachung der Fall, nach der die Pfälzer Kurstimme abwechselnd von den beiden Linien zu führen sei, und traf zum anderen bei der Zuweisung der Orte Neumarkt, Berngau, Hersbruck und Auerbach zum rudolfinischen Erbteil zu, nachdem König Adolf von Nassau die betreffenden Orte, die zum Reichsgut gehörten, seinem Schwiegersohn Herzog Rudolf I. als Mitgift für dessen Frau Mechthild um 10000 Mark verpfändet hatte. Während die Vereinbarung über den Wechsel der Kur in den folgenden Jahren von sämtlichen Kurfürsten genehmigt, von Karl IV. später freilich nicht anerkannt wurde, bestätigte Ludwig mit der hier ausgestellten Urkunde am 22. Mai 1331 den Pfalzgrafen Rudolf II. und Ruprecht I. als Staatsoberhaupt – »von vnserm cheiserlichem gewalt« – den Besitz der genannten Orte, über deren Zugehörigkeit er bereits 1329 als bayerischer Herrscher entschieden hatte. A. Schü.

Druck: H. Bansa, Die Register der Kanzlei Ludwigs des Bayern 2 (QE NF 24,2) München 1974, 386ff., Nr. 543; AK Aus 1200 Jahren Nr. 57.

München, Bayerisches Hauptstaatsarchiv (Kaiser-Ludwig-Selekt Nr. 476)

354 DAS SOG. JÜNGERE REGISTER DER KANZLEI KAISER LUDWIGS DES BAYERN

1330–1332 (1335)

Handschriftenfragment (40 Bl.), Papier, 38,5x28,5 cm

Unter den verschiedenen Formen mittelalterlichen Behördenschriftgutes kam von jeher den sog. Registern besondere Bedeutung zu. Sie enthielten größtenteil Abschriften der von der registerführenden Behörde ausgestellten, vereinzelt auch Kopien der bei ihr einlaufenden Briefe und Urkunden und trugen damit wesentlich zum Entstehen einer kontinuierlichen Geschäftsführung bei. In der päpstlichen Kanzlei wurden Register seit der Spätantike nach dem Vorbild römischer Behörden geführt. Kurialem Beispiel folgend, bedienten sich die Kanzleien weltlicher Herrscher seit Beginn des 13. Jh. in zunehmendem Maße dieser Einrichtung. Die frühesten erhaltenen Register deutscher Könige und Kaiser stammen aus der Kanzlei Ludwigs des Bayern. Das sog. Ältere Register wurde wenige Wochen nach der Schlacht bei Mühldorf – im November 1322 – begonnen und im Januar 1327, unmittelbar vor Ludwigs Aufbruch nach Italien, abgeschlossen. Das ausgestellte »Jüngere Register«, eine nur fragmentarisch erhaltene Akte, enthält Einträge aus der Zeit vom Juni 1330 bis in den Dezember 1332, dazu einen Nachtrag aus dem Jahr 1335. Auf Seite 34 dieses »Jüngeren Registers« ist die Abschrift der Urkunde Kaiser Ludwigs für die Pfalzgrafen bei Rhein vom 22. Mai 1331 zu sehen (vgl. Kat. Nr. 353). A. Schü.

Lit.: H. Bansa, Die Register der Kanzlei Ludwigs des Bayern 1 (QE NF 24, 1) München 1971, Einleitung 83–111; AK Aus 1200 Jahren Nr. 57.

München, Bayerisches Hauptstaatsarchiv (Kaiser-Ludwig-Selekt Anhang 1)

355* DAS OBERBAYERISCHE LANDRECHT KAISER LUDWIGS DES BAYERN

7. Januar 1346

Pergamenthandschrift (56 Bl.) in zeitgenössischem Einband (Holzdeckel mit rotem Leder überzogen und mit Metallbuckeln beschlagen; Metallschließen). Textura Mitte 14. Jahrhundert. 32,5 x 22,5 cm

Die Handschrift zählt zu den ältesten, unmittelbar in die Entstehungszeit des Landrechts zurückgehenden Textzeugen. Sie gehört zu einer Gruppe von serienmäßig hergestellten, für amtliche Zwecke bestimmten Exemplaren, die von einem Team in ihnen wiederkehrender Schreiber geschrieben, von gleichen Händen korrigiert und mit einer einheitlichen künstlerischen Ausgestaltung des hier gezeigten Textbeginns (fol. 6^r) versehen sind. Die vorgestellte Handschrift, deren praktischer Gebrauch durch zahlreiche Nachträge und Glossen augenfällig ist, lag beim herzoglichen Stadtgericht München auf. In die heutige Bayerische Staatsbibliothek gelangte sie 1821 über die Bibliothek Johann Kaspar v. Lipperts († 1800), in dessen Sammlung sich auch andere bedeutende Landrechtshandschriften befanden.
Die Bildinitiale ›W‹ auf Goldgrund zeigt Kaiser Ludwig in thronender Haltung, flankiert von zwei Adlern, seine Füße auf zwei Löwen gesetzt; vor ihm knien vier junge Männer mit erhobenen Händen. Die »königlichen« Tiere begegnen uns auch in den Prunkurkunden des Herrschers: Vielleicht sind die stolzen Adler als Symbol der auf seiten Ludwigs stehenden ghibellinischen Partei, die unterworfenen Löwen als Symbol der Guelfen, der Feinde des wittelsbachischen Kaisertums, zu deuten. Die Knienden stellen mit hoher Wahrscheinlichkeit jene vier Söhne Ludwigs des Bayern dar, die er 1334 zu gesamter Hand als Landesherren des Herzogtums eingesetzt hat und die nach dem Wortlaut des aufgeschlagenen Einführungspatents formell auch das Landrecht erlassen haben: die Herzöge Markgraf Ludwig (V. der Brandenburger) sowie seine jüngeren Brüder Stephan (II.), Ludwig (VI. der Römer) und Wilhelm. Da der Ende 1336 geborene Albrecht noch fehlt, dürften Text und bildliche Umrahmung des Einführungspatents auf einer um 1335 entstandenen Fassung des Landrechts beruhen, deren Existenz von Dezember 1336 an auch durch Zitate in Gerichtsbriefen bezeugt ist. In den Blattranken oben die Wappen des Reiches und der Pfalz, am linken Rand von Brandenburg und von Holland, unten von Bayern.
Das Landrecht Kaiser Ludwigs des Bayern galt auch nach der von ihm herbeigeführten vorübergehenden Vereini-

355

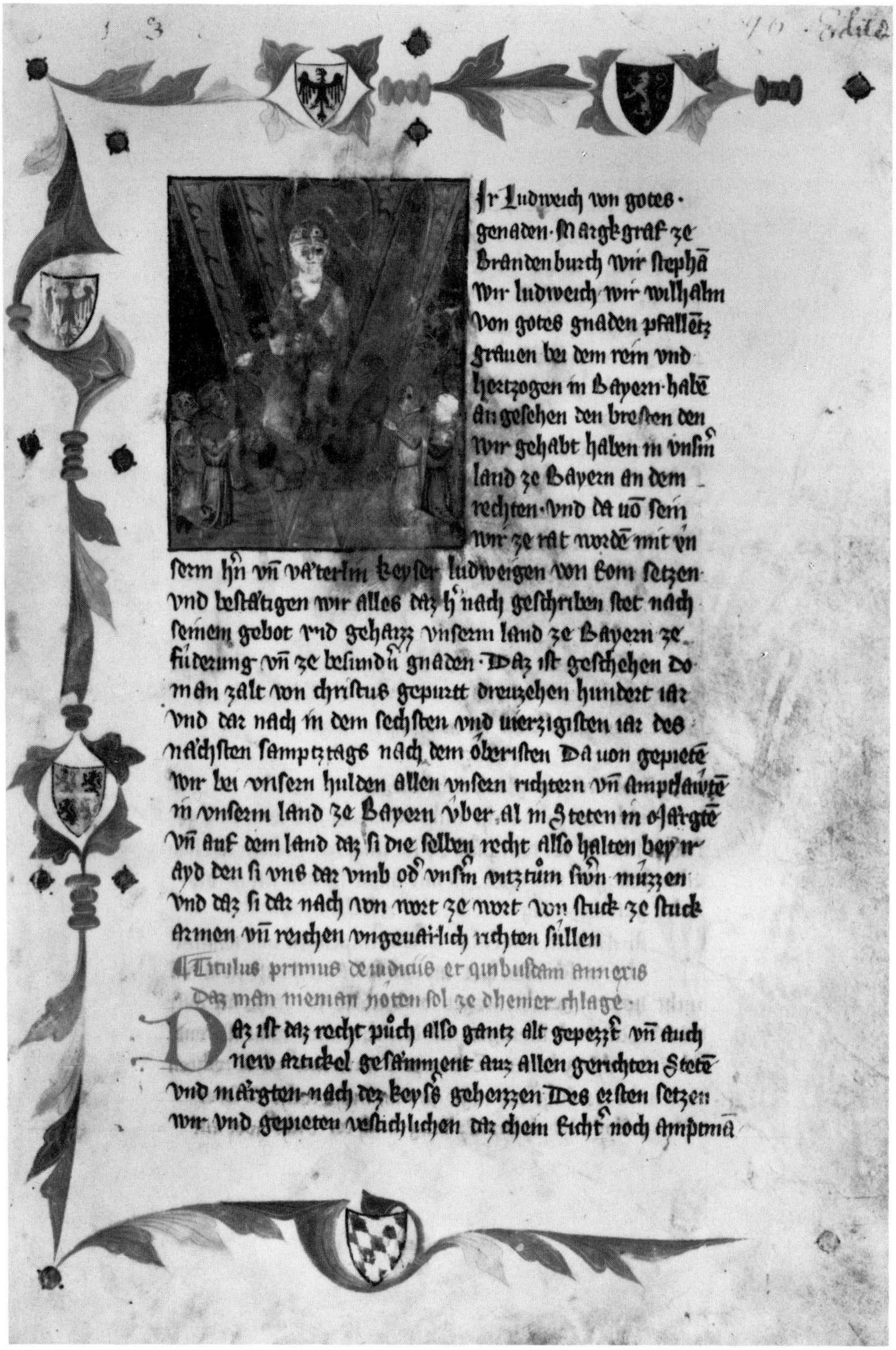

Wir Ludweich von gotes ·
genaden · Margkgraf ze
Brandenburch wir Stephā
wir ludweich wir wilhalm
von gotes gnaden pfallētz
grauen bei dem rein vnd
hertzogen in Bayern · habē
an gesehen den bresten den
wir gehabt haben in vnsrm
land ze Bayern an dem
rechten · vnd da uō sein
wir ze rat worde mit vn
serm h'n vñ vat'erl keyser ludweigen von Rom setzen
vnd bestätigen wir alles daz h'nach geschriben stet nach
seinem gebot vnd geheizz vnserm land ze Bayern ze
fürderung vñ ze besundn gnaden · Daz ist geschehen do
man zalt von christus gepurtt dreuzehen hundert iar
vnd dar nach in dem sechsten vnd viertzigisten iar des
nächsten samptztags nach dem obristen Da von gepiete
wir bei vnsern hulden allen vnsern richtern vñ amptleutē
in vnserm land ze Bayern vber al in Steten in märgtē
vñ auf dem land daz si die selben recht also halten bey ir
ayd den si vns dar vmb od' vnsrn vitztum sw'n müzzen
vnd daz si dar nach von wort ze wort von stuck ze stuck
armen vñ reichen vngeuärlich richten süllen
Titulus primus de iudiciis et quibusdam [illegible]
Daz man niemant noten sol ze cheiner chlage
Daz ist daz recht pūch also gantz alt gesetzt vñ auch
new artickel gesammnet aus allen gerichten Stetē
vnd märgten nach dez keys's geheizzen Des ersten setzen
wir vnd gepieten vestichlichen daz chein Richt' noch ampt̄ma

gung Ober- und Niederbayerns (1340–1349) nur im oberbayerischen Landesteil, wie dieser durch die Teilung von 1255 entstanden war, und zwar ohne den Nordgau und ohne die 1268 aus dem staufischen Erbe erworbenen Besitzungen an der oberen Donau. Im ursprünglichen Geltungsbereich lebte es noch in der Landrechtsreformation von 1518 bis zum Kodifikationswerk Maximilians I. von 1616 fort. In den nach dem Landshuter Erbfolgekrieg Anfang des

16. Jh. an Österreich (Tirol) abgetretenen Gerichten Kufstein, Rattenberg und Kitzbühel wurde es sogar bis in die Napoleonische Zeit angewendet.

Das oberbayerische Landrecht von 1346 ist eines der wenigen durchgebildeten Territorialrechte des deutschen Mittelalters. Mit der Herstellung der Rechtseinheit wollte Ludwig der Bayer den Besitzstand seines Hauses als die unverzichtbare Grundlage des wittelsbachischen Kaisertums vor Aufteilung und Zersplitterung schützen. W.J.

Neben drei frühen Drucken (1484, 1495, 1516) J. Heumann, Opuscula quibus varia iuris Germanici itemque historica et philologica argumenta explicantur, Nürnberg 1747 (mit ausführlichem Kommentar); M. Frhr. v. Freyberg, Sammlung historischer Schriften und Urkunden 4, Stuttgart–Tübingen 1834, 481–500; Krit. Ausg. (v. H. Lieberich–W. Jaroschka) in Vorbereitung; Zur Handschrift: L. Rockinger, Vorarbeiten zur Textausgabe von Kaiser Ludwigs oberbaierischen Landrechten (Abh. d. Hist. Classe d. Kgl. Bayer. Akad. d. Wiss. 11/1) 1868, 16f. Nr. 2, 61ff.; H. Lieberich, Eine zeitgenössische bildliche Darstellung Kaiser Ludwig des Bayern (ZBLG 23) 1960, 128–136; Zum Landrecht: Spindler II 529f. Anm. 6 (Bibliographie); W. Jaroschka (WB I/1).

München, Bayerische Staatsbibliothek (cgm. 1506; aufgeschlagen 5v und 6r)

HAUSMACHTPOLITIK

Ludwig der Bayer verfügte nicht anders als seine Vorgänger Rudolf von Habsburg, Adolf von Nassau und Heinrich von Luxemburg bei Regierungsantritt über eine nicht sehr breite Machtbasis. Das Reichsgut war teils während des Interregnums verlorengegangen, teils auch von den Vorgängern verpfändet und damit der unmittelbaren Nutzung entzogen worden, ein Teil des Besitzes lag zudem im Machtbereich Herzog Friedrichs des Schönen von Österreich. Das wittelsbachische Hausgut dagegen war bereits 1255 geteilt worden, wobei der damals an Herzog Ludwig II. gefallene Anteil – Oberbayern und die Rheinpfalz – bis 1317 von den Brüdern Rudolf und Ludwig gemeinsam regiert wurde. Aber auch nach der Verdrängung Rudolfs war abzusehen, daß dessen Nachkommen einmal ihre Ansprüche auf das väterliche Erbe geltend machen würden. So suchte Ludwig nicht anders als seine Vorgänger auf dem Königsthron seinen Einfluß durch die Vergabe frei gewordener Reichslehen an Familienmitglieder zu stärken. Im Frühjahr 1323 verlieh er die seit 1319 vakante Markgrafschaft Brandenburg an seinen ältesten Sohn, den damals noch nicht achtjährigen Ludwig, und sicherte sich damit gleichzeitig eine Kurstimme. Im Jahre 1342 konnte sodann – wenn auch auf außergewöhnliche Weise – die Grafschaft Tirol erworben werden. Dort regierten seit dem Tod Herzog Heinrichs von Kärnten im Jahre 1335 dessen Tochter Margarete und deren Mann Johann, ein Sohn König Johanns von Böhmen, den der Tiroler Adel im Herbst 1341 im Einvernehmen mit Ludwig verjagte, nachdem die Ehe Margaretes mit Johann – angeblich durch das Verschulden des Mannes – bislang kinderlos geblieben war. Die Umstände, unter denen der Tiroler Besitz unter wittelsbachischen Einfluß kam, brachte dem Kaiser freilich einen großen Prestigeverlust. Da nämlich nach der Vertreibung des böhmischen Prinzen keine Aussicht auf eine Annullierung der Ehe von seiten der Kurie bestand – Verhandlungen zwischen Ludwig und dem Papst hatten sich zerschlagen –, war Ludwig gezwungen, die bestehende Ehe aus kaiserlicher Machtvollkommenheit für ungültig zu erklären, um der Gräfin eine Verheiratung mit Markgraf Ludwig dem Brandenburger zu ermöglichen. Einen weiteren Zuwachs sollte das wittelsbachische Territorium sodann noch am Ende von Ludwigs Regierungszeit erfahren, als der Kaiser im September 1346 seine Frau Margarete, die älteste Schwester des 1345 kinderlos verstorbenen Grafen Wilhelm von Holland mit dessen Besitzungen – den Grafschaften Hennegau, Holland und Seeland sowie der Herrschaft Friesland – belehnte. Keines der durch Ludwig den Bayern für das Haus Wittelsbach erworbenen Gebiete sollte freilich länger im Besitz seiner Erben verbleiben. Die Grafschaft Tirol kam bereits 1363 an die Habsburger, die Markgrafschaft Brandenburg wurde 1373 an Kaiser Karl IV. verkauft; die niederrheinischen Besitzungen gingen schließlich zu Beginn des folgenden Jahrhunderts in burgundischen Besitz über. *A. Schü.*

356 DER HAUSVERTRAG VON PAVIA

Pavia, 4. August 1329

Pergamenturkunde, Siegel an Seidenschnur. 69x58 cm

Kaiser Ludwig der Bayer beurkundet auch im Namen seiner Söhne Ludwig V. und Stephan II., daß er mit den Pfalzgrafen Rudolf II., Ruprecht I. und Ruprecht II. folgende Landesteilung vereinbart hat: Die Pfalzgrafen und ihre Erben erhalten die Rheinpfalz und aus dem Viztumamt Lengenfeld Amberg, Sulzbach, Nabburg, Neustadt (a. d. Waldnaab), Neumarkt, Eschenbach, Auerbach, Oberviechtach, Weiden, Vohenstrauß, Neunburg vorm Wald und weitere Burgen und Orte. Kaiser Ludwig und seine Erben erhalten Oberbayern und die Besitzungen in Schwaben sowie aus dem Viztumamt Lengenfeld Burg und Markt Lengenfeld, Kallmünz, Regenstauf, Stadtamhof, Velburg, Hemau, Riedenburg, Schwandorf und weitere Burgen und Orte. Die beiden Parteien geloben, sich gegenseitig beizustehen und ihre Besitzungen an niemanden zu verschenken und zu verkaufen. Falls ein Verkauf notwendig sein sollte, hat die andere Partei ein Vorkaufsrecht. An den König und an geistliche oder weltliche Fürsten dürfen keine Besitzungen verpfändet werden. Die Vertragsschließenden sollen zusammenwirken, daß die adeligen Landherren bei ihrer jeweiligen Herrschaft bleiben. Bedienstete der einen Partei sollen nicht gegen die andere Partei aufgewiegelt werden. Die Kurwürde soll bei der nächsten Wahl der Pfälzer Seite zustehen, dann aber zwischen den beiden Linien wechseln. Bei der Königswahl soll der jeweilige Inhaber des Kurrechts auch die Interessen der anderen Linie vertreten. Diejenige Partei, die die andere an der Ausübung des Kurrechts hindert, soll den Anspruch auf die Kurwürde ganz verlieren. Die Linien beerben sich im Falle ihres Aussterbens gegenseitig. Streitfälle zwischen den adeligen Landherren der beiden Landesteile sollen durch die beiderseitigen Viztume zusammen mit einem siebenköpfigen Schiedsgericht geschlichtet werden, wie das in solchen Fällen zwischen Ober- und Niederbayern üblich ist. In größeren Streitfällen erfolgt die Schlichtung durch die Landesherren selbst mit Hilfe eines sieben- oder neunköpfigen Schiedsgerichts. Das dem Landgrafen von Leuchtenberg abgekaufte Landgericht wird aufgeteilt. Das Landgericht Hirschberg bleibt bei Kaiser Ludwig. Jeder trägt die auf seinem Landesteil liegenden Schulden. Kaiser Ludwig ist jedoch für die Schulden gegenüber Augsburg, Ulm und Niederbayern allein haftbar. Künftige Kinder und Erben Ludwigs sollen in den Vertrag miteinbezogen sein.

Der Hausvertrag von Pavia beendete die langjährigen Streitigkeiten Kaiser Ludwigs mit seinem 1319 verstorbenen Bruder Rudolf und dessen Nachkommen. Auf seinem Italienzug, wo er von Rudolfs Sohn, Rudolf II., begleitet wurde, schloß er mit diesem am 14. April 1328 in Rom einen Bündnisvertrag und verabredete eine Landesteilung, die durch sieben Adelige vorbereitet werden sollte. Diese wurde dann in Pavia durch den vorliegenden Vertrag am 4. August 1329 vertraglich fixiert.

Der Hausvertrag von Pavia ist der Beginn einer fast 450 Jahre (bis 1777) währenden Trennung des Herzogtums Bayern von der Pfalzgrafschaft bei Rhein. Die an die Pfalzgrafen gefallenen Gebiete auf dem Nordgau, die spätere Oberpfalz, wurden 1628 wieder mit dem Herzogtum Bayern vereinigt. Ludwig der Bayer beabsichtigte, durch den Ausgleich mit den Nachkommen seines Bruders vor allem einen potentiellen Krisenherd im Reich zu beseitigen und dabei gleichzeitig die Unterstützung der Pfalzgrafen zu gewinnen; tatsächlich gehörte Rudolf II. in der Folgezeit zu seinen treuesten Parteigängern. Erst als sich nach Ludwigs Tod die Pfalzgrafen Ruprecht I. und Ruprecht II. enger an Kaiser Karl IV. anschlossen, verloren die Beistandsverpflichtungen des Hausvertrags zunehmend an Bedeutung. Obwohl alle Kurfürsten (mit Ausnahme des Kölner Erzbischofs) wegen des vereinbarten Wechsels der Kurwürde dem Hausvertrag durch Willebriefe zugestimmt hatten, übertrug die Goldene Bulle Kaiser Karls IV. vom Jahre 1356 die Kurwürde allein der Pfälzer Linie.

Seine Bedeutung behielt der Vertrag auch noch für spätere Hausverträge, in denen das gegenseitige Erbrecht der Wittelsbacher Linien bestätigt wurde. Nach dem Aussterben der ludovizianischen Linie mit dem Tode des kinderlosen Max III. Joseph 1777 kam dann das Erbrecht der rudolfinischen Linie zum Tragen. Auch der Erwerb der Kurwürde durch die altbayerische Linie 1623 wurde nicht zuletzt durch den Hinweis auf die Bestimmungen des Hausvertrags von Pavia gerechtfertigt.

Vom Hausvertrag von Pavia sind fünf Originalausfertigungen erhalten. Die vorliegende Ausfertigung wurde von Kaiser Ludwig ausgestellt und war für die Pfalzgrafen Rudolf II. und Ruprecht I. bestimmt. R.H.

Druck: MGH Const. VI/1 Nr. 628; Dokumente I/2 Nr. 66. – Regest: Reg. Pfalzgr. I 1894 Nr. 2038. – Lit.: Riezler II 387 ff.; Spindler II 162 ff.

München, Bayerisches Hauptstaatsarchiv, Abt. III Geheimes Hausarchiv(Hausurkunden 2402/2)

357

357* FRAGMENTE VOM HOCHGRAB DER KÖNIGIN BEATRIX IN DER MÜNCHNER FRAUENKIRCHE

München, nach 1322

Reliefs in grauem Sandstein

a) Wappenschild mit Reichsadler (50 x 36 cm)
b) gekräuseltes Blatt (47 x 41 cm)
c) einfacher Vierpaß (47 x 65 cm)
d) Maßwerk aus einfachen Lanzetten (52 x 40 cm)
e) wie d) (30 x 32 cm)

Bei Grabungen unter dem Fußboden der Frauenkirche wurden im Jahre 1946 die Reste der Umfassungsplatten vom Hochgrab der Königin Beatrix freigelegt. Die hier ausgestellten scheinen die einzigen seitdem erhaltenen Fragmente zu sein.

Beatrix, erste Gemahlin des nachmaligen Kaisers Ludwig des Bayern, starb 1322. Eine zeitgenössische Quelle bezeugt, daß Ludwig sie in der Kirche Unserer Lieben Frau zu München bestatten ließ. Dieses Begräbnis begründete die Wittelsbacher Fürstengrablege in der Frauenkirche, in der 1347 Kaiser Ludwig selbst beigesetzt wurde.

Das Hochgrab stand am Eingang des Chores der romanischen Frauenkirche. Seine Ausmaße waren bescheiden (2,34 x 1,01 m). Über einem doppelt abgetreppten Sockel

wurden die vier Wände durch hochgestellte Platten gebildet, welche Wappen, Maßwerk oder anderen einfachen Dekor trugen und durch Pfeiler gegeneinander abgesetzt waren.
Dieses erste Hochgrab wurde beim Neubau der Frauenkirche ab 1468 in seinen oberen Teilen einplaniert und geriet unter den Fußboden der heutigen Kirche; deshalb haben sich von seiner ursprünglichen Deckplatte keinerlei Fragmente erhalten. Das zerstörte Grab wurde von Herzog Albrecht IV. durch ein prächtigeres in rotem Marmor ersetzt, dessen Deckplatte wiederum von Kurfürst Maximilian I. in das von ihm errichtete Monument inkorporiert wurde.
Die ins Langhaus gerichtete Schmalseite des Beatrix-Grabes trug das Rautenwappen und den bayerischen Löwen (Abb. Horn Nr. 40; heute nicht mehr auffindbar). Der Wappenschild mit dem Reichsadler saß in der Mitte der Nordseite. Die ausgestellten Fragmente stammen mit Ausnahme von e) von der Nordseite der Tumba, e) von der Südseite. D.D.

A. Horn, Die Ausgrabungen in der Frauenkirche zu München (Dt. Kunst und Denkmalpflege 10) 1952, 63ff.; Ergänzungsbericht zu den Ausgrabungen, (Dt. Kunst- und Denkmalpflege 12) 1954, 114ff.; Kloos 1958, XV; P. E. Schramm–H. Fillitz, Denkmale der deutschen Könige und Kaiser II, München 1978, 56, Nr. 22.

München, Frauenkirche, Speicher des Nordturmes

358 EINIGUNG DER SÖHNE KAISER LUDWIGS DES BAYERN AUF EINE GEMEINSAME VERWALTUNG IHRER LÄNDER

Frankfurt, 1. Juli 1338

Pergamenturkunde; kaiserliches Siegel anhängend. 22 x 49 cm

Kaiser Ludwig beurkundet die Einigung seiner Söhne Ludwig, Markgraf von Brandenburg, und Stephan, Ludwig, Wilhelm und Albrecht, Herzögen von Bayern, ihr Erbe ungeteilt zu lassen und gemeinsam zu nießen, daß aber der erstere Herr der Mark Brandenburg, die letzteren Herren des Landes Bayern bleiben sollen; komme es aber zu einer Teilung und fordere der Markgraf seinen Teil, so sollen alle Länder gleich geteilt werden.
Die Absicht Ludwigs des Bayern, eine starke wittelsbachische Hausmacht aufzubauen, tritt hier klar hervor. Zur Erreichung dieses Zieles mußte aber mit der bisherigen Übung, der Aufteilung des Landes unter die erbberechtigten Söhne, gebrochen werden. Freilich gelang es dem Kaiser nicht, die herrschende privatrechtliche Auffassung vom Recht der Söhne auf Teilung ganz zu überwinden; doch nur noch dem ältesten Sohn stand nun zu, die Aufteilung der Ländereien zu fordern. Von einer Verdrängung »der Idee vom Familienbesitz« durch den »Staatsgedanken« kann demnach kaum die Rede sein. Dies zeigt sich nicht zuletzt an der nur wenige Jahre nach dem Tod des Kaisers vorgenommenen erneuten Landesteilung (1349). G.R.

Druck: MW II 351 f., Nr. 299. – Regest: Böhmer, RI Nr. 1910. – Lit.: Riezler II 453ff.; Spindler II 177.

München, Bayerisches Hauptstaatsarchiv, Abt. III Geheimes Hausarchiv (Hausurkunden 155)

359 ›TRACTATUS DE MATRIMONIO‹ Zur Rechtfertigung der Eheschließung Ludwigs des Brandenburgers mit Margarete Maultasch

Marsilius von Padua (Padua um 1280–1342/43 München)

Pergament (186 Bl.), Anfang 2. Hälfte 14. Jahrhundert. Der Traktat des Marsilius fol. 166ff. 16x23 cm

Johann Heinrich, der 1322 geborene Sohn König Johanns von Böhmen, wurde 1329 mit Margarete, der damals 11jährigen Erbtochter des Herzogs von Kärnten und Grafen von Tirol, Heinrichs VI. aus dem Hause Görz-Tirol, vermählt, und trat nach dem Tod seines Schwiegervaters im Jahre 1335 gemeinsam mit seiner Gemahlin die Herrschaft in Tirol an. Nachdem der Adel des Landes aber ziemlich bald des zeitweilig auch durch Markgraf Karl von Mähren, des Bruders des Grafen, geführten Regiments überdrüssig wurde, die Ehe Johann Heinrichs zudem kinderlos blieb, kam es im Herbst 1341 im Einverständnis mit Ludwig dem Bayern zur Vertreibung des Luxemburgers. Da nun aber allem Anschein nach schon vor dieser Verschwörung eine Verheiratung der Gräfin mit dem seit 1340 verwitweten Markgrafen von Brandenburg, Ludwigs ältestem Sohn, ins Auge gefaßt worden war, eine Annullierung der ersten Ehe der Gräfin jedoch unter den gegebenen politischen Umständen nicht erwartet werden konnte, sah sich Ludwig der Bayer schließlich gezwungen, um den Anschein einer legalen Eheschließung aufrechtzuerhalten, die bestehende Ehe der Gräfin aus kaiserlicher Machtvollkommenheit für ungültig zu erklären und gleichzeitig dem Brautpaar Dispens vom Ehehindernis zu naher Verwandtschaft zu erteilen. Dazu wurden die bedeutendsten Gelehrten unter den kaiserlichen Mitarbeitern – Wilhelm von Ockham und Marsilius von Padua – aufgefordert, die Rechtmäßigkeit der kaiserlichen Entscheidungen in eigenen Gutachten zu erweisen.
Die beiden Traktate sind allein in dem hier ausgestellten, kurz nach der Mitte des 14. Jh. geschriebenen Kodex überliefert. Zu sehen ist der Beginn des von Marsilius erarbeiteten Gutachtens.
Die Handschrift gehörte früher dem berühmten Theologen und Historiker Matthias Flacius Illyricus (1520–1575) und war schließlich im Besitz des bekannten Juristen Melchior Goldast (1578–1635), nach dessen Tod sie von der Stadt Bremen erworben wurde. A. Schü.

Druck: C. Pincin, Marsilio, Turin 1967, 268ff. – Lit.: M. Grignaschi, Il matrimonio di Margarete Maultasch e il »tractatus de matrimonio« di Marsilio da Padova (Rivista di storia del diritto italiano 25) 1952, 195ff.

Bremen, Universitätsbibliothek (Cod. lat. b/35)

360* MARGARETE MAULTASCH VON KÄRNTEN, HERZOGIN VON BAYERN

Österreichisch, 1. Hälfte 16. Jahrhundert

Beschriftung: MARGRET · VON · GOTS · GNADEN · HERCZOGIN · ZV · BAIERN · ZV · KÄRNDTEN · GRAEIN · ZV · TIROL · RC

Öl auf Holz. 80 x 58 cm

Das von gemaltem Astwerk gerahmte Gemälde zeigt Margarete Maultasch in ganzer Figur vor einer perspektivisch stark verkürzten Architektur; mit nahezu ausgestreckten Armen hält die Fürstin die Wappenschilde von Tirol und Bayern. Am unteren Rand findet sich unter dem Wappen Kärntens die namengebende Inschrift. Die Darstellung Margaretes – mit hermelinverbrämtem Brokatkleid und weitem Mantel, der haubenartig über den Kopf gezogen ist – geht in den Grundzügen der Komposition wie des Kostüms auf das Siegel der Urkunde von 1363 zurück, welche die Übergabe Tirols an Österreich bestätigt. Dort sind in heraldischer Anordnung die einzelnen Elemente isoliert: in der Mitte steht unter einer baldachinartigen Architektur die Fürstin, während den drei Wappenschilden eigene Felder zu den Seiten und unten zugewiesen werden. Das Renaissancegemälde faßt dagegen die Gestalt der Margarete Maultasch und die drei Schilde in einem einheitlichen Raum zusammen. So kann das aus Schloß Ambras stammende Werk, das wohl von Ferdinand II. von Tirol erworben wurde, das Bestreben des Erzherzogs illustrieren, für seine Bildnissammlungen ältere Darstellungen, die zumindest den Anschein der Authentizität besitzen, hinzuzuziehen oder als Vorlagen zu verwenden. Die große Unterlippe ist vielleicht als entstellende Veränderung späteren Datums anzusehen, die dem fälschlich auf eine Mißbildung des Mundes bezogenen Beinamen der Margarete Rechnung trägt (zu späteren Darstellungen der Margarete Maultasch siehe v. Lutterotti 1951, 534/35; Weingartner 1963, Nr. 21–26; L. Seelig, Die Ahnengalerie der Münchner Residenz [Kunstpolitik] Nr. 96). L.S.

360

O. v. Lutterotti, Angebliche Porträts der Margarete Maultasch (Veröff. des Museums Ferdinandeum 31) 1951, 534, Abb. 6; M. Weingartner, AK Österreich-Tirol, Innsbruck 1963, Nr. 20.

Schloß Bruck bei Lienz (Lg. des Kunsthistorischen Museums Wien 4395)

361 ERBLICHE BELEHNUNG MARKGRAF LUDWIGS VON BRANDENBURG MIT TIROL

Innsbruck, 26. Februar 1342

Pergamenturkunde; stark beschädigtes kaiserliches Siegel an Seidenschnur anhängend. 18,5 x 30 cm

Kaiser Ludwig IV. verleiht seinem Sohn, Markgraf Ludwig von Brandenburg, dessen Ehefrau Margarete und allen ihren Nachkommen wiederholt alle Lehen, die sie vom Reich innehaben.
Die Belehnung ist im Zusammenhang mit der Vertreibung des Luxemburgers Johann von Böhmen aus Tirol und der nur wenige Monate später erfolgten Vermählung des Kaisersohnes Ludwig mit Margarete Maultasch zu sehen. Ludwig der Bayer hatte die Gelegenheit für seine Zwecke genützt: Tirol war, wie er sich seinem Sohn gegenüber geäußert hatte, »ein Bissen, den man sich nicht entgehen lassen dürfe«. Dabei setzte er sich über seine Verträge mit den Habsburgern, denen er 1330 Kärnten zugestanden hatte, ebenso hinweg, wie über diejenigen mit den Luxemburgern, denen er noch 1339 Tirol als Reichslehen bestätigte. Zudem hatte Margarete Maultasch keineswegs auf Tirol verzichtet.
Die Belehnung am 26. Februar 1342 kennzeichnet einen der Höhepunkte der Hausmachtpolitik des Wittelsbachers, aber es war zugleich die »unglücklichste Tat seines Lebens«. Denn hiermit bot er seinen Gegnern für die kommende große Auseinandersetzung nicht nur moralische, sondern auch rechtliche Angriffspunkte. G.R.

Druck: F. v. Weech, Kaiser Ludwig der Bayer und König Johann von Böhmen, München 1860, 125. – Regest: Böhmer RI 140 Nr. 2227. – Lit.: GG I 544ff.; Spindler II 179f.; 81f.; Riezler II 475ff.; J. H. v. Falckenstein, Antiquitates et Memorabilia Marchiae Brandenburgicae oder Alt-, Mittel- und Neue Brandenburgische Geschlechts-, Status- und Geschichtshistorie, Bayreuth und Hof 1751, 290ff.; F. W. Taube, Ludwig der Ältere als Markgraf von Brandenburg (1323–1351) 1900, 75ff.

München, Bayerisches Hauptstaatsarchiv (Kaiser-Ludwig-Selekt 843 1/2)

362 GERICHTSORDNUNG KAISER LUDWIGS DES BAYERN FÜR DAS LANDGERICHT HIRSCHBERG

Nürnberg, 28. Oktober 1320

Pergamenturkunde mit Siegel; Vidimus des Liz. Conradt Singenhofer, bischöfl. Offizial; Eichstätt, 20. Juni 1459. 35 x 57 cm

Ludwig der Bayer bestätigt die alten Rechte und Gewohnheiten des Landgerichts Hirschberg, wie sie von den im Landgericht angesessenen Adeligen festgestellt worden waren. Als Landrichter sollte ein Freiherr amtieren, der volljährig (24 Jahre) sein mußte. Gerichtsleitung und Rechtsfindung waren getrennt: Das Urteil wurde von den Beisitzern durch Mehrheitsbeschluß gefunden. Der Landrichter stellte die Mehrheit fest und verkündete die Entscheidung. Im Bereich des Landgerichts durften neue Brücken, Mühlen und Tavernen nur mit Zustimmung des Landrichters errichtet werden. Eine feste Entlohnung erhielt der Landrichter nicht; er durfte jedoch von jedem Pfund Pfennige, die an Gerichtsgefällen eingingen, einen Heller für sich behalten. Zu einem voll besetzten Gericht gehörten neben dem Landrichter noch mindestens sieben Beisitzer oder Urteilssprecher. Diese mußten adelig oder zumindest Erbbürger des Reiches sein, die nicht mit »der Waage und Elle verkauften«, also keinen Kleinhandel betrieben.

In zivilen Streitigkeiten war das Landgericht Hirschberg für alle Klagen um »Erb und Eigen« des Gerichtsbezirks zuständig. Ausgenommen von diesem dinglichen Gerichtsstand waren jedoch sämtliche Städte und Märkte.

Strafrechtlich war das Landgericht Hirschberg für alle »Ungerichte« zuständig, das waren im wesentlichen Mord, Totschlag, Raub, schwerer Diebstahl, verschiedene Körperverletzungen, Notzucht, nächtliche Nachstellungen, Hausfriedensbruch und Geleitsbrüche. Diese mußten innerhalb von vierzehn Tagen abgeurteilt werden. Für einige Verbrechen und Vergehen setzte die Landgerichtsordnung bestimmte Strafsätze fest: z.B. für eine Körperverletzung mit »fließender Wunde« 75 Pfund Pfennige. Als Ankläger durfte im Strafverfahren nicht nur der Geschädigte auftreten, sondern jeder, der einen schädlichen Mann »gefangen genommen hatte«.

Das kaiserliche Landgericht Hirschberg war nach dem Aussterben der Grafen von Hirschberg 1304 an das Herzogtum Bayern gekommen. Der letzte Graf von Hirschberg, Gebhard, hatte in seinem Testament fast sein ganzes Territorium dem Bischof von Eichstätt vermacht, mit Ausnahme der hohen Gerichtsbarkeit im Landgericht Hirschberg *(judicium provinciale)*. Da auch die Herzöge von Bayern Ansprüche auf den Nachlaß des Grafen Gebhard erhoben, einigten sich diese und der Bischof auf ein Schiedsgericht, dessen 22 Mitglieder im Jahre 1305 dem Bischof von Eichstätt den Grundbesitz mit der niederen Gerichtsbarkeit und die Städte des Hirschbergers zuwiesen, während die Herzöge von Bayern mit dem Landgericht die Hochgerichtsbarkeit in einem Gebiet erhielten, das weit über ihr Territorium hinausging. Da durch diesen Schiedsspruch Niedergericht und Hochgericht in verschiedene Hände kamen, waren Jurisdiktionsstreitigkeiten zwischen den Bischöfen von Eichstätt und den Herzögen von Bayern in der Folgezeit nicht zu vermeiden. Die Gerichtsordnung von 1320 bildete bis 1518 die Grundlage des Verfahrens im Landgericht Hirschberg. R.H.

Druck: MGH Const. V Nr. 597. – Regest: F. Heidingsfelder, Die Regesten der Bischöfe von Eichstätt Nr. 1660. – Lit.: H. O. Müller, Das Kaiserliche Landgericht der vormaligen Grafschaft Hirschberg, 1911; H. Kalisch, Die Grafschaft und das Landgericht Hirschberg (ZRG 34) 1913, 141–193.

München, Bayerisches Hauptstaatsarchiv (Kurbayern Urk. 13289)

363* KAISER LUDWIG DER BAYER
364* HERZOG ALBRECHT I. VON STRAUBING-HOLLAND

Pleurants vom Grabmal der Isabella von Bourbon-Portugal

Südbrabant, 1476

Bronze, dunkelbraune Patina. Höhe etwa 56 cm

Der gekrönte Kaiser in weitem, voluminösem Mantel, dessen gebogene Falten auf der Plinthe aufknicken, steht im Kontrapost und hält in der linken Hand den Reichsapfel; die Rechte, die ursprünglich das Zepter hielt, ist mit dem Unterarm abgebrochen. Herzog Albrecht, in modischer burgundischer Hofkleidung, trägt den charakteristischen Herzogshut. Auf seiner Brust liegt der Antoniusorden, am Gürtel hängt das Schwert, an seinem rechten Bein ist ein Band sichtbar, eine Reminiszenz des Hosenbandordens. In den Händen hält er einen Kommandostab.

Das Grabmal der Isabella von Bourbon-Portugal (gest. 1465), Gemahlin Karls des Kühnen von Burgund, wurde 1476 von ihrer Tochter Maria, der späteren Frau Kaiser Maximilians, in der St. Michaelsabtei vor den Toren Antwerpens errichtet. Es bestand aus einem Sarkophag mit der Liegefigur der verstorbenen Herzogin und 24 kleinen Figuren, Pleurants, die vermutlich in Nischen an den Sarkophagwänden angebracht waren. Sie stellten die Genealogie der burgundischen Herzöge dar. Vor 1678 wurde das Grabmonument von calvinistischen Bilderstürmern weitgehend zerstört; ein Stich von 1678 zeigt uns den damaligen Zustand: erhalten blieben die Liegefigur Isabellas und drei (oder sechs) der Pleurant-Figuren. Da bereits 1691 die acht, heute im Rijksmuseum aufbewahrten Bronzefiguren von Pieter de Vos, der sie schon von seinem Vater geerbt hatte, dem Amsterdamer Magistrat übergeben wurden, und die drei auf dem Stich abgebildeten Pleurants nicht mit diesen indentisch sind, liegt die Vermutung nahe, daß sie schon vor der Wiederaufstellung des Grabmals in Privatbesitz gelangten. Die drei Pleurants des Kupferstichs sind verschollen. 1806 wurde die Liegefigur Isabellas in die Kathedrale von Antwerpen verbracht, wo sie noch heute hinter dem Hochaltar zu sehen ist.

363

Die Pleurants des Antwerpener Grabmals sind spiegelbildliche Kopien der Figuren vom Monument der Johanna von Brabant (gest. 1406) und ihres Vetters Wilhelm I. von Brabant (gest. 1410), ehemals in der Brüsseler Karmelitenkirche, die ihrerseits auf das Urbild, das Grabmal Ludwigs II. von Male, Graf von Flandern (gest. 1384), seiner Gemahlin Margarete von Brabant (gest. 1368) und seiner Tochter, Margarete von Flandern (gest. 1405), ehemals in St. Peter in Lille (Rijssel) zurückgehen. Das Monument in Lille ließ Philipp der Gute von Burgund 1455 durch den Bronzegießer Jacques de Gérines errichten. Es wurde 1798 während der französischen Revolution zerstört. Die 24 Pleurants erscheinen als Kopien, wiederum von Jacques de Gérines gegossen, am 1458 ebenfalls von Philipp dem

364

Guten errichteten Brüsseler Grabmal. Als Schöpfer der Polychromie wird Rogier van der Weyden genannt. Das Monument der Brüsseler Karmelitenkirche wurde 1695 bei der Bombardierung von Brüssel zerstört.
Von den acht erhaltenen Pleurants können nur zwei mit Sicherheit namentlich identifiziert werden: Kaiser Ludwig der Bayer, durch seine Ehe mit Margarete von Holland einer der Stammväter der burgundischen Herzöge, und sein Sohn, Herzog Albrecht I. von Straubing-Holland, dessen Sohn Wilhelm und Tochter Margarete in die Familie der burgundischen Herzöge einheirateten.
Die Statuette Herzog Albrechts ist die spiegelbildliche Kopie der Figur Wilhelms II. von Straubing-Holland am Grabmal in Brüssel.
Das Bemerkenswerte an diesen drei gleichartigen Figurenzyklen ist, daß sie zwar in der Tradition der Pleurants stehen und auch in dieser Funktion am Grabmal angebracht sind, aber nicht deren typische Trauergewandung tragen. Dazu tritt das politische Moment dieser besonderen Ikonographie: Die burgundische Genealogie wird bewußt von Philipp dem Guten an zwei Grabmälern vorgestellt, die zu ihr keine unmittelbare Verbindung besitzen: an den Gräbern der Grafen von Flandern und Brabant. Diese politisch motivierte Ikonographie erklärt sich dadurch, daß 1384 mit dem Tode Ludwigs von Male Flandern an Burgund fiel.

C.L.

J. Leeuwenberg, Beeldhouwkunst in het Rijksmuseum, Amsterdam 1973, Kat. 10, S. 40–45 (mit vollständiger, kommentierter Bibliographie).

Amsterdam, Rijksmuseum (Am 33a, 33b)

365–368 VIER WAPPENSCHEIBEN AUS DER SCHLOSSKAPELLE BLUTENBURG

Wohl 1497

Glasgemälde, Dm. je 38 cm

365* WAPPEN KAISER LUDWIGS DES BAYERN

366* WAPPEN HOLLAND

367* WAPPEN SEELAND

368* WAPPEN FRIESLAND

Nach dem Tode Albrechts III. von Bayern-München (1460) entspann sich unter seinen Söhnen der Kampf um die Herrschaft. 1467 resignierte der älteste, Herzog Sigismund, zugunsten seines energischeren Bruders Albrecht IV. und zog sich ins Privatleben auf seine Landschlösser zurück. Auf seinem Lieblingssitz Menzing (Blutenburg) errichtete er 1488 eine neue, prächtige Schloßkapelle. Ihre Ausstattung wurde 1497 mit den Glasgemälden der Fenster abgeschlossen.
In den acht zweibahnigen Fenstern wurden runde Wappenscheiben angebracht, die sich durch ihre Rahmenformen zu Paaren zusammenschließen. In heraldischer Kurzform ist hier der europäische Rang des herzoglichen Hauses angedeutet: neben den bayerischen Rauten und dem Pfälzer Löwen stehen das Kaiserwappen des Vorfahren Ludwig des Bayern und das Königswappen des Schwagers Maximilian I.; die Wappen der verschwägerten Königs- und Für-

365

366

367

stenhäuser – Frankreich, Sizilien (Aragon), Habsburg, Görz, Mailand (Visconti), Braunschweig, Jülich und Kleve; schließlich die Zeichen einst von bayerischen Herzögen be-

368

sessener Territorien: Ungarn, Holland, Seeland, Friesland. Zwischen ober- und niederbayerischer Verwandtschaft wird dabei nicht geschieden.

Ausgestellt sind das Wappen Kaiser Ludwigs des Bayern – der Reichsadler mit dem Herzschild Bayern – und die Wappen der niederländischen Besitzungen, die Ludwig der Bayer durch seine zweite Ehe mit Margarete von Hennegau erworben hatte: in Gold der rote Löwe Holland-Seeland mit dem roten Löwen in Gold, über der redenden weißschwarzen Wellenteilung die beiden goldenen Löwen in Blau der Herrschaft Friesland. Während der einstige Besitz der Mark Brandenburg durch die Söhne Ludwigs des Bayern bereits vergessen oder für unbedeutend gehalten war, sind die erst 1433 an Burgund verlorenen Herrschaften im Nordwesten des Reichs noch gegenwärtig. Sie dürften auch in wirtschaftlicher Hinsicht von größerer Bedeutung gewesen sein als das arme Brandenburg. J. E.

A. Hubel, Schloßkapelle von Blutenburg (Münchens Kirchen, hg. v. N. Lieb–H. J. Sauermost) München 1973, 77–86.

München, Schloßkapelle Blutenburg

LUDWIG DER BAYER UND DIE STADT MÜNCHEN

Das politisch und wirtschaftlich aufstrebende München – seit 1255 auch Hauptstadt des oberbayerischen Teilherzogtums – fand in Kaiser Ludwig dem Bayern seinen überragenden Förderer. Das Kaisertum ihres Landesherrn brachte der bayerischen Metropole gegenüber den anderen Städten des Reiches zunächst eine klare Rangerhöhung durch die Aufbewahrung der Reichskleinodien in der Kapelle der Herzogsburg, des sog. Alten Hofs, während der Jahre 1324–1350. Die zahlreichen Rechte und Privilegien, die der Kaiser ihr des weiteren über Jahre verlieh, erweiterten die städtischen Freiheiten in einer Weise, daß München seit der Mitte des 14. Jh. fast die Autonomie einer Reichsstadt genoß. 1315 gewährte Ludwig den Bürgern der Stadt, ihren Gütern und Boten Schutz und Geleit im ganzen Reich. Im gleichen Jahr freite er den Münchner Markt und sicherte auch den dort tätigen Kaufleuten sicheres Geleit zu. 1319 verzichtete er für ewige Zeit auf das ursprünglich dem Landesherrn zustehende Ungeld, jene auf bestimmten Importgütern liegende Verbrauchssteuer, und trug damit wesentlich zur alsbaldigen Gesundung der Stadtfinanzen bei. Die wirtschaftlichen Privilegien Ludwigs des Bayern beinhalteten konsequenterweise auch Bestätigungen von seit langem bestehenden Gewohnheitsrechten, so dem Stapelrecht für Salz (alles Salz mußte in München zunächst gelagert und vor dem Weitertransport zum Kauf angeboten werden), dem Wegzwang (zwischen den Salzproduktionsstätten und Landshut durfte nur bei München Salz über die Isar geführt werden) und dem Salz-Senderecht (nur auf Münchner Transportmitteln durfte Salz befördert werden).

369

Das dank seines Salzmonopols – in dessen Besitz die Stadt bis 1587 blieb –, seiner Weinimporte, seines ständig expandierenden Donau- und Italienhandels wirtschaftlich florierende Gemeinwesen drängte bald nach größerem Handlungs- und Kompetenzspielraum für das Stadtregiment. 1330 und 1342 stärkte Ludwig der Bayer dieses durch die Betrauung mit der Gewerbe- und Baupolizei. Den Höhepunkt seiner Gunstbezeugungen jedoch bildete die Bestätigung des Münchner Stadtrechtsbuches 1340, einer Sammlung tradierter Satzungen privat-, prozeß- und strafrechtlichen, vereinzelt auch verwaltungsrechtlichen Inhalts, das nun, als kodifiziertes Recht, die Rechtsprechung verläßlicher und den Gerichtsgebrauch zugänglicher machte.

Europaweite Bedeutung erlangte München zur Zeit Ludwigs des Bayern als Emigrantenzentrum jener großen, antikurialen Geister, die hier, am Alten Hof und im Franziskanerkloster (auf dem Platz vor dem heutigen Nationaltheater), auf der Suche nach freier publizistischer Betätigung willkommene Aufnahme fanden. Der englische Minorit William Ockham, der General der franzis-

kanischen Fratizellenbewegung Michael von Cesena, sein Ordensprokurator Bonagratia von Bergamo, der ehem. Minoritenprovinzial Heinrich von Talheim, der Pariser Magister Marsilius von Padua und andere mehr machten München während der Jahre 1330 bis 1340 zum großen Kampfzentrum gegen das päpstliche Avignon. Ihrer geistigen Waffen bediente sich Ludwig der Bayer in seinem Kampf gegen die Päpste Johannes XXII. und Benedikt XII. Sie selbst hofierte er, nicht deshalb, weil er, verbunden mit ihnen durch den gemeinsamen Feind, natürliche Freunde zu finden glaubte, sondern weil ihre Philosophie der franziskanischen Armut und weltlichen Machtlosigkeit der Kirche seinen staatskirchlichen Ambitionen entgegenkam. E. M.-L.

369* ALLEGORISCHE DARSTELLUNG DES MÜNCHNER STADTWAPPENS

1606

Öl auf Holz, 43x33 cm

Inschrift: VOR VIER HVNDERT IAR VIERT DIE FÜRSTLICHE HAVBSTATT MUNCHEN DAS WAPPEN. DAR VME NOCH EIN BRIEF VERHANDEN IST. MDCVI

Die Existenz eines – der Inschrift gemäß – 1206 in dieser Form bestehenden Münchner Stadtwappens läßt sich quellenmäßig heute nicht mehr belegen. Das vorliegende Wappen ähnelt allerdings den beiden ältesten bekannten Münchner Stadtsiegeln aus den Jahren 1239 und 1249, deren Siegelbild in einem zinnenbekrönten, offenen Stadttor, das von zwei Zinnentürmen flankiert wird, einen Mönchskopf mit Gugel (Kapuze) und über dem Tor schwebend einen linksgewendeten wachsenden Adler zeigt. Tor und Türme symbolisieren den Stadtcharakter Münchens, der Adler verweist mit großer Wahrscheinlichkeit auf den damaligen Stadtherrn, den Bischof von Freising, der, bevor er ein eigenes Wappen führte, sich als Reichsfürst des Reichsadlers bedienen durfte. Der Mönch, das redende Sinnbild für den Ortsnamen (München = bei den Mönchen), erscheint erstmals 1304, auf dem 3. Stadtsiegel, in ganzer Gestalt. Er wurde in dieser Form auch in nahezu alle späteren Stadtwappen übernommen. E. M.-L.

J. K. Stadler, Der Mönch im Wappen. Bedeutung und Wandlungen eines Symbols (Der Mönch im Wappen, hg. unter dem Protektorat v. Eminenz Joseph Kardinal Wendel) München 1960, 85–95; L. Morenz, das Münchner Stadtsiegel und Stadtwappen. Geschichte und Gestaltung (OA 90) 1968, 1–13.

München, Stadtmuseum (IIb/12)

370* DIE ÜBERGABE DES STADTRECHTSBUCHES DURCH KAISER LUDWIG DEN BAYERN

1. Hälfte 17. Jahrhundert

Glas, 44,6 x 33 cm

Die aus der ersten Hälfte des 17. Jh. stammende, jedoch wohl nach älterer Vorlage gefertigte Glasscheibe aus der Frauenkriche in München zeigt Kaiser Ludwig den Bayern, thronend unter dem Reichswappen mit doppelköpfigem Adler und dem Wappen der Stadt München, versehen mit Krone und Zepter, bei der Übergabe des in späterer Zeit nach ihm benannten Münchner Stadtrechtsbuches. Wie die Darstellung deutlich erkennen läßt, trug der Folioband der Erstschrift, das sog. Kaiseroriginal, ursprünglich an seidener Schnur das kaiserliche Insigel, das später allerdings verlorenging.
Die unter dem Bild angebrachte Inschrift (Schrift Fraktur) lautet: Kayser Ludwig. *Erweitteret die Statt München / A° 1.3.39. Macht die Land vnd Stettrecht. A° 1.3.46 / Starb: A° 1.3.47.*
Quellenmäßig läßt sich belegen, daß das sog. Münchner Stadtrecht Kaiser Ludwigs des Bayern (bereits 1365 unter dem Begriff ›Versiegeltes Buch‹ bekannt) von Münchner Stadtvätern im Jahr 1339 selbst erarbeitet wurde und im Jahr 1340 durch Kaiser Ludwig den Bayer lediglich die feierliche Bestätigung erhielt. Ziel dieser Kodifikation war dabei nicht, ein umfassendes, systematisches Gesetzbuch zu erstellen, sondern die hergebrachten, gängigen Satzungen und Rechtsgewohnheiten zusammenzutragen und sie vom Kaiser aufs neue förmlich bestätigen zu lassen. Daß hierfür das um 1335 erlassene, ältere oberbayerische Landrecht weitgehend als Vorlage gedient hat, steht außer Zweifel.
Dem Selbständigkeitsstreben Münchens kam Ludwig der Bayer jedoch nicht nur dadurch entgegen, daß er seine städtischen Vorrechte und Freiheiten bestätigte, sondern vor allem dadurch, daß er sie erweiterte und beträchtlich vermehrte. Die Handelsstellung der Städter in Land und Reich, der Schutz und die Sicherung der Kaufmannschaft erfuhren eine ebenso ausgiebige Berücksichtigung wie Verkehr, innerstädtische Wirtschaft und Verwaltung. Die in der Bildunterschrift angedeutete Stadterweiterung hat gleichwohl 1339 nicht stattgefunden; vielmehr war das räumliche Wachstum Münchens unter Kaiser Ludwig dem Bayern 1337 für ein halbes Jahrtausend beendet. E. M.-L.

Dirr 1, 1934; Ders., Grundlagen der Münchner Stadtgeschichte, München 1937; Kloos 1958 Nr. 657.

München, Bayerisches Nationalmuseum (G 1291)

371* MUTTERGOTTES AUS DEM MÜNCHNER ANGERKLOSTER

Süddeutsch, um 1340/50

Sandstein, ehemals farbig gefaßt. Höhe 92 cm

Die Skulptur gehört in ihrer kunstvoll höfischen Ausgewogenheit, ihrer virtuos drapierten Gewandung und der gefühlsbetonten Weichheit von Gesicht und Gesten zu den besten Bildwerken des mittleren 14. Jh. in Süddeutschland. Als stilistisches Vorbild muß die Marienfigur vom Nordportal des Augsburger Domes genannt werden, das 1343 vollendet war. Noch näher verwandt wirkt die stehende

370

Muttergottes aus Weiler bei Rottenburg im Württembergischen Landesmuseum Stuttgart (J. Baum, Gotische Bildwerke Schwabens, Augsburg-Stuttgart 1921, 144f., Taf. 33); hier könnte man sogar an denselben Werkstattzusammenhang denken. Als ein nicht nur im Stil, sondern auch im Typus parallel entstandenes Bildwerk erscheint das Gnadenbild in der Pfarrkirche Wilten bei Innsbruck (Th. Müller, Gotische Skulptur in Tirol, Bozen–Wien 1976, 427, Abb. 18, 19).

Die aus dem Angerkloster zu St. Jakob stammende und 1855 für das Bayerische Nationalmuseum erworbene Figur soll der Tradition nach von Kaiser Ludwig dem Bayern gestiftet worden sein. Trifft dies zu, kommen aus stilistischen Überlegungen hierfür nur die letzten Lebensjahre des Kaisers in Betracht. A.H.

BNM Kat. XIII/1 22f. Nr. 93, Taf. 51, 66; AK Bayern – Kunst und Kultur 65.

München, Bayerisches Nationalmuseum (MA 962)

371

372 ANSICHT DES MÜNCHNER FRANZISKANERKLOSTERS

Domenico Quaglio (München 1787–1837 Hohenschwangau), kurz nach 1800

Federzeichnung auf getöntem Papier, getuscht. 21x25 cm

Die Abbildung zeigt das 1802 abgebrochene Franziskanerkloster mit Antonius- und Gräflich-Hegnenbergscher Grabkapelle. Das Kloster stand ungefähr am Platz des heutigen Nationaltheaters in München.
Die Franziskaner dürften schon vor 1257 nach München gekommen sein. Zunächst hatten sie ihren Konvent bei St. Jakob am Anger, zogen dann aber zur Zeit Herzog Ludwigs II. in einen Neubau in unmittelbarer Nähe des Alten Hofes um. Baubeginn des Klosters war 1282, der Kirchenbau, vermutlich Werk eines lokalen Meisters, begann erst 1284. 1311 und 1327 erlitt das Kloster durch Brände großen Schaden. Der Wiederaufbau ging nur zögernd und erstaunlicherweise ohne besondere Hilfe Ludwigs des Bayern vonstatten.
Fast könnte man nämlich sagen, daß das Franziskanerkloster ein wittelsbachisches Hauskloster gewesen sei. Unter Kaiser Ludwig lebten hier die im Gefolge des Armutsstreites vertriebenen Michael von Cesena und Wilhelm von Okkam; auch Heinrich von Thalheim, Hofkanzler Ludwigs des Bayern und Provinzial der oberdeutschen Provinz, wirkte im hiesigen Kloster.
Die hohe Bedeutung des Konvents zu Beginn des 14. Jh. wird auch im hier stattfindenden Provinzialkapitel von 1311 deutlich. E.J.G.

B. Trost, Domenico Quaglio 1787–1837, 1973, 177; W. Kücker, Das alte Franziskanerkloster in München (OA 86) 1963, 5–158.

München, Stadtmuseum (Maillinger Sammlung 1749).

373* GRUNDRISS DER KONVENTGEBÄUDE UND DER KIRCHE DER FRANZISKANER IN MÜNCHEN

Angelicus Dallner (18. Jh.), um 1780, rückseitig sign. (verdeckt): Delineavit V. P. Angelicus Dallner

Kolorierte Federzeichnung auf Papier (modern auf Leinen aufgezogen). 45 x 58 cm

Bez. links: Jchnographia Monasterij Franciscanorum Monachij, qualiter ao. 1763. existebat. In Kartusche, darunter Maßangabe in bayer. Werkschuh; links Kartusche mit Auflösung der im Plan eingetragenen Siglen, darüber Windrose (Orientierung ungenau).

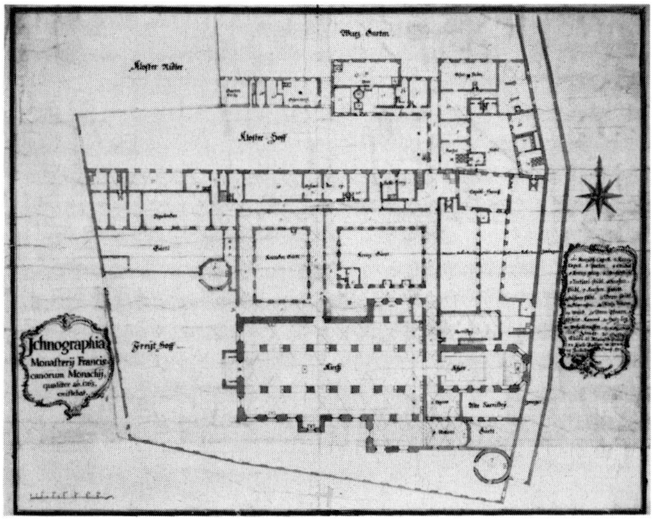

373

Konvent und Kirche lagen auf dem Areal des heutigen Max-Joseph-Platzes. Der Plan gilt, trotz zahlreicher Fehler (etwa: ein Joch zu viel beim Sanktuarium der Kirche, falsche Jochzahl der Kreuzgänge) und oft summarischer Detailwiedergabe (etwa: Pfeilerquerschnitt im Langhaus der Kirche; eine Auflistung bei W. Kücker 131 f. Nr. 14) als der zuverlässigste der erhaltenen und – neben der Wiedergabe im Sandtnerschen Modell der Stadt München 1572 – als der einzige mit dem Gesamtareal der Baulichkeiten vor dem Abbruch 1802–1803. Er dürfte, entgegen der auf dem Plan genannten Jahreszahl 1763, um 1780 zu datieren sein. Um- und Neubauten der Konventgebäude lassen den mittelalterlichen Baubestand um die beiden Kreuzgänge nur noch erahnen; vom nördlich des Konvents gelegenen Küchenhof ist nur der Westflügel aus mittelalterlicher Zeit, ebenso das westlich anschließende Brauhaus (ob in allen Einzelheiten, ist offen). Von den Kapellen stammen nur die beiden dem Ostteil der Seitenschiffe vorgelegten (Alte Kreuzkapelle im Norden, Westteil der Antoniuskapelle im Süden) aus dem Mittelalter. Eine Besonderheit der Kirche ist der Verbindungsgang vom inneren Kreuzgang zur südlich des Sanktuariums gelegenen Agneskapelle. F. K.

P. Johannes Gatz, Franziskanerkloster München St. Antonius (Bavaria franciscana antiqua 3) München 1957, 17 ff., Abb. 51; W. Kücker, Das alte Franziskanerkloster in München (OA 86) 1963, passim, bes. Abb. 12.

München, Bayerisches Hauptstaatsarchiv (Plansammlung Nr. 5838)

374 HANDSCHRIFT AUS DEM EHEM. FRANZISKANERKLOSTER MÜNCHEN

2. Hälfte 13. Jahrhundert

Pergament (185 Bl.), 17,7 x 13 cm. Aufgeschlagen 19v/20r

Von den drei bereits zu Beginn des 14. Jh. bestehenden Münchner Klöstern – Franziskaner-, Augustiner- und Klarissenkonvent – besaß die am Anger gegründete und 1284 auf den heutigen Max-Josephs-Platz verlegte Niederlassung der Franziskaner für die Politik und Verwaltung Ludwigs des Bayern besondere Bedeutung. Beherbergte das 1802 aufgehobene Kloster doch seit dem Anfang der dreißiger Jahre des 14. Jh. den ehem. Ordensgeneral Michael von Cesena, dazu die auf theologischem bzw. juristischem Gebiet tätigen Ordensmitglieder Wilhelm von Ockham, Bonagratia von Bergamo und Franz von Ascoli, dazu zeitweilig wohl auch den ehem. Provinzial der oberdeutschen Provinz, Heinrich von Thalheim, der während des Italienzuges Ludwigs interimistisch die Reichskanzlei leitete. Diese Ordensangehörigen hatten bei Ludwig Schutz vor kirchlicher Verfolgung gefunden, nachdem sie mit Papst Johann XXII. wegen dogmatischer Meinungsverschiedenheiten in Streit geraten waren. Während Bonagratia von Bergamo, der ehem. Generalprokurator des Ordens, seiner Rechtskenntnisse wegen des öfteren für die Reichskanzlei tätig war, verfaßte der als Philosoph wie Theologe gleichermaßen berühmte Wilhelm von Ockham zahlreiche Traktate und Kompendien, in denen er Kaiser Ludwig gegen das Avignonesische Papsttum verteidigte.
Die ausgestellte Handschrift, ein ursprünglich dem Münchner Franziskanerkloster gehörender Psalter vom Ende des 13. Jh., liegt heute in der Bayerischen Staatsbibliothek. Auf den aufgeschlagenen Seiten ist links ein Zyklus von Bildern zu sehen, der die Erschaffung der Welt bis zur Vertreibung der ersten Menschen aus dem Paradies behandelt, die rechte Seite zeigt Szenen des Weltgerichts.
A. Schü.

J. Gatz (Bavaria Franciscana Antiqua 3) 1957, 1–118; Kloos 1958, Nr. 422 ff. (über die Grabplatten der Erwähnten in der Münchner Franziskanerkirche); A. Schütz, Der Kampf Ludwigs des Bayern gegen Papst Johannes XXII. und die Rolle der Gelehrten am Münchener Hof (WB I/1).

München, Bayerische Staatsbibliothek (clm. 8713)

375 DER ALTE HOF IN MÜNCHEN

Modell nach der Vorlage aus dem Sandtnerschen Stadtmodell

Ob München schon zur Welfenzeit eine herzogliche Burg besaß, ist nicht geklärt.
Erhöhte Bedeutung jedoch kam der Stadt nach der Landesteilung von 1255 zu, als sie neben Burglengenfeld in der Oberpfalz zentraler Verwaltungssitz im oberbayerischen Landesteil Herzog Ludwigs II. wurde. Nun entstand auch in der Nordostecke der Stadt eine Herzogsburg. Unter Kaiser Ludwig dem Bayern, der München in vielfacher Hinsicht bevorzugte und eigentlich erst zu einer Hauptstadt machte, wurde der Alte Hof ausgebaut. Nochmals erweiterte ihn in späterer Zeit Herzog Sigismund (um 1460). Mit dem Wachstum der Stadt im 16. Jh. schoben sich dann die herzoglichen Residenzbauten immer weiter nach Norden vor. E. J. G.

München, Haus der bayerischen Geschichte

376 STIFTUNG EINER KAPLANSTELLE IN DER BURGKAPELLE ZU MÜNCHEN

München, 20. Februar 1321

Pergamenturkunde; anhängendes Siegel leicht beschädigt. 20 x 33,5 cm

König Ludwig stiftet mit Einwilligung des Freisinger Bischofs Konrad III. in der der heiligen Margarete geweihten Burgkapelle zu München zu seines verstorbenen Bruders Herzog Rudolf (1274–1319) und seiner Vorfahren Seelenheil eine Kaplanstelle. Dem Kaplan werden dieselben Rechte wie den Pfarrern der Frauen- und der Peterskirche zugebilligt. Insbesondere soll es niemandem gestattet sein, den Kaplan an seiner fahrenden und ruhenden Habe zu be-

einträchtigen noch ihn an der Ausübung seines Amtes zu hindern. Zur Sicherung dieser Rechte setzt der König die Bürger zu München als Schirmer ein.
Die der heiligen Margarete geweihte Kapelle wird erstmals 1319 urkundlich erwähnt. Ihre Errichtung erfolgte jedoch schon bei der Anlage der später als Alter Hof bezeichneten Burg durch Herzog Ludwig II. (1229–1294). 1324 kam es zu einer Erweiterung der Kirche. Dieser Umbau stellte eine der bedeutendsten Baumaßnahmen dar, welche Ludwig der Bayer in München durchführen ließ und in denen sich der Aufschwung der Stadt während der Regierungszeit dieses Herrschers widerspiegelte. Die Burgkapelle erscheint nach ihrer Erweiterung und der damit verbundenen Konsekration des Hochaltars zu Ehren des heiligen Laurentius bis zu ihrem Abbruch im Jahre 1815 als Lorenzkirche. Der Altar der heiligen Margarete bestand als einer der beiden Nebenaltäre weiter und wurde 1349 von der Kaiserinwitwe Margarete reich dotiert. W. W.

Drucke: MB XIX, 466f., Nr. 15; Dirr I 103ff. Nr. 65. – Regest: Böhmer 25f., Nr. 434. – Lit.: K. Busch, Die Residenz der Wittelsbacher in München (Der Mönch im Wappen) 1960, 261; Haeutle Residenz 1883, 1f.; F. J. Schmitt, Die Sanct Laurentius-Capelle im alten Hofe zu München (Repertorium für Kunstwissenschaft 19) 1896, 349; M. Schattenhofer, Die geistliche Stadt (Der Mönch im Wappen) 1960, 24.

München, Bayerisches Hauptstaatsarchiv (Kaiser-Ludwig-Selekt 205)

377–380 SKULPTUREN AUS DER MÜNCHNER LORENZKIRCHE

Süddeutsch, 1324

Sandstein, mit Resten älterer Bemalung

377* STIFTERRELIEF KAISER LUDWIGS UND SEINER GEMAHLIN MARGARETE

86 x 157 cm

378* SCHLUSS-STEIN MIT REICHSWAPPEN

Dm. 65 cm

379* SCHLUSS-STEIN MIT DEM WAPPEN DER GRAFEN VON HOLLAND

Dm. 65 cm

380* WAPPENSTEIN MIT PFALZBAYERISCHEM WAPPEN

69 x 90 cm

Kaiser Ludwig der Bayer ließ in seiner herzoglichen Burg in München, dem sog. Alten Hof, die Burgkapelle St. Lorenz vergrößern, wobei er ihr den Titel einer Pfarrkirche verlieh. Der Bau erfolgte wahrscheinlich in den Jahren 1321 bis 1324. Im Jahre 1816 wurde die Kirche abgebrochen. Erhalten haben sich lediglich einige Skulpturen und Wappenstei-

377

378

379

ne, die – teilweise auf Umwegen – ins Bayerische Nationalmuseum München gelangten. Zu diesen Bildwerken gehören:
Das Stifterrelief des Kaisers und seiner Gemahlin Margarete (Kat. Nr. 377), das früher im Innern der Kirche, oben an der südlichen Langhauswand, unter dem kurzen Fenster des zweiten Jochs eingemauert war. Dargestellt ist in der Mitte die thronende Muttergottes mit dem Jesuskind, welches mit seiner Rechten das Modell der Hofkirche annimmt, das ihm die links kniende Kaiserin mit beiden Händen entgegenhält. Rechts kniet Kaiser Ludwig mit erhobenen gefalteten Händen.

380

382 und 381

Zwei Schlußsteine von der Wölbung der Hofkirche (Kat. Nr. 378, 379). Sie zeigen Wappenschilde mit dem deutschen Reichsadler sowie mit dem Wappen der Grafen von Holland, zu beziehen auf Kaiser Ludwig und seine zweite Gemahlin Margarete von Holland.
Ein von zwei Engeln gehaltener Wappenschild (Kat. Nr. 380) mit dem pfalz-bayerischen Wappen, der auf einem kauernden, geflügelten Fürsten aufliegt. Das Steinrelief war ursprünglich über dem Südportal der Kirche angebracht.
Außer diesen bauplastischen Teilen sind noch drei Heiligenfiguren erhalten, die im Chor der Kirche aufgestellt waren und demselben stilistischen Zusammenhang zuzuordnen sind (siehe folgende Kat. Nr. 381, 382). Nachdem die Hochzeit des Kaisers mit Margarete am 25. Februar 1324 stattfand und eine über dem Stifterrelief angebrachte Jahreszahl 1324 wohl die Vollendung der Hofkirche bedeutet, dürften alle Skulpturen im Jahre 1324 entstanden sein.
Im Unterschied zu den herkömmlichen idealisierten Gesichtstypen aller dargestellten Personen fällt der individuelle Kopf des Kaisers auf, der mit seiner starken Nase, den vollen Lippen mit den nach unten gezogenen Mundwinkeln, dem Doppelkinn und den dicken Wangen möglicherweise ein erstes Bemühen nach porträtgetreuer Charakterisierung widerspiegelt. A.H.

BNM Kat. XIII/1, 20f. Nr. 86–89; Th. Müller, Alte Bairische Bildhauer vom Erminoldmeister bis Hans Leinberger, München 1950, 12, 31, Abb. 13; AK Bayern – Kunst und Kultur 65.

München, Bayerisches Nationalmuseum (MA 957: Stifterrelief; MA 958: Wappenschild; MA 2167 u. 2168: Schlußsteine)

381–382 HEILIGENFIGUREN AUS DER MÜNCHNER LORENZKIRCHE

Süddeutsch, 1324

Sandstein, mit Resten älterer Bemalung

381* ZWEI KÖNIGE
Höhe 117/115 cm

382* HL. JOSEPH (?)
Höhe 119 cm

Im Chor der von Kaiser Ludwig dem Bayern neu errichteten Hofkirche (Kat. Nr. 376–380) waren vor den Pfeilern fünf Steinfiguren aufgestellt, von denen sich drei erhalten haben. Dazu gehören zwei Könige aus einer Gruppe der Anbetung der Hl. Drei Könige sowie ein älterer bärtiger Heiliger (mit abgebrochenem Attribut), der vielleicht als

hl. Joseph zu identifizieren ist. Verlorengegangen wären demnach der dritte König und die Figur der Muttergottes mit Kind.
Stilistisch weisen die Skulpturen – ebenso wie die erhaltenen bauplastischen Teile der Hofkirche – an den Oberrhein, wo in den Zentren Straßburg und Freiburg die meisten Figurentypen der deutschen Plastik während der ersten Hälfte des 14. Jh. ausgebildet wurden. Als nächst verwandte Gruppe nannte Theodor Müller mit Recht die Apostelfiguren im Langhaus des Freiburger Münsters, die im ersten Jahrzehnt des 14. Jh. entstanden. Charakteristisch erscheinen für diese Bildwerke die kompakte, oft gedrungene Gestaltung, die zu wenigen dick und wulstig eingetragenen Falten geordneten Gewänder, die verhaltene, nahezu schwerfällige Gestik und die Köpfe mit ihren sorgfältig gewellten und symmetrisch drapierten Haaren sowie den stereotyp idealisierten Gesichtern. A. H.

BNM Kat. XIII/1, 21f. Nr. 90–92; Th. Müller, Alte Bairische Bildhauer vom Erminoldmeister bis Hans Leinberger, München 1950, 12, 31, Abb. 13; AK Bayern – Kunst und Kultur 65.

München, Bayerisches Nationalmuseum (MA 959–961)

ETTAL, STIFTUNG LUDWIGS DES BAYERN

Zweifellos ist die Stiftung »ze unser frawen etal«, gegründet am St.-Vitalis-Tag, dem 28. April 1330, die ureigenste Idee und Schöpfung Kaiser Ludwigs des Bayern. Die Gründungsurkunde ist nicht erhalten und ging anscheinend schon sehr früh verloren (Wiguläus Hundt lag sie im späten 16. Jh. für seine ›Metropolis Salisburgensis‹ nicht mehr vor), und so sind wir, abgesehen von einigen Schenkungsurkunden und der Ritterregel, als älteste Quellen auf einen gegen 1360 in Ettal entstandenen, schon legendenhaften Fundationsbericht in deutscher Sprache und das Zeugnis des Abtes Johannes von Viktring von 1342 angewiesen, der Ettal ein »monasterium nove consuetudinis et actenus inaudite«, ein »Kloster von neuer und unerhörter Art«, nannte. Tatsächlich ist die Art der Stiftung singulär: neben einem Konvent von 20 Benediktinermönchen (14 Priester-, 6 Laienmönche) sollte ein Ritterkonvent unter einem »Meister« bestehen, welcher auch die oberste Leitung der Stiftung innehatte. Eigentlich waren es drei mehr oder weniger integrierte Konvente nebeneinander: der Mönchskonvent unter dem Abt, der Ritterkonvent (12 Ritter) unter dem Meister und der Frauenkonvent (12 Ritterfrauen und 6 Witwen) unter der Meisterin. Mit der Instituierung des Mönchskonvents wurde der Abt des dem Kaiser nahestehenden Klosters Reichenbach in der Oberpfalz, Friedrich der Heinrichsreutter, beauftragt, der vermutlich einen Konventualen seines Klosters, Heinrich Friedrich Rieter aus der Nürnberger Patrizierfamilie dieses Namens, als ersten Abt einsetzte; die ersten Mönche kamen nach neueren Forschungen aus dem Kloster Georgenberg-Fiecht. Als Meister urkundet der Ritter Albrecht von Glapfenberg erstmals 1333. Die sog. Ettaler Ritterregel zeigt starke Bezüge zur Deutschherrenregel; sie läßt auch die fromme Intention der Stiftung verlauten: »Das unserm Herren als loblich und als andechtichlich darinne gedienet werde, daz wir und alle unser Vordern und Nachkommen, und alle Kristenheit an Sel und an Leib, gen Got getröstet werden, . . .«.
Die mit der Stiftung verbundenen Ziele lassen sich nur annäherungsweise erschließen; der Plan dazu ist sicherlich auf dem Romzug des Kaisers 1328/29 gefaßt worden, was in Anbetracht des Bannes des Kaisers erstaunlich ist oder gerade darin auch eine Ursache haben mag. Geistliche und handfest-praktische Absichten sind dabei eng miteinander verbunden und, voneinander abgehoben, etwa so anzunehmen:

- *Fromme Stiftung im dem Mittelalter vertrauten Sinne,*
- *Anbindung von Reichsgut und -rechten an das Herzogtum (s. Erläuterung zu Kat. Nr. 384),*
- *Erschließung des Umlandes und Sicherung der Handelsstraße Augsburg–Verona, also gewissermaßen handelspolitische Ziele,*
- *Stützpunkt am südlichsten Punkt des Hausmachtgebietes und am Alpenzugang,*
- *Angemessene und standesgemäße Versorgung für verdiente herzogliche Ritter und Beamte.*

Gleich ungewöhnlich wie die Stiftung ist die Form der wohl alsbald begonnenen Kirche, die sich in der barocken Ummantelung weitgehend erhalten hat: ein zwölfeckiger Zentralbau mit einer ein sternförmiges Gewölbe tragenden Mittelsäule, an der der Hauptaltar mit dem vom Kaiser gestifteten Marienbild aus Pisa stand. Um ihn versammelt oder vom doppelgeschossigen, um den Hauptraum laufenden Umgang sollten Ritter und Frauen zusammen mit den Mönchen am Gottesdienst und am Chorgebet teilnehmen. Vorbilder für diesen Bau mögen in Spitalkirchen, in den Kapitelhäusern der englischen Kathedralen, in italienischen Marienrotunden zu suchen sein, was aber der Ungewöhnlichkeit der Ettaler Kirchenanlage nicht ganz beikommt. Rätselhaft ist bis heute auch die ungewöhnliche Größe des Vorhofes (ca. 100x100 m) und die damit verbundene Absicht. Romantische Geschichts- und Kunstbetrachtung, beginnend mit Sulpiz Boisserée 1835, wollte von der auffallenden Art und Form der Ritterstiftung und der Kirche Verbindungen zur Idee des Templerordens und zur Gralssage herstellen, die dem Kaiser zur Anregung gedient haben sollten, was aber eindeutig in den Bereich der Spekulation zu verweisen ist, ebenso die Vermutung, daß der Kaiser in Ettal begraben sein wollte.
Nach dem Tod des Kaisers entzog sein Sohn Ludwig der Brandenburger Ettal einen großen Teil der Dotationen, so daß das Ritterstift einging, ohne wohl je zur rechten Blüte gelangt zu sein. Vielleicht ist aber der Vorgang auch umgekehrt zu sehen, daß nämlich der Entzug der Stiftungen erfolgte, weil das Ritterstift nicht recht gedieh. Die kirchliche Bestätigung erhielt das Kloster

erst 1368, die Pontifikalien 1389, nachdem am 5. Mai 1370 in Anwesenheit der herzoglichen Familie die Kirche durch den Bischof von Freising, Paul von Jägerndorf, geweiht worden war. Im Verlauf des 15. Jh. entwickelte sich zum Gnadenbild eine Marienwallfahrt, die in der Barockzeit großen Aufschwung annahm. Das Kloster, mit dem ihm verbundenen Gerichtsbezirk, übte im Sinne einer heutigen Mittelbehörde die Hoheit über ein beachtliches, in den heutigen Landkreisen Garmisch-Partenkirchen und Weilheim gelegenes Gebiet aus, wozu es noch Besitzungen, vor allem im Lechrain, hatte, blieb jedoch unbedeutend, wohl auf Grund seiner Abgeschiedenheit. Nachdem ein wirtschaftlicher Aufschwung schon im späten 17. Jh. erfolgt war, erlebte Ettal seine eigentliche Blütezeit seit dem frühen 18. Jh. unter der Regierung des bedeutendsten Abtes Placidus II. Seiz (reg. 1709–1736), der durch Enrico Zuccalli der Klosteranlage die heute vertraute Gestalt aufprägen ließ und 1710 die Ritterakademie ins Leben rief, die bis 1745 bestand und ein neuartiges und bedeutendes Erziehungsmodell darstellte. Wie alle Klöster in Bayern wurde Ettal 1803 säkularisiert, zu großen Teilen demoliert und erst 1900 wiederbegründet, 1907 dann zur Abtei erhoben. In Erinnerung an die kaiserliche Stiftung wurde damals der Doppeladler in das Klosterwappen aufgenommen. Mit seinen traditionellen Hauptaufgaben von Seelsorge und Erziehung ist Ettal mit nahezu 60 Mönchen heute ein blühendes und lebendiges Kloster. L.K.

383* ALTE KOPIE DES GNADENBILDES VON ETTAL

Angeblich Freising, 1704

Original: Carrara-Marmor, Reste alter Fassung. 33 x 20 cm

Kopie: Weißer, graugeäderter Marmor, Reste goldener Ornamentfassung. 34 x 17 cm

Zum Original: Die Madonna sitzt auf einem lehnenlosen, an der Rückfläche mit einer Rosette verzierten Sedile. Mit der Linken hält sie das auf ihrem rechten Knie stehende Kind; ihre Rechte legt sie an die Mantelfalten, die über den Rücken herabfallen und den Schoß decken; über ihr Haupt fällt ein Tuch herab. Das Kind ist nur mit einem Mantel bekleidet, der über den Rücken herabhängt, unter der rechten Schulter durchgezogen ist, den Unterleib und die Beine bedeckt und mit der linken Hand gehalten wird. Das Kind erhebt das rechte Ärmchen in liebkosender Geste zur Mutter; dieses Ärmchen ist 1886 von Kaspar Zumbusch unrichtig ergänzt und hatte ursprünglich eine segnende Gebärde. Reste alter (ursprünglicher?) Fassung an den Gewandsäumen (golden) und Mantelinnenseiten von Mutter (blau) und Kind (rot); in den Gesichtszügen 1968 nachgezogen. Der Saum des Mantels der Madonna ist durchlöchert, vielleicht zur Befestigung von Schmuck. Erhebliche Bruchstellen an der Rechten Mariens, das Kind ist etwas verkürzt. Seit dem frühen 17. Jh. ist das Gnadenbild mit Kronen und Mäntelchen bekleidet.

Nach einer allerdings nicht belegten Tradition wurde das Marienbild von Anfang an als *Domina Fundatrix Ettalensis* – Frau Stifterin von Ettal – bezeichnet. Ursprünglich auf dem Hauptaltar an der Mittelsäule der gotischen Kirche, steht sie seit 1790 im Tabernakel des klassizistischen Hochaltars. Zur Bedeutung und künstlerischen Herkunft s. G. Kreytenberg (WBI/1).

Zur Freisinger Kopie: Der Mantelsaum weist im Unterschied zum Original Fransen auf; am Halsausschnitt goldene (am Original verlorene?) Ornamentbemalung. Nach einer nicht belegten Überlieferung aus dem Besitz des Fürstbischofs von Freising, Johann Franz Eckher von Kapfing, der mit Ettal eng verbunden war. L.K.

Kunstgeschichtliche Literatur bei Kreytenberg; L. Koch, Die Wallfahrt (FS Ettal) 1970; P. E. Schramm–H. Fillitz, Denkmale der deutschen Könige und Kaiser II, München 1978, Nr. 24, S. 56 mit Abb. – Kopie: AK Bayerische Frömmigkeit Nr. 528; AK Bayern-Kunst und Kultur Nr. 1222.

Freising, Erzbischöfliches Diözesanmuseum

384 VERGABE VON REICHSGUT AN DAS KLOSTER ETTAL

Neustadt, 31. Mai 1330

Pergamenturkunde, mit hellbrauner Tusche beschrieben; Reitersiegel, stark beschädigt, an 4 cm langer, grün-roter Seidenschnur. 12,5 x 27 cm

König Johann von Böhmen gibt in seiner Eigenschaft als Kurfürst auf Bitten Kaiser Ludwigs seinen Konsens, daß dieser die Vogtei über das Kloster Steingaden sowie Gerichtsbezirk und Tal Ammergau, bisher zum Reichsgut gehörig, an das neu zu gründende Kloster Ettal übergeben kann.

Für den in der Urkunde benannten Rechtsvorgang, die Übergabe von Reichsgut, was bis zu diesem Zeitpunkt der Gerichtsbezirk Ammergau gewesen war, an das Kloster Ettal, war die Zustimmung der Kurfürsten notwendig. Außer dem vorliegenden »Willebrief« ist für diesen Vorgang noch derjenige des Kurfürsten und Markgrafen Ludwig von Brandenburg vom 26. Mai 1333 erhalten. Durch diese Dotation geschah über den Umweg Ettal praktisch eine Überführung von Rechtstiteln und Gütern des Reiches an das Herzogtum Bayern-München, da der oberste Leiter und Gerichtsherr des Ettaler Doppelkonvents von Rittern und Mönchen, der »Meister«, wie ein herzoglicher Beamter dem Kaiser und Herzog unterstellt war. L.K.

Druck: W. Hundt, Metropolis Salisburgensis Ed. 1620, II 297; MB VII 232. – Lit.: F. Bock, Die Gründung des Klosters Ettal (OA 36) 1929, 76–79, 101; AK Staufisches Erbe Nr. 67.

München, Bayerisches Hauptstaatsarchiv (Kloster Ettal Urk. 1)

383

385* STATUT KAISER LUDWIGS DES BAYERN FÜR DAS RITTERSTIFT ETTAL

17. August 1332

Pergamenturkunde, mit schwarzer Tusche beschrieben; Thronsiegel, restauriert, an grün-roter Seidenschnur. 62,6 x 57 cm

Die sog. Ettaler Ritterregel, in den ›Monumenta Boica‹ auch als »Statuta Coenobii Ettalensis« bezeichnet, stellt eine bis ins einzelne gehende Ordnung für den Ritterkonvent dar, wobei das Zusammenleben durch eingehende Vorschriften, die das geistlich-sittliche und das alltägliche Leben betreffen, geregelt wird. Auf die Mönche wird nur hinsichtlich ihrer Zahl (20) und mit einer grundsätzlichen Bemerkung eingegangen.
Wenn auch die äußere Form einer Urkunde gegeben ist, so enthält sie hinsichtlich ihrer Abfassung doch nur einige der erforderlichen Bestandteile: Die Regel ist weitgehend in die Gestalt einer Urkunde gebracht, wobei in ungewöhnlicher Weise die Invocatio mit der Intitulatio verbunden ist.
F. Bock hat überzeugend nachgewiesen, daß der kaiserliche Notar Wernher von Neunburg der Schreiber des Dokumentes ist. Da dieser nicht vor 1339 in der kaiserlichen Kanzlei nachzuweisen ist und Ettal in Verbindung mit 1332 nicht in das Itinerar des Kaisers paßt, muß es sich bei der »Ritterregel« um eine etwa 1340 geschriebene Rückdatierung handeln.
In vielen Zügen stand für die Ettaler die Deutschherrenregel Pate, teilweise mit wörtlichen Übernahmen; auch die äußere Stellung und die Rechte trugen wesentliche Züge einer Deutschordenskomturei, wobei die Eigenart der Ettaler Stiftung zu betonen ist.
Da die eigentliche Gründungsurkunde schon sehr früh verloren ging, hatte mindestens seit dem 17. Jh. die Ritterregel die Geltung einer Gründungsurkunde, was damals vielfach zu der irrigen Annahme führte, das Kloster sei erst 1332 gegründet worden. L.K.

Druck: W. Hundt, Metropolis Salisburgensis Ed. 1620, II 298 ff.; MB VII 235 ff. (Nachdruck dieser unzureichenden Übertragung: Bayerische Bibliothek I, hg. v. H. Pörnbacher, München 1978, 428–433); Facs. bei H. v. Sybel–T. Sickel, Kaiserurkunden in Abbildungen IX, Berlin 1891, 18. – Lit.: F. Bock, Die Gründung des Kosters Ettal (OA 36) 1929; AK Bayerns Kirche im Mittelalter, München 1960 Nr. 57; AK Bayern-Kunst und Kultur Nr. 16.

München, Bayerisches Hauptstaatsarchiv (Kaiser-Ludwig-Selekt 520)

386* LEGENDE VON DER GRÜNDUNG ETTALS DURCH KAISER LUDWIG DEN BAYERN

Johann Andreas Wolff (München 11. 12. 1652 – 9. 4. 1716 München), sign. u. dat. unten links: JA Wolf 170 . . (letzte Ziffer nicht leserlich)

Öl auf Leinwand. 165 x 96,5 cm

Dargestellt ist die Erzählung von der Gründung Ettals, wie sie in legendenhafter Weise die frühen Fundationsberichte überlagert hat: Ein Engel im Mönchsgewand übergibt Kaiser Ludwig das Gnadenbild mit dem Auftrag, das Kloster zu stiften. Auf vorliegendem Bild, wo sich diese Szene in der unteren Zone abspielt, ist das durch eine visionäre Präsentation des Gnadenbildes durch zwei Engel erweitert; dieses ist in hellstes Licht getaucht, und durch schwebende, schemenhafte Engelsköpfchen wird der visionäre Eindruck verstärkt. Der in der Haltung der Devotion verharrende Kaiser hört sowohl dem intensiv ihm zusprechenden Mönchsengel zu und ist zugleich in Anbetung des Gnadenbildes versunken. Die Züge des Kaisers sind der Darstellung auf der Grabplatte in der Münchner Frauenkirche nachempfunden; im Gegensatz zu dort trägt er die alte Reichskrone. Vorne links hat ein Engelputto eine Ansicht

386

der Ettaler Kirche entrollt, für die der Stich aus Wenings Topographie von 1701 als Vorbild diente. Das Gnadenbild präsentiert sich in seiner damals kostbarsten (nicht mehr erhaltenen) Bekleidung, die der Überlieferung nach von der Kurfürstin Maria Anna, der Gemahlin Maximilians I., gestiftet worden war.
Das Bild stammt aus der Zeit, als J. A. Wolffs Schaffen in seinem Höhepunkt stand, den ersten Jahren des 18. Jh. Die Grundhaltung ist durchaus pathetisch; die Engelsgestalten sind sehr stark vom römischen Barock geprägt. Vergleichbar in ihrer malerischen Kontrastwirkung sind etwa Wolfs Andechser Seitenaltarbilder und das Kremsmünsterer Hochaltarbild.
Das Gemälde dürfte eher für den Münchner Hof als für Ettal bestimmt gewesen sein; der Hof Max Emanuels stand zu dieser Zeit in enger Verbindung mit Ettal. L.K.

L. Waagen, Johann Andreas Wolff 1652–1716, Diss. München 1931, Günzburg 1932; Thieme-Becker XXXVI, 1947 (bei beiden vorliegendes Bild nicht enthalten); AK Bayerische Frömmigkeit Nr. 527; W. J. Bekh, Die Münchener Maler, Pfaffenhofen 1974, Tafel vor 37.

Kloster Ettal (Lg. der Bayer. Staatsgemäldesammlungen 7333)

LUDWIG DER BAYER UND DAS BENEDIKTINERKLOSTER KASTL IN DER OBERPFALZ

Klosterchroniken sprechen davon, Kastl – das älteste Kloster des bayerischen Nordgaus – sei 1098 gegründet worden. Weder Stiftungsbrief noch Gründungsurkunde bestätigen dieses Datum. Die päpstliche Bewilligung erfolgte vielmehr erst 1102. Der Papstbrief Paschalis' II. ist es auch, der erstmals Gründer und Gründungsumstände benennt: Die Grafen Berengar I. von Sulzbach, Friedrich von Kastl-Habsberg und dessen Sohn Otto hätten auf ihrem Eigengut »aput Castellum« ein Kloster zu Ehren des hl. Petrus errichtet. Nicht genannt werden die eigentlichen Initiatoren der Gründung: Luitgard, die Witwe Markgraf Diepolds I., und deren Bruder, Bischof Gebhard III. von Konstanz, der geistige Mentor der antikaiserlichen, gregorianischen Partei in Deutschland. Auf Gebhards Veranlassung hin fanden wohl auch jene zwölf Mönche des Zähringer Hausklosters Petershausen, die zusammen mit ihrem Abt Theodorich den Anfeindungen des neu investierten, kaisertreuen Konstanzer Bischofs Arnulf von Heiligenkreuz zu entkommen trachteten, Zuflucht. Ihnen erleichterte eine großzügig bemessene Erstdotierung nicht nur die Seßhaftwerdung, sondern auch den Ausbau des Konvents. 1118 schon konnte das Kloster 20 Mönche nach Reichenbach am Regen, die jüngste Stiftung Luitgards von Zähringen und ihres Sohnes, Markgraf Diepolds II., entsenden. Als nach der Thron besteigung Kaiser Heinrichs V. und der Wiedereinsetzung Gebhards als Bischof von Konstanz Theodorich in sein Mutterkloster Petershausen zurückkehrte, stand auch der Bau der Abteikirche vor seiner Vollendung. 1119 konnte die Kirche geweiht werden. Wie viele Klöster der damaligen Zeit dürfte Kastl als Doppelkloster gegründet worden sein. Der Frauenkonvent, erstmals 1245 erwähnt und offenbar kurze Zeit später wieder aufgelöst, stand jedoch zeit seiner Existenz klar im Schatten des Männerkonvents.
Wie die päpstliche Bestätigungsbulle des Jahres 1102, mehr aber noch der Schutzbrief Papst Innozenz' II. vom 11. April 1139 deutlich zu erkennen geben, galt Kastl seit seiner Gründung als sog. römisch-befreites Kloster, war also, da es unmittelbar dem päpstlichen Schutz unterstand, von der bischöflichen Gewalt exemt. Freiheit der Abt- und Vogtwahl waren ihm, als typischem Hirsauer Reformkloster, bereits 1102 zugesichert worden. Die Umwandlung der Kastvogtei in eine bloße Schutzvogtei, die weitestgehende Zurückdrängung oder, besser noch, die völlige Ausschaltung des Laieneinflusses, wie es sich alle Reformklöster zum Ziel gesetzt hatten, glückte Kastl dennoch nicht. Im Gegenteil: Es geriet immer mehr in die Abhängigkeit seiner Erbvögte – zunächst der Sulzbacher, später der Hirschberger – aus der es auch die staufische Reichsvogtei, die Kaiser Friedrich I. ihm 1165 antrug, nicht zu befreien vermochte. Die kaiserlichen Amtsvögte, zu denen 1330 die wittelsbachischen Pfalzgrafen aufstiegen, wußten die reichsstiftischen Rechte des Klosters durch landesherrliche Gewalt außer Kraft zu setzen. Von einer kurzen, erfolgreichen Periode unter Kaiser Sigismund abgesehen, kämpfte Kastl im allgemeinen vergeblich um seine Anerkennung als Reichskloster.

Der wirtschaftlichen Entfaltung des Stiftes waren durch Einsprüche der Vögte Grenzen gesetzt. Der finanzielle Ruin, dem der letzte Erbvogt, Gebhard VII. von Hirschberg, entgegentrieb, drohte auch das Kloster zu erfassen. Daß es nach dem Tod des Hirschbergers (1305) sich nicht nur vor dem Verfall zu retten, sondern sich zu neuer Blüte zu erheben verstand, hatte es zwei hervorragenden Äbten zu danken: Siboto von Haintal (1306–1322), der in Urkunden verschiedentlich den Titel »gewaltiger Abt von Kastel« führt, und Abt Hermann (1322–1356). Beide genossen das besondere Vertrauen Herzog Ludwigs IV., des späteren Königs und Kaisers. Abt Hermann vor allem weilte wiederholt am Hof des Königs, begleitete diesen auf seiner Romfahrt 1328 und hielt auch dann zu ihm, als Teile des Klerus eine bedingungslose Unterstützung der kaiserlichen Sache nicht mehr für opportun hielten. Ludwig der Bayer seinerseits zeichnete Kastl vor allen anderen oberpfälzischen Klöstern durch zahlreiche Gunsterweise aus. 1315 bestätigte er die Kaiserbriefe der Jahre 1165, 1219, und 1305 und sicherte dem Stift einmal mehr die Reichsvogtei zu. 1321 stiftete er für seine in Kastl verstorbene und dort auch begrabene Tochter Anna einen Jahrtag. Mit der dem Kloster 1323 gewährten Freiheit, im gleichnamigen Ort am Fuß des Berges einen Wochenmarkt abhalten zu dürfen, trug er wesentlich zur finanziellen Gesundung der Abtei bei. Wohlwollend unterstützte er auch die sonstigen Unternehmungen des Abtes, die in erster Linie auf Abrundung und nur zum geringeren Teil auf Erweiterung des kastlischen Wirtschaftsraumes zielten.
Als Abt Hermann 1356 starb, war sein Haus wohl bestellt. Der Besitzstand des Klosters, wie er ihn 1325/26 zu Beginn seiner Amtszeit im ältesten erhaltenen Kastler Urbar hatte aufzeichnen

lassen, war beträchtlich angewachsen, das Stift selbst, das um die Jahrhundertwende unter Disziplinlosigkeit und weitestgehender Auflösung der monastischen Gemeinschaft gelitten hatte, stand in bestem Ruf. Die unter seiner Ägide verfaßte Reimchronik verherrlichte neben den Stiftern, den Gönnern und Freunden der Abtei auch ihn, den großen Organisator.

Eine ähnlich lange Blütezeit, wie Kastl sie unter Abt Hermann zur Zeit Ludwigs des Bayern erlebt hatte, war dem Kloster nur noch einmal, zu Beginn des 15. Jh., als Hort der benediktinischen Erneuerungsbewegung beschieden. Die sog. Kastler Reform und die »Consuetudines Castellenses« fanden Eingang in weiteren 30 Klöstern. Um die Wende zum 16. Jh. leiteten Verschuldung und geistige Libertinage Kastls Niedergang ein. Das Eindringen der Lehre Luthers um 1546 brachte das klösterliche Leben völlig zum Erliegen. Wie in den meisten verwaisten kurpfälzischen Klöstern übernahmen auch hier landesherrliche Administratoren die Verwaltung des ehem. Stiftsbesitzes. Als nach dem Übergang der Oberpfalz an Bayern Kurfürst Maximilian I. die Jesuiten mit der Rekatholisierung des Landes betraute, überließ er dem Amberger Kolleg das Kastler Kloster samt allen dazugehörigen Mobilien und Immobilien zur weiteren Nutznießung. 1782 schließlich trat der Malteserorden die Besitznachfolge der 1777 aufgelösten Societas Jesu an. Seit 1808 untersteht das Kloster endgültig der Verfügungsgewalt des Staates. *E. M.-L.*

387 SAMMELHANDSCHRIFT AUS DEM EHEMALIGEN BENEDIKTINERKLOSTER KASTL / OPF.

Begonnen unter Abt Hermann von Kastl (reg. 1322–1356)
Kastl, 2. Viertel 14. und 15. Jahrhundert

Pergamenthandschrift (77 Bl.), mit Holzeinband, 26,5 x 19,0 cm

Der Kodex enthält verschiedene, das ehem. Benediktinerkloster Kastl in der Oberpfalz betreffende Texte, die mit Ausnahme weniger späterer Anfügungen in der Regierungszeit des Abtes Hermann (1322–1356) zusammengefaßt wurden. Die Handschrift zählt damit zu den wenigen Zeugnissen des Skriptoriums dieser besonders im 14. Jh. einflußreichen Abtei. Abt Hermann war ein Vertrauter Kaiser Ludwigs d. Bayern und mehrfach in seiner Umgebung anzutreffen.

Inhalt: S. 2 Abschrift einer Urkunde von 1344; S. 4–16 Kalendarium; S. 17–64 Liber Testamentorum, datiert zwischen 1334 und 1338; S. 65–79 deutsche Reimchronik; S. 81–126 Kopialbuch mit Urkunden bis 1339; S. 127–140 lateinische Chronik in Prosaform; S. 141–148 verschiedene Aufzeichnungen über Klostergüter, Schenkungen, Äbte usw.; S. 150–151 Kopie einer Urkunde König Ruprechts von 1402.

Neben dem Liber Testamentorum, der für die Wirtschaftsgeschichte des Klosters Kastl von großer Bedeutung ist, sei besonders die deutsche Reimchronik hervorgehoben, da sie eine ergiebige Quelle für die Klostergründung darstellt. Abt Hermann ließ die Chronik in 790 deutschen Versen verfassen, die in Dialekt und Metrik einer etwa gleichzeitigen, ebenfalls in Kastl entstandenen Sammelhandschrift (Pommersfelden, Gräflich von Schönbornsche Bibliothek, Nr. 215) auf das engste verwandt sind. P. Si.

J. Moritz, Stammreihe und Geschichte der Grafen von Sulzbach (Abh. d. hist. Klasse d. Kgl. Bayer. Akad. d. Wiss. II) 1833, 121–158; K. Puchner, Das älteste Urbar des Klosters Kastl (VHOR 87) 1937, 185–206; K. Bosl, Das Nordgau-Kloster Kastl (Gründung, Gründer, Wirtschafts- und Geistesgeschichte) (VHOR 89) 1939, 3–186.

München, Bayerisches Hauptstaatsarchiv (Kloster Kastl Literale 1)

388 STIFTUNG EINES JAHRTAGS FÜR KÖNIG LUDWIGS TOCHTER ANNA IM KLOSTER KASTL

Kastl, 10. Januar 1321

Pergamenturkunde; Siegel fehlt. 17,5 x 32 cm

König Ludwig entläßt seinen Eigenmann Ulrich Scherrůbe von Ruspach (Ransbach, Lkr. Neumarkt/Opf.) mit Frau und Kind in die Verfügungsgewalt des Abtes zu Kastl (Lkr. Neumarkt/Opf.). Mit der Freilassung ist die Verpflichtung verbunden, dem Kloster zur Feier des Jahrtags von Ludwigs Tochter Anna jeweils einen Zins von drei Schillingen langer und einem halben Schilling Regensburger Pfennige zu entrichten; bei Versäumung der Zinsleistung geraten die Freigelassenen wieder in ihre vormalige Abhängigkeit.

Die Tatsache, daß Anna, die 1319 gestorbene Tochter Ludwigs des Bayern aus seiner Ehe mit Beatrix von Glogau (ca. 1290–1322), hier bestattet wurde, zeugt von der engen Beziehung, welche zwischen dem König und dem Kloster bestand. Ludwig der Bayer hielt sich nicht nur wiederholt in Kastl auf, sondern erwies sich auch als ein bedeutender Förderer der Abtei. W. W.

Druck: MB XXIV 353 f., Nr. 40. – Regest: Böhmer RI 25, Nr. 427; RB VI, 28; F. X. Buchner, Das Bistum Eichstätt, Bd. II, Eichstätt 1938, 6. – Lit.: Bosl, Kastl 88; B. Heinloth, Landkreis Neumarkt (Opf.) (HAB Altbayern 16) 1967, 121 u. 304 Anm. 149; J. Weigl, Die Verfassung des Benediktinerklosters Kastl bei Amberg (1098–1560), Schramberg (Schwarzwald) 1933, 45 Anm. 495.

München, Bayerisches Hauptstaatsarchiv (Kaiser-Ludwig-Selekt 202)

DAS ENDE KAISER LUDWIGS DES BAYERN

Kaiser Ludwig der Bayer starb unversöhnt mit dem Papsttum auf der Bärenjagd in der Nähe des Klosters Fürstenfeld bei dem Dorf Puch am 11. Oktober 1347 an einem Herzschlag. Seine letzten Worte, ehe er in den Armen eines Bauern verschied, sollen gewesen sein: »Süzze Künigin, unser fraue, bis pei meiner schidung«. Sein Leichnam wurde in München in der Pfarrkirche zu Unserer Lieben Frau neben seiner ersten Gemahlin Beatrix bestattet. Der Luxemburger Karl von Mähren, seit 1346 als Karl IV. Gegenkönig im deutschen Reich, trat seine Nachfolge an.

E. M.-L.

389 MADONNA AUS DER EHEMALIGEN KLOSTERKIRCHE FÜRSTENFELD

Schwaben, um 1340/50

Sandstein, mit neuer farbiger Fassung. Höhe ca. 150 cm

Die Figur steht in der ehem. Klosterkirche Fürstenfeld, auf dem letzten Seitenaltar der Südseite unter der Orgelempore. Nach örtlicher Tradition soll sie von Kaiser Ludwig dem Bayern gestiftet worden sein. Zumindest vom zeitlichen Ansatz her scheint dieser Bezug möglich, denn die Skulptur läßt sich in die Jahre um 1340/50 datieren. Die Wurzeln des Stils liegen in Schwaben, wobei vor allem die um 1340 entstandenen Bildwerke vom Rottweiler Kapellenturm sowie die etwa gleichzeitigen Skulpturen am West- und Nordportal des Heiligkreuz-Münsters in Schwäbisch-Gmünd zu nennen sind. Weitere Parallelen bilden die Marienfigur in der nördlichen Vorhalle der Pfarrkirche St. Moritz in Ingolstadt und die sog. Madonna in der Pfeilernische der ehem. Klosterkirche Kaisheim, einer wie Fürstenfeld von den Zisterziensern errichteten Anlage. A.H.

Th. Bachmair – H. Schnell, Ehem. Zisterzienserabteikirche Fürstenfeld (Schnell Kunstführer Nr. 6) München–Zürich 1979[7], 12f., Abb. S. 10.

Fürstenfeld, ehem. Zisterzienser-Abteikirche

390 KAISER KARL IV.

Parler–Umkreis, um 1360/65

Steinplastik (Abguß), Höhe 210 cm

Das Original der Plastik stammt vom Südturm des Wiener Stephansdomes und gehört zusammen mit den Darstellungen Herzog Albrechts II. von Österreich, seiner Frau Johanna von Pfirt, Erzherzog Rudolfs IV. von Österreich und seiner Frau Katharina von Böhmen sowie der Frau des Kaisers selbst, Blanche von Valois, zu einem wohl im Auftrag Rudolfs IV. entstandenen Familienzyklus.

Karl IV. war am 14.5.1314 in Prag als Sohn König Johanns von Luxemburg geboren. 1340 übernahm er anstelle seines erblindeten Vaters die Regentschaft in den luxemburgischen Landen. In enger Abstimmung mit der päpstlichen Politik führten die jahrelangen Bemühungen der Luxemburger um die Beseitigung des wittelsbachischen Königtums zum Erfolg: Auf Aufforderung des Papstes wählten Anfang Juni 1346 die Kurfürsten von Mainz, Köln, Trier, Sachsen und Böhmen Karl zum deutschen König. In der kriegerischen Auseinandersetzung zwischen Ludwig, seinen Söhnen und dem Gegenkönig kam es zu keiner Entscheidung. Und als Karl IV. sich zum Einmarsch von Böhmen nach Bayern rüstete, machte der Tod Kaiser Ludwigs während einer Bärenjagd in der Nähe von Fürstenfeld bei München (11.10.1347) das Unternehmen gegenstandslos. E.J.G.

AK Kaiser Karl IV., 1978, Nr. 1; AK Die Parler und der Schöne Stil, Köln 1978, II 423 mit Abb.; F. Seibt, Karl IV., 1978; Spindler II 179ff.

Original: Wien, Museum der Stadt Wien
Abguß: München, Bayerisches Nationalmuseum

Die Reisewege und Aufenthaltsorte Ludwigs des Bayern im Deutschen Reich

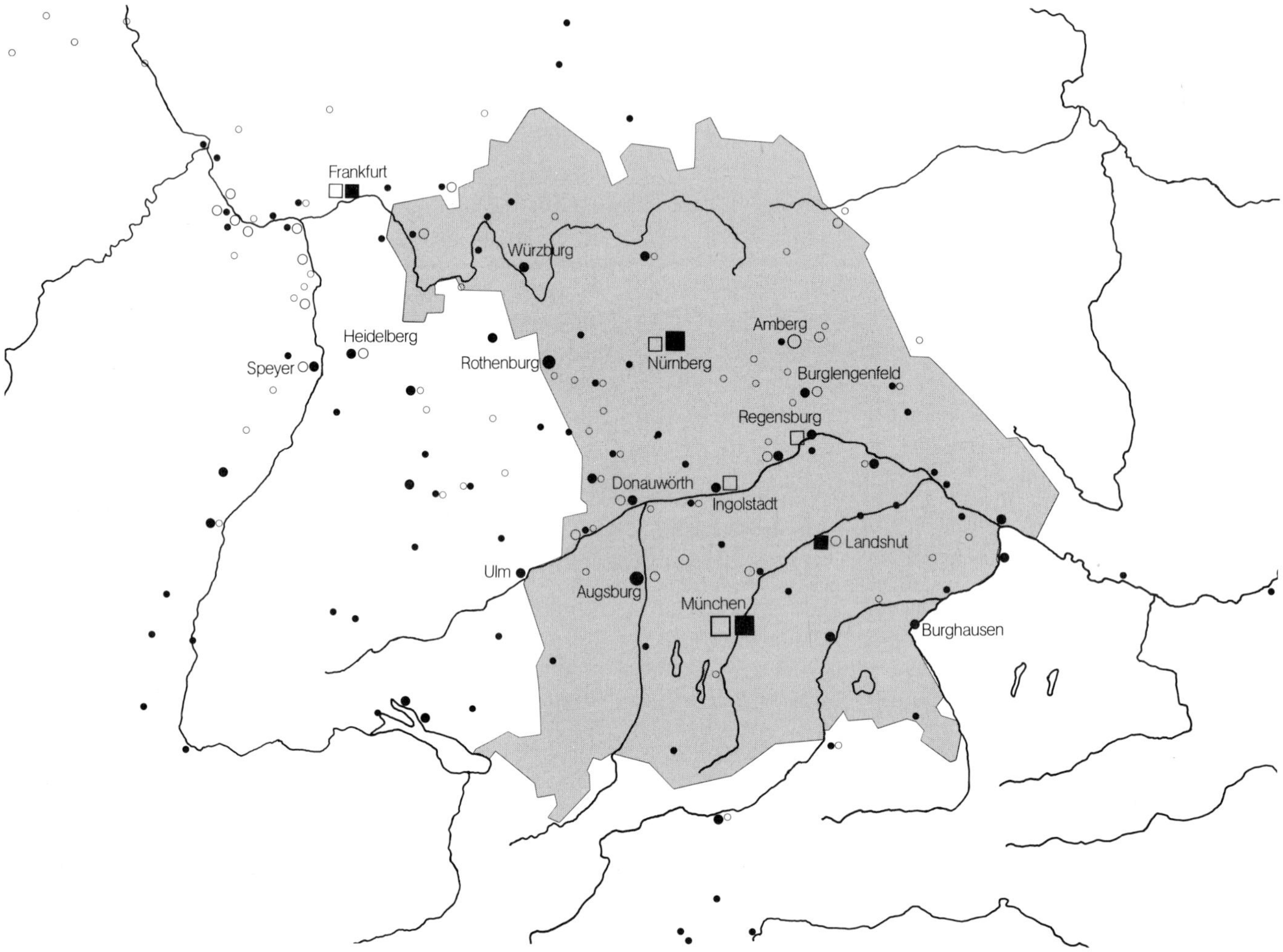

1. Phase
20.9.1314–24.12.1326

○	○	○	□	□
1–2mal	3–10mal	11–20mal	21–32mal	über 45mal
●	●	●	■	■

2. Phase
17.2.1330–11.10.1347

Fläche des heutigen Bayern

RAUM 19

WEISSER SAAL

Über den Laubengang führt der Weg nun in den Weißen Saal. Dieser Festsaal bestand vermutlich schon im 15. Jh. In der 1. Hälfte des 16. Jh. erhielt er sein heutiges Aussehen. 1762 richtete man hier eine Textilmanufaktur ein und unterteilte den Saal. In jüngster Zeit erst wurde er wiederhergestellt.

DER DYNASTIEGRÜNDER IN DER SICHT DER ZEIT KURFÜRST MAXIMILIANS I.: DIE OTTO-VON-WITTELSBACH-TEPPICHE

In dem Wunsch, die ruhmvolle Vergangenheit seines Hauses zu verherrlichen, ließ Herzog Maximilian die Taten seines Vorfahren Otto von Wittelsbach (gegen 1120–1183), des Gründers der Dynastie, in einer kostbaren, reich mit Gold durchwirkten Wandteppichfolge darstellen. Sie entstand zwischen 1604 und 1611 in München in einem eigens dafür eingerichteten Atelier, in dem Brüsseler Wirker unter der Leitung des Meisters Hans van der Biest tätig waren. Die Entwürfe für die Teppiche schuf Maximilians Hofmaler Peter Candid (um 1548–1628), der auch die technische Ausführung überwachte.
Diese kostbare Serie, die sich in der Residenz in München erhalten hat, besteht aus zehn Behängen, auf denen fünf politisch bedeutsame friedliche Ereignisse und fünf Kriegstaten Ottos, des Parteigängers Kaiser Friedrich Barbarossas, geschildert sind.
Von Anfang an war geplant, außer diesen sehr prunkvollen und in der Herstellung teuren Ausstattungsstücken, die nur zu besonderen Anlässen aufgehängt wurden, auch noch einfachere, nur in Wolle und Seide gewirkte Exemplare herstellen zu lassen. Diese heute in der Trausnitz hängenden Teppiche entstanden im Auftrag Herzog Maximilians zwischen 1614 und 1617 in Paris in der Manufaktur von Marco de Comans und Frans van der Planken, zwei flämischen Wirkern, die sich zu Beginn des Jahrhunderts an der Seine niedergelassen hatten, wo sich ihr Betrieb, durch Privilegien Heinrichs IV. gefördert, bald zu höchster Blüte entfaltete. Für die Neuauflage der Wittelsbachteppiche verwendete man die vorhandenen, von Candid im Maßstab 1:1 geschaffenen Wirkervorlagen (Kartons), die man zu diesem Zweck nach Paris transportierte. Die neue Serie unterscheidet sich von der Erstausfertigung dadurch, daß noch ein elfter Behang hinzugefügt wurde (Kat. Nr. 397), für den zusätzlich ein Karton in München hatte angefertigt werden müssen. Außerdem wurden die Pariser Teppiche mit einer neuen Bordüre gewirkt, die wahrscheinlich von Hans Krumper entworfen ist. Anstelle von Trophäen besteht sie aus Blumen- und Fruchtgirlanden, Masken und Vögeln mit Tuchgehängen im Schnabel. Ähnlich wie bei der reicheren Fassung zeigt sie unten in den Ecken das Monogramm ME (Maximilian – Elisabeth), oben rechts das lothringische und links das vom Goldenen Vlies umgebene bayerische Wappen. Bei diesem ist der Herzschild mit dem Reichsapfel erst nach 1623 aufgesetzt, wie auch bei allen anderen in Maximilians Auftrag entstandenen Teppichserien. Oben und unten in der Mitte sitzen Kartuschen mit Inschriften.
Die elf Tapisserien sind in Wolle und Seide gewirkt (acht Kettfäden pro cm), Metallfaden ist nur ganz sparsam verwendet, vorwiegend bei Otto von Wittelsbach, an seiner Kette oder Schärpe als Hoheitszeichen. Auf der Wirkerkante finden sich die Pariser Stadtmarke, die von zwei »P« flankierte Lilie, und die Monogramme PDM und FM (beide ligiert). Beide werden gewöhnlich als Zeichen das Wirkers Philip de Maecht angesehen, der innerhalb der genannten Manufaktur eines der Ateliers leitete. Wahrscheinlich bezieht sich aber nur das erste Monogramm auf ihn, das zweite konnte bisher nicht identifiziert werden.

Die Teppiche haben einen anderen Farbcharakter als die golddurchwirkte Serie. Gelegentlich weichen sie auch bei der Wiedergabe der Muster ab. Die Rüstungen sind nicht grau, sondern blau; charakteristisch sind die Brechungen von Goldbraun zu Grün. Besonders fallen die dunklen Gesichter und die hellen Haare auf. Die technische Ausführung ist sehr präzise und gleichmäßig, doch sind die farblichen Übergänge härter als bei der Erstausfertigung – z. B. haben alle Hände schwarze Konturen –, die Wiedergabe der Materialien und Farbwerte ist weniger differenziert, so daß im Gesamteindruck nicht ganz die reiche malerische Wirkung der Münchner Serie erreicht wird. B. V.-K.

391 OTTO VON WITTELSBACH VOR PAPST HADRIAN IV.

Marco de Comans und Frans van der Planken nach Peter Candid, Paris, 1614–1617

Wolle, Seide und gelegentlich Metallfäden, 8 Kettfäden pro cm. Auf der Wirkerkante die Monogramme links PDM (ligiert), rechts FM (ligiert). 400 x 598 cm

Inschriften:
Oben: OTHO. M. COM. PALAT. WITELSPACHEN. BOIARIAE DVX
Unten: FRIDERICI. AHENOBARBI IMP[ERATORIS] VICE ROMAM / VENIENS. LITEM DE SENATV ET PRAEFECTO / INTER PONTIFICEM POPVLVMQ[VE] COMPONIT. AN[NO]MCLIX.

(Pfalzgraf Otto der Große von Wittelsbach, Herzog von Bayern, geht als Vertreter Kaiser Friedrich Barbarossas nach Rom und legt einen Streit bei zwischen Papst und Volk über Senat und Präfekt, 1159.)

1159 kamen Otto von Wittelsbach und Propst Heribert von Aachen als Gesandte Kaiser Friedrich Barbarossas nach Rom, um sowohl mit Papst Hadrian IV. als auch mit den Abgeordneten der römischen Bürgerschaft zu verhandeln und Streitigkeiten beizulegen. Die Verhandlungen mit dem Papst fanden nicht direkt statt, wie es hier dargestellt ist, sondern durch Mittelsleute. Im Hintergrund sind die Kaiserlichen Gesandten im Gespräch mit dem Präfekten Pietro von Rom zu sehen (vgl. ›Gesta Frederici‹ IV, 34 ff., 49, 607 ff.). B. V.-K.

Volk-Knüttel 1976, 137, Nr. 19, Abb. 117 (Detail).

Landshut, Trausnitz (TLa-W 3)

392 DIE VERMÄHLUNG OTTOS VON WITTELSBACH

Marco de Comans und Frans van der Planken nach Peter Candid, Paris, 1614–1617

Wolle, Seide und gelegentlich Metallfäden. 8 Kettfäden pro cm. Auf der Wirkerkante rechts FM (ligiert), links die Pariser Stadtmarke und PDM (ligiert). 400 x 287 cm

Inschriften:
Oben: OTHO. M. COM. P. WITELSP. BOIAR. DVX
Unten: AGNETEM THEODORICI COM[ITIS] WASSER/BVRGEN[SIS] FILIAM VXOREM DVCIT.

(Pfalzgraf Otto usw. nimmt Agnes, die Tochter des Grafen Theoderich von Wasserburg, zur Frau).

Der Zeitpunkt der Vermählung Ottos von Wittelsbach ist nicht überliefert. Seine Gemahlin war nicht Agnes von Wasserburg, sondern Agnes, Tochter des Grafen von Loon. B. V.-K.

Volk-Knüttel 1976, 137, Nr. 16.

Landshut, Trausnitz (TLa – W 1)

393 OTTO VON WITTELSBACH IN DER SCHLACHT MIT HEINRICH DEM LÖWEN

Marco de Comans und Frans van der Planken nach Peter Candid, Paris, 1614–1617

Wolle, Seide und gelegentlich Metallfäden, 8 Kettfäden pro cm. Auf der Wirkerkante die Monogramme, links PDM (ligiert), rechts FM (ligiert). 400 x 795 cm

Inschriften:
Oben: OTHO. M. COM. PALAT. WITELSPACHEN. BOIARIAE DVX
Unten: HENRICVM LEONEM PERDVELLIONIS / REVM PRINCIPVM SENTENTIA EXAVCTORATVM / DVCATV ARMIS PELLIT AN. MCLXXX.

(Pfalzgraf Otto usw. vertreibt den des Hochverrats schuldigen und durch den Spruch der Fürsten seines Herzogtums enthobenen Heinrich den Löwen mit Waffengewalt, 1180.)

Wegen seiner Rechtsbrüche wurden Heinrich dem Löwen 1180 seine Herzogtümer Sachsen und Bayern und alle Reichslehen aberkannt. An dem anschließend einsetzenden Krieg gegen ihn beteiligte sich auch Otto von Wittelsbach, der neue bayerische Herzog. Ein persönliches Zusammentreffen beider auf dem Schlachtfeld ist jedoch nicht bezeugt. B. V.-K.

Volk-Knüttel 1976, 137, Nr. 18, Abb. 116 (Detail).

Landshut, Trausnitz (TLa–W 2)

394 OTTO VON WITTELSBACH VOR FERRARA

Marco de Comans und Frans van der Planken nach Peter Candid, Paris, 1614–1617

Wolle, Seide und gelegentlich Metallfäden. 8 Kettfäden pro cm. Auf der Wirkerkante rechts die Marken PDM und FM (beide ligiert). 400 x 290 cm

Inschriften:
Oben: OTHO. M. COM. P. WITELSP. BOIAR. DVX
Unten: PADO VADATO FERRARIENSIB[VS] IMPROVISVS / SVPERVENIENS OBSIDES IMPERAT / ANNO MCLVIII.

(Pfalzgraf Otto usw. durchquert den Po, erscheint unerwartet vor den Ferraresen und verlangt Geiseln, 1158.)

Im Herbst 1158, während des zweiten Italienfeldzuges von Friedrich Barbarossa, herrschte mildes Klima, und der Wasserstand der Flüsse war sehr niedrig. »Als in diesen Tagen von allen Städten Geiseln gestellt wurden und zur Erledigung dieser Angelegenheit der Pfalzgraf Otto von Bayern nach Ferrara beordert worden war, konnte dieser daher das Bett des Po an der Stelle, wo er sich zum Schutze der Stadt teilt, ohne Schiffe überschreiten; so erschien er unerwartet und unvermutet in der Stadt . . .« (›Gesta Frederici‹ III 53f.). B. V.-K.

Volk-Knüttel 1976, 136, Nr. 13.

Landshut, Trausnitz (TLa-W 4)

395 OTTO VON WITTELSBACH EMPFÄNGT EINE GRIECHISCHE GESANDTSCHAFT

Marco de Comans und Frans van der Planken nach Peter Candid, Paris, 1614–1617

Wolle, Seide und gelegentlich Metallfäden. 8 Kettfäden pro cm. Auf der Wirkerkante links die Pariser Stadtmarke, rechts das Monogramm FM (ligiert). 400 x 635 cm

Inschriften:
Oben: OTHO. M. COM. PALAT. WITELSPACHEN. BOIARIAE DVX
Unten: GERMANICI IMPERII MAIESTATEM ADVERSVS / GRAECORVM ARTES ET FACTIOSOS ALIOS VI / MINISQVE REPVLSOS ASSERIT AN[NO]MCLIII

(Pfalzgraf Otto usw. weist mit Gewalt und Drohungen die Tücken der Griechen und andere feindselige Parteiungen zurück und behauptet ihnen gegenüber die Hoheit des deutschen Reiches, 1153.)

Otto, begleitet vom Kanzler Rainald von Dassel, empfängt 1158 (nicht 1153, wie die Inschrift angibt) als kaiserlicher Gesandter bei Ancona die Abgeordneten des byzantinischen Kaisers, die sich gegen die Vorwürfe verteidigen mußten, sie hätten durch List oder Gewalt versucht, die italienischen Küstenstädte wieder unter die Oberhoheit von Byzanz zu bringen (vgl. ›Gesta Frederici‹ II 23).
In der Münchner Wittelsbachserie gibt es zwei etwas voneinander abweichende Behänge, auf denen dieses Thema dargestellt ist; der erste war 1609 vollendet. Der zweite, der um einen Meter breiter ist und die Komposition um einige Figuren erweitert hat, entstand zwischen 1612 und 1614. Der Karton der technisch und kompositorisch verbesserten zweiten Ausfertigung wurde auch als Vorlage für den in Paris gewirkten Teppich mit diesem Thema benutzt. B. V.-K.

Volk-Knüttel 1976, 136, Nr. 14, Abb. 110 (Detail).

Landshut, Trausnitz (TLa-W 5)

396 OTTO VON WITTELSBACH VOR MAILAND

Marco de Comans und Frans van der Planken nach Peter Candid, Paris, 1614–1617

Wolle, Seide und gelegentlich Metallfäden. 8 Kettfäden pro cm. Auf der Wirkerkante unten rechts die Monogramme PDM und FM (beide ligiert) und die Pariser Stadtmarke. 405 x 405 cm

Inschriften:
Oben: OTHO. M. COM. P. WITELSP. BOIAR. DVX
Unten: MEDIOLANEN[SI] OBSIDIONE VNA CVM FRATRIB[VS] FRIDE / RICO ET OTHONE IVN[IORE] FORTITER PVGNANS VIRTVTIS / TESTIMONIVM AB HOSTE REFERT. AN[NO] M. CLVIII

(Pfalzgraf Otto usw. wird bei der Belagerung von Mailand, als er gemeinsam mit seinen Brüdern Friedrich und Otto d. J. tapfer kämpfte, vom Feind seine Tapferkeit bestätigt, 1158.)

Bei der Belagerung von Mailand durch die Truppen Kaiser Friedrich Barbarossas 1158 versuchte Otto, begierig, eine Heldentat zu vollbringen, zusammen mit seinen Brüdern, eines der Stadttore zu stürmen(vgl. ›Gesta Frederici‹ III 42). B. V.-K.

Volk-Knüttel 1976, 137, Nr. 15, Abb. 114f. (Details).

Landshut, Trausnitz (TLa-W 6)

397 OTTO VON WITTELSBACH ERHÄLT DEN KOMMANDOSTAB

Marco de Comans und Frans van der Planken nach Peter Candid, Paris, 1614–1617

Wolle, Seide und gelegentlich Metallfäden. 8 Kettfäden pro cm. Auf der Wirkerkante rechts die Monogramme PDM und FM (beide ligiert). 403 x 403 cm

Inschriften:
Oben: OTHO. M. COM. P. WITELSP. BOIAR. DVX
Unten: A FRIDERICO AHENOBARBO, REGE ROM[ANORVM] / OB ANIMI VIRTVTEM ET INSIGNEM FORTITVDINEM / PRAEFECTVS PRAETORIO, CREATVR, SVB ANNVM M. C. LIII

(Pfalzgraf Otto usw. wird von Friedrich Barbarossa, König der Römer, wegen seiner Tüchtigkeit und hervorragenden Tapferkeit zum Befehlshaber seiner Leibwache ernannt, 1153.)

In der Chronologie der Vita Ottos von Wittelsbach steht dieses Ereignis mit dem Datum 1153 an erster Stelle. Die Begebenheit ist durch Quellen nicht belegt, auch der Historiker Marx Welser, der die Themen für den Wittelsbachzyklus zusammengestellt hat, erwähnt sie bei seinen verschiedenen Programmvorschlägen nicht. In der Münchner Serie ist ein Teppich mit dieser Darstellung nicht enthalten. Wahrscheinlich wurde sie erst anläßlich der um diesen Behang erweiterten Neuauflage ausgewählt. B.V.-K.

Volk-Knüttel 1976, 137, Nr. 23, Abb. 113.

Landshut, Trausnitz (TLa-W 7)

398 OTTO VON WITTELSBACH RETTET DAS REICHSHEER IN DER VERONESER KLAUSE

Marco de Comans und Frans van der Planken nach Peter Candid, Paris, 1614–1617

Wolle, Seide und gelegentlich Metallfäden. 8 Kettfäden pro cm. Auf der Wirkerkante links das Monogramm PDM, rechts FM (beide ligiert). 400 x 658 cm

Inschriften:
Oben: OTHO. M. COM. PALAT. WITELSPACHEN. BOIARIAE DVX
Unten: ARCEM AD ATHESIM IN ALPIVM FAVCIBVS PRAERVPTO / SAXO SITAM VI OCCVPAT. FRIDERICO AHENOBARBO IMP[ERATORI] / VIAM A VERONENSIB[VS] OBSESSAM APERIT. AN[NO] MCLV

(Pfalzgraf Otto usw. bemächtigt sich gewaltsam einer auf steilem Felsvorsprung an der Etsch in einem Alpenengpaß gelegenen Burg und öffnet den von den Veronesern gesperrten Weg für Kaiser Friedrich Barbarossa, 1155.)

Auf dem Rückzug von seiner Krönung 1155 wurde Kaiser Friedrich Barbarossa mit seinem Heer in einer der Etschklausen bei Verona von Raubrittern in einen Hinterhalt gelockt. Die Belagerer verschanzten sich in einer höher gelegenen Felsenburg, zu deren Eroberung Otto von Wittelsbach, der Bannerträger des Kaisers, abgeschickt wurde. Mit einigen auserwählten Kriegern erklomm er einen steilen Felsen oberhalb der Burg und konnte sie von dort aus in einem Überraschungsangriff stürmen (vgl. ›Gesta Frederici‹ II 42, 365 ff.). Diese berühmte Tat wird von anderen Geschichtsschreibern auch Heinrich dem Löwen oder Berthold von Zähringen zugeschrieben. B.V.-K.

Volk-Knüttel 1976, 137, Nr. 17.

Landshut, Trausnitz (TLa-W 8)

399 OTTO VON WITTELSBACH NIMMT DIE HULDIGUNG DER BAYERISCHEN STÄNDE ENTGEGEN

Marco de Comans und Frans van der Planken nach Peter Candid, Paris, 1614–1617

Wolle, Seide und gelegentlich Metallfäden. 8 Kettfäden pro cm. Auf der Wirkerkante die Monogramme links PDM (ligiert), rechts FM (ligiert). 405 x 520 cm

Inschriften:
Oben: OTHO. M. COM. PALAT. WITELSPACHEN BOIARIAE DVX
Unten: IN BAIOARIORVM PRINCIPEM. MAXIMA OMNIVM / ORDINVM LAETITIA INAVGVRATVR AN[NO]. MCLXXX

(Pfalzgraf Otto usw. wird als Fürst der Bayern zur größten Freude aller Stände eingesetzt, 1180.)

Otto, umgeben von seiner Familie, zu seiner Rechten sitzend sein Bruder Konrad, Erzbischof von Salzburg, nimmt auf seinem ersten Landtag zu Regensburg im November 1180 die Huldigung der bayerischen Stände entgegen. Der Treueschwur, dessen Eidesformel im Hintergrund verlesen wird, wurde ihm damals allerdings von einigen Grafen des Landes verweigert. B.V.-K.

Volk-Knüttel 1976, 137, Nr. 21.

Landshut, Trausnitz (TLa-W 9)

400 OTTO VON WITTELSBACH ALS ERBAUER VON LANDSHUT

Marco de Comans und Frans van der Planken nach Peter Candid, Paris, 1614–1617

Wolle, Seide und gelegentlich Metallfäden. 8 Kettfäden pro cm. Auf der Wirkerkante links die Pariser Stadtmarke, rechts das Monogramm PDM, darüber FM (beide ligiert). 402 x 578 cm

Inschriften:
Oben: OTHO. M. COM. PALAT. WITELSPACHEN. BOIARIAE DVX
Unten: LANDESHVTAM CIVITATEM ET ARCEM IN / MONTE ADIACENTE SEDEM DVCALEM / AEDIFICAT. AN[NO] M. CLXXXII.

(Pfalzgraf Otto usw. erbaut die Stadt Landshut und die Burg auf der nahen Anhöhe als herzoglichen Sitz, 1182.)

Otto von Wittelsbach, umgeben von seinem Gefolge, prüft den Plan eines Architekten. Im Hintergrund die im Bau befindliche Stadt Landshut mit der Burg (seit ca. 1550 Trausnitz genannt), deren Darstellung einem Herzog Albrecht V. gewidmeten Stich von Joris Hoefnagel aus dem Jahr 1578 entspricht (erschienen in Braun und Hogenbergs ›Civitates orbis terrarum‹).
Aufgrund einer gefälschten Urkunde galt Otto bis in neuere Zeit als Erbauer von Landshut; die Stadt wurde jedoch erst 1204 von seinem Sohn, Ludwig dem Kelheimer, gegründet. B.V.-K.

Volk-Knüttel 1976, 137, Nr. 22.

Landshut, Trausnitz (TLa-W 11)

VERZEICHNIS DER ABGEKÜRZT ZITIERTEN LITERATUR

über die in WB I/1 S. 549 ff. genannte Literatur hinaus, werden abgekürzt zitiert:

Ausstellungskataloge

AK Aus 1200 Jahren	Aus 1200 Jahren. Das Bayerische Hauptstaatsarchiv zeigt seine Schätze, München 1979
AK Bayer. Frömmigkeit	Bayerische Frömmigkeit, Münchner Stadtmuseum, München 1960
AK Bayern – Kunst und Kultur	Bayern – Kunst und Kultur, Münchner Stadtmuseum, München 1972
AK Bayerns Kirche im Mittelalter	Bayerns Kirche im Mittelalter. Handschriften und Urkunden aus Bayerischem Staatsbesitz, München 1960
AK Kaiser Karl IV.	Kaiser Karl IV. 1316–1378, Ausstellung des Bayerischen Nationalmuseums in der Kaiserburg in Nürnberg, München 1978
AK Staufer	Die Zeit der Staufer. Geschichte – Kunst – Kultur, I–IV, Stuttgart 1977; V, Stuttgart 1979
AK Staufisches Erbe	Staufisches Erbe im bayerischen Herzogtum. Katalog des Bayerischen Hauptstaatsarchivs zur Konradin-Ausstellung, Kallmünz 1968
AK 1000 Jahre Babenberger in Österreich	1000 Jahre Babenberger in Österreich, Lilienfeld 1976
AK Wappen in Bayern	Wappen in Bayern, Bayerisches Hauptstaatsarchiv, München 1974
AK Wittelsbacher, München 1911	Katalog der Wittelsbacher-Ausstellung im Fürstensaale der Kgl. Hof- und Staatsbibliothek, bearb. v. G. Leidinger, München 1911
Arndt-Tangl, Schrifttafeln	Wilhelm Arndt, Schrifttafeln zur Erlernung der lateinischen Paläographie, besorgt bzw. hg. v. M. Tangl, H. 1–3, Berlin 1903–1906 (zum Teil 4. Aufl.)
AUF	Archiv für Urkundenforschung
Backmund, Chorherrenorden	N. Backmund, Die Chorherrenorden und ihre Stifte in Bayern, 1966
Bayerland	Das Bayerland – Illustrierte Wochen- (später Monats-) Schrift für bayerische Geschichte und Landeskunde, 1889 ff.
BHVB	Bericht über das Bestehen und Wirken des historischen Vereins zu Bamberg (Bericht des historischen Vereins . . . Bamberg)
BM	Johann Friedrich Böhmer, Regesta Imperii I, Karolinger, neubearb. v. Mühlbacher-Lechner, 1899/1908
BNM Kat. VIII	K. Voll – H. Braune – H. Buchheit, Gemäldekatalog des Bayerischen Nationalmuseums, München 1908
BNM Kat. IX	J. Schinnerer, Katalog der Glasgemälde des Bayerischen Nationalmuseums, München 1908
BNM Kat. XII	H. Buchheit, Katalog der Miniatur-Bilder im Bayerischen Nationalmuseum, München 1911
BNM Kat. XIII/1	Ph. M. Halm – G. Lill, Die Bildwerke in Holz und Stein vom 12. Jh. bis 1450, München 1924
BNM Kat. XIII/4 (R. Berliner)	R. Berliner, Die Bildwerke in Elfenbein, Knochen, Hirsch- und Steinbockhorn, München 1926
BNM Kat. XIII/5	H. R. Weihrauch, Die Bildwerke in Bronze und anderen Metallen, München 1956
Böhmer	Johann Friedrich Böhmer, Die Urkunden Kaiser Ludwigs des Baiern, König Friedrich des Schönen und König Johanns von Böhmen . . . 1314–1347 . . . in Auszügen (Regesta Imperii) Frankfurt/M. 1839–1865 (mit 3 Erg.-Heften)
Bosl, Kastl	K. Bosl, Das Nordgaukloster Kastl (VHOR 89) 1939, 3–186
BWR	Johann Friedrich Böhmer, Wittelsbachische Regesten von der Erwerbung des Herzogthums Baiern 1180 bis zu dessen erster Wiedervereinigung 1340, Stuttgart 1854
DHGE	Dictionnaire d'histoire et de géographie ecclésiastique, bisher 18 Bde., Paris 1912–1977
Dirr	Denkmäler des Münchner Stadtrechts, bearb. und eingeleitet v. P. Dirr, I 1158–1403 (Bayerische Rechtsquellen 1, hg. v. der KBL) 1934, Register und Erläuterungen 1936
Dokumente	Dokumente zur Geschichte von Staat und Gesellschaft, Abt. I Altbayern vom Frühmittelalter bis 1800, Bd. 1 Altbayern bis 1180, München 1974, Bd. 2 Altbayern 1180–1550, München 1977
Donebauer	M. Donebauer, Beschreibung der Sammlung böhmischer Münzen und Medaillen, Prag 1888
Dungern	Genealogisches Handbuch zur bairisch-österreichischen Geschichte, hg. v. O. Dungern, 1. Liefg., 1931
DVjschrLG	Deutsche Vierteljahresschrift für Literaturwissenschaft und Geistesgeschichte, 1928 ff.
Eitner, Quellen-Lexikon	R. Eitner, Biographisch-Bibliographisches Quellen-Lexikon der Musik und Musikgelehrten, Leipzig 1900 ff., Neudruck Graz 1969
Fastlinger	M. Fastlinger, Die wirtschaftliche Bedeutung der Bayrischen Klöster in der Zeit der Agilofinger, 1902
FdG	Forschungen zur deutschen Geschichte, 26 Bde., 1862–1886
GdV	Geschichtsschreiber der deutschen Vorzeit, 2. Gesamtausg. 1884/1914, 98 Bde., weitere Erg.-Bde. u. Neubearbeitungen 1924 ff.
GG	B. Gebhardt, Handbuch der deutschen Geschichte, 2 Bde., 1891/92, vollständige neubearb. Aufl. v. H. Grundmann, 4 Bde., 1970/76
Gesta Friderici	Otto von Freising und Rahewin, Gesta Friderici, hg. v. F.-J. Schmale, Darmstadt 1965
GP	Germania Pontificia, hg. v. A. Brackmann, I 1911, II/1 1923, II/2 1927, III 1935
Haeutle, Residenz 1883	Ch. Haeutle, Geschichte der Residenz in München von ihren frühesten Zeiten bis herab zum Jahre 1777 (Die kgl. Residenz in München, hg. v. G. F. Seidel, Textband) Leipzig 1883

Heigel-Riezler	Karl Theodor v. Heigel-Sigmund Riezler, Das Herzogtum Bayern zur Zeit Heinrich des Löwen und Otto I. von Wittelsbach, 1867
Hemmerle, Benediktinerklöster	J. Hemmerle, Die Benediktinerklöster in Bayern (Bayerische Heimatforschung 4) 1951
Herzog LUB	Th. Herzog, Landshuter Urkundenbuch (Bibliothek familiengeschichtlicher Quellen XII) Neustadt/Aisch 1963
Hofmann, Urkundenwesen	S. Hofmann, Urkundenwesen, Kanzlei- und Regierungssystem der Herzöge von Bayern und Pfalzgrafen bei Rhein von 1180 bzw. 1214 bis 1255 bzw. 1294 (Münchner Historische Studien, Abt. Geschichtliche Hilfswissenschaften 3) Kallmünz 1967
Jb.	Jahrbuch, Jahrbücher
JHVD	Jahresbericht (Jahrbuch) des Historischen Vereins Dillingen
JVCK	Jahrbuch des Vereins für christliche Kunst in München
Jochner	J. M. Jochner, Das wittelsbachische Hauswappen in seiner ersten Entwicklung bis auf Kaiser Ludwig den Bayer (Bayerland 5) 1894
Keysers Kunst- und Antiquitätenbuch III	Keysers Kunst- und Antiquitätenbuch III, München 1967
KL	Klosterliteralien
Kloos 1958	R. M. Kloos, Die Inschriften der Stadt und des Landkreises München (Die deutschen Inschriften 5) Stuttgart 1958
Krausen, Karten	E. Krausen, Die handgezeichneten Karten des Bayerischen Hauptstaatsarchivs sowie in den Staatsarchiven Amberg und Neuburg an der Donau bis 1650 (Bayerische Archivinventare 37) Neustadt/Aisch 1973
Krausen, Zisterzienserorden	E. Krausen, Die Klöster des Zisterzienserordens in Bayern (Bayerische Heimatforschung 7) 1953
KU	Klosterurkunden
Kunstpolitik	Quellen und Studien zur Kunstpolitik der Wittelsbacher, hg. v. H. Glaser, München 1980, erschienen im Zusammenhang mit der Ausstellung »Wittelsbach und Bayern«
Lexikon des Mittelalters	Lexikon des Mittelalters, 1. Liefg. I. München-Zürich 1977, bisher 7 Liefg.
MBNG	Mitteilungen der Bayerischen Numismatischen Gesellschaft
MGG	Die Musik in Geschichte und Gegenwart. Allgemeine Enzyklopädie der Musik, hg. v. F. Blume, 14 Bde., 1949/68, Supplement Bd. 15 ff. 1973 ff.
Migne PL	J. P. Migne, Patrologia latina, 217 Bde., 1844/55, 4 Reg. Bde. 1878/90
Nagler, Künstler-Lexikon	Georg Karl Nagler, Neues allgemeines Künstler-Lexikon, 22 Bde., München 1835/52
Oefele	A. F. Oefele, Rerum Boicarum Scriptores, 2 Bde., 1763
Piendl I, II, III	M. Piendl, Die Grafen von Bogen. Genealogie, Besitz- und Herrschaftsgeschichte (Jahresbericht des Historischen Vereins Straubing 55, 56, 57) 1953/55
PKG	Propyläen Kunstgeschichte, 18 Bde., Berlin 1966 ff.
Posse, Kaisersiegel	O. Posse, Die Siegel der deutschen Kaiser und Könige von 751–1913, 5 Bde., Dresden 1909/13
Primbs, Frauensiegel	Karl Primbs, Die Siegel der Frauen und Töchter des Hauses Wittelsbach (AZ NF 1) 1890 (Anhang A zum Artikel »Entwicklung des wittelsbachischen Wappens . . .«), Nachtrag zu den Frauensiegeln (AZ NF 2) 1891
Primbs, Siegel	Karl Primbs, Siegel der Wittelsbacher in Bayern bis auf Max III. Joseph (AZ NF 2) 1891
Primbs, Wappen	Karl Primbs, Entwicklung des wittelsbachischen Wappens von Herzog Otto I. bis Max III. Joseph (AZ NF 1) 1890
RB	Regesta sive rerum Boicarum autographa ad annum usque 1300, bearb. v. K. H. Ritter v. Lang, M. Freiherr v. Freyberg u. Th. Rudhart, 13 Bde., 1822/54, Reg. bearb. v. J. Widemann, 1927
Reg. Pfalzg.	Regesten der Pfalzgrafen bei Rhein, bearb. v. A. Koch u. J. Wille, 2 Bde., 1894/1913
RI	Johann Friedrich Böhmer, Regesta Imperii, 1831 ff.
RU	Reichsstadturkunden
Schwertl	G. Schwertl, Die Beziehungen der Herzöge von Bayern und Pfalzgrafen bei Rhein zur Kirche 1180–1294 (MBM 9) München 1968
Solleder	F. Solleder, München im Mittelalter, München 1938, Neudruck Aalen 1962
Steichele-Schröder	A. v. Steichele, Das Bistum Augsburg, historisch und statistisch beschrieben, ab VII fortgesetzt v. A. Schröder, 1861/1932, IX v. F. Zoepfl, 1934/39, X 1. u. 2. Liefg., 1940
Stumpf-Brentano, Reichskanzler	Karl Friedrich Stumpf-Brentano, Die Reichskanzler vornehmlich des 10., 11. und 12. Jh., 3 Bde., Innsbruck 1865/81
VO	Verordnungen
Volk-Knüttel 1976	B. Volk-Knüttel, Wandteppiche für den Münchener Hof nach Entwürfen von Peter Candid (BNM Forschungshefte 2) München-Berlin 1976
Wrede, Leonhard von München	C. Wrede, Leonhard von München, der Meister der Prunkurkunden Kaiser Ludwigs des Bayern (Münchner Historische Studien, Abt. Geschichtliche Hilfswissenschaften 17) 1980
ZDPh.	Zeitschrift für deutsche Philologie 1869 ff.
Zeumer	K. Zeumer, Quellensammlung zur Geschichte der deutschen Reichsverfassung, 1904

Errata: Durch einen technisch bedingten Fehler wurden in In- und Umschriften nur eckige Klammern gesetzt.

Inserentenverzeichnis

1. KATALOG LANDSHUT